Jakob Glajcar

Altersdiskriminierung durch tarifliche Vergütung

FORUM ARBEITS- UND SOZIALRECHT

herausgegeben von
Prof. Dr. Richard Giesen, Prof. Dr. Matthias Jacobs,
Prof. Dr. Dr. h.c. Horst Konzen und Prof. Dr. Meinhard Heinze †

Band 34

Jakob Glajcar

Altersdiskriminierung durch tarifliche Vergütung

Centaurus Verlag & Media UG

Zum Autor:
Jakob Glajcar, geb. 1982, absolvierte ein Studium der Rechtswissenschaft an der Westfälischen Wilhelms-Universität Münster, der University of Texas at Austin und der Bucerius Law School, Hamburg. 2011 wurde er dort promoviert. Die Promotion betreute Prof. Dr. Matthias Jacobs. Derzeit ist er als Rechtsreferendar im OLG-Bezirk Düsseldorf tätig.

Bibliografische Informationen der Deutschen Nationalbibliothek
Die Deutsche Nationalbibliothek verzeichnet diese Publikation in der Deutschen Nationalbibliografie; detaillierte bibliografische Daten sind im Internet über http://dnb.d-nb.de abrufbar.
Zugl.: Hamburg, Bucerius Law School, 2010

ISBN 978-3-82662-035-5   ISBN 978-3-86226-967-9 (Ebook)
DOI 10.1007/978-3-86226-967-9
ISSN 0936-028X

Alle Rechte, insbesondere das Recht der Vervielfältigung und Verbreitung sowie der Übersetzung, vorbehalten. Kein Teil des Werkes darf in irgendeiner Form (durch Fotokopie, Mikrofilm oder ein anderes Verfahren) ohne schriftliche Genehmigung des Verlages reproduziert oder unter Verwendung elektronischer Systeme verarbeitet, vervielfältigt oder verbreitet werden.

© *CENTAURUS Verlag & Media KG, Freiburg 2011*

Satz: Vorlage des Autors
Umschlaggestaltung: Antje Walter, Titisee-Neustadt

Meinen Eltern

Im Sommertrimester 2010 wurde die vorliegende Arbeit von der Bucerius Law School als Dissertation angenommen. Das Rigorosum erfolgte am 11. März 2011. Die noch bis zum 1. März 2011 erschienene Literatur und Rechtsprechung wurde im vorliegenden Exemplar berücksichtigt.

Mein besonderer Dank gilt meinem Doktorvater, Prof. Dr. Matthias Jacobs, für die Betreuung dieser Arbeit und die Erstellung des Erstgutachtens. Weiterhin habe ich Prof. Dr. Christian Bumke zu danken, der das Zweitgutachten erstellt hat.

Danken möchte ich auch meinen Eltern, Marzena und Thomas Glajcar, sowie meinem Bruder, Markus Glajcar, für ihre großzügige Unterstützung und Hilfe.

Düsseldorf, im März 2011 *Jakob Glajcar*

Inhaltsverzeichnis

1. Kapitel	Einleitung	1
A.	Gegenstand und Ziel der Untersuchung	2
B.	Altersdiskriminierung in der Arbeitswelt	4
I.	Nachteile älterer Arbeitnehmer in der Arbeitswelt	4
1.	Benachteiligungsfelder	4
2.	Gründe für die Benachteiligung	7
a)	Gesellschaftliche Vorstellungen	7
b)	Wirtschaftliche Gründe	8
II.	Nachteile jüngerer Arbeitnehmer in der Arbeitswelt	9
1.	Benachteiligungsfelder	9
2.	Gründe für die Benachteiligung	12
III.	Gerontologische Erkenntnisse zum Verhältnis von Alter und Leistungsfähigkeit	13
IV.	Fazit	16
2. Kapitel	Verbot der Benachteiligung nach AGG	17
A.	Entstehungsgeschichte und Zielsetzung des AGG	17
B.	Begriff der Benachteiligung	21
C.	Gleichbehandlungsgrundsatz als Grundstruktur für Benachteiligungsverbote	23
I.	Gleichbehandlungsgrundsätze und ihre Bestandteile	24
1.	Gleichbehandlungsgrundsatz nach Art. 3 Abs. 1 GG	24
a)	Tatbestand	25
b)	Rechtfertigung	27
2.	Tariflicher Gleichbehandlungsgrundsatz	29
3.	Allgemeiner arbeitsrechtlicher Gleichbehandlungsgrundsatz	31
4.	Europäischer Gleichbehandlungsgrundsatz	32
II.	Grundlegende Merkmale von Gleichbehandlungsgrundsätzen	33
D.	Struktur des Benachteiligungsverbots	34
I.	Ungleichbehandlung von Vergleichbaren	34
II.	Vorliegen eines Nachteils	36
III.	Differenzierungskriterien	37
1.	Direkte Anknüpfung an ein verpöntes Merkmal: unmittelbare Benachteiligung	38
2.	Anknüpfung an neutrale Kriterien: mittelbare Benachteiligung	39
3.	Anknüpfung an Merkmale, die im Zusammenhang mit einem verpönten Merkmal stehen: verdeckte Diskriminierung	42
4.	Anweisung zur Diskriminierung	43
IV.	Rechtfertigung einer Benachteiligung	44
V.	Sonderfall „umgekehrte" Diskriminierung	45
VI.	Beweislast	46
VII.	Fazit	48
E.	Besonderheiten des Benachteiligungsverbots beim Merkmal Alter	49
I.	Das Alter als verpöntes Benachteiligungsmerkmal	49

I

II.	Besondere Rechtfertigung wegen des Alters	52
F.	Fazit	54
3. Kapitel	Benachteiligungen wegen des Alters durch tarifliche Vergütung	56
A.	Grundlagen	56
I.	Anwendung auf Tarifverträge	57
1.	Sachlicher Anwendungsbereich	57
2.	Zeitlicher Anwendungsbereich	57
II.	Verfassungsrechtliche Zulässigkeit	59
1.	Eingriff in Art. 9 Abs. 3 GG	59
2.	Rechtfertigung des Eingriffs über Art. 3 Abs. 1 GG	60
3.	Rechtfertigung des Eingriffs über Art. 12 Abs. 1 GG	61
4.	Rechtfertigung des Eingriffs über das allgemeine Persönlichkeitsrecht	62
5.	Fazit	64
III.	Tarifautonomie und Diskriminierungsschutz in der EuGH-Rechtsprechung	64
IV.	Begriff der Vergütung im Sinne des AGG	66
V.	Vergleichsgruppenbildung bei tariflichen Entgeltklauseln	69
1.	Gleiche oder gleichwertige Tätigkeit	69
2.	Einschränkung der Vergleichbarkeit durch Identität des Normgebers	72
3.	Die bevorzugte Vergleichsperson	73
B.	Differenzierung bei der Grundvergütung	75
I.	Anknüpfung an das Lebensalter	75
1.	Unmittelbare Benachteiligung	77
a)	Ungleichbehandlung	78
b)	Vorliegen eines Nachteils – Erfordernis der zeitlichen Gesamtbetrachtung?	78
2.	Rechtfertigung der unmittelbaren Benachteiligung gem. § 10 AGG	81
a)	Legitimes Ziel i.S.d. § 10 AGG	81
aa)	Bestimmung des legitimen Ziels durch die Tarifvertragsparteien?	81
bb)	Unternehmensinteresse als legitimes Ziel	83
(1)	Wortlaut	83
(2)	Systematik und Telos	84
(3)	Wille des Gesetzgebers	85
(4)	Europarechtskonforme Auslegung	86
(5)	Ergebnis	87
b)	Rechtfertigung nach § 10 S. 3 Nr. 1 AGG	88
aa)	Berufliche Eingliederung und Schutz von älteren Beschäftigten	89
bb)	Berufliche Eingliederung von jungen Arbeitnehmern	90
cc)	Förderung von Personen mit Fürsorgepflichten	91
c)	Rechtfertigung nach § 10 S. 3 Nr. 2 AGG	93
aa)	Konkretisierung der Generalklausel	94
bb)	Honorierung von Lebenserfahrung	95
cc)	Honorierung von Berufserfahrung	97
dd)	Kundenerwartungen als Rechtfertigungsgrund	98
d)	Rechtfertigung nach der Generalklausel des § 10 S. 1 und 2 AGG	100
aa)	Tarifautonomie	100
bb)	Erhöhter Bedarf älterer Arbeitnehmer	101
cc)	Kompensation für schlechtere Bezahlung zu Beginn der Beschäftigung	102

		dd)	Eingliederung junger Arbeitnehmer	102
3.	Rechtfertigung gem. § 8 Abs. 1 AGG			104
4.	Rechtfertigung gem. § 5 AGG			105
5.	Besonderheiten bei Lohnabschlagsklauseln für Minderjährige			105
6.	Fazit			106
II.	Anknüpfung an die Berufsjahre			107
1.	Begriffe Dienstalter, Berufsjahre und Berufserfahrung			109
2.	Anknüpfung an ein neutrales Kriterium			110
3.	Honorierung zusätzlicher Berufserfahrung			111

- a) Rechtsprechung des EuGH zur Beschäftigungsdauer als Differenzierungskriterium 111
  - aa) Pauschale Korrelation von Berufserfahrung und Beschäftigungszeit („Danfoss") 112
  - bb) Differenzierung bei Beschäftigungsdauer und Berufserfahrung nach der konkreten Tätigkeit („Nimz", „Gerster", „Nikoloudi") 113
  - cc) Klarstellung für Entgeltsysteme („Cadman") 115
  - dd) Übertragung der Rechtsprechung auf die Altersdiskriminierung 118
- b) Tätigkeiten, bei denen es auf die Berufserfahrung ankommt 119
  - aa) Beschäftigung mit vergleichbaren Aufgaben 120
  - bb) Steigerung der Berufserfahrung führt zu einer besseren Arbeitsleistung .. 121
    - (1) Grundproblem 121
    - (2) Leitlinien für Tätigkeiten, bei denen es auf die Berufserfahrung ankommt 123
      - (a) Komplexität der Tätigkeit 125
      - (b) Tätigkeiten mit einem sozialen Bezug 126
    - (3) Problem der Dequalifikation 127

4.	Erfordernis der beruflichen Bewährung	128
5.	Fazit	129
III.	Anknüpfung an die „Betriebszugehörigkeit"	130
1.	Honorierung zusätzlicher Berufserfahrung	133
2.	Erfordernis einer beruflichen Bewährung	135
3.	Honorierung von Betriebstreue	137

- a) Bezugspunkt der Betriebstreue 138
- b) Ziel der Betriebstreue: Bindung von Mitarbeitern 140
  - aa) Amortisation von Ausbildungs- und Einarbeitungskosten 140
  - bb) Bindung qualifizierter Mitarbeiter 141
  - cc) Entgeltstaffelung als Alternative zum nachvertraglichen Wettbewerbsverbot 143
- c) Fazit zur Betriebstreue 149

4.	Fazit zur Anknüpfung an die Betriebszugehörigkeit	150
IV.	Verknüpfung von Lebensalter und Berufsjahren oder Betriebszugehörigkeit	152
V.	Fazit zur Altersdiskriminierung bei der Grundvergütung	154
C.	Differenzierung bei finanziellen Zusatzleistungen	154
I.	Jubiläumszahlungen	155
II.	Krankengeldzuschuss	156
III.	Verdienstsicherung	158

1.		Anknüpfungspunkt und Umfang der Verdienstsicherung	158
2.		Zulässigkeit von Verdienstsicherung	159
3.		Fazit	162
IV.		Abfindungen	163
1.		Vergleichbarkeit zu Sozialplänen	165
2.		Rechtmäßigkeit der tariflichen Abfindungen	167
	a)	Staffelung nach Lebensalter	168
		aa) Höhere Unterhalts- und Lebenserhaltungskosten	168
		bb) Ausgleich von Nachteilen	169
	b)	Staffelung nach Betriebszugehörigkeit	171
	c)	Ausschluss und Minderung des Anspruchs zum Nachteil der Älteren	172
3.		Fazit	173
V.		Betriebliche Alters- und Invalidenversorgung	175
1.		Verfallbarkeit von Anwartschaften	176
2.		Wartezeiten	180
3.		Fazit	181
VI.		Sonstige Zusatzleistungen	181
D.		Fazit zur Benachteiligung wegen des Alters bei der tariflichen Vergütung	183
4. Kapitel		Rechtsfolgen unzulässiger Benachteiligung	186
A.		Nichtigkeit nach § 134 BGB i.V.m. § 7 Abs. 1 AGG	186
B.		Anspruch auf Gleichstellung	187
I.		Teil- oder Gesamtnichtigkeit der Tarifnorm	189
1.		Ergänzende Vertragsauslegung zur Bestimmung der Nichtigkeitsfolge	190
	a)	Rechtsprechung des Bundesarbeitsgerichts zur ergänzenden Vertragsauslegung	191
	b)	Zulässigkeit der ergänzenden Vertragsauslegung bei AGG-Verstößen	193
		aa) Grundsätzliche Kritik an der ergänzenden Vertragsauslegung	194
		bb) Ergänzende Vertragsauslegung unter Berücksichtigung des Wortlauts	194
		cc) Ergänzende Vertragsauslegung unter Berücksichtigung der Anzahl der Benachteiligten und des Finanzvolumens	195
	c)	Fazit	197
2.		Teilnichtigkeit als zwingende Rechtsfolge?	197
	a)	Rechtsprechung	198
	b)	Zulässigkeit der Teilnichtigkeit	199
	c)	Fazit zur Nichtigkeit der Tarifnorm	202
3.		Fazit	202
II.		Ausnahmsweise Gesamtnichtigkeit des Tarifvertrags	202
III.		Umfang des Gleichstellungsanspruchs für vergangene Zeiträume	204
1.		Rechtsprechung	204
2.		Zulässigkeit der rückwirkenden Angleichung nach oben	205
3.		Fazit	208
IV.		Umfang des Gleichstellungsanspruchs für die Zukunft	208
1.		Angleichung nach oben	209
2.		Angleichung nach unten	210
	a)	Rechtsprechung	211
	b)	Zulässigkeit der Angleichung nach unten	212

3.		Umdeutung des Differenzierungskriteriums		213
4.		Aussetzung des Verfahrens und Neuregelung durch die Tarifparteien		214
	a)	Rechtsprechung		215
	b)	Zulässigkeit einer Aussetzung und Neuregelung durch die Tarifparteien		216
	c)	Fazit		218
5.		Festsetzung durch das Gericht gem. § 612 Abs. 2 BGB		218
	a)	Rechtsprechung		219
	b)	Zulässigkeit einer gerichtlichen Festsetzung nach § 612 Abs. 2 BGB		220
	c)	Kriterien zur Festlegung der üblichen Vergütung		221
		aa)	Rückgriff auf andere Tarifverträge	221
		bb)	Orientierung an den Durchschnittslöhnen	222
		cc)	Bildung eines Mittelwerts anhand des betroffenen Tarifvertrags	223
		dd)	Berücksichtigung des vorgegebenen Dotierungsrahmen	223
			(1) Rechtsprechung des BAG	224
			(2) Explizite und implizite Festlegung des Dotierungsrahmens	225
			(3) Rechtliche Bedenken gegen die Berücksichtigung des Dotierungsrahmens	226
6.		Fazit		227
V.		Zusammenfassung zum Umfang des Gleichstellungsanspruchs		227
VI.		Einschränkung des Anspruchs auf Gleichstellung		228
1.		Einschränkung durch Regelungen im Tarifvertrag		228
	a)	Salvatorische Klauseln		229
	b)	Tarifvertragliche Ausschlussfristen		230
2.		Einschränkung über §§ 15 AGG, 61b Abs. 1 ArbGG		230
VII.		Folgerungen für altersdiskriminierende Vergütungsklauseln		231
C.		Sekundäransprüche		233
I.		Europarechtliche Vorgaben		233
II.		Schadensersatz nach § 15 AGG		235
1.		Ersatz des materiellen Schadens nach § 15 Abs. 1 AGG		236
2.		Ersatz des immateriellen Schadens nach § 15 Abs. 2 AGG		237
	a)	Verstoß gegen § 7 Abs. 1 AGG		237
	b)	Verschulden		238
		aa)	Grundsatz: kein Verschulden bei § 15 Abs. 2 AGG	238
		bb)	Ausnahme: § 15 Abs. 3 AGG	239
			(1) Grund für die Privilegierung	239
			(2) Anknüpfungspunkt und Maßstab für das Verschulden	240
			(3) Europarechtswidrigkeit	242
		cc)	Fazit zum Verschulden	244
	c)	Ordnungs- und fristgemäße Geltendmachung		244
	d)	Anspruchsumfang		247
		aa)	Umfang bei der unmittelbaren tariflichen Entgeltdiskriminierung	247
			(1) Vorliegen eines Schadens	247
			(2) Vom Schaden unabhängiger Strafschadensersatz	248
		bb)	Umfang bei der mittelbaren tariflichen Entgeltdiskriminierung	250
3.		Fazit zu Ansprüchen aus § 15 AGG		251
III.		Ansprüche außerhalb des AGG		251

V

IV.	Fazit zu Sekundäransprüchen			252
D.	Keine Haftung der Tarifvertragsparteien			252
E.	Fazit zu den Rechtsfolgen einer unzulässigen Benachteiligung			254

5. Kapitel Schutz der Tarifwerke 256
- A. Vertrauensschutz 256
  - I. Anwendung und Voraussetzungen des Vertrauensschutzes 256
  - II. Vertrauenstatbestand 258
    1. Europäisches Primärrecht 258
       - a) Verbot der Altersdiskriminierung nach der Mangold-Entscheidung 259
         - aa) Sachverhalt und Entscheidungsgründe 259
         - bb) Kritik an der Entscheidung 261
         - cc) Folgende Entscheidungen 263
           - (1) Palacios de la Villa 263
           - (2) Bartsch 264
           - (3) Kücükdeveci 265
         - dd) Folgerungen für den Vertrauensschutz des Arbeitgebers 267
       - b) Andere primärrechtliche Grundlagen 270
       - c) Fazit 271
    2. Richtlinie 2000/78/EG 271
    3. Zulässige Differenzierung nach Alter außerhalb des AGG 275
    4. Vertrauenstatbestand aufgrund staatlichen Verhaltens 276
    5. Gesetzgebungsgeschichte des AGG und Vertrauensschutz 278
  - III. Interessenabwägung 280
  - IV. Kollision mit der Rechtsprechung des EuGH? 281
    1. Vertrauensschutz nach Defrenne II und Barber 282
    2. Nachfolgende Entscheidungen 285
    3. Fazit 288
  - V. Fazit zum Vertrauensschutz 288
- B. Möglichkeit der gerichtlichen Vorabkontrolle 289
  - I. Normenkontrolle gem. § 9 TVG i.V.m. § 2 Abs. 1 Nr. 1 Var. 1 ArbGG 289
  - II. Feststellungsinteresse 291
    1. Verbandsklage als eigenes Verfahren mit abgesenkten Anforderungen 291
    2. Verfassungskonforme Auslegung des Feststellungsinteresses i.S.d. § 256 Abs. 1 ZPO 292
  - III. Fazit zur gerichtlichen Vorabkontrolle 294
- C. Fazit zum Schutz der Tarifwerke 294

6. Kapitel Schlussthesen 295
- A. Altersdiskriminierende Vergütungsklauseln 295
- B. Rechtsfolgen einer Diskriminierung 297
- C. Vertrauensschutz zu Gunsten des Arbeitgebers 298

Literaturverzeichnis 299

1. Kapitel
Einleitung

Das am 18.8.2006 in Kraft getretene Allgemeine Gleichbehandlungsgesetz (AGG) zielt auf die Verhinderung und Beseitigung von Benachteiligungen, die aus Gründen der Rasse, der ethnischen Herkunft, des Geschlechts, der Religion oder Weltanschauung, einer Behinderung, des Alters oder der sexuellen Ausrichtung in der Arbeitswelt und in einigen Bereichen des Zivilrechtsverkehrs erfolgen können.[1] Dementsprechend statuiert das AGG, welches in Umsetzung von vier europäischen Antidiskriminierungsrichtlinien[2] erlassen wurde, in § 7 Abs. 1 ein Diskriminierungsverbot hinsichtlich der beschriebenen, sog. verpönten Merkmale. Hier wird primär das Verbot der Altersdiskriminierung einschneidende Veränderungen für das deutsche Arbeitsrecht nach sich ziehen. Zu Recht bezeichnet *Thüsing* das Alter als das „problematischste Diskriminierungsmerkmal".[3] Nicht nur weite Teile der Gesellschaft erachten Differenzierungen nach Lebensalter oder Kriterien, die im engen Zusammenhang damit stehen, als sozialadäquat. Auch die arbeitsrechtlichen Normgeber, die Betriebs- ebenso wie die Tarifparteien und selbst der Gesetzgeber knüpfen an das Alter, die abgeleisteten Berufsjahre und/ oder die Dauer der Betriebszugehörigkeit an. Die Unterscheidung erfasst sämtliche Phasen des Arbeitslebens. Sie reicht von der Einstellung über den Verlauf bis hin zur Beendigung des Beschäftigungsverhältnisses.

---

1 § 1 AGG; BT-Drucksache 16/1780, S. 30; zur Anwendbarkeit auf zivilrechtliche Rechtsverhältnisse siehe § 19 AGG.

2 Richtlinie 2000/43/EG des Rates vom 29.6.2000 zur Anwendung des Gleichbehandlungsgrundsatzes ohne Unterschied der Rasse oder der ethnischen Herkunft, ABl. EG Nr. L 180, S. 22; Richtlinie 2002/73/EG des Europäischen Parlaments und des Rates vom 23.9.2002 zur Änderung der Richtlinie 76/207/EWG des Rates zur Verwirklichung des Grundsatzes der Gleichbehandlung von Männern und Frauen hinsichtlich des Zugangs zur Beschäftigung, zur Berufsbildung und zum beruflichen Aufstieg sowie in Bezug auf die Arbeitsbedingungen, ABl. EG Nr. L 269, S. 15; Richtlinie 2004/113/EG des Rates vom 13.12.2004 zur Verwirklichung des Grundsatzes der Gleichbehandlung von Männern und Frauen beim Zugang zu und bei der Versorgung mit Gütern und Dienstleistungen, ABl. EU Nr. L 373, S. 37; Richtlinie 2000/78/EG des Rates vom 27.11.2000 zur Festlegung eines allgemeinen Rahmens für die Verwirklichung der Gleichbehandlung in Beschäftigung und Beruf, ABl. EG Nr. L 303, S. 16.

3 *Thüsing*, NJW 2003, 3441 (3444); ausführlich zum Merkmal Alter siehe unten 2. Kapitel E. I. 1.

Während des Verlaufs kommt der Vergütung entscheidende Bedeutung zu. Sie stellt nicht nur eine Hauptleistungspflicht des Arbeitgebers dar, sondern misst auch der Arbeit eines Beschäftigten einen bestimmten Wert zu. Gerade in diesem sensiblen Bereich legen zahlreiche tarifvertragliche Regelungen die Entlohnungshöhe danach fest, wie alt die Arbeitnehmer sind oder welche Beschäftigungszeiten sie vorweisen können. Folge ist ein höherer Verdienst älterer Beschäftigter. Unter Mitwirkung der Gewerkschaften, die eigentlich gem. § 17 Abs. 1 AGG aufgefordert werden, an einem benachteiligungsfreien Arbeitsumfeld mitzuwirken, werden somit potentiell altersdiskriminierende Vergütungssysteme etabliert. Sie müssen sich daher am Maßstab des AGG messen lassen.[4] Gelangt man zu dem Ergebnis, dass ein Verstoß gegen das Benachteiligungsverbot vorliegt, wirft dies die Frage nach den Rechtsfolgen sowie einem etwaigen Vertrauensschutz zu Gunsten der betroffenen Arbeitgeber auf, zumal große Teile der Belegschaft von der Differenzierung betroffen sein können, was wiederum bei einer allgemeinen sog. Angleichung nach oben den finanziellen Ruin bedeuten kann.

Neben den Anordnungen des AGG dürfen die europa- und verfassungsrechtlichen Vorgaben nicht außer Betracht bleiben. Das deutsche Umsetzungsgesetz AGG hat sich zunächst an dem maßgeblichen europäischen Sekundärrecht auszurichten. Aber auch die zum Antidiskriminierungsrecht ergangenen Entscheidungen des EuGH müssen Beachtung finden. Hierbei schlagen Richtliniengeber und Gericht tendenziell einen arbeitnehmerfreundlichen Kurs ein. Demgegenüber bietet auf verfassungsrechtlicher Seite die in Art. 9 Abs. 3 GG verbürgte Tarifautonomie den Tarifvertragsparteien einen gewissen Gestaltungsspielraum bei der Festlegung von Arbeitsbedingungen. Da AGG, Europa- und Verfassungsrecht miteinander konfligieren können, gilt es, einen hinreichenden Ausgleich zwischen ihnen zu schaffen.

A. Gegenstand und Ziel der Untersuchung

Die vorliegende Arbeit hat es sich zum Ziel gesetzt, drei grundlegende Fragen zum Thema „Altersdiskriminierung durch tarifliche Vergütung" zu beantworten. Als erstes muss geklärt werden, unter welchen Voraussetzungen überhaupt eine Vergütungsklausel gegen das Diskriminierungsverbot des AGG verstößt. Dem schließt sich die Frage nach den Rechtsfolgen an. Letztlich wird erörtert, ob und in welchen

---

4 Ausführlich zur Anwendung des AGG auf tarifliche Vergütungsregelungen siehe unten 3. Kapitel A.

Fällen einem Arbeitgeber, der den unzulässigen Tarifbestimmungen Folge geleistet hat, Vertrauensschutz gewährt werden kann. Zusätzlich wird auf die Möglichkeit der Tarifparteien eingegangen, mittels gerichtlicher Vorabkontrolle der tariflichen Regelungen Rechtsklarheit zu schaffen.

Für die unmittelbar oder mittelbar nach Lebensalter differenzierende Vergütung werden zahlreiche Rechtfertigungsgründe genannt. Um hier eine objektive Prüfung zu gewährleisten, muss festgestellt werden, welchen Stand die verschiedenen Altersgruppen im Arbeitsleben haben und ob gewisse altersabhängigen Leistungsunterschiede bestehen. Das darauf folgende Kapitel widmet sich dem Diskriminierungsverbot nach AGG. Dazu geht es zunächst auf die Entstehungsgeschichte ein, um anschließend zu zeigen, wie sich das Benachteiligungsverbot in die Dogmatik der allgemeinen und besonderen Gleichbehandlungsgrundsätze einfügt. Dies ist für die spätere Auslegung von Tatbestand und Rechtfertigung von Relevanz. Dennoch sollen auch die Abweichungen herausgestellt werden, die das AGG im Allgemeinen und das darin enthaltene Verbot der Altersdiskriminierung im Besonderen gegenüber anderen Gleichheitssätzen aufweisen.

Sind diese grundlegenden Feststellungen getroffen, rückt der Fokus auf die erste Frage. Es wird ausgeführt, auf welche Tarifwerke das Benachteiligungsverbot überhaupt Anwendung findet, wann unterschiedlich entlohnte Beschäftigte vergleichbar sind und was dem Vergütungsbegriff des AGG unterfällt. Da letzterer sehr weit gefasst ist, werden im Anschluss nicht nur Tarifbestimmungen über die Grundvergütung, sondern ebenso tariflich gewährte finanzielle Zusatzleistungen auf ihre Vereinbarkeit mit dem AGG geprüft. Hierbei sollen ferner Leitlinien aufgestellt werden, ob und unter welchen Voraussetzungen, eine am Lebensalter, den Berufsjahren und/ oder der Dauer der Betriebszugehörigkeit ausgerichtete Vergütung rechtmäßig ist.

Anschließend werden die Rechtsfolgen vorgestellt. Im Mittelpunkt steht der Anspruch des Diskriminierungsopfers gegen seinen Arbeitgeber auf Gleichstellung. Da der Anspruchsumfang äußerst umstritten ist, werden die verschiedenen Lösungsansätze, insbesondere die herrschend vertretene sog. Angleichung nach oben, kritisch hinterfragt und ein eigener Lösungsweg vorgestellt. Die letzten beiden Teile des Kapitels beschäftigen sich mit möglichen Sekundäransprüchen und der Haftung der Tarifvertragsparteien.

Das darauf folgende Kapitel widmet sich der Frage, ob und inwieweit Arbeitgeber und Tarifparteien im Falle einer altersdiskriminierenden tariflichen Vergütungsregelung geschützt werden können. Im Vordergrund steht ein etwaiger Vertrauensschutz des Arbeitgebers. Maßstab ist zunächst das deutsche Verfassungsrecht, zumal der EuGH für den europarechtlichen Vertrauensschutz lediglich grobe

Kriterien aufgestellt hat und Vertrauensschutz stets einzelfallbezogen gewährt. Im zweiten Schritt wird dann diskutiert, ob das nach deutschem Recht gefundene Ergebnis auch vor dem Gerichtshof bestehen kann. Zusätzlich wird die Möglichkeit einer gerichtlichen Vorabkontrolle der Kollektivverträge durch die Tarifparteien diskutiert.

B. Altersdiskriminierung in der Arbeitswelt

Der soziale Konsens, wonach Benachteiligungen aufgrund des Alters eher zulässig sind als solche wegen der übrigen verpönten Merkmale, durchzieht die gesamte Arbeitswelt. Dies offenbart sich in den zahlreichen arbeitsrechtlichen Regelungen, welche unmittelbar oder mittelbar an das Alter anknüpfen. Der Abschnitt soll einen Überblick über die wichtigsten Benachteiligungsfelder geben und die Gründe dafür nennen. Die anschließend vorgestellten gerontologischen Erkenntnisse über die Leistungsfähigkeit der Altersgruppen in der Berufswelt sollen Aufschluss darüber geben, ob die mit der Differenzierung verbundenen Erwägungen auch tatsächlich stichhaltig sind.

I. Nachteile älterer Arbeitnehmer in der Arbeitswelt

Ältere erfahren auf dem Arbeitsmarkt zwei entscheidende Nachteile. Zum einen gestaltet es sich für sie als schwierig, nach einer Entlassung einen neuen Arbeitsplatz zu finden, und zum anderen schränken Altersgrenzen ihre berufliche Betätigung ein.

1. Benachteiligungsfelder

Die vergleichsweise niedrige Erwerbsquote in den oberen Alterskategorien verdeutlicht ihre schwierige Vermittelbarkeit auf dem Arbeitsmarkt. Es zeigt sich, dass insbesondere ab dem 45. Lebensjahr die Erwerbsquote der betroffenen Personen abnimmt. Laut Statistischem Bundesamt lag sie 2008 in der Altersgruppe 20 bis 25 bei 72,9 %. Mit 90,7 % hatten die 40 bis 45-Jährigen die höchste Quote, während sie bei den 60 bis 65-Jährigen lediglich 38 % betragen hat.[5] Dabei handelt es sich nicht nur um einen vorübergehenden Trend. So waren schon 1996 90,1 % der Per-

---

5 *Statistisches Bundesamt*, Erwerbstätigkeit, S. 28.

sonen im Alter von 40 bis 44 Jahren beschäftigt, wohingegen nur 17,1 % der 60- bis 64-Jährigen eine Erwerbstätigkeit ausübten.[6] Personen ab dem 50. Lebensjahr sind stärker von der Arbeitslosigkeit betroffen als jüngere Menschen.[7] Sie haben es dann schwieriger, einen neuen Arbeitsplatz zu finden, weshalb die Mehrheit der Langzeitarbeitslosen von den höheren Alterskategorien gestellt wird.[8] Während beispielsweise 2,3 % der Personen im Alter zwischen 20 und 30 Jahren unter drei Monaten arbeitslos war, lag die Quote bei den Personen ab 45 bestenfalls bei einem Prozent. Demgegenüber waren nur 4,1 % der 20 bis 25-Jährigen länger als zwei Jahre arbeitslos. In der Alterskategorie 55 bis 60 lag der Anteil der Langzeitarbeitslosen bei 6,4 %.[9] Die starken Diskrepanzen bei der Erwerbs- und Arbeitslosenquote erlauben den Schluss, dass Arbeitgeber vornehmlich jüngere Bewerber einstellen möchten, ohne dies aber explizit zum Ausdruck zu bringen. Vielmehr beschränken sich die Stellenausschreibungen auf Formulierungen, wonach „Berufsanfänger" gesucht werden.[10]

Die zweite bedeutende Benachteiligung älterer Beschäftigter gegenüber Jüngeren bilden Höchstaltersgrenzen. Sie führen dazu, dass ein bestehendes Beschäftigungsverhältnis mit dem Erreichen eines bestimmten Alters ohne Kündigung endet. Die meisten Höchstaltersgrenzen sehen eine Beendigung des Arbeitsvertrags vor, wenn der betroffene Arbeitnehmer das gesetzliche Renteneintrittsalter erreicht hat.[11] Solche Regelungen können in Arbeitsverträgen, Betriebsvereinbarungen, Tarifverträgen oder Gesetzen enthalten sein.[12] Nach § 48 Abs. 1 DRiG liegt beispielsweise die derzeitige Altergrenze für Richter auf Lebenszeit bei 65 Jahren. Gleiches gilt für Bundesbeamte gem. § 41 Abs. 1 BBG.[13] Ein tarifliches Beispiel bietet § 33

---

6   *Statistisches Bundesamt*, Datenreport 2008, S. 113.
7   BT-Drucksache 14/8800, S. 60 ff.; *BMFSFJ*, S. 58 ff.; *Polloczek*, S. 19; vgl. BT 16/1780, S.24.
8   *Bauer/Göpfert/Krieger*, § 10 AGG, Rn. 45a; *BMFSFJ*, S. 58; *Körner*, NZA 2008, 497; *Peter*, AuR 1994, 384; *M. Schmidt/Senne*, RdA 2002, 80 (84).
9   *Statistisches Bundesamt*, Erwerbstätigkeit, S. 86.
10 *Rolfs*, NZA 2008, Sonderbeilage zu Heft 1, 8 (9).
11 *Adomeit/Mohr*, § 7 AGG Anhang 2, Rn. 83; Däubler/Bertzbach-*Brors*, § 10 AGG, Rn. 83; *Linsenmaier*, RdA 2003, Sonderbeilage zu Heft 5, 22 (30); solche Altersgrenzen werden überwiegend für zulässig gehalten BAG vom 18.6.2008, Az. 7 AZR 116/07, AP Nr. 48 zu § 14 TzBfG; EuGH vom 16.10.2007, Rs. C-411/05 (Palacios de la Villa), AP Nr. 8 zu Richtlinie 2000/78/EG.
12 *Linsenmaier*, RdA 2003, Sonderbeilage zu Heft 5, 22 (32); *M. Schmidt/Senne*, RdA 2002, 80 (84); *Waltermann*, GS Blomeyer, S. 495 (S. 498).
13 Gesetzliche Altersgrenzen können aber auch Selbstständige betreffen, wie z.B. § 95 Abs. 7 S. 3 SGB V, der festlegt, dass die Zulassung als Vertragsarzt der gesetzlichen Krankenkassen mit der Vollendung des 69. Lebensjahrs endet.

Abs. 1 lit. a TVöD,[14] dem zufolge das Beschäftigungsverhältnis ebenfalls mit der Vollendung des 65. Lebensjahres endet.

Zwar betrifft die Problematik der Altersgrenzen vorrangig die Beendigung eines Beschäftigungsverhältnisses; mit umfasst sind aber ebenfalls Regelungen oder Vereinbarungen, die den Zugang Älterer zu einem bestimmten Arbeitsplatz oder ihren beruflichen Aufstieg verhindern.[15] So legen beispielsweise zahlreiche Gesetze eine Höchstaltersgrenze von 35 Jahren für die Einstellung in das Beamtenverhältnis auf Probe fest.[16] Ein Bespiel für Regelungen, die den beruflichen Aufstieg älterer Arbeitnehmer verhindern, stellen §§ 33a Abs. 1 (Ausbildungsaufstieg), 33b Abs. 1 (Praxisaufstieg) der Bundeslaufbahnverordnung dar. Demnach ist für eine Beförderung neben einer zusätzlichen Ausbildung bzw. beistimmten Leistungen in der beruflichen Praxis Voraussetzung, dass der Bewerber das 45. bzw. 58. Lebensjahr noch nicht vollendet hat.

Obwohl die in Sozialplänen oder Tarifverträgen vorgesehenen Abfindungen von betriebsbedingt entlassenen Arbeitnehmern oftmals eine am Alter ausgerichtete Staffelung zu Gunsten der älteren Beschäftigten vorsehen, wird zugleich eine Ausnahme für rentennahe Mitarbeiter eingefügt. Damit soll dem Umstand Rechnung getragen werden, dass aufgrund der absehbaren Rentenberechtigung die oberen Altersgruppen finanziell abgesichert sind und dementsprechend eine hohe Abfindungszahlung entbehrlich ist.[17]

Letztlich herrschen auch „inoffizielle Altersgrenzen"[18], wenn es darum geht, bestimmte berufliche Vorteile älteren Beschäftigten zukommen zu lassen. So schließen Arbeitgeber Beschäftigte ab einem gewissen Alter von betrieblichen Weiterbildungsmöglichkeiten aus.[19] Dies reduziert wiederum ihre Chancen, nach einer Entlassung einen Arbeitsplatz zu finden, und verfestigt ihre schlechte Situation auf dem Arbeitsmarkt.[20]

---

14 Tarifvertrag für den öffentlichen Dienst vom 13.9.2005.
15 Däubler/Bertzbach-*Brors*, § 10 AGG, Rn. 44, 78 ff.; Rust/Falke-*Bertelsmann*, § 10 AGG, Rn. 78.
16 So z.B. §§ 6 Abs. 1, 52 Abs. 1 Laufbahnverordnung NRW, die nach Ansicht der Rechtsprechung im Einklang mit dem AGG stehen, BVerwG vom 19.2.2009, Az. 2 C 18/07, ZTR 2009, 391; OVG Münster vom 18.7.2007, Az. 6 A 4680/04, DVBl. 2007, 1451.
17 *Giesen*, NZA 2008, 905 (909).
18 *Lehr*, NZA 2008, Beilage 1, 3 (6).
19 *Bertelsmann*, ZESAR 2005, 242 (249); *Rolfs*, NZA 2008, 922 (923).
20 *Geldermann*, S. 59 (S. 65, 69); *Hahn*, S. 138; *Kistler*, S. 147 ff.; *Preis*, NZA 2008, 922 (923).

2. Gründe für die Benachteiligung

Die beschriebene Benachteiligung älterer Beschäftigter beruht auf bestimmten gesellschaftlichen Vorstellungen wie auch konkreten wirtschaftlichen Erwägungen.[21]

a) Gesellschaftliche Vorstellungen

Der Hauptgrund für die Benachteiligung Älterer in der Arbeitswelt besteht darin, dass ihnen zahlreiche negative Attribute zugesprochen werden.[22] Man geht von einer kontinuierlichen Abnahme der Leistungsfähigkeit aus. Damit wiesen ältere Arbeitnehmer eine geringere Produktivität gegenüber ihren jüngeren Kollegen auf[23] und seien anfälliger für Krankheiten.[24] Neben Flexibilität wird ihnen auch die Bereitschaft, sich fortzubilden, abgestritten, sodass sie keine ausreichenden Kenntnisse in neuen Technologien vorweisen könnten.[25] Mit dem behaupteten Leistungsabfall werden auch Schutzerwägungen verbunden. Es soll einerseits verhindert werden, dass ältere Menschen sich beruflich überfordern. Man möchte ihnen daher einen ruhigen Lebensabend gönnen.[26] Andererseits sollen wichtige Gemeinschaftsgüter vor möglichen Gefahren bewahrt werden, die durch angebliche altersbedingte Ausfallerscheinungen hervorgerufen würden.[27] So wird z.B. eine allgemeine Altersgrenze von 60 Jahren für Piloten als zulässig erachtet.[28]

Eine zusätzliche Erwägung lässt sich für die Altersgrenzen anführen. Sie werden von der Gesellschaft nicht hinerfragt, weil sie einen scheinbar notwendigen Wechsel auf dem Arbeitsmarkt sicherstellen. Die jüngere Generation kann somit in die

---

21 *Körner*, NZA 2008, 497.
22 *König*, FS Zuleeg, S. 341 (S. 342); Schiek-*Schiek*, § 1 AGG, Rn. 44; *Waas*, ZRP 2006, 118; in Widerspruch dazu steht aber eine in *Bertelsmann Stiftung/BDA*, Personalmanagement, S. 36 sowie in *Kistler*, S. 86 veröffentlichte Übersicht über eine Befragung der Personalverantwortlichen hinsichtlich der Leistungsfähigkeit älterer Arbeitnehmer, wonach dieser Beschäftigtengruppe im Grundsatz keine schlechteren Attribute gegenüber ihren jüngeren Kollegen zugeschrieben werden.
23 *Hahn*, S. 32; *Körner*, NZA 2008, 497; *Niederfranke*, S. 149 (S. 157); *Polloczek*, S. 22; Rust/Falke-*Bertelsmann*, § 1 AGG, Rn. 89; *Senne*, S. 59.
24 *Kistler*, S. 87 f.; *König*, FS Zuleeg, S. 341 (S. 342); *Körner*, NZA 2008, 497.
25 *Bouchouaf*, KJ 2006, 310 ff.; *Körner*, NZA 2008, 497; *Preis*, NZA 2008, 922 (923); Rust/Falke-*Bertelsmann*, § 1 AGG, Rn. 89.
26 *Hahn*, S. 41 f.; *Simitis*, NJW 1994, 1453 (1454).
27 *Lingscheid*, S. 203; *M. Schmidt/Senne*, RdA 2002, 80 (87).
28 BAG vom 21.7.2004, Az. 7 AZR 589/03, Rn. 24, NZA 2004, 1352; *Bauer/Göpfert/Krieger*, § 10 AGG, Rn. 40

frei werdenden Stellen nachrücken.[29] Auf der anderen Seite erfahren die betroffen Arbeitnehmer keinen unzumutbaren Nachteil, da Höchstaltersgrenzen das gesetzliche Renteneintrittsalter zum Maßstab haben und damit eine ausreichende wirtschaftliche Absicherung gegeben ist.[30]

b) Wirtschaftliche Gründe

Daneben führt wirtschaftliches Kalkül der Arbeitgeber dazu, dass sie bestrebt sind, möglichst junge Bewerber einzustellen und sich von den älteren Mitarbeitern zu trennen.[31]

Bei der Auswahl seiner Arbeitnehmer verfügt der Arbeitgeber nicht über die Mittel, um ihre tatsächliche Leistungsfähigkeit festzustellen. Dementsprechend muss er auf ein kostengünstiges Informationssurrogat, das Alter des Bewerbers, zurückgreifen (sog. statistische Diskriminierung). Diese pauschale Betrachtungsweise führt dazu, dass ältere Arbeitnehmer per se als weniger produktiv eingestuft werden.[32] Die Entscheidung des Arbeitgebers wird weiterhin durch die Frage bestimmt, ob sich die Kosten im Verlaufe des Arbeitsverhältnisses amortisieren, die durch eine Einarbeitungsphase und ggf. durch erforderliche Fortbildungsmaßnahmen entstehen.[33] Hier haben ältere Arbeitnehmer, die sich um eine Arbeitsstelle bewerben, einen schweren Stand, zumal sie näher am Renteneintrittsalter sind als ihre jüngeren Mitbewerber.

Besonders augenscheinlich ist die wirtschaftliche Motivation des Arbeitgebers, Ältere zu benachteiligen, bei starren leistungsunabhängigen Senioritätsregelungen im Entgeltbereich. Hier ist es nicht unwahrscheinlich, dass er einen Beschäftigten aus einer höheren Altersgruppe höher entlohnen muss als einen vergleichbaren

---

29 BAG vom 20.11.1987, Az. 2 AZR 284/86, Rn. 38 ff., AP Nr. 2 zu § 620 BGB (Altersgrenze); *Bauer/Göpfert/Krieger*, § 10 AGG, Rn. 39; *Bauer*, NJW 2001, 2672 (2674); *König*, FS Zuleeg, S. 341 (S. 342, 345); Däubler/Bertzbach-*Brors*, § 10 AGG, Rn. 94; *Polloczek*, S. 22 ff.; *Senne*, S. 297 f.
30 So die Rspr. hinsichtlich der Zulässigkeit von Höchstaltersgrenzen, EuGH vom 16.10.2007, Rs. C-411/05 (Palacios de la Villa), AP Nr. 8 zu Richtlinie 2000/78/EG; BAG vom 20.11.1987, Az. 2 AZR 284/86, Rn. 52, AP Nr. 2 zu § 620 BGB (Altersgrenze); BAG vom 11.6.1997, Az. 7 AZR 186/96, Rn. 27, NZA 1997, 1290 (1292).
31 *Geldermann*, S. 59 (S. 66).
32 *Bouchouaf*, KJ 2006, 310 (311 ff.); *Thüsing*, RdA 2003, 257 (261).
33 *König*, FS Zuleeg, S. 341 (S. 351); Schiek-*M. Schmidt*, § 10 AGG, Rn. 22; Wendeling-Schröder/Stein-*Wendeling-Schröder*, § 10 AGG, Rn. 48; *Wisskirchen*, DB 2006, 1491 (1493).

jüngeren Arbeitnehmer, obwohl ihre Produktivität nahezu identisch ist.[34] Der Dienstherr möchte sich auch anderen Privilegien entziehen, die ältere Mitarbeiter genießen.[35] Dazu zählen ein erhöhter Kündigungsschutz sowie Ansprüche auf mehr Urlaub im Jahr und weniger Arbeitszeit pro Tag.[36] Ferner geht der Arbeitgeber von der Gefahr höherer Fehlzeiten bei älteren Beschäftigten aus.[37] Erleichtert werden die arbeitgeberseitigen Anliegen durch die Möglichkeit der Frührente.[38]

II. Nachteile jüngerer Arbeitnehmer in der Arbeitswelt

Im deutschen Arbeitsrecht finden sich aber ebenfalls zahlreiche Regelungen, welche Arbeitnehmer im fortgeschrittenen Alter privilegieren und damit ihre jüngeren Kollegen benachteiligen.

1. Benachteiligungsfelder

Zunächst werden auch jüngere Personen durch Altersgrenzen beim Zugang zu bestimmten Berufen eingeschränkt. Diese Mindestaltersgrenzen legen fest, dass eine Tätigkeit nur mit dem Erreichen eines bestimmten Lebensalters ausgeübt werden kann. So erfolgt beispielsweise die Einstellung als Bundesbeamter gem. § 9 Abs. 1 Nr. 2 BBG frühestens mit Vollendung des 27. Lebensjahres. Ein Bewerber für das Amt eines Richters am Bundesarbeitsgericht muss gem. § 42 Abs. 2 ArbGG mindestens 35 Jahre und für das Bundesverfassungsgericht nach § 3 Abs. 1 BVerfGG sogar nicht weniger als 40 Jahre alt sein. Daneben kann eine mittelbare Benachteiligung vorliegen, wenn die Einstellung von einer mehrjährigen Berufserfahrung abhängig gemacht wird.[39]

---

34 *Bertelsmann Stiftung/BDA*, Beschäftigungschancen, S. 58 ff.; *Preis*, NZA 2008, 922 (923); MüKo-*Thüsing*, § 10 AGG, Rn. 52; *Wiedemann/Thüsing*, NZA 2002, 1234 (1241); ausführlich zu der Leistungsfähigkeit der unterschiedlichen Altersgruppen siehe unten 1. Kapitel B. III.
35 *Bertelsmann Stiftung/BDA*, Beschäftigungschancen, S. 58 ff.; *Boecken*, S. B 150; Däubler/Bertzbach-*Brors*, § 10 AGG, Rn. 56; *Giesen*, NZA 2008, 905 (908); *Hahn*, S. 163; *Preis*, NZA 2008, 922 (923); *Rieble/Zedler*, RdA 2006, 273 (300 f.); *Thüsing*, Diskriminierungsschutz, Rn. 462; *Waas*, ZRP 2006, 118 (119).
36 *Bertelsmann Stiftung/BDA*, Beschäftigungschancen, S. 58 ff.
37 *Kistler*, S. 87 f.; *Lehr*, NZA 2008, Beilage 1, 3 (6); *Dunkel-Benz*, NZA 2008, Beilage 1, 25; *Senne*, S. 54.
38 BT- Drucksache 14/8800, S. 61; *König*, FS Zuleeg, S. 341 (S. 342); *Geldermann*, S. 59 (S. 65); *Körner*, NZA 2008, 497; *Peter*, AuR 1993, 384; *Rolfs*, NZA 2008, Beilage 1, 8 (9).
39 *Hanau*, ZIP 2006, 2189 (2197 f.).

Neben der Staffelung kommt älteren Beschäftigten ein weiterer Vorteil im Entgeltbereich zugute. Durch arbeits- oder tarifvertragliche Verdienstsicherungsklauseln bleibt ihnen ihr Einkommen oder ihre Eingruppierung in einer bestimmten Lohngruppe erhalten.[40] Ein Beispiel dafür ist § 13 Abs. 7 MTV Chemie (West).[41] Danach erhält ein mindestens 50 Jahre alter Arbeitnehmer neun Monate lang sein altes Gehalt, wenn er aus betriebsbedingten Gründen umgesetzt wird, an seinem alten Arbeitsplatz mindestens ein Jahr und insgesamt im Betrieb mindestens zehn Jahre tätig war.

Auch zahlreiche Regelungen über die Arbeitszeit und die Dauer des Urlaubs benachteiligen die unteren Alterskategorien. So ist es nicht unüblich, dass Tarifverträge eine kürzere Wochenarbeitszeit für ältere Arbeitnehmer vorsehen[42] oder ihnen mehr Urlaubstage gewähren.[43] Beispielsweise staffeln § 48 Abs. 1 BAT[44] ebenso wie § 26 Abs. 1 TVöD die Anzahl der Urlaubstage nach drei Alterskategorien: Beschäftigte unter 30, zwischen 30 und 40 sowie ab 40 Jahren. § 2a MTV Chemie sieht für Beschäftigte, die das 57. Lebensjahr vollendet haben, eine wöchentliche Altersfreizeit von zweieinhalb Stunden vor. Des Weiteren wird der Übergang älterer Arbeitnehmer in eine Teilzeitbeschäftigung durch das Altersteilzeitgesetz gefördert, das den mindestens 55jährigen Arbeitnehmern zu Gute kommt. Aber auch Individual- und Kollektivverträge sehen Altersteilzeitmodelle vor.[45]

Insbesondere im Hinblick auf die Kündigung des Arbeitsverhältnisses kommen Beschäftigten fortgeschrittenen Alters Vorteile zu, die ihren jüngeren Kollegen verwehrt bleiben. § 622 Abs. 2 BGB sowie etliche tarifliche Klauseln,[46] wie z.B. § 34 Abs. 1 TVöD, staffeln die Kündigungsfristen nach der Dauer des Beschäftigungsverhältnisses. Es handelt sich insoweit um eine mittelbare Benachteiligung der Jüngeren, da die längeren Beschäftigungszeiten regelmäßig von älteren Arbeitnehmern erfüllt werden. Unmittelbar benachteiligend ist aber § 622 Abs. 2 S. 2

---

40 Däubler/Bertzbach-*Brors*, § 10 AGG, Rn. 61; *Lingemann/Gotham*, NZA 2007, 663 (666); *Polloczek*, S. 26; *Rieble/Zedler*, ZfA 2006, 273 (295 f.); Schiek-*M. Schmidt*, § 10 AGG, Rn. 21; *Senne*, S. 265; *Waas*, ZRP 2006, 118 (119 f.); zur Zulässigkeit der Verdienstsicherungsklauseln siehe unter 3. Kapitel C. III.
41 Manteltarifvertrag für die chemische Industrie vom 24.6.1992, in der Fassung vom 15.2.2005.
42 *Bauer/Göpfert/Krieger*, § 10 AGG, Rn. 28; *Rieble/Zedler*, ZfA 2006, 273 (296); *Senne*, S. 266 f.
43 *Bertelsmann*, ZESAR 2005, 242 (246); *Giesen*, NZA 2008, 903 (908); *Rieble/Zedler*, ZfA 2006, 273 (296); Schiek-*M. Schmidt*, § 10 AGG, Rn. 21; *Wulfers/Hecht*, ZTR 2007, 475 (477).
44 Bundesangestelltentarifvertrag vom 23.2.1961, in der Fassung vom 31.1.2003.
45 *Löwisch/Caspers/Neumann*, S. 57 ff.; Rust/Falke-*Bertelsmann*, § 10 AGG, Rn. 97 ff.; *M. Schmidt/Senne*, RdA 2002, 80 (85); *Wiedemann/Thüsing*, NZA 2002, 1234 (1241).
46 *Däubler*, FS Gnade, S. 95 (S. 100).

BGB, wonach für die Berechnung der Beschäftigungsdauer Arbeitszeiten, die vor Vollendung des 25. Lebensjahres absolviert wurden, keine Berücksichtigung finden.[47] Die Vorschrift ist aber nach der Rechtsprechung des EuGH von den deutschen Gerichten aufgrund des Verstoßes gegen den primärrechtlichen europäischen Gleichbehandlungsgrundsatz unangewendet zu lassen.[48] Beabsichtigt ein Arbeitgeber, betriebsbedingt zu kündigen, dann hat er gem. § 1 Abs. 3 KSchG eine Sozialauswahl durchzuführen. Neben Unterhaltspflichten oder einer möglichen Schwerbehinderung ist das Alter ebenso wie die Betriebszugehörigkeit der betroffenen Arbeitnehmer zu berücksichtigen. Wie die einzelnen Belange zu gewichten sind, kann sich nach sog. Punktetabellen richten, die entweder der Arbeitgeber selbst bestimmt oder die nach § 1 Abs. 4, 5 KSchG per Tarifvertrag, Betriebsvereinbarung oder Richtlinie nach dem Personalvertretungsgesetz festgelegt werden.[49] Durch die Einbeziehung des Alters und der Betriebszugehörigkeit werden Arbeitnehmer der unteren Altersstufen bei der Sozialauswahl unmittelbar bzw. mittelbar benachteiligt.[50] Eine weitere Schlechterstellung bei der Sozialauswahl bewirken tarifliche Klauseln, die die ordentliche Kündigung älterer Arbeitnehmer mit einer festgelegten Betriebszugehörigkeit ausschließen.[51] Beispiele dafür sind § 34 Abs. 2 TVöD, der die ordentliche Kündigung für Personen ausschließt, welche das 40. Lebensjahr vollendet und eine Betriebszugehörigkeit von 15 Jahren aufweisen, und die besonders weitgehende Klausel des § 4 Abs. 4 MTV Metall Nordwürttemberg/Nordbaden,[52] wonach die entsprechende Unkündbarkeit die Vollendung des 53. Lebensjahrs und eine dreijährige Betriebszugehörigkeit erfordert. Dies stellt nicht nur ein Privileg der Älteren dar, sondern beeinträchtigt auch die Sozialaus-

---

47 EuGH vom 19.1.2010, Rs. C-555/07 (Kücükdeveci), NJW 2010, 427; *Bauer/Göpfert/Krieger*, § 10 AGG, Rn. 27; Däubler/Bertzbach-*Brors*, § 10 AGG, Rn. 61; *Hanau*, ZIP 2006, 2189 (2192); *Kamanabrou*, RdA 2007, 199 (206); *Preis*, NZA 2006, 401 (408); *Schleusener*, NZA 2007, 358 (359); *Waltermann*, NZA 2005, 1265 (1269); *Willemsen/Schweibert*, NJW 2006, 2583 (2586).
48 EuGH vom 19.1.2010, Rs. C-555/07 (Kücükdeveci), Rn. 49 ff., NJW 2010, 427 (429 f.), ausführlich zu dem Urteil siehe unten 5. Kapitel A. II. 1. a) cc) (3).
49 Däubler/Bertzbach-*Brors*, § 10 AGG, Rn. 100; Rust/Falke-*Rust/Bertelsmann*, § 7 AGG, Rn. 175; Schiek-*M. Schmidt*, § 10 AGG, Rn. 38; Schleusener/Suckow/Voigt-*Voigt*, § 10 AGG, Rn. 65.
50 *Kamanabrou*, RdA 2007, 199 (201 f.); *Rolfs*, NZA 2008, Sonderbeilage zu Heft 1, 8 (14); *Weber*, AuR, 2002, 401 (404).
51 *Bertelsmann*, ZESAR 2005, 242 (247); Däubler/Bertzbach-*Brors*, § 10 AGG, Rn. 119; *Giesen*, NZA 2008, 905 (908); *Linsenmaier*, RdA 2003, Sonderbeilage zu Heft 5, 22 (32); *Löwisch/Caspers/Neumann*, S. 51; *Rieble/Zedler*, ZfA 2006, 273 (299).
52 Manteltarifvertrag für Beschäftigte in der Metallindustrie in Nordwürttemberg/Nordbaden vom 14.6.2005.

wahl zum Nachteil der Jüngeren, da eine ordentliche betriebsbedingte Kündigung der Begünstigten ausgeschlossen ist, weshalb sie erst gar nicht in die Sozialauswahl einbezogen werden.[53]

Wird das Arbeitsverhältnis mit einem älteren Beschäftigten trotz der umfassenden Schutzvorschriften beendet oder verschlechtern sich seine Arbeitsbedingungen infolge einer Betriebsänderung i.S.d. § 111 BetrVG, steht ihm u.u. ein höherer Abfindungsanspruch zu als jüngeren Kollegen in einer vergleichbaren Situation. Zum Beispiel bemisst sich der Abfindungsanspruch nach § 1a KSchG, den der Arbeitnehmer aufgrund seines Verzichts auf eine Kündigungsschutzklage erhält, nach seiner Betriebszugehörigkeit. Ferner ist die Abfindung gem. § 9 KSchG gestaffelt, wobei Alter und Betriebszugehörigkeit Berücksichtigung finden. Solche Staffelungen können auch in Tarifverträgen enthalten sein, wie z.B. in § 13 Abs. 4 MTV Chemie, der nach Alter und Betriebszugehörigkeit ausgerichtete Abfindungen im Falle von rationalisierungsbedingten Entlassungen vorsieht. Das Lebensalter aber auch das möglicherweise mittelbar diskriminierende Kriterium der Betriebszugehörigkeit sind weiterhin für die Berechnung von Sozialplanleistungen entscheidend.[54] In vielen Fällen gilt: Je älter ein Arbeitnehmer, desto höher sein Abfindungsanspruch.

2. Gründe für die Benachteiligung

Für die dargestellte unterschiedliche Behandlung zum Nachteil der jüngeren Beschäftigten lassen sich ebenfalls sowohl gesellschaftliche als auch wirtschaftliche Erwägungen anführen.

Die Schutzbedürftigkeit älterer Beschäftigter liefert einen bedeutenden sozialen Grund für die Unterscheidungen. Dabei bezieht sie sich auf die physische Konstitution sowie die schlechte Vermittelbarkeit der privilegierten Altersgruppen auf dem Arbeitsmarkt. Dementsprechend werden verkürzte Arbeits- und verlängerte Urlaubszeiten mit dem erhöhten Erholungsbedarf der Älteren begründet.[55] Ihr schwerer Stand auf dem Arbeitsmarkt bietet scheinbar die Rechtfertigung für einen ver-

---

53 *Bauer/Göpfert/Krieger*, § 10 AGG, Rn. 49; Däubler/Bertzbach-*Brors*, § 10 AGG, Rn. 119; *Körner*, NZA 2008, 497 (501); *Löwisch*, DB 2006, 1729 (1730); *Löwisch/Caspers/Neumann*, S. 52.
54 *Giesen*, NZA 2008, 905 (907).
55 *Kamanabrou*, RdA 2006, 321 (330); *Lingemann/Gotham*, NZA 2007, 663 (666); *Waltermann*, NZA 2005, 1265 (1269); *Wisskirchen*, DB 2006, 1491 (1493).

stärkten Kündigungsschutz sowie höhere Abfindungssummen.[56] Die Besonderheit des Merkmals Alter nämlich die Tatsache, dass es sich um eine linear verändernde Eigenschaft handelt, führt zu einer Akzeptanz der Ungleichbehandlung bei den jüngeren Arbeitnehmern. Schließlich haben sie die Aussicht, zu einem späteren Zeitpunkt in den Genuss der arbeitsrechtlichen Vorteile zu kommen.[57]

Die zweite Begründungsschiene für die Benachteiligung ist wirtschaftlicher Art. Älteren Beschäftigten werden aufgrund des fortgeschrittenen Lebens- und Dienstalters zahlreiche für den Arbeitsplatz förderliche und teilweise unterlässliche Eigenschaften zugesprochen. Dazu zählen eine breite Lebens- und v.a. Berufserfahrung, Verlässlichkeit, Loyalität gegenüber dem Arbeitgeber und Unternehmen sowie eine zunehmende Beurteilungs- und Entscheidungsfähigkeit.[58] Teilweise hat der Arbeitgeber ein Interesse daran, Personen mit einem bestimmten Mindestalter einzustellen, da diese im Grundsatz bestrebt sind, sich längerfristig an einen Dienstherrn zu binden. Dadurch eröffnet sich für den Arbeitgeber die Möglichkeit einer längerfristigen Personalplanung.[59]

III. Gerontologische Erkenntnisse zum Verhältnis von Alter und Leistungsfähigkeit

Es zeigt sich, dass Gesetzgeber, Tarif- und Betriebsparteien, Arbeitgeber sowie die Gesellschaft von leistungsbezogenen Unterschieden zwischen den verschiedenen Alterskategorien ausgehen und damit die ungleiche Behandlung in der Arbeitswelt rechtfertigen. Diese pauschale Annahme hält aber einer Prüfung anhand der aktuellen gerontologischen Erkenntnisse nicht stand.

Ihr liegt das sog. Defizitmodell vom Alter zugrunde, das lange Zeit dazu diente, die gängigen Klischees über schlechte Eigenschaften älterer Beschäftigter mit einer wissenschaftlichen Rechtfertigung zu versehen.[60] Es geht davon aus, dass das Altern mit einem stetigen Leistungsabfall der körperlichen und geistigen Funktionen

---

56 Däubler/Bertzbach-*Brors*, § 10 AGG, Rn. 61; *Polloczek*, S. 22; *M. Schmidt/Senne*, RdA 2006, 257 (261); *Wulfers/Hecht*, ZTR 2007, 475 (477).
57 Ähnlich *Thüsing*, RdA 2003, 257 (261), der sich allerdings ausschließlich auf das erhöhte Entgelt bezieht und vornehmlich eine wirtschaftliche Betrachtung anstellt.
58 *Bertelsmann Stiftung/BDA*, Personalmanagement, S. 35; Däubler/Bertzbach-*Brors*, § 10 AGG, Rn. 72; *Hahn*, S. 34; *Polloczek*, S. 22; Rust/Falke-*Bertelsmann*, § 1 AGG, Rn. 88; Rust/Falke-*Feldhoff*, § 7 AGG, Rn. 126; Schiek-*Schiek*, § 1 AGG, Rn. 44; *Stalder*, S. 186.
59 BVerwG vom 20.4.1983, Az. 2 B 117/82; *Lüderitz*, S. 117 f.; zu Recht kritisch zu dieser Annahme Rust/Falke-*Bertelsmann*, § 10 AGG, Rn. 134.
60 *Bertelsmann Stiftung/BDA*, Personalmanagement, S. 34; *Wollert*, S. 172 (S. 174 ff.).

eines Menschen einhergeht.[61] Indes gilt dieser Ansatz in der gerontologischen Forschung als widerlegt.[62]

Nach dem heutigen Forschungsstand kann das Alter nicht allein zur Bewertung der Leistungsfähigkeit herangezogen werden; vielmehr sind altersunabhängige Faktoren hierfür entscheidend.[63] Dazu zählen die Ausgangsbegabung wie auch die genetische Disposition der Beschäftigten, ihre vorhandenen oder erworbenen Qualifikationen sowie ein gesundheitsbewusster Lebensstil.[64] Nicht zu unterschätzen sind auch äußere Einflüsse auf den Beschäftigten. Die Leistungsfähigkeit wird auf Dauer insbesondere dadurch bestimmt, inwieweit die berufliche Tätigkeit selbst und die Kollegen oder Personen aus dem privaten Bereich den Arbeitnehmer motivieren können.[65] Im Hinblick auf das Arbeitsverhältnis ist weiterhin zu konstatieren, dass monotone, nicht fordernde Tätigkeiten sowie fehlende Weiterbildungsmöglichkeiten einen Leistungsabfall mit fortschreitendem Alter verstärken (sog. *disuse*-Effekt).[66] Daher geht man von einer Heterogenität des Alterungsprozesses aus. So ist es nicht verwunderlich, wenn innerhalb einer Altersgruppe erhebliche Leistungsunterschiede bestehen.[67]

Da nun das Alter nicht allein für die Produktivität eines Arbeitnehmers ausschlaggebend ist, sind grundsätzlich keine Leistungsunterschiede zwischen den Alterskategorien zu beobachten.[68] So haben Untersuchungen ergeben, dass keine

---

61 *Filipp/Mayer*, S. 30; *Kistler*, S. 79 f.; *Lehr*, S. 47; *Senne*, S. 40; *Wollert*, S. 172 (S. 174); diesem Modell scheinen *Wiedemann/Thüsing*, NZA 2002, 1234 (1241) wie auch MüKo-*Thüsing*, § 10 AGG, Rn. 52 implizit anzuhängen, indem sie davon ausgehen, dass der Höhepunkt der Leistungsfähigkeit mehrere Jahre vor dem Eintritt in den Ruhestand erreicht ist; von einer Leistungsminderung älterer Beschäftigter geht auch *Waas*, ZRP 2006, 118 aus, ohne dies wissenschaftlich zu belegen.
62 *Bertelsmann Stiftung/BDA*, Personalmanagement, S. 34 f.; *Geldermann*, S. 59 (S. 68); *Kistler*, S. 79; *Lüderitz*, S. 29; *Niederfranke/Lehr*, FS Freudenberg, S. 76 (S. 83).
63 *Baltes/Baltes*, S. 1 (S. 16); *Bouchouaf*, KJ 2006, 310 (311); *Hahn*, S. 32; *Lehr*, S. 216 f.; *dies.* NZA 2008, Beilage 1, 3 (6); *Nussberger*, JZ 2002, 524 (532); *Senne*, S. 44 f.
64 *Bouchouaf*, KJ 2006, 310 (311); *Dunkel-Benz*, NZA 2008, Beilage 1, 25; *Körner*, NZA 2008, 497; *Lehr*, S. 216; *dies.* NZA 2008, Beilage 1, 3 (6); Rust/Falke-*Bertelsmann*, § 1 AGG, Rn. 92; *Senne*, S. 45; *Wollert*, S. 172 f.
65 *Bouchouaf*, KJ 2006, 310 (311); *Lehr*, S. 214, 216; *dies.* NZA 2008, Beilage 1, 3 (6); Rust/Falke-*Bertelsmann*, § 1 AGG, Rn. 93.
66 *Bertelsmann Stiftung/BDA*, Personalmanagement, S. 36; *Hahn*, S. 33; *Senne*, S. 44.
67 *Baltes/Baltes*, S. 1 (S. 16); *Boecken*, S. B 54 ff.; *Hahn*, S. 32, 95; *Körner* NZA 2008, 497; *Lehr*, S. 216 f.; *dies.* NZA 2008, Beilage 1, 3 (6); *Polloczek*, S. 24; *Reichold/Hahn/Heinrich*, NZA 2005, 1270 (1275); *Stalder*, S. 183.
68 *Boecken*, S. B 55; *Kruse*, S. 72 (S. 79 f.); *Lehr*, S. 212; *Lüderitz*, S. 29 f.; *Peter*, AuR 1993, 384; Rust/Falke-*Bertelsmann*, § 1 AGG, Rn. 92; Schiek-*Schiek*, § 1 AGG, Rn. 44; *Stalder*, S. 186.

signifikanten Abweichungen zwischen der Arbeitsleistung Älterer und Jüngerer bestehen, sofern als Maßstab das Arbeitsergebnis bestimmt wird.[69] Zwar sind zunehmende physische Defizite älterer Personen kaum zu leugnen, beispielsweise die Abnahme der Körperkraft sowie die Verschlechterung des Hör- und Sehvermögens.[70] Dennoch muss nur noch wenigen Arbeitsbereichen, deren Zahl darüber hinaus stetig abnimmt, die volle Körperkraft genutzt werden.[71] Andere körperliche Schwächen können oftmals durch Hilfsmittel wie Brillen oder Hörgeräte überbrückt sowie mit Hilfe einer entsprechenden Arbeitsplatzgestaltung abgemildert werden.[72] Eine bedeutende gerontologische Feststellung in diesem Zusammenhang ist, dass altersbedingte Schwächen durch andere, sich entwickelnde Qualitäten der Älteren ausgeglichen werden, wie z.B. sprachliche Gewandtheit, einen besseren Überblick für komplexe Sachverhalte, eine größere Beständigkeit sowie eine erhöhte Loyalität gegenüber dem Arbeitgeber.[73] Es findet daher ein Wandel der Fähigkeiten statt, durch den sich insgesamt nichts für die berufliche Leistungsfähigkeit ändert.[74]

Ebenso bestehen keine Unterschiede bei anderen für das Berufsleben bedeutenden Eigenschaften. Weder sind ältere Arbeitnehmer weniger innovativ noch unflexibel im Vergleich zu ihren jüngeren Kollegen.[75] Entgegen dem gängigen Klischee konnte eine generelle Technikfeindlichkeit der oberen Altersklassen nicht nachgewiesen werden.[76]

Trotz der grundsätzlichen Vergleichbarkeit der Altersgruppen stehen die älteren Arbeitnehmer ihren jüngeren Kollegen in zwei Punkten nach. Sie sind im verstärkten Maße anfällig für chronische Krankheiten, insbesondere Muskel-, Skelett- und

---

69 *Bertelsmann Stiftung/BDA*, Personalmanagement, S. 35; *Lehr*, S. 214.
70 *Baltes/Baltes*, S. 1 (S. 21); *Bertelsmann Stiftung/BDA*, Personalmanagement, S. 35; *Dunkel-Benz*, NZA 2008, Beilage 1, 25; *Lehr*, S. 214 f.; *dies.* NZA 2008, Beilage 1, 3 (6); Rust/Falke-*Bertelsmann*, § 1 AGG, Rn. 95; *Senne*, S. 49 ff.
71 *Lehr*, S. 214 f.; *dies.* NZA 2008, Beilage 1, 3 (6); so sinkt kontinuierlich der Anteil der Beschäftigten im primären wie sekundären Sektor, bei denen vorwiegend körperliche Arbeiten verrichtet werden, während immer mehr Arbeitnehmer im tertiären Sektor tätig werden, vgl. *Statistisches Bundesamt*, Datenreport 2008, S. 115.
72 *Bertelsmann Stiftung/BDA*, Personalmanagement, S. 35.
73 *Bertelsmann Stiftung/BDA*, Personalmanagement, S. 38; *Kruse*, S. 72 (S. 80); *Lehr*, S. 214, 217; *dies.*, NZA 2008, Beilage 1, 3 (7); *Niederfranke*, S. 149 (S. 185 ff.); *Niederfranke/Lehr*, FS Freudenberg, S. 76 (S. 83 f.); Rust/Falke-*Bertelsmann*, § 1 AGG, Rn. 94; *Stalder*, S. 186; *Wollert*, S. 172 (S. 174).
74 *Bertelsmann Stiftung/BDA*, Personalmanagement, S. 38.
75 *Bertelsmann Stiftung/BDA*, Personalmanagement, S. 38; *BMFSFJ*, S. 32; *Lüderitz*, S. 32 f.; Rust/Falke-*Bertelsmann*, § 1 AGG, Rn. 96
76 *Lehr*, NZA 2008, Beilage 1, 3 (7); *Senne*, S. 48.

Herz-Kreislauferkrankungen.[77] Dadurch wird der zweite Nachteil teilweise bedingt. Ältere Arbeitnehmer weisen statistisch längere Fehlzeiten auf,[78] was auch mit der vergleichsweise höheren Rekonvaleszenzzeit erklärt werden kann.[79]

Die dargestellten Erkenntnisse widerlegen größtenteils die Erwägungen, welche der unterschiedlichen Behandlung der Altersgruppen in der Arbeitswelt zugrunde liegen, und demaskieren sie als wissenschaftlich nicht belegte Vorurteile. Es liegen grundsätzlich keine wesentlichen Unterschiede der Altersgruppen in Bezug auf Produktivität und Innovation vor. Dementsprechend wird eine unterschiedliche Behandlung, die ausschließlich an das Lebensalter abstellt schwer zu rechtfertigen sein. Eine Rechtfertigung zu Lasten älterer Beschäftigter kommt lediglich dann in Betracht, wenn es bei einem Beschäftigungsverhältnis entscheidend auf physische Eigenschaften ankommt.

IV. Fazit

Es hat sich gezeigt, dass die Unterscheidung zwischen Altersgruppen bzw. Differenzierungen, welche jüngere und ältere Beschäftigte unterschiedlich treffen, entscheidende Bereiche des Arbeitsrechts durchziehen. In diesem Zusammenhang erfahren ältere wie auch jüngere Arbeitnehmer Nachteile. Sowohl individual- als auch kollektivrechtliche Regelungen legen diese Unterscheidungen fest. Selbst der Gesetzgeber sieht nicht davon ab und gibt damit der Differenzierung einen scheinbar legalen Anstrich. Aufgrund dieser langjährigen Vorgehensweise, der größtenteils wissenschaftlich nicht erwiesenen Altersstereotype sowie einer im Unterschied zu den übrigen verpönten Merkmalen fehlenden Missbrauchsgeschichte des Alters wurden die Differenzierungen als sozialadäquat angesehen. Die Antidiskriminierungsrichtlinien und v.a. das AGG läuten hier einen Prozess des Umdenkens ein. Ein solcher ist auch dringend erforderlich, zumal das Alter wenig über berufsspezifische Eigenschaften einer Person aussagt, wie insbesondere die Leistungsfähigkeit.

---

77 *Bertelsmann Stiftung/BDA*, Personalmanagement, S. 35 f.; *DGB*, S. 17.
78 *DGB*, S. 16 ff.; *Lehr*, Psychologie, S. 223 ff.; Wendeling-Schröder/Stein-*Wendeling-Schröder*, § 10 AGG, Rn. 18; nach einer von der AOK für das Jahr 2007 über ihre Mitglieder aus dem Rheinland geführten Statistik fehlten Arbeitnehmer im Alter bis 24 Jahren krankheitsbedingt durchschnittlich 5,51 Tage, während der Wert in der Alterskategorie „ab 50 Jahren" 20,56 Tage betrug, vgl. AOK Gesundheitsbericht, S. 30.
79 *Lehr*, S. 223; *DGB*, S. 18.

2. Kapitel
Verbot der Benachteiligung nach AGG

Tarifliche Entgeltklauseln sind altersdiskriminierend, wenn sie bestimmte Altersgruppen benachteiligen und die Benachteiligung nicht gerechtfertigt ist. Es liegt dann ein Verstoß gegen das Benachteiligungsverbot des § 7 Abs. 1 AGG verstoßen. Dabei wird der Begriff der Vereinbarung im Sinne des § 7 Abs. 2, der auf den ersten Absatz verweist, weit verstanden, weshalb das Benachteiligungsverbot des AGG auch auf Tarifwerke Anwendung findet.[80] Sämtliche Ansprüche des Arbeitnehmers setzen einen solchen Verstoß voraus. Dementsprechend nimmt das Benachteiligungsverbot eine zentrale Rolle im AGG ein, weshalb seine Herleitung wie auch die einzelnen Elemente einer genaueren Darstellung bedürfen. Ebenso muss auf die Besonderheiten beim Merkmal Alter eingegangen werden. Zuvor soll allerdings gezeigt werden, wie das Verbot der Altersdiskriminierung in das deutsche Recht Eingang gefunden hat, zumal sich hierbei zeigen wird, dass während des Gesetzgebungsverfahrens lange Zeit nicht feststand, wie das Benachteiligungsverbot ausgestaltet werden soll. Dies wiederum kann Auswirkungen auf die Frage haben, inwieweit einem Arbeitgeber, der anhand eines altersdiskriminierenden Tarifvertrags vergütet hat, Vertrauensschutz zu gewähren ist.[81]

A. Entstehungsgeschichte und Zielsetzung des AGG

Das Umsetzungsgesetz AGG geht auf vier Antidiskriminierungsrichtlinien zurück,[82] die wiederum auf Grundlage von Art. 13 EGV a.F.[83] erlassen wurden.[84] Mit dem am 1.5.1999 in Kraft getretenen Amsterdamer Vertrag[85] fand die Kompetenzvorschrift

---

80 *Kamanabrou*, ZfA 2006, 327 (328); *Wulfers/Hecht*, ZTR 2007, 475 (476); ausführlich dazu siehe unten 3. Kapitel A. I.
81 Dazu siehe unten 5. Kapitel A.
82 BT-Drucksache, 16/1780, S. 1.
83 Nunmehr Art. 19 EUV
84 Däubler/Bertzbach-*Däubler*, Einleitung AGG, Rn. 103; *Leuchten*, NZA 2002, 1254.
85 ABl. EG Nr. C 340, S. 1; Groeben/Schwarze-*Kiemel*, Vorbemerkung zu Art. 56 – 60 EGV, Rn. 32.

Eingang in den EGV.⁸⁶ Sie ermächtigt den Rat der Europäischen Union, auf Vorschlag der europäischen Kommission und nach Anhörung des Europäischen Parlaments geeignete Maßnahmen zu ergreifen, die Diskriminierungen aufgrund des Geschlechts, der Rasse, der ethnischen Herkunft, der Religion oder der Weltanschauung, einer Behinderung, des Alters oder der sexuellen Ausrichtung bekämpfen sollen.

Schon sechs Monate nachdem Art. 13 EGV a.f. eingefügt wurde, legte die Europäische Kommission am 25.11.1999 ein dreiteiliges Maßnahmenpaket vor.⁸⁷ Es beinhaltete ein Aktionsprogramm und zwei Richtlinienvorschläge.⁸⁸ Kurze Zeit später wurden die entsprechenden Richtlinien verabschiedet.⁸⁹ Im Einklang mit ihrer primärrechtlichen Grundlage zielen die vier Richtlinien auf den Schutz vor unzulässigen Benachteiligungen wegen eines der genannten verpönten Merkmale in Beschäftigung und Beruf ab. Darüber hinaus wird der Schutz für die Merkmale Rasse, ethnische Herkunft und Geschlecht auf den zivilrechtlichen Verkehr erstreckt.⁹⁰ Rasse und ethnische Herkunft werden von der Richtlinie 2000/43/EG,⁹¹ das Geschlecht von den Richtlinien 2002/73/EG⁹² und 2004/113/EG⁹³ und die übri-

---

86 *Bauer*, NJW 2001, 2672; Callies/Ruffert-*Epiney*, Art. 13 EGV, Rn. 1; *Hahn*, S. 58; *König*, FS Zuleeg, S. 341 (S. 343 f.); *Senne*, S. 135.
87 Der entsprechende Vorschlag zur Anpassung der Richtlinie 76/207/EWG des Rates zur Verwirklichung des Grundsatzes der Gleichbehandlung von Männern und Frauen hinsichtlich des Zugangs zur Beschäftigung, zur Berufsbildung und zum beruflichen Aufstieg sowie in Bezug auf die Arbeitsbedingungen folgte am 7.6.2000, vgl. KOM (2000) 343 endg.
88 KOM (1999) 564 bis 567 endg.
89 Die schnelle Einigung wird teilweise auf den Wahlerfolg der rechtsgerichteten FPÖ bei den österreichischen Nationalratswahlen im Oktober 1999 zurückgeführt, *Hahn*, S. 63; *König*, FS Zuleeg, S. 341 (S. 344); *M. Schmidt/Senne*, RdA 2002, 80 (81).
90 *König*, FS Zuleeg, S. 341 (S. 344); Schleusener/Suckow/Voigt-*Schleusener*, § 1 AGG, Rn. 4; *Stork*, ZEuS 2005, 1 (5 ff.); Wendeling-Schröder/Stein-*Wendeling-Schröder*, Einleitung AGG, Rn. 2 ff.; Vgl. RL 76/207/EWG, RL 2000/43/EG, RL 2000/78/EG, RL2004/113/EG, jeweils Art. 1.
91 Richtlinie 2000/43/EG des Rates vom 29.6.2000 zur Anwendung des Gleichbehandlungsgrundsatzes ohne Unterschied der Rasse oder der ethnischen Herkunft; auch „Antirassismus-Richtlinie" genannt.
92 Richtlinie 2002/73/EG des Europäischen Parlaments und des Rates vom 23.9.2002 zur Änderung der Richtlinie 76/207/EWG des Rates zur Verwirklichung des Grundsatzes der Gleichbehandlung von Männern und Frauen hinsichtlich des Zugangs zur Beschäftigung, zur Berufsbildung und zum beruflichen Aufstieg sowie in Bezug auf die Arbeitsbedingungen; auch „Gender-Richtlinie" genannt.
93 Richtlinie 2004/113/EG des Rates vom 13.12.2004 zur Verwirklichung des Grundsatzes der Gleichbehandlung von Männern und Frauen beim Zugang zu und bei der Versorgung mit Gütern und Dienstleistungen; auch „Gender-Richtlinie Zivilrecht" genannt.

gen in Art. 13 EGV a.F. aufgelisteten Merkmale von der Richtlinie 2000/78/EG[94] erfasst. Somit ist letztere für das hier relevante Verbot der Altersdiskriminierung relevant.

In Anlehnung an die Antidiskriminierungsrichtlinien schreibt sich das AGG in § 1 die Prävention und Beseitigung von Benachteiligungen aufgrund der verpönten Merkmale auf die Fahnen. Dem Inkrafttreten des Umsetzungsgesetzes am 18.8.2006 ging allerdings ein zäh verlaufendes Gesetzgebungsverfahren voraus, was sich darin offenbart, dass das AGG bereits den dritten Anlauf der Bundesregierung darstellt, um den europarechtlichen Vorgaben gerecht zu werden. Seinen Anfang nahm die Geschichte des AGG mit dem „Diskussionsentwurf eines Gesetzes zur Verhinderung von Diskriminierungen im Zivilrecht",[95] der von dem Bundesjustizministerium am 10.12.2001 vorgelegt wurde. Er zielte darauf ab, mit den §§ 319a bis 319e BGB einen neuen Untertitel „verbotene Benachteiligungen" in das BGB einzuführen, der sich auf sämtliche geschützten Kriterien erstreckte und somit über die Vorgaben der Richtlinien hinausging.[96] Nachdem das Diskussionspapier teilweise harsche Kritik aus dem rechtswissenschaftlichen Schrifttum erfahren hat,[97] ergriff das Bundesministerium für Familie, Senioren, Frauen und Jugend die Initiative und präsentierte am 6.5.2004 einen Entwurf mit einem „arbeitsrechtlichen Antidiskriminierungsgesetz" und einem separaten „zivilrechtlichen Antidiskriminierungsgesetz", das in das BGB inkorporiert werden sollte.[98]

Die rot-grüne Bundesregierung entschied sich indes gegen eine geteilte Lösung und brachte durch die Regierungsfraktionen am 16.12.2004 ein einheitliches Antidiskriminierungsgesetz (ADG) in den Bundestag ein.[99] Nachdem die CDU/CSU-Fraktion im Bundestag die Rücknahme des Entwurfs zum Schutze der bestehenden Beschäftigungsverhältnisse gefordert hat[100] und – was um so wichtiger ist – der

---

94 Richtlinie 2000/78/EG des Rates vom 27.11.2000 zur Festlegung eines allgemeinen Rahmens für die Verwirklichung der Gleichbehandlung in Beschäftigung und Beruf; auch „Rahmenrichtlinie" genannt.
95 Abrufbar unter http://rsw.beck.de/rsw/upload/Beck_Aktuell/Diskussionsentwurf-BMJ_1.pdf, abgerufen am 30.4.2010.
96 Däubler/Bertzbach-*Däubler*, Einleitung AGG, Rn. 8.
97 *Adomeit*, NJW 2002, 1622 (1623); *Globig*, ZRP 2002, 529 (530); *Säcker* ZRP 2002, 286, der von der „Tugendrepublik der neuen Jakobiner" spricht; differenzierend *Baer*, ZRP 2002, 290 ff.
98 Abrufbar unter http://baer.rewi.hu-berlin.de/w/files/lsb_adg_chronologie/adg_entwurf_mai_2004_bmfsfj_euri.pdf, abgerufen am 30.4.2010.
99 BT-Drucksache 15/4538; Däubler/Bertzbach-*Däubler*, Einleitung AGG, Rn. 9; Schiek-*Schiek*, Einleitung AGG; Rn. 4; Wendeling-Schröder/Stein-*Wendeling-Schröder*, Einleitung AGG, Rn. 13.
100 BT-Drucksache 15/5019.

Bundesrat per Beschluss vom 18.2.2005 zwar seine grundsätzliche Zustimmung zu einem Antidiskriminierungsgesetz erklärt hat, allerdings in dem Entwurf erheblichen Verbesserungsbedarf gesehen hat,[101] legten die Regierungsfraktionen am 18.3.2005 einen zweiten Entwurf vor,[102] zu dem der Bundestag am 17.6.2005 einen Gesetzgebungsbeschluss gefasst hat.[103] Hiergegen legte der Bundesrat Widerspruch ein und verwies den neuen Entwurf an den Vermittlungsausschuss.[104] Das Gesetzgebungsverfahren wurde allerdings aufgrund der Neuwahlen vom 18.9.2005 unterbrochen und musste infolge des Grundsatzes der Diskontinuität von neuem begonnen werden.[105] In der 16. Legislaturperiode brachte die neue Bundesregierung aus CDU, CSU und SPD am 18.5.2006 einen Entwurf für die Umsetzung der Antidiskriminierungsrichtlinien ein, wobei im Unterschied zu den beiden Vorgängern die Gesetzesbezeichnung von Antidiskriminierungsgesetz in Allgemeines Gleichbehandlungsgesetz (AGG) geändert wurde.[106] Der Bundestag stimmte dem Gesetz am 29.6.2006 zu.[107] In seiner Sitzung vom 7.7.2006 machte der Bundesrat von seinem Widerspruchsrecht keinen Gebrauch.[108] Dementsprechend wurde das AGG am 17.8.2006 als Art. 1 des Gesetzes zur Umsetzung der europäischen Richtlinien zur Verwirklichung des Grundsatzes der Gleichbehandlung im Bundesgesetzblatt verkündet[109] und trat nach Art. 4 am 18.8.2006 in Kraft.[110]

Damit setzte aber der deutsche Gesetzgeber einen Großteil der Richtlinien nicht fristgerecht um. Die Richtlinie 2000/43/EG war nach ihrem Art. 16 Abs. 1 bis zum 19.7.2003 umzusetzen, die Richtlinie 2002/73/EG gem. Art. 2 bis zum 5.10.2005 und die Richtlinie 2000/78/EG bis zum 2.12.2003, wie von Art. 18 Abs. 1 vorgesehen. Aus diesem Grund wurden zwei Verfahren vor dem EuGH gegen die Bundesrepublik Deutschland geführt. Dabei wurde zwar eine Pflichtverletzung festgestellt, allerdings sah man von Sanktionen ab.[111] Das Fristversäumnis galt indes nicht für

---

101 BR-Drucksache 103/05.
102 BT-Drucksache 15/5717; Wendeling-Schröder/Stein-*Wendeling-Schröder*, Einleitung AGG, Rn. 13.
103 BT-Plenarprotokoll 15/182, S. 17211.
104 BR-Drucksache 445/05.
105 Däubler/Bertzbach-*Däubler*, Einleitung AGG, Rn. 8; *Klumpp*, NZA 2005, 848; Rust/Falke-*Rust*, Einleitung AGG, Rn. 421; Schiek-*Schiek*, Einleitung AGG, Rn. 4.
106 BT-Drucksache 16/1780.
107 BT-Plenarprotokoll 16/43, S. 4039 f.; Rust/Falke-*Rust*, Einleitung AGG, Rn. 421; Schleusener/Suckow/Voigt-*Schleusener*, § 1 AGG, Rn. 1.
108 BR-Plenarprotokoll 824, S. 229 f.
109 BGBl. 2006 Teil I Nr. 39, S. 1897 ff.
110 *Adomeit/Mohr*, Einleitung AGG, Rn. 234.
111 EuGH vom 28.4.2005, Rs. C-329/04, EuZW 2005, 444; EuGH vom 23.2.2006, Rs. C-43/05, AP Nr. 2 zu Richtlinie 2000/78/EG.

das Merkmal Alter, denn die Bundesregierung hat von der durch Art. 18 Abs. 2 Richtlinie 2000/78/EG eingeräumten Möglichkeit Gebrauch gemacht und im Hinblick auf dieses Merkmal eine Zusatzfrist von drei Jahren beantragt, sodass insoweit fristgerecht umgesetzt wurde.[112]

Schon kurz nach dem Inkrafttreten des AGG sah sich der Gesetzgeber gezwungen, beim Verbot der Altersdiskriminierung nachzubessern, was wiederum die besondere Herausforderung unterstreicht, das Merkmal Alter in angemessener Weise diskriminierungsrechtlich zu erfassen. § 10 S. 3 Nr. 6 und 7 AGG a.F. wurden mit Wirkung zum 11.12.2006 gestrichen.[113] Es handelte sich dabei um zwei Regelbeispiele des altersspezifischen Rechtfertigungsgrunds in § 10 AGG. Danach sollte unter bestimmten Voraussetzungen das Alter bei einer betriebsbedingten Kündigung weiterhin berücksichtigt werden und individual- und kollektivvertragliche Regelungen durften die Unkündbarkeit von Beschäftigten anordnen, die ein bestimmtes Alter oder eine bestimmte Betriebszugehörigkeit erreicht haben.

B. Begriff der Benachteiligung

§ 7 Abs. 1 AGG verbietet nicht gerechtfertigte Benachteiligungen. Wann eine Benachteiligung tatbestandlich vorliegt, kann man den Legaldefinitionen in § 3 AGG entnehmen. Es werden hierbei die Diskriminierungsdefinitionen der maßgeblichen Richtlinien,[114] die sich ihrerseits aus der Rechtsprechung des EuGH speisen,[115] wörtlich aufgegriffen. Indes gebrauchen die Richtlinien das Wort Diskriminierung statt Benachteiligung.

Sprachlich weichen die beiden Begriffe voneinander ab. Das heutige Wort Diskriminierung ist auf das lateinische Verb „*discriminare*" zurückzuführen, das übersetzt absondern, unterscheiden oder trennen bedeutet.[116] Dieser neutrale Bedeutungsgehalt ging im Laufe der Zeit verloren.[117] Der heutige Sprachgebrauch belegt den Begriff mit einer negativen Konnotation. Demnach diskriminiert, wer eine an-

---

112 Däubler/Bertzbach-*Däubler*, Einleitung AGG, Rn. 6; Schleusener/Suckow/Voigt-*Schleusener*, § 1 AGG, Rn. 10.
113 BT-Drucksache 16/3007, S. 10; BGBl. Teil I Nr. 56, S. 2745, 2747; *Adomeit/Mohr*, Einleitung AGG, Rn. 234.
114 RL 76/207/EWG, RL 2000/43/EG, RL 2000/78/EG, RL 2002/43/EG, RL 2004/113/EG jeweils Art. 2.
115 *Plötscher*, S. 29 ff.; *Polloczek*, S. 85; *Wernsmann*, JZ 2005, 224 (227).
116 Duden, Etymologie, Stichwort „diskriminieren"; *Adomeit*, NJW 2002, 1622; *Strauß/Haß/Harras*, Stichwort „diskriminieren, Diskriminierung"; *Feige*, S. 14.
117 *Lingscheid*, S. 7 f.

dere Person ungleich behandelt und sie so benachteiligt, herabwürdigt, zurücksetzt, ausgrenzt, oder verächtlich macht.[118] Erforderlich ist ferner, dass das Diskriminierungsopfer stigmatisiert[119] und ihm ein Nachteil zugefügt wird.[120] Neben der nachteiligen und stigmatisierenden Wirkung impliziert die Diskriminierung nach dem allgemeinen Verständnis, dass die mit ihr vorgenommene Ungleichbehandlung nicht gerechtfertigt ist.[121]

Der Begriff Benachteiligung drückt aus, dass jemand oder etwas gegenüber anderen schlechter behandelt oder zurückgesetzt wird.[122] Der sprachliche Bedeutungsgehalt ähnelt daher stark demjenigen der Diskriminierung. So verwundert es nicht, dass von einer starken Sinnverwandtschaft der beiden Worte ausgegangen wird.[123] Da das Wort Benachteiligung den Nachteil unmittelbar zum Ausdruck bringt und sich aus diesem Wort herleitet,[124] beinhaltet es eine entscheidende Komponente des Diskriminierungsbegriffs. Demgegenüber fehlen bei der sprachwissenschaftlichen Benachteiligungsdefinition einige Komponenten, die für die Diskriminierung erforderlich sind. So impliziert die Benachteiligung nicht die Herabwürdigung oder Stigmatisierung der benachteiligten Person.[125] Ein weiterer entscheidender Unterschied ist darin begründet, dass sprachlich betrachtet eine Benachteiligung gerechtfertigt sein kann.[126]

An der inhaltlichen Ausrichtung der Benachteiligung i.S.v. § 3 AGG am Diskriminierungsbegriff der Richtlinie ändern die dargestellten terminologischen Unterschiede freilich nichts.[127] Grund dafür ist die wörtliche Übereinstimmung der Definitionen von Diskriminierung und Benachteiligung in den entsprechenden Richtlinien und im AGG, wobei die wenigen hinzugefügten Passagen im AGG lediglich der Klarstellung dienen.[128] Zwar sprechen die Legaldefinitionen der maßgeblichen Richtlinien von einer Diskriminierung,[129] allerdings geben sie gleichzeitig

---

118 *Baer*, ZRP 2001, 500 (501); *dies.* ZRP 2002, 290 (293); *Lingscheid*, S. 7; *Bode*, S. 4 f.
119 *Lingscheid*, S. 7 f.; *Wiedemann*, Gleichbehandlungsgebote, S. 6.
120 *Baer*, ZRP 2001, 500 (501); *dies.*, ZRP 2002, 290 (293); *Senne*, S. 25.
121 *Althoff*, S. 89 f.; *Bode*, S. 4; *Feige*, S. 14 ff.; *Nussberger*, JZ 2002, 524; *Plötscher*, S. 33.
122 Duden, Wörterbuch, Stichwort „benachteiligen".
123 Duden, Die sinn- und sachverwandten Wörter, Stichwort „diskriminieren"; *Strauß/Haß/Harras*, Stichwort „diskriminieren, Diskriminierung".
124 Duden, Etymologie, Stichwort „Teil"; Duden, Wörterbuch, Stichwort „benachteiligen".
125 Vgl. *Bauer/Göpfert/Krieger*, Einl. AGG, Rn. 10.
126 BT-Drucksache, 16/1780, S. 30, BR-Drucksache 329/06, S.31.
127 Däubler/Bertzbach-*Schrader/Schubert*, § 3 AGG, Rn. 7.
128 BR-Drucksache 329/06; BT-Drucksache 16/1780, S. 32; *Thüsing*, Diskriminierungsschutz, Rn. 228.
129 RL 2000/43/EG, RL 2000/78/EG, RL 2002/43/EG, 2004/113/EG jeweils Art. 2.

Rechtfertigungsgründe für diese Diskriminierungen vor.[130] Daraus folgt, dass die in den Richtlinien legaldefinierten Diskriminierungen nur partiell dem im Sprachgebrauch üblichen Diskriminierungsbegriff entsprechen. Mitunter wäre die Bezeichnung als Benachteiligung in den Richtlinien präziser, zumal der europarechtliche Diskriminierungsbegriff ebenso wie der Ausdruck Benachteiligung nicht notwendigerweise eine Entwürdigung oder Stigmatisierung verlangt.[131] Diese Präzisierung hat der Gesetzgeber für das AGG zu Recht vorgenommen.[132]

C. Gleichbehandlungsgrundsatz als Grundstruktur für Benachteiligungsverbote

Die ganz herrschende Meinung begreift Diskriminierungsverbote als besondere Gleichbehandlungsgrundsätze.[133] Von diesem Verständnis aus beinhalten Diskriminierungsverbote Elemente der Gleichbehandlungsgrundsätze. Daher werden zunächst die gemeinsamen Merkmale der für das Arbeitsrecht bedeutendsten Gleichbehandlungsgrundsätze herausgearbeitet, um sie dann auf die Diskriminierungsverbote zu übertragen. Dabei wird darauf eingegangen, inwiefern diese Merkmale im Rahmen von Diskriminierungsverboten modifiziert oder ergänzt werden. Dadurch können anerkannte Grundsätze der allgemeinen und speziellen Gleichbehandlungsgebote auf das noch relativ junge Benachteiligungsverbot nach § 7 Abs. 1 AGG übertragen werden, wie insbesondere die Vergleichsgruppenbildung und die Anforderungen an einen Rechtfertigungsgrund.

---

130 Art. 4 Abs. 1, 5 RL 2000/43/EG; Art. 4, 6, 7 Abs. 1 RL 2000/78/EG; Art. 2 Abs. 6, 8 RL 76/207/EWG, Art. 4 Abs. 5 RL 2004/113/EG.
131 *Wernsmann*, JZ 2005, 224 (227).
132 Zustimmend zu dieser Präzisierung *Bauer/Göpfert/Krieger*, Einl. AGG, Rn. 10; zur Kritik an der Vermischung von Tatbestand und Rechtfertigung bei dem Begriff der Diskriminierung *Wank*, FS Wißmann, S. 599 (S. 602).
133 Zum europäischen Recht EuGH vom 17.7.1963, Rs. C-13/63 (Italienische Republik), Leitsatz Nr. 6, juris; EuGH vom 19.10.1977, verbundene Rs. C-117/76 und C-16/77 (Ruckdeschel), Rn. 7, EuGRZ 1977, 494 (496); EuGH vom 29.6.1995, Rs. C-56/94 (SCAC), Rn. 27; EuGH vom 22.11.2005, Rs. C-144/04 (Mangold), Rn. 75, AP Nr. 1 zu Richtlinie 2000/78/EG; *Ipsen*, S. 601, *Rossi*, EuR 2000, 197 (215); zum deutschen Recht BVerfG vom 17.1.1957, Az. 1 BvL 4/54, Rn. 14, NJW 1957, 417 (418); BVerfG vom 16.11.1993, Az. 1 BvR 258/86, OS, AP Nr. 9 zu § 611a BGB; ErfK-*Schmidt*, Art. 3 GG, Rn. 5; Maunz/Dürig-*Herzog*, Art. 3 GG Anhang, Rn. 1; *Sachs*, Grundrechte, B 3, Rn. 72; *Wiedemann*, Gleichbehandlungsgebote, S. 6.

I. Gleichbehandlungsgrundsätze und ihre Bestandteile

Der Arbeitgeber und die Tarifparteien sind an den allgemeinen arbeitsrechtlichen bzw. tariflichen Gleichbehandlungsgrundsatz gebunden, sofern sie für das Beschäftigungsverhältnis relevante Regelungen erlassen. Inhaltlich stimmen beide Differenzierungsverbote mit dem verfassungsrechtlichen Gleichbehandlungsgrundsatz überein, weshalb dieser zunächst ausführlich dargestellt wird. Aber auch das Europarecht kennt ein entsprechendes Rechtsinstitut. Ob allerdings die Sozialpartner oder gar der einzelne Arbeitgeber daran gebunden ist, soll an anderer Stelle ausführlich diskutiert werden.[134]

1. Gleichbehandlungsgrundsatz nach Art. 3 Abs. 1 GG

Art. 3 Abs. 1 GG normiert den allgemeinen Gleichheitssatz mit den Worten: „Alle Menschen sind vor dem Gesetz gleich." Die Regelung bringt damit den Gerechtigkeitsgedanken des GG zum Ausdruck[135] und ist seinerseits Ausfluss eines allgemeinen Gleichbehandlungsgrundsatzes, der als Strukturmerkmal der verfassungsmäßigen Ordnung auch ohne die grundgesetzliche Normierung Geltung beanspruchen würde.[136] Gemäß Art. 1 Abs. 3 GG sind ausschließlich die drei Staatsgewalten an Art. 3 Abs. 1 GG gebunden. So ist der Gesetzgeber verpflichtet, innerhalb seiner Kompetenz[137] Regelungen zu verhindern, die zu sachwidrigen Differenzierungen führen.[138] Eine Bindung der Exekutive liegt vor, soweit ihr ein Beurteilungs- oder Ermessensspielraum eingeräumt wird oder sie sich durch eine ständige, gleich- und rechtmäßige Verwaltungspraxis gebunden hat, sodass sie dann nicht ohne sachlichen Grund von dieser Praxis abweichen kann.[139] Demgegenüber sind die Gerichte über den allgemeinen Gleichheitssatz im Regelfall weder an ihre ständige Rechtsprechung noch an die Judikate anderer Spruchkörper gebunden.[140] Eine Bindung

---

134 Siehe unten 5. Kapitel A. II. 1. a).
135 BVerfG vom 31.5.1988, Az. 1 BvL 22/85, Rn. 47, NJW 1988, 3258 (3260); ErfK-*Schmidt*, Art. 3 GG, Rn. 1; *Lingscheid*, S. 30; Sachs-*Osterloh*, Art. 3 GG, Rn. 4.
136 BVerfG vom 5.4.1952, Az. 2 BvH 1/52, Rn. 83, juris; BVerfG vom 23.1.1957, Az. 2 BvE 2/56, Rn. 25, juris; BVerfG vom 13.11.1974, Az. 1 BvL 27/73, Rn. 11, juris; ErfK-*Schmidt*, Art. 3 GG, Rn. 2; *Wiedemann*, FS 50 Jahre BAG, S. 265 (S. 267).
137 BVerfG vom 26.10.2005, Az. 1 BvR 396/98, Rn. 50, NVwZ 2006, 201 (202); ErfK-*Schmidt*, Art. 3 GG, Rn. 15; *Lingscheid*, S. 31.
138 *Lingscheid*, S. 31.
139 ErfK-*Schmidt*, Art. 3 GG, Rn. 22.
140 BVerfG vom 26.6.1991, Az. 1 BvR 779/85, Rn. 42, NJW 1991, 2549 (2550).

besteht lediglich dann, wenn die Judikative Gesetzes- oder Tarifnormen auslegt oder anwendet.[141]

a) Tatbestand

Der Regelungsgehalt der Vorschrift besteht darin, dass wesentlich gleiche Sachverhalte, Personen oder Gruppen gleich oder wesentlich verschieden Sachverhalte, Personen oder Gruppen nicht gleich behandelt werden dürfen.[142] Somit enthält nur die erste Variante des allgemeinen Gleichheitssatzes eine Pflicht zur Gleichstellung, was der Stoßrichtung von Gleichbehandlungsgrundsätzen entspricht.[143] Dementsprechend ist die zweite Variante für die Bestimmung der Strukturmerkmale von Gleichbehandlungsgrundsätzen irrelevant. Sie bleibt bei der weiteren Darstellung außen vor.

Die soeben genannte Anordnung des Art. 3 Abs. 1 GG gibt den Tatbestand des entsprechenden Gleichbehandlungsgrundsatzes vor. Daher ist zunächst eine Ungleichbehandlung der genannten Fälle erforderlich. Entscheidend dabei ist, dass der Betroffene aufgrund dessen einen Nachteil erleidet.[144] Weitere Einschränkungen des insoweit offenen Tatbestands erfolgen nicht.[145]

Eine besondere Schwierigkeit besteht bei der Beurteilung, wann die ungleich behandelten Fälle wesentlich gleich sind. Um dies festzustellen wird geprüft, ob die Konstellationen vergleichbar sind.[146] Hierfür müssen Vergleichsgruppen zwischen den unterschiedlich Behandelten gebildet werden.[147] In einem ersten Schritt bestimmt man die beiden Gruppen dadurch, dass sie aufgrund ihrer Gemeinsamkeiten unter einen Oberbegriff subsumiert werden, der so präzise wie möglich ihre gemeinsamen Teilmengen widerspiegeln soll.[148] § 622 Abs. 2 BGB a.F. setzte z.B.

---

141 BVerfG vom 14.1.1987, Az. 1 BvR 1052/79, Rn. 58, AP Nr. 11 zu § 1 BetrAVG (Unterstützungskassen); BVerfG vom 6.12.2005, Az. 1 BvR 1905/02, Rn. 30, ZIP 2006, 60 (61).
142 BVerfG vom 16.3.1955, Az. 2 BvK 1/54, Rn. 37; BVerfG vom 24.4.1991, Az. 1 BvR 1341/90, Rn. 94, AP Nr. 70 zu Art. 12 GG; ErfK-*Schmidt*, Art. 3 GG, Rn. 33; Jarass/Pieroth-*Jarass*, Art. 3 GG, Rn. 7 f.
143 *Kocher*, RdA 2002, 167 (168); für das europäische Recht *Kischel*, EuGRZ 1997, 1 (4); *Plötscher*, S. 39 f.
144 BVerfG vom 18.7.1984, Az. 1 BvL 3/81, Rn. 28, NVwZ 1985, 481; BVerfG vom 11.2.1992, Az. 1 BvL 29/87, Rn. 21, NJW 1992, 1815; ErfK-*Schmidt*, Art. 3 GG, Rn. 34; Jarass/Pieroth-*Jarass*, Art. 3, Rn. 10; Sachs-*Osterloh*, Art. 3 GG, Rn. 84.
145 *Jarass*, NJW 1999, 2545 (2546).
146 *Epping*, Rn. 601; ErfK-*Schmidt*, Art. 3 GG, Rn. 33; Jarass/Pieroth-*Jarass*, Art. 3 GG, Rn. 7.
147 ErfK-*Schmidt*, Art. 3 GG, Rn. 33; von Münch, Art. 3 GG, Rn. 570.
148 *Epping*, Rn. 602; *Pieroth/Schlink*, Grundrechte, Rn. 465 f.; *Kischel* AöR 1999, 175 (182); im Ergebnis auch *Sachs*, Grundrechte, B 3, Rn. 15.

unterschiedliche Kündigungsfristen für Angestellte und Arbeiter fest. Die Gemeinsamkeit dieser beiden Gruppen liegt darin, dass es sich bei beiden um Arbeitnehmer handelt, wobei Arbeiter vorwiegend körperliche und Angestellte grundsätzlich geistige Arbeit verrichten.[149] Daher lautet der Oberbegriff in diesem Beispiel Arbeitnehmer. Der zweite Schritt bildet den Kern der Vergleichbarkeitsprüfung. Hier wird unter Heranziehung von allgemeinen Wertungen festgestellt, ob die beiden so gebildeten Gruppen trotz tatsächlicher Unterschiede, insbesondere solcher, an die die Ungleichbehandlung anknüpft, vergleichbar sind.[150] Einzige Maßgabe hierbei ist, dass eine Vergleichbarkeit nur gegeben sein kann, wenn die Vergleichsgruppen von ein und demselben Adressaten des Gleichbehandlungsgrundsatzes unterschiedlich behandelt werden.[151] Im Beispielsfall ging das Bundesverfassungsgericht von einer Vergleichbarkeit der Gruppen implizit aus und hat letztlich einen Verstoß gegen den Gleichbehandlungsgrundsatz angenommen.[152] Zu einem gegenteiligen Ergebnis könnte man beispielsweise gelangen, wenn man die unterschiedlichen Kündigungsfristen von Arbeitnehmern gem. § 622 BGB und freien Dienstnehmern nach § 621 BGB am Maßstab des Art. 3 Abs. 1 GG prüft. Beide würden unter den Oberbegriff Diensterbringer fallen. Indes wäre eine Vergleichbarkeit unter Zugrundelegung allgemeiner Wertungen zu verneinen, zumal Arbeitnehmer persönlich und beruflich stärker von dem Dienstnehmer, ihren Arbeitgeber, abhängig sind.[153]

Wurde die Vergleichbarkeit festgestellt, muss das Differenzierungskriterium, der Anknüpfungspunkt für die unterschiedliche Behandlung, herausgearbeitet werden.[154] Der Gleichbehandlungsgrundsatz des Art. 3 Abs. 1 GG ist insoweit offen formuliert, als er die Anknüpfung an jedes Merkmal bei der Differenzierung erfasst.[155] Bei der Bestimmung des Differenzierungskriteriums bietet der gemeinsame Oberbegriff eine wichtige Hilfestellung. Ist er präzise formuliert, so gibt er die Gemeinsamkeiten der beiden Vergleichsgruppen umfassend wieder. Von diesem Ausgangspunkt aus ist es dann einfacher, die Unterschiede und letztlich das maßgebliche Differenzierungskriterium ausfindig zu machen.[156]

---

149 BVerfG vom 30.5.1990, Az. 1 BvL 2/83, Rn. 81, AP Nr. 28 zu § 622 BGB.
150 *Epping*, Rn. 602; ErfK-*Schmidt*, Art. 3 GG, Rn. 33; *Kischel* AöR 1999, 175 (182), der allerdings die Wertungen im Rahmen der Rechtfertigung anstellt; *Schoch*, DVBl. 1988, 863 (873 ff.).
151 *Bleckmann*, NJW 1985, 2856 (2857); *Fastenrath*, JZ 1987, 170 (178).
152 BVerfG vom 30.5.1990, Az. 1 BvL 2/83, AP Nr. 28 zu § 622 BGB.
153 Zu den unterschiedlichen Merkmalen des Arbeitnehmers gegenüber dem freien Diensterbringer Schaub, Arbeitsrecht-Handbuch-*Schaub*, § 8, Rn. 1 ff.
154 ErfK-*Schmidt*, Art. 3 GG, Rn. 10.
155 *Nussberger*, JZ 2002, 524; *Sachs*, Grundrechte, B 3, Rn. 13.
156 Ähnlich *Epping*, Rn. 602.

b) Rechtfertigung

Der Feststellung, dass wesentlich Gleiches ungleich behandelt wird, schließt sich die Frage nach der Rechtfertigung an. Das Bundesverfassungsgericht wandte ursprünglich den Prüfungsmaßstab der sog. Willkürformel für die Rechtfertigung an. Danach wurde die Willkür verneint, wenn sich ein vernünftiger, aus der Natur der Sache erwachsender oder sonst sachlich einleuchtender Grund finden ließ.[157] Seine Bestimmung erfolgte anhand eines objektiven Maßstabs.[158] Grund für diesen weiten Rechtfertigungsmaßstab war die Annahme der Verfassungsrichter, dass grundsätzlich dem Gesetzgeber die Kompetenz zustehe, darüber zu entscheiden, welche Lebensverhältnisse gleich und welche ungleich zu behandeln seien.[159]

Ab 1980 verschärfte das Bundesverfassungsgericht die Anforderungen an die Rechtfertigung durch die sog. „neue Formel". Demnach liegt ein Verstoß gegen Art. 3 Abs. 1 GG vor, „wenn eine Gruppe von Normadressaten im Vergleich zu anderen Normadressaten anders behandelt wird, obwohl zwischen beiden Gruppen keine Unterschiede von solcher Art und solchem Gewicht bestehen, dass sie die ungleiche Behandlung rechtfertigen können."[160] Somit wurde die Prüfung der Rechtfertigung um den Aspekt der Verhältnismäßigkeit ergänzt.[161]

Auf Grundlage dieses Maßstabs findet eine nach der Intensität abgestufte und am Einzelfall orientierte Prüfung statt.[162] Eine strenge Prüfung erfolgt, wenn Personengruppen unterschiedlich behandelt werden.[163] Dies gilt insbesondere dann, wenn die Betroffenen das Differenzierungsmerkmal durch ihr Verhalten nicht beeinflussen können[164] oder es eine Nähe zu den verpönten Merkmalen des Art. 3 Abs. 3 GG

---

157 BVerfG vom 23.10.1951, Az. 1 BvR 201/51, juris; BVerfG vom 10.10.1978, Az. 2 BvL 10/77, Rn. 35, juris.
158 BVerfG vom 20.3.1979, Az. 1 BvR 283/78, Rn. 83, NJW 1979, 2295 (2297).
159 BVerfG vom 19.12.1978, Az. 1 BvR 335, 1 BvR 427/76, 1 BvR 811/76, Rn. 63, NJW 1979, 1151; *Sachs*, JuS 1997, 124 (125).
160 BVerfG vom 7.10.1980, Az. 1 BvL 50/79, 89/79, 1 BvR 240/79, Rn. 47, NJW 1981, 271 f.; seitdem ständige Rechtsprechung, BVerfG vom 4.5.1982, Az. 1 BvL 26/77, 66/78, Rn. 54, NJW 1982, 2365 (2367); BVerfG vom 28.11.1984, Az. 1 BvR 1157/82, Rn. 33, juris; BVerfG vom 23.1.1990, Az. 1 BvL 44/86, 48/87, Rn. 167, NZA 1990, 161 (168).
161 ErfK-*Schmidt*, Art. 3 GG, Rn. 31.
162 ErfK-*Schmidt*, Art. 3 GG, Rn. 38 ff.; Jarass/Pieroth-*Jarass*, Art. 3 GG, Rn. 19 ff.; *Pieroth/Schlink*, Rn. 470 ff.; *Wiedemann*, Gleichbehandlungsgebote, S. 53.
163 BVerfG vom 31.5.1988, Az. 1 BvL 22/85, Rn. 45, NJW 1988, 3258 (3259); BVerfG vom 26.1.1993, Az. 1 BvL 38/92, 40/92, 43/92, Rn. 35, NJW 1993, 1517; Jarass/Pieroth-*Jarass*, Art. 3 GG, Rn. 19.
164 BVerfG vom 26.1.1993, Az. 1 BvL 38/92, 40/92, 43/92, Rn. 35, NJW 1993, 1517; BVerfG vom 6.7.2004, Az. 1 BvL 4/97, 5/97, 6/97, Rn. 45, NVwZ 2005, 201.

aufweist.¹⁶⁵ Die Prüfungsintensität der Rechtfertigung bestimmt sich weiterhin danach, inwieweit sich die Ungleichbehandlung nachteilig auf die Ausübung von Grundrechten auswirkt.¹⁶⁶ Eine großzügigere Prüfung erfolgt demgegenüber, sofern lediglich Sachverhalte ungleich behandelt werden,¹⁶⁷ was insbesondere bei technischen Regelungen ohne unmittelbaren personellen Bezug gilt.¹⁶⁸ Liegen solche Regelungen vor und werden keine grundrechtlichen Positionen des Betroffenen beeinträchtigt, findet eine reine Willkürkontrolle statt.¹⁶⁹

Indes erfolgt in den überwiegenden Fällen eine Verhältnismäßigkeitsprüfung. Ihre erste Voraussetzung besteht in einem legitimen Zweck.¹⁷⁰ Insoweit besteht kein Unterschied zur Willkürformel,¹⁷¹ sodass auch hier der Differenzierungsgrund objektiv zu bestimmen ist.¹⁷² Dabei ist es nicht erforderlich, dass dem Differenzierungsgrund Verfassungsrang zukommt. Es ist beispielsweise ausreichend, wenn durch die Differenzierung wirtschafts- und beschäftigungspolitische Ziele verfolgt werden.¹⁷³ Im Anschluss daran muss festgestellt werden, ob die Ungleichbehandlung überhaupt geeignet ist, den Zweck zu erreichen.¹⁷⁴

Sie muss weiterhin erforderlich sein, d.h. es darf keine gleich geeignete aber weniger belastende Maßnahme zur Verfolgung des legitimen Zwecks bereitstehen.¹⁷⁵ Zum Schluss kommt es zu einer Angemessenheitsprüfung (Verhältnismäßigkeit i.e.S.). Hier erfolgt eine Abwägung zwischen der durch die Ungleichbehand-

---

165 BVerfG vom 10.1.1995, Az. 1 BvF 1/90, 1 BvR 342/90, 348/90, Rn. 94, NJW 1995, 2339 (2342); *Bryde/Kleindiek*, Jura 1999, 36 (42 ff.); Sachs, JuS 1997, 124 (127).
166 BVerfG vom 6.7.2004, Az. 1 BvL 4/97, 5/97, 6/97, Rn. 44, NVwZ 2005, 201; BVerfG vom 6.12.2005, Az. 1 BvR 1905/02, Rn. 30, EuGRZ 2006, 174 (177); *Bryde/Kleindiek*, Jura 1999, 36 (43); *Jarass*, NJW 1999, 2545 (2547); Jarass/Pieroth-*Jarass*, Art. 3 GG, Rn. 21; *Sachs*, JuS 1997, 124 (127).
167 BVerfG vom 7.10.1980, Az. 1 BvL 50/79, 89/79, 1 BvR 240/79, Rn. 49, NJW 1981, 271 (272); BVerfG vom 4.5.1982, Az. 1 BvL 26/77, Rn. 55, NJW 1982, 2365 (2367); *Sachs*, JuS 1997, 124 (126).
168 BVerfG vom 13.11.1974, Az. 1 BvL 27/73, Rn. 11; *Jarass*, NJW 1999, 2545 (2547).
169 BVerfG vom 28.6.1994, Az.1 BvL 14/88, 15/88, Rn. 18 ff., NJW 1995, 581; BVerfG vom 10.2.1987, 1 BvL 18/81, 1 BvL 20/82, Rn. 56, NJW 1987, 1617 (1618); Jarass/Pieroth-*Jarass*, Art. 3 GG, Rn. 25 f.
170 *Epping*, Rn. 626.
171 ErfK-*Schmidt*, Art. 3 GG, Rn. 31 f.; vgl. jeweils Jarass/Pieroth-*Jarass*, Art. 3 GG, Rn. 14 f.; Sachs-*Osterloh*, Art. 3 GG, Rn. 19;.
172 So auch *Lingscheid*, S. 33, allerdings ohne Begründung.
173 ErfK-*Schmidt*, Art. 3 GG, Rn. 35; *Lingscheid*, S. 33.
174 *Epping*, Rn. 628; Jarass/Pieroth-*Jarass*, Art. 3 GG, Rn. 27a.
175 BVerfG vom 11.2.1992, 1 BvL 29/87, Rn. 21, NJW 1992, 1815; BVerfG vom 10.1.1995, Az. 1 BvL 20/87, 20/88, Rn. 51, NJW 1995, 1341 (1342); *Epping*, Rn. 629.

lung hervorgerufenen Beeinträchtigung und dem Differenzierungszweck.[176] Je nach Einzelfall kommt der Beeinträchtigung ein höheres Gewicht zu. Die Bedeutung der Beeinträchtigung ist umso höher zu veranschlagen, je näher das Differenzierungskriterium an die Merkmale des Art. 3 Abs. 3 GG heranrückt,[177] je weniger es beeinflusst werden kann[178] und je intensiver die Grundrechte des Betroffenen durch die Ungleichbehandlung tangiert werden.[179] Kommt demnach der Beeinträchtigung ein höheres Gewicht als dem Differenzierungszweck zu, scheidet eine Rechtfertigung aus, sodass eine nicht gerechtfertigte Beeinträchtigung des Art. 3 Abs. 1 GG bejaht werden kann.

2. Tariflicher Gleichbehandlungsgrundsatz

Der allgemeine Gleichbehandlungsgrundsatz bindet die staatliche Gewalt und hat somit unmittelbaren Einfluss auf Gesetzgebung, Exekutive und Rechtsprechung. Arbeitsrechtliche Beziehungen werden aber auch durch tarifliche Regelwerke mitbestimmt. Daher soll hier ein zweiter, für das kollektive Arbeitsrecht sowie für die vorliegenden Ausarbeitung besonders relevanter Gleichheitssatz in seiner Bindungswirkung und Struktur besprochen werden: Der tarifliche Gleichbehandlungsgrundsatz.

In seiner früheren ständigen Rechtsprechung ging das BAG von einer unmittelbaren Bindung der Tarifvertragsparteien an Art. 3 Abs. 1 GG aus.[180] Die tragenden Gründe hierfür waren ihre Normsetzungsbefugnis gem. §§ 1, 4 Abs. 1 TVG (sog. Delegationstheorie)[181] sowie das Schutzbedürfnis der betroffenen Arbeitnehmer.[182] Indes verkannte diese Auffassung, dass die Tarifparteien nicht Befugnisse wahr-

---

176 BVerfG vom 30.5.1990, Az. 1 BvL 2/83, Rn. 73, AP Nr. 28 zu § 622 BGB; BVerfG vom 11.2.1992, Az. 1 BvL 29/87, Rn. 21, NJW 1992, 1815; *Epping*, Rn. 630; Jarass/Pieroth-*Jarass*, Art. 3 GG, Rn. 27.
177 BVerfG vom 2.3.1999, Az. 1 BvL 2/91, Rn. 80, NJW 1999, 1535 (1536); BVerfG vom 7.2.1999, Az. 2 BvR 1533/94, Rn. 110, NJW 2000, 418 (419).
178 BVerfG vom 7.10.1980, Az. 1 BvL 50/79, 89/79, 1 BvR 240/79, Rn. 49, NJW 1981, 271 (272); BVerfG vom 26.1.1993, Az. 1 BvL 38/92, 40/92, 43/92, Rn. 35, NJW 1993, 1517.
179 BVerfG vom 30.5.1990, Az. 1 BvL 2/83, Rn. 73, AP Nr. 28 zu § 622 BGB.
180 BAG vom 15.1.1955, Az. 1 AZR 305/54, Rn. 27 f., AP Nr. 4 zu Art 3 GG; BAG vom 17.10.1995, Az. 3 AZR 882/94, Rn. 18, AP Nr. 132 zu § 242 BGB (Gleichbehandlung); BAG vom 18.6.1997, Az. 5 AZR 259/96, Rn. 31, AP Nr. 2 zu § 3d BAT.
181 BAG vom 15.1.1955, Az. 1 AZR 305/54, Rn. 27 f., AP Nr. 4 zu Art 3 GG; BAG vom 18.6.1997, Az. 5 AZR 259/96, Rn. 31, AP Nr. 2 zu § 3d BAT; *Gamillscheg*, Grundrechte im Arbeitsrecht, S. 103; *Küchenhoff*, FS Nipperdey, S. 317 (S. 340).
182 *Gamillscheg*, Grundrechte im Arbeitsrecht, S. 105; *Küchenhoff*, FS Nipperdey, S. 317 (S 340 ff.); *Reuter*, ZfA 1978, 1 (35 f.).

nehmen, welche an sie vom Staat delegiert wurden, sondern solche, die ihnen als Grundrechtsträger Art. 9 Abs. 3 GG garantiert.[183] Die Tarifvertragsparteien handeln insoweit nicht als Staatsgewalt i.S.d. Art. 1 Abs. 3 GG, sondern üben die ihnen verfassungsmäßig gewährte Privatautonomie auf Kollektivebene aus.[184] Dementsprechend verneint die heutige Rechtsprechung des Bundesarbeitsgerichts eine unmittelbare Bindung der Tarifpartei an Art. 3 GG.[185] Der allgemeine Gleichheitssatz, der in Art. 3 Abs. 1 GG lediglich eine Ausprägung gefunden hat, gibt eine objektive Werteordnung vor, die auch die Tarifparteien bindet und mithin eine ungeschriebene Schranke der Tarifautonomie darstellt.[186] Die Bindung der Tarifparteien wird insbesondere mit einer verfassungsrechtlichen Schutzpflicht des Staates gegen gleichheitswidrige Beeinträchtigungen begründet.[187] Art. 3 GG kommt nicht nur eine Abwehr, sondern wie auch den übrigen Grundrechten eine Schutzfunktion zu.[188] Aufgrund dieser verfassungsrechtlich fundierten Schutzpflicht sind die Gerichte als Teil der staatlichen Gewalt verpflichtet, bei der Auslegung und Anwendung von Tarifverträgen den Gleichheitssatz zu beachten.[189]

Nach herrschender Meinung führt die mittelbare Bindung der Tarifparteien an Art. 3 Abs. 1 GG zu keinem Unterschied gegenüber einer unmittelbaren.[190] Dementsprechend kann hier auf die zu Art. 3 Abs. 1 GG gemachten Ausführungen verwiesen werden. Lediglich auf eine Besonderheit bei der Vergleichsgruppenbildung ist hinzuweisen. So sind die Arbeitnehmer nur in zwei Konstellationen vergleichbar.

---

183 BAG vom 27.5.2004, Az. 6 AZR 129/03, Rn. 24 f., AP Nr. 5 zu § 1 TVG (Gleichbehandlung); *Loritz*, ZfA 1990, 133; *Singer*, ZfA 1995, 611 (618 f.).
184 BAG vom 25.2.1998, Az. 7 AZR 641/96, Rn. 17, AP Nr. 11 zu § 1 TVG (Tarifverträge: Luftfahrt); BAG vom 27.5.2004, Az. 6 AZR 129/03, Rn. 24, AP Nr. 5 zu § 1 TVG (Gleichbehandlung); *Canaris*, AcP 184, 201 (244).
185 BAG vom 30.8.2000, Az. 4 AZR 563/99, Rn. 43, AP Nr. 25 zu § 4 TVG (Geltungsbereich); BAG vom 27.5.2004, Az. 6 AZR 129/03, Rn. 21, AP Nr. 5 zu § 1 TVG (Gleichbehandlung)
186 BAG vom 27.5.2004, Az. 6 AZR 129/03, Rn. 25, AP Nr. 5 zu § 1 TVG (Gleichbehandlung); ErfK-*Schmidt*, Art. 3 GG, Rn. 25.
187 BAG vom 30.8.2000, Az. 4 AZR 563/99, Rn. 44 ff., AP Nr. 25 zu § 4 TVG (Geltungsbereich); BAG vom 27.5.2004, Az. 6 AZR 129/03, Rn. 29, AP Nr. 5 zu § 1 TVG (Gleichbehandlung); so schon *Canaris*, AcP 184, 201 (243 ff.); ErfK-*Schmidt*, Art. 3 GG, Rn. 25; *Löwisch/Rieble*, § 1 TVG, Rn. 219; *Schwarze*, ZTR 1996, 1 f.
188 BAG vom 27.5.2004, Az. 6 AZR 129/03, Rn. 29, AP Nr. 5 zu § 1 TVG (Gleichbehandlung)
189 BAG vom 30.8.2000, Az. 4 AZR 563/99, Rn. 45, AP Nr. 25 zu § 4 TVG (Geltungsbereich); BAG vom 27.5.2004, Az. 6 AZR 129/03, Rn. 32, AP Nr. 5 zu § 1 TVG (Gleichbehandlung).
190 BAG vom 16.12.2003, Az. 3 AZR 668/02, Rn. 31, NZA-RR 2004, 595 (596 f.); BAG vom 27.5.2004, Az. 6 AZR 129/03, Rn. 20, AP Nr. 5 zu § 1 TVG (Gleichbehandlung); BAG vom 16.8.2005, Az. 9 AZR 378/04, Rn. 36, AP Nr. 8 zu § 1 TVG (Gleichbehandlung); *Dieterich*, RdA 2005, 177 (179); Wiedemann-*Wiedemann*, Einleitung TVG, Rn. 212; a.A. Däubler, TVG-*Schiek*, Einl. TVG, Rn. 297, die in diesem Maßstab eine unzulässige Tarifzensur sieht.

In der einfacheren Fallgestaltung sind diejenigen miteinander vergleichbar, die unter einen Tarifvertrag fallen.[191] Ansonsten ist ein Vergleich zwischen Arbeitnehmern, die unter verschiedene Tarifverträge fallen, möglich, wenn die Tarifverträge von denselben Parteien abgeschlossen wurden.[192]

3. Allgemeiner arbeitsrechtlicher Gleichbehandlungsgrundsatz

Der allgemeine arbeitsrechtliche Gleichbehandlungsgrundsatz richtet sich an den Arbeitgeber. Seine Herleitung ist noch nicht endgültig geklärt. So bieten sich Art. 3 Abs. 1 GG, die Treue- und Fürsorgepflicht des Arbeitgebers, der Grundsatz von Treu und Glauben nach § 242 BGB oder der allgemeine Rechtsgedanke der Gleichbehandlung an.[193] Die Gerichte rekurrieren auf den Grundsatz in ständiger Rechtsprechung, weshalb er jedenfalls gewohnheitsrechtlich gilt.[194]

Inhaltlich wird der Gleichbehandlungsgrundsatz durch Art. 3 Abs. 1 GG ausgefüllt.[195] Sofern der Arbeitgeber eine kollektive und nicht individuell ausgehandelte Regel aufstellt, darf er nicht willkürlich zwischen vergleichbaren Beschäftigten unterscheiden, sondern es muss ein sachlicher Grund für die Differenzierung vorliegen.[196] Anknüpfungspunkt für die Gleichbehandlung ist nicht der einzelne Betrieb, sondern das Unternehmen.[197] Tatbestandlich ist es unerheblich, ob er nach personenbezogenen oder sonstigen Merkmalen differenziert. Allerdings können Differenzierungen, die nach den gesetzlich geschützten Merkmalen erfolgen, wie dies z.B. in Art. 3 Abs. 2 GG oder dem AGG der Fall ist, auch gem. dem allgemeinen arbeitsrechtlichen Gleichbehandlungsgrundsatz nicht zulässig sein.[198] Es handelt sich insoweit um eine ausfüllungsbedürftige Generalklausel. Relevant ist der Gleichbehandlungsgrundsatz v.a. für freiwillige Zusatzleistungen. Hier darf der

---

191 Wiedemann-*Wiedemann*, Einleitung TVG, Rn. 215.
192 BAG vom 17.10.1995, Az. 3 AZR 882/94, Rn. 17, AP Nr. 132 zu § 242 BGB (Gleichbehandlung).
193 Däubler/Bertzbach-*Hinrichs*, § 2 AGG, Rn. 197; ErfK-*Preis*, § 611 BGB, Rn. 574.
194 *Boemke*, NZA 1993, 532 (536); ErfK-*Preis*, § 611 BGB, Rn. 574; *Junker*, Rn. 58; Schaub, Arbeitsrechts-Handbuch-*Linck*, § 112, Rn. 2.
195 BAG vom 17.11.1998, Az. 1 AZR 147/98, LS, AP Nr. 162 zu § 242 BGB (Gleichbehandlung); BAG vom 21.6.2000, Az. 5 AZR 806/98, Rn. 20, AP Nr. 60 zu § 612 BGB; *Junker*, Rn. 58.
196 *Boemke*, NZA 1993, 532 (536); Däubler/Bertzbach-*Hinrichs*, § 2 AGG, Rn. 198; ErfK-*Preis*, § 611 BGB, Rn. 578 ff.; Schaub, Arbeitsrechts-Handbuch-*Linck*, § 112, Rn. 5 ff.
197 BAG vom 17.11.1998, Az. 1 AZR 147/98, LS, AP Nr. 162 zu § 242 BGB (Gleichbehandlung); *Junker*, Rn. 58.
198 Däubler/Bertzbach-*Hinrichs*, § 2 AGG, Rn. 199; ErfK-*Preis*, § 611 BGB, Rn. 591; Münchener Handbuch Arbeitsrecht-*Richardi*, § 9, Rn. 24.

Arbeitgeber nicht willkürlich bestimmte Arbeitnehmergruppen außen vor lassen.[199] Eine Rechtfertigung kann sich in diesen Fällen insbesondere aus dem vom Arbeitgeber festgelegten Zweck der Zuwendung ergeben.[200]

4. Europäischer Gleichbehandlungsgrundsatz

Der europäische Gleichbehandlungsgrundsatz zählt zu den Grundrechten der Gemeinschaft und ist dadurch Teil des europäischen Primärrechts.[201] Er wird aus einer Gesamtschau verschiedener völkerrechtlicher Verträge sowie der gemeinsamen Verfassungstradition der Mitgliedsstaaten abgeleitet.[202] Teilweise wird auch auf den Wortlaut von Art. 141 Abs. 3 und 4 EGV a.f. rekurriert, der nach der Neuordnung durch den Vertrag von Lissabon in Art. 157 Abs. 3 und 4 AEUV aufgenommen wurde. Danach bezögen sich die Ausdrücke „Grundsatz der Chancengleichheit" in Absatz 3 und „Grundsatz der Gleichbehandlung" in Absatz 4 nicht lediglich auf den in Art. 141 EGV a.f. ausdrücklich geregelten Gleichbehandlungsgrundsatz, sondern drückten vielmehr aus, dass daneben auch ein allgemeiner Gleichbehandlungsgrundsatz bestehen würde.[203] An dieses gemeinschaftsrechtliche Grundrecht sind zunächst die Organe der EG gebunden.[204] Eine Bindung der Mitgliedsstaaten wird angenommen, wenn sie das europäische Recht umsetzen.[205]

---

199 *Bauer*, NJW 2001, 2672 (2674); Münchener Handbuch Arbeitsrecht-*Richardi*, § 9, Rn. 18.
200 BAG vom 5.3.1980, Az. 5 AZR 881/78, LS Nr. 1, AP Nr. 44 zu § 242 BGB (Gleichbehandlung); BAG vom 21.3.2001, Az. 10 AZR 444/00, Rn. 27, AP Nr. 17 zu § 33a BAT; BAG vom 15.2.2005, Az. 9 AZR 116/04, Rn. 37, AP Nr. 15 zu § 612a BGB; Münchener Handbuch Arbeitsrecht-*Richardi*, § 9, Rn. 24.
201 Vgl. EuGH vom 22.6.1972, Rs. C-1/72 (Frilli), LS Nr. 3; EuGH vom 19.10.1977, verbundene Rs. C-117/76 und C-16/77 (Ruckdeschel), Rn. 7, EuGRZ 1997, 494 (496); EuGH vom 16.10.1980, Rs. C-147/79 (Hochstrass), Rn. 7, juris; EuGH vom 22.11.2005, Rs. C-144/04 (Mangold), Rn. 75, AP Nr. 1 zu Richtlinie 2000/78/EG; Callies/Ruffert-*Krebber*, Art. 141 EGV, Rn. 76; *Preis*, NZA 2006, 401 (404).
202 EuGH vom 17.2.1970, Rs. C-11/70 (Internationale Handelsgesellschaft), Rn. 4, wobei sich der EuGH hier auf die Herleitung aller Gemeinschaftsgrundrechte bezieht; EuGH vom 22.11.2005, Rs. C-144/04 (Mangold), Rn. 74, AP Nr. 1 zu Richtlinie 2000/78/EG; vgl. Erwägungsgründe 1 und 4 der RL 2000/78/EG; Hanau/Steinmeyer/Wank-*Wank*, § 13, Rn. 68; zur grundlegenden Kritik an der Herleitung *Preis*, NZA 2006, 401 ff.
203 Callies/Ruffert-*Krebber*, Art. 141 EGV, Rn. 76.
204 Hanau/Steinmeyer/Wank-*Wank*, § 13, Rn. 81; *Kischel*, EuGRZ 1997, 1 (4); *Mohn*, S. 81; *Polloczek*, S. 77.
205 EuGH vom 12.12.2002, Rs. C-442/00 (Caballero), Rn. 30, AP Nr. 7 zu Richtlinie 80/987/EWG; EuGH vom 22.11.2005, Rs. C-144/04 (Mangold), Rn. 76, AP Nr. 1 zu Richtlinie 2000/78/EG; EuGH vom 7.9.2006, Rs. C-81/05 (Cordero Alonso), Rn. 41, AP Nr. 1 zu Richtlinie 80/987/EWG; *Polloczek*, S. 77.

Wie der Gleichbehandlungsgrundsatz des Art. 3 Abs. 1 GG, fordert auch sein europäisches Korrelat für seinen Tatbestand die Ungleichbehandlung von wesentlich Gleichem.[206] Dieser weiten Formulierung lässt sich entnehmen, dass der Grundsatz nicht nur auf bestimmte Merkmale beschränkt ist.[207] Des Weiteren wird dadurch eine Vergleichbarkeit der betroffenen Gruppen gefordert.[208] Letztlich muss auch hier die Ungleichbehandlung mit einem Nachteil für denjenigen verbunden sein, der sich auf den Gleichbehandlungsgrundsatz beruft.[209] Die nach diesem Maßstab festgestellt Ungleichbehandlung kann aber gerechtfertigt sein, sofern ein objektiver Grund vorliegt.[210] Wurde ein solcher bejaht, schließt sich eine Verhältnismäßigkeitsprüfung an.[211]

Es zeigt sich somit, dass die dargestellten Bestandteile des europäischen Gleichbehandlungsgrundsatzes mit denjenigen des verfassungsrechtlichen Gleichbehandlungsgrundsatzes identisch sind. Dementsprechend kann grundsätzlich von der inhaltlichen Übereinstimmung der beiden Grundrechte ausgegangen werden.[212]

II. Grundlegende Merkmale von Gleichbehandlungsgrundsätzen

Bei der Betrachtung der drei Gleichbehandlungsgrundsätze wird eine Grundstruktur erkennbar. Auf Tatbestandsebene ist eine Ungleichbehandlung von vergleichba-

---

206 EuGH vom 19.10.1977, verbundene Rs. C-117/76 und C-16/77 (Ruckdeschel), Rn. 7, EuGRZ 1997, 494 (496); EuGH vom 5.10.1994, Rs. C-280/93 (Deutschland), Rn. 67, NJW 1994, 945 (947); EuGH vom 17.10.1997, Rs. C-354/95 (National Farmers' Union), Rn. 61, EuZW 1998, 182 (187); EuGH vom 12.12.2002, Rs. C-442/00 (Caballero), Rn. 32, AP Nr. 7 zu Richtlinie 80/987/EWG; *Kischel*, EuGRZ 1997, 1 (4); Hanau/Steinmeyer/Wank-*Wank*, § 13, Rn. 71.
207 Rudolf/Mahlmann-*Mahlmann*, § 3, Rn. 25.
208 EuGH vom 19.10.1977, verbundene Rs. C-117/76 und C-16/77 (Ruckdeschel), Rn. 7, EuGRZ 1997, 494 (496); *Plötscher*, S. 37.
209 *Lingscheid*, S. 17; von dem Erfordernis eines Nachteils geht der EuGH implizit aus, vgl. EuGH vom 19.10.1977, verbundene Rs. C-117/76 und C-16/77 (Ruckdeschel), Rn. 12 f., EuGRZ 1997, 494 (496 f.).
210 EuGH vom 19.10.1977, verbundene Rs. C-117/76 und C-16/77 (Ruckdeschel), Rn. 7; EuGH vom 12.12.2002, Rs. C-442/00 (Caballero), Rn. 32, AP Nr. 7 zu Richtlinie 80/987/EWG; Hanau/Steinmeyer/Wank-*Wank*, § 13, Rn. 72; *Kischel*, EuGRZ 1997, 1 (4); *Lingscheid*, S. 17.
211 EuGH vom 15.5.1986, Rs. C-222/84 (Johnston), Rn. 38, AP Nr. 18 zu Art 119 EWG-Vertrag; EuGH vom 26.10.1999, Rs. C-273/97 (Sidar), Rn. 26, juris; EuGH vom 1.11.2000, Rs. C-285/98 (Kreil), Rn. 23, AP Nr. 19 zu Richtlinie 76/207/EWG; EuGH vom 22.11.2005, Rs. C-144/04 (Mangold), Rn. 62 ff., AP Nr. 1 zu Richtlinie 2000/78/EG; Hanau/Steinmeyer/Wank-*Wank*, § 13, Rn. 80; *Pernice*, S. 206; *Mohn*, S. 115; *Schilling*, EuGRZ 2000, 3 (14).
212 *Cirkel*, NJW 1998, 3332; ErfK-*Schmidt*, Art. 3 GG, Rn. 3; *Lingscheid*, S. 17.

ren Sachverhalten, Gruppen oder Personen erforderlich, die mit einem Nachteil für den Betroffenen verbunden ist. Zur Feststellung der Vergleichbarkeit müssen die unterschiedlich behandelten Fälle unter einen Oberbegriff subsumiert werden, der ihre Gemeinsamkeiten so präzise und umfassend wie möglich herausstellt. Durch Wertungen ist dann zu bestimmen, ob die beiden Gruppen vergleichbar sind. Sind einmal die Gemeinsamkeiten im Oberbegriff zusammengefasst, kann sich der Blick auf die Unterschiede richten, um dann das Differenzierungskriterium herauszuarbeiten.

Ein Verstoß gegen einen Gleichbehandlungsgrundsatz kann nur mit einem objektiven Grund gerechtfertigt werden. In den meisten Fällen findet eine Verhältnismäßigkeitsprüfung statt. Danach muss die Ungleichbehandlung geeignet und erforderlich sein, um das angestrebte Ziel zu erreichen. Dem folgt die Frage, ob die Ungleichbehandlung angemessen (verhältnismäßig i.e.S.) ist. Hier muss erörtert werden, ob der Differenzierungsgrund in einem angemessen Verhältnis zur Beeinträchtigung steht, die durch die unterschiedliche Behandlung hervorgerufen wird.

D. Struktur des Benachteiligungsverbots

Die Elemente der Gleichbehandlungsgrundsätze finden sich in den Diskriminierungsverboten wieder. Welche Modifikation sie in diesem Rahmen erfahren und wie sie konkret im AGG ausgestaltet wurden, ist Gegenstand der folgenden Ausführungen.

I. Ungleichbehandlung von Vergleichbaren

Sämtliche Diskriminierungsverbote setzen als Erstes eine Ungleichbehandlung voraus. In Parallele zu den Gleichbehandlungsgeboten ist eine unterschiedliche Behandlung von Vergleichbaren erforderlich.[213] Bereits an dieser Stelle ist festzustellen, dass die hier relevanten Diskriminierungsverbote enger sind als die Gleichbehandlungsgrundsätze. AGG und Richtlinien haben das Ziel, Diskriminierungen aufgrund von Rasse, ethnischer Herkunft, Geschlecht, Religion oder Weltanschau-

---

213 EuGH vom 16.10.1980, Rs. C-147/79 (Hochstrass), Rn. 7; EuGH vom 14.2.1995, Rs. C-279/93 (Finanzamt Köln-Altstadt), Rn. 30, NJW 1995, 1207 (1208); EuGH vom 2.10.1997, Rs. C-100/95 (Kording), Rn. 14, AP Nr. 12 zu Richtlinie 76/207/EWG; EuGH vom 30.6.1998, Rs. C-394/96 (Brown), Rn. 30, AP Nr. 16 zu Richtlinie 76/207/EWG; EuGH vom 27.10.1998, Rs. C-411/96 (Boyle), Rn. 39; *Feige*, S. 19 f.; *Mohn*, S. 3.

ung, Behinderung, Alter oder sexueller Identität zu unterbinden.[214] Dabei handelt es sich um Merkmale, die nur Personen aufweisen können. Dementsprechend wird nur die Ungleichbehandlung von Personengruppen und nicht z.b. Sachverhalten erfasst.

Auch im Rahmen des Diskriminierungsverbots werden allgemeine Wertungen herangezogen, um festzustellen, ob die Benachteiligten mit den Privilegierten vergleichbar sind.[215] Dabei ist es eine Grundvoraussetzung für die Vergleichbarkeit, dass die beiden Gruppen von derselben Person bzw. Institution unterschiedlich behandelt werden.[216] Abweichend von den offen formulierten Gleichbehandlungsgeboten[217] gibt der Wortlaut der Diskriminierungsverbote einen Teil der vorzunehmenden Wertungen vor. Sie verbieten die Anknüpfung an die aufgeführten Merkmale in einer bestimmten Konstellation. Damit gehen sie implizit davon aus, dass Personen, die das verpönte Merkmal aufweisen, und solche, bei denen es fehlt, in der vorgegebenen Situation vergleichbar sind.[218]

Nach der ursprünglichen Rechtsprechung des EuGH war eine reale Vergleichsperson erforderlich, die in der Gegenwart oder Vergangenheit gegenüber dem Betroffenen bevorzugt wurde.[219] Aufgrund dessen scheiterte z.B. der Nachweis der Diskriminierung, sofern der Arbeitgeber keine Arbeitnehmer beschäftigte oder je beschäftigt hat, deren Tätigkeit mit derjenigen des Klägers vergleichbar war, die aber im Unterschied zum Kläger in den Genuss bestimmter Vorteile gekommen wären. Eine Ausnahme wurde lediglich im Rahmen der Geschlechtsdiskriminierung für die Schwangerschaft gemacht. Da hier eine männliche Vergleichsperson biologisch nicht möglich ist, wurde gefragt, ob eine fiktive Person, die das Differenzierungsmerkmal nicht aufwies, genauso behandelt worden wäre.[220]

---

214 § 3 Abs. 1 AGG; RL 76/207/EWG; RL 2000/43/EG; RL 2000/78/EG; RL 2006/54/EG jeweils Art. 1.
215 *Althoff*, S. 94; *Plötscher*, S. 42 f.
216 MüKo-*Thüsing*, § 3 AGG, Rn. 3; *Plötscher*, S. 48 f.
217 *Nussberger*, JZ 2002, 524; Rudolf/Mahlmann-*Mahlmann*, § 3, Rn. 25.
218 *Althoff*, S. 94; *Kewenig*, S. 74; *Plötscher*, S. 43 f.; *Wiedemann*, Gleichbehandlungsgebote, S. 40.
219 EuGH vom 27.3.1980, Rs. C-129/79 (Smith), Rn. 15 f., NJW 1980, 2014; EuGH vom 28.9.1994, Rs. C-200/91 (Coloroll), Rn. 103, AP Nr. 57 zu Art. 119 EWG-Vertrag; *Fredman*, S. 99 f.; *Schiek*, NZA 2004, 873 (874).
220 BAG vom 15.10.1992, Az. 2 AZR 227/92, LS, AP Nr. 8 zu § 611a BGB; BAG vom 1.7.1993, Az. 2 AZR 25/93, Rn. 11 f., AP Nr. 36 zu § 123 BGB; EuGH vom 8.11.1990, Rs. C-177/88 (Dekker), Rn. 12, AP Nr. 23 zu Art. 119 EWG-Vertrag; vgl. EuGH vom 27.2.2003, Rs. C-320/01 (Busch), Rn. 39 f., AP Nr. 31 zu Richtlinie 76/207/EWG; *Fredman*, S. 99 f.; vgl. *Schiek*, NZA 2004, 873 (874).

Von dem Grundsatz einer realen Vergleichsperson weicht der Diskriminierungsbegriff des AGG und der dafür maßgeblichen Richtlinien ab, indem sie nach ihrem Wortlaut deutlich machen, dass neben einer konkreten oder früheren Vergleichsperson auch eine hypothetische ausreichend ist.[221] In der Konsequenz führt dies zur Ausweitung des Diskriminierungsschutzes. Denn nun werden auch die Fälle erfasst, in denen feststeht, dass der Adressat des Diskriminierungsverbots den Betroffenen diskriminiert hätte, die erforderliche Ungleichbehandlung allerdings ausblieb, weil eine Vergleichsperson nicht in Erscheinung getreten ist.[222] Entscheidet sich beispielsweise ein Arbeitgeber, eine Muslimin aufgrund ihres Glaubens nicht einzustellen, so ist ein solches Verhalten auch dann rechtlich als eine Diskriminierung zu klassifizieren, wenn sich keine Christin bewirbt und die Stelle offen bleibt.[223]

II. Vorliegen eines Nachteils

Nicht nur nach der sprachlichen Bedeutung, sondern auch entsprechend der juristischen Klassifizierung setzt die Diskriminierung einen Nachteil für den Betroffenen gegenüber den anderen Vergleichspersonen voraus.[224] Zur Bestimmung des Nachteils sind sämtliche Interessen des Benachteiligten einzustellen.[225] Rein subjektive Vorlieben sind dabei nicht maßgeblich. Vielmehr erfolgt eine Objektivierung dahingehend, dass das subjektive Empfinden des Betroffenen bei einer objektiven Betrachtung als nachvollziehbar angesehen werden muss.[226] Hat die in Frage stehende Maßnahme sowohl positive als auch negative Folgen, ist eine Abwägung

---

221 § 3 Abs. 1 und 2 AGG; RL 76/207/EWG, RL 2000/43/EG, RL 2000/78/EG, RL 2002/43/EG, RL 2004/113/EG jeweils Art. 2 Abs. 2 durch die Formulierungen „weniger günstige Behandlung als eine andere Person erfährt, erfahren hat oder erfahren würde" für die unmittelbare Diskriminierung sowie „benachteiligen können" für die Mittelbare; *Bauer*, NJW 2001, 2672 (2674); *Berger-Delhey*, ZTR 2001, 162 (163); *Däubler*, ZfA 2006, 478 (482); Däubler/Bertzbach-*Schrader/Schubert*, § 3 AGG, Rn. 22 f.; ErfK-*Schlachter*, § 3 AGG, Rn. 3, 8; *Wank*, NZA 2004, Sonderbeilage zu Heft 22, 16 (22).
222 Rudolf/Mahlmann-*Mahlmann*, § 3, Rn. 30; *Schiek*, NZA 2004, 873 (874); *Wank*, NZA 2004, Sonderbeilage zu Heft 22, 16 (21 ff.); *ders.*, FS Wißmann, S. 599 (607 ff.).
223 Beispiel nach *Wank*, NZA 2004, Sonderbeilage zu Heft 22, 16 (21 f.).
224 EuGH vom 13.7.1962, verbundene Rs. C-17/61 und C-20/61 (Klöckner), LS Nr. 6; EuGH vom 15.1.1985, Rs. C-250/83 (Finsider), Rn. 8; *Baer*, ZRP 2001, 500 (502); *dies.* ZRP 2002, 290 (293); *Pollóczek*, S. 85; *Wank*, FS Wißmann, S. 599 (S. 602).
225 *Plötscher*, S. 49.
226 *Bauer/Göpfert/Krieger*, § 3 AGG, Rn. 8; Schiek-*Schiek*, § 3 AGG, Rn. 8; Wendeling-Schröder/Stein-*Wendeling-Schröder*, § 3 AGG, Rn. 4.

zwischen ihnen vorzunehmen, um dann festzustellen, ob die Nach- durch die Vorteile kompensiert werden.[227] Eine Kompensation ist zu verneinen, wenn die Benachteiligung in der Vergangenheit mit einer Begünstigung in der Zukunft einhergeht.[228] Ferner sind mögliche Schutzerwägungen, die hinter der benachteiligenden Maßnahme stehen, außen vor zu lassen.[229] Zum einen basierten zahlreiche später für unzulässig befundenen Benachteiligungen auf der Annahme, dass die benachteiligte Gruppe eines besonderen Schutzes bedürfe,[230] und zum anderen können die Schutzinteressen innerhalb der Rechtfertigung Berücksichtigung finden.[231]

III. Differenzierungskriterien

Die zweite Modifikation der Benachteiligungsverbote gegenüber den Gleichbehandlungsgeboten besteht darin, dass sie ihren Anwendungsbereich nur auf bestimmte Differenzierungsmerkmale beschränken. Folglich stellen sie insoweit eine „Teilmenge" des allgemeinen Gleichbehandlungsgrundsatzes dar,[232] der sich auf sämtliche Anknüpfungspunkte erstreckt. Während der allgemeine Gleichbehandlungsgrundsatz den Gedanken der Gerechtigkeit zum Ausdruck bringt und somit schon naturrechtlich vorgegeben ist,[233] beruht die Entscheidung, welche Merkmale den besonderen Schutz eines Diskriminierungsverbots erfahren, auf einer gesellschaftlichen und politischen Erwägung.[234] Daher müssen die Differenzierungsmerkmale gesetzlich fixiert werden.[235] Diesem Erfordernis sind das AGG und die Richtlinien nachgekommen. Danach sind nach Richtlinie 76/207/EWG, Richtlinie

---

227 BVerfG vom 22.2.1994, Az. 1 BvL 21/85, 1 BvL 4/92, Rn. 46, NZA 1994, 661 (663); BAG vom 17.10.1995, Az. 3 AZR 882/94, Rn. 20, AP Nr. 132 zu § 242 BGB (Gleichbehandlung); *Baer*, ZRP 2002, 290 (293); *Thüsing*, Diskriminierungsschutz, Rn. 229, der die Grundsätze des Günstigkeitsvergleichs zu Rate zieht.
228 MüKo-*Thüsing*, § 3 AGG, Rn. 5; ausführlich dazu siehe unten 3. Kapitel B. I. 1. b).
229 *König*, FS Zuleeg, S. 341 (S. 345); MüKo-*Thüsing*, § 3 AGG, Rn. 6; *Nussberger*, JZ 2002, 524.
230 Wie z.B. das für verfassungswidrig erklärte Nachtarbeitsverbot für Frauen in BVerfG vom 28.1.1992, Az. 1 BvR 1025/82, 1 BvL 16/83, 1 BvL 10/91, Rn. 6, AP Nr. 2 zu § 19 AZO; *Nussberger*, JZ 2002, 524.
231 BVerfG vom 28.1.1992, Az. 1 BvR 1025/82, 1 BvL 16/83, 1 BvL 10/91, Rn. 6, AP Nr. 2 zu § 19 AZO; vgl. MüKo-*Thüsing*, § 3 AGG, Rn. 6.
232 *Kingreen/Störmer*, EuR 1998, 263 (284 f.); *Plötscher*, S. 36.
233 Siehe oben 2. Kapitel C. I. 1.
234 *Lingscheid*, S. 14; *Thüsing*, Diskriminierungsschutz, Rn. 148; *Wiedemann*, Gleichbehandlungsgebote, S. 59
235 *Fastrich*, RdA 2000, 65 (74); vgl. *Wiedemann*, Gleichbehandlungsgebote, S. 13.

2000/43/EG und Richtlinie 2000/78/EG jeweils Art. 1 sowie gem. § 1 AGG Rasse, ethnische Herkunft, Geschlecht, Religion, Weltanschauung, Behinderung, Alter oder sexuelle Ausrichtung grundsätzlich keine geeigneten Differenzierungskriterien für eine Ungleichbehandlung. Wurde die Vergleichsgruppenbildung *lege artis* durchgeführt, dann kristallisiert sich das verbotene Differenzierungsmerkmal als im wesentlichen einziger Unterschied zwischen der bevorzugten und der benachteiligten Gruppe heraus.[236]

1. Direkte Anknüpfung an ein verpöntes Merkmal: unmittelbare Benachteiligung

Die unmittelbare Benachteiligung zeichnet sich dadurch aus, dass die Ungleichbehandlung direkt an das verpönte Merkmal anknüpft,[237] mit anderen Worten: das Merkmal ist das Differenzierungskriterium bei der Ungleichbehandlung.[238] Damit spart der mit der unterschiedlichen Behandlung verbundene Nachteil Personen der anderen Vergleichsgruppe aus.[239] Da die differenzierende Maßnahme explizit auf das verpönte Merkmal abstellt, liegt bei der unmittelbaren Benachteiligung eine vorsätzliche Verknüpfung von Kriterium und Maßnahme vor.[240] Mithin ist das Merkmal kausal für die Motivation, eine differenzierende Maßnahme vorzunehmen.[241] Weitere Voraussetzungen werden nicht gefordert. Es wird nicht vorausgesetzt, dass es der Person oder Institution, von der die Ungleichbehandlung ausgeht, gerade darauf ankommt, bestimmte Merkmalsträger zu diskriminieren. Eine Benachteiligungsabsicht ist nicht konstitutiv für die unmittelbare Benachteiligung.[242]

---

236 *Bauer/Göpfert/Krieger*, § 3 AGG, Rn. 11; ErfK-*Schlachter*, § 3 AGG, Rn. 3.
237 EuGH vom 8.11.1990, Rs. C-177/88 (Dekker), Rn. 10, AP Nr. 23 zu Art. 119 EWG-Vertrag; EuGH vom 5.5.1994, Rs. C-421/92 (Habermann-Beltermann), Rn. 14, AP Nr. 3 zu Art. 2 Richtlinie 76/207/EWG; *Althoff*, S. 99; *Lingscheid*, S. 8, 49; *M. Schmidt*, III, Rn. 161; *Wank*, FS Wißmann, S. 599 (S. 605); Schulze/Zuleeg-*Schlachter*, § 39, Rn. 28.
238 Die Definition der unmittelbaren Benachteiligung bzw. Diskriminierung findet sich § 3 Abs. 1 AGG, Art. 2 Abs. 2 lit. a) RL 2000/43/EG, Art. 2 Abs. 2 lit. a) RL 2000/78/EG, Art. 2 lit. a) RL 2004/113/EG.
239 *Althoff*, S. 97; *Lingscheid*, S. 49; *Plötscher*, S. 228.
240 *Wank*, NZA 2004, Sonderbeilage zu Heft 22, 16 (21).
241 *Kocher*, RdA 2002, 167 (168); *Lingscheid*, S. 7; *Nussberger*, JZ 2002, 524; Wendeling-Schröder/Stein-*Wendeling-Schröder*, § 3 AGG, Rn. 7; *Wiedemann*, Gleichbehandlungsgebote, S. 11, 59; *ders.*, FS 50 Jahre BAG, S. 265 (S. 266).
242 *Annuß*, NZA 1999, 738 (739); *Kamanabrou*, RdA 2006, 321 (325); *Pfarr*, NZA 1986, 585 (586); *Polloczek*, S. 85; *Schlachter*, NZA 1995, 393 (395); *Thüsing*, Diskriminierungsschutz, Rn. 231.

Sie wird auch nicht dadurch ausgeschlossen, dass der Täter gleichfalls zulässige Ziele mit der Ungleichbehandlung verfolgt (sog. Motivbündel).[243]

2. Anknüpfung an neutrale Kriterien: mittelbare Benachteiligung

Eine Benachteiligung kann auch dadurch begründet werden, dass ein scheinbar neutrales Differenzierungskriterium gewählt wird, dieses aber bestimmte Merkmalsträger gegenüber Personen ohne das entsprechende Merkmal in besonderer Weise benachteiligt (mittelbare Benachteiligung).[244] Es wird somit an Kriterien angeknüpft, die typischerweise von einer bestimmten Personengruppe aufgewiesen werden.[245] Wird z.B. an die körperlichen Fähigkeiten eines Arbeitnehmers angeknüpft, so kann dies u.U. zu einer mittelbaren Benachteiligung von weiblichen, älteren oder behinderten Arbeitnehmern führen.[246] Im Unterschied zur unmittelbaren Benachteiligung werden hier aufgrund des zunächst neutralen Unterscheidungsmerkmals nicht ausschließlich die jeweiligen Merkmalsträger benachteiligt, sondern sämtliche.[247] Daher erscheinen die vorgenommen Maßnahmen auf den ersten Blick korrekt, zumal alle Betroffenen formal gleich behandelt werden. Erst durch den Vollzug offenbart sich, dass die Maßnahme bestimmte Merkmalsträger übermäßig stark trifft und somit gegenüber den beiden Vergleichsgruppen unterschiedlich wirkt.[248] Da die Diskriminierung nicht ohne weiteres ersichtlich ist, kann in der Praxis der Anreiz entstehen, neutrale Unterscheidungskriterien festzulegen, um bestimmte Personengruppen schlechter zu behandeln, ohne jedoch dem Vorwurf

---

243 BVerfG vom 16.11.1993, Az. 1 BvR 258/86, Rn. 49, AP Nr. 9 zu § 611a BGB; BAG vom 5.2.2004, Az. 8 AZR 112/03, Rn. 68, AP Nr. 23 zu § 611a BGB; BAG vom 12.9.2006, Az. 9 AZR 807/05, Rn. 43 f., AP Nr. 13 zu § 81 SGB IX; *Kamanabrou*, RdA 2006, 321 (325); *Kocher*, RdA 2002, 167 (168), Schliemann, § 611a BGB, Rn. 22; *Windel*, RdA 2007, 1 (3).
244 EuGH vom 13.5.1986, Rs. C-170/84 (Bilka), Rn. 36, AP Nr. 10 zu Art. 119 EWG-Vertrag; EuGH vom 13.12.1989, Rs. C-102/88 (Ruzius-Wilbrink), Rn. 17, AP Nr. 22 zu Art. 119 EWG-Vertrag; EuGH vom 2.10.1997, Rs. C-1/95 (Gerster), Rn. 30, AP Nr. 5 zu Art. 119 EG-Vertrag; *Baer*, ZRP 2001, 500 (502); *Bauer/Göpfert/Krieger*, § 3 AGG, Rn. 24; *Garrone*, revue de droit européen 1994, 425 (426); *Hanau/Preis*, ZfA 1988, 177 (187 f.); *Schlachter*, NZA 1995, 393 (395 f.); die Definition der mittelbaren Benachteiligung bzw. Diskriminierung findet sich § 3 Abs. 2 AGG, Art. 2 Abs. 2 lit. b) RL 2000/43/EG, Art. 2 Abs. 2 lit. b) RL 2000/78/EG, Art. 2 lit. b) RL 2004/113/EG.
245 BAG vom 18.5.2006, Az. 6 AZR 631/05, Rn. 17, NZA 2007, 103 (105); ErfK-*Schlachter*, § 3 AGG, Rn. 6
246 Beispiel nach *Bauer/Göpfert/Krieger*, § 3 AGG, Rn. 38.
247 *Garrone*, revue de droit européen 1994, 425 (426); *Lingscheid*, S. 49; *Plötscher*, S. 228.
248 *Althoff*, S. 106; *Lingscheid*, S. 50; Schiek-*Schiek*, § 3 AGG, Rn. 8; *Wiedemann*, Gleichbehandlungsgebote, S. 2.

einer unzulässigen Differenzierung ausgesetzt zu sein. Gerade solchen Umgehungen der unmittelbaren Benachteiligung schiebt die Rechtsfigur der Mittelbaren einen Riegel vor.[249] Dennoch soll dies nicht heißen, dass ein Verschulden desjenigen, der die Maßnahme vornimmt, erforderlich ist. Während er bei der unmittelbaren Benachteiligung ein geschütztes Merkmal zum Differenzierungskriterium erklärt und es folglich in seine Entscheidung eingeflossen ist, wird bei der mittelbaren Diskriminierung auf ein Verschulden und insbesondere auf einen Vorsatz hinsichtlich der Benachteiligung gänzlich verzichtet.[250]

Im Hinblick auf den Nachweis einer besonderen Betroffenheit führen die maßgeblichen Richtlinien eine Neuerung ein. Bis zu ihrem Erlass forderte der EuGH für den Beweis Statistiken, die zeigen sollten, dass eine Maßnahme überproportional viele Personen aus der geschützten Gruppe zum Nachteil gereichte.[251] Nunmehr ist nach dem Wortlaut der Anti-Diskriminierungsrichtlinien keine statistisch nachweisbare Diskrepanz zwischen den Vergleichsgruppen für die mittelbare Benachteiligung erforderlich. Im Gegensatz zu Art. 2 Abs. 2 der Beweislastrichtlinie 97/80/EG,[252] wonach von einer mittelbaren Benachteiligung ausgegangen werden kann, „wenn dem Anschein nach neutrale Vorschriften, Kriterien oder Verfahren einen wesentlich *höheren Anteil* der Angehörigen eines Geschlechts benachteiligen", ist es gemäß den maßgeblichen Richtlinien ausreichend, wenn die in Frage stehenden Maßnahmen die Merkmalsträger „in besonderer Weise benachteiligen *können*".[253] Die Formulierung wurde von der Kommission bewusst gewählt. Sie lehnt sich damit an den vom EuGH zur Arbeitnehmerfreizügigkeit entwickelten Diskriminierungsbegriff an.[254] Dass eine mittelbare Benachteiligung nicht aus-

---

249 *Lingscheid*, S. 50; Wiedemann-*Thüsing*, Einleitung TVG, Rn. 137; *Wiedemann/Thüsing*, NZA 2002, 1234 (1236)

250 *Bauer/Göpfert/Krieger*, § 3 AGG, Rn. 29; *Kort*, RdA 1997, 277 (280); *Schlachter*, NZA 1995, 393 (396); Schleusener/Suckow/Voigt-*Schleusener*, § 3 AGG, Rn. 43; *Wank*, NZA 2004, Sonderbeilage zu Heft 22, 16 (21); *Wißmann*, FS Wlotzke, 807 (817).

251 EuGH vom 13.7.1989, Rs. C-171/88 (Rinner-Kühn), Rn. 11 f., AP Nr. 16 zu Art. 119 EWG-Vertrag; EuGH vom 30.11.1993, Rs. C-189/91 (Kirshammer-Hack), Rn. 22, AP Nr. 3 zu Art. 92 EWG-Vertrag; EuGH vom 9.2.1999, Rs. C-167/97 (Seymour-Smith und Perez), Rn. 67, juris.

252 Richtlinie 97/80/EG des Rates vom 15.12.1997 über die Beweislast bei Diskriminierungen aufgrund des Geschlechts, ABl. EG Nr. L 14, S. 6.

253 Art. 2 Abs. 2 lit. b) RL 2000/43/EG, Art. 2 Abs. 2 lit. b) RL 2000/78/EG, Art. 2 lit. b) RL 2004/113/EG; Hervorhebungen durch den Verfasser.

254 EuGH vom 23.5.1996, Rs. C-237/94 (O'Flynn), Rn. 18, juris; EuGH vom 24.9.1998, Rs. C-35/97 (Kommission), Rn. 38, juris; KOM (1999) 565 endg., S. 9; *Althoff*, S. 105; Rust/Falke-*Rust*, § 3 AGG, Rn. 13; *Waas*, ZIP 2000, 2151 (2152 f.).

schließlich statistisch nachweisbar ist, ergibt sich auch jeweils aus dem 15. Erwägungsgrund der Richtlinie 2000/43/EG sowie der Richtlinie 2000/78/EG. Demzufolge sind Statistiken nur *ein* Mittel zum Nachweis einer mittelbaren Benachteiligung.[255] Die Änderung erfolgte vor dem Hintergrund, dass es sich für den Betroffenen als geradezu unmöglich darstellen kann, verlässliche statistische Daten zu erhalten.[256] Zum einen werden bestimmte persönliche Angaben wie z.B. die sexuelle Ausrichtung oder teilweise die Zugehörigkeit zu einer Religion oder Weltanschauung aus Datenschutzgründen nicht registriert,[257] und zum anderen stellt der EuGH hohe Anforderungen an die Validität solcher Statistiken.[258] Demnach ist es nach den maßgeblichen Richtlinien für die mittelbare Benachteiligung ausreichend, wenn die Maßnahme ihrem Wesen nach konkret geeignet ist, sich fast ausschließlich auf bestimmte Merkmalsträger auszuweiten.[259] Das Umsetzungsgesetz AGG übernimmt die Definition der mittelbaren Benachteiligung der Richtlinien in § 3 Abs. 2 AGG wörtlich, weshalb auch hier auf einen statistischen Nachweis verzichtet werden kann.

Tatbestandlich ist eine mittelbare Benachteiligung ausgeschlossen, sofern objektive Gründe gegeben sind, die im Verhältnis zur Beeinträchtigung erforderlich und angemessen sind.[260] Es handelt sich mithin um ein negatives Tatbestandsmerkmal.[261] Zu den objektiven Gründen zählen beispielsweise unternehmerische oder sozialpolitische Bedürfnisse,[262] nicht aber die bloße Kostenminimierung.[263] Wurde ein zuläs-

---

255 *Althoff*, S. 109; Schleusener/Suckow/Voigt-*Schleusener*, § 3 AGG, Rn. 57.
256 *Schiek*, AuR 2003, 44 (47); *Schlachter*, GS Blomeyer, S. 355 (S. 358); *M. Schmidt/Senne*, RdA 2002, 80 (83).
257 ErfK-*Schlachter*, § 3 AGG, Rn. 8.
258 Schulze/Zuleeg-*Schlachter*, § 39, Rn. 36.
259 *Althoff*, S. 106; *Bell*, S. 75; *Lingscheid*, S. 60; *Linsenmaier*, RdA 2003, Sonderbeilage zu Heft 5, 22 (25); *Schiek*, AuR 2003, 44 (47); *Schlachter*, GS Blomeyer, S. 355 (S. 358); *Wank*, FS Wißmann, S. 599 (S. 608 f.); Schulze/Zuleeg-*Schlachter*, § 39, Rn. 37; a.A. *Bauer/Göpfert/Krieger*, § 3 AGG, Rn. 25; *Thüsing*, Diskriminierungsschutz, Rn. 254 ff.
260 Erstmals ausdrücklich festgelegt in EuGH vom 13.5.1986, Rs. C-170/84 (Bilka), Rn. 31, 37, AP Nr. 10 zu Art. 119 EWG-Vertrag; § 3 Abs. 2 AGG, Art. 2 Abs. 2 lit. b) RL 2000/43/EG, Art. 2 Abs. 2 lit. b) RL 2000/78/EG, Art. 2 Abs. 2 lit. b) RL 2004/113/EG; *Lingscheid*, S. 17 f.
261 ErfK-*Schlachter*, § 3 AGG, Rn. 9; *Lingscheid*, S. 51.
262 BAG vom 23.1.1990, Az. 3 AZR 58/88, Rn. 31, AP Nr. 7 zu § 1 BetrAVG (Gleichberechtigung); BAG vom 18.5.2006, Az. 6 AZR 631/05, Rn. 17, NZA 2007, 103 (105).
263 EuGH vom 24.2.1994, Rs. C-343/92 (Roks), Rn. 35, juris; ErfK-*Schlachter*, § 3 AGG, Rn. 10; *Lingscheid*, S. 51.

siger Zweck angeführt, findet die schon aus der Rechtfertigungsprüfung der Gleichbehandlungsgrundsätze bekannte Verhältnismäßigkeitsprüfung statt.[264]

3. Anknüpfung an Merkmale, die im Zusammenhang mit einem verpönten Merkmal stehen: verdeckte Diskriminierung

Eine scheinbare Mittelstellung zwischen unmittelbarer und mittelbarer Diskriminierung nimmt die sog. verdeckte Diskriminierung ein. Anknüpfungspunkt ist hier ein Merkmal, das in einem untrennbaren Zusammenhang mit einem der im Diskriminierungsverbot ausdrücklich normierten Kriterien steht.[265] Knüpft beispielsweise eine Regelung an die Schwangerschaft eine negative oder an das Ableisten des verpflichtenden Wehrdienstes eine positive Folge, so unterscheidet sie formal nicht nach dem Geschlecht. Dennoch erklärt sie eine Eigenschaft zum Differenzierungsmerkmal, die ausschließlich von dem einen oder dem anderen Geschlecht verwirklicht werden kann.[266] Ein solches Vorgehen wird als unmittelbare Benachteiligung klassifiziert,[267] um möglichen Umgehungen entgegenzuwirken.[268] Teilweise wird es auch für ausreichend erachtet, dass die beschriebene Eigenschaft für eine bestimmte Gruppe von Merkmalsträgern typisch ist.[269] Dies ist jedoch abzulehnen, zumal eine solche Vorgehensweise bereits von der mittelbaren Diskriminierung erfasst wird und sonst eine systemwidrige Vermischung von unmittelbarer und mittelbarer Diskriminierung droht, die der Rechtsunsicherheit Vorschub leisten würde.

---

264 BAG vom 23.1.1990, Az. 3 AZR 58/88, Rn. 31, AP Nr. 7 zu § 1 BetrAVG (Gleichberechtigung); EuGH vom 13.5.1986, Rs. C-170/84 (Bilka), Rn. 37, AP Nr. 10 zu Art. 119 EWG-Vertrag; EuGH vom 3.10.2006, Rs. C-17/05 (Cadman), Rn. 32, AP Nr. 15 zu Art. 141 EG-Vertrag; *Bauer/Göpfert/Krieger*, § 3 AGG, Rn. 34; *Lingscheid*, S. 51.
265 *Bauer/Göpfert/Krieger*, § 3 AGG, Rn. 19; *Kamanabrou*, RdA 2006, 321 (325).
266 Für den Fall der Schwangerschaft, EuGH vom 8.11.1990, Rs. C-177/88 (Dekker), Rn. 10, AP Nr. 23 zu Art. 119 EWG-Vertrag; für den Fall der Ableistung von Wehrdienstes, *Däubler*, ZfA 2006, 479 (485); *Lingscheid*, S. 49; Schleusener/Suckow/Voigt-*Schleusener*, § 3 AGG, Rn. 17.
267 EuGH vom 5.5.1994, Rs. C-421/92 (Habermann-Beltermann), Rn. 14, AP Nr. 3 zu Art. 2 Richtlinie 76/207/EWG; EuGH vom 14.7.1994, Rs. C-32/93 (Webb), Rn. 19, AP Nr. 21 zu § 9 MuSchG 1968; *Däubler*, ZfA 2006, 479 (485 f.); *Hanau/Preis*, ZfA 1988, 177 (181); *Schlachter*, NZA 1995, 393 (395); vgl. auch § 3 Abs. 1 S. 2 AGG.
268 *Blomeyer*, SAE 1994, 177 (178); *C.Blomeyer*, S. 17; *Hanau/Preis*, ZfA 1988, 177 (181).
269 Däubler/Bertzbach-*Schrader/Schubert*, § 3 AGG, Rn. 32; MüKo-*Thüsing*, § 3 AGG, Rn. 14; *Schaub*, NZA 1984, 73 (73); *Thüsing*, NZA 2004, Sonderbeilage zu Heft 22, 3 (5).

Bei genauer Betrachtung zeigt sich, dass die verdeckte Diskriminierung keine eigene Diskriminierungsart darstellt.[270] Je nach Fallgestaltung kann man sie einer der beiden Erscheinungsformen zuordnen.[271] Werden Maßstäbe festgesetzt, die typischerweise von einer Vergleichsgruppe erfüllt werden und von der anderen nicht, dann kann eine mittelbare Benachteiligung einschlägig sein. Hingegen begründet die Berücksichtigung von Kriterien, die ausschließlich von einer Vergleichsgruppe erfüllt werden, den Tatbestand der unmittelbaren Diskriminierung. Die bloße abweichende Formulierung des Unterscheidungsmerkmals kann nicht darüber hinwegtäuschen, dass tatsächlich eine direkte Anknüpfung an ein verpöntes Merkmal vorliegt.[272] Von diesem Verständnis aus kommt § 3 Abs. 1 S. 2 AGG lediglich klarstellende Bedeutung zu.[273] Danach liegt eine unmittelbare Benachteiligung wegen des Geschlechts vor, wenn die Schwangerschaft als Differenzierungskriterium eingesetzt wird. Die Vorschrift setzt Art. 2 Abs. 8 S. 3 Richtlinie 76/207/EWG um, der wiederum die einschlägige Rechtsprechung des EuGH kodifiziert.[274]

4. Anweisung zur Diskriminierung

Eine Ausweitung des Diskriminierungsschutzes wird durch § 3 Abs. 5 AGG bewirkt, der jeweils die Art. 2 Abs. 4 der Richtlinien 2000/43/EG, 2000/78/EG und 76/207/EWG umsetzt.[275] Danach stellt die Anweisung, eine Person aufgrund eines verpönten Merkmals zu benachteiligen, selbst eine Benachteiligung dar. Es ist dabei unerheblich, ob der Angewiesene der Aufforderung Folge leistet oder ob er dadurch überhaupt animiert wird, zwischen bestimmten Personengruppen zu differenzieren.[276] Hingegen setzt die Anweisung i.S.d. § 3 Abs. 5 AGG eine rechtliche Weisungsbefugnis[277] wie auch Vorsatz des Anweisenden voraus, wobei er sich nur der Benachteiligung, nicht aber ihrer Unzulässigkeit bewusst sein muss.[278]

---

270 A.A. *Däubler*, ZfA 2006, 479 (486); wohl auch *Kamanabrou*, RdA 2006, 321 (324 f.), der zufolge die verdeckte Diskriminierung weder unter die unmittelbare noch die mittelbare Diskriminierung überzeugend subsumiert werden kann; MüKo-*Thüsing*, § 3 AGG, Rn. 14 ff.
271 *Althoff*, S. 97; *Lingscheid*, S. 8.
272 *Blomeyer*, SAE 1994, 177 (178); *Schlachter*, NZA 1995, 393 (395); Schleusener/Suckow/Voigt-*Schleusener*, § 3 AGG, Rn. 13.
273 *Bauer/Göpfert/Krieger*, § 3 AGG, Rn. 19.
274 BT-Drucksache 16/1780, S. 32; *Kamanabrou*, RdA 2006, 321 (325); MüKo-*Thüsing*, § 3 AGG, Rn. 18; Wendeling-Schröder/Stein-*Wendeling-Schröder*, § 3 AGG, Rn. 3.
275 BT-Drucksache 16/1780, S. 33.
276 BT-Drucksache 16/1780, S. 33; *Bauer/Göpfert/Krieger*, § 3 AGG, Rn. 68.
277 *Adomeit/Mohr*, § 3 AGG, Rn. 158; *Annuß*, BB 2006, 1629 (1632); *Schreier*, JuS 2007, 308 (310); a.A. Däubler/Bertzbach-*Deinert*, § 3 AGG, Rn. 85, dem zufolge es ausreicht, dass der

IV. Rechtfertigung einer Benachteiligung

Bei der unmittelbaren Benachteiligung wird im Unterschied zur mittelbaren das Vorliegen eines sachlichen und angemessenen Grundes nicht im Tatbestand, sondern innerhalb der Rechtfertigung geprüft. Es handelt sich damit nicht um ein absolutes Benachteiligungsverbot, denn eine Rechtfertigung der unmittelbaren Benachteiligung bleibt möglich.[279]

Ausgehend von der Struktur eines Gleichbehandlungsgebots ist als Erstes ein objektiver Differenzierungsgrund unentbehrlich.[280] Mit dem gegenüber den Gleichbehandlungsgeboten begrenzten Tatbestand der Benachteiligungsverbote korrespondiert die eingeschränkte Rechtfertigungsmöglichkeit. Der Verstoß gegen ein Gleichbehandlungsgebot kann grundsätzlich mit jeglichen sachlichen Gründen gerechtfertigt werden.[281] Demgegenüber ist die Benachteiligung grundsätzlich unzulässig[282] und kann daher nur gerechtfertigt werden, wenn ein speziell normierter Rechtfertigungsgrund einschlägig ist.[283] Einen solchen geben die Richtlinien 2000/43/EG und 2000/78/EG jeweils in Art. 4 sowie das nach ihnen ausgerichtete AGG in § 8 Abs. 1 AGG dem Rechtsanwender an die Hand.[284] Dadurch muss der Rechtfertigungsgrund eine wesentliche und entscheidende berufliche Anforderung darstellen. Wie bei allen Benachteiligungsverboten sind nach herrschender Meinung auch hier mögliche höhere Kosten für den Arbeitgeber als Rechtfertigungsgrund untauglich.[285] Der Feststellung des objektiven Grundes folgt die von den Gleichbehandlungsgeboten bekannte Verhältnismäßigkeitsprüfung.[286]

Anweisende aufgrund von rechtlicher, sozialer, wirtschaftlicher oder intellektueller Macht Druck ausüben kann.
278 BT-Drucksache 16/1780, S. 33; MüKo-*Thüsing*, § 3 AGG, Rn. 73.
279 Rudolf/Mahlmann-*Mahlmann*, § 3, Rn. 44; *Wiedemann*, FS 50 Jahre BAG, S. 265 (S. 279); *Wiedemann/Thüsing*, DB 2002, 463 (467).
280 EuGH vom 13.7.1962, verbundene C-Rs. 17/61 und C-20/61 (Klöckner), LS Nr. 6; EuGH vom 15.1.1985, Rs. C-250/83 (Finsider), Rn. 8; *Lingscheid*, S. 17; *Wiedemann*, FS 50 Jahre BAG, S. 265 (S. 279 f.).
281 Siehe oben 2. Kapitel C. II.; *Berger-Delhey*, ZTR 2001, 162 (163).
282 Wendeling-Schröder/Stein-*Wendeling-Schröder*, Einleitung AGG, Rn. 9; Wolfrum-*G.Nolte*, S. 235 f.; *Zöllner*, GS Blomeyer, S. 517 (S. 528).
283 *Pollczek*, S. 86; *M. Schmidt/Senne*, RdA 2002, 80 (85); *Zöllner*, GS Blomeyer, S. 517 (S. 528).
284 Zum besonderen Rechtfertigungsgrund bei Benachteiligungen wegen Alters gem. Art. 6 RL 2000/78/EG sowie § 10 AGG, siehe unten 2. Kapitel E. II.
285 EuGH vom 24.2.1994, Rs. C-343/92 (Roks), Rn. 35; *Fastrich*, RdA 2000, 65 (71), wobei er Diskriminierungsverbote als Gleichstellungsgebote bezeichnet; ErfK-*Schlachter*, § 3 AGG,

Im Hinblick auf Benachteiligungen aufgrund des Alters und die dazu gehörige besondere Rechtfertigungsnorm, § 10 AGG,[287] kommt § 8 Abs. 1 AGG und den entsprechenden Richtlinienvorschriften eine untergeordnete Bedeutung zu. Nach der Generalklausel des § 10 S. 1 und 2 AGG können altersbedingte Benachteiligungen gerechtfertigt sein, sofern ein objektiver Grund dafür vorliegt, der in Bezug auf die Ungleichbehandlung verhältnismäßig ist. Daher lassen sich kaum Konstellationen finden, in denen der weite § 10 S. 1 und 2 AGG nicht einschlägig ist, sondern nur § 8 Abs. 1 AGG.[288]

V. Sonderfall „umgekehrte" Diskriminierung

Die bloße rechtliche Gleichbehandlung kann unter Umständen nicht ausreichend sein, um sämtliche Benachteiligung der vom AGG geschützten Personengruppen auszugleichen und damit eine langfristige Gleichstellung zu bewirken, denn in einigen Fällen haben bestimmte Merkmalsträger aufgrund früherer und insoweit fortwirkender Diskriminierungen eine schlechtere Ausgangssituation.[289] Dementsprechend ist es möglicherweise geboten, den bisher Benachteiligten eine bevorzugte Behandlung zu gewähren, um nicht nur eine rechtliche, sondern auch tatsächliche bzw. faktische Chancengleichheit zu gewährleisten.[290] Dadurch werden aber wiederum die übrigen Personen benachteiligt. Man spricht dabei von der umgekehrten bzw. positiven Diskriminierung oder *affirmative action*.[291]

Diese Fördermaßnahmen sind gerechtfertigt, wenn die Anforderungen des § 5 AGG erfüllt sind, der auf die Art. 2 Abs. 8 Richtlinie 76/207/EWG, 5 Richtlinie

---

Rn. 10; *Lingscheid*, S. 51; *Wiedemann*, FS 50 Jahre BAG, S. 265 (S. 279); *Wiedemann/Thüsing*, DB 2002, 463 (467).

286 Art. 4 RL 2000/43/EG; Art. 4 Abs. 1 RL 2000/78/EG; § 8 Abs. 1 AGG; EuGH vom 15.1.1985, Rs. C-250/83 (Finsider), Rn. 8; *Lingscheid*, S. 17; Rudolf/Mahlmann-*Mahlmann*, § 3, Rn. 107; *Wiedemann/Thüsing*, DB 2002, 463 (467 f.).
287 Dazu siehe unten 2. Kapitel E. II.
288 Rust/Falke-*Falke*, § 8 AGG, Rn. 33.
289 EuGH vom 11.11.1997, Rs. C-409/95 (Marschall), Rn. 26, AP Nr. 14 Richtlinie 76/207/EWG; Däubler/Bertzbach-*Hinrichs*, § 5 AGG, Rn. 21 f.; Rust/Falke-*Raasch*, § 5 AGG, Rn. 5 f.
290 KOM (1999) 566 endg., S. 9; EuGH vom 6.7.2000, Rs. C-407/98 (Abrahamson), Rn. 48, AP Nr. 22 Richtlinie 76/207/EWG; *Adomeit/Mohr*, § 5 AGG, Rn. 15; Rust/Falke-*Raasch*, § 5 AGG, Rn. 3; Schiek-*Schiek*, § 5 AGG, Rn. 1; vgl. EuGH vom 17.10.1995, Rs. C-450/93 (Kalanke), Rn. 18, AP Nr. 6 Richtlinie 76/207/EWG.
291 *Adomeit/Mohr*, § 5 AGG, Rn. 8; Rust/Falke-*Raasch*, § 5 AGG, Rn. 4; Schleusener/Suckow/Voigt-*Voigt*, § 5 AGG, Rn. 3; vgl. EuGH vom 6.7.2000, Rs. C-407/98 (Abrahamson), Rn. 45, 59, AP Nr. 22 Richtlinie 76/207/EWG.

2000/43/EG, 7 Abs. 1 Richtlinie 2000/78/EG, 6 Richtlinie 2004/113/EG zurückgeht.[292] Erforderlich sind zunächst bestehende Nachteile der Gruppe, der die Privilegierung zuteilwerden soll. Der Begriff des Nachteils umfasst sämtliche Schlechterstellungen in tatsächlicher und struktureller Hinsicht.[293] Ferner muss gerade eines der verpönten Merkmale Grund für die schlechtere Ausgangsposition sein.[294] Nicht ausreichend ist es, wenn die genannten Personen in der Vergangenheit Nachteile erfahren mussten, diese aber mittlerweile nicht mehr bestehen.[295] Eine Kompensation für vergangenes Unrecht soll mit der Regelung nicht bezweckt werden. Sind tatsächlich Nachteile von Merkmalsträgern gegeben, muss die Gleichstellungsmaßnahme im Hinblick auf die Beeinträchtigung der Anderen, die keine Bevorzugung erhalten, verhältnismäßig sein.[296]

VI. Beweislast

Nach den allgemeinen zivilprozessualen Regeln muss der Kläger die anspruchsbegründenden und der Beklagte die anspruchsausschließenden Tatsachen beweisen.[297] Demnach obläge es dem potentiellen Diskriminierungsopfer, in einem Prozess den vollen Beweis darüber führen, dass er unzulässig benachteiligt wurde.

Für einen Arbeitnehmer kann es sich bisweilen als schwierig erweisen, bestimmte interne Vorgänge oder gar die Motivation des Arbeitgebers nachzuweisen, die letztlich zur Ungleichbehandlung geführt haben.[298] Hier kommt ihm § 22 AGG mit seiner zweistufigen Beweislast entgegen.[299] Der Kläger muss zunächst Indizien beweisen, die eine Diskriminierung aufgrund eines der verpönten Merkmale vermuten lassen. Hierfür reicht es aus, wenn er das Gericht mit Hilfe von Indizien und Hilfstatsachen davon überzeugt, dass eine Kausalität zwischen Benachteiligungs-

---

292 BT-Drucksache 16/1780, S. 33.
293 *Bauer/Göpfert/Krieger*, § 5 AGG, Rn. 8; Däubler/Bertzbach-*Hinrichs*, § 5 AGG, Rn. 21; Schleusener/Suckow/Voigt-*Voigt*, § 5 AGG, Rn. 11.
294 Rust/Falke-*Raasch*, § 5 AGG, Rn. 39.
295 Däubler/Bertzbach-*Hinrichs*, § 5 AGG, Rn. 22.
296 BT-Drucksache 16/1780, S. 34; EuGH vom 19.3.2002, Rs. C-476/99 (Lommers), Rn. 39, AP Nr. 29 Richtlinie 76/207/EWG; Schleusener/Suckow/Voigt-*Voigt*, § 5 AGG, Rn. 18.
297 EuGH vom 27.10.1993, Rs. C-127/92 (Enderby), Rn. 13, AP Nr. 50 zu Art. 119 EWG-Vertrag; *Prütting*, RdA 1999, 107 (109); Thomas/Putzo-*Reichold*, Vorbemerkung zu § 284 ZPO, Rn. 23 f.
298 Däubler/Bertzbach-*Bertzbach*, § 22 AGG, Rn. 5; *Grobys*, NZA 2006, 898 (899); *Hoentzsch*, DB 2006, 2631
299 *Grobys*, NZA 2006, 898 (900).

grund und Benachteiligung überwiegend wahrscheinlich ist.[300] Sodann trägt der Beklagte die volle Beweislast dafür, dass keine unzulässige Benachteiligung vorliegt. Er kann entweder aufzeigen, dass ein verpöntes Merkmal keinen Einfluss auf seine Entscheidung hatte, oder das Bestehen eines Rechtfertigungsgrunds beweisen.[301] Dementsprechend statuiert § 22 AGG auch keinen Anscheinsbeweis zu Gunsten des Arbeitnehmers, da dieser schon durch einen schlichten Gegenbeweis eines von der Typizität abweichenden Geschehensablaufs vom Arbeitgeber entkräftet werden könnte.[302]

Die AGG-Norm setzt die Art. 8 Richtlinie 2000/43/EG, 10 Richtlinie 2000/78/EG, 10 Richtlinie 2004/113/EG um,[303] deren Wortlaut sich am Art. 4 Abs. 1 der Beweislastrichtlinie 97/80/EG orientiert. Mit der Bestimmung werden die Mitgliedsstaaten aufgefordert, im Einklang mit dem nationalen Gerichtswesen Maßnahmen zu ergreifen, die das mutmaßliche Diskriminierungsopfer bei der Beweisführung privilegieren. Konkret soll es ausreichend sein, dass die potentiell benachteiligte Person vor Gericht oder einer anderen zuständigen Stelle Tatsachen glaubhaft macht, die eine Diskriminierung vermuten lassen, damit es der Gegenseite obliegt, zu beweisen, dass kein Verstoß gegen das Benachteiligungsverbot gegeben ist. Die vom europäischen Sekundärrecht vorgegebene Beweislastverteilung ist schon vor Verabschiedung der Beweislastrichtlinie in der Rechtsprechung des EuGH angeklungen. Ihm zufolge kehrt sich die Beweislast um, wenn der Arbeitnehmer dem ersten Anschein nach diskriminiert wurde.[304]

Es liegt der Einwand nahe, dass der Gesetzgeber die europarechtlichen Vorgaben nicht richtig umgesetzt hat, da die Umsetzungsnorm die bloße Glaubhaftmachung der Benachteiligung nicht ausreichen lässt.[305] Für die Glaubhaftmachung i.S.d. § 294 ZPO genügt es schon, wenn die beweispflichtige Partei eine eidesstattliche Versicherung über die streitige Tatsache abgibt. Dabei reicht bereits ein geringer Grad der richterlichen Überzeugungsbildung. Erforderlich ist lediglich, dass

---

300 *Bauer/Göpfert/Krieger*, § 22 AGG, Rn. 6 f.; Däubler/Bertzbach-*Bertzbach*, § 22 AGG, Rn. 33; Schleusener/Suckow/Voigt-*Voigt*, § 22 AGG, Rn. 47, 51; vgl. BAG vom 5.2.2004, Az. 8 AZR 112/03, Rn. 62, AP Nr. 23 zu § 611a BGB, das sich allerdings noch auf die Beweislast nach § 611a Abs. 1 S. 3 AGG a.F. bezogen hat.
301 *Bauer/Göpfert/Krieger*, § 22 AGG, Rn. 9; Däubler/Bertzbach-*Bertzbach*, § 22 AGG, Rn. 58; *Hoentzsch*, DB 2006, 2631 (2634); Schleusener/Suckow/Voigt-*Voigt*, § 22 AGG, Rn. 27; *Windel*, RdA 2007, 1 (6).
302 *Windel*, RdA 2007, 1 (6).
303 BT-Drucksache 16/1780, S. 47.
304 EuGH vom 27.10.1993, Rs. C-127/92 (Enderby), Rn. 14, AP Nr. 50 zu Art. 119 EWG-Vertrag; *Hoentzsch*, DB 2006, 2631.
305 Bauer/Thüsing/Schunder-*Thüsing*, NZA 2006, 774; *Windel*, RdA 2007, 1 (3 f.).

eine überwiegende Wahrscheinlichkeit besteht, dass die behauptete Tatsache zutrifft.[306] Das Gericht muss aber nicht von der Tatsache überzeugt werden.[307] Die Gesetzesvorlage der Bundesregierung enthielt auch tatsächlich den Passus, dass der Kläger die Tatsachen lediglich glaubhaft machen muss, die eine unzulässige Benachteiligung vermuten lassen.[308] Allerdings ging schon aus der Begründung hervor, dass keine Glaubhaftmachung nach § 294 ZPO gemeint war.[309] Auf Empfehlung des Rechtsausschusses wurde daher der Wortlaut des § 22 AGG „in letzter Minute" angepasst, um eine sprachliche Klarstellung zu erreichen.[310] Ein europarechtlicher Verstoß ist dennoch nicht gegeben, denn dem Begriff Glaubhaftmachung kommt im europäischen Recht eine andere Bedeutung zu als im deutschen Zivilprozessrecht.[311] Dies wird insbesondere in der Begründung der Kommission zu den Antidiskriminierungsrichtlinien offenbar.[312] Darin wird zum einen gefordert, dass die Beweislast beim Kläger liegt, bis er eine Diskriminierung mit Hilfe von Tatsachen nachgewiesen hat, und zum anderen wird auf die Rechtsprechung des EuGH Bezug genommen, die insoweit eine eidesstattliche Versicherung oder ein vergleichbares Rechtsinstitut nicht kennt.

VII. Fazit

Das hier maßgebliche Benachteiligungsverbot des AGG fügt sich in die bestehende Dogmatik von Gleichbehandlungsgeboten und Diskriminierungsverboten ein. Es konnte nachgewiesen werden, dass sich die grundlegenden Elemente von Gleichbehandlungsgrundsätzen in dem Diskriminierungsverbot wieder finden, weshalb die ganz herrschende Meinung zutreffend von einem Spezialitätsverhältnis ausgeht. Von der Struktur her weicht das Benachteiligungsverbot des AGG von dem bisherigen Verständnis der Diskriminierungsverbote nur insoweit ab, als dass es eine hypothetische Vergleichsgruppenbildung ermöglicht. Ansonsten muss bei beiden

---

306 BGH vom 11.9.2003, Az. IX ZB 37/03, Rn. 8, NJW 2003, 3558; *Boesche*, EuZW 2005, 264 (265); Thomas/Putzo-*Reichold*, § 294 ZPO, Rn. 2.
307 Bauer/Thüsing/Schunder-*Thüsing*, NZA 2006, 774.
308 BT-Drucksache 16/1780, S. 11.
309 BT-Drucksache 16/1780, S. 47; vgl. *Boesche*, EuZW 2005, 264 (265 f.), die sich auf den insoweit identischen ersten Entwurf des Antidiskriminierungsgesetzes vom 16.12.2004, BT-Drucksache 15/4538, bezieht.
310 BT-Drucksache 16/2022, S. 13; Däubler/Bertzbach-*Bertzbach*, § 22 AGG, Rn. 2 f.; *Grobys*, NZA 2006, 898 f.; *Hoentzsch*, DB 2006, 2631.
311 Däubler/Bertzbach-*Bertzbach*, § 22 AGG, Rn. 3.
312 KOM (1999) 565 endg., S. 14.

eine benachteiligende Ungleichbehandlung von Vergleichbaren vorliegen. Besonders relevant sind die grundsätzlichen Anforderungen an die Rechtfertigung. Erforderlich ist ein objektiver Rechtfertigungsgrund, der im Hinblick auf die Beeinträchtigung der benachteiligten Personen verhältnismäßig ist. Folglich kann im weiteren Verlauf auf Grundsätze und Standpunkte zurückgegriffen werden, die sich zu den personenbezogenen Gleichbehandlungsgrundsätzen sowie den Diskriminierungsverboten außerhalb des AGG und der maßgeblichen Richtlinien entwickelt haben.

E. Besonderheiten des Benachteiligungsverbots beim Merkmal Alter

Das Diskriminierungsverbot aus Gründen des Alters weist einige Unterschiede gegenüber Benachteiligungen auf, die auf den übrigen verpönten Differenzierungsmerkmalen beruhen. Maßgeblicher Grund dafür sind die Besonderheiten des Kriteriums Alter und die Attribute, welche mit ihm verbunden werden.

I. Das Alter als verpöntes Benachteiligungsmerkmal

Der Begriff Alter ist doppeldeutig. Zum einen kann er einen Zeitraum beschreiben, der seit der Geburt verstrichen ist, und zum anderen kann er sich aber auch auf das fortgeschrittene Alter beziehen.[313] Des Weiteren weist es eine gewisse Relativität auf. Je nach Tätigkeit oder Branche kann ein bestimmtes Alter die Person als alt oder jung klassifizieren.[314] Nach dem Willen des Gesetzgebers ist der erste Bedeutungsgehalt des Wortes Alter für das AGG maßgeblich. Das Gesetz bezieht sich daher auf das biologische Alter, wodurch unterschiedliche Behandlungen aufgrund des Lebensalters grundsätzlich unzulässig sind.[315] Erfasst sind somit sowohl Benachteiligung aufgrund eines hohen Alters als auch solche, die zu Lasten jüngerer

---

313 *Adomeit/Mohr*, § 1 AGG, Rn. 118; Däubler/Bertzbach-*Däubler*, § 1 AGG, Rn. 83; Linsenmeier, RdA 2003, Sonderbeilage zu Heft 5, 22 (25); *Nussberger*, JZ 2002, 524 (Fn. 1); *Polloczek*, S. 87.
314 *Bauer/Göpfert/Krieger*, § 10 AGG, Rn. 16; *König*, FS Zuleeg, S. 341 (S. 345); *Körner*, NZA 2008, 497; MüKo-*Thüsing*, § 10 AGG, Rn. 5; *Wiedemann/Thüsing*, NZA 2002, 1234.
315 BR-Drucksache 329/06, S. 32; BT-Drucksache 16/1780, S. 31; *Nollert-Borasio/Perreng*, § 1 AGG, Rn. 30; Rudolf/Mahlmann-*Mahlmann*, § 3, Rn. 102; Rudolf/Mahlmann-*Voggenreiter*, § 8, Rn. 35.

Personen gehen,³¹⁶ wenngleich Kommission und deutscher Gesetzgeber vornehmlich die erste Konstellation im Blick hatten.³¹⁷ Das Alter kann von den Betroffenen nicht beeinflusst werden. Daher ist es als ein sog. unverfügbares Differenzierungskriterium einzustufen.³¹⁸ Es zeichnet sich durch seine präzise Messbarkeit aus.³¹⁹ Somit kann die Person bzw. Institution, von der eine Maßnahme ausgeht, genau festlegen, welchen Altersgruppen ein Vor- oder Nachteil zuteil wird.

Der entscheidende Unterschied gegenüber den übrigen im Grundsatz statischen Unterscheidungsmerkmalen des § 1 AGG besteht in seiner permanenten Veränderung.³²⁰ Aufgrund dessen durchlaufen die Betroffenen während ihres Lebens die verschiedenen Altersstufen, sodass sie alle potentiell von der Altersdiskriminierung betroffen sind.³²¹ Ein bestehender Vorteil kann sich mit dem Erreichen eines bestimmten Lebensalters in einen Nachteil wandeln und umgekehrt. Ein solcher „Diskriminierungszyklus" führt zu einer erhöhten Akzeptanz der Altersdiskriminierung, da jeder während seines Werdegangs in etwa die gleiche Behandlung erfährt.³²² Auch Teile der Rechtsprechung greifen auf diese Vorstellung zurück. So

---

316 So im Ergebnis die ganz h.M. *Bauer/Göpfert/Krieger*, § 1 AGG, Rn. 45 ff.; ErfK-*Schlachter*, § 1 AGG, Rn. 11, *Hanau*, ZIP 2006, 2189 (2190); *Löwisch*, FS Schwerdtner, S. 769 (S. 770); *Polloczek*, S. 87 ff.; Rudolf/Mahlmann-*Voggenreiter*, § 8, Rn. 35; *Schlachter*, GS Blomeyer, S. 355 (S. 357); Schleusener/Suckow/Voigt-*Schleusener*, § 1 AGG, Rn. 58; *M. Schmidt/Senne*, RdA 2002, 80 (82); *Skidmore*, European Law Review 2004, 52 (59); *Schweibert*, FS DAV, S. 1001 (S. 1005); *Waltermann*, GS Blomeyer, S. 495 (S. 512 f); *Wank*, NZA 2004, Sonderbeilage zu Heft 22, 16 (20); *Weber*, AuR 2002, 401 (402); a.A. Bauer, NJW 2001, 2672 (2673); *Mohr*, S. 207 f., die mit der Zielsetzungen der Richtlinie argumentieren, vornehmlich ältere Beschäftigte vor Benachteiligungen zu schützen.
317 BR-Drucksache, 329/06, S. 32; BT-Drucksache 16/1780, S. 31; KOM (1999) 565 endg., S. 3; vgl. auch Erwägungsgrund Nr. 6 der RL 2000/78/EG, wonach die wirtschaftliche Eingliederung älterer Menschen angestrebt wird sowie Erwägungsgrund Nr. 8, dem zufolge der Anteil Älterer an der Erwerbsbevölkerung erhöht werden soll.
318 *Adomeit/Mohr*, § 1 AGG, Rn. 107; Däubler/Bertzbach-*Däubler*, Einl. AGG, Rn. 224, *Hahn*, S. 95; *Linsenmaier*, RdA 2003, Sonderbeilage zu Heft 5, 22 (25); *Nussberger*, JZ 2002, 524; *Reichold/Hahn/Heinrich*, NZA 2005, 1270 (1275).
319 *Adomeit/Mohr*, § 1 AGG, Rn. 107; Linsenmeier, RdA 2003, Sonderbeilage zu Heft 5, 22 (25).
320 *Hahn*, S. 95; *Linsenmaier*, RdA 2003, Sonderbeilage zu Heft 5, 22 (25); *Nussberger*, JZ 2002, 524; *Polloczek*, S. 23; *Rieble/Zedler*, ZfA 2006, 273 (283).
321 *Hahn*, S. 95; *König*, FS Zuleeg, S. 341 (S. 345); *Linsenmaier*, RdA 2003, Sonderbeilage zu Heft 5, 22 (25); *Nollert-Borasio/Perreng*, § 1 AGG, Rn. 30; *Polloczek*, S. 23; Rudolf/Mahlmann-*Voggenreiter*, § 8, Rn. 35; *Rieble/Zedler*, ZfA 2006, 273 (283); Rust/Falke-*Bertelsmann*, § 1 AGG, Rn. 86; *Thüsing*, NZA 2004, Sonderbeilage zu Heft 22, 3 (12).
322 Ähnlich jeweils *Hahn*, S. 95; *Henssler/Tillmanns*, FS Birk, S. 179; *Steiner*, NZA 2008, 73 (77), *Waltermann*, NZA 2005, 1265 (1269).

entschied z.B. das OLG Frankfurt, dass eine Altersgrenze für Notare nicht als unzulässige Altersdiskriminierung zu werten sei, weil jeder Notar mit dem Erreichen des 70. Lebensjahres von ihr betroffen wäre.[323]

Anders als die übrigen verbotenen Differenzierungsmerkmale weist das Alter keine vergleichbare Missbrauchsgeschichte.[324] Damit ist es nicht im selben Maße Teil des allgemeinen Rechtsbewusstseins.[325] So verwundert es nicht, wenn im Unterschied zu den übrigen verbotenen Differenzierungsmerkmalen die unmittelbare Anknüpfungen an das Alter, wie dies z.b. bei Altersgrenzen der Fall ist, von der Gesellschaft als selbstverständlich aufgefasst und nicht weiter hinterfragt wird.[326] Aufgrund der Tatsache, dass das Alter und das damit einhergehende Altern jeden betreffen und der gesellschaftlichen Vorstellung, wonach die Anknüpfung an das Lebensalter sozialadäquat sei, wirkt die Altersdiskriminierung nicht so stigmatisierend und ausgrenzend wie die übrigen Benachteiligungen nach dem AGG.[327]

Dennoch setzt ein Prozess des Umdenkens hinsichtlich der Ungleichbehandlung verschiedener Altersgruppen ein. Seinen Ursprung findet er in den Anti-Diskriminierungsrichtlinien sowie dem darauf basierenden AGG.[328] Dem neuen Verständnis stehen zahlreiche an das Alter anknüpfende Regelungen gegenüber, die zuvor als legitim hingenommen wurden. Diese beiden Faktoren führen dazu, dass die meisten Diskriminierungsprozesse nach dem AGG die Benachteiligung wegen des Alters zum Gegenstand haben.[329]

---

323 OLG Frankfurt vom 28.11.2006, Az. 2 Not 13/06, Rn. 11, DNotZ 2007, 157 (158).
324 *König*, FS Zuleeg, S. 341 (S. 360); *Stalder*, S. 183, 190; *Steiner*, NZA 2008, 73 (77); *Strauß/Haß/Harras*, Stichwort „diskriminieren, Diskriminierung", wonach sich die gesellschaftliche Diskriminierung vorwiegend auf Minderheiten bezieht.
325 *Bouchouaf*, KJ 2006, 310 f.; Rust/Falke-*Bertelsmann*, § 1 AGG, Rn. 84; *Steiner*, NZA 2008, 73 (77); *Waltermann*, NZA 2005, 1265 (1266); ein Beispiel für das fehlende Unrechtsbewusstsein hinsichtlich der Altersdiskriminierung bieten die Ausführungen in *Däubler*, FS Gnade, S. 95 (S. 109 ff.), in denen der Verfasser bei der Frage, ob Senioritätsregelungen unzulässige Diskriminierungen darstellen würden, ausschließlich auf die mögliche Diskriminierung von Frauen eingeht und eine etwaige unzulässige Benachteiligung jüngerer Arbeitnehmer erst gar nicht anspricht.
326 *Bertelsmann*, ZESAR 2005, 242 (253); *König*, FS Zuleeg, S. 341 (S. 345); *Linsenmaier*, RdA 2003, Sonderbeilage zu Heft 5, 22 (25); Rust/Falke-*Bertelsmann*, § 1 AGG, Rn. 84; *Waltermann*, ZfA 2006, 305 (312).
327 *Hahn*, S. 95 f.; *König*, FS Zuleeg, S. 341 (S. 360); *Wiedemann*, Gleichbehandlungsgebote, S. 71; *Reichold/Hahn/Heinrich*, NZA 2005, 1270 (1275).
328 *Pollocek*, S. 23.
329 Vgl. für das Land Baden-Württemberg Pressemitteilung des LAG Baden-Württemberg vom 27.6.2007, S.1, abrufbar unter:
http://www.lag-baden-wuerttemberg.de/servlet/PB/show/1208853/Pressemitteilung27.06.07.pdf, abgerufen am 28.2.2011.

II. Besondere Rechtfertigung wegen des Alters

Der teilweise kritisierte verminderte Schutz vor altersbedingten Diskriminierungen[330] und die höhere gesellschaftliche Akzeptanz von an das Alter anknüpfenden Unterscheidungen[331] spiegeln sich im § 10 AGG wieder. Die Vorschrift benennt zusätzliche Rechtfertigungsgründe für die Benachteiligung wegen des Alters und etabliert einen weniger strengen Prüfungsmaßstab. Ausgangspunkt der Umsetzungsnorm ist Art. 6 Richtlinie 2000/78/EG, der einen entscheidenden Einfluss auf die Auslegung hat.[332]

§ 10 S. 1, 2 AGG normiert eine Generalklausel, die sich stark an Art. 6 Abs. 1 Richtlinie 2000/78/EG orientiert.[333] Nach Ansicht des Gesetzgebers war eine konkrete und abschließende Normierung aufgrund des komplexen Merkmals Alter nicht sachgerecht. Mithilfe einer Generalklausel sollte dem Rechtanwender eine flexible Handhabung ermöglicht werden.[334] Dementsprechend bedarf es gem. § 10 S. 1, 2 AGG eines objektiven Grundes, der erforderlich und im Hinblick auf die Benachteiligung angemessen ist. Es findet daher die schon von den personenbezogenen Gleichheitssätzen bekannte[335] Verhältnismäßigkeitsprüfung statt.[336] Der Prüfungsmaßstab entspricht demjenigen der mittelbaren Diskriminierung.[337] Dies kann den sehr ähnlichen Formulierungen in § 3 Abs. 2 AGG sowie § 10 S. 1, 2 AGG entnommen werden.[338] Des Weiteren war schon nach dem Willen der Kommission und der Ansicht des rechtswissenschaftlichen Schrifttums der Maßstab der mittel-

---

330 *Bouchouaf*, KJ 2006 310 (319); *Simitis*, NJW 1994, 1453; *M. Schmidt/Senne*, RdA 2002, 80 (89).
331 Siehe oben 2. Kapitel E. I. 1.
332 *Bauer/Göpfert/Krieger*, § 10 AGG, Rn. 6; Däubler/Bertzbach-*Brors*, § 10 AGG, Rn. 1.
333 Gerade hier setzt die Kritik eines nicht unerheblichen Teils des Schrifttums an, wonach der Gesetzgeber zur ordnungsgemäßen Umsetzung verpflichtet wäre, die Rechtfertigungsmöglichkeiten zu konkretisieren, Däubler/Bertzbach-*Brors*, § 10 AGG, Rn. 2 ff.; *Hahn*, S. 113; *Löwisch/Caspers/Neumann*, S. 18 ff.; *König*, FS Zuleeg, S. 341 (S. 360 ff.); *Reichold/Hahn/Heinrich*, NZA 2005, 1270 (1275 ff.), allerdings ist dies nach der Rechtsprechung des EuGH nicht erforderlich, EuGH vom 5.3.2009, Rs. C-388/07 (Age Concern England), Rn. 42 ff., NZA 2009, 305 (308).
334 BT-Drucksache 16/1780, S. 36; zustimmend MüKo-*Thüsing*, § 10 AGG, Rn. 8; für die Zulässigkeit einer generalklauselartigen Umsetzung von Art. 6 Abs. 1 RL 2000/78/EG *Kamanabrou*, RdA 2006, 321 (330); *Waltermann*, ZfA 2006, 306 (316).
335 Siehe oben 2. Kapitel C. II.
336 *Adomeit/Mohr*, § 10 AGG, Rn. 14 ff.; *Bauer/Göpfert/Krieger*, § 10 AGG, Rn. 10, 20 ff.; Schleusener/Suckow/Voigt-*Voigt*, § 10 AGG, Rn. 13 ff.
337 EuGH vom 5.3.2009, Rs. C-388/07 (Age Concern England), Rn. 65, NZA 2009, 305 (310).
338 *Von Hoff*, S. 205 f.

baren Diskriminierung für die entsprechende Richtlinienvorschrift entscheidend.[339] Nichts anderes kann daher für die nationale Umsetzungsnorm gelten.[340] Einen Unterschied des Art. 6 Richtlinie 2000/78/EG gegenüber dem Tatbestandsausschluss der mittelbaren Benachteiligung sieht der EuGH aber im legitimen Ziel. Ihm zufolge kämen nur Allgemeininteressen als taugliche Rechtfertigungsgründe für die Sonderregelung in Betracht.[341] Nach dem hier vorgestellten Lösungsweg ist dieser Schluss indes nicht zwingend.[342]

In § 10 S. 3 AGG finden sich Regelbeispiele, mit denen mögliche rechtfertigenden Konstellationen aufgezeigt werden. Während Nummern 1 bis 4 dem Art. 6 Abs. 1 Richtlinie 2000/78/EG entnommen wurden, hat der deutsche Gesetzgeber Nr. 5 und 6 selbst hinzugefügt. Dass die vorgegebenen Beispiele keine abschließende Aufzählung darstellen, ergibt sich aus dem Wort „insbesondere".[343] Ihnen kommt lediglich eine Funktion als „Wegweiser" für die Zulässigkeitsprüfung zu.[344] Des Weiteren rechtfertigen die Regelbeispiele nicht per se eine Ungleichbehandlung. Der Wortlaut macht deutlich, dass in den vorgegebenen Konstellationen die Benachteiligungen lediglich gerechtfertigt sein *können*. Im Rahmen der Regelbeispiele ist damit auch eine Verhältnismäßigkeitsprüfung durchzuführen.[345]

Da der Prüfungsmaßstab von § 10 AGG und dem Tatbestandsausschluss für die mittelbare Benachteiligung gem. § 3 Abs. 2 AGG identisch ist, wird eine Anwendung des Rechtfertigungsgrunds nach § 10 AGG auf die mittelbare Diskriminierung überflüssig,[346] zumal systematisch der Tatbestandsausschluss vor einer mögli-

---

339 KOM (1999) 565 endg., S. 12; *Hahn*, S. 122; *König*, FS Zuleeg, S. 341 (S. 349, 360); *Lingscheid*, S. 209; *Mohr*, S. 276; *Waltermann*, NZA 2005, 1265 (1266); *Wiedemann/Thüsing*, NZA 2002, 1234 (1238).
340 *Adomeit/Mohr*, § 10 AGG, Rn. 7; *Annuß*, BB 2006, 1629 (1633); *Bauer/Göpfert/Krieger*, § 10 AGG, Rn. 13; ErfK-*Schlachter*, § 10 AGG, Rn. 1; MüKo-*Thüsing*, § 10 AGG, Rn. 10; Schleusener/Suckow/Voigt-*Voigt*, § 10 AGG, Rn. 12; *von Hoff*, S. 206.
341 EuGH vom 5.3.2009, Rs. C-388/07 (Age Concern England), Rn. 46, NZA 2009, 305 (308)
342 Siehe unten 3. Kapitel B. I. 2. a) bb).
343 *Adomeit/Mohr*, § 10 AGG, Rn. 3; *Bauer/Göpfert/Krieger*, § 10 AGG, Rn. 12; ErfK-*Schlachter*, § 10 AGG, Rn. 1; *Kamanabrou*, RdA 2006, 321 (330); Schleusener/Suckow/Voigt-*Voigt*, § 10 AGG, Rn. 11.
344 *Adomeit/Mohr*, § 10 AGG, Rn. 3; *Bauer/Göpfert/Krieger*, § 10 AGG, Rn. 12, 25; *Löwisch*, DB 2006, 1729 (1730).
345 *Adomeit/Mohr*, § 10 AGG, Rn. 3; *Bauer/Göpfert/Krieger*, § 10 AGG, Rn. 25; *Kamanabrou*, RdA 2006, 321 (330, 332); MüKo-*Thüsing*, § 10 AGG, Rn. 9; Schleusener/Suckow/Voigt-*Voigt*, § 10 AGG, Rn. 11.
346 EuGH vom 5.3.2009, Rs. C-388/07 (Age Concern England), Rn. 66, NZA 2009, 305 (310); *Bauer/Göpfert/Krieger*, § 10 AGG, Rn. 13; Schleusener/Suckow/Voigt-*Voigt*, § 10 AGG, Rn. 5; für Art. 6 RL 2000/78/EG *M. Schmidt/Senne*, RdA 2002, 80 (85); *Thüsing*, ZfA 2001,

chen Rechtfertigung zu prüfen wäre.[347] Hinsichtlich der unmittelbaren Diskriminierung ist es durchaus möglich, dass neben § 10 AGG auch die Rechtfertigungsgründe nach §§ 5, 8 AGG zur Anwendung kommen.[348]

F. Fazit

Es hat sich zunächst gezeigt, dass zwischen den Begriffen Benachteiligung und Diskriminierung zu unterscheiden ist. Während die Benachteiligung lediglich die mit einem Nachteil verbundene Ungleichbehandlung und damit nur den Tatbestand eines Gleichheitssatzes beschreibt, drückt der Begriff Diskriminierung aus, dass dieses Vorgehen nicht gerechtfertigt ist, und umfasst daher auch die Prüfung der Rechtfertigung. Die begriffliche Unterscheidung wird im Folgenden beibehalten.

Entscheidend ist aber die Erkenntnis, dass sich das Verbot der Altersdiskriminierung nach AGG, das sämtliche Altersgruppen erfasst, in die bestehende Dogmatik der Gleichbehandlungsgrundsätze einfügt. Dementsprechend ist tatbestandlich eine Ungleichbehandlung von Vergleichbaren erforderlich. Ist dabei das Alter das maßgebliche Differenzierungskriterium, liegt eine sog. unmittelbare Benachteiligung vor im Sinne des § 3 Abs. 1 S. 1 AGG. Wird hingegen an ein Merkmal angeknüpft, welches typischerweise von bestimmten Altersgruppen erfüllt wird, so ist eine mittelbare Benachteiligung nach § 3 Abs. 2 AGG anzunehmen. Beide Benachteiligungsformen lassen zur Feststellung einer Ungleichbehandlung eine hypothetische Vergleichsperson zu.

Die Rechtmäßigkeit einer mittelbaren Benachteiligung ist bereits im Tatbestand gem. § 3 Abs. 2 AGG zu prüfen, wohingegen bei der unmittelbaren der besondere Rechtfertigungsgrund des § 10 AGG Anwendung findet. Die Prüfungsintensität ist bei dem Tatbestandsausschluss- und dem Rechtfertigungsgrund identisch. Der Ungleichbehandlung muss zunächst ein legitimes Ziel zugrunde liegen, die Differenzierung muss geeignet und erforderlich zur Verwirklichung des Ziels sein, d.h. es darf kein gleich geeignetes und milderes Mittel vorliegen, und letztlich muss die

---

397 (408); a.A. *Adomeit/Mohr*, § 10 AGG, Rn. 8, die § 10 AGG vorrangig prüfen wollen, verkennen aber, dass § 3 Abs. 2 AGG als Tatbestandsausschluss als Erstes zu prüfen ist und insoweit für den Rechtfertigungsgrund des § 10 AGG kein Anwendungsbereich verbleibt.
347 In diese Richtung auch EuGH vom 5.3.2009, Rs. C-388/07 (Age Concern England), Rn. 66, NZA 2009, 305 (310).
348 *Adomeit/Mohr*, § 10 AGG, Rn. 7; Däubler/Bertzbach-*Brors*, § 10 AGG, Rn. 2, 17 Schleusener/Suckow/Voigt-*Voigt*, § 10 AGG, Rn. 3; für die entsprechenden Rechtfertigungsgründe der Richtlinien *Zöllner*, GS Blomeyer, S. 517 (S. 531).

mit der Ungleichbehandlung verbundene Beeinträchtigung mit Rücksicht auf das legitime Ziel verhältnismäßig sein. Im Hinblick auf das legitime Ziel im Sinne des § 10 AGG wurde allerdings noch nicht abschließend geklärt, ob den Tarifparteien eine Einschätzungsprärogative zukommt[349] und ob nur Allgemeininteressen als legitime Ziele in Betracht kommen.[350] Allerdings spricht die anerkannte Rechtfertigungsprüfung der in diesem Kapitel dargestellten allgemeinen und besonderen Gleichbehandlungsgrundsätze gegen eine Einschätzungsprärogative und für die Berücksichtigung von Individualinteressen, denn es wird ein objektiver Rechtfertigungsgrund vorausgesetzt, wobei keine Unterscheidung danach erfolgt, ob er ein Allgemein- oder Individualinteresse darstellt.

---

349 Dazu siehe unten 3. Kapitel B. I. 2. a) aa).
350 Dazu siehe unten 3. Kapitel B. I. 2. a) bb).

3. Kapitel
Benachteiligungen wegen des Alters durch tarifliche Vergütung

Im Folgenden werden die allgemein dargestellten Grundsätze des Gleichbehandlungs- bzw. Antidiskriminierungsrechts auf die verschiedenen in Tarifverträgen vorkommenden Vergütungsklauseln angewendet. Es geht um die Frage ihrer Vereinbarkeit mit dem vom AGG statuierten Verbot der Altersdiskriminierung. Doch bevor das „Herzstück" dieses Kapitels eingeleitet wird, müssen vorab einige grundlegende Feststellungen getroffen werden. Hierbei wird sich zeigen, dass dem AGG ein weiter Vergütungsbegriff zugrunde liegt, weshalb im Anschluss daran nicht nur Tarifbestimmungen über die Grundvergütung untersucht werden, sondern auch solche, die finanzielle Zusatzleistungen gewähren.

A. Grundlagen

Vor der eigentlichen Rechtmäßigkeitsprüfung von potentiell altersdiskriminierenden tariflichen Vergütungsklauseln muss zunächst Klarheit darüber geschaffen werden, ob und in welchen Fällen das diskriminierungsrechtliche Umsetzungsgesetz auf Tarifwerke Anwendung findet. Wurde die sachliche wie zeitliche Anwendbarkeit des AGG bejaht, wird im nächsten Schritt erörtert, ob das Umsetzungsgesetz einen rechtswidrigen Eingriff in die vom Art. 9 Abs. 3 GG mitumfasste Tarifautonomie darstellt. Da die Verfassungswidrigkeit abgelehnt wird, muss für die weitere Prüfung einer potentiellen Altersdiskriminierung der Vergütungsbegriff des AGG definiert werden. Letztlich sollen Leitlinien aufgezeigt werden, wie die Vergleichsgruppen bei einer altersbedingten tariflichen Entgeltdiskriminierung zu bilden sind.

I. Anwendung auf Tarifverträge

Das AGG muss sachlich und zeitlich auf die in Frage stehenden Tarifverträge anwendbar sein.

1. Sachlicher Anwendungsbereich

Dass das AGG auf Tarifverträge Anwendung findet, kann auf § 2 Abs. 1 Nr. 2 AGG gestützt werden.[351] Die Vorschrift regelt den Anwendungsbereich des Gesetzes und nimmt kollektive Vereinbarungen über Arbeitsbedingungen in ihn auf. Systematisch kann der Vereinbarungsbegriff von § 7 Abs. 2 AGG angeführt werden. Danach sind Vereinbarungen unzulässig, die gegen das Benachteiligungsverbot verstoßen. Mit der Norm werden Art. 3 Abs. 2 Richtlinie 76/207/EWG, Art. 14 Richtlinie 2000/43/EG und Art. 16 Richtlinie 2000/78/EG umgesetzt.[352] Die Vorschriften bestimmen u.a., dass diskriminierenden Kollektivverträgen die Wirksamkeit zu versagen ist, sie für nichtig erklärt werden können oder zumindest eine Änderung der Bestimmungen erfolgen kann. Aufgrund einer europarechtskonformen Auslegung umfasst der Begriff der Vereinbarung in § 7 Abs. 2 AGG somit Tarifverträge.[353] Letztlich bringt auch die Gesetzesbegründung zum Ausdruck, dass Tarifverträge von § 2 Abs. 1 Nr. 2 AGG erfasst werden.[354]

2. Zeitlicher Anwendungsbereich

Regelungen über die zeitliche Anwendung des AGG sind in § 33 AGG enthalten, wobei für das Arbeitsrecht lediglich Abs. 1 relevant ist. Danach gilt im Hinblick auf die Diskriminierung wegen des Geschlechts das AGG ab seinem Inkrafttreten am 18.8.2006. Für davor liegende Zeiträume finden die entsprechenden Vorschriften des BGB Anwendung. Ausweislich der Gesetzesbegründung ist dies auch auf Benachteiligungen aufgrund der anderen verpönten Merkmale zu übertragen.[355]

---

351 LAG Berlin-Brandenburg vom 11.9.2008, Az. 20 Sa 2244/07, Rn. 23, NZA-RR 2009, 378 (379); LAG Köln vom 31.8.2007, Az. 11 Sa 570/07, Rn. 94, juris; *Hock/Kramer/Schwerdle*, ZTR 2006, 622; *Lingemann/Gotham*, NZA 2007, 663; *Löwisch*, DB 2006, 1729; MüKo-*Thüsing*, § 2 AGG, Rn. 9; *Wulfers/Hecht*, ZTR 2007, 475 (476).
352 BR-Drucksache 329/06, S. 36; BT-Drucksache, 16/1780, S. 34.
353 Ähnlich jeweils *Kamanabrou*, ZfA 2006, 327 (328); *Wulfers/Hecht*, ZTR 2007, 475 (476).
354 BT-Drucksache, 16/1780, S. 31.
355 BT-Drucksache, 16/1780, S. 53.

Dementsprechend betrifft das AGG nur solche Benachteiligungen, die sich seit dem 18.8.2006 ereignet haben.[356] Eine Besonderheit ist bei Tarifverträgen zu beachten. Es handelt sich hierbei um Dauerschuldverhältnisse. Es ist somit möglich, dass Regelungen, z.B. über die monatliche Vergütung, die in einem vor dem 18.8.2006 abgeschlossenen Tarifvertrag enthalten sind, in der Zeit danach Geltung beanspruchen. Hier ist eine Differenzierung erforderlich. Eine unzulässige Benachteiligung i.S.d. AGG ist ebenso wenig in der Vereinbarung eines Tarifvertrags vor dem Inkrafttreten des Gesetzes gegeben wie bei Vorgängen, die zuvor ihren Abschluss gefunden haben und damit nicht über den Stichtag hinaus fort gelten.[357] Konkret wird dabei auf den Zeitpunkt abgestellt, an dem die benachteiligende Handlung vorgenommen wurde, denn § 33 Abs. 1 spricht von Benachteiligungen und nicht von einem bestimmten Benachteiligungserfolg.[358] Somit unterliegt beispielsweise eine Gehaltsüberweisung, die zwar auf einer altersdiskriminierenden Kollektivvereinbarung beruht, aber vor dem 18.8.2006 vollzogen wird, nicht dem AGG. Hingegen sind Zahlungen, die sich danach ereignet haben, am Maßstab des AGG zu untersuchen, unabhängig davon, wann der zugrunde gelegte Tarifvertrag abgeschlossen wurde.[359] Dies ist folgerichtig, da nicht der abgeschlossene Tarifvertrag, sondern die Zahlung an sich die Benachteiligung bewirkt. Ferner gewährt § 33 Abs. 2 bis 4 AGG für bestimmte Dauerschuldverhältnisse, die vor dem Inkrafttreten vereinbart wurden, einen Bestandschutz, wonach das AGG nur zum Zuge kommt, wenn sie nach dem Inkrafttreten geändert werden. Da eine entsprechende Bestimmung für Tarifverträge fehlt, kann im Umkehrschluss eine Privilegierung für Tarifverträge verneint werden.[360] Da-

---

356 *Bauer/Göpfert/Krieger*, § 33 AGG, Rn. 6; Däubler/Bertzbach-*Däubler*, § 33 AGG, Rn. 2; MüKo-*Thüsing*, § 33 AGG, Rn. 3; Wisskirchen, DB 2006, 1491 (1497); *Wulfers/Hecht*, ZTR 2007, 475 (477).
357 Vgl. BAG vom 19.6.2007, Az. 2 AZR 304/06, Rn. 44, AP Nr. 16 zu § 1 KSchG 1969 (Namensliste) für den Fall einer Kündigung; *Adomeit/Mohr*, § 33 AGG, Rn. 10; *Bauer/Göpfert/Krieger*, § 33 AGG; Rn. 12; *Löwisch*, DB 2006, 1729 (1731 f.); Schleusener/Suckow/Voigt-*Suckow*, § 33 AGG, Rn. 3.
358 *Adomeit/Mohr*, § 33 AGG, Rn. 9; *Bauer/Göpfert/Krieger*, § 33 AGG, Rn. 12; Rust/Falke-*Falke*, § 33 AGG, Rn. 5.
359 LAG Köln vom 31.8.2007, Az. 11 Sa 570/07, Rn. 95, juris; Hessisches LAG vom 15.10.2007, Az. 17 Sa 809/07, Rn. 29, juris; *von Steinau-Steinrück/Schneider/Wagner*, NZA 2005, 28 (29), die auf das parallele Problem beim ADG-E eingehen.
360 *Bauer/Göpfert/Krieger*, § 33 AGG, Rn. 12; *Hock/Kramer/Schwerdle*, ZTR 2006, 622; *Lingemann/Gotham*, NZA 2007, 663; *Löwisch*, DB 2006, 1729 (1732); *Wulfers/Hecht*, ZTR 2007, 475 (477); Rust/Falke-*Falke*, § 33 AGG, Rn. 8.

durch wird der Richtlinie 2000/78/EG entsprochen, die insoweit keine Ausnahmen für Kollektivvereinbarungen vorsieht.[361]

Nach dem oben Gesagten kann für die weitere Untersuchung festgehalten werden, dass einerseits auch Tarifverträge, welche die Sozialpartner vor dem 18.8.2006 abgeschlossen haben, erfasst sein können und andererseits nur solche Vergütungszahlungen auf Grundlage von Tarifwerken zu beachten sind, die danach vollzogen wurden. Ob hinsichtlich der „Alt-Tarifverträge", die über den 18.8.2006 gültig sind, ein Vertrauensschutz besteht, bedarf noch genauer Erörterung.[362]

II. Verfassungsrechtliche Zulässigkeit

Die Tarifvertragsparteien sind grundsätzlich beim Abschluss von Tarifverträgen an das einfache Gesetzesrecht gebunden[363] und somit auch an die Anordnungen des AGG. Allerdings müssen die einfachen Gesetze ihrerseits den verfassungsrechtlichen Vorgaben entsprechen. Im vorliegenden Fall führt das AGG zu einer Beeinträchtigung der durch Art. 9 Abs. 3 GG garantierten Tarifautonomie.[364] Es muss daher erörtert werden, ob das AGG zulässigerweise auf tarifliche Vereinbarungen angewendet werden kann.

1. Eingriff in Art. 9 Abs. 3 GG

Die Tarifautonomie gewährt den Tarifparteien die Freiheit, eigenständig tarifliche Vereinbarungen abzuschließen und ihren Inhalt frei zu gestalten.[365] Dazu zählt insbesondere die Festlegung der Höhe der Vergütung sowie des Personenkreises, der davon profitieren soll.[366] Neben der Ermächtigung der Tarifparteien zur Regelung der Wirtschafts- und Arbeitsbedingungen schützt sie die geschlossenen Kollektiv-

---

361 *Wulfers/Hecht*, ZTR 2007, 475 (477).
362 Siehe unten 5. Kapitel A.
363 BAG vom 15.12.1998, Az. 3 AZR 239/97, Rn. 28, AP Nr. 71 zu § 2 BeschFG 1985; BAG vom 24.5.2000, Az. 10 AZR 629/99, Rn. 30, AP Nr. 79 zu § 2 BeschFG 1985; *Löwisch/Rieble*, Grundl. TVG, Rn. 37.
364 *Körner*, NZA 2008, 497; Rust/Falke-*Feldhoff*, § 7 AGG, Rn. 105; *Thüsing*, Diskriminierungsschutz, Rn. 499.
365 BVerfG vom 26.06.1991, Az. 1 BvR 779/85, Rn. 34, NJW 1991, 2549 (2550); BVerfG vom 24.4.1996, Az. 1 BvR 712/86, Rn. 102, AP Nr. 2 zu § 57a HRG; Jarass/Pieroth-*Jarass*, Art. 9 GG, Rn. 39; Sachs-*Höfling*, Art. 9 GG, Rn. 84.
366 BVerfG vom 24.4.1996, Az. 1 BvR 712/86, Rn. 103, AP Nr. 2 zu § 57a HRG; Rust/Falke-*Feldhoff*, § 7 AGG, Rn. 105; *Löwisch/Rieble*, § 1 TVG, Rn. 270.

vereinbarungen vor der sog. Tarifzensur. Danach müssen Gerichte und andere staatliche Stellen die Gestaltungsautonomie der Sozialpartner grundsätzlich dahingehend respektieren, dass einerseits vorrangig die Tarifparteien für die Regelung der Arbeitsbedingungen zuständig sind und andererseits nur unter bestimmten Voraussetzungen Normen eines gültigen Tarifvertrags modifiziert werden können.[367]

Ein entscheidender Unterschied gegenüber den meisten Grundrechten besteht darin, dass die Tarifautonomie der normativen Ausgestaltung bedarf.[368] So sind gesetzliche Rahmenbedingungen erforderlich, um ein funktionierendes Tarifvertragssystem zu etablieren und damit eine geordnete Ausübung dieser Freiheit überhaupt zu ermöglichen.[369] Der Gesetzgeber hat hier einen Gestaltungsspielraum.[370] Diesem Zweck dient beispielsweise das TVG.[371] Da die Regelungen des AGG im Gegensatz dazu nicht der Gewährleistung des Tarifvertragssystems dienen, sondern vielmehr auf den Schutz vor Diskriminierungen abzielen, können sie nicht als entsprechende gestalterische Regelungen angesehen werden. Vielmehr schränkt das Gesetz die Gestaltungsmöglichkeiten der Tarifparteien ein und bewirkt damit einen Eingriff in Art. 9 Abs. 3 GG. Diese Grundrechtseinschränkung bedarf einer verfassungsrechtlichen Rechtfertigung.

2. Rechtfertigung des Eingriffs über Art. 3 Abs. 1 GG

Ein solcher Eingriff kann nur mit Interessen gerechtfertigt werden, denen Verfassungsrang zukommt, weil Art. 9 Abs. 3 GG ein vorbehaltlos gewährleistetes Grundrecht ist und daher nur verfassungsimmanenten Schranken unterfällt.[372] Besonders relevant sind hier Grundrechte Dritter.[373] Des Weiteren muss der Gesetzge-

---

367 *Dieterich*, RdA 2002, 1 (10 f.); *Löwisch/Rieble*, Grundlagen, Rn. 47 ff.
368 BVerfG vom 4.7.1995, Az. 1 BvF 2/86, 1 BvF 1/87, 1 BvF 2/87, 1 BvF 3/87, 1 BvF 4/87, LS Nr. 2, AP Nr. 4 zu § 116 AFG; Sachs-*Höfling*, Art. 9 GG, Rn. 78; Wiedemann-*Wiedemann*, Einleitung TVG, Rn. 91.
369 BVerfG vom 18.11.1954, Az. 1 BvR 629/52, Rn. 24, AP Nr. 1 zu Art 9 GG; BVerfG vom 1.3.1979, Az. 1 BvR 532/77, 1 BvR 533/77, 1 BvR 419/78, 1 BvL 21/78, Rn. 185, NJW 1979, 699 (709); ErfK-*Dieterich*, Art. 9 GG, Rn. 82.
370 BVerfG vom 4.7.1995, Az. 1 BvF 2/86, 1 BvF 1/87, 1 BvF 2/87, 1 BvF 3/87, 1 BvF 4/87, Rn. 108, AP Nr. 4 zu § 116 AFG; Wiedemann-*Wiedemann*, Einleitung TVG, Rn. 9.
371 *Löwisch/Rieble*, Grundl. TVG, Rn. 22.
372 BVerfG vom 26.06.1991, Az. 1 BvR 779/85, Rn. 45, NJW 1991, 2549 (2550); BVerfG vom 24.4.1996, Az. 1 BvR 712/86, Rn. 106, AP Nr. 2 zu § 57a HRG; ErfK-*Dieterich*, Art. 9 GG, Rn. 48 f.; *Schaub*, RdA 1995, 65 (66); Wiedemann-*Wiedemann*, Einleitung TVG, Rn. 105.
373 BAG vom 27.5.2004, Az. 6 AZR 129/03, Rn. 28, AP Nr. 5 zu § 1 TVG (Gleichbehandlung); BAG vom 25.1.2005, Az. 1 AZR 657/03, Rn. 21, AP Nr. 123 zu Art. 9 GG; *Dieterich*, FS Wiedemann, S. 229 (S. 242 ff.).

ber, wie auch bei Eingriffen in sonstige Grundrechte, den Grundsatz der Verhältnismäßigkeit als sog. Schranken-Schranke beachten.[374] Der spezielle Gleichheitssatz des Art. 3 Abs. 3 GG umfasst nicht das Merkmal Alter. Daher muss auf das allgemeine Grundrecht aus Art. 3 Abs. 1 GG zurückgegriffen werden. Gegen eine Einschränkung der Tarifautonomie in Hinblick auf altersdifferenzierende Klauseln könnte man einwenden, dass ein Verbot der Altersdiskriminierung über den Gehalt des Grundrechts hinausginge, denn der allgemeine Gleichbehandlungsgrundsatz eröffne mehr Rechtfertigungsmöglichkeiten gegenüber einem strengen Diskriminierungsverbot.[375] Zutreffend ist dies freilich nicht. Das Alter ist als ein personenbezogenes und unverfügbares Merkmal einzustufen, weshalb auch im Rahmen des Art. 3 Abs. 1 GG eine strenge Verhältnismäßigkeitsprüfung durchzuführen ist.[376] Auf der anderen Seite werden die Anforderungen an die Rechtfertigung einer Benachteiligung aufgrund des Alters durch § 10 AGG bis zu einem gewissen Grad abgesenkt. Ferner folgt aus Art. 3 Abs. 1 GG eine Schutzpflicht des Staates, die er erfüllt, indem er Diskriminierungsverbote normiert.[377] Die Einschränkung der Koalitionsfreiheit durch das AGG ist auch verhältnismäßig, da den Koalitionsparteien ein weiter Gestaltungsspielraum verbleibt, sofern sie nicht an die Merkmale des § 1 AGG oder an solche anknüpfen, die mit ihnen im Zusammenhang stehen. Entschließen sich die Tarifvertragsparteien dennoch, einen verpönten Anknüpfungspunkt zu wählen, gewährleisten die Rechtfertigungsmöglichkeiten einen hinreichenden Ausgleich zwischen den betroffenen Grundrechten. Die Vorschriften des AGG können daher als eine zulässige, auf Art. 3 Abs. 1 GG gestützte Einschränkung der Tarifautonomie angesehen werden.

3. Rechtfertigung des Eingriffs über Art. 12 Abs. 1 GG

Der Eingriff in die Koalitionsfreiheit kann zusätzlich auf das Freiheitsrecht aus Art. 12 Abs. 1 GG gestützt werden. Es gewährleistet die freie Auswahl und Ausübung einer erwerbsbezogenen Tätigkeit.[378] Dem Grundrecht kommt eine doppelte

---

374 BVerfG vom 24.4.1996, Az. 1 BvR 712/86, Rn. 106, AP Nr. 2 zu § 57a HRG; BVerfG vom 6.5.1997, Az. 1 BvR 409/90, Rn. 15, NJW 1997, 1769; BAG vom 25.1.2005, Az. 1 AZR 657/03, Rn. 22, AP Nr. 123 zu Art. 9 GG; *Löwisch/Rieble*, Grundl. TVG, Rn. 28 ff.
375 Siehe oben 2. Kapitel E. II.
376 Siehe oben 2. Kapitel C. I. 1. a).
377 BAG vom 27.5.2004, Az. 6 AZR 129/03, Rn. 28, AP Nr. 5 zu § 1 TVG (Gleichbehandlung).
378 BVerfG vom 21.10.1981, Az. 1 BvR 52/81, Rn. 32, NJW 1982, 323; BVerfG vom 11.7.2006, Az. 1 BvL 4/00, AP Nr. 129 zu Art. 9 GG; Rn. 78; *Dieterich*, FS Wiedemann, S. 229 (S. 241); *Epping*, Rn. 359; Jarass/Pieroth-*Jarass*, Art. 12 GG, Rn. 10.

Funktion zu. Es ist zum einen als Abwehrrecht ausgestaltet und legt zum anderen eine Schutzpflicht des Staates fest.[379] So ist der Gesetzgeber verpflichtet, einen Ausgleich zwischen strukturellen Ungleichheiten bei Abschluss, Vollzug und Beendigung des Arbeitsverhältnisses zu schaffen.[380] Im vorliegenden Zusammenhang ist herauszustellen, dass die Berufsfreiheit insbesondere einen Schutz vor ungerechtfertigten Altersgrenzen bezweckt.[381] Solche Einschränkungen der Berufsausübungsfreiheit in individual- und kollektivrechtlichen Vereinbarungen sind nun auch der Kontrolle durch das AGG unterworfen, denn sie können eine Diskriminierung aufgrund des Alters darstellen. Insoweit rechtfertigt das Grundrecht der Berufsfreiheit den Eingriff in die Tarifautonomie. Darüber hinaus schützt auch das AGG die Merkmalsträge vor Diskriminierung beim Vollzug und der Beendigung des Arbeitsverhältnisses. Im ersten Fall sind vorenthaltene Vorteile und im Zweiten diskriminierende Kündigungen von Bedeutung.

4. Rechtfertigung des Eingriffs über das allgemeine Persönlichkeitsrecht

Neben dem allgemeinen Gleichbehandlungsgrundsatz und der Berufsfreiheit kann man als drittes Interesse mit Verfassungsrang das allgemeine Persönlichkeitsrecht gem. Art. 2 Abs. 1 GG i.V.m. Art. 1 Abs. 1 GG anführen. Es ist von dem Allgemeinen Persönlichkeitsrecht i.S.d. Zivilrechts abzugrenzen, das einfachgesetzlich ausgestaltet ist und dem selbst keine verfassungsrechtliche Bedeutung zukommt. Es liegen aber Überschneidungen zwischen den beiden Rechten vor.[382] Ein entscheidender Grund hierfür ist, dass das Grundrecht das zivilrechtliche Rechtsinstitut maßgeblich beeinflusst und auf diesem Wege wieder zum Vorschein gelangt.[383]

---

379 BVerfG vom 7.2.1990, Az. 1 BvR 26/84, LS Nr. 1, AP Nr. 65 zu Art. 12 GG; BAG vom 29.6.1962, Az. 1 AZR 343/61, LS Nr. 1, NJW 1962, 1981; BAG vom 27.11.2002, Az. 7 AZR 414/01, Rn. 20, AP Nr. 21 zu § 620 BGB (Altersgrenze); *Dieterich*, FS Wiedemann, S. 229 (S. 241); Wiedemann-*Wiedemann*, Einleitung TVG, Rn. 293.
380 BAG vom 27.11.2002, Az. 7 AZR 414/01, Rn. 20, AP Nr. 21 zu § 620 BGB (Altersgrenze); BAG vom 27.7.2005, Az. 7 AZR 443/04, Rn. 28, AP Nr. 27 zu § 620 BGB (Altersgrenze); Wiedemann-*Wiedemann*, Einleitung TVG, Rn. 293.
381 BAG vom 25.2.1998, Az. 7 AZR 641/96, Rn. 17, AP Nr. 11 zu § 1 TVG (Tarifverträge: Luftfahrt); BAG vom 11.3.1998, Az. 7 AZR 700/96, Rn. 17 ff., AP Nr. 12 zu § 1 TVG (Tarifverträge: Luftfahrt); BAG vom 27.11.2002, Az. 7 AZR 414/01, Rn. 20, AP Nr. 21 zu § 620 BGB (Altersgrenze); *Waltermann*, NZA 1994, 822 (824); *Löwisch/Rieble*, § 1 TVG, Rn. 243.
382 *Epping*, Rn. 602; *Jarass*, NJW 1989, 857 (858).
383 BVerfG vom 14.2.1973, Az. 1 BvR 112/65, Rn. 45, AP Nr. 21 zu Art. 2 GG; BGH vom 1.12.1999, Az. I ZR 49/97, Rn. 48, NJW 2000, 2195 (2197); *Epping*, Rn. 602; *Jarass*, NJW 1989, 857 (858); MüKo-*Rixecker*, Anhang zu § 12 BGB, Rn. 3.

Das von der Rechtsprechung des BVerfG entwickelte Allgemeine Persönlichkeitsrecht hat seinen Ausgangspunkt in der Menschenwürde gem. Art. 1 Abs. 1 GG und soll die enge persönliche Lebenssphäre sowie die dafür erforderlichen Grundbedingungen sicherstellen.[384] Auch hier erschöpft sich das Grundrecht nicht in seiner Abwehrfunktion, sondern etabliert für den Staat Schutzpflichten,[385] wobei ihm ein weiter Gestaltungsspielraum zugestanden wird.[386] Betrachtet man den Schutzbereich, so sind zwei grundlegende Bestandteile festzustellen: die Privatsphäre des Einzelnen wie auch sein sozialer Geltungsanspruch.[387] Letzterer umfasst u.a. die Ehre[388] sowie die freie Entfaltung der Persönlichkeit des Grundrechtsträgers.[389]

Die persönliche Ehre ist verletzt, wenn der Betroffene beschimpft oder herabgewürdigt wird oder ihm schlechte Eigenschaften zugesprochen werden.[390] Eine solche Konstellation kann bei einer Diskriminierung in der Arbeitswelt vorliegen, da der Betroffene aufgrund eines bestimmten Merkmals als weniger qualifiziert angesehen wird.[391] Ausgehend von der obigen Definition beeinträchtigt indes nicht jede Diskriminierung die persönliche Ehre. Es müssen zusätzliche erschwerende herabwürdigende Umstände hinzutreten.[392]

Das BAG betont hingegen den Aspekt der freien Entfaltung der Persönlichkeit,[393] für die die Berufsausübung maßgeblich sei.[394] Daher könne das allgemeine Persönlichkeitsrecht insbesondere dann beeinträchtigt sein, wenn der Zugang zu einer Beschäftigung aufgrund eines unzulässigen Merkmals verwehrt wird.[395] Man kann

---

384 BVerfG vom 3.6.1980, Az. 1 BvR 185/77, Rn. 13, NJW 1980, 2070; BVerfG vom 13.5.1986, Az. 1 BvR 1542/84, Rn. 47, NJW 1986, 1859 (1860).
385 BVerfG vom 14.2.1973, Az. 1 BvR 112/65, Rn. 27, AP Nr. 21 zu Art. 2 GG; BGH vom 19.9.1961, Az. VI ZR 259/60, Rn. 13, juris; *Epping*, Rn. 625.
386 *Epping*, Rn. 625; Jarass/Pieroth-*Jarass*, Art. 2 GG, Rn. 56.
387 *Epping*, Rn. 608; *Jarass*, NJW 1989, 857 (859); MüKo-*Rixecker*, Anhang zu § 12 BGB, Rn. 3.
388 BVerfG vom 3.6.1980; Az. 1 BvR 797/78, Rn. 23, NJW 1980, 2072; BGH vom 1.12.1999, Az. I ZR 49/97, Rn. 49, NJW 2000, 2195 (2197); *Jarass*, NJW 1989, 857 (858).
389 BAG vom 14.3.1989, Az. 8 AZR 447/87, Rn. 18, AP Nr. 5 zu § 611a BGB; *Epping*, Rn. 617; Jarass/Pieroth-*Jarass*, Art. 2 GG, Rn. 50.
390 ErfK-*Dieterich*, Art. 2 GG, Rn. 48; MüKo-*Rixecker*, Anhang zu § 12 BGB, Rn. 74; Sachs-*Murswiek*, Art. 2 GG, Rn. 124.
391 MüKo-*Rixecker*, Anhang zu § 12 BGB, Rn. 74; *Neuner*, JZ 2003, 57 (64); Schiek-*Kocher*, § 15 AGG, Rn. 32, die allerdings nicht auf die persönliche Ehre abstellt, sondern auf eine Beeinträchtigung der Entfaltungsmöglichkeiten.
392 So allgemein für Beeinträchtigungen des Allgemeinen Persönlichkeitsrechts *Jarass*, NJW 1989, 857 (860).
393 BAG vom 14.3.1989, Az. 8 AZR 447/87, Rn. 18, AP Nr. 5 zu § 611a BGB; so auch *Ehmann*, JuS 1997, 193 (201).
394 BAG vom 27.2.1985, Az. GS 1/84, Rn. 30, AP Nr. 14 zu § 611 BGB (Beschäftigungspflicht).
395 BAG vom 14.3.1989, Az. 8 AZR 447/87, Rn. 18, AP Nr. 5 zu § 611a BGB.

die Feststellung auch dahingehend verallgemeinern, dass Regelungen oder Vorgehensweisen, welche die Berufsausübung in einem schweren Maße verhindern oder gar unmöglich machen, das Persönlichkeitsrecht beeinträchtigen. Demnach kann ein Eingriff bei einer diskriminierenden Entlassung vorliegen.[396]

Es ist durchaus vorstellbar, dass Tarifvertragsparteien diskriminierende Regelungen treffen, die entweder bestimmte Merkmalsträger in ihrer persönlichen Ehre verletzen oder ihre Persönlichkeitsentfaltung im Beruf erheblich beeinträchtigen. Einem solchen Vorgehen wirkt der Gesetzgeber mit dem AGG entgegen und kommt auf diesem Weg seiner Schutzpflicht aus Art. 1 Abs. 1 GG i.V.m. Art. 2 Abs. 1 GG nach. Indes muss berücksichtigt werden, dass das Allgemeine Persönlichkeitsrecht nur durch besonders schwerwiegende Diskriminierungen tangiert wird. Es kann daher nur insoweit eine Beeinträchtigung der Tarifautonomie rechtfertigen.

5. Fazit

Somit stellt das AGG zwar einen Eingriff in die in Art. 9 Abs. 3 GG verbürgten Tarifautonomie dar, der aber durch Belange mit Verfassungsrang gerechtfertigt ist. Dazu zählen der verfassungsrechtliche Gleichbehandlungsgrundsatz nach Art. 3 Abs. 1 GG, die Berufsfreiheit gem. Art. 12 GG sowie das aus Art. 2 Abs. 1 GG i.V.m. Art. 1 Abs. 1 GG abgeleitete Allgemeine Persönlichkeitsrecht.

III. Tarifautonomie und Diskriminierungsschutz in der EuGH-Rechtsprechung

Ein unzulässiger Eingriff in die Rechte der Sozialpartner kann auch nicht der Rechtsprechung des EuGH entnommen werden, denn die Kollision zwischen Tarifautonomie und Diskriminierungsverboten löst der Gerichtshof zu Gunsten der speziellen Gleichbehandlungsgebote.[397] Eine Privilegierung von tariflichen Regelungen sieht der EuGH im Grundsatz nicht vor.

---

396 In einer zu den Altersgrenzen ergangenen Entscheidung hat das BAG jedoch eine Beeinträchtigung des Persönlichkeitsrechts verneint, BAG vom 6.3.1986, Az. 2 AZR 262/85, Rn. 39 ff., juris.
397 EuGH vom 8.4.1976, Rs. C-43/75 (Defrenne II), Rn. 38 ff., NJW 1976, 2068 (2069); EuGH vom 27.6.1990, Rs. C-33/89 (Kowalska), Rn. 17 ff., AP Nr. 21 zu Art. 119 EWG-Vertrag; EuGH vom 7.2.1991, Rs. C-184/89 (Nimz), Rn. 16 ff., AP Nr. 25 zu § 23a BAT; EuGH vom 15.1.1998, Rs. C-15/96 (Schöning-Kougebetopoulou) Rn. 29 ff., AP Nr. 1 zu Art. 48 EG-Vertrag; EuGH vom 20.3.2003, Rs. C-187/00 (Kutz-Bauer), Rn. 73 ff., AP Nr. 32 zu Richtli-

Schon in seiner *Defrenne II*-Entscheidung erkannte das Gericht die unmittelbare Geltung des Diskriminierungsverbots aus Art. 119 EGV a.F. an und verneinte seine Einschränkung durch eine etwaige Autonomie Privater, individuelle oder kollektive Arbeitsverträge abzuschließen.[398] Die darauf folgenden Entscheidungen konkretisierten diese Aussage und bekräftigen auf Anfrage der vorlegenden Gerichte, dass der Tarifautonomie grundsätzlich kein Sonderstatus im Antidiskriminierungsrecht zukommt.

Dies gilt zunächst für die Rechtfertigung. So stellt die Tatsache, dass eine gleichheitswidrige Bestimmung das Ergebnis von Tarifverhandlungen ist, an sich keinen ausreichenden Rechtfertigungsgrund dar. Vielmehr muss sich die Ungleichbehandlung an objektiven Rechtfertigungsmaßstäben ausrichten,[399] sodass ein legitimes Ziel vorliegen muss, das im Hinblick auf die Benachteiligung verhältnismäßig ist. Zwar spricht das Gericht in seinem *Palacios*-Urteil von einem weiten Ermessenspielraum der Mitgliedsstaaten und gegebenenfalls der Sozialpartner bei der Frage, welches legitime Ziel wie verfolgt werden soll; allerdings widmet sich das Gericht sogleich der objektiven Prüfung.[400] Dementsprechend kann daraus keine Einschätzungsprärogative der Tarifvertragsparteien gefolgert werden.[401]

Innerhalb des objektiven Rechtfertigungstatbestands kommt der EuGH den Tarifparteien mit seinem *Cadman*-Urteil dann doch entgegen.[402] Die Richter hatten darüber zu befinden, ob eine an der Betriebszugehörigkeit ausgerichtete Entlohnung eine mittelbare Diskriminierung aufgrund des Geschlechts i.S.d. Art. 141 Abs. 1 EGV a.F. darstellt. Als legitimes Ziel wird die Honorierung von Berufserfahrung ausfindig gemacht. Unter gewissen Umständen muss der Arbeitgeber nachweisen, dass die längere Betriebszugehörigkeit auch zu einem Mehr an Berufserfahrung führt. Hier setzt die Privilegierung der Tarifparteien an. Es kommt

---

nie 76/207/EWG; *Henssler/Tillmanns*, FS Birk, S. 179 (S. 182); *Schaub*, RdA 1995, 65 (69); *Wißmann*, ZTR 1994, 223 (225 f.); kritisch dazu *Berger-Delhey*, ZTR 1991, 318 (319 f.); *Löwisch/Rieble*, § 1 TVG, Rn. 270.

398 EuGH vom 8.4.1976, Rs. C-43/75 (Defrenne II), Rn. 38 f., NJW 1976, 2068 (2069).
399 EuGH vom 31.5.1995, Rs. C-400/93 (Royal Copenhagen), Rn. 44, AP Nr. 68 zu Art. 119 EWG-Vertrag; Däubler/Bertzbach-*Dette*, § 7 AGG, Rn. 102; Däubler, TVG-*Winter*, § 1 TVG, Rn. 441b; *Feldhoff*, ZTR 1999, 207 (213); *Thüsing*, Diskriminierungsschutz, Rn. 265; *Wißmann*, FS Dieterich, S. 683 (S. 693 f.).
400 EuGH vom 16.10.2007, Rs. C-411/05 (Palacios de la Villa), Rn. 68, AP Nr. 8 zu Richtlinie 2000/78/EG.
401 A.A. MüKo-*Thüsing*, § 3 AGG, Rn. 39; *Temming*, NZA 2007, 1193 (1195 f.); offen gelassen *Kocher*, RdA 2008, 238 (241); ausführlich zu einer möglichen Einschätzungsprärogative der Tarifparteien siehe unten 3. Kapitel B. I. 2. a) aa).
402 Ausführlich siehe unten 3. Kapitel B. II. 3. a) cc).

bei Systemen der beruflichen Einstufung nicht darauf an, dass der benachteiligte Arbeitnehmer nachweist, dass er trotz einer kürzeren Betriebszugehörigkeit genauso qualifiziert ist wie seine Kollegen mit einem höheren Dienstalter und somit ohne sachlichen Grund benachteiligt wird. Entscheidend ist die Art der verrichteten Tätigkeit.[403] Demnach scheitert der genannte Beschäftigte, wenn sein Dienstherr aufzeigen kann, dass die Tätigkeit objektiv von zusätzlicher Beschäftigungszeit profitiert. Auf die besonderen Fähigkeiten des einzelnen Klägers kommt es nicht an. Damit wird den Tarifparteien ein gewisser Abstraktionsgrad eingeräumt.[404]

Demgegenüber ist es für die Rechtsfolgenseite ganz und gar unerheblich, ob die diskriminierende Regelung Bestandteil eines Tarifvertrags ist. Hat das nationale Gericht eine unzulässige Benachteiligung festgestellt, so ist es verpflichtet, für die volle Wirksamkeit des Diskriminierungsverbots Sorge zu tragen. Daher hat es die diskriminierenden Regelungen unangewendet zu lassen, ohne dass es eine Entscheidung der Sozialpartner abwarten muss.[405]

IV. Begriff der Vergütung im Sinne des AGG

Das AGG stellt somit einen zulässigen Eingriff in die Tarifautonomie dar und findet auf Tarifverträge Anwendung, die ab dem 18.8.2006 Wirkung entfalten. Für die Feststellung, welche tarifvertraglichen Klauseln überhaupt eine unmittelbare oder mittelbare Unterscheidung wegen des Alters im Entgeltbereich vornehmen, muss vorab herausgearbeitet werden, was eigentlich Vergütung i.S.d. AGG bedeutet. Das Gesetz gebraucht den Begriff in § 8 Abs. 2 AGG, wonach eine unterschiedliche Vergütung aufgrund eines in § 1 AGG aufgeführten Merkmals nicht mit besonderen Schutzvorschriften begründet werden kann. Demgegenüber spricht § 2 Abs. 1 Nr. 2 AGG, der den Anwendungsbereich des Gesetzes bestimmt, von Arbeitsentgelt. Allerdings geht damit keine andere Bedeutung einher.[406] Nach der Gesetzesbegründung ist der Vergütungsbegriff des § 613 Abs. 3 BGB a.F. maßgeb-

---

403 EuGH vom 3.10.2006, Rs. C-17/05 (Cadman), Rn. 34 ff., AP Nr. 15 zu Art. 141 EG-Vertrag.
404 ArbG Heilbronn vom 3.4.2007, Az. 5 Ca 12/07, Rn. 22 f., AuR 2007, 391 (392); *Nicolai*, SAE 2006, 279 (281).
405 EuGH vom 27.6.1990, Rs. C-33/89 (Kowalska), Rn. 17 ff., AP Nr. 21 zu Art. 119 EWG-Vertrag; EuGH vom 7.2.1991, Rs. C-184/89 (Nimz), Rn. 19 f., AP Nr. 25 zu § 23a BAT; EuGH vom 15.1.1998, Rs. C-15/96 (Schöning-Kougebetopoulou) Rn. 35, AP Nr. 1 zu Art. 48 EG-Vertrag; EuGH vom 20.3.2003, Rs. C-187/00 (Kutz-Bauer), Rn. 73 ff., AP Nr. 32 zu Richtlinie 76/207/EWG; ausführlich siehe unten 4. Kapitel B. IV. 4. a).
406 Rust/Falke-*Feldhoff*, § 2 AGG, Rn. 20.

lich, dessen Regelungsgehalt auf alle verpönten Merkmale des AGG ausgeweitet wurde.[407] Der Begriff muss den europarechtlichen Vorgaben entsprechen, insbesondere der Rechtsprechung des EuGH. Entwickelt wurde er zunächst für Art. 141 EGV a.F., den jetzigen Art. 157 AEUV, und die Entgeltrichtlinie 75/117/EWG,[408] die geschlechtsbedingte Entgeltdifferenzierungen untersagen.[409] Auch Erwägungsgrund Nr. 13 der Richtlinie 2000/78/EG nimmt auf den Entgeltsbegriff des Art. 141 EGV a.f. und damit des Art. 157 AEUV Bezug.

Nach der allgemeinen europarechtlichen Definition versteht man unter Vergütung alle Leistungen des Arbeitgebers an den Arbeitnehmer, die unmittelbar oder mittelbar aufgrund des Dienstverhältnisses in bar oder als Sachleistung erbracht werden, unabhängig davon, ob der Arbeitgeber sie freiwillig oder aufgrund arbeitsvertraglicher, kollektiver oder gesetzlicher Vorschriften erbringt.[410] Infolge des weiten Verständnisses von Vergütung ist nicht ausschließlich das Grundgehalt, sondern es sind auch Zusatzleistungen erfasst.[411] Dementsprechend erstreckt sich der Diskriminierungsschutz im Entgeltbereich auf Vorteile, die bestimmte Leistungen des Arbeitnehmers honorieren, wie Leistungszuschläge, Provisionen, Tantiemen, Ergebnisbeteiligungen, Erschwerniszulagen,[412] oder auf andere Vergünstigungen, welche keinen unmittelbaren Bezug zur Arbeitnehmerleistungen aufweisen, wie beispielsweise das 13. Gehalt, eine Jubiläumszuwendung, das Weihnachts- und

---

407 BT-Drucksache 16/1780, S. 35; *Richardi*, NZA 2006, 881 (886); *Wisskirchen*, DB 2006, 1491 (1495); *Schrader/Schubert*, Rn. 159 ff.
408 Richtlinie 75/117/EWG des Rates vom 10.2.1975 zur Angleichung der Rechtsvorschriften der Mitgliedstaaten über die Anwendung des Grundsatzes desgleichen Entgelts für Männer und Frauen, ABl. EG Nr. L 45, S. 19.
409 BAG vom 20.8.2002, Az. 9 AZR 750/00, Rn. 23, AP Nr. 6 zu § 1 TVG (Tarifverträge: Süßwarenindustrie); BAG vom 18.5.2006, Az. 6 AZR 631/05, Rn. 15 ff., NZA 2007, 103 (105); BAG vom 14.8.2007, Az. 9 AZR 943/06, Rn. 15, AP Nr. 1 zu § 33 AGG; Däubler/Bertzbach-*Däubler*, § 7 AGG, Rn. 79; MüKo-*Thüsing*, § 8 AGG, Rn. 54; Rust/Falke-*Feldhoff*, § 2 AGG, Rn. 20.
410 EuGH vom 4.6.1992, Rs. C-360/90 (Arbeiterwohlfahrt), Rn. 12, AP Nr. 39 zu Art. 119 EWG-Vertrag; EuGH vom 21.10.1999, Rs. C-333/97 (Lewen), Rn. 19, AP Nr. 14 zu Art. 119 EG-Vertrag; BAG vom 18.5.2006, Az. 6 AZR 631/05, Rn. 16, NZA 2007, 103 (105); BAG vom 14.8.2007, Az. 9 AZR 943/06, Rn. 23, AP Nr. 1 zu § 33 AGG; Däubler/Bertzbach-*Däubler*, § 7 AGG, Rn. 79; Schleusener/Suckow/Voigt-*Schleusener*, § 3 AGG, Rn. 43.
411 EuGH vom 21.10.1999, Rs. C-333/97 (Lewen), Rn. 3, AP Nr. 14 zu Art. 119 EG-Vertrag; MüKo-*Thüsing*, § 8 AGG, Rn. 59; Rudolf/Mahlmann-*Voggenreiter*, § 8, Rn. 150.
412 EuGH vom 30.3.2000, Rs. C-236/98 (Jämställdhetsombudsmannen), AP Nr. 15 zu Richtlinie 75/117/EWG; BAG vom 28.8.1996, Az. 10 AZR 174/96, AP Nr. 8 zu § 36 BAT; BAG vom 9.12.1996, Az. 10 AZR 207/98, AP Nr. 15 zu § 33a BAT; BAG vom 8.9.1998, Az. 9 AZR 273/97, AP Nr. 214 zu § 611 BGB (Gratifikation); Däubler/Bertzbach-*Däubler*, § 7 AGG, Rn. 80; Rudolf/Mahlmann-*Voggenreiter*, § 8, Rn. 150; *Schrader/Schubert*, Rn. 275.

Urlaubsgeld.[413] Eingeschlossen sind ebenso geldwerte Leistungen, die erbracht werden, obwohl der Arbeitnehmer an der Ableistung der Arbeit verhindert ist, wozu z.B. die Entgeltfortzahlung im Krankheitsfall,[414] während der Mutterschutzfristen,[415] wie auch während einer Fortbildung von Betriebsratsmitgliedern nach § 36 BetrVG zählen.[416]

Dass die Ansprüche erst nach Beendigung des Arbeitsverhältnisses fällig werden, ist unerheblich. Dementsprechend sind auch Abfindungszahlungen an den Arbeitnehmer, der aus dem Arbeitsverhältnis ausscheidet, Entgelt i.S.d. AGG.[417] Gleiches gilt für Forderungen aus einer betrieblichen Altersvorsorge.[418] Ihre Kontrolle am Maßstab des AGG ist auch nicht durch § 2 Abs. 2 S. 2 AGG ausgeschlossen, da sich auf Grundlage einer systematischen und historischen Auslegung ergibt, dass die Vorschrift nicht als Bereichsausnahme, sondern als Kollisionsregel zwischen AGG und BetrAVG fungiert.[419] Während § 32 AGG festlegt, dass die allgemeinen Bestimmungen gelten, sofern sich nichts Abweichendes aus dem deutschen Umsetzungsgesetz ergibt, kehrt § 2 Abs. 2 S. 2 AGG diesen Grundsatz um. Es finden primär die Vorschriften über die betriebliche Altersversorgung Anwendung.

---

413 EuGH vom 9.2.1999, Rs. C-281/97 (Krüger); EuGH vom 21.10.1999, Rs. C-333/97 (Lewen), AP Nr. 14 zu Art. 119 EG-Vertrag; BAG vom 23.10.2002, Az. 10 AZR 48/02, AP Nr. 243 zu § 611 BGB (Gratifikation); Däubler/Bertzbach-*Däubler*, § 7 AGG, Rn. 80; MüKo-*Thüsing*, § 8 AGG, Rn. 55; Rudolf/Mahlmann-*Voggenreiter*, § 8, Rn. 150.

414 EuGH vom 13.7.1989, Rs. C-171/88 (Rinner-Kühn), AP Nr. 16 zu Art. 119 EWG-Vertrag.

415 EuGH vom 13.2.1996, Rs. C-343/93 (Gillespie), juris; EuGH vom 30.4.2004, Rs. C-147/02 (Alabaster), juris.

416 EuGH vom 4.6.1992, Rs. C-360/90 (Arbeiterwohlfahrt), AP Nr. 39 zu Art. 119 EWG-Vertrag; EuGH vom 6.2.1996, Rs. C-457/93 (Lewark), AP Nr. 72 zu Art. 119 EWG-Vertrag; EuGH vom 7.3.1996, Rs. C-278/93 (Freers), NZA 1996, 430.

417 EuGH vom 17.5.1990, Rs. C-262/88 (Barber), AP Nr. 20 zu Art. 119 EWG-Vertrag; *Fischer*, DB 2002, 1994 (1995); MüKo-*Thüsing*, § 8 AGG, Rn. 55; Schleusener/Suckow/Voigt-*Schleusener*, § 3 AGG, Rn. 43.

418 EuGH vom 13.5.1986, Rs. C-170/84 (Bilka), AP Nr. 10 zu Art. 119 EWG-Vertrag; EuGH vom 1.4.2008, Rs. C-267/06 (Tadao Maruko), Rn. 40 ff., NZA 2008, 459 (461); Däubler/Bertzbach-*Däubler*, § 7 AGG, Rn. 80; Rudolf/Mahlmann-*Voggenreiter*, § 8, Rn. 150; Schleusener/Suckow/Voigt-*Schleusener*, § 3 AGG, Rn. 43.

419 BAG vom 11.12.2007, Az. 3 AZR 249/06, Rn. 22 ff., AP Nr. 1 zu § 2 AGG; *Cisch/Böhm*, BB 2007, 602 f.; *Langohr-Plato/Stahl*, NJW 2008, 2378 (2379); Rust/Falke-*Bertelsmann*, § 10 AGG, Rn. 191 f.; *Thüsing*, BetrAV 2006, 704; in der Literatur variieren die Begründungsansätze für die Anwendbarkeit des AGG auf das BetrAVG; sie reichen von der richtlinienkonformen Auslegung des § 2 Abs. 2 S. 2 AGG bis zum Vorschlag, ihn aufgrund der „Mangold"-Entscheidung des EuGH völlig unangewendet zu lassen, wobei die unterschiedlichen Ansätze zu demselben Ergebnis gelangen; vgl. jeweils *Steinmeyer*, ZfA 2007, 27 (33 f.); *Thum*, BB 2008, 2291.

Treffen sie in bestimmten Punkten keine Regelung, kann auf das AGG zurückgegriffen werden. Dies gilt z.B. für die an das Alter anknüpfenden Vorschriften des BetrAVG.[420]

V. Vergleichsgruppenbildung bei tariflichen Entgeltklauseln

Es hat sich gezeigt, dass ein weiter Vergütungsbegriff für die Prüfung der Altersdiskriminierung nach AGG maßgeblich ist. Trotz einer Vielzahl von diskriminierungsrechtlich relevanten Leistungen und der mit ihnen verfolgten Ziele, gelten für sämtliche tariflichen Vergütungsformen dieselben grundlegenden Prüfungsschritte des Antidiskriminierungsrechts. Dazu zählt als erstes die Feststellung, dass vergleichbare Arbeitnehmer ungleich behandelt werden. Um zu bestimmen, welche Personen in diesem Sinne gleich sind, müssen Vergleichsgruppen gebildet werden.[421] Bei der Beurteilung von tariflichen Entgeltklauseln auf Grundlage wird die Gruppenbildung durch zwei Faktoren bestimmt: zum einen müssen die Arbeitnehmer eine gleiche oder gleichwertige Tätigkeit verrichten und zum anderen wird vorausgesetzt, dass sie dem gleichen Normgeber unterliegen.[422]

1. Gleiche oder gleichwertige Tätigkeit

Die Feststellung der gleichen oder gleichwertigen Tätigkeit war vor Erlass des AGG für die Prüfung einer Diskriminierung im Entgeltbereich aufgrund des Geschlechts gem. Art. 141 EGV a.F., Art. 157 AEUV, Art. 1 Richtlinie 75/117/EWG und § 612 Abs. 3 BGB a.F. von Bedeutung.[423] Wie schon beim Vergütungsbegriff kann auch hier auf die dazu ergangene Rechtsprechung und rechtswissenschaftliche Literatur zurückgegriffen werden.[424]

Demnach bedient man sich zur Beantwortung der Frage, ob die Vergleichsgruppen eine gleiche oder gleichwertige Arbeit verrichten, eines Gesamtvergleichs ihrer

---

420 BAG vom 11.12.2007, Az. 3 AZR 249/06, Rn. 25, AP Nr. 1 zu § 2 AGG.
421 Siehe oben 2. Kapitel D. I.
422 *Bauer/Göpfert/Krieger*, § 8 AGG, Rn. 46; Däubler/Bertzbach-*Dette*, § 7 AGG, Rn. 84; Rust/Falke-*Feldhoff*, § 7 AGG, Rn. 57; Schleusener/Suckow/Voigt-*Schleusener*, § 3 AGG, Rn. 42.
423 Schleusener/Suckow/Voigt-*Schleusener*, § 3 AGG, Rn. 40.
424 Däubler/Bertzbach-*Dette*, § 7 AGG, Rn. 85; Wendeling-Schröder/Stein-*Wendeling-Schröder*, § 8 AGG, Rn. 37.

Tätigkeiten.[425] Führt der betroffene Arbeitnehmer mehrere unterschiedliche Tätigkeiten aus, so kommt es darauf an, welche er schwerpunktmäßig ausübt. Weiterhin bleiben nur vorübergehende Aufgaben außer Betracht.[426] Dass eine Gruppe laut Arbeitsvertrag auch anderweitig eingesetzt werden kann, ist ohne Belang. Entscheidend sind die tatsächlich verrichteten Aufgaben.[427]

Wurde so die für den Gesamtvergleich maßgeblichen Tätigkeiten herausgearbeitet, ist zu prüfen, ob sie gleichwertig sind. Als grobe Regel gilt, dass die Gleichwertigkeit bejaht werden kann, wenn die Vergleichsgruppen austauschbar sind.[428] Konkret muss für die Frage der Gleichwertigkeit berücksichtigt werden, ob die Tätigkeiten in etwa die gleichen Anforderungen an die Ausbildung und die Fähigkeiten der Arbeitnehmer stellen.[429] Daher ist es für die Vergleichbarkeit unerheblich, dass die Vergleichspersonen eine unterschiedliche Ausbildung absolviert haben und die dadurch gewonnen Erkenntnisse nicht in die Arbeit einbringen können, weil sie schlicht von dieser nicht gefordert werden.[430] Setzt die Aufgabe lediglich in seltenen Fällen bestimmte Zusatzqualifikationen voraus, schließt dies die Gleichwertigkeit nicht aus.[431] Des Weiteren müssen die Arbeitsbedingungen wie auch die Arbeitsvorgänge in Betracht gezogen werden.[432] Hierbei kann beispielsweise be-

---

425 BAG vom 23.8.1995, Az. 5 AZR 942/93, LS Nr. 2, AP Nr. 48 zu § 612 BGB; BAG vom 11.4.2006, Az. 9 AZR 528/05, NZA 2006, 1217; BAG vom 14.8.2007, Az. 9 AZR 943/06, Rn. 23, AP Nr. 1 zu § 33 AGG; Däubler/Bertzbach-*Dette*, § 7 AGG, Rn. 87; ErfK-*Schlachter*, § 3 AGG, Rn. 3; Rust/Falke-*Feldhoff*, § 7 AGG, Rn. 59.
426 BAG vom 23.8.1995, Az. 5 AZR 942/93, Rn. 37, AP Nr. 48 zu § 612 BGB; BAG vom 26.1.2005, Az. 4 AZR 509/03, Rn. 26, juris; *Richardi*, NZA 2006, 881 (887); Schleusener/Suckow/Voigt-*Schleusener*, § 3 AGG, Rn. 42; Wendeling-Schröder/Stein-*Wendeling-Schröder*, § 8 AGG, Rn. 38.
427 BAG vom 23.8.1995, Az. 5 AZR 942/93, Rn. 38, AP Nr. 48 zu § 612 BGB; *Bauer/Göpfert/Krieger*, § 8 AGG, Rn. 46; Rust/Falke-*Feldhoff*, § 7 AGG, Rn. 58.
428 *Bauer/Göpfert/Krieger*, § 8 AGG, Rn. 46; Däubler/Bertzbach-*Dette*, § 7 AGG, Rn. 85; Wendeling-Schröder/Stein-*Wendeling-Schröder*, § 8 AGG, Rn. 38; Schulze/Zuleeg-*Schlachter*, § 39, Rn. 61.
429 BAG vom 23.8.1995, Az. 5 AZR 942/93, Rn. 40, AP Nr. 48 zu § 612 BGB; EuGH vom 31.5.1995, Rs. C-400/93 (Royal Copenhagen), Rn. 33, AP Nr. 68 zu Art. 119 EWG-Vertrag; EuGH vom 26.6.2001, Rs. C-381/99 (Brunnhofer), Rn. 43, AP Nr. 2 zu Art. 138 EG-Vertrag; *Däubler*, ZfA 2006, 479 (481); Schleusener/Suckow/Voigt-*Schleusener*, § 3 AGG, Rn. 42.
430 BAG vom 23.2.1994, Az. 4 AZR 219/93, Rn. 52; *Däubler*, ZfA 2006, 479 (481); Däubler/Bertzbach-*Dette*, § 7 AGG, Rn. 87.
431 *Bauer/Göpfert/Krieger*, § 8 AGG, Rn. 46.
432 BAG vom 23.8.1995, Az. 5 AZR 942/93, AP Nr. 48 zu § 612 BGB; EuGH vom 31.5.1995, Rs. C-400/93 (Royal Copenhagen), Rn. 33, AP Nr. 68 zu Art. 119 EWG-Vertrag; EuGH vom 26.6.2001, Rs. C-381/99 (Brunnhofer), Rn. 43, AP Nr. 2 zu Art. 138 EG-Vertrag; Däub-

rücksichtigt werden, inwieweit der Arbeitnehmer geistig und körperlich beansprucht wird und im welchen Maße er Verantwortung für Personen oder Sachmittel übernimmt.[433]

Stuft der Tarifvertrag bestimmte Arbeitnehmer in eine Entgeltgruppe ein, so begründet dies lediglich ein Indiz dafür, dass sie eine gleichwertige Arbeit verrichten.[434] Das zuständige Gericht wird somit nicht von seiner Aufgabe entlastet, anhand der o.g. Faktoren zu prüfen, ob eine Gleichwertigkeit tatsächlich vorliegt oder nicht,[435] denn es ist immer noch möglich, dass die Entgeltgruppenbildung nicht benachteiligungsfrei erfolgt ist.[436]

Bei tariflichen Entgeltklauseln, die unmittelbar oder mittelbar nach Alter unterscheiden, stellt sich das Problem der Gleichwertigkeit der Arbeit nicht in dem Sinne wie bei der Benachteiligung aufgrund des Geschlechts. Grund dafür ist, dass den unterschiedlichen Alterskategorien nicht unterschiedliche Tätigkeiten und damit Entgeltgruppen zugeordnet werden, sondern innerhalb der grundsätzlich korrekt bestimmten Tarifgruppe nach dem Alter, den Berufsjahren oder der Betriebszugehörigkeit unterschieden wird. Der Tarifvertrag, von dem möglicherweise eine Benachteiligung ausgeht, nimmt also schon eine Gleichwertigkeit an. Dementsprechend kann im Grundsatz davon ausgegangen werden, dass die Tätigkeiten der bevorzugten und der benachteiligten Arbeitnehmer in der hier behandelten Konstellation gleichwertig sind. Eine Vergleichbarkeit ist insoweit gegeben. Für den Fall aber, dass die Tarifvertragsparteien eine Benachteiligung dadurch zu verschleiern versuchen, dass sie für bestimmte Altersstufen künstlich unterschiedliche Tätigkeitsfelder mit abweichenden Vergütungsregelungen kreieren, ist auf die o.g. Kriterien zurückzugreifen.

---

ler/Bertzbach-*Schrader/Schubert*, § 3 AGG, Rn. 18; Schleusener/Suckow/Voigt-*Schleusener*, § 3 AGG, Rn. 42.
433 *Bauer/Göpfert/Krieger*, § 8 AGG, Rn. 46 ff.
434 BAG vom 23.8.1995, Az. 5 AZR 942/93, Rn. 40, AP Nr. 48 zu § 612 BGB; EuGH vom 26.6.2001, Rs. C-381/99 (Brunnhofer), Rn. 44 ff., AP Nr. 2 zu Art. 138 EG-Vertrag; Rudolf/Mahlmann-*Voggenreiter*, § 8, Rn. 149; Wendeling-Schröder/Stein-*Wendeling-Schröder*, § 8 AGG, Rn. 39.
435 EuGH vom 26.6.2001, Rs. C-381/99 (Brunnhofer), Rn. 48 ff., AP Nr. 2 zu Art. 138 EG-Vertrag; Schulze/Zuleeg-*Schlachter*, § 39, Rn. 64.
436 Rudolf/Mahlmann-*Voggenreiter*, § 8, Rn. 149.

2. Einschränkung der Vergleichbarkeit durch Identität des Normgebers

Um eine Vergleichbarkeit zwischen bevorzugter und benachteiligter Gruppe annehmen zu können, müssen beide ein- und demselben Normgeber unterliegen.[437] Er ist der Adressat des Diskriminierungsverbots und kann ihm im Rahmen seiner Kompetenz Folge leisten.[438] Dies stellt auch der EuGH klar, indem er für die Vergleichbarkeit von Arbeitnehmern bei Entgeltdifferenzierungen fordert, dass die entsprechenden Regelungen auf dieselbe „Quelle" zurückzuführen sind.[439]

Tarifliche Entgeltklauseln, die unmittelbar oder mittelbar nach dem Alter unterscheiden, werden von den Tarifparteien beschlossen. Daher ist ein betroffener Arbeitnehmer nur mit solchen Personen vergleichbar, für die die jeweiligen Sozialpartner auch zuständig sind und auf die sich der jeweilige Tarifvertrag normativ erstreckt.[440] Fraglich ist, wie sich die Vergleichspersonen bei einer vertraglichen Bezugnahmeklausel auf einen Tarifvertrag bestimmen.[441] Das Problem lässt sich aber mit dem Kriterium der Identität des Normgebers lösen. Urheber des Arbeitsvertrags, der die Verweisung enthält, ist regelmäßig der Arbeitgeber. Er kann einerseits in den vorgefertigten Vertragswerken den Umfang der Verweisung festlegen und sich andererseits mit Hilfe einer Beendigungs- oder Änderungskündigung des Arbeitsvertrages von den Vorschriften des Tarifwerks lösen. Somit ist ein Arbeitnehmer, der kraft arbeitsvertraglicher Bezugnahme ganz oder teilweise an einen Tarifvertrag gebunden ist, nicht mit den Beschäftigten vergleichbar, für die die Kollektivvereinbarung normativ gilt, und umgekehrt.[442] Das BAG nimmt indes den gegenteiligen Standpunkt im Hinblick auf die „Quelle" bei einer arbeitsvertraglichen Bezugnahmeklausel ein. Der Arbeitgeber übernehme lediglich eine von den

---

437 BAG vom 3.4.2003, Az. 6 AZR 633/01, Rn. 16 ff., AP Nr. 185 zu § 242 BGB (Gleichbehandlung); *Bleckmann*, NJW 1985, 2856, (2857 ff.); *Fastenrath*, JZ 1987, 170 (177); *Plötscher*, S. 48 ff.
438 BAG vom 3.4.2003, Az. 6 AZR 633/01, Rn. 18, AP Nr. 185 zu § 242 BGB (Gleichbehandlung); *Fastenrath*, JZ 1987, 170 (177); *Plötscher*, S. 48 f.; Rust/Falke-*Feldhoff*, § 7 AGG, Rn. 65.
439 EuGH vom 17.9.2002, Rs. C-320/00 (Lawrence), Rn. 18, AP Nr. 5 zu Art. 141 EG-Vertrag; EuGH vom 2.4.2003, Rs. C-256/01 (Allonby), Rn. 46, AP Nr. 7 zu Art. 141 EG-Vertrag; GA *Geelhoed*, Schlussantrag vom 2.4.2003, Rs. C-256/01 (Allonby), Rn. 49 ff., juris.
440 GA *Geelhoed*, Schlussantrag vom 14.3.2002, Rs. C-320/00 (Lawrence), Rn. 54, juris; *Däubler*, ZfA 2006, 479 (481); MüKo-*Thüsing*, § 3 AGG, Rn. 3, 34; Wiedemann-*Thüsing*, Einleitung TVG, Rn. 151.
441 MüKo-*Thüsing*, § 3 AGG, Rn. 34.
442 Ähnlich MüKo-*Thüsing*, § 3 AGG, Rn. 34; a.A. *Bauer/Göpfert/Krieger*, § 3 AGG, Rn. 24; Schwarze-*Rebhahn*, Art. 141 EGV, Rn. 26, die allerdings ihren Standpunkt nicht begründen.

Tarifparteien geschaffene Ordnung.[443] Dadurch verkennt aber das BAG, dass es letztlich der Arbeitgeber in der Hand hat, ob überhaupt eine Verweisungsklausel in den Arbeitsvertrag aufgenommen wird oder nicht. Für das AGG führen die beiden Ansätze im Ergebnis zu keinem Unterschied. Auch wenn nach der hier vertretenen Auffassung, die nur auf den Arbeitgeber und nicht auf das Tarifgebiet der jeweiligen Sozialpartner abstellt, der Kreis der konkreten Vergleichspersonen enger ist, kann der betroffene Arbeitnehmer immer noch auf eine hypothetische Vergleichsperson abstellen. Eine Absenkung des Schutzniveaus erfolgt mithin nicht.

Der Normalfall einer tariflichen Unterscheidung besteht darin, dass ein Tarifwerk normativ oder aufgrund einer einzelvertraglichen Verweisung zwar für alle Arbeitnehmer gilt, jedoch in den einzelnen Vorschriften eine Unterscheidung erfolgt, was bei den hier in Frage stehenden Entgeltklauseln nicht anders ist. Eine Unterscheidung kann aber auch dadurch bewirkt werden, dass bestimmte Arbeitnehmer aus dem persönlichen Anwendungsbereich der Kollektivvereinbarung herausgenommen[444] oder für unterschiedliche Personengruppen unterschiedliche Tarifverträge abgeschlossen werden.[445] Diese tariflichen Gestaltungen führen nicht zu einer Umgehung des Diskriminierungsschutzes. Vielmehr liegt eine Vergleichbarkeit zwischen den unterschiedlich behandelten Arbeitnehmern vor.[446] Voraussetzung ist wiederum, dass die entsprechenden Normgeber, also hier die Tarifvertragsparteien oder der Arbeitgeber, für beide Gruppen zuständig sind.[447]

3. Die bevorzugte Vergleichsperson

Es wurde bereits angesprochen, dass § 3 Abs. 1 und 2 AGG sowohl für die mittelbare als auch die unmittelbare Benachteiligung voraussetzt, dass die bevorzugte

---

443 BAG vom 7.3.1995, Az. 3 AZR 282/94, Rn. 24 ff., AP Nr. 26 zu § 1 BetrAVG (Gleichbehandlung); BAG vom 17.10.1995, Az. 3 AZR 882/94, Rn. 16, AP Nr. 132 zu § 242 BGB (Gleichbehandlung).
444 Däubler/Bertzbach-*Dette*, § 7 AGG, Rn. 103; *Löwisch/Rieble*, § 1 TVG, Rn. 271 ff.
445 Däubler/Bertzbach-*Dette*, § 7 AGG, Rn. 93; Rust/Falke-*Feldhoff*, § 7 AGG, Rn. 63.
446 EuGH vom 27.10.1993, Rs. C-127/92 (Enderby), Rn. 22, AP Nr. 50 zu Art. 119 EWG-Vertrag; BAG vom 19.9.1995, Az. 1 ABR 20/95, Rn. 29, AP Nr. 81 zu § 87 BetrVG 1972 (Lohngestaltung) das Urteil betraf aber eine betrieblich vereinbarte Vergütung; BAG vom 18.11.2003, Az. 1 AZR 604/02, Rn. 45, AP Nr. 15 zu § 77 BetrVG 1972 (Nachwirkung) dieses Urteil befasste sich ebenfalls mit einer betrieblichen Vergütung; BAG vom 27.5.2004, Az. 6 AZR 129/03, Rn. 37, AP Nr. 5 zu § 1 TVG (Gleichbehandlung); Wiedemann-*Thüsing*, Einleitung TVG, Rn. 150; Däubler/Bertzbach-*Dette*, § 7 AGG, Rn. 93.
447 EuGH vom 27.10.1993, Rs. C-127/92 (Enderby), Rn. 22, AP Nr. 50 zu Art. 119 EWG-Vertrag; BAG vom 16.12.2003, Az. 3 AZR 668/02, Rn. 33, NZA-RR 2004, 595 (597); Wiedemann-*Thüsing*, Einleitung TVG, Rn. 150.

Vergleichsperson im Gegensatz zum Betroffenen einen Vorteil erfährt oder erfahren hat. Kann weder in der Gegenwart noch in der Vergangenheit eine entsprechende Vergleichsperson nachgewiesen werden, ist auf eine hypothetische abzustellen.[448]

Für Vergütungsklauseln, die unmittelbar oder mittelbar an das Alter anknüpfen, bedeutet dies, dass der potentiell Benachteiligte zunächst vergleichbare ältere Kollegen benennen muss, denen im Unterschied zu ihm finanzielle Vorteile zuteilwerden. Sind solche Arbeitnehmer nicht ausfindig zu machen, hat er sodann nachzuweisen, dass sie in der Vergangenheit Vorteile erhalten haben. Dies kann insbesondere dadurch erfolgen, indem er aufzeigt, dass sein Vorgänger direkt oder indirekt aufgrund seines Alters bevorzugt wurde.[449] Hierbei kann sich aber der Betroffene nicht auf zeitlich abgelaufene Kollektivvereinbarungen beziehen, sofern sie vor dem Inkrafttreten des AGG abgelaufen sind oder diese Tarifverträge zu keinem Zeitpunkt für ihn galten. Andernfalls wäre eine Änderung der Vereinbarung, um sie den tatsächlichen wirtschaftlichen Rahmenbedingungen anzupassen, de facto unmöglich.[450]

Konnte keine konkrete Vergleichsperson nachgewiesen werden, ist eine hypothetische heranzuziehen. Dementsprechend ist es nicht erforderlich, dass es im Anwendungsbereich des Tarifvertrags ältere Arbeitnehmer gibt, die bevorzugt werden. Eine Klausel benachteiligt schon dann jüngere Arbeitnehmer i.S.d. § 3 AGG, wenn sie unmittelbar nach Alter unterscheidet oder nach einem anderen Kriterium, das eine mittelbare Altersdiskriminierung begründen kann.[451] Dem kann auch nicht die ursprüngliche Rechtsprechung des EuGH entgegengesetzt werden, die eine konkrete Vergleichsperson für die Feststellung einer Entgeltdiskriminierung forderte.[452] Schließlich ist der Wortlaut der Richtlinie sowie des AGG eindeutig.[453] Eine Einschränkung für Differenzierungen im finanziellen Bereich geht dar-

---

448 Siehe oben 2. Kapitel D. I.
449 Vgl. EuGH vom 27.3.1980, Rs. C-129/79 (Smith), Rn. 11, NJW 1980, 2014; *Däubler*, ZfA 2006, 479 (482).
450 So in Bezug auf individualrechtlich vereinbarte Arbeitsbedingungen, BAG vom 18.11.2003, Az. 1 AZR 604/02, Rn. 53, AP Nr. 15 zu § 77 BetrVG 1972 (Nachwirkung); *Wiedemann*, Gleichbehandlungsgebote, S. 46.
451 So jeweils auch allgemein für das Gebot der Entgeltgleichheit Däubler/Bertzbach-*Dette*, § 7 AGG, Rn. 98; *Däubler*, ZfA 2006, 479 (482).
452 So aber Schleusener/Suckow/Voigt-*Schleusener*, § 3 AGG, Rn. 7.
453 § 3 Abs. 1 und 2 AGG; RL 76/207/EWG, RL 2000/43/EG, RL 2000/78/EG, RL 2002/43/EG, RL 2004/113/EG jeweils Art. 2 Abs. 2 durch die Formulierungen „weniger günstige Behandlung als eine andere Person erfährt, erfahren hat oder erfahren würde" für die unmittelbare Diskriminierung sowie „benachteiligen können" für die mittelbare Diskriminierung.

aus nicht hervor. Richtlinien- und Gesetzgeber wollten bewusst von dem Erfordernis einer real existierenden Vergleichsperson abrücken.

B. Differenzierung bei der Grundvergütung

Bei der tarifvertraglichen Benachteiligung aufgrund des Alters kommt Klauseln, welche die Grundvergütung der Arbeitnehmer regeln, entscheidende Bedeutung zu. Diese Vergütungsbestimmungen stufen Arbeitnehmer ihrer Qualifikation entsprechend in eine Tätigkeits- bzw. Vergütungsgruppe ein. Innerhalb dieser Gruppen erfolgt u.U. die diskriminierungsrechtlich relevante Staffelung der Entgelthöhe. Sie orientiert sich entweder unmittelbar an dem Lebensalter oder Kriterien, welche indirekt damit zusammenhängen, wie den absolvierten Berufsjahren oder der Dauer der Betriebszugehörigkeit.[454] Anzutreffen ist ebenfalls eine Kombination der genannten Anknüpfungspunkte. Nachfolgend soll erörtert werden, ob und inwieweit eine solche Praxis unter dem AGG Bestand haben kann.

I. Anknüpfung an das Lebensalter

Trotz ihres leistungsfeindlichen Rufs als „Sitzprämien"[455] oder „Belohnung für Sitzfleisch"[456] sind Entgeltstaffelungen nach Lebensalter in der deutschen Tariflandschaft nichts Unübliches.[457] Auch beschränken sie sich nicht fast ausschließlich auf den Bereich des öffentlichen Dienstes.[458] So führt die aktuelle Statistik des Statistischen Bundesamtes zahlreiche Tarifverträge aus der Privatwirtschaft an, die nach Altersstufen differenzieren.[459] Zutreffend ist, dass die entsprechenden Klauseln der Tarifverträge für den öffentlichen Dienst einen stärkeren Einfluss auf die Entgelthöhe haben. Während die Lebensaltersstufen in der Privatwirtschaft vergleichsweise schnell erreicht sind und sich daher kein Tarifvertrag findet, der eine Staffelung über das 28. Lebensjahr hinaus vorsieht,[460] erstreckt sich im öffentlichen Dienst die

---

454 *Bispinck*, WSI- Mitteilungen 2005, 582 (584); *Temming*, S. 125.
455 Vgl. jeweils *Bispinck*, S. XVII; *Temming*, S. 125 f.
456 *Kistler*, S. 92, Fn. 22.
457 *Linsenmaier*, RdA 2003, Sonderbeilage zu Heft 5, 22 (29).
458 So aber *Kistler*, S. 90.
459 *Statistisches Bundesamt*, Tariflöhne, S. 15 ff.
460 *Bispinck*, S. VI; *ders.*, WSI- Mitteilungen 2005, 582 (584); *BMWA*, Tarifvertragliche Arbeitsbedingungen, S. 35; *Henssler/Tillmanns*, FS Birk, S. 179 (S. 183); *Rieble/Zedler*, ZfA 2006,

Differenzierung nach Alter über einen längeren Zeitraum. Das populärste Beispiel hierfür ist § 27 Abs. 1 BAT. Wie die Anlagen des Vergütungstarifvertrags zum BAT belegen, bestehen Tätigkeitsgruppen, bei denen sich die Unterscheidung vom 21. bis zum 49. Lebensjahr erstreckt, wobei eine Anhebung alle zwei Jahre erfolgt. Dabei lehnen sich solche Regelungen an die gesetzlich normierte Beamtenbesoldung an,[461] wie sie beispielsweise in dem BBesG vorgesehen ist.[462]

Es ist noch darauf hinzuweisen, dass der BAT nur noch eingeschränkt auf Beschäftigungsverhältnisse im öffentlichen Dienst und in der Privatwirtschaft Anwendung findet. Er wurde weitgehend durch den TVöD bzw. die TV-L ersetzt.[463] Die Änderung verdeutlicht insoweit den Trend, in Tarifverträgen von der altersabhängigen Vergütung abzurücken.[464] Während sich Bund und Kommunen bereits am 9.2.2005 mit den Arbeitnehmervertretern einigten und für ihre Beschäftigten der neue Tarifvertrag, TVöD (Bund) bzw. TVöD (VKA) ab dem 1.10.2005 gilt,[465] schloss ihn die Tarifgemeinschaft deutscher Länder erst am 19.5.2006 mit Wirkung zum 1.11.2006 ab.[466] Die altersabhängige Vergütung wurde damit abschafft, nunmehr sind Berufserfahrung und Leistung gem. §§ 16 ff. TVöD entgeltbestimmend.[467] Dementsprechend wird die Ablösung des BAT durch den TVöD einhellig begrüßt.[468] Da aber die Länder Berlin und Hessen aus der Tarifgemeinschaft ausgetreten sind und den TVöD auch selbst nicht abgeschlossen haben, unterfallen ihre Beschäftigten weder den TV-L noch dem TVöD. In Hessen galt zunächst der BAT

---

273 (294 f.); vgl. Rust/Falke-*Bertelsmann*, § 10 AGG, Rn. 145, der Beispiele für Tarifverträge aus der Privatwirtschaft angibt, deren altersorientierte Entgeltstaffelung vor dem 30. Lebensjahr endet.
461 *Däubler*, FS Gnade, S. 95 (S. 98); Linsenmaier, RdA 2003, Sonderbeilage zu Heft 5, 22 (29).
462 Vgl. §§ 27, 28, 37, 38 BBesG i.V.m. Anlage IV.
463 *Hock/Kramer/Schwerdle*, ZTR 2006, 622.
464 *Bispinck*, WSI- Mitteilungen 2005, 582 (584); *Waltermann*, NZA 2005, 1265 (1269); *ders.*, NJW 2008, 2529 (2530).
465 *Böhle/Poschke*, ZTR 2006, 286 (287); *Brediendiek/Fritz/Tewes*, ZTR 2006, 230 (231); *Däubler*, TVG-*Winter*, § 1 TVG, Rn. 360; *Hümmerich/Mäßen*, NZA 2005, 961 ff.; *Wiedemann-Wank*, § 4 TVG, Rn. 216 b.
466 Die Tarifverträge der Bundesländer werden mit dem Kürzel TV-L wiedergegeben; Wiedemann-*Wank*, § 4 TVG, Rn. 216 c.
467 *Adomeit/Mohr*, § 7 AGG Anhang 2, Rn. 26; *Böhle/Poschke*, ZTR 2006, 286 (292); *Brediendiek/Fritz/Tewes*, ZTR 2006, 230 (233); *Hock/Kramer/Schwerdle*, ZTR 2006, 622 (623); *Waltermann*, NZA 2005, 1265 (1269); Wiedemann-*Wank*, § 4 TVG, Rn. 216i; *Wulfers/Hecht*, ZTR 2007, 475 (480).
468 *Bauschke*, § 10 AGG, Rn. 10; *Böhle/Poschke*, ZTR 2006, 286 (287); *Brediendiek/Fritz/Tewes*, ZTR 2006, 230 (231); *Dörring/Kutzki-Polzer*, § 16 TVöD (Bund), Rn. 1; *Waltermann*, NZA 2005, 1265 (1269); *ders.*, NJW 2008, 2529 (2530).

weiter, wurde allerdings zum 1.1.2010 durch den TV-H[469] ersetzt, der ebenso wie die TV-L die Entlohnungshöhe nach Berufsjahren und Leistung bemisst. Eine Ablösung des BAT für das Land Berlin ist bisher nicht erfolgt.[470] Es ist daher nicht verwunderlich, dass die erste Entscheidung zu altersbedingten tariflichen Vergütungsregelungen auf Grundlage des AGG vom Arbeitsgericht Berlin getroffen wurde,[471] das einen Verstoß der BAT-Regelung gegen § 7 Abs. 1 AGG angenommen hat.[472] Das mit der möglichen Diskriminierung durch die Vergütungsregelung betraute BAG hat noch nicht abschließend entschieden, sondern dem EuGH die Frage vorgelegt, ob § 27 BAT auch unter Berücksichtigung des in Art. 28 GRC primärrechtlich verbürgten Rechts auf Kollektivverhandlungen und Kollektivmaßnahmen gegen das europäische Verbot der Altersdiskriminierung verstoße, welches in Art. 21 Abs. 1 GRC enthalten ist und durch die Richtlinie 2000/78/EG konkretisiert wird.[473] Ferner können nicht tarifgebundene Arbeitgeber dem BAT unterfallen, sofern sie arbeitsvertraglich eine statische Verweisung festgelegt haben.[474]

1. Unmittelbare Benachteiligung

Mit einer altersorientierten Grundvergütung werden die verschiedenen Altersklassen unterschiedlich behandelt. Diskussionswürdig ist dabei, ob mit der Ungleichbehandlung auch tatsächlich ein Nachteil einhergeht, denn im Idealfall durchlaufen die Beschäftigten alle tariflichen Altersstufen, sodass die Jüngeren eine konkrete Aussicht auf eine höhere Vergütung haben.

---

469 Tarifvertrag für den öffentlichen Dienst des Landes Hessen vom 1.9.2009.
470 BeckOK TV-L-*Gaumann*, § 1 TV-L, Rn. 5; vgl. Wiedemann-*Wank*, § 4 TVG, Rn. 216c.
471 Vgl. *Rieble/Zedler*, ZfA 2006, 273 (294), die schon frühzeitig erkannt haben, dass sich Probleme für die Bundesländer ergeben könnten, die sich einer Neuordnung des BAT verweigert haben.
472 ArbG Berlin vom 22.8.2007, Az. 86 Ca 1696/07, juris; einen solchen Verstoß hat auch die Berufungsinstanz angenommen LAG Berlin-Brandenburg vom 11.9.2008, Az. 20 Sa 2244/07, NZA-RR 2009, 378; a.A. ArbG Marburg vom 26.9.2008, Az. 2 Ca 183/08, NZA-RR 2009, 165, das aber in der folgenden Instanz aufgehoben wurde, Hessisches LAG vom 22.4.2009, Az. 2 Sa 1689/08, NZA 2009, 799.
473 BAG vom 20.5.2010, Az. 6 AZR 148/09 (A), NZA 2010, 961.
474 BAG vom 30.8.2000, Az. 4 AZR 581/99, Rn. 21, AP Nr. 12 zu § 1 TVG (Bezugnahme auf Tarifvertrag); *Fieberg*, NZA 2005, 1226 (1228); *Hümmerich/Mäßen*, NZA 2005, 961 (964); einige Arbeitsverträge verweisen zwar auf den BAT, weichen aber von § 27 BAT dahingehend ab, dass keine Staffelung nach Lebensalter, sondern nach Berufsjahren erfolgt, vgl. LAG Baden-Württemberg vom 23.4.2007, Az. 15 Sa 116/06, Rn. 11.

a) Ungleichbehandlung

Die am Lebensalter orientierte Staffelung beim Grundgehalt verwirklicht nach ganz herrschender Meinung den Tatbestand der unmittelbaren Benachteiligung i.S.d. § 3 Abs. 1 AGG.[475] Arbeitnehmer einer Tätigkeitsgruppe werden bei der Entlohnung unterschiedlich behandelt, wobei direkt an ihr Alter angeknüpft wird. Ihre einheitliche Eingruppierung stellt ein starkes Indiz dafür dar, dass ihre Tätigkeit vergleichbar ist.[476] Im Übrigen finden sich in der tariflichen Praxis keine Klauseln, die die unterschiedlichen Altersgruppen in verschiedene Tätigkeitsgruppen einordnen, um möglicherweise die gegebene Vergleichbarkeit zu kaschieren. Sollte dies dennoch erfolgen, ist das Indiz widerlegt. Dass die Altersgruppen vergleichbar sind, kann in dem Fall mit der Gleichwertigkeit der von ihnen verrichteten Arbeit begründet werden. Im Ergebnis ist die für Gleichbehandlungsgebote wie auch Diskriminierungsverbote erforderliche Vergleichbarkeit der unterschiedlich behandelten Gruppen gegeben.

b) Vorliegen eines Nachteils – Erfordernis der zeitlichen Gesamtbetrachtung?

Der für die Benachteiligung erforderliche Nachteil könnte darin liegen, dass jüngeren Beschäftigten eine geringere Grundvergütung zukommt als ihren älteren Kollegen. Sie werden gegenüber jedem Arbeitnehmer benachteiligt, der einer höheren tariflichen Altersgruppe angehört. Der Unterschied ist logischerweise gegenüber der höchsten Altersgruppe am stärksten. Dementsprechend wird ein potentielles Benachteiligungsopfer diese Unterscheidung geltend machen und nicht z.B. die Differenzierung gegenüber der nächst höheren Altersstufe, um dann bei einem festgestellten Verstoß gegen das Benachteiligungsverbot eine Angleichung zu dem höchsten Grundgehalt zu erreichen[477] (sog. Angleichung nach oben[478]).

Schließt man sich der Argumentation von *Waltermann* an, ist ein Nachteil in der vorliegenden Konstellation zu verneinen. Als Ausgangspunkt wählt er die Besonderheit des geschützten Merkmals Alter. Anders als die übrigen Merkmale unter-

---

475 Däubler/Bertzbach-*Brors*, § 10 AGG, Rn. 56; *Henssler/Tillmanns*, FS Birk, S. 179 (S. 181); *Körner*, NZA 2008, 497 (500); *Lingscheid*, S. 203; *Linsenmaier*, RdA 2003, Sonderbeilage zu Heft 5, 22 (29); *Löwisch*, DB 2006, 1729 (1730); *Löwisch/Caspers/Neumann*, S. 34; a.A. *Waltermann*, NZA 2005, 1265 (1269); *ders.*, ZfA 2006, 305 (321); *ders.*, NJW 2008, 2529 (2534).
476 Siehe oben 3. Kapitel III. 1.
477 So auch der Kläger in ArbG Berlin vom 22.8.2007, Az. 86 Ca 1696/07, juris; LAG Berlin-Brandenburg vom 11.9.2008, Az. 20 Sa 2244/07, NZA-RR 2009, 378; BAG vom 20.5.2010, Az. 6 AZR 148/09 (A), NZA 2010, 961; *Temming*, S. 489.
478 Siehe unten 4. Kapitel B. III. und IV. 1.

liege es einer permanenten Veränderung, sodass grundsätzlich jeder eine bestimmte Altersstufe erreiche.[479] Daher verbiete sich eine bloße punktuelle Betrachtung eines bestimmten Lebensalters. Vielmehr ergebe eine Gesamtbetrachtung, dass jeder Arbeitnehmer einmal in die höchste Altersstufe einrücke. Dementsprechend griffen die entsprechenden Tarifnormen nicht in die Rechtsposition der Jüngeren ein, sondern hielten ihnen lediglich eine Begünstigung vor.[480]

Dem kann nicht gefolgt werden. Der Ansatz spiegelt die gesellschaftliche Vorstellung wider, wonach Unterscheidungen nach dem Lebensalter sozialadäquat seien, da jeder einmal im Verlauf seines Lebens die entsprechenden Vor- und Nachteile erfahre.[481] Es wird also auf ein gängiges Klischee zurückgriffen, um eine Benachteiligung aufgrund des Alters zu verneinen, obwohl Unterschiede bei der Arbeitsleistung grundsätzlich nicht festgestellt werden können.[482] Eine zeitliche Gesamtbetrachtung würde dazu führen, dass die meisten Unterscheidungen nach Lebensalter nicht den Tatbestand einer Benachteiligung erfüllen würden.[483] Des Weiteren arbeitet *Waltermann* mit zwei Unterstellungen. Zum einen geht er davon aus, dass ein Arbeitnehmer sein ganzes Arbeitsleben lang bei demselben Arbeitgeber verbleibt und so jede Entgeltstufe einmal durchläuft,[484] und zum anderen ignoriert er die Möglichkeit einer Änderung der maßgeblichen Tarifwerke,[485] wodurch letztlich die Kompensation der jüngeren Beschäftigten nicht mit dem Vorteil der Älteren identisch wäre. Gerade aufgrund des schwächer ausgeprägten Kündigungsschutzes für die unteren Altersgruppen[486] kann aber nicht davon ausgegangen werden, dass sie bis zum Ruhestand bei ihrem Dienstherrn verbleiben.[487] Da von arbeitsrechtlichen Gestaltungsmöglichkeiten wie Leiharbeit oder Befristung immer mehr Gebrauch gemacht wird, müssen sich zahlreiche Arbeitnehmer auf einen regelmäßigen Arbeitgeberwechsel einstellen.[488] Letztlich wird von der Gegenauffas-

---

479 Siehe oben 2. Kapitel E. I. 1.
480 *Waltermann*, NZA 2005, 1265 (1269); *ders.*, ZfA 2006, 305 (321); *ders.*, NJW 2008, 2529 (2534).
481 Siehe oben 2. Kapitel E. I. 1.
482 Siehe oben 1. Kapitel B. III.
483 *Von Hoff*, S. 331; gegen eine mögliche Rechtfertigung „in der Zeit" auch MüKo-*Thüsing*, § 3 AGG, Rn. 5.
484 *Däubler/Bertzbach-Brors*, § 10 AGG, Rn. 56; *Henssler/Tillmanns*, FS Birk, S. 179 (S. 182).
485 *Henssler/Tillmanns*, FS Birk, S. 179 (S. 182); *Sprenger*, S. 224; *von Hoff*, S. 331.
486 Siehe oben 1. Kapitel B. II. 1.
487 *Von Hoff*, S. 331; vgl. *Adomeit/Mohr*, § 7 AGG Anhang 2, Rn. 27, denen zufolge Arbeitsverhältnisse nur noch für begrenzte Zeit begründet werden.
488 *Sprenger*, S. 224.

sung die Möglichkeit eines vorzeitigen Ablebens des Arbeitnehmers ausgeblendet, wodurch für früh verstorbene keine Kompensation eintritt.

Diese Argumente pariert die Gegenansicht damit, dass es für das Gleichheitsrecht nicht darauf ankomme, ob der Ausgleich gewiss oder ungewiss sei. Vielmehr sei nur auf den Zeitpunkt der Benachteiligung abzustellen, an dem der Betroffene hypothetisch irgendwann in die höchste Entgeltstufe einrücken würde.[489] Eine nähere Begründung bleibt indes aus. Da aber das Gleichbehandlungsrecht einen tatsächlichen Nachteil erfordert, ist es nicht ausreichend, wenn ein möglicher Ausschluss des Nachteils durch eine spätere rein hypothetische Kompensation erfolgt. Gerade wenn man wie *Waltermann* auf den Zeitpunkt der Benachteiligung abstellt, kommt man zum Ergebnis, dass ein Nachteil gegeben ist. Denn die höheren Altersgruppen erhalten konkret eine höhere Vergütung, während die Unteren sich mit einer unsicheren Expektanz begnügen müssen, die dementsprechend weniger wert ist.

In der Konsequenz könnte eine Gesamtbetrachtung die Änderung von Tarifverträgen rechtlich verhindern. Denn eine Änderung könnte dazu führen, dass sich die Expektanz der jüngeren Beschäftigten zu ihrem Nachteil ändert, weshalb sie beim Eintritt in den Ruhestand aufs Ganze betrachtet weniger verdient hätten als ihre Vorgänger. Eine Benachteiligung wäre dann gegeben. Insbesondere könnten die Tarifvertragsparteien davon abgehalten werden, nach dem Alter differenzierende Klauseln zu beseitigen. Sieht beispielsweise ein Tarifvertrag drei Altersstufen beim Entgelt vor und einigen sich die Sozialpartner darauf, das Gehalt der mittleren Stufe allen Altersklassen einheitlich auszuzahlen, dann würde dies zumindest Angehörige der zweiten Stufe benachteiligen. Ihnen würde im Unterschied zu den ausgeschiedenen Arbeitnehmern, die noch in den Genuss der höchsten Entgeltkategorie kamen, dieses Privileg nicht zuteil. Sie wären ebenso wie die Ausgeschiedenen von der niedrigsten Entgeltstufe zu Beginn ihrer Karriere betroffen, allerdings würde man ihnen die höchste Entgeltstufe als Ausgleich vorenthalten. Letztlich würden sie weniger verdienen als ihre älteren Vergleichspersonen, was bei einer konsequenten Anwendung der zeitlichen Gesamtbetrachtung den Tatbestand einer Benachteiligung i.S.d. § 7 Abs. 1 AGG erfüllen würde.

Stellt sich heraus, dass der jüngere Arbeitnehmer bis zum Ruhestand insgesamt weniger verdient hat, ist unklar, welche Anforderungen an die Höhe der Abweichung zu stellen sind, um eine Benachteiligung festzustellen. Kriterien zur Bestimmung einer entsprechenden Erheblichkeitsschwelle fehlen. Dementsprechend ist die Gesamtbetrachtung zusätzlich mit Rechtsunsicherheit verbunden.

---

489 *Waltermann*, NJW 2008, 2529 (2534).

2. Rechtfertigung der unmittelbaren Benachteiligung gem. § 10 AGG

Möglicherweise kann eine tarifliche, am Lebensalter orientierte Entgeltsstaffelung nach § 10 AGG, der Spezialvorschrift für unmittelbare Benachteiligungen aufgrund des Alters, gerechtfertigt sein. Voraussetzung ist ein legitimes Ziel, das im Hinblick auf die verursachte Beeinträchtigung verhältnismäßig ist.[490] Bei der Prüfung des besonderen Rechtfertigungsgrundes muss zunächst auf die Regelbeispiele abgestellt werden. Greifen diese nicht, so ist auf den allgemeinen Auffangtatbestand nach § 10 S. 1 und 2 AGG zu rekurrieren.[491]

a) Legitimes Ziel i.S.d. § 10 AGG

Sämtliche Gleichbehandlungsgebote setzten für die Rechtfertigung ein legitimes Ziel voraus. Dies ist beim Verbot der Altersdiskriminierung nach AGG nicht anders. Erörterungsbedürftig ist indes, ob der besondere Rechtfertigungsgrund nach § 10 AGG im Hinblick auf die Anforderungen an das legitime Ziel von der allgemeinen Dogmatik abweicht. So stellt sich zunächst die Frage, ob die Tarifvertragsparteien kraft der ihnen gewährten Regelungsbefugnis das legitime Ziel festlegen können. Damit wären nicht nur objektive, sondern auch subjektiv festgelegte Rechtfertigungsgründe denkbar. Entscheidet man sich gegen diesen Lösungsweg, muss geklärt werden, ob § 10 AGG auf eine bestimmte Art von objektiven Rechtfertigungsgründen beschränkt ist. In concreto kommt eine Beschränkung auf Allgemeinwohlbelange in Betracht. Reine Privatinteressen können dann eine unmittelbare Benachteiligung aufgrund des Alters nicht rechtfertigen.

aa) Bestimmung des legitimen Ziels durch die Tarifvertragsparteien?

Die Tarifvertragsparteien sind nicht befugt zu definieren, wann ein Ziel legitim ist und wann nicht.[492] Hierfür wäre eine gesetzliche Grundlage erforderlich,[493] die indes

---

490 Ausführlich zu der Vorschrift siehe oben 2. Kapitel E. II.
491 Bauer/Göpfert/Krieger, § 10 AGG, Rn. 25
492 *Annuß*, BB 2006, 1629 (1633); vgl. *Wiedemann/Thüsing*, NZA 2002, 1234 (1237 f.), die zwar eine solche Kompetenz erwägen, sofern man annimmt, dass die Tarifvertragsparteien für das Gemeinwohl verantwortlich sind, sie letztlich aber ablehnen; a.A. *Kuras*, RdA 2003, Sonderbeilage zu Heft 5, 11 (19 f.), der den Tarifvertragsparteien einen weiten Einschätzungsspielraum im Hinblick auf die Rechtfertigungsmöglichkeiten nach Art. 6 RL 2000/78/EG einräumt.
493 Däubler/Bertzbach-*Brors*, § 10 AGG, Rn. 28; *Löwisch/Caspers/Neumann*, S. 18; *Lingscheid*, S. 208; Rust/Falke-*Bertelsmann*, § 10 AGG, Rn. 41 ff., der das Erfordernis einer gesetzlichen Grundlage mit dem europäischen Transparenzgebot begründet.

nicht gegeben ist. Man könnte zwar auf die Gesetzesbegründung verweisen. Sie führt aus, dass sich die Legitimität des Ziels aus Sicht des Arbeitgebers oder der Tarifvertragsparteien beurteilt.[494] Trotzdem ist diese Aussage zweideutig. Einerseits kann sie in dem Sinne ausgelegt werden, dass die Tarifpartner rechtlich bindend feststellen können, welcher Differenzierungsgrund rechtmäßig ist. Andererseits kann die Passage als eine Klarstellung gelesen werden, der zufolge das legitime Ziel auch aus der Sphäre des Arbeitgebers bzw. der Tarifvertragsparteien stammen kann. Andernfalls wäre eine wirksame rechtliche Kontrolle tariflicher Differenzierungen nach dem Alter ausgeschlossen.[495] Ferner würde ein subjektiv determinierter Rechtfertigungsgrund der Dogmatik der Diskriminierungsverbote widersprechen, die ein objektives Ziel voraussetzen, um eine Ungleichbehandlung zu rechtfertigen.[496]

Eine Ermächtigung der Sozialpartner kann ebenso wenig auf die Richtlinie 2000/78/EG gestützt werden.[497] Nach Art. 6 der Richtlinie sind die *Mitgliedsstaaten* befugt, legitime Ziele für eine Benachteiligung nach dem Alter vorzusehen. Damit wird ausschließlich der Gesetzgeber ermächtigt.[498] Die Normsetzungsbefugnis der Tarifparteien gem. §§ 1 Abs. 1, 4 Abs. 1 TVG ist hierfür nicht ausreichend, zumal die Mitgliedsstaaten gem. Art. 16 lit. b Richtlinie 2000/78/EG verpflichtet sind, die Nichtigkeit von altersdiskriminierenden Tarifklauseln sicherzustellen.[499] Des Weiteren eröffnet Art. 18 Richtlinie 2000/78/EG den Adressaten die Möglichkeit einer gesonderten gesetzlichen Ermächtigung der Sozialpartner, damit diese die Bestimmungen der Richtlinie umsetzen, worunter auch die Festsetzung der legitimen Ziele fällt. Eine solche Kompetenzübertragung ist indes nicht erfolgt. Im Übrigen wäre sie auch europarechtswidrig. Art. 18 Richtlinie 2000/78/EG verpflichtet die Mitgliedsstaaten sicherzustellen, dass die Ziele der Richtlinie erreicht werden. Konkret setzt dies eine einheitliche Umsetzung der diskriminierungsrechtlichen Regelungen

---

494 BT-Drucksache 16/1780, S. 36.
495 *Schweibert*, FS DAV, S. 1001 (S. 1007); vgl. *Wendeling-Schröder*, NZA 2001, 1399 (1401), die sich aber auf die subjektive Einschätzung des legitimen Ziels durch den Arbeitgeber bezieht.
496 Ähnlich Schleusener/Suckow/Voigt-*Voigt*, § 10 AGG, Rn. 17; zur Struktur von Gleichbehandlungsgeboten und Diskriminierungsverboten siehe oben 2. Kapitel C. und D.
497 *Bauer/Göpfert/Krieger*, § 10 AGG, Rn. 11; Däubler/Bertzbach-*Brors*, § 10 AGG, Rn. 28; *Löwisch*, DB 2006, 1729 (1730); *Reichold/Hahn/Heinrich*, NZA 2005, 1270 (1275 f.); *Schweibert*, FS DAV, S. 1001 (S. 1007); *Senne*, S. 190.
498 *Löwisch/Caspers/Neumann*, S. 18; *Schweibert*, FS DAV, S. 1001 (S. 1007); *Senne*, S. 190; *Thüsing*, NZA 2001, 1061 (1064); *Wiedemann/Thüsing*, NZA 2002, 1234 (1237).
499 Hahn, S. 110; Löwisch/Caspers/Neumann, S. 18.

voraus. Eine Ermächtigung der Sozialpartner würde aber aufgrund der Vielzahl von Tarifverträgen in Deutschland diesem Ziel widersprechen.[500]

Es wird daher anzunehmen sein, dass der EuGH die Vorlagefrage des BAG[501] nach einer möglichen Einschätzungsprärogative der Tarifvertragsparteien im Hinblick auf die nach Alter differenzierende Vergütung verneint.

bb) Unternehmensinteresse als legitimes Ziel

Es ist fraglich, ob der objektive Rechtfertigungsgrund aus der Sphäre des Arbeitgebers bzw. der Tarifvertragsparteien entspringen darf oder ob § 10 AGG voraussetzt, dass es sich bei dem Rechtfertigungsgrund um ein Gemeinwohlinteresse handelt.[502] Legt man die Vorschrift grammatikalisch, systematisch, teleologisch wie auch historisch aus, liegt der Schluss nahe, dass auch private Belange ein legitimes Ziel darstellen können. Auf diesem Weg gelangt auch das BAG zu dem Ergebnis, dass auch Individualinteressen taugliche Rechtfertigungsgründe im Sinne des § 10 AGG sein können.[503] Hier ist allerdings in der praktischen Rechtsanwendung Vorsicht geboten, denn der EuGH vertritt für die entsprechende Richtlinienvorschrift den gegenteiligen Standpunkt. Das Gericht entnimmt Art. 6 Abs. 1 Richtlinie 2000/78/EG, dass eine Rechtfertigung der unmittelbaren Altersdiskriminierung nach dieser Spezialvorschrift nur mit Hilfe von Zielen zulässig ist, die im Allgemeininteresse stehen.[504] Diese Leseart der maßgeblichen Richtlinie muss bei der europarechtskonformen Auslegung des AGG Berücksichtigung finden, wenngleich die Auffassung des EuGH nicht überzeugt.

(1) Wortlaut

Der Wortlaut von § 10 AGG spricht eher für eine Berücksichtigung von Individualinteressen. Nach der Generalklausel des § 10 S. 1 AGG ist zunächst ein legitimes Ziel erforderlich. Eine Einschränkung auf Gemeinwohlbelange erfolgt nicht. Dies wird auch nicht durch die Regelbeispiele des § 10 S. 3 AGG widerlegt. Zwar handelt es sich beispielsweise bei der in § 10 S. 3 Nr. 1 AGG aufgeführten beruflichen Eingliederung von Jugendlichen, älteren Personen und solchen mit Fürsorgepflich-

---

500 *Hahn*, S. 110; *Löwisch*, FS Schwerdtner, S. 769 (S. 773 f.) *Löwisch/Caspers/Neumann*, S. 18.
501 Vgl. BAG vom 20.5.2010, Az. 6 AZR 148/09 (A), NZA 2010, 961.
502 Däubler/Bertzbach-*Brors*, § 10 AGG, Rn. 20 m.w.N.
503 BAG vom 22.1.2009, Az. 8 AZR 906/07, Rn. 53, NZA 2007, 945 (949).
504 EuGH vom 5.3.2009, Rs. C-388/07 (Age Concern England), Rn. 46, NZA 2009, 305 (308); EuGH vom 18.6.2009, Rs. C-88/08 (Hütter), Rn. 41, EuGRZ 2009, 331 (334).

ten um ein Interesse der Allgemeinheit, allerdings zeigen insbesondere § 10 S. 3 Nr. 2 und 3 AGG, dass Individualinteressen des Arbeitgebers Berücksichtigung finden. So können nach § 10 S. 3 Nr. 2 AGG Mindestanforderungen an Berufserfahrung oder Dienstalter für den Zugang zu einer Beschäftigung oder für die damit verbundenen Vorteile eine Benachteiligung aufgrund des Alters rechtfertigen. Arbeitgeber können in bestimmten Branchen ein Interesse daran haben, dass ihre Beschäftigten eine gewisse Berufserfahrung vorweisen können. Es handelt sich daher um ein Individualinteresse. § 10 S. 3 Nr. 3 AGG ermöglicht die Festsetzung von Höchstaltersgrenzen für die Einstellung von Arbeitnehmern, damit sich etwaige Investitionen in die Ausbildung des neuen Mitarbeiters im Verlaufe der Beschäftigungszeit amortisieren. Hier werden ebenfalls Interessen des einzelnen Arbeitgebers bedient.[505]

Vergleicht man den Wortlaut der AGG-Regelungen mit der entsprechenden Vorschrift der Richtlinie 2000/78/EG, Art. 6, findet man einen weiteren Hinweis darauf, dass nicht ausschließlich Gemeinwohlbelange eine Benachteiligung aufgrund des Alters rechtfertigen können. Der Wortlaut der Umsetzungsvorschrift orientiert sich stark an Art. 6 Richtlinie 2000/78/EG. Die in der Richtlinie aufgeführten Regelbeispiele des Art. 6 Abs. 1 S. 2 Richtlinie 2000/78/EG werden sogar wörtlich ins AGG aufgenommen. Demgegenüber übernimmt § 10 AGG nicht die Formulierung, wonach zu den legitimen Zielen insbesondere solche „aus den Bereichen Beschäftigungspolitik, Arbeitsmarkt und berufliche Bildung zu verstehen sind". Bei diesen Beispielen handelt es sich typischerweise um Gemeinwohlbelange. Dementsprechend wurde der Wortlaut trotz der engen Anlehnung an die Richtlinie so gewählt, dass auch Individualinteressen unter ihn subsumiert werden können.[506]

(2) Systematik und Telos

Zu keinem anderen Ergebnis führt die systematische Betrachtung. Der Prüfungsmaßstab des § 10 AGG entspricht demjenigen des Tatbestandsausschlusses für die mittelbare Benachteiligung nach § 3 Abs. 2 AGG.[507] Dabei finden auch Individual-

---

505 BAG vom 22.1.2009, Az. 8 AZR 906/07, Rn. 53, NZA 2007, 945 (949); MüKo-*Thüsing*, § 10 AGG, Rn. 12; *Thüsing*, Diskriminierungsschutz, Rn. 148.
506 Ähnlich jeweils ErfK-*Schlachter*, § 10 AGG, Rn. 1; *Kamanabrou*, RdA 2006, 321 (329); *Wendeling-Schröder*, NZA 2007, 1399 (1400), die aber weniger auf die Wortlautauslegung eingehen als vielmehr auf die Auslegung des gesetzgeberischen Willens.
507 Siehe oben 2. Kapitel E. II.

interessen Berücksichtigung.[508] Es ist unter diesem Aspekt nicht ersichtlich, warum für § 10 AGG etwas anderes gelten sollte. Im Übrigen entspricht es der Struktur von Gleichbehandlungsgeboten und Benachteiligungsverboten, dass sie durch einen objektiven Grund gerechtfertigt sein können,[509] wobei es unerheblich ist, ob er aus der Sphäre der Allgemeinheit oder eines Individuums stammt.[510] Eine Abweichung von dieser Dogmatik müsste ausdrücklich angeordnet werden.

Es mag auch nicht recht einleuchten, warum § 10 AGG im Unterschied zum strengen § 8 Abs. 1 AGG, der private Erwägungen bei der Rechtfertigung zulässt, in Bezug auf das legitime Ziel höhere Anforderungen stellen soll. Zweck der erstgenannten Vorschrift ist es eine erweiterte Rechtfertigungsmöglichkeit für die unmittelbare Benachteiligung aufgrund der Komplexität des Merkmals Alter zu gewährleisten.[511] Eine solche Leseart führt auch nicht zu einer uferlosen Rechtfertigung der unterschiedlichen Behandlung aufgrund des Alters,[512] denn die erforderliche Einschränkung erfolgt mithilfe der Verhältnismäßigkeitsprüfung.[513]

(3) Wille des Gesetzgebers

In der Gesetzesbegründung finden sich zwei Sätze, die verdeutlichen, dass nach dem gesetzgeberischen Willen nicht ausschließlich auf Allgemeinwohlbelange abgestellt werden kann. Danach beurteilt sich die Legitimität des Ziels nach Maßgabe der „fachlich-beruflichen Zusammenhänge aus Sicht des Arbeitgebers oder der Tarifvertragsparteien".[514] Dadurch wird zum Ausdruck gebracht, dass auch die Interessen dieser Gruppen eine entsprechende Benachteiligung rechtfertigen können.[515] Im folgenden Satz heißt es dann, dass *auch* Ziele erfasst sind, die über das einzelne Unternehmen hinausweisen und im Interesse der Allgemeinheit liegen.[516] Damit

---

508 *Bauer/Göpfert/Krieger*, § 3 AGG, Rn. 33.
509 Siehe oben 2. Kapitel C. II. und D. IV.
510 Auf diese Struktur rekurrieren ebenfalls *König*, ZESAR 2005, 218 (220); *Weber*, AuR 2002, 401 (403); *Waltermann*, NZA 2005, 1265 (1267); *ders.*, ZfA 2006, 305 (315).
511 Vgl. zur parallelen Argumentation zur Richtlinie *König*, FS Zuleeg, S. 341 (S. 349); *Polloczek*, S. 97.
512 So aber Däubler/Bertzbach-*Brors*, § 10 AGG, Rn. 20, *Hahn*, S. 122.
513 ErfK-*Schlachter*, § 10 AGG, Rn. 2; *Waltermann*, ZfA 2006, 305 (315).
514 BT-Drucksache 16/1780, S. 36.
515 BAG vom 22.1.2009, Az. 8 AZR 906/07, Rn. 53, NZA 2007, 945 (949); *Adomeit/Mohr*, § 10 AGG, Rn. 14; ErfK-*Schlachter*, § 10 AGG, Rn. 1; *Hensler/Tillmanns*, FS Birk, S. 179 (S. 187); MüKo-*Thüsing*, § 10 AGG, Rn. 12; P/W/W-*Lingemann*, § 10 AGG, Rn. 6; *Thüsing*, Diskriminierungsschutz, Rn. 422; *von Hoff*, S. 220 f.; *Wendeling-Schröder*, NZA 2007, 1399 (1400).
516 BT-Drucksache 16/1780, S. 36.

geht der Gesetzgeber implizit davon aus, dass Individualbelange für eine Rechtfertigung ausreichen.[517]

(4) Europarechtskonforme Auslegung

Eine Beschränkung des legitimen Ziels i.S.d. 10 AGG auf Allgemeinwohlbelange ist aber aufgrund der Rechtsprechung des EuGH erforderlich. Die Vorgaben aus Luxemburg müssen mittels europarechtskonformer Auslegung in den besonderen Rechtfertigungsgrund für die unmittelbare Altersdiskriminierung Eingang finden. In einem vom englischen High Court angestoßenen Vorlageverfahren wurde der Gerichtshof u.a. gefragt, ob Art. 6 Abs. 1 Richtlinie 2000/78/EG verlangt, dass die Mitgliedsstaaten die Rechtfertigungsgründe für die Ungleichbehandlung aus Gründen des Alters im Einzelnen benennen, oder ob eine Generalklausel ausreichend ist. Letzteres wurde zwar für zulässig erachtet. Sodann nimmt aber das Gericht Bezug auf den Wortlaut des Art. 6 Abs. 1 Richtlinie 2000/78/EG und schränkt die möglichen Rechtfertigungsgründe ein. Nach der Regelung liegt keine Altersdiskriminierung vor, wenn ein legitimes Ziel in verhältnismäßiger Weise verfolgt wird. Darunter sind insbesondere rechtmäßige Ziele aus den Bereichen Beschäftigungspolitik, Arbeitsmarkt und berufliche Bildung zu verstehen. Auf diese Passage stützt sich der EuGH. Ihm zufolge könne eine Benachteiligung wegen des Alters nach Art. 6 Abs. 1 Richtlinie 2000/78/EG nur gerechtfertigt werden, sofern mit der Ungleichhandlung ein legitimes sozialpolitisches Anliegen verfolgt werde. Dieses Allgemeininteresse sei von rein individuellen Beweggründen aus der Sphäre des Arbeitgebers abzugrenzen, worunter z.B. Kostenreduzierung oder Verbesserung der Wettbewerbsfähigkeit fallen.[518] Dadurch dass der Gerichtshof von *rein* individuellen Zielen spricht, schließt er Maßnahmen nicht aus, die dem Gemeinwohl dienen, aber auch dem einzelnen Arbeitgeber zugutekommen. In einem folgenden Urteil zur Altersdiskriminierung wurde diese Rechtsprechungslinie bestätigt.[519]

Die dargestellte höchstrichterliche Auffassung wurde schon vor dem Urteil in der Literatur mit derselben Begründung vertreten.[520] Indes ist diese Leseart nicht

---

517 P/W/W-*Lingemann*, § 10 AGG, Rn. 6; *von Hoff*, S. 221; vgl. *Annuß*, BB 2006, 1629 (1633), Fn. 56, der sich auf den identischen Wortlaut von BR-Drucksache 329/06, S. 38 bezieht.
518 EuGH vom 5.3.2009, Rs. C-388/07 (Age Concern England), Rn. 46, NZA 2009, 305 (308).
519 EuGH vom 18.6.2009, Rs. C-88/08 (Hütter), Rn. 41, EuGRZ 2009, 331 (334); ausführlich zu dem Urteil siehe unten 3. Kapitel B. IV.
520 Däubler/Bertzbach-*Brors*, § 10 AGG, Rn. 21; *Kuras*, RdA 2003, Sonderbeilage zu Heft 5, 11 (15); Rust/Falke-*Bertelsmann*, § 10 AGG, Rn. 38; *Senne*, S. 190; *Wiedemann/Thüsing*, NZA 2001, 1234 (1237).

zwingend. So zeigt das Wort „insbesondere" in Art. 6 Abs. 1 S. 1 Richtlinie 2000/78/EG, dass die aufgeführten Rechtfertigungsgründe nicht abschließend sind.[521] Mithin könnte man auch Individualinteressen darunter fassen. Da die Regelbeispiele aus § 10 Abs. 1 S. 3 Nr. 2 und 3 AGG wörtlich diejenigen nach Art. 6 Abs. 1 S. 2 lit. b) und c) wiedergeben, kann man auf die entsprechende Argumentation verweisen, der zufolge auch Interessen des einzelnen Arbeitgebers bedient werden.[522] Ebenso wie bei § 10 AGG wäre es auch hier erforderlich, dass der Normgeber die Rechtfertigung auf Allgemeininteressen beschränkt, denn entsprechend der allgemeinen Dogmatik der Gleichbehandlungsgebote ist es unerheblich, woher das legitime Ziel rührt. Eine explizite Einschränkung der Rechtfertigungsgründe liegt wegen des insoweit offenen Wortlauts der Richtlinienvorschrift nicht vor.[523] Art. 6 Abs. 1 Richtlinie 2000/78/EG führt Allgemeinwohlbelange auf, da sich die Richtlinie an die Mitgliedsstaaten richtet. Dementsprechend werden Rechtfertigungsfelder aufgeführt, mit denen die Richtlinienadressaten betraut sind. Ob darüber hinaus private Erwägungen als legitimes Ziel ausreichen, kann die Richtlinie nicht abschließend klären, da den Mitgliedsstaaten insoweit ein Ermessen bei der Umsetzung zukommt.[524] So sind gemäß den Erläuterungen der Kommission zum Richtlinienvorschlag die Mitgliedsstaaten frei, entsprechend ihren Rechtstraditionen weitere, in der Richtlinie nicht aufgeführte Rechtfertigungsgründe zuzulassen.[525] Wie sich aus der dargestellten Auslegung der Umsetzungsvorschrift, § 10 AGG, ergibt, hat der deutsche Gesetzgeber auch Individualinteressen als Rechtfertigungsgrund zugelassen und daher von dem ihm gewährten Gestaltungsspielraum Gebrauch gemacht.

(5) Ergebnis

Nach vorzugswürdiger Auffassung, die auch vom BAG vertreten wird, sind im Rahmen des § 10 AGG auch reine Individualinteressen taugliche Rechtfertigungs-

---

521 KOM (1999) 565 endg., S. 12; *Polloczek*, S. 97.
522 BAG vom 22.1.2009, Az. 8 AZR 906/07, Rn. 53, NZA 2007, 945 (949); zur entsprechenden Argumentation für die RL 2000/78/EG *Kamanabrou*, RdA 2006, 321 (329); *Lingscheid*, S. 233 f., die aber bei diesem Punkt noch Klärung durch den EuGH für erforderlich hält; Mü-Ko-*Thüsing*, § 10 AGG, Rn. 12; *von Hoff*, S. 219; a.A. *Schlachter*, GS Blomeyer, S. 355 (S. 369); *Wiedemann/Thüsing*, NZA 2001, 1234 (1237), denen zufolge das Regelbeispiel zwar ein Arbeitgeberinteresse betreffe, was aber nicht ausreichend sei, um generell davon auszugehen, dass Individualinteressen zu berücksichtigen sind.
523 *Kamanabrou*, RdA 2006, 321 (329).
524 *Rieble/Zedler*, ZfA 2006, 273 (287).
525 KOM (1999) 565 endg., S. 12.

gründe. Dem steht jedoch die Rechtsprechung des EuGH entgegen, die bei der entsprechenden Richtlinienvorschrift nur Gemeinwohlbelange gelten lässt. Daran sollte sich die Praxis derzeit orientieren. Anhand einer richtlinienkonformen Auslegung ist zu gewährleisten, dass eine unmittelbare Benachteiligung aus Gründen des Alters nach § 10 AGG nur gerechtfertigt sein kann, sofern ein Gemeinwohlbelang vorliegt.

b) Rechtfertigung nach § 10 S. 3 Nr. 1 AGG

Eine tarifliche Entgeltstaffelung, der das Lebensalter als Bemessungsgrundlage zugrunde liegt, könnte nach § 10 S. 1 Nr. 1 AGG gerechtfertigt sein. Das Regelbeispiel gibt u.a. als legitime Ziele die Förderung oder den Schutz der beruflichen Eingliederung von Jugendlichen, älteren Beschäftigten sowie Personen mit Fürsorgepflichten durch besondere Arbeits- und Beschäftigungsbedingungen vor. Damit handelt es sich um eine sozialpolitische Zielsetzung, die im Unterschied zu reinen Individualinteressen nach der Rechtsprechung des EuGH eine unmittelbare Benachteiligung aufgrund des Alters rechtfertigen kann.[526] Unter die besonderen Arbeits- und Beschäftigungsbedingungen fallen auch Vergütungsregelungen.[527] Die Wörter „Förderung" und „Schutz" drücken aus, dass auch positive Maßnahmen zu diesem Zweck möglich sind. Die Regelung ist insoweit eine Spezialvorschrift gegenüber § 5 AGG,[528] als sie sich auf die drei aufgeführten schützenswerten Gruppen bezieht, da sie alle arbeitsrechtlich relevanten Konstellationen für den bevorzugten Personenkreis aufführt und somit keinen Raum für den allgemeinen Rechtfertigungstatbestand lässt.[529]

---

526 Vgl. EuGH vom 5.3.2009, Rs. C-388/07 (Age Concern England), NZA 2009, 305.
527 Schiek-*M. Schmidt*, § 10 AGG, Rn. 13; so auch § 2 Abs. 1 Nr. 2 AGG, der explizit das Arbeitsentgelt zu den Arbeits- und Beschäftigungsbedingungen zählt.
528 Däubler/Bertzbach-*Hinrichs*, § 5 AGG, Rn. 10, 51; *Henssler/Tillmanns*, FS Birk, S. 179 (S. 187), denen zufolge sich jedoch kaum Konstellationen finden ließen, in denen § 5 AGG nicht aber § 10 S. 3 Nr. 1 AGG einschlägig sei; *Nollert-Borasio/Perreng*, § 10 AGG, Rn. 16; Wendeling-Schröder/Stein-*Wendeling-Schröder*, § 10 AGG, Rn. 21; vgl jeweils *Hahn*, S. 139 f.; *König*, FS Zuleeg, S. 341 (S. 350); *Linsenmaier*, RdA 2003, Sonderbeilage zu Heft 5, 22 (27), die sich auf die entsprechenden Vorschriften der RL 2000/78/EG beziehen.
529 Ähnlich zu den entsprechenden Richtlinienvorschriften *Hahn*, S. 139 f., dem zufolge es keine Konstellationen gibt, in denen Maßnahmen zugunsten älterer Beschäftigter unter den allgemeinen Rechtfertigungstatbestand und nicht unter den Altersspezifischen fallen.

aa) Berufliche Eingliederung und Schutz von älteren Beschäftigten

Die Eingliederung oder der Schutz älterer Beschäftigter ins bzw. im Berufsleben kann als Rechtfertigungsgrund für die Staffelung der Grundvergütung nicht aufgeführt werden. Nicht zu leugnen ist zwar, dass ältere Beschäftigte grundsätzlich einen schlechteren Stand auf dem Arbeitsmarkt haben als ihre jüngeren Kollegen, wodurch u.U. Eingliederungsmaßnahmen zum Nachteil der Jüngeren gerechtfertigt wären.[530] Dennoch beabsichtigen die Tarifparteien mit diesen Regelungen gerade nicht die Eingliederung Älterer, sondern vorrangig die Honorierung eines möglichen Zuwachses an Berufs- und Lebenserfahrung.[531] Im Übrigen kann nicht pauschal von einem Nachteil in allen Bereichen ausgegangen werden. Vielmehr muss geprüft werden, ob in der konkreten Branche und Region die Chancen auf dem Arbeitsmarkt tatsächlich schlechter sind.[532]

Geht man dennoch von einem legitimen Ziel aus, so scheitert die Rechtfertigung an der Prüfung der Verhältnismäßigkeit. Eine höhere Entlohnung ist nicht geeignet, die Arbeitsplätze älterer Beschäftigter zu sichern oder diesen Personenkreis in den Arbeitsmarkt zu integrieren. Vielmehr wirkt sich die altersbedingte Vergütung für ältere Beschäftigte oder Arbeitsuchende kontraproduktiv aus. Aufgrund der höheren Kosten werden die betroffenen Arbeitgeber von der Einstellung dieser Personen tendenziell absehen oder dadurch einen Anreiz haben, sich von den so privilegierten Mitarbeitern zu trennen.[533] Dies zeigt sich insbesondere daran, dass trotz bestehender Senioritätsregelungen die Lage Älterer auf dem Arbeitsmarkt vergleichsweise schlecht ist.[534] Somit werden mit Hilfe der Vorschriften über das Entgelt keine altersspezifischen Nachteile ausgeglichen.[535] Eher werden bestehende Arbeitsplätze älterer Beschäftigter durch die verlängerten Kündigungsfristen ge-

---

530 *Hahn*, S. 138; *Körner*, NZA 2008, 497 (499).
531 *Lingscheid*, S. 237; *M. Schmidt/Senne*, RdA 2002, 80 (88).
532 EuGH vom 22.11.2005, Rs. C-144/04 (Mangold), LS Nr. 3, AP Nr. 1 zu Richtlinie 2000/78/EG; ErfK-*Schlachter*, § 10 AGG, Rn. 3; *Körner*, NZA 2008, 497 (499).
533 *Boecken*, S. B 150; Däubler/Bertzbach-*Brors*, § 10 AGG, Rn. 56; *Giesen*, NZA 2008, 905 (908); *Hahn*, S. 163; *Lüderitz*, S. 115; MüKo-*Thüsing*, § 10 AGG, Rn. 52; *Preis*, NZA 2008, 922 (923); *Rieble/Zedler*, RdA 2006, 273 (300 f.); *Thüsing*, Diskriminierungsschutz, Rn. 462; *Waas*, ZRP 2006, 118 (119).
534 Siehe oben 1. Kapitel B. I. 1.; *Hahn*, S. 163; *Körner*, NZA 2008, 497 (499).
535 ArbG Berlin vom 22.8.2007, Az. 86 Ca 1696/07, Rn. 45, juris; *Däubler*, TVG-*Winter*, § 1 TVG, Rn. 141; Däubler/Bertzbach-*Hinrichs*, § 5 AGG, Rn. 54; *Thüsing*, Diskriminierungsschutz, Rn. 462.

schützt[536] und eine Eingliederung durch gezielte Maßnahmen der Berufsförderung erreicht, wie beispielsweise eine erleichterte Befristungsmöglichkeit von älteren Arbeitssuchenden, soweit sie erwiesenermaßen schlechtere Chancen auf dem jeweiligen Arbeitsmarkt haben.[537] Von staatlicher Seite wird die Integration älterer Beschäftigter durch den Eingliederungszuschuss gem. § 421f SGB III bewirkt, der voraussetzt, dass ein über 50jähriger nach mindestens sechs Monaten Arbeitslosigkeit eingestellt wird. Ein pauschaler Anstieg der Vergütung nach Lebensalter ist dafür nicht erforderlich.[538]

bb) Berufliche Eingliederung von jungen Arbeitnehmern

Demgegenüber fördern die Entgeltstaffelungen die Beschäftigung jüngerer Bewerber, da der Arbeitgeber für sie zunächst eine geringere Vergütung entrichten muss. Daher könnte man sie als Fördermaßnahmen zu Gunsten Jugendlicher i.S.d. § 10 S. 1 Nr. 1 AGG begreifen.[539] Der Begriff des Jugendlichen wird im AGG nicht definiert. Da aber das AGG vornehmlich ein arbeitsrechtliches Schutzgesetz ist, kann auf das JArbSchG zurückgriffen werden. Nach § 2 Abs. 2 JArbSchG zählen dazu Personen im Alter zwischen 15 und 18 Jahren.[540] Zum gleichen Ergebnis kommt man, wenn man im Wege einer europarechtskonformen Auslegung auf Art. 3 lit. c) Richtlinie 94/33/EG des Rates über den Jugendarbeitsschutz[541] rekurriert.[542]

Nicht überzeugen kann somit der Ansatz von *Henssler/Tillmanns*, die auch jüngere Arbeitnehmer unter das Regelbeispiel subsumieren. Der Begriff sei aufgrund der Formulierung „insbesondere" weit zu verstehen.[543] Allerdings ist den Autoren entgegenzuhalten, dass die berufliche Eingliederung jüngerer Arbeitnehmer immer noch der Generalklausel des § 10 S. 1 und 2 AGG unterfallen kann. Ein Rückgriff

---

536 Däubler/Bertzbach-*Hinrichs*, § 5 AGG, Rn. 54; MüKo-*Thüsing*, § 10 AGG, Rn. 52; *Thüsing*, Diskriminierungsschutz, Rn. 462; Wendeling-Schröder/Stein-*Wendeling-Schröder*, § 10 AGG, Rn. 18.
537 Vgl. jeweils *Meinel/Heyn/Herms*, § 10 AGG, Rn. 23; Wendeling-Schröder/Stein-*Wendeling-Schröder*, § 10 AGG, Rn. 19.
538 Vgl. Rust/Falke-*Raasch*, § 5 AGG, Rn. 60.
539 So *Henssler/Tillmanns*, FS Birk, S. 179 (S. 183 f.).
540 A.A. Schleusener/Suckow/Voigt-*Voigt*, § 10 AGG, Rn. 22, denen zufolge diese Begrenzung zu formal ist, um der Bedeutung des Merkmals gerecht zu werden.
541 Richtlinie 94/33/EG des Rates vom 22.6.1994 über den Jugendarbeitsschutz, ABl. EG Nr. L 216, S. 12.
542 Däubler/Bertzbach-*Brors*, § 10 AGG, Rn. 42; Rust/Falke-*Bertelsmann*, § 10 AGG, Rn. 72.
543 *Henssler/Tillmanns*, FS Birk, S. 179 (S. 183).

auf § 10 Nr. 1 AGG verbietet sich, da die dort aufgeführten Personen (Jugendliche, Ältere und zur Fürsorge Verpflichtete) in besonderer Weise gesetzlich geschützt sind[544] und die Arbeitgeber bestimmte Vorbehalte gegen sie hegen,[545] weshalb sie auf dem Arbeitsmarkt tendenziell als Problemgruppe gelten. Dies ist aber bei jüngeren Arbeitnehmern grundsätzlich nicht der Fall.[546] Sie unterfallen daher nicht dem Regelbeispiel des § 10 S. 3 Nr. 1 AGG. Ob ein sog. Lohnabschlag für Minderjährige gerechtfertigt ist, soll aufgrund der Besonderheiten dieser Gruppe an anderer Stelle erörtert werden.[547]

cc) Förderung von Personen mit Fürsorgepflichten

Als legitimes Ziel für die Rechtfertigung der altersabhängigen Vergütungsstruktur kommt die Unterstützung von älteren Arbeitnehmern mit Fürsorgepflichten in Betracht.[548] Darunter versteht man Personen, die zu Unterhaltsleistungen oder zur Personensorge verpflichtet sind.[549] Ein solches Vorgehen würde zum Ausdruck bringen, dass die Vergütung nicht nur der Honorierung der Leistung des Arbeitnehmers dient, sondern ihr ebenso der Versorgungsgedanke zugrunde liegt. Danach finden zusätzlich die persönlichen Umstände bei der Bemessung des Entgelts Berücksichtigung.[550]

Allerdings ist es fraglich, ob die entsprechenden Tarifklauseln geeignet sind, das legitime Ziel zu erreichen. Überwiegend wird die Geeignetheit verneint, da keine oder zumindest eine sehr lose Kausalität zwischen dem Merkmal Alter und den Fürsorgepflichten bestehe.[551] Dem kann so nicht gefolgt werden.[552] Legt man eine

---

544 So unterfallen Jugendliche den besonderen Schutzbestimmungen des JArbSchG, ältere Arbeitnehmer erfahren die oben im 1. Kapitel B. II. 1. aufgeführten arbeitsrechtlichen Privilegien und Personen mit Fürsorgepflichten können sich u.U. auf das MuSchG, BEEG oder auf § 616 BGB berufen.
545 So insbesondere gegenüber älteren Beschäftigten, siehe oben 1. Kapitel B. I. 2. b).
546 Im Ergebnis Rust/Falke-*Bertelsmann*, § 10 AGG, Rn. 72.
547 Siehe unten 3. Kapitel B. I. 5.
548 So ArbG Marburg vom 26.9.2008, Az. 2 Ca 183/08, Rn. 44, NZA-RR 2009, 165 (166); *Linnartz*, jurisPR-ArbR 48/2008 Anm. 6, 1 (2).
549 *Lingscheid*, S. 210; Rust/Falke-*Bertelsmann*, § 10 AGG, Rn. 76; *M. Schmidt/Senne*, RdA 2002, 80 (83), Fn. 56; *Senne*, S. 195.
550 BAG vom 1.11.1995, Az. 5 AZR 880/94, Rn. 25; *Wiedemann*, Gleichbehandlungsgebote, S. 47; *Wiedemann/Thüsing*, NZA 2002, 1234 (1241).
551 *Adomeit/Mohr*, § 10 AGG, Rn. 19; Däubler/Bertzbach-*Brors*, § 10 AGG, Rn. 42; ErfK-*Schlachter*, § 10 AGG, Rn. 3; *Lingscheid*, S. 210; Rust/Falke-*Bertelsmann*, § 10 AGG, Rn. 76; Schleusener/Suckow/Voigt-*Voigt*, § 10 AGG, Rn. 24; *M. Schmidt*, Rn. 204; *M. Schmidt/Senne*, RdA 2002, 80 (83), Fn. 56; *Senne*, S. 195.

typisierende Betrachtung zugrunde, so fällt auf, dass die Arbeitnehmer insbesondere in der beruflichen Anfangs- und Endphase Fürsorgepflichten treffen. Die ersten Berufsjahre fallen regelmäßig mit der Zeit des familiären Aufbaus zusammen, wodurch die betroffenen Beschäftigten zusätzlich für ihren Nachwuchs und gegebenenfalls für ihren Ehepartner aufkommen müssen.[553] Möglich ist aber auch, dass sich der Arbeitnehmer in den letzten Jahren seiner Karriere um betagte Familienangehörige kümmern muss, wie z.B. seine Eltern oder auch hier seinen Ehepartner.[554]

Den Anforderungen an die Geeignetheit genügen die bestehenden Tarifwerke, welche die Vergütung nach dem Lebensalter staffeln. Regelungen wie § 27 Abs. 1 BAT, die über einen längeren Zeitraum hinweg eine Anhebung der Vergütung vorsehen, fördern die älteren Arbeitnehmer, während Tarifverträge, bei denen die höchste Altersstufe vor dem 28. Lebensjahr erreicht ist,[555] Beschäftigten der unteren Altersklassen entgegen kommen. Bei typisierender Betrachtung beginnen die Arbeitnehmer nämlich in diesem Alter mit der Gründung einer Familie, was ein höheres Einkommen gegenüber den noch jüngeren Kollegen rechtfertigen könnte.[556]

Zweifel bestehen aber an der Erforderlichkeit der Regelungen.[557] Dies gilt sowohl hinsichtlich der Dauer der Förderung als auch möglicher milderer Mittel. Maßnahmen nach § 10 S. 3 Nr. 1 AGG sind zeitlich durch ihren Zweck begrenzt.[558] Demnach müsste die Tarifklausel eine Absenkung der Vergütung für die Lebensaltersstufen vorsehen, in denen nicht mehr mit Fürsorgepflichten zu rechnen ist. § 27 Abs. 1 BAT oder vergleichbare Regelungen gehen im Hinblick auf die Fürsorgepflichten pauschal davon aus, dass sie linear mit dem Lebensalter ansteigen. Eine zielgenaue Förderung von Arbeitnehmern mit jungen Familien oder pflegebedürftigen Verwandten erfolgt gerade nicht. So verdienen Arbeitnehmer mittleren Alters, die nicht mehr für ihren Nachwuchs und noch nicht für ihre älteren Verwandten aufkommen müssen, mehr als ihre Kollegen aus den unteren Altersgruppen, die unterhaltsberechtigte Kinder haben. Gleiches gilt für Tarifnormen der Privatwirtschaft, deren Staffelung schon vor dem 28. Lebensjahr endet und die somit junge

---

552 *Henssler/Tillmanns*, FS Birk, S. 179 (S. 186).
553 ErfK-*Schlachter*, § 10 AGG, Rn. 3; *Henssler/Tillmanns*, FS Birk, S. 179 (S. 185 f.).
554 ErfK-*Schlachter*, § 10 AGG, Rn. 3; *Henssler/Tillmanns*, FS Birk, S. 179 (S. 186); Rust/Falke-Bertelsmann, § 10 AGG, Rn. 76.
555 Dies ist bei Tarifverträgen der Privatwirtschaft der Fall, sofern sie überhaupt nach Lebensalter bei der Vergütung differenzieren, siehe oben 3. Kapitel B. I.
556 *Henssler/Tillmanns*, FS Birk, S. 179 (S. 185 f.).
557 *Lingscheid*, S. 210, die die Erforderlichkeit ablehnt, ohne dies aber näher zu begründen.
558 Schleusener/Suckow/Voigt-*Voigt*, § 10 AGG, Rn. 25.

Arbeitnehmer und ihre Familien fördern. Die höhere Bezahlung von Arbeitnehmern, welche gegenüber ihren Kindern nicht mehr unterhaltspflichtig sind, im Vergleich zu jungen Beschäftigten, die noch keinen Unterhalt erbringen müssen, ist nicht erforderlich, um das legitime Ziel zu erreichen. Vielmehr müsste das Grundgehalt wieder absinken, sobald davon ausgegangen werden kann, dass keine Fürsorgepflichten für die Nachkommen bestehen. Folglich gehen die entsprechenden Tarifverträge über das zeitlich Erforderlich hinaus.

Des Weiteren steht den Tarifparteien auch ein milderes Mittel zur Verfügung, um Personen mit Fürsorgepflichten zu unterstützen. So können sie Zulagen vereinbaren, die direkt an die Unterhaltspflichten der Arbeitnehmer anknüpfen.[559] Hiergegen kann nicht eingewendet werden, dass es sich für den Arbeitgeber als schwierig erweisen könnte, die erforderlichen Daten zu erlangen.[560] Da die betroffenen Arbeitnehmer von der Zusatzleistung profitieren würden, werden sie im Normalfall ihre Unterhaltspflichten offen legen. Um zu vermeiden, dass Beschäftigte die Zulage erhalten, obwohl ihre Voraussetzungen entfallen sind, kann arbeits- und tarifvertraglich eine Anzeige- und Nachweispflicht vereinbart werden.

Tarifvertragliche Regelungen, welche die Grundvergütung nach dem Lebensalter staffeln, können daher nicht mit bestehenden Fürsorgepflichten gem. § 10 S. 3 Nr. 1 AGG gerechtfertigt werden.

c) Rechtfertigung nach § 10 S. 3 Nr. 2 AGG

Gem. § 10 S. 3 Nr. 2 AGG können Mindestanforderungen an Alter, Berufserfahrung oder das Dienstalter, die den Zugang zur Beschäftigung oder mit der Beschäftigung verbundene Vorteile betreffen, gerechtfertigt sein. Der Vorschrift unterfallen insbesondere Entgeltregelungen.[561] Mit Hilfe der höheren Vergütung könnte der Arbeitgeber darauf abzielen, eine gesteigerte Lebens- wie Berufserfahrung der Älteren zu honorieren oder die privilegierten Gruppen stärker an sich zu binden, um in bestimmten Fällen den Erwartungen seiner Kunden zu entsprechen. Diese Ziele stellen jedoch Individualinteressen des Arbeitgebers dar. Er möchte damit seine Wettbewerbsfähigkeit verbessern. Dies widerspricht allerdings der Rechtsprechung des EuGH, wonach nur dann der besondere Rechtfertigungsgrund für das Merkmal

---

559 *Lüderitz*, S. 115; Rust/Falke-*Bertelsmann*, § 10 AGG, Rn. 77.
560 So aber *Henssler/Tillmanns*, FS Birk, S. 179 (S. 186 f.).
561 BT-Drucksache 16/1780, S. 36; *Bauer/Göpfert/Krieger*, § 10 AGG, Rn. 29; Däubler/Bertzbach-*Brors*, § 10 AGG, Rn. 69; ErfK-*Schlachter*, § 10 AGG, Rn. 4; *Löwisch*, DB 2006, 1729 (1730); *Rieble/Zedler*, ZfA 2006, 273 (294); Rust/Falke-*Bertelsmann*, § 10 AGG, Rn. 140; Wendeling-Schröder/Stein-*Wendeling-Schröder*, § 10 AGG, Rn. 23, 32.

Alter greifen kann, wenn mit der differenzierenden Maßnahme ein Gemeinwohlbelang verfolgt wird.[562] Selbst wenn man mit guten Gründen diese Rechtsprechung ablehnt und die Berücksichtigung von Individualinteressen anerkennt, gelangt man zu der Erkenntnis, dass die unterschiedliche Grundvergütung nicht nach § 10 S. 3 Nr. 2 AGG gerechtfertigt sein kann.

aa) Konkretisierung der Generalklausel

Nach ganz herrschender Meinung im Schrifttum unterscheidet sich die Regelung von den übrigen Regelbeispielen dadurch, dass kein legitimes Ziel genannt, sondern lediglich die Art der Ungleichbehandlung beschrieben wird. Um das legitime Ziel zu bestimmen, müsse daher auf die Generalklausel des § 10 S. 1 und 2 AGG zurückgegriffen werden.[563] Der Wortlaut der Regelung könnte diesen Schluss nahe legen. Während beispielsweise § 10 S. 3 Nr. 1 und 3 AGG zunächst eine Maßnahme beschreiben (Festlegung besonderer Bedingungen bzw. Festsetzung eines Höchstalters für die Einstellung) und dann ein legitimes Ziel nennen (berufliche Eingliederung bzw. Rentabilität von Ausbildungskosten oder Möglichkeit eines zeitnahen Rentenbezugs), fehlt anscheinend in § 10 S. 3 Nr. 2 AGG der zweite Teil.

Liest man jedoch „zwischen den Zeilen", kann man der Vorschrift eine Konkretisierung des legitimen Ziels dahingehend entnehmen, dass es stets eines Bezugs zur ausgeübten Tätigkeit bedarf. Dies geht zum einen aus dem Begriff „Mindestanforderungen" hervor. Anforderungen werden regelmäßig von dem jeweiligen Arbeitsplatz gestellt. Zum anderen weisen die neben dem Alter aufgeführten Merkmale Dienstalter und Berufserfahrung einen unmittelbaren Bezug zur beruflichen Tätigkeit auf.[564] Erwähnenswert in diesem Zusammenhang ist, dass Teile der Literatur und Rechtsprechung implizit von dieser Präzisierung des legitimen Ziels ausgehen. Danach kann ein möglicher altersbedingter Zuwachs an Lebenserfahrung nach

---

562 EuGH vom 5.3.2009, Rs. C-388/07 (Age Concern England), Rn. 46, NZA 2009, 305 (308).
563 ArbG Berlin vom 22.8.2007, Az. 86 Ca 1696/07, Rn. 33, juris; *Adomeit/Mohr*, § 10 AGG, Rn. 21; *Bauer/Göpfert/Krieger*, § 10 AGG, Rn. 29; ErfK-*Schlachter*, § 10 AGG, Rn. 4; *Kamanabrou*, RdA 2006, 321 (330); *Lingemann/Gotham*, NZA 2007, 663 (666); *Lingscheid*, S. 227; *Linsenmaier*, RdA 2003, Sonderbeilage zu Heft 5, 22 (29); *Löwisch*, DB 2006, 1729 (1730); *M. Schmidt/Senne*, RdA 2002, 80 (88).
564 Ähnlich Schleusener/Suckow/Voigt-*Voigt*, § 10 AGG, Rn. 26, wonach sich aus dem Begriffspaar Dienstalter und Berufserfahrung ergeben soll, dass nur solche altersabhängigen Regelungen zur Rechtfertigung führen können, die die Befähigung zur Ausübung des Berufes betreffen.

§ 10 S. 3 Nr. 2 AGG nur dann eine Benachteiligung der Jüngeren rechtfertigen, wenn er für die jeweilige Tätigkeit erforderlich oder zumindest nützlich ist.[565] Es ist zuzugestehen, dass die vorgenommene Konkretisierung vage ist. Dennoch lassen sich legitime Ziele finden, die nicht unter das Regelbeispiel fallen, aber möglicherweise eine altersorientierte Vergütung nach der Generalklausel rechtfertigen. Dazu zählen zunächst Gründe, die ausschließlich in der Sphäre des Beschäftigten liegen und keinen unmittelbaren Bezug zu ihrer Tätigkeit haben. Dies gilt insbesondere für einen möglichen erhöhten Bedarf älterer Arbeitnehmer im privaten Bereich.[566] Des Weiteren kommen Ziele der Tarifparteien in Betracht. Man könnte insoweit an die Tarifautonomie denken. Ihre Verwirklichung könnte als legitimes Ziel für eine tarifvertragliche Ungleichbehandlung fungieren.

bb) Honorierung von Lebenserfahrung

Die Bevorzugung älterer Beschäftigter bei der Vergütung könnte mit einer möglichen höheren Lebenserfahrung zu rechtfertigen sein.[567] Dieser Rechtfertigungsgrund muss einen konkreten Bezug zu der beruflichen Tätigkeit haben, um ein legitimes Ziel i.S.d. § 10 S. 3 Nr. 2 AGG darzustellen. Es ist erforderlich, dass ein entsprechender Zuwachs sich qualifikationssteigernd auswirkt.[568]

Die wenigen Stimmen in der Literatur, die unter gewissen Umständen eine Rechtfertigung von altersorientierter Vergütung für möglich halten, führen in diesem Zusammenhang Berufsfelder auf, die Fähigkeiten im Umgang mit Menschen erfordern. Dazu zählten beispielsweise beratende Berufe[569] oder zumindest solche, die eine Beratung in Lebenskrisen anböten.[570] Als konkrete Beispiele werden Ärzte, Psychologen, Eheberater, Richter oder Führungskräfte genannt.[571] Hingegen komme

---

565 Vgl. jeweils ArbG Berlin vom 22.8.2007, Az. 86 Ca 1696/07, Rn. 37, juris; P/W/W-*Lingemann*, § 10 AGG, Rn. 11; Wendeling-Schröder/Stein-*Wendeling-Schröder*, § 10 AGG, Rn. 34.
566 Siehe dazu unten 3. Kapitel B. I. 2. d) bb).
567 So ArbG Marburg vom 26.9.2008, Az. 2 Ca 183/08, Rn. 44, NZA-RR 2009, 165 (166); *Linnartz*, jurisPR-ArbR 48/2008 Anm. 6, 1 (2).
568 Vgl. P/W/W-*Lingemann*, § 10 AGG, Rn. 11, wonach der Zuwachs an Lebenserfahrung für die Tätigkeit vorteilhaft sein muss.
569 Wendeling-Schröder/Stein-*Wendeling-Schröder*, § 10 AGG, Rn. 34.
570 *Lingemann/Gotham*, NZA 2007, 663 (666).
571 *Lingemann/Müller*, BB 2007, 2006 (2007); P/W/W-*Lingemann*, § 10 AGG, Rn. 11; a.A. ArbG Berlin vom 22.8.2007, Az. 86 Ca 1696/07, Rn. 37, juris, dem zufolge es bei einem Geschäftsführer eines Pflegeheimbetriebs nicht entscheidend auf die Berufserfahrung ankommt.

es bei rein technischen Tätigkeiten nicht auf die Lebenserfahrung an.[572] Diese Ansicht verkennt allerdings, dass es sich bei der Lebenserfahrung nicht um ein legitimes Ziel handeln kann,[573] da sie, anders als beispielsweise bestehende Fürsorgepflichten, nicht mess- und damit auch nicht bestimmbar ist.[574] Vielmehr wird ein Anstieg mit zunehmendem Alter unterstellt, wodurch ein höheres Alter automatisch zu mehr Erfahrung führt. Damit werden aber die beiden Merkmale gleichgesetzt, sodass nicht die Lebenserfahrung, sondern das hohe Alter honoriert wird. Das Lebensalter an sich kann aber keine altersbedingte Benachteiligung rechtfertigen.[575] Weiterhin ist zu bedenken, dass der Begriff Lebenserfahrung sehr weit ist. Nicht jede Lebenserfahrung ist jedoch für die o.g. Tätigkeiten von Relevanz. Die meisten werden gänzlich irrelevant sein. Aus diesem Grund fehlt ein hinreichender Bezug zur Tätigkeit.[576]

Selbst wenn man annimmt, dass Lebenserfahrung die Voraussetzungen eines legitimen Ziels erfüllt, so ist jedenfalls die Anknüpfung an das Alter kein geeignetes Mittel, um es zu erreichen. Mit zunehmendem Alter mag sich die Wahrscheinlichkeit erhöhen, dass der Beschäftigte bestimmte Erlebnisse hatte, die von Bedeutung für seine Lebenserfahrung waren. Dementsprechend könnte man sich auf den Standpunkt stellen, dass bei typisierender Betrachtung eine Korrelation von Alter und Lebenserfahrung bestehe.[577] Dem kann aus folgendem Grund nicht zugestimmt

---

572 P/W/W-*Lingemann*, § 10 AGG, Rn. 11.
573 Küttner, Personalbuch-*Kania*, Diskriminierung, Rn. 92; *Linsenmaier*, RdA 2003, Sonderbeilage zu Heft 5, 22 (29).
574 *Boemke/Danko*, § 13, Rn. 33; *Hahn*, S. 126; *Kamanabrou*, NZA 2006, Beilage zu Heft 3, 138 (141); *König*, FS Zuleeg, S. 341 (S. 350); *Lingscheid*, S. 237; *Löwisch*, DB 2006, 1729 (1730 f.); *Löwisch/Caspers/Neumann*, S. 34; *Meinel/Heyn/Herms*, § 10 AGG, Rn. 45; *M. Schmidt/Senne*, RdA 2002, 80 (88); *Sprenger*, S. 215.
575 *Adomeit/Mohr*, § 7 AGG Anhang 2, Rn. 27; *Hahn*, S. 126 f.; *Kamanabrou*, NZA 2006, Sonderbeilage zu Heft 3, 138 (141); *Lingscheid*, S. 237; *Meinel/Heyn/Herms*, § 10 AGG, Rn. 45; *Rieble/Zedler*, ZfA 2006, 273 (295); *M. Schmidt/Senne*, RdA 2002, 80 (88); vgl. insoweit auch die Rspr. des EuGH zur Benachteiligung aufgrund des Geschlechts, die deutlich macht, dass das legitime Ziel nichts mit einer Diskriminierung aufgrund des Geschlechts zu tun haben darf, EuGH vom 13.7.1989, Rs. C-171/88 (Rinner-Kühn), Rn. 14, AP Nr. 16 zu Art. 119 EWG-Vertrag; EuGH vom 30.3.2000, Rs. C-236/98 (Jämställdhetsombudsmannen), Rn. 52, AP Nr. 15 zu Richtlinie 75/117/EWG.
576 Ähnlich jeweils *Boemke/Danko*, § 13, Rn. 33, denen zufolge es allenfalls auf die berufliche Erfahrung ankommt; *Lüderitz*, S. 115; *Meinel/Heyn/Herms*, § 10 AGG, Rn. 45; *von Hoff*, S. 334; Wendeling-Schröder/Stein-*Wendeling-Schröder*, § 10 AGG, Rn. 44, wonach ein ausreichender beruflicher Bezug fehlt.
577 Vgl. ArbG Berlin vom 22.8.2007, Az. 86 Ca 1696/07, Rn. 35, juris, das diesbezüglich von einer Typisierungsbefugnis der Tarifvertragsparteien ausgeht.

werden: Das Alter an sich bestimmt nicht die Lebenserfahrung,[578] sondern die Ereignisse, die im Verlauf des Lebens stattgefunden haben. Damit ist die Lebenserfahrung nicht alters-, sondern biographieabhängig.[579]

Als Ergebnis kann somit festgehalten werden, dass das Kriterium Lebenserfahrung unabhängig von der Art der auszuübenden Tätigkeit keine altersorientierte Vergütung rechtfertigen kann.

cc) Honorierung von Berufserfahrung

Einen stärkeren Bezug zur Tätigkeit weist die mögliche höhere Berufserfahrung älterer Beschäftigter auf.[580] Anders als Lebenserfahrung ist sie auch bestimmbar, da sie grundsätzlich die Qualifikation des Arbeitnehmers verbessert und damit seine Produktivität steigert.[581] Mithin kann sie als ein legitimes Ziel aufgefasst werden.[582]

Klärungsbedürftig ist aber, inwieweit das Lebensalter geeignet ist, Aussagen über die Berufserfahrung zu treffen. Die vorherrschende Ansicht verneint eine Korrelation.[583] Dem kann man mit einer typisierenden Betrachtung entgegentreten.[584] Danach sind ältere Beschäftigte regelmäßig länger im Berufsleben als ihre jüngeren Kollegen und verfügen daher über mehr Berufserfahrung.[585] Es ist untypisch, dass ein Arbeitgeber vergleichsweise alte Berufsanfänger einstellt, da er zum einen gerontologisch nicht begründete Vorbehalte gegen sie hegt und zum anderen den zusätzlichen Schutz- und Begünstigungsvorschriften entgehen möchte.[586] Vielmehr handelt es sich bei den Beschäftigten der höheren Alterskategorien um solche, die schon seit ihrer beruflichen Anfangsphase bei dem Arbeitgeber beschäftigt sind

---

578 *Henssler/Tillmanns*, FS Birk, S. 179 (S. 182 f.); *König*, ZESAR 2005, 218 (220 f.); *Rieble/Zedler*, ZfA 2006, 273 (295); *Wulfers/Hecht*, ZTR 2007, 475 (480).
579 Däubler/Bertzbach-*Brors*, § 10 AGG, Rn. 59; *Lüderitz*, S. 115; *Senne*, S. 196; *Sprenger*, S. 215.
580 Vgl. ArbG Marburg vom 26.9.2008, Az. 2 Ca 183/08, Rn. 44, NZA-RR 2009, 165 (166) das die Staffelung nach Lebensalter mit der zusätzlichen Berufserfahrung rechtfertigt.
581 *Senne*, S. 196 f.
582 EuGH vom 10.3.2005, Rs. C-196/02 (Nikoloudi), Rn. 63, AP Nr. 14 zu Art. 141 EG-Vertrag; EuGH vom 3.10.2006, Rs. C-17/05 (Cadman), Rn. 34, AP Nr. 15 zu Art. 141 EG-Vertrag.
583 ArbG Berlin vom 22.8.2007, Az. 86 Ca 1696/07, Rn. 39, juris; *Bauer/Göpfert/Krieger*, § 10 AGG, Rn. 24; *Henssler/Tillmanns*, FS Birk, S. 179 (S. 183); *Lüderitz*, S. 115; MüKo-*Thüsing*, § 10 AGG, Rn. 13; *Rieble/Zedler*, ZfA 2006, 273 (295); *Temming*, S. 518 f.
584 So auch Schleusener/Suckow/Voigt-*Voigt*, § 10 AGG, Rn. 30 mit Hinweis auf die Rspr. des EuGH zur Unterscheidung nach Dienstalter.
585 *Waltermann*, NZA 2005, 1265 (1269), ders., ZfA 2006, 305 (322); *Weber*, AuR 2002, 401 (404).
586 Siehe oben 1. Kapitel B. I. 2.

und so tätigkeitsrelevante Erfahrungen sammeln konnten.[587] Ihr weiterer Verbleib, mit dessen Hilfe sie ihren Erfahrungsschatz ausbauen konnten, wurde mit fortschreitender Zeit durch die besonderen altersorientierten Vorschriften zum Kündigungsschutz gewährleistet.[588] Anders als bei der Argumentation über die Lebenserfahrung besteht hier ein enger Zusammenhang zwischen Lebensalter und Berufserfahrung und wird nicht bloß unterstellt. Dementsprechend wird hier die altersbedingte Benachteiligung nicht mit dem verpönten Merkmal selbst gerechtfertigt.[589]

Die Anknüpfung an das Lebensalter ist aber weder erforderlich noch angemessen, um das legitime Ziel zu erreichen. Als mildere Mittel kommen die konkrete Dauer der Berufstätigkeit oder die Betriebszugehörigkeit in Betracht.[590] Das Abstellen auf diese Kriterien ermöglicht eine sachnähere Beurteilung, die auch den atypischen Fall eines alten Berufseinsteigers mitberücksichtigt, der trotz gleicher oder gar geringerer Berufserfahrung nach dem Lebensaltermodell mehr als seine jüngeren Kollegen verdienen würde.[591] Daher ist diese Vorgehensweise in ihrer Wirkung milder. Alternativ kommt auch eine Vergütung in Betracht, die sich nach der tatsächlichen Leistung richtet.[592] Des Weiteren muss berücksichtigt werden, dass die Honorierung von Berufserfahrung eine erhöhte Produktivität der Arbeitnehmer belohnen soll. Dies lässt allerdings außen vor, dass jüngere Beschäftigte ihren Mangel an Berufserfahrung durch andere Eigenschaften ausgleichen können, wie z.B. eine erhöhte physische Belastbarkeit.[593]

dd) Kundenerwartungen als Rechtfertigungsgrund

Bisher wurde noch nicht diskutiert, inwieweit Kundenerwartungen eine nach dem Alter differenzierende Vergütung rechtfertigen können. Vielmehr wird dieses Problem bei der Frage nach dem Zugang zur Beschäftigung behandelt, wobei nicht auf den besonderen Rechtfertigungstatbestand des § 10 AGG rekurriert wird, sondern

---

587 *Von Hoff*, S. 334.
588 Siehe oben 1. Kapitel B. II. 1.
589 So aber die Argumentation von Schiek-*M. Schmidt*, § 10 AGG, Rn. 19.
590 ArbG Berlin vom 22.8.2007, Az. 86 Ca 1696/07, Rn. 39, juris; Kempen/Zachert-*Stein*, § 1 TVG, Rn. 141; *Temming*, S. 519; vgl. jeweils *Rieble/Zedler*, ZfA 2006, 273 (295), die diesen Aspekt schon im Rahmen der Geeignetheitsprüfung anführen; *Rolfs/Witschen*, JURA 2008, 641 (645); *von Hoff*, S. 334.
591 ArbG Berlin vom 22.8.2007, Az. 86 Ca 1696/07, Rn. 38, juris; *Lüderitz*, S. 116; Schleusener/Suckow/Voigt-*Voigt*, § 10 AGG, Rn. 30.
592 *Rieble/Zedler*, ZfA 2006, 273 (295).
593 Siehe oben 1. Kapitel B. III.; Kempen/Zachert-*Stein*, § 1 TVG, Rn. 141.

auf den strengeren § 8 AGG.[594] Die daraus gewonnen Erkenntnisse können in diesem Zusammenhang insoweit verwendet werden, als sie sich allgemein mit dem Problem der Rechtfertigung durch Kundenerwartungen auseinandersetzen.

Insbesondere in der Beratungsbranche könnte sich der Arbeitgeber auf Kundenerwartungen hinsichtlich des Alters des Beraters berufen. Beispielsweise würde ein älterer Vermögensberater den Erwartungen an einen seriösen und verlässlichen Dienstleistungserbringer entsprechen.[595] Mit einer altersbedingten Vergütung könnte der Arbeitgeber für ältere Personen den Anreiz schaffen, in seinem Betrieb zu verbleiben bzw. sich dort zu bewerben. Allerdings stellen Kundenerwartungen kein legitimes Ziel i.S.d. AGG dar. Benachteiligungen können nur durch einen objektiven Grund gerechtfertigt werden.[596] Hier handelt es sich indes um eine rein subjektive Einschätzung der Kunden.[597] Eine Diskriminierung durch die Kunden kann aber ein benachteiligendes Verhalten durch den Arbeitgeber oder die Tarifvertragsparteien nicht rechtfertigen.[598] Andernfalls würde man bestehende Vorurteile gegenüber den Benachteiligten perpetuieren[599] und erhebliche Rechtsunsicherheit darüber schaffen, welchen Vorstellungen man nachgeben darf und welchen nicht.[600] Ebenso spricht die Verpflichtung des Arbeitgebers gem. § 12 Abs. 4 AGG, seine Beschäftigten vor Benachteiligungen durch Dritte zu schützen, gegen eine Rechtfertigung mit Kundenerwartungen.[601]

Demgegenüber könnte als objektiver und messbarer Rechtfertigungsgrund ein etwaiger Umsatzrückgang infolge der Kundenerwartungen herangezogen werden. Um eine Umgehung des Diskriminierungsschutzes zu vermeiden, wird für eine Rechtfertigung zutreffend gefordert, dass durch die Einbuße der Bestand des Be-

---

594 *Annuß*, BB 2006, 1629 (1633); *Meinel/Heyn/Herms*, § 8 AGG, Rn. 12; Schleusener/Suckow/Voigt-*Schleusener*, § 8 AGG, Rn. 15; *Thüsing*, Diskriminierunkschutz, Rn. 345 ff.; Rust/Falke-*Falke*, § 8 AGG, Rn. 15 ff.; siehe aber *Bauer/Göpfert/Krieger*, § 8 AGG, Rn. 37, die in diesem Zusammenhang deutlich machen, dass § 8 AGG nur eine untergeordnete Rolle gegenüber § 10 AGG hat.
595 Beispiel nach Rust/Falke-*Falke*, § 8 AGG, Rn. 33.
596 Siehe oben 2. Kapitel D. IV.
597 *Wiedemann*, FS 50 Jahre BAG, S. 265 (S. 279).
598 Vgl. Schiek-*Schiek*, § 3 AGG, Rn. 15, der zufolge sich der Arbeitgeber die Diskriminierung Dritter selbst zu eigen macht.
599 Däubler/Bertzbach-*Brors*, § 10 AGG, Rn. 4; *Hahn*, S. 114 ff.; *Kock*, MDR 2006, 1088 (1090); *Lüderitz*, S. 83; Rust/Falke-*Falke*, § 8 AGG, Rn. 19.
600 *Hahn*, S. 114; *Lingscheid*, S. 95 f.; Rust/Falke-*Falke*, § 8 AGG, Rn. 20; *Thüsing*, RdA 2001, 319 (323); *ders.*, NJW 2003, 405 (406).
601 Rust/Falke-*Falke*, § 8 AGG, Rn. 22; Schleusener/Suckow/Voigt-*Schleusener*, § 8 AGG, Rn. 15.

triebs bzw. Unternehmens gefährdet wird,⁶⁰² was sich in der Praxis als äußerst schwierig erweisen dürfte,⁶⁰³ zumal eine entsprechende Kausalität nachgewiesen werden müsste.⁶⁰⁴ Es ist aber nicht unwahrscheinlich, dass der Kundenrückgang auf anderen Faktoren beruht. Aufgrund der Tatsache, dass auch die Konkurrenten des Arbeitgebers sich an die Vorschriften des AGG halten müssen, werden die diskriminierenden Erwartungen von keinem Anbieter erfüllt, weshalb eine Abwanderung von Kunden vermieden wird.⁶⁰⁵ Folglich können altersbedingte Altersstaffelungen nicht mit Kundenerwartungen gerechtfertigt werden.

d) Rechtfertigung nach der Generalklausel des § 10 S. 1 und 2 AGG

Da die Regelbeispiele des § 10 S. 3 AGG nicht einschlägig sind, muss auf die Generalklausel des § 10 S. 1 und 2 AGG zurückgegriffen werden. Unter die weit gefasste Vorschrift fallen auch Rechtfertigungsgründe, die keinen Bezug zur ausgeübten Tätigkeit aufweisen, wie beispielsweise die Tarifautonomie oder ein möglicher höherer Bedarf von älteren Beschäftigten.

aa) Tarifautonomie

Wie beschrieben, stellt das AGG einen zulässigen Eingriff in die Tarifautonomie dar. Damit ist die Verwirklichung der Tarifautonomie als Rechtfertigungsgrund untauglich. Ebenso erfahren nach der Rechtsprechung des EuGH Regelungen, die Gegenstand einer tariflichen Vereinbarung sind, keine Privilegierung im Antidiskriminierungsrecht.⁶⁰⁶ Dementsprechend ist es wahrscheinlich, dass der EuGH in dem vom BAG angestoßenem⁶⁰⁷ Vorlageverfahren eine diskriminierungsrechtliche Privilegierung von Kollektivvereinbarungen ablehnt.

---

602 *Annuß*, BB 2006, 1629 (1633); Schleusener/Suckow/Voigt-*Schleusener*, § 8 AGG, Rn. 15; *Thüsing*, RdA 2001, 319 (324); *ders.*, NJW 2003, 405 (406); *Wisskirchen*, DB 2006, 1491 (1492).
603 *Meinel/Heyn/Herms*, § 8 AGG, Rn. 14.
604 Däubler/Bertzbach-*Brors*, § 10 AGG, Rn. 4; *Kamanabrou*, RdA 2006, 321 (326).
605 Vgl. jeweils *Lingscheid*, S. 95; Rust/Falke-*Falke*, § 8 AGG, Rn. 20; *Thüsing*, RdA 2001, 319 (323); *ders.*, NJW 2003, 405 (406), die klarstellen, dass den Arbeitgeber das gleiche Risiko trifft wie seine Konkurrenten.
606 Siehe oben 3. Kapitel A. II. und III
607 BAG vom 20.5.2010, Az. 6 AZR 148/09 (A), NZA 2010, 961.

bb) Erhöhter Bedarf älterer Arbeitnehmer

Ein erhöhter finanzieller Bedarf älterer Beschäftigter könnte einen Rechtfertigungsgrund bieten.[608] Ebenso wie bei der Unterstützung von Personen mit Fürsorgepflichten kommt auch hier der Versorgungsgedanke zum Tragen.[609] Dafür muss typischerweise ein fortgeschrittenes Alter mit höheren Kosten verbunden sein. Diese könnten aus einem höheren Lebensstandard sowie einer größeren Gesundheitspflege resultieren.[610]

Sofern eine Ungleichbehandlung mit dem höheren Lebensstandard begründet wird, liegt ein Zirkelschluss vor, denn dieser ergibt sich gerade aus der finanziellen Bevorzugung älterer Mitarbeiter.[611] Überzeugender ist aber der Aspekt der erhöhten Gesundheitspflege. Anders als ihre jüngeren Kollegen sind Beschäftigte im fortgeschrittenen Alter anfälliger für chronische Krankheiten und weisen eine höhere Rekonvaleszenzzeit auf.[612] Allerdings greift dieses Argument für Tarifverträge der Privatwirtschaft, in denen die höchste Lebensaltersstufe vor dem 30. Lebensjahr erreicht ist, ohnehin nicht. Schließlich setzten chronische Krankheiten grundsätzlich nicht bereits mit der Vollendung des 30. Lebensjahrs ein.

Aber auch für den BAT ist zu konstatieren, dass Beschäftigte der oberen Alterskategorien im Vergleich zu ihren jüngeren Kollegen keine höheren Aufwendungen haben,[613] da letztere sich regelmäßig in der Phase befinden, in der sie eine Familie gründen und ein Eigenheim bauen bzw. erwerben.[614] Statt einer pauschalen Anknüpfung an das Lebensalter empfiehlt sich als mildere Maßnahme die Anknüpfung an die tatsächlichen Bedürfnisse.[615] Im Falle einer langwierigen Krankheit könnte man beispielsweise eine über die Frist des § 3 Abs. 1 S. 1 EFZG hinausge-

---

608 So *Wiedemann/Thüsing*, NZA 2002, 1234 (1241).
609 *Wiedemann*, Gleichbehandlungsgebote, S. 47; *Wiedemann/Thüsing*, NZA 2002, 1234 (1241).
610 *Wiedemann/Thüsing*, NZA 2002, 1234 (1241); kritisch aber MüKo-*Thüsing*, § 10 AGG, Rn. 14, 52; *Thüsing*, Diskriminierungsschutz, Rn. 424, wonach dieser Rechtfertigungsgrund solche Unterscheidungen im breiten Umfang nicht tragen kann.
611 *Sprenger*, S. 215; vgl. Schleusener/Suckow/Voigt-*Voigt*, § 10 AGG, Rn. 30.
612 Siehe oben 1. Kapitel B. III.; a.A. *Sprenger*, S. 215.
613 ArbG Berlin vom 22.8.2007, Az. 86 Ca 1696/07, Rn. 43, juris; *Bauer/Göpfert/Krieger*, § 10 AGG, Rn. 23.
614 *Adomeit/Mohr*, § 7 AGG Anhang 2, Rn. 27; *Kamanabrou*, NZA 2006, Beilage zu Heft 3, 138 (141).
615 Däubler/Bertzbach-*Brors*, § 10 AGG, Rn. 56.

hende Lohnfortzahlung oder einen Zuschuss zum Krankengeld tarifvertraglich vereinbaren.[616]

cc) Kompensation für schlechtere Bezahlung zu Beginn der Beschäftigung

Nach *Wiedemann/Thüsing* kann die höhere Bezahlung der älteren Beschäftigten mit einer Kompensation für die geringe Bezahlung in den ersten Berufsjahren gerechtfertigt werden. Die Beschäftigten würden dafür entschädigt, dass sie nicht im ausreichenden Maße entlohnt worden seien, als sie sich auf dem Höhepunkt ihrer Leistungsfähigkeit befunden hätten.[617] Diese Argumentation geht in die gleiche Richtung wie die von *Waltermann*, der ebenfalls eine zeitliche Gesamtbetrachtung anstellt. Im Unterschied dazu wurde aber nicht der Begriff des Nachteils, sondern das legitime Ziel im Rahmen der Rechtfertigung als Anknüpfungspunkt gewählt. Aufgrund der inhaltlichen Übereinstimmung kann auf die entsprechenden Einwände gegen diese Auffassung verwiesen werden.[618] Zusätzlich sei angemerkt, dass die von *Wiedemann/Thüsing* angestellte Verknüpfung von Alter und Leistungsfähigkeit nach den derzeitigen gerontologischen Erkenntnissen unstatthaft ist.[619]

dd) Eingliederung junger Arbeitnehmer

Da die berufliche Eingliederung jüngerer Beschäftigter nicht § 10 S. 3 Nr. 1 AGG unterfällt,[620] könnte sie einen Rechtfertigungsgrund nach der Generalklausel darstellen,[621] zumal das Regelbeispiel eine „Wegweiserfunktion" insoweit hat,[622] als die Integration bestimmter Problemgruppen gerechtfertigt sein kann. Sofern konkret nachgewiesen werden kann, dass in einer bestimmten Branche die Beschäftigungssituation jüngerer Personen spürbar schlechter ist als diejenige der Älteren, stellt

---

616 Vgl. Küttner, Personalbuch-*Griese*, Krankengeldzuschuss, Rn. 1; es ist nicht unüblich, dass Tarifverträge einen solchen Zuschuss vorsehen, vgl. jeweils §§ 12 MTV Banken, 22 Abs. 2 TVöD (Bund); ausführlich zum Krankengeldzuschuss siehe unten 3. Kapitel C. III.
617 *Wiedemann/Thüsing*, NZA 2002, 1234 (1241).
618 Siehe oben 3. Kapitel B. I. 1. b).
619 Siehe oben 1. Kapitel B. III.
620 Siehe oben 3. Kapitel B. I. 2. b) bb).
621 So *Henssler/Tillmanns*, FS Birk, S. 179 (S. 184 ff.), die aber diese Konstellation fälschlicherweise unter § 10 S. Nr. 1 AGG subsumieren.
622 *Adomeit/Mohr*, § 10 AGG, Rn. 3; *Bauer/Göpfert/Krieger*, § 10 AGG, Rn. 12, 25; *Löwisch*, DB 2006, 1729 (1730).

die Eingliederung ein legitimes Ziel dar.[623] Die geringeren Kosten sind auch ein verhältnismäßiges Mittel, um die Arbeitgeber von der Einstellung jüngerer Bewerber zu überzeugen.[624] Im Rahmen der Erforderlichkeit muss aber darauf geachtet werden, dass die Maßnahme nur solange andauern darf, wie die ungünstige Arbeitsmarktsituation besteht.

Indes widerspräche eine solche Herangehensweise dem Zweck des AGG, nämlich dem Schutz vor Diskriminierungen und dem Abbau von merkmalbezogenen Vorurteilen. Denn durch die Rechtfertigung der geringeren Vergütung würde man gerade die diskriminierende Fehlvorstellung bestärken, die zur schlechten Arbeitsmarktsituation der Jungen im betreffenden Tätigkeitsbereich geführt hat, nämlich dass jüngere Beschäftigte weniger produktiv seien und sie entweder ein geringeres Gehalt beziehen oder erst gar nicht eingestellt werden sollten. Dem kann nicht entgegengehalten werden, dass sonst kein Raum für rechtmäßige Eingliederungsmaßnahmen verbliebe, was aber sowohl von Art. 6 S. 2 lit. a) Richtlinie 2000/78/EG sowie der wortgleichen Umsetzungsvorschrift § 10 S. 3 Nr. 1 AGG vorausgesetzt wird. Möglich bleiben immer noch Fördermaßnahmen, die positiv oder zumindest nicht negativ auf die benachteiligte Gruppe wirken. Dies gilt beispielsweise für Einstellungsquoten.[625] Ausnahmsweise können negativ wirkende Maßnahmen gerechtfertigt sein, sofern wissenschaftlich nachweisbar ist, dass die benachteiligte Gruppe tatsächlich ein Qualifikationsdefizit aufweist und ihre Benachteiligung somit nicht auf haltlosen Klischees beruht, wie es oftmals im Rahmen der Ungleichbehandlung aufgrund des Alters der Fall ist. Dies dürfte indes wegen der annähernd gleichen Produktivität der verschiedenen Altersklassen selten der Fall sein. Zwar könnte man anführen, dass durch eine zeitlich beschränkte Eingliederungsmaßnahme den jüngeren Beschäftigten die Möglichkeit gäbe, sich beim Arbeitgeber zu bewähren und so seine negative Vorstellung zu widerlegen. Allerdings wird diese Bewährungsprobe schon mit Hilfe des AGG durchgesetzt, denn es verbietet dem Arbeitgeber, einen Bewerber nur aufgrund eines geschützten Merkmals abzulehnen. Letztlich ist ein pauschal mit dem Alter ansteigender Vergütungsanspruch mit dem Grundsatz der Verhältnismäßigkeit nicht vereinbar. Vielmehr ist eine diffe-

---

623 Vgl. jeweils für den Fall der beruflichen Integration älterer Personen EuGH vom 22.11.2005, Rs. C-144/04 (Mangold), LS Nr. 3, AP Nr. 1 zu Richtlinie 2000/78/EG; ErfK-*Schlachter*, § 10 AGG, Rn. 3; *Körner*, NZA 2008, 497 (499).
624 *Henssler/Tillmanns*, FS Birk, S. 179 (S. 185).
625 *Waltermann*, NJW 2008, 2529 (2530).

renzierende Regelung angebracht. So muss geprüft werden, welche Altersgruppen in welcher Branche einer besonderen Förderung bedürfen.[626]

3. Rechtfertigung gem. § 8 Abs. 1 AGG

Die Staffelung des Grundgehalts nach Lebensalter zu Lasten jüngerer Beschäftigter kann nicht nach § 8 Abs. 1 AGG gerechtfertigt sein. Da schon die Generalklausel des § 10 S. 1 und 2 AGG einen objektiven Grund erfordert, der im Hinblick auf die Ungleichbehandlung verhältnismäßig ist, lassen sich kaum Beispiele finden, die nicht unter den speziellen Rechtfertigungsgrund fallen, wohl aber von § 8 Abs. 1 AGG erfasst sind.[627] Im Übrigen behandelt dieser Rechtfertigungsgrund primär Konstellationen, in denen es um den Zugang zu einer Arbeitsstelle bzw. den Verbleib auf einer solchen geht.[628] Man könnte aber eine geringere Vergütung bestimmter Altersklassen als eine Minusmaßnahme gegenüber einer Einstellungsverweigerung bzw. einer Entlassung begreifen.[629] So kann Berufserfahrung eine wesentliche und entscheidende Anforderung sein und so die geringere Vergütung der Jüngeren rechtfertigen. Indes ist es unverhältnismäßig, zur Bestimmung der Berufserfahrung auf das Lebensalter abzustellen. Die tatsächlich absolvierten Beschäftigungszeiten oder die konkrete Leistung des Mitarbeiters sind hier mildere Mittel.[630] Wie aber die gerontologischen Erkenntnisse zeigen, schwinden die körperlichen Fähigkeiten mit zunehmendem Alter.[631] In Tätigkeiten, bei denen es entscheidend darauf ankommt, wäre eine Lohnminderung zum Nachteil der oberen Alterskategorien als mildere Maßnahme gegenüber einer Verweigerung oder Beendigung einer Beschäftigung denkbar. Entsprechende Tarifklauseln sind aber nicht bekannt.

---

626 Vgl. EuGH vom 22.11.2005, Rs. C-144/04 (Mangold), Rn. 56, AP Nr. 1 zu Richtlinie 2000/78/EG, der sich allerdings auf die umgekehrte Situation bezieht, nämlich die Eingliederung von Älteren Beschäftigten.
627 Rust/Falke-*Falke*, § 8 AGG, Rn. 33.
628 *Bauer/Göpfert/Krieger*, § 8 AGG, Rn. 35; Däubler/Bertzbach-*Brors*, § 8 AGG, Rn. 24; *Hahn*, S. 113 ff.; Rust/Falke-*Falke*, § 8 AGG, Rn. 8 ff.; *Thüsing*, Diskriminierungsschutz, Rn. 345.
629 In diese Richtung wohl auch ArbG Berlin vom 22.8.2007, Az. 86 Ca 1696/07, Rn. 46, juris.
630 Vgl. jeweils *Bauer/Göpfert/Krieger*, § 8 AGG, Rn. 36; *Weber*, AuR 2002, 401 (403), denen zufolge eine Benachteiligung aufgrund des Alters bei geistigen Tätigkeiten nur ausnahmsweise gem. § 8 AGG gerechtfertigt werden kann.
631 Siehe oben 1. Kapitel B. III.

4. Rechtfertigung gem. § 5 AGG

§ 5 AGG ist bei einer altersabhängigen Grundvergütung nicht einschlägig. Positive Maßnahmen zur beruflichen Eingliederung oder zum Schutz bestimmter benachteiligter Personen werden bereits von § 10 S. 3 Nr. 1 oder der Generalklausel erfasst, die aber im Ergebnis nicht zu einer Rechtfertigung führen.[632] Ein über diese Spezialvorschriften hinausgehender Anwendungsbereich für den allgemeinen § 5 AGG ist nicht ersichtlich.[633]

5. Besonderheiten bei Lohnabschlagsklauseln für Minderjährige

Um eine Staffelung nach mindestens zwei Lebensaltersstufen handelt es sich bei den sog. Lohn- bzw. Jugendabschlägen,[634] die ein geringeres Entgelt für minderjährige Mitarbeiter festlegen. § 30 BAT sieht z.B. vor, dass Angestellte vor Vollendung des 18. Lebensjahrs 85% der Anfangsvergütung eines ledigen Angestellten der gleichen Vergütungsgruppe erhalten. Auch gem. § 8 Abs. 1 des Bundesentgelttarifvertrags für die Chemische Industrie West[635] verdienen Minderjährige in den drei untersten Tätigkeitsgruppen lediglich 85 % dessen, was ihre volljährigen Kollegen bekommen. Möglich ist aber auch, dass der Abschlag nicht prozentual, sondern absolut angegeben wird. So werden Jugendliche nach dem Lohntarifvertrag für die Fischindustrie im Stadtgebiet Bremerhaven[636] für einfache aber körperlich belastende Tätigkeiten mit 9,03 Euro die Stunde entlohnt, während der Stundenlohn vergleichbarer älterer Kollegen bei 10,87 Euro liegt.[637]

Ebenso wenig wie die Eingliederung jüngerer Beschäftigter, kann die entsprechende Integration der unter 18jährigen ein solches Vorgehen legitimieren, da man ansonsten ungerechtfertigte Vorurteile auf der Arbeitgeberseite bestätigen würde.[638]

---

632 Siehe oben 3. Kapitel B. I. 2. a) und d) bb), dd).
633 Vgl. jeweils *Linsenmaier*, RdA 2003, Sonderbeilage zu Heft 5, 22 (27); *Adomeit/Mohr*, § 10 AGG, Rn. 9; *Löwisch/Caspers/Neumann*, S. 19, denen zufolge kaum ein Anwendungsbereich für die allgemeine Vorschrift über positive Maßnahmen neben der Spezialvorschrift für das Alter verbleibt.
634 Däubler/Bertzbach-*Dette*, § 7 AGG, Rn. 124; Schiek-*M. Schmidt*, § 10 AGG, Rn. 19; Schleusener/Suckow/Voigt-*Voigt*, § 10 AGG, Rn. 31.
635 Bundesentgelttarifvertrags für die Chemische Industrie West vom 18.7.1987, in der Fassung vom 30.9.2004.
636 Lohntarifvertrag für die Fischindustrie im Stadtgebiet Bremerhaven vom 1.6.2007.
637 Weitere Beispiele für Abschläge bei Minderjährigen finden sich bei *Statistisches Bundesamt*, Tariflöhne, S. 15 ff.; Rust/Falke-*Bertelsmann*, § 10 AGG, Rn. 143 ff.
638 Siehe oben 3. Kapitel B. I. 2. d) dd); a.A. *Henssler/Tillmanns*, FS Birk, S. 179 (S. 184 ff.); offen gelassen von Däubler/Bertzbach-*Dette*, § 7 AGG, Rn. 124.

Gem. § 8 Abs. 2 AGG dürfen auch die zusätzlichen Schutzvorschriften für Jugendliche, insbesondere das JArbSchG, und die damit verbundenen Kosten, eine geringere Vergütung nicht rechtfertigen.[639]

Ferner kann die Ungleichbehandlung nicht mit geringeren Lebenserhaltungskosten begründet werden. Fehlende Fürsorgepflichten scheiden für die Rechtfertigung aus, da eine Regelung, die nicht auf die tatsächlichen Unterhaltspflichten abstellt, unverhältnismäßig ist.[640] Auch die Tatsache, dass die benachteiligte Gruppe im Regelfall von ihren Erziehungsberechtigten finanziell unterstützt wird,[641] erlaubt keine benachteiligende Vergütungspraxis. Zum einen ist die Zahlung des Unterhalts nur deshalb erforderlich, weil die Unterhaltsberechtigten aufgrund der benachteiligenden Vergütung nicht ausreichend verdienen können, und zum anderen ist kaum ersichtlich, warum die Unterhaltsverpflichteten die Kosten dafür tragen sollen, dass Arbeitgeber oder Tarifparteien ungerechtfertigterweise von einer geringeren Produktivität der Minderjährigen ausgehen.

Ein geringerer Lohn könnte aber für Jugendliche einen Anreiz bieten, verstärkt in ihre Ausbildung zu investieren, anstatt bei einer Tätigkeit zu verbleiben, die geringe Anforderungen stellt.[642] Dementsprechend beschränken sich einige Jugendabschlagsklauseln auf einfache Tätigkeiten.[643] Dies mag ein legitimes Ziel sein, allerdings wird es schon durch die tarifliche Unterscheidung nach Tätigkeitsgruppen erreicht. Berufsgruppen, die eine qualifizierte Ausbildung voraussetzen, werden grundsätzlich besser entlohnt. Dies ist ein ausreichender Anreiz für Minderjährige, eine entsprechende Ausbildung zu forcieren.

6. Fazit

Es konnte nachgewiesen werden, dass eine altersabhängige tarifliche Vergütung grundsätzlich unzulässig ist. Eine Ausnahme wäre für Tarifverträge denkbar, die auf Tätigkeiten Anwendung finden, bei denen es entscheidend auf körperliche Fähigkeiten ankommt. In dem Fall wäre aber eine Ungleichbehandlung zu Gunsten

---

639 Rust/Falke-*Bertelsmann*, § 10 AGG, Rn. 150.
640 Siehe oben 3. Kapitel B. I. 2. b) cc).
641 Erwogen von Rust/Falke-*Bertelsmann*, § 10 AGG, Rn. 149.
642 Vgl. jeweils MüKo-*Thüsing*, § 10 AGG, Rn. 14, wonach der englische Mindestlohn nicht für Personen gilt, die weniger als 17 Jahre alt sind, damit sie einen Anreiz haben, ihre Ausbildung weiter zu verfolgen; Rust/Falke-*Bertelsmann*, § 10 AGG, Rn. 149.
643 Beispielsweise § 8 Abs. 1 des Bundesentgelttarifvertrags für die Chemische Industrie West sowie einige Tarifverträge nach dem Statistischen Bundesamt, Tariflöhne, S. 23 ff.

der insoweit leistungsstärkeren unteren Alterskategorien gerechtfertigt. Entsprechende Tarifwerke sind indes nicht bekannt.

Einige Rechtfertigungsgründe wie Lebenserfahrung und höherer Lebensstandard der älteren Beschäftigten scheitern schon an der fehlenden Korrelation mit dem Lebensalter. Dass sie überhaupt angeführt werden, ist das Ergebnis vorherrschender Klischees über das Alter. Andere Merkmale gehen typischerweise mit steigendem Alter einher, wozu bestimmte Fürsorgepflichten, höhere Aufwendungen für die Gesundheiterhaltung und Berufserfahrung zählen. Die hierfür getroffenen pauschalen Vergütungsregelungen entsprechen aber nicht dem Grundsatz der Verhältnismäßigkeit. Regelungen, die entweder konkret an die Mehraufwendungen anknüpfen oder welche ein Kriterium festlegen, das verlässlichere Angaben über das Bestehen bestimmter Eigenschaften trifft, stehen als mildere Mittel den Tarifparteien zur Hand. Insoweit verlangt das Verbot der Altersdiskriminierung von den Sozialpartnern eine stärkere Differenzierung, wenn sie Vergütungsfragen regeln. Dies hat für sie den Vorteil, dass aufgrund der Berücksichtigung von sachnäheren Kriterien das angestrebte Ziel effektiver erreicht werden kann.

Der beruflichen Eingliederung von bestimmten Problemaltersgruppen sind durch das AGG enge Grenzen gesetzt. Zum einen muss nachgewiesen werden, dass ihre Chancen auf dem Arbeitsmarkt tatsächlich schlechter sind, und zum anderen ist die Maßnahme auf das zeitlich Erforderliche zu reduzieren. Sind die Maßnahmen mit einem Nachteil für die einzugliedernde Gruppe verbunden, dann sind sie nur gerechtfertigt, soweit die Benachteiligten tatsächlich leistungsschwächer sind. Ansonsten würde man gängige Vorurteile über die Eigenschaften bestimmter Altersstufen gesetzlich legitimieren.

II. Anknüpfung an die Berufsjahre

Ein nicht unerheblicher Teil von Tarifverträgen staffelt das Grundgehalt nach der Dauer der Berufstätigkeit. Hierfür ist es erforderlich, dass der Arbeitnehmer innerhalb einer bestimmten Branche eine spezifische Tätigkeit wahrgenommen hat. Im Unterschied zu der Vergütung, die sich nach der Dauer der Betriebszugehörigkeit bemisst, ist es unerheblich, ob der Beschäftigte seine Tätigkeit bei ein und demselben Arbeitgeber bzw. Unternehmen absolviert hat. Sowohl der Gesetzgeber,[644] als

---

644 BT-Drucksache 16/1780, S. 32.

auch die rechtswissenschaftliche Literatur[645] gehen davon aus, dass die Anknüpfung an die Beschäftigungsjahre eher gerechtfertigt werden kann als die schiere Berücksichtigung des Lebensalters, zumal die Berufsjahre einen stärkeren Bezug zu der verrichteten Tätigkeit aufweisen.

Die Bedeutung der Beschäftigungszeiten variiert in den unterschiedlichen Tarifwerken. Der längste Zeitraum für die Staffelung zählt 30 Jahre und die höchste Anzahl an Stufen beträgt 16. Demgegenüber bestehen tarifliche Vergütungsnormen, die sich lediglich auf zwei Jahre erstrecken und auch nur zwei Entgeltstufen vorsehen.[646] Bei den meisten Tarifwerken ist allerdings die höchste Stufe schon nach wenigen Jahren erreicht.[647] So sieht beispielsweise der Bundesentgelttarifvertrag für die chemische Industrie in § 8 Abs. 3 eine entsprechende Staffelung für bestimmte Tätigkeiten vor und differenziert über einen Zeitraum von sechs Jahren. Für die zweithöchste Entgeltgruppe erfolgt der Anstieg z.b. alle zwei Jahre, sodass nach den sechs Jahren das Grundeinkommen der Beschäftigten um 22 % zugenommen hat. Demgegenüber steigt das Grundgehalt der Redakteure, die unter den Gehaltstarifvertrag für Redakteurinnen und Redakteure an Tageszeitungen[648] fallen, gem. § 2 alle eins bis drei Jahre. Die höchste Stufe ist dann mit dem elften Berufsjahr erreicht. Damit beginnen die Mitarbeiter mit einem tariflichen Grundgehalt von 2987 Euro und verdienen in der höchsten Stufe 4401 Euro. Besonders lang ist allerdings der Differenzierungszeitraum gem. § 3 des Gehaltstarifvertrags für medizinische Fachangestellte/Arzthelferinnen,[649] der bis zu 30 Jahre betragen kann. Während des gesamten Differenzierungszeitraums nimmt in allen vier Tätigkeitsgruppen die Entlohnung um ungefähr 700 Euro zu. Bei der untersten Tätigkeitsgruppe, die mit 1424 Euro beginnt und ab dem 30. Berufsjahr 2131 Euro verdient, stellt dies einen Anstieg von knapp 50 % dar.[650]

---

645 *Bauschke*, § 10 AGG, Rn. 9; *Hanau*, ZIP 2006, 2189 (2197); *ders.*, ZIP 2007, 2381 (2385); *Kamanabrou*, NZA 2006, Beilage zu Heft 3, 138 (141); *König*, FS Zuleeg, S. 341 (S. 350 ff.); *Körner*, NZA 2008, 497 (500); *Lingemann/Gotham*, NZA 2007, 663 (666); *Waltermann*, NJW 2008, 2529 (2530); *Wisskirchen*, DB 2006, 1491 (1497).

646 Vgl. jeweils *Bispinck*, S. VI, 6 ff.; *ders.*, WSI- Mitteilungen 2005, 582 (584), *Temming*, S. 126, die fälschlicherweise davon ausgehen, dass der längste Zeitraum für eine Staffelung 21 Jahre beträgt.

647 *Bispinck*, S. VI; *BMWA*, Tarifvertragliche Arbeitsbedingungen, S. 35, wonach die höchste Entgeltstufe in den meisten Fällen schon vor dem 10. Berufsjahr erreicht ist.

648 Gehaltstarifvertrag für Redakteurinnen und Redakteure an Tageszeitungen vom 1.8.2008.

649 Gehaltstarifvertrag für Medizinische Fachangestellte/Arzthelferinnen vom 6.5.2009.

650 Weitere Beispiele finden sich bei *Löwisch/Caspers/Neumann*, S. 35 ff.; *Rust/Falke-Bertelsmann*, § 10 AGG, Rn. 171.

Der TVöD honoriert relevante Beschäftigungszeiten nur in einem geringen Ausmaß. Nach § 16 Abs. 2 TVöD (VKA) findet einschlägige Berufserfahrung von höchsten 3 Jahren Berücksichtigung. Demgegenüber belohnt § 16 Abs. 3 TVöD (Bund) nur die Berufserfahrung bei den unteren Vergütungsgruppen 2 bis 8, während er nach § 16 Abs. 2 TVöD für die Oberen nur solche Tätigkeiten berücksichtigt, die in einem Beschäftigungsverhältnis bei der Bundesrepublik Deutschland verrichtet wurden.[651] Eine solche Vergütungsvorschrift, die den Verbleib bei einem Arbeitgeber, Unternehmen oder Betrieb voraussetzt, unterscheidet nach Betriebszugehörigkeit und nicht nach Berufsjahren.[652]

Am weitesten gehen aber arbeitsvertragliche Bezugnahmeklauseln, die zwar auf den BAT verweisen, allerdings § 27 BAT dahingehend verändern, dass die Staffelung nicht nach Lebensalter, sondern nach Berufsjahren erfolgt.[653]

1. Begriffe Dienstalter, Berufsjahre und Berufserfahrung

Im rechtswissenschaftlichen Schrifttum wie auch in der Rechtsprechung des EuGH wird dem Begriff des Dienstalters eine unterschiedliche Bedeutung beigemessen. Das Dienstalter kann entweder als die in einer bestimmten Branche[654] oder in einer bestimmten Funktion abgeleistete Arbeitszeit oder als die Dauer der Betriebszugehörigkeit verstanden werden.[655] Geht man von der ersten Bedeutung aus, so honorie-

---

651 Dörring/Kutzki-*Polzer*, § 16 TVöD (Bund), Rn. 11 ff.; *Kamanabrou*, NZA 2006, Beilage zu Heft 3, 138 (142).
652 Ausführlich zur Staffelung nach der Dauer der Betriebszugehörigkeit siehe unten 3. Kapitel B. III.
653 So der Arbeitsvertrag, der LAG Baden-Württemberg vom 23.4.2007, Az. 15 Sa 116/06, Rn. 11, juris zugrunde lag; vgl. auch LAG Köln vom 18.7.2007, Az. 7 Sa 61/07, Rn. 5, juris.
654 EuGH vom 2.10.1997, Rs. C-1/95 (Gerster), AP Nr. 5 zu Art. 119 EG-Vertrag, in dieser Entscheidung mussten die Bewerber eine bestimmte Anzahl von Berufsjahren absolvieren, um befördert zu werden, unabhängig davon, ob dies bei derselben Behörde erfolgte; Däubler/Bertzbach-*Dette*, § 7 AGG, Rn. 125a; *Lingemann/Müller*, BB 2007, 2006 (2007); *Nollert-Borasio/Perreng*, § 10 AGG, Rn. 19; *Rieble/Zedler*, ZfA 2006, 273 (283); *M. Schmidt/Senne*, RdA 2002, 80 (88); *Senne*, S. 198; *Zöllner*, GS Blomeyer, S. 517 (S. 527), die jeweils der Betriebszugehörigkeit den Begriff des Dienstalters gegenüberstellen.
655 So wohl die h.M., EuGH vom 10.3.2005, Rs. C-196/02 (Nikoloudi), Rn. 63, AP Nr. 14 zu Art. 141 EG-Vertrag, wonach durch das Dienstalter auch die Betriebstreue honoriert werden kann, weshalb das Gericht hier davon ausgeht, dass das Dienstalter die Betriebszugehörigkeit widerspiegelt; EuGH vom 3.10.2006, Rs. C-17/05 (Cadman), AP Nr. 15 zu Art. 141 EG-Vertrag, wobei der EuGH für den Fall, dass die Vergütung nach Betriebszugehörigkeit bemessen wurde, auch den Begriff des Dienstalters gebrauchte; *Bertelsmann*, AuR 1991, 124 (126); vgl. jeweils zu der Bedeutung des Begriffs Dienstalters *Meinel/Heyn/Herms*, § 10 AGG, Rn. 39;

ren Vergütungsklauseln, die danach das Grundgehalt bemessen, lediglich die mögliche zusätzliche Berufserfahrung. Wird die zweite Definition angewandt, so kommt noch die Belohnung der sog. Betriebstreue hinzu. Der Gesetzgeber hat die letztgenannte Bedeutung dem AGG zugrunde gelegt. So wird in § 10 S. 3 Nr. 2 AGG zusätzlich zum Aspekt der Berufserfahrung auch das Dienstalter genannt. Von dieser Leseart kann auch hier ausgegangen werden. Unter Dienstalter ist somit die Zeit zu verstehen, die ein Beschäftigter bei einem Arbeitgeber oder einer Organisation verbracht hat. Es bezieht sich daher auf Regelungen, die nach der Dauer der Betriebszugehörigkeit unterscheiden. Dieser Abschnitt setzt sich aber ausschließlich mit solchen Klauseln auseinander, die Arbeitnehmer mit einer längeren Beschäftigungsdauer privilegieren, unabhängig davon, wo sie ihre Tätigkeit absolviert haben. Dementsprechend ist im Folgenden von Regelungen die Rede, welche Berufserfahrung, Berufs-, Beschäftigungs-, Tätigkeitsjahre bzw. -zeiten honorieren.[656]

2. Anknüpfung an ein neutrales Kriterium

Eine Entgeltstaffelung nach Berufsjahren erklärt zwar nicht direkt das Lebensalter zur Bemessungsgrundlage, allerdings ein Kriterium, das typischerweise bei älteren Beschäftigten vorhanden ist. Diese sind regelmäßig länger als ihre jüngeren Kollegen in einem bestimmten Bereich tätig und es ist darüber hinaus aufgrund der Fehlvorstellung einer altersbedingten Leistungsminderung bei Älteren äußerst selten, dass Arbeitgeber ältere Berufsanfänger einstellen. Eines statistischen Beweises, wonach überproportional viele junge Mitarbeiter benachteiligt werden, bedarf es insbesondere aufgrund der Formulierung der entsprechenden Richtlinienvorschriften[657] sowie des § 3 Abs. 2 AGG nicht.[658] Daher wird mit den Tätigkeitsjahren ein Kriterium gewählt, das typischerweise junge Arbeitnehmer benachteiligt, weshalb man eine mittelbare Diskriminierung nach § 3 Abs. 2 AGG annehmen könnte.[659] Der Vollständigkeit halber sei noch darauf hingewiesen, dass eine nach Be-

---

O'Cinneide, S. 49; Rust/Falke-*Bertelsmann*, § 10 AGG, Rn. 26; Schleusener/Suckow/Voigt-*Voigt*, § 10 AGG, Rn. 28; Wendeling-Schröder/Stein-*Wendeling-Schröder*, § 10 AGG, Rn. 37.
656 Vgl. Rust/Falke-*Bertelsmann*, § 10 AGG, Rn. 27.
657 Art. 2 Abs. 2 lit. b) RL 2000/43/EG, Art. 2 Abs. 2 lit. b) RL 2000/78/EG, Art. 2 lit. b) RL 2004/113/EG.
658 Danach ist es ausreichend, wenn die in Frage stehenden Maßnahmen die Merkmalsträger „in besonderer Weise benachteiligen *können*"; ausführlich dazu 2. Kapitel D. I.
659 *Kamanabrou*, NZA 2006, Beilage zu Heft 3, 138 (141); *Körner*, NZA 2008, 497 (500); *Lingscheid*, S. 236; *Löwisch/Caspers/Neumann*, S. 36; *Meinel/Heyn/Herms*, § 10 AGG, Rn. 47; *Nicolai*, SAE 2006, 279 (281); *Rieble/Zedler*, ZfA 2006, 273 (283); Rust/Falke-*Bertelsmann*,

rufsjahren gestaffelte Vergütung eine sog. Mehrfachbenachteiligung i.S.d. § 4 AGG zur Folge haben kann. So weisen Frauen oder Migranten tendenziell eine geringere Beschäftigungsdauer als Männer bzw. Einheimische auf.[660] Nach § 4 AGG muss für jedes einzelne Merkmal die Rechtfertigung gesondert geprüft werden. Hier steht allerdings einzig das Merkmal Alter auf dem Prüfstand.

3. Honorierung zusätzlicher Berufserfahrung

Es bedarf der genauen Erörterung, ob und unter welchen Voraussetzungen der Tatbestandsausschluss des § 3 Abs. 2 Hs. 2 AGG eingreifen kann. Erforderlich ist ein legitimes Ziel, das im Hinblick auf die Ungleichbehandlung verhältnismäßig ist. Anders als bei § 10 AGG werden hier auch private Ziele berücksichtigt.[661] Die Staffelung nach Tätigkeitsjahren könnte die zusätzliche Berufserfahrung honorieren. Grundsätzlich wird von einer Korrelation zwischen Beschäftigungsdauer, Berufserfahrung und Qualifikation ausgegangen.[662] Es muss aber konkret geprüft werden, ob eine Regelung, die nach Beschäftigungszeiten unterscheidet, auch verhältnismäßig ist. Hierzu kann auf die von der Rechtsprechung sowie der Literatur vorgegebenen Kriterien zurückgegriffen werden.

a) Rechtsprechung des EuGH zur Beschäftigungsdauer als Differenzierungskriterium

Bisher hat sich der EuGH nur mit der Frage auseinandergesetzt, ob eine unterschiedliche Vergütung aufgrund der zurückgelegten Beschäftigungsjahre gegen das Verbot der mittelbaren Entgeltdiskriminierung sowie der mittelbaren Diskrimime-

---

§ 10 AGG, Rn. 32; *Waltermann*, NZA 2005, 1265 (1268 ff.); *Wisskirchen*, DB 2006, 1491 (1497); *Zöllner*, GS Blomeyer, S. 517 (S. 527); vgl. GA *Maduro*, Schlussantrag vom 18.5.2006, Rs. C-17/05 (Cadman), Rn. 23, juris, dem zufolge die Berücksichtigung des Dienstalters eine mittelbare Diskriminierung aufgrund des Alters darstellen kann.
660 *Pfarr/Bertelsmann*, S. 402 ff.; *Nicolai*, SAE 2006, 279 (281 ff.); *M. Schmidt*, ZESAR 2007, 86 (88); *Wiedemann/Thüsing*, NZA 2002, 1234 (1236).
661 Vgl. jeweils für die entsprechenden Vorschriften der RL 2000/78/EG *Lingscheid*, S. 234; *Hahn*, S. 122.
662 BAG vom 10.9.1980, Az. 4 AZR 719/78, Rn. 21, AP Nr. 125 zu § 1 TVG (Auslegung); BAG vom 21.10.1992, Az. 4 AZR 73/92, Rn. 29 ff., AP Nr. 1 zu § 1 TVG (Tarifverträge: Milch-Käseindustrie); BAG vom 21.5.2008, Az. 5 AZR 187/07, Rn. 25, AP Nr. 1 zu § 15 BEEG; EuGH vom 3.10.2006, Rs. C-17/05 (Cadman), Rn. 34, AP Nr. 15 zu Art. 141 EG-Vertrag; *Adomeit/Mohr*, § 7 AGG Anhang 2, Rn. 31; *Meinel/Heyn/Herms*, § 10 AGG, Rn. 47; *Müller-Mundt*, ArbRB 2008, 263 (264); *M. Schmidt/Senne*, RdA 2002, 80 (88); *Senne*, S. 198.

rung beim Zugang zur Beschäftigung aufgrund des Geschlechts verstößt.[663] Beide Benachteiligungsverbote waren schon vor der Verabschiedung der Gleichbehandlungsrichtlinien in Art. 141 EGV a.f. (Ex Art.119 EGV) sowie den Richtlinien 75/117/EWG sowie 76/207/EWG kodifiziert. Schließlich weisen weibliche Arbeitnehmer regelmäßig eine geringere Beschäftigungszeit auf als ihre männlichen Kollegen, da sie oftmals die Verantwortung für die Familie übernehmen oder aufgrund von Schwangerschaft ihrer Beschäftigung zeitweise nicht nachgehen können, sodass sie später den Beruf kommen und ihre Tätigkeit öfter unterbrechen müssen.[664] Zwar lagen den behandelten Urteilen Vergütungsregelungen zugrunde, die die Betriebszugehörigkeit zum Maßstab hatten, jedoch setzten sich die Richter nur am Rande[665] mit der Frage auseinander, inwieweit Betriebstreue durch solche Bestimmungen honoriert werden kann. Primär erörtert das Gericht die Korrelation von Berufsdauer und Berufserfahrung.[666]

aa) Pauschale Korrelation von Berufserfahrung und Beschäftigungszeit („Danfoss")

Der Entscheidung im Fall *Danfoss*[667] lag folgender Sachverhalt zugrunde: Neben dem tariflichen Grundlohn gewährte der Arbeitgeber individuelle Zulagen, die sich nach Flexibilität, Berufsausbildung sowie Ancienität der Arbeitnehmer bestimmten. Aufgrund der Zusatzleistung hatten weibliche Arbeitnehmer im Vergleich zu ihren männlichen Kollegen, die derselben Entgeltgruppe angehörten, ein um durchschnittlich 6,85 % geringeres Einkommen. Von Relevanz sind die Ausführungen des Gerichts zur Berücksichtigung der Berufserfahrung bei der Entlohnung. Danach gehe mit der Ancienität auch Berufserfahrung einher, die im Allgemeinen den Beschäftigten befähige, seine Arbeit besser zu verrichten. Dieser Grundsatz gelte unabhängig von der spezifischen Tätigkeit des Arbeitnehmers.[668] Dementspre-

---

663 EuGH vom 17.10.1989, Rs. C-109/88 (Danfoss), AP Nr. 19 zu Art. 119 EWG-Vertrag; EuGH vom 3.10.2006, Rs. C-17/05 (Cadman), AP Nr. 15 zu Art. 141 EG-Vertrag.
664 EuGH vom 17.10.1989, Rs. C-109/88 (Danfoss), Rn. 24, AP Nr. 19 zu Art. 119 EWG-Vertrag; EuGH vom 3.10.2006, Rs. C-17/05 (Cadman), Rn. 22, AP Nr. 15 zu Art. 141 EG-Vertrag; *Pfarr/Bertelsmann*, S. 402 ff.; *More*, European Law Review 1991, 320 (324); Rust/Falke-Feldhoff, § 7 AGG, Rn. 114; *M. Schmidt*, ZESAR 2007, 86 f.
665 So in EuGH vom 10.3.2005, Rs. C-196/02 (Nikoloudi), Rn. 63, AP Nr. 14 zu Art. 141 EG-Vertrag.
666 *Winter*, jurisPR-ArbR 45/2006 Anm. 1, 1 (4).
667 EuGH vom 17.10.1989, Rs. C-109/88 (Danfoss), AP Nr. 19 zu Art. 119 EWG-Vertrag.
668 EuGH vom 17.10.1989, Rs. C-109/88 (Danfoss), Rn. 24, AP Nr. 19 zu Art. 119 EWG-Vertrag.

chend brauche der Arbeitnehmer die Anwendung des Kriterium Anciennität nicht besonders zu rechtfertigen.[669]

Implizit erkennt das Gericht das Kriterium Berufserfahrung als ein legitimes Ziel an und geht anscheinend pauschal von einem unbegrenzten Anstieg von Berufstätigkeit und Berufserfahrung aus, weshalb beide Punkte gleichgesetzt werden. Es drängt sich des Weiteren der Eindruck auf, der EuGH vertrete in diesem Urteil die Auffassung, dass die so gesteigerte Berufserfahrung stets den Beschäftigten befähige, seine Aufgaben besser zu erfüllen, unabhängig davon, ob es sich um eine anspruchsvolle oder einfache Tätigkeit handele.[670]

bb) Differenzierung bei Beschäftigungsdauer und Berufserfahrung nach der konkreten Tätigkeit („Nimz", „Gerster", „Nikoloudi")

In einer darauf folgenden Entscheidung stellten die europäischen Richter klar, dass die Bedeutung der Berufserfahrung von der Art der ausgeübten Tätigkeit abhängt.[671] Sie hatten darüber zu befinden, ob der sog. Bewährungsaufstieg nach § 23a Nr. 6 BAT a.F. weibliche Angestellte mittelbar diskriminierte. Danach setzte die Beförderung in eine höhere Vergütungsgruppe die Zurücklegung bestimmter Beschäftigungszeiten voraus. Allerdings legte die Vorschrift fest, dass die Bewährungsfrist von Teilzeitbeschäftigten, die weniger als drei Viertel, mindestens aber die Hälfte der Arbeitszeit von Vollzeitbeschäftigten tätig waren, doppelt so lange dauern sollte. Das BAG hatte zuvor in zwei Entscheidungen eine unzulässige Ungleichbehandlung von weiblichen Mitarbeitern verneint. Die deutschen Arbeitsrichter unterstellten, dass mit der zusätzlichen Beschäftigungszeit ein Zuwachs an Berufserfahrung verbunden sei, weshalb Teilzeitbeschäftigte über einen längeren Zeitraum tätig sein müssten als ihre Kollegen, die in Vollzeit beschäftigt waren. Dies entspräche auch der Einschätzungsprärogative der Tarifparteien.[672] Eine Pflicht zur Vorlage hat das Bundesgericht verneint, zumal es annahm, seine Rechtsprechung würde derjenigen des Gerichtshofs entsprechen.[673] Seine Entscheidung sollte

---

669 EuGH vom 17.10.1989, Rs. C-109/88 (Danfoss), Rn. 25, AP Nr. 19 zu Art. 119 EWG-Vertrag.
670 Daher schon damals kritisch zu der Rechtsprechung *Bertelsmann*, AuR 1991, 124 (126 ff.); *Colneric*, EuZW 1991, 75; *Sprenger*, S. 215.
671 EuGH vom 7.2.1991, Rs. C-184/89 (Nimz), AP Nr. 25 zu § 23a BAT.
672 BAG vom 1.6.1983, Az. 4 AZR 578/80, Rn. 22 ff., AP Nr. 16 zu § 23a BAT; BAG vom 14.9.1988, Az. 4 AZR 351/88, Rn. 24 ff., AP Nr. 24 zu § 23a BAT.
673 BAG vom 14.9.1988, Az. 4 AZR 351/88, Rn. 8, AP Nr. 24 zu § 23a BAT.

aber zeigen, dass sich die Erfurter Richter irrten,[674] weshalb das BAG im Anschluss daran seine Rechtsprechung derjenigen des EuGH angepasst hat.[675]

Der EuGH stellte zwar erneut fest, dass im Grundsatz das Dienstalter Hand in Hand mit der beruflichen Erfahrung ginge. Indes weicht er anscheinend von der *Danfoss*-Entscheidung ab, wenn er auf die Frage eingeht, inwieweit zusätzliche Berufserfahrung die Leistung des Arbeitnehmers steigert. Danach könne man nicht stets von einer Steigerung ausgehen. Vielmehr müsse objektiv und unter Berücksichtigung der Umstände des Einzelfalls geprüft werden, welche Beschäftigungszeiten überhaupt absolviert werden müssen, damit der Beschäftigte seine Arbeit besser erfüllt.[676] Damit brachte der EuGH zum Ausdruck, dass Berufserfahrung nicht bei allen Tätigkeiten unbegrenzt die Qualifikation verbessert.[677] Das Erfordernis eines objektiven Grundes setzt voraus, dass für die spezifische Tätigkeit Berufserfahrung förderlich ist.[678]

Diesen Zusammenhang von Berufserfahrung, Beschäftigungsdauer und der Art der zu verrichtenden Tätigkeit bestätigte das Gericht in zwei weiteren Entscheidungen.[679] Jedoch behandelten beide nicht die Frage, inwieweit Berufsjahre bei der Vergütung berücksichtigt werden dürfen, sondern die Probleme, ob es zulässig ist, dass die Beschäftigungsjahre von Teilzeitbeschäftigten bei der Beförderung im öffentlichen Dienst geringer veranschlagt oder überhaupt nicht berücksichtigt werden,[680] und ob die Anwendung vorteilhafter Tarifverträge von einer gewissen Dienstzeit abhängen darf.[681]

---

674 Schon vor der Entscheidung des EuGH sind die Urteile des BAG auf Ablehnung im rechtswissenschaftlichen Schrifttum gestoßen, vgl. jeweils *Pfarr*, Anmerkung zu BAG, AP Nr. 16 zu § 23a BAT; *dies.*, Anmerkung zu BAG, AP Nr. 24 zu § 23a BAT.
675 BAG vom 2.12.1992, Az. 4 AZR 152/92, LS Nr. 3b, AP Nr. 28 zu § 23a BAT.
676 EuGH vom 7.2.1991, Rs. C-184/89 (Nimz), Rn. 14 ff., AP Nr. 25 zu § 23a BAT.
677 Zustimmend zu dieser Rechtsprechung *Däubler*, NZA 1992, 577 (582); *Mauer*, NZA 1991, 501 (502); *More*, European Law Review 1991, 320 (326); ablehnend *Berger-Delhey*, ZTR 1991, 318, der darin eine zu starke Beschränkung der Koalitionsfreiheit sieht.
678 *Linsenmaier*, RdA 2003, Sonderbeilage zu Heft 5, 22 (29); *Mauer*, NZA 1991, 501 (502); *Rieble/Zedler*, ZfA 2006, 273 (284); *M. Schmidt/Senne*, RdA 2002, 80 (88).
679 EuGH vom 2.10.1997, Rs. C-1/95 (Gerster), Rn. 39, AP Nr. 5 zu Art. 119 EG-Vertrag; EuGH vom 10.3.2005, Rs. C-196/02 (Nikoloudi), Rn. 66, AP Nr. 14 zu Art. 141 EG-Vertrag.
680 EuGH vom 2.10.1997, Rs. C-1/95 (Gerster), AP Nr. 5 zu Art. 119 EG-Vertrag.
681 EuGH vom 10.3.2005, Rs. C-196/02 (Nikoloudi), AP Nr. 14 zu Art. 141 EG-Vertrag.

cc) Klarstellung für Entgeltsysteme („Cadman")

Mit seinem *Cadman*-Urteil[682] hat der EuGH die *Nimz*-Rechtsprechung auf Vergütungsregeln ausgeweitet und konkretisiert. Geklagt hatte eine Beschäftigte des britischen Gesundheits- und Sicherheitsamts, die zwar in der gleichen Lohngruppe des unternehmensinternen Entgeltsystems wie ihre vier männlichen Kollegen eingestuft war, dennoch aufgrund ihrer geringeren Beschäftigungszeit weniger verdiente. Die Luxemburger Richter sahen keine Abweichung von ihrer Rechtsprechung im Fall *Danfoss*.[683] Dementsprechend könne die Honorierung der Berufserfahrung als ein legitimes Ziel aufgefasst werden. Die Berücksichtigung der Berufsjahre sei auch grundsätzlich geeignet, dieses Ziel zu erreichen. Schließlich korrelierten Dienstalter und Berufserfahrung regelmäßig, wodurch der Arbeitnehmer im Allgemeinen befähigt werde, seine Arbeit besser zu verrichten. Allerdings gebe es Situationen, in denen dieser Zusammenhang fehle.[684] In solchen Fälle könne der Arbeitnehmer Anhaltspunkte liefern, die ernsthafte Zweifel daran aufkommen lassen, dass das Kriterium Dienstalter geeignet sei, das legitime Ziel zu erreichen. Es obliege dann dem Arbeitgeber nachzuweisen, dass in Bezug auf den fraglichen Arbeitsplatz die Tätigkeitsjahre die berufliche Erfahrung bedingen und dadurch die Beschäftigten ihre Arbeit besser verrichten können. Interessant ist, dass der EuGH eine Einschränkung der Beweisführung vornimmt, sofern ein System beruflicher Einstufung verwendet wird, um das Entgelt festzulegen. Danach sei bei den erforderlichen Beweisen nicht auf die individuelle Situation des betroffenen Arbeitnehmers abzustellen. Es bleibe unberücksichtigt, wenn der Arbeitnehmer die erforderliche Erfahrung erworben hat, welche es ihm ermöglicht, seine Arbeit besser zu verrichten. Wie bereits in der Rechtssache *Rummler* ausgeführt,[685] müsse man bei der Frage, ob die zugrunde gelegten Kriterien diskriminierend sind, objektiv auf die Art der zu verrichtenden Arbeit abstellen.[686]

---

682 EuGH vom 3.10.2006, Rs. 17/05 C-(Cadman), AP Nr. 15 zu Art. 141 EG-Vertrag.
683 Anders jeweils *More*, European Law Review 1991, 320 (326); *Rieble/Zedler*, ZfA 2006, 273 (284); *M. Schmidt/Senne*, RdA 2002, 80 (83); *Senne*, S. 198, die davon ausgehen, dass diese Rechtsprechung bereits durch das *Nimz*-Urteil korrigiert wurde.
684 Insoweit geht der EuGH auf die Kritiker der *Danfoss*- Entscheidung ein, vgl. jeweils *Bertelsmann*, AuR 1991, 124 (126 ff.); *Colneric*, EuZW 1991, 75, die darauf hinweisen, dass es Tätigkeiten gibt, die relativ einfach zu erlernen sind und daher zusätzliche Berufserfahrung nicht zu einer Steigerung der Leistung führt.
685 EuGH vom 1.7.1986, Rs. C-237/85 (Rummler), Rn. 13, NJW 1987, 1138.
686 EuGH vom 3.10.2006, Rs. C-17/05 (Cadman), AP Nr. 15 zu Art. 141 EG-Vertrag; kritisch dazu *Beck*, European Law Review 2007, 549 (558 ff.).

Letztlich führt die Rechtsprechung des EuGH zu einer abgestuften Beweislast,[687] die von dem klassischen Schema bei Diskriminierungen abweicht, wonach der Arbeitnehmer zunächst nachweisen muss, dass eine Benachteiligung vorliegt und dem Arbeitgeber daraufhin der volle Beweis der Zulässigkeit aufgebürdet wird.[688] Im Unterschied dazu gilt im Rahmen der Rechtfertigung zu Gunsten des Arbeitgebers die Vermutung, dass die Anknüpfung an die Berufsjahre geeignet ist, das legitime Ziel, die Honorierung der gestiegenen Berufserfahrung, zu erreichen.[689] Dann obliegt es dem betroffenen Arbeitnehmer Anhaltspunkte vorzubringen, die ernsthafte Zweifel an der Geeignetheit hervorrufen.[690] Fraglich ist, welche Anforderungen das Urteil konkret an die Beweislast des Arbeitnehmers knüpft. Die Terminologie des EuGH, wonach die Vermutung besteht, dass ein Zuwachs an Berufsjahren zu einer besseren Qualifikation führt, erinnert stark an einen Anscheinsbeweis. Dem entspricht es auch, dass der Arbeitnehmer dem Anscheinsbeweis des Arbeitgebers schon mit Anhaltspunkten begegnen kann, die das Gegenteil belegen. Es bietet sich daher an, auf die Grundsätze dieser Beweisform zu rekurrieren.[691] Somit ist der Arbeitnehmer lediglich verpflichtet, Tatsachen vorzutragen und zu beweisen, die die ernsthafte Möglichkeit nahe legen, dass das Dienstalter in dem Fall nicht zu einer Qualifikationssteigerung führt. Die Führung des vollen Beweises ist nicht erforderlich.[692] Ist die Vermutung widerlegt, trifft den Arbeitgeber die volle Beweislast dafür, dass die Ungleichbehandlung mit der Honorierung von Berufserfahrung gerechtfertigt werden kann.

Es ist ferner die Besonderheit für Entgeltsysteme zu beachten. Für sie gilt ein abstrakt-genereller Maßstab.[693] Anknüpfungspunkt ist nicht der jeweilige Beschäf-

---

687 *Nicolai*, SAE 2006, 279 (280).
688 *Beck*, European Law Review 2007, 549 (558).
689 *Beck*, European Law Review 2007, 549 (558); Däubler/Bertzbach-*Brors*, § 10 AGG, Rn. 59; *Nicolai*, SAE 2006, 279 (280); *Winter*, jurisPR-ArbR 45/2006 Anm. 1, 1 (3); *Zedler*, NJW 2007, 49 (50).
690 *Colneric*, NZA 2008, Sonderbeilage zu Heft 2, 66 (70); Däubler/Bertzbach-*Brors*, § 10 AGG, Rn. 59; *Epiney*, NVwZ 2007, 1012 (1023); *Meinel/Heyn/Herms*, § 10 AGG, Rn. 47; *Müller*, ArbRB 2006, 325 (326); *Nicolai*, SAE 2006, 279 (280); Schiek-*M. Schmidt*, § 10 AGG, Rn. 8; *Winter*, jurisPR-ArbR 45/2006 Anm. 1, 1 (3); *Wulfers/Hecht*, ZTR 2007, 480.
691 *Colneric*, NZA 2008, Sonderbeilage zu Heft 2, 66 (69 ff.), deren Einschätzung zusätzliches Gewicht dadurch verliehen wird, dass sie als Richterin und Berichterstatterin im Fall *Cadman* tätig war; *Epiney*, NVwZ 2007, 1012 (1023); *Temming*, S. 123; *Winter*, jurisPR-ArbR 45/2006 Anm. 1, 1 (4).
692 Zur Widerlegung des Anscheinsbeweises MüKo-*Prütting*, § 286 ZPO, Rn. 65; Thomas/Putzo-*Reichold*, § 286 ZPO, Rn. 13.
693 *Nicolai*, SAE 2006, 279 (280); *Nollert-Borasio/Perreng*, § 10 AGG, Rn. 19; vgl. EuGH vom 3.10.2006, Rs. C-17/05 (Cadman), Rn. 39, AP Nr. 15 zu Art. 141 EG-Vertrag.

tigte, sondern die objektiven Anforderungen des Arbeitsplatzes. Es ist daher unzureichend wenn ein überdurchschnittlich guter Beschäftigter aufzeigt, dass er die Arbeit genauso gut verrichten kann wie seine Kollegen, die länger berufstätig sind.[694] Er muss nachweisen, dass der jeweilige Arbeitsplatz regelmäßig nur einen bestimmten Grad an Berufserfahrung erfordert, die mit Hilfe seiner Beschäftigungszeit typischerweise erreicht worden ist. Mithin verfolgt der EuGH bei Entgeltsystemen eine abstrakte Betrachtungsweise.[695] Sie gilt dann entsprechend für den Gegenbeweis des Arbeitgebers, der dann in der Pflicht steht, den vollen Beweis dafür zu erbringen, dass bei der in Frage stehenden Tätigkeit einerseits die fortschreitenden Dienstjahre zu mehr Berufserfahrung führen und andererseits die Tätigkeit einen bestimmten Grad an Berufserfahrung erfordert, den der betroffene Arbeitnehmer noch nicht erreicht hat.[696]

Das Urteil ist insoweit zu begrüßen, als es eine Klarstellung gegenüber *Danfoss* bewirkt und Entgeltsysteme dahingehend privilegiert, dass objektiv auf die Art der verrichteten Arbeit abzustellen ist. Dadurch trägt das Gericht der Typisierung Rechnung, die solchen Regelungswerken immanent ist. Könnte jeder überdurchschnittliche Arbeitnehmer mit dem Verweis auf seine individuelle Leistung eine Diskriminierung nachweisen, wäre dies das Ende solcher Entlohnungsvorschriften. Der EuGH schießt allerdings über das Ziel hinaus, die Besonderheiten von Vergütungssystemen zu berücksichtigen, indem er von den im Diskriminierungsrecht bekannten Beweisregeln abweicht und eine Vermutung zu Gunsten des Arbeitgebers statuiert.[697] Es ist nicht ersichtlich, warum der Arbeitgeber nicht gleich die volle Beweislast dafür tragen sollte, dass die erforderliche Berufserfahrung mit zusätzlicher Beschäftigungszeit einhergeht, zumal er im Falle von Vergütungssystemen bereits über die objektive tätigkeitsbezogene Betrachtung hinreichend privilegiert ist.[698] Weder das Primär- noch das Sekundärrecht bieten für diesen Sonderweg eine Stütze. Im Übrigen sollte man im Diskriminierungsrecht äußerste Zurückhaltung bei der Aufstellung von Vermutungen üben, da sie u.U. auf nicht gerechtfertigten Klischees über ein bestimmtes Merkmal zurückgehen können. Ob die Luxembur-

---

694 *Meinel/Heyn/Herms*, § 10 AGG, Rn. 47; *Nicolai*, SAE 2006, 279 (280); *Nollert-Borasio/Perreng*, § 10 AGG, Rn. 19.
695 *M. Schmidt*, ZESAR 2007, 86 (88).
696 *Colneric*, NZA 2008, Sonderbeilage zu Heft 2, 66 (70); *Nicolai*, SAE 2006, 279 (280); *M. Schmidt*, ZESAR 2007, 86 (88).
697 *Beck*, European Law Review 2007, 549 (558).
698 Vgl. GA *Maduro*, Schlussantrag vom 18.5.2006, Rs. C-17/05 (Cadman), Rn. 63 ff., juris, der ebenfalls keine Änderung der Beweislast fordert, sondern es für ausreichend erachtet, dass bei der Rechtfertigung grundsätzlich auf die Anforderungen des Arbeitsplatzes abgestellt wird und nicht auf den einzelnen Arbeitnehmer.

ger Richter die hier für erforderlich gehaltene Korrektur vornehmen, bleibt abzuwarten. Zunächst ist aber von dieser Rechtsprechung auszugehen, zumal sich ihr auch das BAG kritiklos angeschlossen hat.[699]

dd) Übertragung der Rechtsprechung auf die Altersdiskriminierung

Die Berücksichtigung der Berufsjahre benachteiligt mittelbar jüngere Beschäftigte. Auch hier sollen die Entgeltregelung Berufserfahrung honorieren. Dementsprechend kann die EuGH-Rechtsprechung grundsätzlich auch auf die Benachteiligung aufgrund des Alters übertragen werden.[700]

Demgegenüber lehnt *Zedler* eine solche Übertragung ab. Im Rahmen der Verhältnismäßigkeit müsse berücksichtigt werden, dass eine Benachteiligung aufgrund der Berufsjahre bei jungen Beschäftigten schwerer wiege als bei Weiblichen. Denn für jüngere Arbeitnehmer, die nur kurzzeitig auf dem Arbeitsmarkt sind, sei es unmöglich, die Berufserfahrung eines älteren Beschäftigten vorzuweisen. Des Weiteren könnten jüngere Mitarbeiter aufgrund der kürzer zurückliegenden Ausbildung sogar eine bessere Eignung besitzen.[701]

Das letztgenannte Argument vermag die Ausweitung der EuGH-Rechtsprechung nicht auszuschließen, weil die aufgestellten Grundsätze auch Ausbildungsvorteile Jüngerer berücksichtigen. Danach besteht zwar die Vermutung, ältere Beschäftigte könnten aufgrund der absolvierten Berufsjahre ihre Arbeit besser verrichten, allerdings kann ein betroffener Arbeitnehmer den Beweis antreten, dass es bei der spezifischen Tätigkeit weniger auf Erfahrung als vielmehr auf eine möglichst aktuelle Ausbildung ankommt.

Um das erste Argument *Zedlers* zu widerlegen, eine strenge Verhältnismäßigkeitsprüfung sei geboten, weil es jungen Arbeitnehmer unmöglich sei, die Berufserfahrung ihrer älteren Kollegen vorzuweisen, muss etwas weiter ausgeholt werden. In der Tat kann beispielsweise ein 15jähriger Arbeitnehmer der gem. § 5

---

699 Vgl. BAG vom 21.5.2008, Az. 5 AZR 187/07, Rn. 25, AP Nr. 1 zu § 15 BEEG.
700 *Adomeit/Mohr*, § 7 AGG Anhang 2, Rn. 14; *Bertelsmann*, ZESAR 2005, 242 (246); *Bissels/Lützeler*, BB 2008, 666 (667); *Däubler/Bertzbach-Brors*, § 10 AGG, Rn. 59; *Hanau*, ZIP 2007, 2381 (2385); *Linsenmaier*, RdA 2003, Sonderbeilage zu Heft 5, 22 (29); *MüKo-Thüsing*, § 10 AGG, Rn. 69; *Nicolai*, SAE 2006, 279 (281 ff.); *Rieble/Zedler*, ZfA 2006, 273 (284); *Runggaldier*, ZAS 2007, 156 (160); *Rust/Falke-Bertelsmann*, § 10 AGG, Rn. 29, Fn. 37; *M. Schmidt*, ZESAR 2007, 86 (88); *M. Schmidt/Senne*, RdA 2002, 80 (88); *von Hoff*, S. 337.
701 *Zedler*, NJW 2007, 49 f.; zustimmend *Meinel/Heyn/Herms*, § 10 AGG, Rn. 47, die allerdings keine Begründung geben und sich insoweit widersprüchlich verhalten, als sie dennoch die von der *Cadman*- Entscheidung aufgestellten Grundsätze auf die Altersbenachteiligung anwenden.

Abs. 1 JArbSchG i.V.m. § 2 Abs. 1 JArbSchG zuvor nicht beschäftigt werden durfte, keine langjährige Berufserfahrung vorweisen. Regelungen, die Berufserfahrung von einem oder mehreren Jahren für bestimmte Vergünstigungen vorsehen, schließen sämtliche Personen dieser Altersklasse aus. Es wird daher an ein Kriterium angeknüpft, das von keinem 15jährigen erfüllt werden kann. Dementsprechend liegt gegenüber dieser Altersgruppe eine verdeckte unmittelbare Benachteiligung vor, die wie eine klassische unmittelbare Benachteiligung zu behandeln ist.[702] Im Falle der Ungleichbehandlung aufgrund des Alters gelten aber nach der hier vertretenen Ansicht für die Rechtfertigung der unmittelbaren Benachteiligung die gleichen Maßstäbe wie für den Tatbestandsausschluss der Mittelbaren.[703] Dies gilt nicht, wenn man sich der Rechtsprechung des EuGH anschließt, die den besonderen Rechtfertigungsgrund für die unmittelbare Altersdiskriminierung dahingehend modifiziert, dass nur Allgemeinwohlbelange als legitime Ziele in Frage kommen.[704] Aber auch sonst kann der Ansicht *Zedlers* nicht gefolgt werden, denn andernfalls gäbe es für die mittelbare Altersdiskriminierung keinen Anwendungsbereich; eine Altersgruppe wäre stets verdeckt unmittelbar diskriminiert. Die maßgeblichen Vorschriften über die mittelbare Benachteiligung, Art. 2 Abs. 2 lit. b) sowie § 3 Abs. 2 AGG, setzten aber gerade die Möglichkeit einer mittelbaren Altersdiskriminierung voraus. Dementsprechend ist für die indirekte Ungleichbehandlung unerheblich, ob bestimmte Altersgruppen die augenscheinlich neutralen Kriterien nicht erfüllen können. Es kommt vielmehr allgemein darauf an, ob Jüngere gegenüber Älteren Benachteiligt werden.

Folglich können die zur mittelbaren Benachteiligung aufgrund des Geschlechts ergangenen Urteile sowohl auf die mittelbare als auch auf die verdeckte unmittelbare Altersbenachteiligung übertragen werden.

b) Tätigkeiten, bei denen es auf die Berufserfahrung ankommt

Damit kann auch der Tatbestand der mittelbaren Benachteiligung aufgrund des Alters durch die Honorierung zusätzlicher Berufserfahrung ausgeschlossen wer-

---

702 Zur verdeckten Benachteiligung siehe oben 2. Kapitel D. III. 3.
703 KOM (1999) 565 endg., S. 12; *Adomeit/Mohr*, § 10 AGG, Rn. 7; *Annuß*, BB 2006, 1629 (1633); *Bauer/Göpfert/Krieger*, § 10 AGG, Rn. 13; ErfK-*Schlachter*, § 10 AGG, Rn. 1; Mü-Ko-*Thüsing*, § 10 AGG, Rn. 10; Schleusener/Suckow/Voigt-*Voigt*, § 10 AGG, Rn. 12.
704 Vgl. EuGH vom 5.3.2009, Rs. C-388/07 (Age Concern England), Rn. 46, NZA 2009, 305 (308).

den.⁷⁰⁵ Ob Regelungen, die an die zurückgelegten Berufsjahre anknüpfen, sich dazu eignen, diesen Zuwachs zu belohnen, richtet sich objektiv nach der auszuübenden Tätigkeit.

aa) Beschäftigung mit vergleichbaren Aufgaben

Die tariflichen Bestimmungen dürfen nur solche Beschäftigungszeiten berücksichtigen, welche die berufliche Erfahrung des Beschäftigten für den jeweiligen Arbeitsplatz tatsächlich steigern können.⁷⁰⁶ Dazu zählen zunächst Tätigkeiten, die der Arbeitnehmer auf dem konkreten oder einem vergleichbaren Arbeitsplatz verrichtet hat.⁷⁰⁷ Eine Beschäftigung auf einem anderen Gebiet hat außen vor zu bleiben. Die dabei gewonnene Berufserfahrung ist für den neuen Arbeitsplatz ohne Relevanz.⁷⁰⁸ Die Vergleichbarkeit der Arbeiten beurteilt sich nach der tariflichen Eingruppierung in eine bestimmte Tätigkeitsgruppe. Dadurch wird nämlich die Vermutung begründet, die betrachteten Arbeiten seien miteinander vergleichbar.⁷⁰⁹

Da die hier untersuchten Tarifklauseln nicht zusätzlich auf die Dauer der Betriebszugehörigkeit abstellen, sondern auch fremde Beschäftigungszeiten anrechnen, könnte es problematisch sein, ob die bei einem anderen Arbeitgeber verrichtete Arbeit mit derjenigen beim Neuen vergleichbar ist.⁷¹⁰ Maßstab sollte hier ebenfalls die tarifliche Eingruppierung sein. Demnach werden nur solche Berufsjahre mitgezählt, die der Arbeitnehmer in einer Tätigkeitsgruppe absolviert hat. Falls für den früheren Betrieb ein anderer oder gar kein Tarifvertrag galt, sollten die Eingruppierungskriterien des aktuellen Tarifvertrags auf die damalige Tätigkeit angewendet werden, um festzustellen, ob die Beschäftigungszeiten zu den relevante Berufsjahren hinzugerechnet werden können. Denn durch die Berücksichtigung fremder Beschäftigungszeiten werden Beschäftigte, die ihre Dienste bei einem an-

---

705 EuGH vom 3.10.2006, Rs. C-17/05 (Cadman), Rn. 34, AP Nr. 15 zu Art. 141 EG-Vertrag; *Adomeit/Mohr*, § 7 AGG Anhang 2, Rn. 31; *König*, FS Zuleeg, S. 341 (S. 351); *Körner*, NZA 2008, 497 (500); *Lingscheid*, S. 236; *Meinel/Heyn/Herms*, § 10 AGG, Rn. 47; *Müller-Mundt*, ArbRB 2008, 263 (264); *Rieble/Zedler*, ZfA 2006, 273 (284); *M. Schmidt/Senne*, RdA 2002, 80 (88); *Senne*, S. 198.
706 *Adomeit/Mohr*, § 7 AGG Anhang 2, Rn. 14.
707 Vgl. Wendeling-Schröder/Stein-*Wendeling-Schröder*, § 10 AGG, Rn. 36, wonach das Erfahrungswissen honoriert werden soll, das im Zusammenhang mit derselben oder einer ähnlichen Tätigkeit erworben wurde.
708 *Bertelsmann*, AuR 1991, 124 (127).
709 Siehe oben 3. Kapitel A. V. 1.
710 Dies wurde in den besprochenen EuGH- Urteilen nicht erörtert, da die betroffenen Arbeitnehmer ihre Beschäftigungszeiten auf ein und derselben Stelle absolviert haben haben.

deren Arbeitgeber erbracht haben, im Hinblick auf die Vergütung mit solchen gleichgestellt, welche schon immer für den Betrieb gearbeitet haben. Da sich für die zweite Gruppe die Vergleichbarkeit nach der Eingruppierung des geltenden Tarifvertrags richtet, muss dieser Maßstab auch für die erste Gruppe gelten.[711] Werden fremde Beschäftigungszeiten nicht in diesem Sinne berücksichtigt, so kann die mittelbare Diskriminierung dadurch ausgeschlossen sein, dass zulässigerweise nach Betriebszugehörigkeit unterschieden wird.[712]

bb) Steigerung der Berufserfahrung führt zu einer besseren Arbeitsleistung

Nachdem herausgearbeitet wurde, welche Beschäftigungszeiten überhaupt die relevante Berufserfahrung beeinflussen können, muss anhand eines abstrakt-generellen Maßstabs geprüft werden, ob durch die fortgesetzte Ausübung der Tätigkeit der Mitarbeiter zusätzliche Berufserfahrung gewinnt und er dadurch seine konkrete Tätigkeit besser verrichten kann.

(1) Grundproblem

Da sich die Rechtfertigung einer Benachteiligung objektiv bestimmt,[713] ist es erforderlich, dass die zusätzlichen Berufsjahre auch tatsächlich zu einer Verbesserung der Arbeitsleistung führen.[714] Aufgrund dessen ist die pauschale Annahme, Berufserfahrung gehe mit der Beschäftigungsdauer einher,[715] nicht überzeugend.[716] Ansonsten würde man Berufserfahrung und Lebensalter gleichsetzen und somit eine mittelbare altersbedingte Benachteiligung mit dem Alter selbst rechtfertigen.[717]

---

711 Vgl. *Meinel/Heyn/Herms*, § 10 AGG, Rn. 49, wonach Tarifnormen unzulässig sind, die ausschließlich Berufsjahre berücksichtigen, die unter einem Tarifvertrag absolviert wurden.
712 Siehe dazu unten 3. Kapitel B. III.
713 EuGH vom 13.5.1986, Rs. C-170/84 (Bilka), Rn. 30, AP Nr. 10 zu Art. 119 EWG-Vertrag.
714 *Colneric*, EuZW 1991, 75; *Müller-Mundt*, ArbRB 2008, 263 (264); *Rieble/Zedler*, ZfA 2006, 273 (283); Rudolf/Mahlmann-*Voggenreiter*, § 8, Rn. 42.
715 So *Hock/Kramer/Schwerdle*, ZTR 2006, 622 (623); *Waltermann*, NZA 2005, 1265 (1269); *ders.*, ZfA 2006, 305 (321); *Weber*, AuR 2002, 401 (402).
716 Däubler, TVG-*Winter*, § 1 TVG, Rn. 441b; *König*, FS Zuleeg, S. 341 (S. 351); *O'Cinneide*, S. 50; Rust/Falke-*Bertelsmann*, § 10 AGG, Rn. 31.
717 *Kamanabrou*, NZA 2006, Beilage zu Heft 3, 138 (142); Schiek-*M. Schmidt*, § 10 AGG, Rn. 13; *Senne*, S. 198, wonach mit dieser Vorgehensweise das Lebensalter durch die Berufserfahrung getarnt wird; *M. Schmidt/Senne*, RdA 2002, 80 (88).

Ob eine Korrelation vorliegt, bestimmt sich nach der Art der auszuübenden Aufgaben.[718] Insbesondere bei qualifizierten Tätigkeiten kann man davon ausgehen, dass längere Beschäftigungszeiten zu mehr Berufserfahrung führen. Hingegen wird dies für einfache Aufgaben mehrheitlich verneint,[719] weil je einfacher die Arbeit, desto kürzer die Dauer ist, in der ein Arbeitnehmer die höchste Qualifikationsstufe erreicht.[720] Dementsprechend hat sich bei besonders einfachen Tätigkeiten der Beschäftigte bereits nach kurzer Zeit eingearbeitet und somit das Leistungsmaximum erreicht.[721] Mithin führt die zusätzliche Beschäftigungsdauer hier nicht zu einer Steigerung der Qualifikation.[722] Es ist sogar eine Dequalifikation möglich, da einfache Tätigkeiten regelmäßig monoton sind. Dadurch werden nur bestimmte Fähigkeiten des Arbeitnehmers gefordert und die übrigen vernachlässigt.[723]

Wurde festgestellt, dass eine gewisse Beschäftigungsdauer die Arbeit positiv beeinflusst, muss daraufhin geprüft werden, ob die Staffelung verhältnismäßig ist. Die unterschiedliche Vergütung darf sich lediglich über einen Zeitraum erstrecken, in dem mit einem berufsrelevanten Erfahrungsgewinn zu rechnen ist. Tendenziell

---

718 EuGH vom 1.7.1986, Rs. C-237/85 (Rummler), Rn. 13, NJW 1987, 1138; EuGH vom 7.2.1991, Rs. C-184/89 (Nimz), Rn. 14, AP Nr. 25 zu § 23a BAT; EuGH vom 3.10.2006, Rs. C-17/05 (Cadman), Rn. 39, AP Nr. 15 zu Art. 141 EG-Vertrag; *Colneric*, EuZW 1991, 75; *Däubler*, NZA 1992, 577 (582); *Körner*, NZA 2008, 497 (500); *Linsenmaier*, RdA 2003, Sonderbeilage zu Heft 5, 22 (29); *Löwisch/Caspers/Neumann*, S. 36; *O'Cinneide*, S. 50; Schleusener/Suckow/Voigt-*Voigt*, § 10 AGG, Rn. 27.
719 *Adomeit/Mohr*, § 7 AGG Anhang 2, Rn. 32; *Bertelsmann*, AuR 1991, 124 (127); *Henssler/Tillmanns*, FS Birk, S. 179 (S. 180 f.); *Kamanabrou*, NZA 2006, Beilage zu Heft 3, 138 (142); Küttner, Personalbuch-*Kania*, Diskriminierung, Rn. 92; *Lingscheid*, S. 236; *Linsenmaier*, RdA 2003, Sonderbeilage zu Heft 5, 22 (29); Rust/Falke-*Bertelsmann*, § 10 AGG, Rn. 170; kritisch dazu *Körner*, NZA 2008, 497 (500) die sich gegen die pauschale Annahme wendet, dass bei qualifizierten Tätigkeiten Berufserfahrung die beruflichen Fähigkeiten steigert; *Wulfers/Hecht*, ZTR 2007, 475 (480), die aus Gründen der Praktikabilität und Rechtssicherheit die Staffelung nach Berufsjahren lediglich bei offensichtlich einfachen Tätigkeiten einschränken wollen.
720 *Rieble/Zedler*, ZfA 2006, 273 (284).
721 *Colneric*, EuZW 1991, 75; *Däubler*, NZA 1992, 577 (582); Schleusener/Suckow/Voigt-*Voigt*, § 10 AGG, Rn. 27.
722 *Däubler*, FS Gnade, S. 95 (S. 109); *Nicolai*, SAE 2006, 279 (280); *Pfarr*, Anmerkung zu BAG, AP Nr. 24 zu § 23a BAT; Schleusener/Suckow/Voigt-*Voigt*, § 10 AGG, Rn. 27; *M. Schmidt*, ZESAR 2007, 86 (87); *M. Schmidt/Senne*, RdA 2002, 80 (88).
723 Vgl. *Körner*, NZA 2008, 497 (500), die aber den Dequalifikationseffekt auch auf anspruchsvolle Tätigkeiten erstreckt.

gilt auch hier: Je einfacher die Tätigkeit ist, umso kürzer muss die Dauer der Staffelung sein.[724]

(2) Leitlinien für Tätigkeiten, bei denen es auf die Berufserfahrung ankommt

Im Hinblick auf den Zusammenhang von Berufserfahrung und beruflicher Qualifikation wird überwiegend auf die Unterscheidung zwischen einfachen und qualifizierten Tätigkeiten verwiesen. Es sei eine Frage der einzelnen Tätigkeit sei, ob eine längere Beschäftigungszeit sich qualifikationssteigernd auswirke.[725] Nur vereinzelt werden konkrete Leitlinien ins Feld geführt.

Danach werden einfache Arbeiten dadurch charakterisiert, dass sie relativ monoton seien und sich daher vergleichsweise schnell eine Routine einstelle.[726] Dies gelte insbesondere für einfache manuelle oder rein technische Tätigkeiten.[727] Als Beispiele werden Reinigungskräfte[728], Verwaltungsangestellte, die reine Schreibarbeiten ausführen,[729] oder die beiden unteren Vergütungsgruppen der Anlage 1a zum BAT[730] genannt. Das Bundesarbeitsgericht scheint davon auszugehen, dass auch diese einfachen Tätigkeiten von zusätzlicher Berufserfahrung profitieren. In der zugrunde liegenden Entscheidung hatten die Bundesrichter darüber zu urteilen, ob eine Tarifklausel zulässig war, die eine an die Beschäftigungszeit gekoppelte Zulage vorsah, wobei für die Berechnung eine etwaige Elternzeit unberücksichtigt blieb.[731] Sie stellten zunächst fest, dass diese Regelung das legitime Ziel verfolge, die zusätzliche Berufserfahrung zu honorieren.[732] Dem folgt die Feststellung, dass Berufserfahrung auch bei Tätigkeiten einfachster Art zu einem gesteigerten Wissen aufgrund der besseren Kenntnis der betrieblichen Abläufe führe.[733] Hierbei trifft allerdings

---

724 *Adomeit/Mohr*, § 7 AGG Anhang 2, Rn. 32; *Löwisch/Caspers/Neumann*, S. 36 ff.; *Rieble/Zedler*, ZfA 2006, 273 (295).
725 EuGH vom 7.2.1991, Rs. C-184/89 (Nimz), Rn. 14, AP Nr. 25 zu § 23a BAT; *Bauer/Göpfert/Krieger*, § 10 AGG, Rn. 30; *Boemke/Danko*, § 13, Rn. 33; *König*, FS Zuleeg, S. 341 (S. 351); *M. Schmidt/Senne*, RdA 2002, 80 (88).
726 GA *Maduro*, Schlussantrag vom 18.5.2006, Rs. C-17/05 (Cadman), Rn. 63, juris; *Nicolai*, SAE 2006, 279 (280); *M. Schmidt*, ZESAR 2007, 86 (87).
727 *Adomeit/Mohr*, § 7 AGG Anhang 2, Rn. 32; *König*, FS Zuleeg, S. 341 (S. 345); *Linsenmaier*, RdA 2003, Sonderbeilage zu Heft 5, 22 (29).
728 *Mayr*, European Law Reporter 2005, 167 (171).
729 *Mauer*, NZA 1991, 501 (502).
730 *Mauer*, NZA 1991, 501 (502), Fn. 14.
731 BAG vom 21.5.2008, Az. 5 AZR 187/07, AP Nr. 1 zu § 15 BEEG.
732 BAG vom 21.5.2008, Az. 5 AZR 187/07, Rn. 18, AP Nr. 1 zu § 15 BEEG.
733 BAG vom 21.5.2008, Az. 5 AZR 187/07, Rn. 20, AP Nr. 1 zu § 15 BEEG.

das höchste deutsche Arbeitsgericht keine Aussage darüber, im welchen Umfang bei diesen Tätigkeiten gestaffelt werden darf. Demgegenüber zeichnen sich qualifizierte Berufe durch ein „lebenslanges Lernen" aus,[734] sodass jeder Arbeitstag die Qualifikation des Beschäftigten verbessert.[735] Dies gilt u.a. für Personen mit Leitungsaufgaben.[736] Als konkrete Berufsgruppen werden Justiziare[737] und Lehrer[738] aufgeführt. Bei letzteren bestehe eine enge Verbindung zwischen Arbeitszeit und beruflichen Fähigkeiten, da erst durch die praktische Erfahrung der Lehrer mit Situationen und Problemen konfrontiert werde, durch die er seine pädagogischen und didaktischen Fähigkeiten weiter entwickeln könne.[739] Im Hinblick auf Berufe, die keinen Hochschulabschluss erfordern, wird die Bankkauffrau und Basisberaterin für Privatkunden genannt, die über die Vergabe von Krediten bis zu einem Wert von 50.000 Euro berät.[740]

Unabhängig von der Unterscheidung nach der Art der Tätigkeit wird darauf hingewiesen, dass die Bedeutung der Berufserfahrung gerade während der Ausbildungsphase besonders hoch sei, da besonders dann Qualifikationssteigerungen zu beobachten sind.[741]

Aus diesen Indizien lassen sich zwei Kriterien herausfiltern, die Aufschluss darüber geben, inwieweit Berufserfahrung für die jeweilige Aufgabe förderlich ist: die Komplexität der Tätigkeit und ihr sozialer Bezug. Darüber hinaus könnten die von den Anlagen 1a und 1b zum BAT aufgestellten Vergütungsgruppen, die sowohl für den TVöD als auch die TV-L gelten,[742] als Richtschnur für Berufsfelder genommen

---

734 *Adomeit/Mohr*, § 7 AGG Anhang 2, Rn. 32; vgl. *Lingscheid*, S. 229.
735 *Bauer/Göpfert/Krieger*, § 10 AGG, Rn. 30; *M. Schmidt*, ZESAR 2007, 86 (87); *M. Schmidt/Senne*, RdA 2002, 80 (88).
736 GA *Maduro*, Schlussantrag vom 18.5.2006, Rs. C-17/05 (Cadman), Rn. 63, juris; *Rieble/Zedler*, ZfA 2006, 273 (295).
737 *Däubler*, NZA 1992, 577 (582); ders., FS Gnade ,S. 95 (S. 109).
738 LAG Köln vom 5.7.1991, Az. 13/10 Sa 72/91, ZTR 1991, 434; *Däubler*, NZA 1992, 577 (582); anders aber dann *Däubler*, FS Gnade, S. 95 (S. 109).
739 LAG Köln vom 5.7.1991, Az. 13/10 Sa 72/91, ZTR 1991, 434 (435); bei der folgenden Revision hat das BAG diese Feststellungen nicht beanstandet, sondern aus anderen Gründen das Urteil aufgehoben, vgl. BAG vom 13.5.1992, Az. 4 AZR 393/91, Rn. 22.
740 ArbG Heilbronn vom 3.4.2007, Az. 5 Ca 12/07, Rn. 22; insoweit zustimmend *Maier*, AuR 2007, 392.
741 GA *Maduro*, Schlussantrag vom 18.5.2006, Rs. C-17/05 (Cadman), Rn. 63, juris; *Runggaldier*, ZAS 2007, 156 (159 f.); *M. Schmidt*, ZESAR 2007, 86 (87).
742 So verweisen die Überleitungstarifverträge vom BAT zu den TVöD (Bund), TVöD (VKA) und TV-L in §§ 17 TVÜ (Bund), 17 TVÜ (Länder) sowie 4 TVÜ (VKA) auf die Eingruppierungsregelung in § 22 Abs. 1 BAT, die wiederum auf die Anlagen I a und I b zum BAT Bezug nimmt; vgl. *von Steinau-Steinrück/Schmidt*, NZA 2006, 518 (519).

werden, die einen bestimmten Grad an Berufserfahrung voraussetzen, zumal das Regelwerk für zahlreiche Branchen und Berufe festlegt, welche Beschäftigtengruppen qualifizierte und weniger qualifizierte Arbeit leisten.

(a) Komplexität der Tätigkeit

Wichtigstes Kriterium ist die Komplexität. Komplexe Tätigkeiten erfordern eine vergleichsweise lange Einarbeitungszeit oder sind sogar so umfassend, dass der Beschäftigte auch noch in seinen letzten Arbeitsjahren etwas dazulernt. Unter diesem Blickwinkel setzt sich die berufliche Ausbildungsphase über einen längeren Zeitraum fort. Dies hat zur Folge, dass der Beschäftigte mit jedem Berufsjahr seine beruflichen Fähigkeiten verbessert.

Diese Voraussetzung erfüllen jedenfalls Tätigkeiten, die einen Hochschulabschluss erfordern, zumal das Studium nicht alle Aspekte eines Fachbereichs abdecken kann, weshalb eine weitere Vertiefung während der beruflichen Laufbahn erfolgt. Dadurch dass diese Berufsfelder auf Grundlagen zurückgehen, die Gegenstand aktueller Forschung sind, kann ebenfalls von einer stetigen Weiterentwicklung der Materie ausgegangen werden, was für den jeweiligen Beschäftigten ein lebenslanges Lernen zur Folge hat. Dementsprechend kann man Betätigungen dazu zählen, welche den Vergütungsgruppen I und II der Anlage 1a zum BAT unterfallen, die also eine wissenschaftliche Hochschulbildung oder vergleichbare Fähigkeiten erfordern. Bei Aufgaben, die auch ohne Hochschulabschluss oder vergleichbare Fähigkeiten bewältigt werden können, ist eine tätigkeitsbezogene Einzelfallprüfung gefragt. Es muss festgestellt werden, wie viel Zeit ein durchschnittlicher Arbeitnehmer benötigt, um seine Aufgaben optimal zu beherrschen. Damit wird auch den vom EuGH in seiner *Cadman*-Entscheidung aufgestellten Grundsätzen entsprochen, wonach es nicht auf den konkreten möglicherweise überdurchschnittlichen Angestellten ankommt, sondern eine typisierende, am Durchschnitt orientierte Betrachtung erfolgt. Wird die Zeitspanne zu hoch angesetzt, ist die Regelung insoweit unverhältnismäßig. Nimmt man wiederum Anlage 1a zum BAT zu Hilfe, so kann davon ausgegangen werden, dass mit aufsteigender Nummer der Vergütungsgruppe der Schwierigkeitsgrad der Tätigkeit und somit auch die Bedeutung beruflicher Erfahrung abnimmt.

Es zeigt sich, dass insbesondere die den Vergütungsgruppen VIII bis X zugeordneten Tätigkeiten innerhalb kurzer Zeit erlernt werden können, weshalb der Stellenwert zusätzlicher Berufserfahrung als gering zu veranschlagen ist. Laut dem Allgemeinen Teil der Anlage unterfallen z.B. der Vergütungsgruppe VIII die Bearbeitung von laufenden gleichartigen Geschäften oder das Entwerfen von Schreiben nach skizzierten Angaben. Von Vergütungsgruppe X sind vorwiegend mechanische Tätigkeiten erfasst. Allerdings kann auch bei diesen Arbeiten auf Berufserfahrung nicht gänzlich verzichtet werden, da auch hier eine gewisse Einarbeitungszeit erforderlich ist, damit die anfallenden Aufgaben routiniert ausgeführt werden können. Eine Staffelung, die sich über wenige Jahre erstreckt, ist hier zulässig. Dies entspricht auch der Rechtsprechung des BAG, das einen Erfahrungszugewinn auch bei einfachsten Tätigkeiten annimmt.[743]

(b) Tätigkeiten mit einem sozialen Bezug

Schließlich ist Berufserfahrung ein wichtiges Qualifikationskriterium für Berufe, die einen sozialen Bezug aufweisen. Kommt man also zum Ergebnis, dass eine Staffelung außer Verhältnis zur Komplexität der Aufgabe steht, kann geprüft werden, ob die sozialen Anforderungen der Tätigkeit die Unterscheidung rechtfertigen können. Zu dieser Art von Aufgaben zählen solche, die den Umgang mit Menschen zum Gegenstand haben. Die dafür erforderlichen sozialen Kompetenzen können fast ausschließlich in der praktischen Anwendung erworben werden. Damit sind Staffelungen nach Berufsjahren insbesondere bei erzieherischen, beratenden oder solchen Tätigkeiten, die mit Leitungsbefugnissen gegenüber anderen Beschäftigten einhergehen, zulässig.[744] Auch erfasst wären Berufsgruppen in der Pflegebranche. Diesen Kategorien würden beispielsweise Lehrer, Erzieher, Dozenten, Vermögensberater, Psychologen, Führungskräfte, aber auch Pflegepersonal unterfallen. Zu denken ist auch an Berufe, in denen es darauf ankommt, Kunden von einer Dienst- oder Sachleistung zu überzeugen. Das augenfälligste Beispiel wäre hier ein Verkäufer.

Aufgrund der vielfältigen Konstellationen, die im Umgang mit Menschen denkbar sind, und der verschiedenen möglichen Herangehensweisen ist ein großzügiger Maßstab für die Verhältnismäßigkeitsprüfung angebracht. Somit können sich entsprechende Vergütungsregelungen über einen längeren Zeitraum erstrecken, auch wenn sie einfache Aufgaben betreffen. Bezogen auf die Vergütungsgruppen der Anlage 1 a zum BAT kann beispielsweise eine längere Staffelungsdauer auch für

---

743 Vgl. BAG vom 21.5.2008, Az. 5 AZR 187/07, Rn. 20, AP Nr. 1 zu § 15 BEEG.
744 Insoweit kann auf die Berufsfelder verwiesen werden, für die Teile der Literatur eine Gehaltsstaffelung nach Lebensalter aufgrund zusätzlicher Lebenserfahrung als zulässig erachten, vgl. jeweils *Lingemann/Gotham*, NZA 2007, 663 (666); *Lingemann/Müller*, BB 2007, 2006 (2007); P/W/W-*Lingemann*, § 10 AGG, Rn. 11; Wendeling-Schröder/Stein-*Wendeling-Schröder*, § 10 AGG, Rn. 34.

weniger komplexe Tätigkeiten im Bereich des Sozial- und Pflegedienstes[745] rechtmäßig sein.

Dennoch muss im Rahmen des zweiten Kriteriums den Anforderungen des Verhältnismäßigkeitsgrundsatzes entsprochen werden. So ist zu prüfen, welche Anforderungen an die Sozialkompetenz gestellt werden und innerhalb welcher Beschäftigungszeit sie nach typisierender Betrachtung vollends erfüllt werden.

(3) Problem der Dequalifikation

Gegen eine Orientierung an der Komplexität sowie dem sozialen Bezug einer Tätigkeit könnte man einwenden, dass auch hier nach kurzer Zeit nicht mehr mit einer Leistungssteigerung zu rechnen sei. Möglich wäre sogar ein Leistungsrückgang. So wird vorgebracht, die fortlaufende Beschäftigung führe zu einer einseitigen Spezialisierung und zusätzlich zu einem Qualifikationsrückgang, da ältere Beschäftigte oftmals von den erforderlichen Weiterbildungsmaßnahmen ausgeschlossen würden.[746] Aber auch bei Tätigkeiten, die den Umgang mit Menschen zum Gegenstand haben, könne man an eine Leistungsminderung denken. So sei ein Lehrer, der mit demselben Lateinbuch zum zehnten Mal versucht, Schülern etwas beizubringen, frustriert, worunter seine didaktischen Fähigkeiten leiden würden.[747]

Dagegen spricht allerdings, dass nach der hier maßgeblichen, vom EuGH in seiner *Cadman*-Entscheidung festgelegten abstrakt-generellen Betrachtung komplexe Arbeiten eine Vielzahl unterschiedlicher Konstellationen bereithalten, die der Beschäftigte im Verlauf seines Berufslebens meistern muss. So setzen beispielsweise Tätigkeiten, die ein Studium erfordern, umfassende Kenntnisse der Materien voraus, die während der Beschäftigungszeit erweitert und vertieft werden. Grundsätzlich ist hierbei nicht von einer Dequalifikation als vielmehr von einer Spezialisierung auszugehen. Zum einen erkennt der Beschäftigte, welche in der Ausbildungszeit erworbenen Kenntnisse praktisch und damit für die von ihm zu verrichtende Arbeit relevant sind und zum anderen kann er sich in einen für seine Tätigkeit maßgeblichen Teilbereich einarbeiten. Sofern dennoch eine Dequalifikation vorliegt, da der Arbeitgeber ältere Beschäftigte ohne sachlichen Grund von Fortbildungsveranstaltungen ausschließt, haben diese die Möglichkeit, auf Unterlassung zu klagen. Das mit dem AGG eingeführte Verbot der Altersdiskriminierung steht ihnen insoweit zur Seite.

---

745 Anlage 1 a zum BAT, Teil II G.
746 *Körner*, NZA 2008, 497 (500).
747 *Däubler*, FS Gnade, S. 95 (S. 109).

Aber auch bei Berufen, die sich maßgeblich auf Sozialkompetenz stützen, ist typischerweise nicht von einer Dequalifikation auszugehen. Einerseits treffen die Beschäftigten im Verlauf ihres Arbeitslebens unterschiedliche Persönlichkeiten an, auf die sie sich entsprechend einstellen müssen, und andererseits bietet ihnen eine längere Berufsdauer die Gelegenheit, verschiedene Herangehensweisen im Umgang mit diesen Personen auszuprobieren. Beispielsweise kann ein Lehrer bei gleich bleibenden Lehrplan und Lehrmitteln verschiedene Unterrichtsmethoden verwenden. Verkäufer können im Laufe ihrer Beschäftigung überprüfen, inwieweit bestimmte Verkaufs- oder Marketingstrategien von der Kundschaft positiv aufgenommen werden.

4. Erfordernis der beruflichen Bewährung

Eine schlechtere Bezahlung von Arbeitnehmern mit kürzeren Beschäftigungszeiten könnte zulässig sein, da sie sich im Unterschied zu ihren bevorzugten Kollegen bei der Arbeit noch nicht ausreichend bewährt haben.

Die Bewährung als Tatbestandsausschluss bzw. als Rechtfertigungsgrund wurde für den sog. Bewährungsaufstieg nach § 23a BAT diskutiert, der für bestimmte Beschäftigte nach einer gewissen Zeit den Aufstieg in eine höhere Vergütungsgruppe vorsieht.[748] Durch die Regelung wird nicht nur die mögliche steigende Qualifikation berücksichtigt, sondern ebenfalls die beanstandungsfreie Beschäftigungszeit.[749] Es soll gezeigt werden, ob der Arbeitnehmer die gestellten Anforderungen auf Dauer erfüllen kann.[750] Der Arbeitgeber weiß nämlich bei Berufsanfängern nicht, inwiefern sie das während ihrer Ausbildung Erlernte auch in der beruflichen Praxis anwenden können. Aufgrund dieser Ungewissheit wird das Entgelt in den ersten Beschäftigungsjahren zurückgehalten, bis sich dann gezeigt hat, dass die Mitarbeiter den Anforderungen gewachsen sind. Ein Arbeitnehmer, der vormals bei einem anderen Arbeitgeber mit vergleichbaren Aufgaben betraut war, hat sich insoweit in seiner Tätigkeit bewährt. Seine Beschäftigungszeit muss in die Bewährungszeit mit einbezogen werden. Diesem Kriterium entspricht der angesprochene § 23a BAT nicht, da nur solche Zeiten berücksichtigt werden, die der Beschäftigte bei einem BAT-gebundenen Arbeitgeber verbracht hat.

---

748 *Däubler*, FS Gnade, S. 95 (S. 99); *ders.*, NZA 1992, 577 (582); *Mauer*, NZA 1991, 501 (502); *Pfarr*, Anmerkung zu BAG, AP Nr. 16 zu § 23a BAT.
749 *Däubler*, FS Gnade, S. 95 (S. 109); *Mauer*, NZA 1991, 501 (502).
750 *Däubler*, FS Gnade, S. 95 (S. 99); *Pfarr*, Anmerkung zu BAG, AP Nr. 16 zu § 23a BAT, die vom „Bestehen eines Dauertests" spricht.

Stellt man auf die berufliche Bewährung ab, so ist nur eine zeitlich begrenzte Unterscheidung rechtmäßig. Bei einfachen mechanischen Tätigkeiten ist sie sogar gänzlich unzulässig. Bei ihnen ist schon nach wenigen Monaten ersichtlich, ob der Arbeitnehmer seine Aufgaben ordnungsgemäß erledigen kann. Wie schon bei der unterschiedlichen Behandlung aufgrund von zusätzlicher Berufserfahrung, bestimmt sich auch hier der zulässige Zeitraum für die Staffelung danach, wie komplex die Tätigkeit ist. Arbeiten mit hohen Anforderungen zeichnen sich dadurch aus, dass der Beschäftigte entweder mehrere unterschiedliche Aufgaben wahrnehmen oder aber sich mit unterschiedlichen Konstellationen in einem Arbeitsbereich auseinandersetzen muss. Dementsprechend kann erst nach einigen Jahren eine verlässliche Aussage darüber getroffen werden, ob der Beschäftigte dem Anforderungsprofil entspricht. Allerdings wird man nicht davon ausgehen können, dass die Bewährungszeit über die Phase hinaus reicht, welche erforderlich ist, um die bestmögliche Qualifikation aufgrund von Berufserfahrung zu erreichen. Kann somit die mittelbare Benachteiligung nicht mit der Honorierung von zusätzlicher Berufserfahrung ausgeschlossen werden, führt der Rückgriff auf die berufliche Bewährung zu keinem anderen Ergebnis.

5. Fazit

Eine Entgeltstaffelung, die an die zurückgelegte Beschäftigungsdauer anknüpft, ist grundsätzlich zulässig, da sie zunächst die gesteigerte Berufserfahrung der Beschäftigten honoriert, die es dem Mitarbeiter wiederum ermöglicht, seine konkrete Aufgabe besser zu verrichten. Dieses Ziel kann aber nur erreicht werden, soweit ausschließlich solche Beschäftigungsjahre einbezogen werden, die der Arbeitnehmer auf einem vergleichbaren Arbeitsplatz absolviert hat. Nur die dadurch gewonnene Erfahrung ist für die aktuelle Tätigkeit relevant. Der zulässige Umfang solcher Unterscheidungen bei der Vergütung richtet sich abstrakt nach der zu verrichtenden Tätigkeit, sofern die Regelungen auf ein Entgeltsystem zurückgehen.

Es kommt zunächst darauf an, wie komplex die Arbeit ist. Während Aufgaben, die einen Studienabschluss oder eine vergleichbare Befähigung erfordern, eine lange oder bei hohen Anforderungen sogar eine unbegrenzte Staffelung zulassen, erlauben einfache Tätigkeiten, in die sich die Beschäftigten regelmäßig schnell eingearbeitet haben, eine Ungleichbehandlung nur über wenige Jahre. Im Übrigen muss anhand der einzelnen Tätigkeit geprüft werden, welchen Stellenwert zusätzliche Beschäftigungszeiten einnehmen. Als Leitfaden kann auf die Vergütungsgruppen der Anlage 1 a zum BAT verwiesen werden.

Steht der Zeitraum, in dem nach Beschäftigungsjahren unterschieden wird, außer Verhältnis zur Komplexität der anfallenden Aufgaben, so ist zu prüfen, ob sich eine Rechtfertigung aus den besonderen Anforderungen an die Sozialkompetenz ergibt. Davon kann u.a. bei erzieherischen, pflegerischen, beratenden und leitenden Berufsfeldern ausgegangen werden.

Darüber hinaus berücksichtigen nach Berufsjahren gestaffelte Tarifnormen, dass sich der Arbeitnehmer zunächst in seiner Tätigkeit bewähren muss, ehe er die angemessene Vergütung erhält. Die berufliche Bewährung ermöglicht aber keine über die Honorierung der Berufserfahrung hinausgehende Legitimation der Vergütungsvorschriften.

Damit sind die meisten bestehenden Tarifwerke nicht altersdiskriminierend, da sich ihre Staffelung über wenige Jahre erstreckt. Dies gilt z.B. für § 8 Abs. 3 des Bundesentgelttarifvertrags für die chemische Industrie, der über einen vergleichsweise kurzen Zeitraum staffelt. Aber auch § 2 des Gehaltstarifvertrags für Redakteurinnen und Redakteure an Tageszeitungen ist mit dem AGG vereinbar. Zum einen handelt es sich hier um eine anspruchsvolle Arbeit, die eine saubere Recherche und ein strukturiertes Abfassen der Informationen erfordert. Auf der anderen Seite spielen hier auch soziale Kompetenzen des Redakteurs beim Aufbau und Erhalt eines Informationsnetzwerks eine Rolle.

Vertragswerke, die auf die Staffelung des BAT verweisen und die Lebensaltersstufen durch die zurückgelegten Berufsjahre ersetzen, sind allerdings insoweit unzulässig, als dass auch bei den untersten Vergütungsgruppen über einen längeren Zeitraum gestaffelt wird. Auch die dargestellte Regelung des Gehaltstarifvertrags für medizinische Fachangestellte/ Arzthelferinnen ist diskriminierungsrechtlich problematisch. Obgleich es sich um einen pflegerischen Beruf handelt, der eine gewisse soziale Kompetenz fordert und mit der Zeit generiert, werden regelmäßig einfache Tätigkeiten ausgeführt. Die Regelung ist jedenfalls unverhältnismäßig. Dies gilt zum einen im Hinblick auf die Gehaltsunterschiede innerhalb einer Tätigkeitsgruppe als auch den 30jährigen Differenzierungszeitraum. Dass innerhalb dieser Zeitspanne immer wieder neue berufsfördernde Fähigkeiten erlangt werden, darf bezweifelt werden.

III. Anknüpfung an die „Betriebszugehörigkeit"

In der deutschen Tariflandschaft finden sich auch Regelungen, die das Grundgehalt nach der sog. Betriebszugehörigkeit staffeln. Der Begriff ist etwas irreführend. Das Einkommen steigt dabei nicht nur dann, wenn der Arbeitnehmer über einen bestimmten Zeitraum in einem Betrieb arbeitet. Maßgeblich ist der Verbleib bei einem Unternehmen oder bei einem Arbeitgeber.[751] Dies ist auch sinnvoll, denn andernfalls könnten senioritätsbezogene Privilegien der Beschäftigten durch bloße Umstrukturierungsmaßnahmen oder Versetzungen aufgehoben werden.

So staffelt z.B. der Gehaltstarifvertrag für das Bankgewerbe[752] gem. § 2 lit. c nach Berufsjahren, wobei nach § 8 Nr. 3 des MTV Banken[753] unter Berufsjahren solche Jahre zu verstehen sind, die der Arbeitnehmer bei einem Bank- oder Kreditinstitut tätig war. Der Umfang der Staffelung fällt bei den Vergütungsgruppen unterschiedlich aus. Er steigt zunächst bis zu den mittleren Vergütungsgruppen an und fällt dann wieder ab. Während für Beschäftigte mit einfachsten Tätigkeiten ab dem siebten Berufsjahr kein Anstieg mehr erfolgt, reicht die Staffelung bei der mittleren Gruppe T 5 bis zum Elften. Auffällig ist, dass bei den besser qualifizierten Arbeitnehmern die Unterscheidung nach Betriebszugehörigkeit später einsetzt. So erfolgt die Differenzierung nach Beschäftigungszeiten in der höchsten Vergütungsgruppe zwischen dem neunten und elften Berufsjahr. Grund für den späten Beginn ist, dass es sich dabei um Aufgaben handelt, die hohe Anforderungen stellen und mit Leitungsaufgaben verbunden sind. Diese werden regelmäßig Personen anvertraut, welche sich über einen längeren Zeitraum hinweg im Unternehmen bewährt haben.

Eine weitere wichtige Staffelung nach Betriebszugehörigkeit findet sich in §§ 16 Abs. 4 TVöD (Bund) sowie 16 Abs. 3 TVöD (VKA), die ebenfalls den Gehaltsanstieg davon abhängig machen, dass der Beschäftigte bei einem Arbeitgeber verbleibt. Als Arbeitgeber wird dabei die juristische Person verstanden, mit der der Arbeitsvertrag abgeschlossen wurde, und nicht etwa die Dienststelle oder Behörde, für die der Arbeitnehmer konkret arbeitet.[754] Danach haben die oberen Entgeltgruppen 9 bis 15 fünf und die unteren 2 bis 8 sechs Stufen. Mit jeder neuen Stufe verlängert sich der Aufstieg in die nächste um ein Jahr. So muss der Beschäftigte ein

---

751 *Adomeit/Mohr*, § 7 AGG Anhang 2, Rn. 33; Rust/Falke-*Bertelsmann*, § 10 AGG, Rn. 35; Schleusener/Suckow/Voigt-*Voigt*, § 10 AGG, Rn. 29; *Temming*, S. 121 f.; vgl. jeweils BAG vom 13.3.2007, Az. 1 AZR 262/06, OS Nr. 2, AP Nr. 183 zu § 112 BetrVG 1972, wonach unter die Betriebszugehörigkeit Beschäftigungszeiten bei einem Arbeitgeber unterfallen, sofern ein enger sachlicher Zusammenhang der Arbeitsverhältnisse vorliegt; *Wulfers/Hecht*, ZTR 2007, 475 (480), denen zufolge die Staffelung nach Betriebszugehörigkeit das Ziel hat, die Beschäftigten an den *Arbeitgeber* zu binden.
752 Gehaltstarifvertrag für das private Bankengewerbe, die öffentlichen Banken, die Bausparkassen und die Sparkasse Saar vom 13.12.2002, in der Fassung vom 22.4.2009.
753 Manteltarifvertrag für das private Bankengewerbe, die öffentlichen Banken, die Bausparkassen und die Sparkasse Saar vom 24.8.1978, in der Fassung vom 22.6.2006.
754 BeckOK TVöD-*Felix*, § 16 TVöD (Bund), Rn. 42.

Jahr in Stufe 1 tätig gewesen sein, um in Stufe 2 aufzusteigen. Stufe 3 erreicht er dann nach zwei Jahren in Stufe 2 usw.[755] Dadurch erstreckt sich der Staffelungszeitraum für die qualifizierten Tätigkeiten über zehn und für die Einfacheren über 15 Jahre. Die unterste Entgeltgruppe 1 hat fünf Stufen. Hier erfolgt der Anstieg einheitlich alle vier Jahre, sodass sich bei den einfachsten Tätigkeiten die Staffelung über 16 Jahre erstreckt.[756]

Mit der Ausrichtung an der Betriebszugehörigkeit werden drei Ziele verfolgt. Wie bei der Unterscheidung nach Beschäftigungsjahren, so soll auch hier einerseits der gestiegenen Berufserfahrung des Beschäftigten Rechnung getragen und andererseits dem Arbeitgeber die Möglichkeit eingeräumt werden, das volle Gehalt zurückzubehalten, bis sich der Beschäftigte auf seiner Arbeitsstelle bewährt hat. Als zusätzlicher Aspekt tritt die Honorierung von Betriebs- bzw. Unternehmenstreue hinzu.[757] Dementsprechend wird die Vergütung nach der Dauer der Betriebszugehörigkeit überwiegend für zulässig erachtet.[758] Da die entsprechenden Tarifklauseln nicht unmittelbar an das Alter anknüpfen, werden sie in der Regel von den Arbeitnehmern akzeptiert.[759] Auch in anderen Rechtsordnungen werden Regelungen, die Vorteile von der Seniorität des Arbeitnehmers abhängig machen, als grundsätzlich unbedenklich eingestuft. Prominentestes Beispiel ist § 623 (f) (2) (A) des US-amerikanischen *Age Discrimination Acts* (ADEA), wonach Arbeitsbedingungen, die an die Betriebszugehörigkeit anknüpfen, grundsätzlich zulässig sind, außer

---

755 Eine Ausnahme von diesem starren Aufstieg gilt, wenn die relevante Berufserfahrung des Beschäftigten angerechnet wird (§§ 16 Abs. 2 und 3 TVöD (Bund) sowie 16 Abs. 2 TVöD (VKA)) oder bei stark über- oder unterdurchschnittlichen Leistungen des Arbeitnehmers (§ 17 Abs. 2 TVöD).
756 Weitere Beispiele finden sich bei *Löwisch/Caspers/Neumann*, S. 18 ff.; Rust/Falke-*Bertelsmann*, § 10 AGG, Rn. 171.
757 *Adomeit/Mohr*, § 7 AGG Anhang 2, Rn. 31; *Bauer/Göpfert/Krieger*, § 10 AGG, Rn. 30; Däubler/Bertzbach-*Brors*, § 10 AGG, Rn. 59; *Kamanabrou*, NZA 2006, Beilage zu Heft 3, 138 (142); *Körner*, NZA 2008, 497 (500); *Lingscheid*, S. 236; *Meinel/Heyn/Herms*, § 10 AGG, Rn. 48; *Rieble/Zedler*, ZfA 2006, 273 (283); *M. Schmidt*, ZESAR 2007, 86 (88); *Senne*, S. 198 ff.; *Wendeling-Schröder/Stein-Wendeling-Schröder*, § 10 AGG, Rn. 10; *Wulfers/Hecht*, ZTR 2007, 475 (480).
758 *Bauer*, FS Adomeit, S. 25 (S. 38 ff.); *Bauer/Göpfert/Krieger*, § 10 AGG, Rn. 30; *Bauschke*, § 10 AGG, Rn. 9; *Bissels/Lützeler*, BB 2008, 666 (667); *Hahn*, S. 128; *Hanau*, ZIP 2006, 2189 (2197); *Hanau/Preis*, ZfA 1988, 177 (198); *Linsenmaier*, RdA 2003, Sonderbeilage zu Heft 5, 22 (29); *Löwisch*, DB 2006, 1729 (1731); *Wiedemann/Thüsing*, NZA 2002, 1234 (1241); vgl. *Lingemann/Gotham*, NZA 2007, 663 (666), wonach die Vergütung nach Betriebszugehörigkeit im Regelfall zulässig ist.
759 *Hahn*, S. 128.

wenn sie zu einer Umgehung des ADEA führen.[760] Ebenso legt § 34 (7) des irischen *Employment Equality Acts* fest, dass eine senioritätsabhängige Vergütung keine unzulässige Benachteiligung darstellt.

Dennoch weisen jüngere Beschäftigte regelmäßig kürzere Beschäftigungszeiten und eine kürzere Betriebszugehörigkeit als ihre älteren Kollegen auf, sodass eine mittelbare Benachteiligung vorliegen kann.[761] Es muss genau geprüft werden, ob sie durch ein legitimes Ziel i.S.d. § 3 Abs. 2 Hs. 2 AGG tatbestandlich ausgeschlossen ist.

1. Honorierung zusätzlicher Berufserfahrung

Als legitimes Ziel, das die mittelbare Benachteiligung bei Vergütungsklauseln nach Betriebszugehörigkeit ausschließt, wird von einem Großteil der Literatur eine gesteigerte Erfahrung angeführt, die mit der längeren Berufstätigkeit einhergehe.[762] Auch der EuGH scheint von dieser Prämisse auszugehen. Seine Ausführungen in der Rechtssache *Cadman*,[763] wonach ein höheres Dienstalter regelmäßig die Berufserfahrung steigere,[764] bezogen sich auf ein Entgeltssystem, das nach der Beschäftigungsdauer in einem Unternehmen unterschieden hat.[765] Gegen einen solchen Tatbestandsausschluss wird eingewandt, dass die Vergütung nach Betriebszugehörigkeit nicht die zusätzliche Qualifikation honoriere,[766] zumal Beschäftigungszeiten

---

760 Eine ähnliche Privilegierung für Senioritätssysteme findet sich in § 703 (h) von Title VII des Civil Rights Acts, der die Diskriminierung aufgrund von Religion, Herkunft, Geschlecht oder Rasse untersagt; ausführlich zu der Rechtfertigung von Senioritätssystemen nach dem ADEA *Fenske*, S. 196 ff.
761 *Bauer*, FS Adomeit, S. 25 (S. 38 f.); *Lingemann/Gotham*, NZA 2007, 663 (666); *Lingscheid*, S. 203, 236; MüKo-*Thüsing*, § 10 AGG, Rn. 17, 53; Rust/Falke-*Bertelsmann*, § 10 AGG, Rn. 173; *M. Schmidt*, ZESAR 2007, 86 (88); *M. Schmidt/Senne*, RdA 2002, 80 (88); *Waltermann*, ZfA 2006, 305 (313); *Wernsmann*, JZ 2005, 224 (227); *Zedler*, NJW 2007, 49; *Zöllner*, GS Blomeyer, S. 517 (S. 527).
762 *Däubler*, FS Gnade, S. 95 (S. 98); Däubler/Bertzbach-*Brors*, § 10 AGG, Rn. 59, wobei auch in diesem Rahmen darauf aufmerksam gemacht wird, dass die Bedeutung der Berufserfahrung von der Art der auszuübenden Tätigkeit abhängt; *Henssler/Tillmanns*, FS Birk, S. 179 (S. 180 f.); *Kuras*, RdA 2003, Sonderbeilage zu Heft 5, 11 (19); *Lingemann/Gotham*, NZA 2007, 663 (666); *Lingemann/Müller*, BB 2007, 2006 (2007); *Temming*, S. 122, 517; *von Hoff*, S. 336 ff.
763 Ausführlich zum Urteil siehe oben 3. Kapitel B. II. 3. a) cc).
764 EuGH vom 3.10.2006, Rs. C-17/05 (Cadman), Rn. 35, AP Nr. 15 zu Art. 141 EG-Vertrag.
765 Vgl. EuGH vom 3.10.2006, Rs. C-17/05 (Cadman), Rn. 13, AP Nr. 15 zu Art. 141 EG-Vertrag.
766 So pauschal *Gamillscheg*, FS Floretta, S. 171 (180 f.), der Betriebszugehörigkeit zu den Faktoren zählt, die nichts mit der Arbeitsleistung zu tun haben.

unberücksichtigt blieben, die auf einem vergleichbaren Arbeitsplatz aber bei einem anderen Arbeitgeber absolviert wurden, obwohl diese Tätigkeiten auch die Berufserfahrung und damit die Qualifikation des Beschäftigten steigerten.[767]
Beide Standpunkte sind zu pauschal. Es bietet sich vielmehr eine differenzierte Betrachtungsweise an.[768] Dadurch dass fremde Beschäftigungszeiten außen vor bleiben, werden jedenfalls nicht die allgemeinen fachlichen Fähigkeiten honoriert, da für diesen Zweck die Berücksichtigung der Berufserfahrung als milderes Mittel zur Verfügung steht.[769] Es kommt demgegenüber auf unternehmensbezogene Qualifikationen an. Je länger ein Arbeitnehmer für ein Unternehmen gearbeitet hat, desto eher ist er mit den besonderen Verhältnissen vertraut und kann daher seine Arbeit besser und schneller verrichten.[770] Dies gilt zum einen für die Bedienung bestimmter Betriebsmittel, zum anderen auch für die Kenntnis betrieblicher oder unternehmerischer Abläufe und Umgangsformen. Des Weiteren können der Arbeitgeber bzw. die zuständigen Vorgesetzten bei einem Beschäftigten mit langer Betriebszugehörigkeit besser einschätzen, wo seine Stärken und Schwächen liegen, sodass sie die anfallenden Aufgaben optimal verteilen können.

Diese Vorteile rechtfertigen allerdings nur eine begrenzte Staffelung nach Betriebszugehörigkeit, da sich regelmäßig die Beschäftigten schon nach wenigen Jahren mit den Besonderheiten ihres Betriebs und Unternehmens auskennen und ihre Vorgesetzten sie dann im ausreichenden Maße einschätzen können. Um eine weitergehende Unterscheidung, die die Belohnung von Qualifikation zum Ziel hat, annehmen zu können, müssen zusätzliche Faktoren hinzutreten. So wäre ein großzügiger Maßstab bei Unternehmen möglich, die entweder hoch spezialisiert sind, fortlaufend ihre Beschäftigten weiterbilden, oder einen Arbeitsablauf haben, der sich wesentlich von den übrigen Arbeitgebern unterscheidet. Im ersten Fall ist die Betriebszugehörigkeit entscheidend für die spezifischen beruflichen Fähigkeiten, weil die relevanten Kenntnisse grundsätzlich nur in dem Unternehmen erworben

---

767 *Bertelsmann*, AuR 1991, 124 (127); *Rieble/Zedler*, ZfA 2006, 273 (285); Rust/Falke-Bertelsmann, § 10 AGG, Rn. 33.
768 In diese Richtung *Sprenger*, S. 216.
769 *Sprenger*, S. 216; a.A. *von Hoff*, S. 339 f., dem zufolge auch die allgemeine Qualifikation honoriert werde und der Verweis auf die Berücksichtigung der Berufsjahr nicht zwingend sei, da es sich für den Arbeitgeber als schwierig erweisen könnte, festzustellen, welche fremden Beschäftigungszeiten für die aktuelle Stelle förderlich sind.
770 *Temming*, S. 122 f.; vgl. jeweils *Däubler*, FS Gnade, 95 (98), wonach durch Senioritätsregelungen der steigende Grad an Einarbeitung belohnt wird; Däubler/Bertzbach-*Däubler*, § 7 AGG, Rn. 249, der darauf hinweist, dass bei längerer Betriebszugehörigkeit sich eine betriebsspezifische Qualifikation herausbildet; *Kamanabrou*, NZA 2006, Beilage zu Heft 3, 138 (142), die diesen Aspekt aber im Rahmen der Betriebstreue und nicht der Qualifikation anspricht.

werden können. Von einer erhöhten Qualifikation der Beschäftigten mit einer längeren Betriebszugehörigkeit könnte man ausgehen, soweit das Unternehmen oder der Betrieb regelmäßig in die Weiterbildung seiner Mitarbeiter investiert. Letztlich kann aber der Arbeitgeber auch nachweisen, dass sich seine betrieblichen Abläufe wesentlich von anderen unterscheiden. Zu denken wäre beispielsweise an ein Unternehmen mit einer einzigartigen Fertigungsmethode. Der Nachweis dieser zusätzlichen Faktoren dürfte sich aber in der Praxis als schwierig erweisen, da der Arbeitgeber aufzeigen müsste, dass die aufgrund der Berufstätigkeit oder Weiterbildung erlangten Qualifikationen nicht bei einem anderen Unternehmen erworben werden können. Daher wird es bei dem Grundsatz bleiben, dass die Honorierung der unternehmensspezifischen Qualifikation nur begrenzt Differenzierungen nach Betriebszugehörigkeit zulässt.

2. Erfordernis einer beruflichen Bewährung

Die nach Betriebszugehörigkeit gestaffelten Regelungen können dem legitimen Ziel dienen, festzustellen, ob die neu eingetreten Beschäftigten ihrer Tätigkeit gewachsen sind. Indem der Arbeitgeber seinen neuen Arbeitnehmer zunächst nicht das volle Gehalt auszahlt, reduziert er das Risiko eines personellen Fehlgriffs.[771]

Soweit allerdings die allgemeinen fachlichen Voraussetzungen auf die Probe gestellt werden sollen, ist eine Unterscheidung nach Betriebszugehörigkeit in den meisten Fällen unverhältnismäßig. Dadurch wird nämlich außer Acht gelassen, dass sich der Beschäftigte auch bei anderen Arbeitgebern bewährt haben könnte.

Ausnahmsweise darf der Arbeitgeber verlangen, dass seine neuen Beschäftigten ihre allgemeinen fachlichen Qualifikationen gerade in seinem Betrieb oder Unternehmen unter Beweis stellen. So sind Positionen denkbar, bei denen es für ihn zu riskant wäre, sich auf das Urteil seiner Konkurrenten zu verlassen. Dazu zählen Tätigkeiten, in denen ein Qualifikationsdefizit zu erheblichen wirtschaftlichen Schäden führen kann. Das Kriterium ist insbesondere bei Führungskräften oder sonstigen Mitarbeitern erfüllt, die in die Lage versetzt werden, eigenverantwortlich Entscheidungen zu treffen, die für das Unternehmen oder den Betrieb von erheblicher Bedeutung sein können. Von der Ausnahme wären z.B. die Angehörigen der höchsten Entgeltsgruppe des Manteltarifvertrags Banken erfasst. Der Tarifgruppe 9 gehören u.a. Kundenberater mit besonderen Anforderungen sowie Geschäfts- und Zweigstellenleiter an.

---

771 *Rieble/Zedler*, ZfA 2006, 273 (285).

Kann eine entsprechende wirtschaftliche Bedeutung der Arbeitnehmer nicht dargelegt werden, ist es immer noch möglich, darauf zu verweisen, dass es weniger auf die allgemeinen fachlichen Kenntnisse ankommt, als vielmehr auf die betriebs- bzw. unternehmensspezifischen. Dies gilt für die angesprochenen hoch spezialisierten Betriebe.[772] Der Arbeitgeber muss somit nachweisen, dass sich die Anforderungen in seinem Betrieb oder Unternehmen so von den übrigen unterscheiden, dass nur anhand der bei ihm verbrachten Beschäftigung eine Aussage darüber getroffen werden kann, ob der Arbeitnehmer für die Stelle geeignet ist.

Der EuGH dürfte an den Nachweis strenge Anforderungen stellen, wie man seiner Entscheidung in der Rechtssache *Schöning-Kougebetopoulou*[773] entnehmen kann. Die Klägerin des Ausgangsverfahrens hatte die griechische Staatsbürgerschaft und war als Fachärztin im öffentlichen Dienst der Freien und Hansestadt Hamburg beschäftigt. Damit unterfiel sie dem BAT. Dieser sah eine Höhergruppierung für Ärzte vor, die acht Jahre lang im Geltungsbereich des Tarifvertrags beschäftigt waren. Die Fachärztin verlangte vor dem Arbeitsgericht Hamburg die Höhergruppierung mit dem Hinweis auf ihre Beschäftigungszeiten in Griechenland. Daraufhin wandte sich das Arbeitsgericht an den EuGH, der klären sollte, ob ein Verstoß gegen die europäische Arbeitnehmerfreizügigkeit vorlag. Um sich ein umfassendes Bild zu verschaffen, bat der Gerichtshof die Mitgliedsstaaten um Auskunft, inwieweit sie Dienstzeiten anerkennen würden, die in einem anderen EG-Staat absolviert wurden. Die Anfrage wurde von zwölf Regierungen beantwortet und verdeutlichte die unterschiedlichen Herangehensweisen bei der Bewertung von Leistung und Beschäftigungszeiten im öffentlichen Dienst.[774] Auch die an der mündlichen Verhandlung beteiligte spanische und französische Regierung verwiesen auf die unterschiedliche Organisation und die nicht harmonisierten Karrierestrukturen des öffentlichen Dienstes in den Mitgliedsstaaten, weshalb sie eine Diskriminierung verneinten.[775] Trotz der strukturellen Unterschiede im öffentlichen Dienst der Mitgliedsstaaten hat der EuGH eine unzulässige Benachteiligung ange-

---

772 Siehe oben 3. Kapitel B. III. 1.
773 EuGH vom 15.1.1998, Rs. C-15/96 (Schöning-Kougebetopoulou), AP Nr. 1 zu Art. 48 EG-Vertrag.
774 GA *Jacobs*, Schlussantrag vom 17.7.1997, Rs. C-15/96 (Schöning-Kougebetopoulou) Rn. 24 ff., juris, mit Einzelheiten zu den unterschiedlichen nationalen Regelungen; *von Danwitz*, JZ 1998, 563 (564).
775 EuGH vom 15.1.1998, Rs. C-15/96 (Schöning-Kougebetopoulou), Rn. 18, AP Nr. 1 zu Art. 48 EG-Vertrag; GA *Jacobs*, Schlussantrag vom 17.7.1997, Rs. C-15/96 (Schöning-Kougebetopoulou), Rn. 19, juris.

nommen.⁷⁷⁶ Er setzte sich mit dem erhobenen Einwand nicht näher auseinander, sondern stellte prägnant fest, gegen das Vorliegen einer Benachteiligung spreche nicht, dass Organisation und Tätigkeit des öffentlichen Dienstes in den Mitgliedsstaaten unterschiedlich geregelt seien.⁷⁷⁷ Der Generalanwalt hat in seinem Schlussantrag zwar Unterschiede eingeräumt, allerdings erfüllten die Beschäftigten im Wesentlichen ähnliche Aufgaben.⁷⁷⁸

3. Honorierung von Betriebstreue

Darüber hinaus ist die Honorierung der sog. Betriebstreue als legitimes Ziel bei Regelungen anerkannt, die nach Betriebszugehörigkeit unterscheiden.⁷⁷⁹ Kann also die mittelbare Benachteiligung mit der Förderung der unternehmensspezifischen Qualifikation oder einer erforderlichen Bewährungszeit nicht oder nicht in dem jeweiligen Umfang ausgeschlossen werden, ist zusätzlich dieser Ausschlussgrund zu berücksichtigen.⁷⁸⁰ Mit der Belohnung von Betriebstreue sollen die Beschäftigten stärker an ihren Arbeitgeber gebunden werden.⁷⁸¹ Ziel ist die Identifikation mit dem Unternehmen, sodass sich eine sog. *„corporate identity"* einstellt.⁷⁸² Inwieweit die Staffelung der Grundvergütung nach Betriebszugehörigkeit im konkreten Fall den Zweck erfüllen kann, bestimmt sich nach objektiven Kriterien.⁷⁸³ So muss nachgewiesen werden, dass die Regelungen überhaupt geeignet sind, die Beschäftigten an

---

776 EuGH vom 15.1.1998, Rs. C-15/96 (Schöning-Kougebetopoulou), Rn. 22 ff., AP Nr. 1 zu Art. 48 EG-Vertrag.
777 EuGH vom 15.1.1998, Rs. C-15/96 (Schöning-Kougebetopoulou), Rn. 24, AP Nr. 1 zu Art. 48 EG-Vertrag.
778 GA *Jacobs*, Schlussantrag vom 17.7.1997, Rs. C-15/96 (Schöning-Kougebetopoulou), Rn. 25, juris.
779 EuGH vom 30.9.2003, Rs. C-224/01 (Köbler), Rn. 83, NJW 2003, 3539 (3542); EuGH vom 10.3.2005, Rs. C-196/02 (Nikoloudi), Rn. 63, AP Nr. 14 zu Art. 141 EG-Vertrag; *Bauer*, FS Adomeit, S. 25 (S. 38); *Däubler*, TVG-*Winter*, § 1 TVG, Rn. 441b; *König*, FS Zuleeg, S. 341 (S. 351); *Lingscheid*, S. 236; *Löwisch*, DB 2006, 1729 (1730); *Löwisch/Caspers/Neumann*, S. 42; *Meinel/Heyn/Herms*, § 10 AGG, Rn. 48; MüKo-*Thüsing*, § 10 AGG, Rn. 53; *M. Schmidt*, ZESAR 2007, 86 (88); *Senne*, S. 199; *Sprenger*, S. 216; *Temming*, S. 517; *Wiedemann/Thüsing*, NZA 2002, 1234 (1241).
780 *Adomeit/Mohr*, § 7 AGG Anhang 2, Rn. 33; *Bauer/Göpfert/Krieger*, § 10 AGG, Rn. 30; *Kamanabrou*, NZA 2006, Beilage zu Heft 3, 138 (142).
781 *Däubler*, FS Gnade, S. 95 (S. 106); *Kistler*, S. 91; *Meinel/Heyn/Herms*, § 10 AGG, Rn. 48; *Lingemann/Gotham*, NZA 2007, 663 (666); *M. Schmidt/Senne*, RdA 2002, 80 (88).
782 *Bauer/Göpfert/Krieger*, § 10 AGG, Rn. 30; *Wulfers/Hecht*, ZTR 2007, 475 (480).
783 *Bertelsmann*, AuR 1991, 124 (128).

einen bestimmten Arbeitgeber oder eine bestimmte Institution zu binden, und dass dieser finanzielle Anreiz auch dafür erforderlich ist.[784]

a) Bezugspunkt der Betriebstreue

Damit eine Vergütungsvorschrift auch tatsächlich die Betriebstreue eines Arbeitnehmers honoriert, hat der EuGH festgelegt, worauf sich dieses legitime Ziel beziehen muss.

In der Rechtssache *Schöning-Kougebetopoulou* hat der EuGH neben der Struktur des öffentlichen Dienstes in den Mitgliedsstaaten zum ersten Mal die Frage behandelt, ob Betriebstreue eine unterschiedliche Behandlung von einheimischen Beschäftigten und Wanderarbeitnehmern rechtfertigen kann und sie für den konkreten Fall verneint.[785] Die Benachteiligung könne nicht mit der Honorierung von Betriebstreue gerechtfertigt werden, denn der BAT fände nicht nur auf öffentliche, sondern auch teilweise auf private Unternehmen Anwendung. Damit führten auch Beschäftigungszeiten, die bei einem ganz anderen Arbeitgeber abgeleistet wurden, zu einer höheren Eingruppierung. Dementsprechend honorierten die Regelungen nicht die Treue der Arbeitnehmer und verstießen gegen die Arbeitnehmerfreizügigkeit.[786]

Diese Rechtsprechungslinie hat der EuGH in zwei folgenden Urteilen, die beide österreichische Entlohnungsregelungen auf ihre Vereinbarkeit mit der europäischen Arbeitnehmerfreizügigkeit prüften, bestätigt und in Teilen konkretisiert.[787]

Die erste Entscheidung betraf Vorschriften des österreichischen Vertragsbedienstetengesetzes. Danach bestimmte sich die Vergütung nicht verbeamteter Lehrer nach ihren Beschäftigungszeiten. In anderen EG-Mitgliedsstaaten absolvierte Tätigkeiten wurden nur unter bestimmten Voraussetzungen voll angerechnet.[788] Wie auch schon in der zum BAT ergangenen Entscheidung führte der Gerichtshof aus,

---

784 *Bertelsmann*, AuR 1991, 124 (128); *M. Schmidt*, ZESAR 2007, 86 (88); *M. Schmidt/Senne*, RdA 2002, 80 (88); es findet daher auch im Rahmen der Betriebstreue eine Verhältnismäßigkeitsprüfung statt *Hahn*, S. 127; MüKo-*Thüsing*, § 10 AGG, Rn. 53.
785 EuGH vom 15.1.1998, Rs. C-15/96 (Schöning-Kougebetopoulou), AP Nr. 1 zu Art. 48 EG-Vertrag; zum Sachverhalt siehe oben 3. Kapitel B. III. 2.
786 EuGH vom 15.1.1998, Rs. C-15/96 (Schöning-Kougebetopoulou), Rn. 26 ff., AP Nr. 1 zu Art. 48 EG-Vertrag; zustimmend unter dem Aspekt der Arbeitnehmerfreizügigkeit *Cabral*, Common Market Law Review 1999, 453 (458 ff.).
787 EuGH vom 30.11.2000, Rs. C-195/98 (ÖGB), AP Nr. 10 zu Art. 39 EG-Vertrag; EuGH vom 30.9.2003, Rs. C-224/01 (Köbler), NJW 2003, 3539.
788 Siehe auch zum Sachverhalt *Streinz*, JuS 2001, 1006.

dass die Regelung nicht die Treue zu einem Arbeitgeber honoriere, da die Berufsjahre bei anderen inländischen Arbeitgebern Berücksichtigung fänden.[789]

Zwar behandelte die darauf folgende Rechtssache *Köbler* primär die Frage nach einem Staatshaftungsanspruch gegen die Republik Österreich infolge eines rechtsfehlerhaften Urteils des Österreichischen Verwaltungsgerichtshofs;[790] allerdings fragte das vorlegende Landesgericht für Zivilsachen Wien ebenfalls nach der Zulässigkeit einer gesetzlichen Vergütungsregelung. Sie sah eine Dienstalterzulage für Universitätsprofessoren mit einer 15jährigen Dienstzeit an einer österreichischen Hochschule vor. Das Gericht führte aus, dass die Bindung eines Arbeitnehmers an seinen Arbeitgeber im Bereich Forschung und Lehre zwar ein legitimes Ziel sei, jedoch sei die Vorschrift nicht geeignet, dieses Ziel zu erreichen.[791] Das Argument, die Professoren an den staatlichen österreichischen Universitäten hätten denselben Arbeitgeber, nämlich die Republik Österreich,[792] ließ das Gericht nicht gelten. Man müsse vielmehr beachten, dass die Universitäten in Österreich auf dem Arbeitsmarkt im Wettbewerb stünden und die Vergütungsregelung nicht dazu führe, dass ein Professor bei einer bestimmten Universität verbleibe.[793]

Damit wird zunächst deutlich, dass das Kriterium der Betriebstreue nicht ausschließlich an die Berufsjahre anknüpfen kann, da sie keine Aussage darüber treffen, für wen die Beschäftigten konkret tätig waren. Dementsprechend ist Betriebstreue kein Rechtfertigungsgrund für Klauseln, die nach den Beschäftigungszeiten unterscheiden.[794]

Genauso wenig kann sich Betriebstreue auf den rechtlichen Arbeitgeber beziehen.[795] Anknüpfungspunkt ist eine Institution oder ein Unternehmen.[796] Wie das

---

789 EuGH vom 30.11.2000, Rs. C-195/98 (ÖGB), Rn. 49 ff., AP Nr. 10 zu Art. 39 EG-Vertrag.
790 Vgl. jeweils *Frenz*, DVBl. 2003, 1522 ff.; *Streinz*, JuS 2004, 425 ff.; *von Danwitz*, JZ 2004, 301 ff.
791 EuGH vom 30.9.2003, Rs. C-224/01 (Köbler), Rn. 83 ff., NJW 2003, 3539 (3542).
792 Dies war ein entscheidender Unterschied gegenüber den vorhergegangenen Urteilen, vgl. *Frenz*, DVBl. 2003, 1522 (1523).
793 EuGH vom 30.9.2003, Rs. C-224/01 (Köbler), Rn. 84, NJW 2003, 3539 (3542).
794 *Adomeit/Mohr*, § 7 AGG Anhang 2, Rn. 33; MüKo-*Thüsing*, § 10 AGG, Rn. 53; Schleusener/Suckow/Voigt-*Voigt*, § 10 AGG, Rn. 29; *von Danwitz*, JZ 1998, 563 (564).
795 A.A. *Rieble/Zedler*, ZfA 2006, 273 (285 f.), die zwar konkret auf das *Köbler*- Urteil eingehen, aber verkennen, dass der EuGH trotz des identischen Arbeitgebers, der Republik Österreich, eine Rechtfertigung mit Hilfe der Betriebstreue abgelehnt hat.
796 Vgl. jeweils *Adomeit/Mohr*, § 7 AGG Anhang 2, Rn. 33; *Körner*, NZA 2008, 497 (500); Rust/Falke-*Bertelsmann*, § 10 AGG, Rn. 35; Schleusener/Suckow/Voigt-*Voigt*, § 10 AGG, Rn. 29, die von der Bindung an das Unternehmen bzw. von unternehmensbezogenen Steigerungen sprechen.

Universitätsbeispiel zeigt,[797] ist eine selbstständige organisatorische Einheit erforderlich. Freilich werden in den meisten Fällen der Arbeitgeber und die Organisationseinheit deckungsgleich sein. Beispielsweise ist eine mittelständische GmbH sowohl Arbeitgeberin als auch Unternehmensträgerin. Ausschlaggebend ist die Unterscheidung aber für größere Körperschaften, die verschiedene Institution oder Unternehmen betreiben, die grundsätzlich unabhängig sind und miteinander konkurrieren können.[798] Dies ist beispielsweise bei der Bundesrepublik Deutschland der Fall, die mehrere voneinander unabhängige Dienststellen betreibt. Ein Arbeitnehmer, der zwischen diesen Institutionen wechselt, bleibt zwar seinem Arbeitgeber, dem Bund, treu, nicht aber der einzelnen Organisation. Dementsprechend ist § 16 Abs. 4 TVöD (Bund) nicht geeignet, die Betriebstreue zu honorieren.[799] Die pauschale Aussage, dass es bei der Betriebstreue auf den Arbeitgeber ankomme, ist daher zu kurz gegriffen.[800]

b) Ziel der Betriebstreue: Bindung von Mitarbeitern

Das Unternehmen hat ein Interesse an der Bindung von Mitarbeitern, wenn dadurch seine Mehraufwendung während der Ausbildungs- und Einarbeitungsphase ausgeglichen werden, ein Abfluss von Know-how oder wichtigen Geschäftsinformationen unterbunden wird oder soweit es auf diesem Wege die Abwanderung von Mitarbeitern abwenden kann, für die es auf dem Arbeitsmarkt nur schwerlich Ersatz findet. Dementsprechend sollen nicht sämtliche Beschäftigte stärker eingebunden werden,[801] sondern nur solche, die unter diese objektiven Belange subsumiert werden können.

aa) Amortisation von Ausbildungs- und Einarbeitungskosten

Dem Unternehmensträger ist insbesondere dann an einem Verbleib der Beschäftigten gelegen, wenn er in ihre Aus- und Weiterbildung investiert hat. Mit Hilfe der

---

797 EuGH vom 30.9.2003, Rs. C-224/01 (Köbler), Rn. 84, NJW 2003, 3539 (3542).
798 Vgl. GA *Jacobs*, Schlussantrag vom 17.7.1997, Rs. C-15/96 (Schöning-Kougebetopoulou), Rn. 31, juris, wonach die Tätigkeit für einen Konkurrenten kaum als Treuebeweis für den eigenen Arbeitgeber angesehen werden könne.
799 *Kamanabrou*, NZA 2006, Beilage zu Heft 3, 138 (142).
800 So aber die Mehrheit im Schrifttum Däubler, TVG-*Winter*, § 1 TVG, Rn. 441b; MüKo-*Thüsing*, § 10 AGG, Rn. 53; *Rieble/Zedler*, ZfA 2006, 273 (285); *Wulfers/Hecht*, ZTR 2007, 475 (480).
801 In diese Richtung aber *Hanau/Preis*, ZfA 1988, 177 (198); *Löwisch/Caspers/Neumann*, S. 42.

längeren Betriebszugehörigkeit sollen sich die dafür angefallenen Kosten amortisieren.[802] Grundsätzlich gilt dabei, je anspruchsvoller die Tätigkeit, desto länger und kostspieliger die Fortbildungsmaßnahmen.[803] Dennoch muss anhand einer typisierenden Prüfung des jeweiligen Tätigkeitsbereichs geprüft werden, nach welcher Beschäftigungszeit die anfängliche finanzielle Mehrbelastung wieder ausgeglichen ist.

Ferner besteht ein Interesse an der Bindung von Arbeitnehmern, die Tätigkeiten mit einer langen Einarbeitungszeit ausüben.[804] Arbeitnehmer mit einer langen Betriebszugehörigkeit sind in dem Fall für das Unternehmen besonders wertvoll. Zum einen können sie sich ausschließlich auf ihre Arbeit konzentrieren, und zum anderen müssen nicht neue Arbeitnehmer eingestellt werden, die sich wiederum über einen längeren Zeitraum mit ihrer Aufgabe vertraut machen müssen.[805] Man kann davon ausgehen, dass gerade bei qualifizierten Tätigkeiten die Einarbeitungsphase vergleichsweise lang ist,[806] weshalb hier eine längere Staffelung rechtmäßig ist. Das Interesse, Einarbeitungskosten zu sparen mag durchaus berechtigt sein, allerdings ist die Entgeltstaffelung kein verhältnismäßiges Mittel, um es zu erreichen. Es besteht grundsätzlich die Möglichkeit, dass die Beschäftigten ihre Einarbeitungsphase bei einem anderen Arbeitgeber verbracht haben. Daher steht als mildere Maßnahme die Unterscheidung nach Berufserfahrung zur Verfügung. Dies gilt aber ausnahmsweise nicht, wenn sich nachweisen lässt, dass die betrieblichen oder unternehmerischen Abläufe so speziell sind, dass sich der Beschäftigte nicht bei anderen Arbeitgebern in seine Aufgabe einarbeiten konnte.

bb) Bindung qualifizierter Mitarbeiter

Das Unternehmen muss ein objektives Interesse am Verbleib der Arbeitnehmer haben. Es möchte insbesondere qualifizierte Mitarbeiter an sich binden,[807] da es regelmäßig mit seinen Konkurrenten im Wettbewerb um die besten Fachkräfte

---

802 Däubler/Bertzbach-*Däubler*, § 7 AGG, Rn. 249; *von Hoff*, S. 344 f.
803 Von *Hoff*, S. 345.
804 *Von Hoff*, S. 341.
805 *Bertelsmann*, AuR 1991, 124 (128); Däubler/Bertzbach-*Däubler*, § 7 AGG, Rn. 249; *Pfarr/Bertelsmann*, S. 413; *Temming*, S. 122; vgl. jeweils *Däubler*, FS Gnade, S. 95 (S. 98), der allgemein auf den steigenden Grad an Einarbeitung verweist; *Meinel/Heyn/Herms*, § 10 AGG, Rn. 48; *M. Schmidt/Senne*, RdA 2002, 80 (88), wonach eingearbeitete und erfahrene Beschäftigte an den Arbeitgeber gebunden werden sollen.
806 *Kamanabrou*, NZA 2006, Beilage zu Heft 3, 138 (142).
807 *Bertelsmann*, AuR 1991, 124 (128); Däubler/Bertzbach-*Brors*, § 10 AGG, Rn. 59; *Kistler*, S. 91; *Pfarr/Bertelsmann*, S. 413.

steht. Demgegenüber sind Beschäftigte, die einfache Tätigkeiten verrichten ohne weiteres austauschbar.

Es muss indes hinterfragt werden, ob die finanziellen Anreize überhaupt erforderlich sind, um sicherzustellen, dass die Arbeitnehmer dem Unternehmen treu bleiben. So können auch andere Faktoren die Arbeitnehmer von einem Wechsel abhalten. Beschäftigte mit einer langen Betriebszugehörigkeit verbleiben unabhängig von der Steigerung des Einkommens bei ihrem Arbeitgeber, da sie auch andere Privilegien genießen, wie beispielsweise den stärkeren Kündigungsschutz.[808] Bei einem Arbeitsplatzwechsel müssten sie sich die alten Vorzüge erst erarbeiten.[809] Des Weiteren entwickeln die Mitarbeiter im Verlauf ihrer Beschäftigung eine unternehmensspezifische Qualifikation,[810] die für andere Arbeitgeber irrelevant ist und dementsprechend nicht honoriert wird.[811]

Als ein wichtiges Kriterium wird ebenfalls die Lage auf dem Arbeitsmarkt angeführt. Danach fiele in Zeiten hoher Arbeitslosigkeit die Fluktuation der Arbeitskräfte gering aus, da die Beschäftigten nur schwer einen anderen Arbeitsplatz fänden.[812] Es müsse daher der Arbeitsmarkt der jeweiligen Branche und Region in die Betrachtung mit einbezogen werden.[813] Die Darlegungslast in Zeiten hoher Arbeitslosigkeit liege beim Arbeitgeber.[814]

Richtig ist, dass auch die Chancen der Arbeitnehmer, einen anderen vergleichbaren Arbeitsplatz zu finden, berücksichtigt werden müssen. Dennoch sollte man die rechtliche Bewertung von tariflichen Vergütungsklauseln nicht allzu sehr an die konjunktur- oder saisonbedingten Schwankungen des Arbeitsmarktes koppeln. Ein solches Vorgehen würde nicht nur der Typisierungsbefugnis der Tarifparteien zuwiderlaufen, sondern v.a. erhebliche Rechtsunsicherheit zur Folge haben. So steht nicht fest, wie hoch die Arbeitslosenquote in einer bestimmten Branche sein muss, damit die finanzielle Belohnung der Betriebstreue nicht mehr erforderlich ist. Unklar ist ebenfalls, was rechtlich gelten soll, wenn eine Vergütungsstaffelung zunächst den Arbeitsmarkt richtig eingeschätzt hat, nach einiger Zeit aber die Arbeitslosenquote in die Höhe schnellt, oder wenn sich dann der Arbeitsmarkt wieder

---

808 *Rieble/Zedler*, ZfA 2006, 273 (285).
809 *Däubler*, FS Gnade, S. 95 (S. 106).
810 Däubler/Bertzbach-*Däubler*, § 7 AGG, Rn. 249.
811 Vgl. BAG vom 12.11.2002, Az. 1 AZR 58/02, Rn. 23, AP Nr. 159 zu § 112 BetrVG 1972.
812 *Pfarr/Bertelsmann*, S. 413; *Rieble/Zedler*, ZfA 2006, 273 (285); Rust/Falke-*Bertelsmann*, § 10 AGG, Rn. 35.
813 *Körner*, NZA 2008, 497 (500); vgl. *Mayr*, European Law Reporter 2005, 167 (171), dem zufolge zu prüfen ist, ob innerhalb der jeweiligen Branche eine erhöhte Personalfluktuation besteht.
814 Däubler/Bertzbach-*Brors*, § 10 AGG, Rn. 59.

erholt. Dementsprechend sollte nicht der Arbeitsmarkt selbst Maßstab sein, sondern Tendenzen, die sich über eine längere Periode verfestigt haben. Dazu zählen die Beobachtungen, dass die Arbeitslosigkeit unter qualifizierten Fachkräften geringer ausfällt als bei Personen, die einfache Tätigkeiten ausüben,[815] und dass ältere Personen es vergleichsweise schwerer haben, einen neuen Arbeitsplatz zu finden.[816] Da aber Lebens- und Dienstalter oftmals Hand in Hand gehen, haben Beschäftigte mit einer langen Betriebszugehörigkeit im Vergleich zu jüngeren Mitarbeitern einen schlechten Stand auf dem Arbeitsmarkt, sodass es nicht erforderlich ist, sie durch finanzielle Anreize langfristig für das Unternehmen zu gewinnen. Im Hinblick auf die Bindung qualifizierter Mitarbeiter ist keine umfangreichen Staffelungen nach Betriebszugehörigkeit zulässig. Sollte der Arbeitgeber dennoch Interesse an der Bindung besonders qualifizierter Mitarbeiter haben, bleibt es ihm unbenommen, dem einzelnen oder einer bestimmten Gruppe arbeitsvertraglich bestimmte Privilegien zuteilwerden zu lassen. Eine solche für die Beschäftigten günstigere Behandlung gegenüber den geltenden tariflichen Bestimmungen ist nach § 4 Abs. 3 Alt. 2 TVG zulässig. Diskriminierungsrechtlich wirft sie keine Probleme auf, sofern der Arbeitgeber im Einzelfall nachweisen kann, dass eine Bindung vonnöten ist.

cc) Entgeltstaffelung als Alternative zum nachvertraglichen Wettbewerbsverbot

Letztlich hat der Arbeitgeber ein Interesse an der Bindung von Mitarbeitern, wenn die Gefahr besteht, dass ein ausgeschiedener Beschäftigter für Konkurrenten tätig wird oder selbst in Wettbewerb zu seinem ehemaligen Dienstherrn tritt. Insbesondere soll die Nutzung der im Laufe der Beschäftigung erworbenen Qualifikationen, die Weitergabe von Betriebs- und Geschäftsgeheimnissen sowie der Einbruch in den Kunden- und Lieferantenstamm des Arbeitgebers verhindert werden,[817] um den Vorsprung gegenüber der Konkurrenz zu wahren.[818] Wie im Folgenden aufgezeigt wird, können diese Anliegen nur unzureichend durch die gängigen Mittel, wie beispielsweise nachvertragliche Wettbewerbsverbote, verfolgt werden. Hier bieten sich finanzielle Vergünstigungen als Alternative an.

Während des Beschäftigungsverhältnisses werden diese Anliegen durch das arbeitsvertragliche Wettbewerbsverbot sowie die Schweigepflicht gewahrt. Beide

---

815 *Statistisches Bundesamt*, Datenreport 2008, S. 114.
816 Siehe oben 1. Kapitel B. I. 1.
817 *Bauer/Diller*, Rn. 196.
818 *Richters/Wodtke*, NZA-RR 2003, 281.

müssen nicht ausdrücklich vereinbart werden.[819] Demgegenüber steht es einem ausgeschiedenen Arbeitnehmer grundsätzlich frei, das erworbene Erfahrungswissen weiter zu nutzen sowie mit seinem früheren Unternehmen zu konkurrieren.[820] Seine Tätigkeit ist lediglich durch die weit gefassten Vorschriften über den unlauteren Wettbewerb, §§ 1 UWG, 823, 826 BGB, beschränkt.[821] Dementsprechend muss der Arbeitgeber ein nachvertragliches Wettbewerbsverbot vereinbaren, um seine Interessen effektiv zu wahren.[822] Solchen Vereinbarungen sind aber durch § 110 GewO i.V.m. §§ 74- 75f HGB formale wie inhaltliche Grenzen gesetzt.

Die Vereinbarung muss nicht nur der Schriftform nach § 74 Abs. 1 HGB genügen, sondern muss auch klar und bestimmt sein, um vor den §§ 138, 307 BGB Bestand zu haben.[823] Das Wettbewerbsverbot darf gem. § 74a Abs. 1 S. 3 HGB eine Frist von zwei Jahren nicht überschreiten. § 74 Abs. 2 HGB sieht für diese Zeitspanne eine Karenzentschädigung vor, die mindestens die Hälfte des letzten Gehalts des Beschäftigten beträgt.

Materiell erfolgt eine Abwägung zwischen den Interessen von Arbeitgeber und Arbeitnehmer.[824] Erforderlich ist zunächst ein berechtigtes geschäftliches Interesse des Dienstherrn nach § 74a Abs. 1 S. 1 HGB.[825] Ein solches ist gegeben, wenn ein

---

819 BAG vom 17.10.1969, Az. 3 AZR 442/68, LS Nr. 1, AP Nr. 7 zu § 611 BGB (Treuepflicht); Küttner, Personalbuch-*Reinecke*, Wettbewerbsverbot, Rn. 1; *Richters/Wodtke*, NZA-RR 2003, 281 (282 f.); Münchener Handbuch Arbeitsrecht-*Blomeyer*, § 52 Rn. 49; Schaub, Arbeitsrechts-Handbuch-*Schaub*, § 56, Rn. 51, 61.
820 BAG vom 15.6.1993, Az. 9 AZR 558/91, LS Nr. 2, AP Nr. 40 zu § 611 BGB (Konkurrenzklausel); BAG vom 19.5.1998, Az. 9 AZR 394/97, LS, AP Nr. 11 zu § 611 BGB (Treuepflicht); BAG vom 7.9.2004, Az. 9 AZR 545/03, Rn. 18, NZA 2005, 105 (106); ErfK-*Oetker*, § 74 HGB, Rn. 1; *Gaul*, NZA 1988, 225; *Hunold*, NZA-RR 2007, 617; *Richters/Wodtke*, NZA-RR 2003, 281 (283).
821 BAG vom 15.6.1993, Az. 9 AZR 558/91, Rn. 42, AP Nr. 40 zu § 611 BGB (Konkurrenzklausel); BAG vom 19.5.1998, Az. 9 AZR 394/97, Rn. 52, AP Nr. 11 zu § 611 BGB (Treuepflicht).
822 BAG vom 15.6.1993, Az. 9 AZR 558/91, Rn. 41, AP Nr. 40 zu § 611 BGB (Konkurrenzklausel); BAG vom 19.5.1998, Az. 9 AZR 394/97, Rn. 51, AP Nr. 11 zu § 611 BGB (Treuepflicht); *Hunold*, NZA-RR 2007, 617.
823 OLG Düsseldorf vom 29.4.1993, Az. 18 U 258/92, BB 1994, 1957 (1958); LAG Düsseldorf vom 28.8.1996, Az. 4 Sa 729/96, LS Nr. 2, BB 1997, 319; *Hunold*, NZA-RR 2007, 617 (618); kritisch zur Kontrolle anhand von § 307 BGB *Bauer/Diller*, Rn. 233.
824 BAG vom 1.8.1995, Az. 9 AZR 884/93, Rn. 19, AP Nr. 5 zu § 74a HGB; *Bauer/Diller*, Rn. 196.
825 Die oben aufgeführten Anliegen des Arbeitgebers wurden vom BAG als berechtigte Interessen i.S.d. Vorschrift anerkannt, vgl. jeweils BAG vom 9.9.1968, Az. 3 AZR 188/67, AP Nr. 22 zu § 611 BGB (Konkurrenzklausel); BAG vom 1.8.1995, Az. 9 AZR 884/93, Rn. 19, AP Nr. 5 zu § 74a HGB.

Zusammenhang zwischen der früheren Tätigkeit des Arbeitnehmers und dem Gegenstand des Wettbewerbsverbots besteht.[826] Auch muss sich das Konkurrenzverbot auf das Gebiet erstrecken, in dem tatsächlich Wettbewerb droht.[827] Zu Gunsten des Arbeitnehmers gilt, dass die Untersagung bestimmter Tätigkeiten unzulässig ist, soweit sie sein berufliches Fortkommen unbillig erschwert (§ 74a Abs. 1 S. 2 HGB). Daher ist jedenfalls ein vollständiges Wettbewerbsverbot mit dem geltenden Recht unvereinbar.[828]

Konkret bedeutet dies, dass das Interesse des Arbeitgebers, die weitere Nutzung von bei ihm erworbenen Qualifikationen zu verhindern, nur berechtigt ist, wenn der Beschäftigte tatsächlich die Möglichkeit hatte, Erfahrungswissen zu gewinnen.[829] Bei einem kurzen Beschäftigungsverhältnis oder einfachen Arbeiten, in deren Verlauf wenig Erfahrungswissen hinzugewonnen wird, ist dies regelmäßig nicht der Fall. Unzulässig ist es ebenfalls, wenn der Arbeitgeber lediglich qualifizierte Mitarbeiter für die Konkurrenz sperren oder ihnen den Arbeitsplatzwechsel erschweren möchte, ohne dass es auf den Wissenstransfer ankommt.[830] Trotz des legitimen Anliegens, das erworbene Know-how des Mitarbeiters nicht für die Konkurrenz nutzbar zu machen, scheidet ein Wettbewerbsverbot gerade bei hoch spezialisierten Arbeitskräften aus, wenn sie sonst ihren Beruf nicht mehr ausüben können.[831]

Die gleichen Maßstäbe gelten für Regelungen, die den Kunden- und Lieferantenstamm des Dienstherrn schützen sollen.[832] Darin wird ehemaligen Arbeitnehmern untersagt, an Kunden oder Lieferanten heranzutreten, mit denen sie während ihres

---

826 BAG vom 1.8.1995, Az. 9 AZR 884/93, Rn. 20 ff., AP Nr. 5 zu § 74a HGB; *Bauer/Diller*, Rn. 196; Küttner, Personalbuch-*Reinecke*, Wettbewerbsverbot, Rn. 4.
827 BAG vom 30.1.1970, Az. 3 AZR 348/69, AP Nr. 24 zu § 133f GewO; vgl. BGH vom 8.5.2000, Az. II ZR 308/98, Rn. 13, NJW 2000, 2584 f., der über ein Wettbewerbsverbot zu entscheiden hatte, das gegenüber einem ausgeschiedenen Rechtsanwalt vereinbart wurde; *Bauer/Diller*, Rn. 213.
828 *Bauer/Diller*, Rn. 198.
829 BAG vom 9.9.1968, Az. 3 AZR 188/67, AP Nr. 22 zu § 611 BGB (Konkurrenzklausel); *Hunold*, NZA-RR 2007, 617 (618).
830 BAG vom 9.9.1968, Az. 3 AZR 188/67, AP Nr. 22 zu § 611 BGB (Konkurrenzklausel); *Bauer/Diller*, Rn. 196; Schaub, Arbeitsrechts-Handbuch-*Schaub*, § 58, Rn. 61.
831 *Bauer/Diller*, Rn. 70.
832 *Bauer/Diller*, Rn. 199a; *Thamm*, BB 1995, 790 (791); gerade bei Freiberuflern wie Rechtsanwälten oder Steuerberatern sind aufgrund der engen Beziehung von Mandant und Berufsträger sog. Mandantenschutzklauseln üblich, vgl. dazu BAG vom 16.7.1971, Az. 3 AZR 384/70, AP Nr. 25 zu § 611 BGB (Konkurrenzklausel); BGH vom 8.5.2000, Az. II ZR 308/98, NJW 2000, 2584; BGH vom 29.3.2003, Az. II ZR 59/02, NJW 2004, 66; *Römermann*, BB 1998, 1489 ff.; *Römermann/Michalski*, ZIP 1994, 433.

Beschäftigungsverhältnisses gearbeitet haben.[833] Die Abmachungen sollen verhindern, dass der Arbeitnehmer diese Personen abwirbt.[834] Daher ist ein Wettbewerbsverbot mit dieser Zielsetzung nicht zulässig, sofern der Mitarbeiter keinen Kontakt zu Kunden oder Lieferanten hatte.[835] Hingegen kann z.b. bei Außendienst- und Vertriebsmitarbeitern von entsprechenden Kontakten ausgegangen werden.[836] Auch hier darf das berufliche Fortkommen des Arbeitnehmers nicht unbillig erschwert werden, weshalb Regelungen, die sich auf eine gesamte Branche erstrecken, nicht den Anforderungen des § 74a Abs. 1 HGB genügen.[837] Für die sog. Kundenschutzklauseln gelten sogar noch weitere Einschränkungen. So darf sich das Verbot nur auf solche Kunden beziehen, die der Beschäftigte in den letzten zwei Jahren betreut hatte. Dem liegt die Vermutung zugrunde, nach diesem Zeitraum habe sich das persönliche Verhältnis abgekühlt.[838] Unzulässig ist das Ziel, den Arbeitnehmer von künftigen Kunden fernzuhalten.[839] Die Regelung darf ihm außerdem nicht verbieten, an Personen heranzutreten, mit denen zwar Akquisitionsgespräche geführt wurden, aber letztlich keine Geschäfte zustande kamen.[840]

Einen weitergehenden rechtlichen Schutz genießt der Arbeitgeber bei Betriebs- und Geschäftsgeheimnissen. Darunter versteht man sämtliche nicht offenkundige Tatsachen im Zusammenhang mit einem Geschäftsbetrieb, die nur einem eng begrenzten Personenkreis bekannt sind und nach dem Willen des Arbeitgebers sowie entsprechend seinem berechtigten wirtschaftlichen Interesse der Geheimhaltung unterliegen sollen.[841] Sofern er sich nicht schon auf gewerblichen Rechtsschutz berufen kann und ihm die zusätzliche strafrechtliche Abschreckung nach § 17 UWG nicht ausreicht, ist er befugt, eine nachvertragliche Verschwiegenheitspflicht zu

---

833 Vgl. *Thamm*, BB 1995, 790 (791).
834 *Bauer/Diller*, Rn. 196.
835 BAG vom 9.9.1968, Az. 3 AZR 188/67, AP Nr. 22 zu § 611 BGB (Konkurrenzklausel); *Hunold*, NZA-RR 2007, 617 (618).
836 Vgl. BAG vom 15.6.1993, Az. 9 AZR 558/91, Rn. 41, AP Nr. 40 zu § 611 BGB (Konkurrenzklausel); *Bauer/Diller*, Rn. 196.
837 *Bauer/Diller*, Rn. 199a.
838 *Bauer/Diller*, Rn. 199a; vgl. BGH vom 8.5.2000, Az. II ZR 308/98, Rn. 13, NJW 2000, 2584 f., der sich auf eine Mandantenschutzklausel bezog.
839 *Bauer/Diller*, Rn. 196; Schaub, Arbeitsrechts-Handbuch-*Schaub*, § 58, Rn. 61.
840 OLG Köln vom 5.10.2000, Az. 12 U 62/00, OS Nr. 3, juris; *Bauer/Diller*, Rn. 199a.
841 BAG vom 16.3.1982, Az. 3 AZR 83/79, LS Nr. 2, AP Nr. 1 zu § 611 BGB (Betriebsgeheimnis); BAG 15.12.1987, Az. 3 AZR 474/86, Rn. 26, AP Nr. 5 zu § 611 BGB (Betriebsgeheimnis); *Richters/Wodtke*, NZA-RR 2003, 281; Münchener Handbuch Arbeitsrecht-*Blomeyer*, § 53 Rn. 56; Schaub, Arbeitsrechts-Handbuch-*Linck*, § 55, Rn. 52.

vereinbaren,⁸⁴² die nicht an die strengen Maßstäbe des Wettbewerbsverbots gebunden ist, insbesondere keine Karenzentschädigung erfordert.⁸⁴³ Allerdings kann sich die Abgrenzung zwischen einer Verschwiegenheitspflicht und einem verdeckten Wettbewerbsverbot im Einzelfall als schwierig erweisen.⁸⁴⁴ Von Ersterer kann tendenziell ausgegangen werden, wenn die fragliche Regelung sich auf bestimmte eng umrissene Tatsachen bezieht. Demgegenüber sind weitreichende Verschwiegenheitsvorschriften, die insbesondere den Arbeitnehmer daran hindern, sein erworbenes Erfahrungswissen einzubringen, als Wettbewerbsverbote zu qualifizieren.⁸⁴⁵ Hier muss dann ebenfalls gezeigt werden, dass der Arbeitnehmer überhaupt mit Betriebs- und Geschäftsgeheimnissen in Berührung gekommen ist.⁸⁴⁶ Des Weiteren ist zu beachten, dass Regelungen über die Verschwiegenheit nicht im vollen Umfang dem Interesse des Arbeitgebers entgegenkommen, seine Vorteile auf den Markt zu bewahren. Wird eine Verschwiegenheitspflicht über Kundendaten vereinbart, so ist der ausgeschiedene Mitarbeiter zwar verpflichtet, die Informationen nicht weiterzugeben, allerdings ist er immer noch berechtigt, die Kunden im Rahmen seiner neuen Tätigkeit zu umwerben. Letzteres kann nur mit einem nachvertraglichen Wettbewerbsverbot vermieden werden⁸⁴⁷

Somit zeigt sich, dass der Arbeitgeber mit Hilfe von Verschwiegenheitserklärungen und nachvertraglichen Wettbewerbsverboten zwar ausgeschiedene Mitarbeiter davor bewahren kann, wichtige Informationen an die Konkurrenz weiterzuleiten bzw. seine erworbene Berufserfahrung dort einzubringen, allerdings sind diese Mittel zahlreichen rechtlichen Einschränkungen ausgesetzt. Hervorzuheben sind dabei die Frist von zwei Jahren und die Abwägung der widerstreitenden Interessen als Zulässigkeitsvoraussetzungen für ein nachvertragliches Wettbewerbsverbot. Daher empfiehlt es sich, wichtige Arbeitnehmer länger an sich zu binden, denn im laufenden Beschäftigungsverhältnis unterfallen die Arbeitnehmer ohnehin

---

842 *Gaul*, NZA 1988, 225 (226 f.); Münchener Handbuch Arbeitsrecht-*Blomeyer*, § 53 Rn. 62 ff.; Schaub, Arbeitsrechts-Handbuch-*Linck*, § 54, Rn. 1 ff.
843 *Wertheimer*, BB 1999, 1600.
844 Vgl. BAG 15.12.1987, Az. 3 AZR 474/86, Rn. 26 ff., AP Nr. 5 zu § 611 BGB (Betriebsgeheimnis); *Bauer/Diller*, Rn. 152; ausführlich *Wertheimer*, BB 1999, 1600 ff.
845 BAG vom 15.6.1993, Az. 9 AZR 558/91, Rn. 57, AP Nr. 40 zu § 611 BGB (Konkurrenzklausel); BAG vom 19.5.1998, Az. 9 AZR 394/97, Rn. 54, AP Nr. 11 zu § 611 BGB (Treuepflicht); *Richters/Wodtke*, NZA-RR 2003, 281 (285); Schaub, Arbeitsrechts-Handbuch-*Linck*, § 55, Rn. 57; *Wertheimer*, BB 1999, 1600 (1601 f.).
846 BAG vom 9.9.1968, Az. 3 AZR 188/67, AP Nr. 22 zu § 611 BGB (Konkurrenzklausel).
847 BAG 15.12.1987, Az. 3 AZR 474/86, Rn. 27, AP Nr. 5 zu § 611 BGB (Betriebsgeheimnis); BAG vom 15.6.1993, Az. 9 AZR 558/91, Rn. 57, AP Nr. 40 zu § 611 BGB (Konkurrenzklausel); *Hunold*, NZA-RR 2007, 617 (619).

einer Verschwiegenheitsverpflichtung sowie einem Wettbewerbsverbot. Einen Anreiz zum Verbleib in einem Unternehmen oder Betrieb schaffen Vergütungsklauseln, die sich an der Dauer der Betriebszugehörigkeit orientieren. Da aber die Gefahr, dass ein Beschäftigter mit besonderen Fähigkeiten und Kenntnissen zur Konkurrenz abwandert, während des gesamten Beschäftigungsverhältnisses besteht, muss die Unterscheidung über einen entsprechend langen Zeitraum erfolgen. Reicht beispielsweise die Staffelung nur bis zum fünften Jahr der Betriebszugehörigkeit, ist sie nicht geeignet, den Beschäftigten dauerhaft ans Unternehmen zu binden und damit den Abfluss von Informationen und qualifiziertem Personal zu verhindern.

Gleichzeitig stellt eine langwierige Unterscheidung nach Betriebszugehörigkeit einen starken Eingriff zu Lasten jüngerer Beschäftigter dar. Dementsprechend ist eine strenge Verhältnismäßigkeitsprüfung angebracht. Wie auch im Rahmen von § 74 Abs. 1 S. 1 HGB, der ein berechtigtes geschäftliches Interesse des Arbeitgebers fordert, muss sich auch hier die Staffelung auf Tätigkeiten beziehen, bei denen entweder der Arbeitnehmer mit vertraulichen Informationen, Kunden oder Lieferanten des Unternehmens in Berührung kommt oder aber auf seiner Arbeitsstelle besondere Fähigkeiten erwirbt, die Konkurrenten von Nutzen sein könnten. In Anlehnung an das *Cadman*-Urteil des EuGH[848] bietet sich im Rahmen von Entgeltssystemen wie einem Tarifvertrag insoweit eine typisierende Betrachtung an. Es kommt daher nicht auf den einzelnen Arbeitnehmer, sondern auf die Tätigkeit an. Somit ist eine entsprechende Staffelung z.B. bei Vertriebs- oder Außendienstmitarbeitern aufgrund ihres engen Kontakts zu Kunden und Lieferanten möglich. Auch erfasst sind Arbeitnehmer, die in dem Unternehmen besonderes Know-how erwerben, das einen Vorteil gegenüber den übrigen Marktteilnehmern darstellt. Dabei handelt es sich zunächst um qualifizierte Tätigkeiten, da bei einfachen Tätigkeiten mit fortschreitender Berufsausübung nur ein geringfügiger Erfahrungszugewinn zu beobachten ist.[849] Allerdings ist eine qualifizierte Tätigkeit nicht ausreichend. Es ist zusätzlich erforderlich, dass die Beschäftigten gerade in dem Bereich tätig sind, der unmittelbar dem Unternehmenszweck dient. So kann z.B. ein chemischer Betrieb in seinem Werk einen Notarzt beschäftigen. Obgleich es sich hierbei um eine Tätigkeit handelt, an die hohe Anforderungen gestellt werden, dient der Beschäftigte nicht unmittelbar dem Zweck des Unternehmens. Eher wirken die mit der Herstel-

---

848 EuGH vom 3.10.2006, Rs. C-17/05 (Cadman), AP Nr. 15 zu Art. 141 EG-Vertrag; ausführlich zu der Entscheidung siehe oben 3. Kapitel B. II. 3. a) cc).
849 Siehe oben 3. Kapitel B. II. 3. b) bb).

lung und Entwicklung der entsprechenden Produkte betrauten Chemiker an der Verwirklichung des unternehmerischen Ziels mit.

Folglich ist eine Staffelung nach Betriebszugehörigkeit während eines längeren Zeitraums möglich, um die Mitarbeiter an das Unternehmen zu binden und so den Abfluss von wichtigen Informationen und von Know-how sowie das Abwerben von Kunden und Lieferanten zu verhindern.[850] Es muss sich aber auf solche Tätigkeiten beschränken, bei denen auf Grundlage einer typisierenden Betrachtung eine solche Beeinträchtigung der Unternehmensinteressen droht.

c) Fazit zur Betriebstreue

Es hat sich gezeigt, dass die Bedeutung der Betriebstreue für die Legitimation von Tarifklauseln, die sich an der Betriebszugehörigkeit orientieren, überschätzt wird. Zunächst muss geprüft werden, ob die Regelung überhaupt geeignet ist, Arbeitnehmer an eine Institution zu binden, die mit anderen im Wettbewerb um die Mitarbeiter steht. Dann sind die engen Grenzen der zeitlichen Erforderlichkeit zu beachten. Im Grundsatz kann hier davon ausgegangen werden, dass qualifizierte Tätigkeiten einen längeren Zeitraum für die Unterscheidung zulassen. Zum einen dauert es bei qualifizierten Arbeiten länger, bis sich die Ausbildungskosten amortisieren, und zum anderen konkurrieren die Unternehmen gerade um die gut ausgebildeten Fachkräfte. Indes dürfen diese beiden Aspekte nicht überschätzt werden, da Mitarbeiter, die seit geraumer Zeit dem Unternehmen angehören, regelmäßig auch alt sind und aufgrund ihrer sonstigen Privilegien im Unternehmen sowie ihrem schlechten Stand auf dem Arbeitsmarkt auch ohne die höhere Vergütung bei ihrem Arbeitgeber bleiben. Dementsprechend kann die Betriebstreue lediglich dann die mittelbare Benachteiligung ausschließen, wenn sich die Staffelung auf wenige Jahre erstreckt.[851]

Eine mehrjährige Staffelung ist nur ausnahmsweise möglich. Sie muss Berufsgruppen betreffen, bei denen regelmäßig zu befürchten ist, dass sie die beim Arbeitgeber erworbenen Fähigkeiten und Kenntnisse an die Konkurrenz weiterleiten oder in den Kunden- und Lieferantenstamm des Unternehmens einbrechen. Hier hat das Unternehmen ein legitimes Interesse, solche Beschäftigte an sich zu binden.

---

850 In diese Richtung scheinen auch *Adomeit/Mohr*, § 7 AGG Anhang 2, Rn. 30 zu tendieren, wenn sie die Auffassung vertreten, dass der Arbeitgeber Betriebstreue honorieren möchte, sofern der Arbeitnehmer einen wachsenden Einblick in Betriebsinterna erhält und eine Stabilisierung in den Kundenbeziehungen erforderlich ist.
851 So im Ergebnis *Lingscheid*, S. 236.

4. Fazit zur Anknüpfung an die Betriebszugehörigkeit

Es fällt auf, dass Vergütungsklauseln, die an die Betriebszugehörigkeit anknüpfen, entgegen der landläufigen Einschätzung nicht ohne weiteres jüngere Beschäftigte mittelbar benachteiligen dürfen. Insbesondere sind die Anforderungen an solche Klauseln höher als bei Regelungen, welche sich an der Dauer der Berufstätigkeit orientieren. So müssen die legitimen Ziele, die eine mittelbare Benachteiligung von den hier behandelten Tarifklauseln ausschließen, unternehmensbezogen sein: Es sollen gerade die dort erlangten Fähigkeiten, die Bewährung im Unternehmen sowie die sog. Betriebstreue honoriert werden. Ferner muss nachgewiesen werden, dass das angeführte Anliegen nicht durch die Berücksichtigung fremder Beschäftigungszeiten und somit eine Staffelung nach Berufsjahren als milderen Mittel erreicht werden kann.

Im Hinblick auf die Honorierung von zusätzlicher Qualifikation können nur solche Fähigkeiten des Arbeitnehmers gefördert werden, die er ausschließlich bei dem einen Arbeitgeber erlernen kann. Regelmäßig handelt es sich dabei weniger um fachliche Kompetenz als vielmehr die Kenntnis der Organisation oder der relevanten Arbeitsabläufe. Da der Arbeitnehmer schon nach wenigen Jahren mit diesen Eigenarten vertraut ist, kann nur eine entsprechend kurze Unterscheidungsdauer zulässig sein. Ausnahmsweise ist ein längerer Zeitraum rechtmäßig, wenn aufgezeigt wird, dass im Unterschied zu den anderen Arbeitgebern der Branche besonders stark in die Weiterbildung der Beschäftigten investiert wird oder aber dass die Schlüsselqualifikationen nur bei dem einen Arbeitgeber erworben werden können. Die Ausnahme orientiert sich damit an den Besonderheiten eines Arbeitgebers, sie gilt daher nur für Firmentarifverträge oder für arbeitsvertragliche Bezugnahmeklauseln, welche zwar auf einen Flächentarifvertrag verweisen, indes von einem einzelnen Arbeitgeber verwendet werden.

Dem Interesse an einer geringfügig bezahlten Bewährungszeit kommt wenig Gewicht zu. Zum einen können sich die Beschäftigten grundsätzlich auch bei anderen Arbeitgebern bewähren, und zum anderen erkennt der EuGH die unterschiedlichen Organisationsstrukturen zwischen den Arbeitgebern nicht als Rechtfertigungsgrund an.[852] Der Rechtfertigungsgrund ist einschlägig bei Angestellten, deren Tätigkeit eine herausragende Bedeutung für den wirtschaftlichen Erfolg des Unternehmens zukommt. Hier hat der Dienstherr ein berechtigtes Interesse daran, dass sie sich unter seiner Aufsicht bewähren. Das Vertrauen auf das Urteil eines Konkurrenten wäre zu riskant.

---

852 EuGH vom 15.1.1998, Rs. C-15/96 (Schöning-Kougebetopoulou), Rn. 24, AP Nr. 1 zu Art. 48 EG-Vertrag.

Auch der Rechtfertigung durch die Betriebstreue sind Grenzen gesetzt. Ihr Ziel ist die Bindung von Mitarbeitern. Das Ziel kann nur erreicht werden, wenn Beschäftigungszeiten von konkurrierenden Organisationen nicht angerechnet werden. Gerade qualifizierte Beschäftigte sollen dazu animiert werden, in dem Unternehmen zu bleiben. Zum einen wird auf diesem Wege eine Amortisation der Ausbildungskosten angestrebt, und zum anderen möchten die Unternehmen damit eines etwaigen Fachkräftemangels Herr werden. Hier muss aber genau festgestellt werden, wann eine Amortisation eingetreten ist bzw. ab welchem Zeitpunkt keine finanziellen Anreize erforderlich sind, damit ein Beschäftigter das Unternehmen nicht mehr verlässt. Eine weitergehende Unterscheidung ist für Berufsgruppen möglich, bei denen typischerweise nachvertragliche Wettbewerbsverbote vereinbart werden.

Wendet man die dargestellten Kriterien auf die angesprochen Vergütungsvorschriften des TVöD sowie des Mantel- und Gehaltstarifvertrags für das Bankengewerbe an, kommt man zu dem Ergebnis, dass sie jüngere Beschäftigte mittelbar diskriminieren. So ist es unverhältnismäßig, dass die Staffelung im TVöD für die unteren Vergütungsgruppen über einen Zeitraum von 15 bzw. 16 Jahren reicht und damit sogar die Spanne von 10 Jahren für die anspruchsvolleren Tätigkeiten überschreitet.[853] Gerade die davon erfassten Berufsgruppen mit einfachen Aufgaben benötigen keine 16 Jahre, um sich mit den Eigenheiten der Organisation vertraut zu machen, für die sie arbeiten.[854] Ebenso besteht kein Interesse, die Mitarbeiter über einen längeren Zeitraum an sich zu binden. Ohnehin ist die Regelung des § 16 Abs. 4 und 5 TVöD (Bund) nicht geeignet, die Betriebstreue zu honorieren.[855] Zwar sehen die Tarifwerke für das Bankenwesen kürzere Zeiträume für die Unterscheidung vor. Dennoch ist nicht ersichtlich, warum Angehörige der untersten Vergütungsgruppe (Tätigkeiten, die Vorkenntnisse nicht erfordern wie z.B. Küchenhilfen) immer noch nach sieben Jahren ihre unternehmensspezifischen Qualifikationen steigern können. Die längste Zeitspanne beträgt elf Jahre und ist für die mittlere Tarifgruppe vorgesehen. Darunter fallen u.a. Kassierer oder Schalterangestellte mit beratender Tätigkeit.[856] Hier kann ein relevanter Erfahrungszuwachs bis zum elften Beschäftigungsjahr angenommen werden, allerdings steht eine Unterscheidung nach Berufsjahren als milderes Mittel zur Verfügung.

---

853 §§ 16 Abs. 4 und 5 TVöD (Bund) sowie 16 Abs. 3 und 4 TVöD (VKA).
854 Vgl. *Kamanabrou*, NZA 2006, Beilage zu Heft 3, 138 (142), die aber auf die allgemeine und nicht die unternehmensspezifische Qualifikation abstellt.
855 Siehe oben 3. Kapitel B. III. 3 a).
856 Vgl. §§ 6 MTV Banken, 2 lit. c) Gehaltstarifvertrag für das Bankengewerbe.

IV. Verknüpfung von Lebensalter und Berufsjahren oder Betriebszugehörigkeit

Bei der Entgeltbemessung werden ferner das Lebensalter mit den Beschäftigungsjahren oder der Betriebszugehörigkeit verknüpft. Hier sind drei Alternativen aufzufinden. In der ersten Variante erfolgt die Steigerung der Grundvergütung nach einem der beiden augenscheinlich neutralen Kriterien und dem Alter. Beispielsweise staffelt § 3 des Entwurfs eines Entgeltstarifvertrags, der vom Deutschen Zahntechnikerverband erstellt wurde,[857] zunächst nach der Dauer der Betriebszugehörigkeit. Mit jedem Jahr steigt die Entlohnung um 50 Euro. Vollendet der Beschäftigte allerdings sein 30., 45. oder 55. Lebensjahr beträgt der Anstieg in dem entsprechenden Jahr nicht 50 sondern 250 Euro. Ein anderes Beispiel bietet der § 2 des Gehaltstarifvertrags für Redakteurinnen und Redakteure sowie Volontärinnen und Volontäre bei der dpa GmbH.[858] Die Ausbildungsvergütung der Redaktionsvolontäre ist entsprechend den beiden Ausbildungsjahren gestaffelt. Im ersten Ausbildungsjahr wird allerdings zwischen Volontären, welche bereits 22 Jahre oder älter sind, und ihren jüngeren Kollegen unterschieden. Bei der zweiten Kombinationsvariante staffelt der Tarifvertrag nach den in einem Unternehmen oder auch außerhalb dessen absolvierten Beschäftigungszeiten, sieht aber einen Abschlag für jüngere Beschäftigte vor. Darunter fällt z.B. der schon beim Jugendabschlag angesprochene § 8 Abs. 1 des Bundesentgelttarifvertrags für die Chemische Industrie West, der nach Berufsjahren unterscheidet, hierbei aber einen Abschlag von 85 % für Minderjährige in den drei untersten Tätigkeitsgruppen vorsieht. Letztlich werden Lebensalter und die beiden anderen Kriterien miteinander vermengt, sofern ein Tarifvertrag nach Berufsjahren oder Betriebszugehörigkeit staffelt, aber hierfür Beschäftigungszeiten nicht mitzählt, die vor einem festgelegten Mindestalter zurückgelegt wurden. Dies gilt z.B. nach §§ 8 Abs. 1 MTV Banken und § 3 Vergütungstarifvertrag Volksbanken[859] für Arbeitnehmer im Bankengewerbe, die das 20. Lebensjahr noch nicht vollendet haben.

Dass die ersten beiden Fälle vor dem AGG nicht bestehen können, ergibt sich schon aus den Ausführungen zur rein altersorientierten Vergütung. Das Lebensalter ist kein geeignetes bzw. erforderliches Kriterium, um verifizierbare Aussagen über die Leistungsfähigkeit oder die Bedürfnisse eines Arbeitnehmers zu treffen.[860] So-

---

857 Abrufbar unter: http://www.dzv-info.de/downloads/Tarifver.pdf, abgerufen am 28.2.2011.
858 Gehaltstarifvertrags für Redakteurinnen und Redakteure sowie Volontärinnen und Volontäre bei der dpa GmbH vom 1.2.2009.
859 Vergütungstarifvertrag für die die Volksbanken und die Raiffeisenbanken sowie die genossenschaftlichen Zentralbanken vom 5.6.2008, in der Fassung vom 1.10.2010.
860 Siehe oben 3. Kapitel B. I. 2. b) cc) und c) bb), cc).

fern die volle Entlohnung bis zum Erreichen eines bestimmten Mindestalters vorenthalten wird, kann noch zusätzlich auf die Argumentation bei den sog. Lohnabschlagsklauseln verwiesen werden.[861]

Finden bei einem an Berufsjahren oder Betriebszugehörigkeit ausgerichteten Vergütungssystem Beschäftigungszeiten, die vor dem Erreichen eines Mindestalters absolviert wurden, keine Berücksichtigung, werden jüngere Mitarbeiter unmittelbar aufgrund des Alters benachteiligt. Kollegen, die mit einem höheren Lebensalter anfangen und über die gleiche Beschäftigungszeit verfügen, verdienen nach diesem Modell mehr, schlicht weil sie älter sind. In der Rechtssache *Hütter* hat sich der EuGH mit einem österreichischen Gesetz auseinander gesetzt, das in dieser Weise unterschieden hat. Arbeitszeiten, die ein Beschäftigter des öffentlichen Dienstes als Minderjähriger absolvierte, fanden keine Berücksichtigung.[862] Zu Recht hat der Gerichtshof darin eine unzulässige unmittelbare Diskriminierung Jüngerer gesehen. Die Regelung honoriere nicht die zusätzliche Berufserfahrung, sondern berücksichtige, in welchem Alten diese Qualifikation erworben wurde. Den Einwand des Beklagten im Ausgangsverfahren, mit der Regelung sollten Arbeitnehmer mit Berufsbildung und mit Schulbildung gleichgestellt werden, um eine längere Schulbildung zu fördern, lässt der EuGH unter Rückgriff auf den Verhältnismäßigkeitsgrundsatz nicht gelten. Schließlich könne dieses Ziel effektiver verfolgt werden, indem man bei der Vergütung unmittelbar auf die Ausbildungswege abstellt und nicht pauschal auf das Alter. Die Regelung diene auch nicht der Eingliederung Jugendlicher in den Arbeitsmarkt, denn zum Zeitpunkt der Einstellung verdienten Voll- und Minderjährige gleich viel. Es werde also bei der Einstellung nicht auf das Alter der zu fördernden Gruppe abgestellt.[863]

Folglich ist die Berücksichtigung des Lebensalters bei der Grundvergütung selbst dann nicht zulässig, wenn daneben andere zulässige Faktoren wie Berufsjahre oder Betriebszugehörigkeit entgeltbestimmend sind. Obwohl die Wirkungen gegenüber einer reinen nach Alter ausgerichteten Vergütung abgemildert werden,[864] liegt dennoch eine ungerechtfertigte Benachteiligung Jüngerer vor.

---

861 Siehe oben 3. Kapitel B. I. 5.
862 EuGH vom 18.6.2009, Rs. C-88/08 (Hütter), EuGRZ 2009, 331.
863 EuGH vom 18.6.2009, Rs. C-88/08 (Hütter), Rn. 47 ff., EuGRZ 2009, 331 (334).
864 Vgl. *Hanau*, ZIP 2006, 2189 (2187), der aufgrund dieser Einschränkung des Lebensaltersprinzips solche kombinierten Klauseln für zulässig erachtet.

V. Fazit zur Altersdiskriminierung bei der Grundvergütung

Tarifklauseln, die die Grundvergütung nach Lebensalter bemessen, stellen eine unmittelbare Benachteiligung jüngerer Beschäftigter dar. Eine Rechtfertigung ist nicht möglich. Demgegenüber kann eine Unterscheidung nach Berufsjahren oder Betriebszugehörigkeit mit den Vorschriften des AGG vereinbar sein, sofern sie einem legitimen objektiven Zweck dient und verhältnismäßig ist. Entscheidend für die Frage der Zulässigkeit ist die Art der auszuübenden Tätigkeit. Bei Berufsgruppen, an die hohe Anforderungen gestellt werden, die mit Führungsaufgaben verbunden sind oder bei denen es auf soziale Kompetenzen, insbesondere auf den Umgang mit Kunden ankommt, besteht ein weiter Gestaltungsspielraum. Ferner ist eine Staffelung nach Berufsjahren eher zulässig als eine an der Betriebszugehörigkeit ausgerichtete Unterscheidung. Zum einen belohnen nur Klauseln, die sich nach Beschäftigungsjahren richten, die zusätzlichen fachlichen Qualifikationen, während Regelungen über die Betriebszugehörigkeit lediglich die unternehmensspezifischen Fähigkeiten honorieren. Zum anderen berücksichtigen die Bestimmungen auch fremde Beschäftigungszeiten und sind daher ein milderes Mittel gegenüber Vorschriften, die ausschließlich bei einem Arbeitgeber absolvierte Berufsjahre einbeziehen.

In der deutschen Tariflandschaft finden sich zahlreiche Tarifklauseln, die entweder das Grundgehalt vom Lebensalter abhängig machen oder aber auf die Beschäftigungszeiten oder die Dauer der Betriebszugehörigkeit abstellen und dabei die Grenzen der Verhältnismäßigkeit überschreiten. Solche Regelungen verstoßen gegen das Benachteiligungsverbot gem. § 7 Abs. 1 AGG.

C. Differenzierung bei finanziellen Zusatzleistungen

Aufgrund des weiten Vergütungsbegriffs, der dem AGG zugrunde liegt,[865] wäre es zu kurz gegriffen, ausschließlich auf die Differenzierung bei der Grundvergütung abzustellen. Daneben finden sich in Tarifverträgen finanzielle Zusatzleistungen, die an das Lebensalter oder die Betriebszugehörigkeit anknüpfen und somit auf ihre Vereinbarkeit mit dem Verbot der Altersdiskriminierung zu prüfen sind.

---

865 Siehe oben 3. Kapitel A. IV.

I. Jubiläumszahlungen

Nicht wenige Tarifwerke gewähren einmalige Zahlungen zum Dienstjubiläum eines Beschäftigten. Daneben kann auch eine Arbeitsfreistellung von einem Tag erfolgen.[866] Typischerweise wird hier an die Betriebszugehörigkeit eines Mitarbeiters angeknüpft. Die Anforderungen daran können erheblich variieren. So werden das 10-, 25-, 40-, 50- oder das 60jährige Jubiläum honoriert.[867] Beispielsweise sieht der Entgelttarifvertrag der Deutschen Bahn AG[868] in § 10 Abs. 1 die Zahlung von 650, 850 und 1100 Euro anlässlich von 25, 40 und 50 Jahren Betriebszugehörigkeit vor. Etwas moderater fallen die Zahlungen beim TVöD aus. Gem. § 23 Abs. 2 S. 1 werden 350 bzw. 500 Euro ausgezahlt, wenn der Beschäftigte 25 bzw. 40 Jahre bei einem Arbeitgeber gearbeitet hat.[869] Hier werden allerdings auch Beschäftigungszeiten mitberücksichtigt, die bei einem anderen Arbeitgeber im Geltungsbereich des TVöD absolviert wurden.[870] Vereinzelt werden für die Berechnung des Jubiläums Beschäftigungsjahre außer Acht gelassen, die vor dem Erreichen einer Mindestaltersgrenze absolviert wurden. Dies gilt beispielsweise nach § 45 Abs. 2 des Manteltarifvertrags für Arbeiterinnen und Arbeiter des Bundes und der Länder.[871] Dienstzeiten, die ein Arbeitnehmer erbracht hat, bevor er volljährig wurde, bleiben demzufolge unberücksichtigt.

Wie auch bei der nach Betriebszugehörigkeit gestaffelten Grundvergütung, so wird hier die mittelbare Benachteiligung Jüngerer mit dem Hinweis verneint, dass die Zahlung die Betriebstreue und die zusätzliche Berufserfahrung honoriere.[872] Dies gilt aber nicht für den TVöD, der nicht nach der Betriebszugehörigkeit unterscheidet. Aber auch im Hinblick auf die anderen Tarifbestimmungen über Jubiläumszahlungen hat sich gezeigt, dass die Rechtfertigung von Differenzierungen nach der Betriebszugehörigkeit nur eingeschränkt möglich ist. Dies gilt umso mehr, als die hier behandelten einmaligen Zahlungen einen langjährigen Verbleib bei

---

866 Vgl. § 29 Abs. 1 lit. d. TVöD (Bund).
867 Rust/Falke-*Bertelsmann*, § 10 AGG, Rn. 176.
868 Entgelttarifvertrag für die Arbeitnehmer verschiedener Unternehmen des DB Konzerns vom 1.8.2002.
869 Vgl. § 23 Abs. 2 S. 1 TVöD i.V.m. § 34 Abs. 3 S. 1 TVöD; weitere Beispiele für Jubiläumszahlungen finden sich bei *Bispinck*, S. 26.
870 § 23 Abs. 2 S. 1 TVöD i.V.m. § 34 Abs. 3 S. 3 und 4 TVöD
871 Manteltarifvertrag für Arbeiterinnen und Arbeiter des Bundes und der Länder vom 6.12.1995, in der Fassung vom 31.1.2003.
872 *Lingemann/Müller*, BB 2007, 2006 (2007); *Lingscheid*, S. 236; *Löwisch*, DB 2006, 1729 (1731); *Löwisch/Caspers/Neumann*, S. 42; *Meinel/Heyn/Herms*, § 10 AGG, Rn. 48; Schiek-*M. Schmidt*, § 10 AGG, Rn. 20; *Sprenger*, S. 220 f.; *Wulfers/Hecht*, ZTR 2007, 475 (481).

einem Arbeitgeber voraussetzen. Dementsprechend sind sie weder geeignet, zusätzliche unternehmensspezifische Qualifikationen zu belohnen, noch erforderlich, um Beschäftigte an das Unternehmen zu binden.[873] Beim Jubiläumsgeld handelt es sich vielmehr um eine Aufmerksamkeit, mit der der Arbeitgeber nach innen wie auch nach außen zeigt, dass er langjährige Mitarbeit wahrnimmt und honoriert.[874] Daher bietet sich hier eine Unterscheidung zwischen qualifizierten und einfachen Tätigkeiten nicht an, zumal man so Arbeitnehmern, die weniger komplexe Aufgaben ausführen, „vor den Kopf stoßen" würde, was für das Betriebs- bzw. Unternehmensklima schädlich wäre. Die Anspruchshöhe sollte dem Erfordernis der Verhältnismäßigkeit entsprechen.[875] Dies tut sie nicht, wenn sie gemessen am Verdienst des Arbeitnehmers ungewöhnlich hoch ausfällt.[876] Es kann davon ausgegangen werden, dass die hier vorgestellten tariflichen Zulagen den aufgestellten Erfordernissen entsprechen und damit ein Verstoß gegen das AGG nicht gegeben ist. Demgegenüber ist eine Anknüpfung an das Lebensalter einer Rechtfertigung grundsätzlich nicht zugänglich.[877] Daher ist die dargestellte Klausel des Manteltarifvertrags für Arbeiterinnen und Arbeiter der Länder unzulässig.

II. Krankengeldzuschuss

Der Arbeitnehmer hat gem. § 3 Abs. 1 EFZG einen Anspruch auf volle Entgeltfortzahlung gegen seinen Arbeitgeber für einen Zeitraum von sechs Wochen. Voraussetzung ist, dass der Beschäftigte unverschuldet infolge einer Krankheit zur Arbeitsleistung verhindert ist. Geht diese Verhinderung über sechs Wochen hinaus, zahlt die Krankenkasse des Beschäftigten nach §§ 44 Abs. 1 und 2, 49 Abs. 1 Nr. 1 SGB V ein Krankengeld, das gem. § 47 Abs. 1 SGB V 70% des Bruttoentgelts beträgt und 90% des Nettoeinkommens nicht übersteigen darf. Um die Differenz zum eigentlichen Einkommen zu überbrücken[878] oder zumindest das Krankengeld etwas

---

873 Zu diesen legitimen Zielen siehe oben 3. Kapitel B. III.
874 Vgl. Rust/Falke-*Bertelsmann*, § 10 AGG, Rn. 177, wonach durch die geringe Zahlung eher symbolisch die Bindung an das Unternehmen erfolgen soll.
875 Vgl. *Senne*, S. 272, die allgemein davon ausgeht, dass Jubiläumszahlungen grundsätzlich dem Verhältnismäßigkeitsgrundsatz entsprechen.
876 *Sprenger*, S. 221.
877 Siehe oben 3. Kapitel B. I. 2.
878 So beispielsweise § 9 Abs. 3 Nr. 2 MTV Chemie.

aufzustocken,[879] sehen einige tarifliche Regelungen einen sog. Krankengeldzuschuss vor.[880]

Ob und in welchem Umfang ein Zuschuss gewährt wird, richtet sich grundsätzlich nach der Betriebszugehörigkeit.[881] Dabei bestehen Regelungen die vom zweiten bis zum 25. Beschäftigungsjahr staffeln. Ebenso sind erhebliche Unterschiede bei der Dauer des Zuschusses zu konstatieren. Sie reicht von einer bis zu 78 Wochen.[882] Diese umfangreiche Staffelung ist in § 10 Abs. 2 lit. c des Manteltarifvertrags für das private Versicherungsgewerbe zu finden.[883] Dagegen sieht der MTV Metall Südbaden[884] in seinem § 12 Abs. 4 einen Krankengeldzuschuss von lediglich einem Monat ab einer Beschäftigungszeit von fünf Jahren vor. Arbeitnehmer, die zehn Jahre und mehr dem Unternehmen angehört haben, dürfen die Leistung zwei Monate lang in Anspruch nehmen.

Sofern die Staffelung des Krankengeldzuschusses nach Betriebszugehörigkeit nur wenige Jahre beträgt, kann sie mit der Belohnung von Betriebstreue und zusätzlicher Berufserfahrung gerechtfertigt werden.[885] Der Anstieg für langjährige Beschäftigte eines Arbeitgebers kann nicht mit einer gesteigerten Fürsorgepflicht begründet werden, denn es ist nicht ohne weiteres ersichtlich, warum der Arbeitgeber gegenüber diesen Personen stärker verpflichtet sein sollte als gegenüber Mitarbeitern, die seit einigen Jahren dem Unternehmen angehören. Vielmehr kann eine zulässige Unterscheidung darauf gestützt werden, dass langjährige Mitarbeiter regelmäßig auch den oberen Altersgruppen angehören. Da aber ältere Personen eine langwierige Rekonvaleszenzzeit aufweisen,[886] ist eine längere Bezugsdauer für den Krankengeldzuschuss rechtmäßig. Den Beschäftigten wird ermöglicht, trotz einer lang andauernden Phase der Arbeitsunfähigkeit ihren Lebensstandard zu halten.[887]

---

879 So z.B. § 4 Nr. 2 des Rahmentarifvertrags für Angestellte und Poliere des Baugewerbes vom 29.7.2005, in der Fassung vom 20.8.2007.
880 *Bispinck*, S. 27 f.; *Löwisch/Caspers/Neumann*, S. 41 f.; mit jeweils einer Übersicht zu verschiedenen tariflichen Krankengeldzuschüssen.
881 *Bispinck*, WSI- Mitteilungen 2005, 582 (587); *Däubler*, FS Gnade, S. 95 (S. 98 f.); *Lingscheid*, S. 236; *Löwisch/Caspers/Neumann*, S. 41; *Temming*, S. 141 f.
882 *Bispinck*, S. XVI.
883 Manteltarifvertrag für das private Versicherungsgewerbe vom 22.12.2005, in der Fassung vom 1.10.2009.
884 Manteltarifvertrag für Beschäftigte der Metall- und Elektroindustrie Südbaden vom 14.6.2005.
885 Siehe oben 3. Kapitel B. III. 1. und 3.; Für eine pauschale Sichtweise *Lingscheid*, S. 236; *Löwisch/Caspers/Neumann*, S. 42; *Rust/Falke-Bertelsmann*, § 10 AGG, Rn. 175; *Senne*, S. 272.
886 Siehe oben 1. Kapitel B. III.
887 *Lingscheid*, S. 236; *Löwisch/Caspers/Neumann*, S. 42; *Senne*, S. 272.

III. Verdienstsicherung

Großer Beliebtheit scheinen sich sog. Verdienst-, Gehalts- bzw. Entgeltsicherungsklauseln zu erfreuen.[888] Sie gewährleisten, dass ältere Beschäftigte mit einer entsprechenden Betriebszugehörigkeit trotz einer Umgruppierung in eine niedrigere Tätigkeitsgruppe infolge einer Versetzung ihr ursprüngliches Gehalt weiter beziehen können.[889] Es soll ihnen damit ein gewisses Verdienstniveau garantiert werden.[890] Das tarifliche Privileg setzt ein Mindestalter von 40 bis 55 Jahren voraus. Die Anforderungen an die Dauer der Betriebszugehörigkeit reichen von lediglich einem bis zu 20 Jahren.[891] Vereinzelt finden sich auch Regelungen, die die Verdienstsicherung bis zu einem gewissen Lebensalter begrenzen. Dies ist z.B. bei § 3 Nr. 4 des Tarifvertrags zur Sicherung älterer Angestellter in der Bekleidungsindustrie Berlin (West)[892] der Fall. Danach ist der Verdienst nur von Arbeitnehmern gesichert, die 10 Jahre einem Arbeitgeber angehören und zwischen 55 und 63 Jahren alt sind. Demgegenüber fällt die Regelung des § 13 Abs. 8 MTV Chemie milder aus. Danach können sich Beschäftigte nicht auf die Verdienstsicherung berufen, wenn sie das 65. Lebensjahr vollendet haben oder es innerhalb von drei Monaten vollenden werden.

1. Anknüpfungspunkt und Umfang der Verdienstsicherung

Möglich ist es, dass keine weiteren Voraussetzungen an die Verdienstsicherung geknüpft werden, wie es beispielsweise nach § 6 Abs. 1 des MTV Metall Südbaden der Fall ist. Hier haben Beschäftigte, die mindestens 54 Jahre alt sind, einen Anspruch auf Verdienstsicherung, wenn sie lediglich ein Jahr Betriebszugehörigkeit vorweisen können. Verbreiteter ist es aber, dass die Verdienstsicherungsklausel eine Versetzung oder Umgruppierung wegen persönlicher Umstände des Beschäf-

---

888 *Bispinck*, S. VIII; *ders.*, WSI- Mitteilungen 2005, 582 (585); *Löwisch/Caspers/Neumann*, S. 37; *Waas*, ZRP 2006, 118 (119).
889 *Löwisch/Caspers/Neumann*, S. 37; *Nicolai*, § 2, Rn. 319; *Polloczek*, S. 26; *Rust/Falke-Bertelsmann*, § 10 AGG, Rn. 108 f.; *Temming*, S. 126 f.
890 *Adomeit/Mohr*, § 7 AGG Anhang 2, Rn. 35; *Bispinck*, S. VIII; *ders.*, WSI- Mitteilungen 2005, 582 (585); Jacobs/Krause/Oetker-*Jacobs*, § 7, Rn. 84; *Meinel/Heyn/Herms*, § 10 AGG, Rn. 42; *Rieble/Zedler*, ZfA 2006, 273 (295); Schiek-*M. Schmidt*, § 10 AGG, Rn. 16; *Senne*, S. 265.
891 *Bispinck*, S. VIII; *ders.*, WSI- Mitteilungen 2005, 582 (585); Schiek-*M. Schmidt*, § 10 AGG, Rn. 16; *Senne*, S. 265; *Temming*, S. 128.
892 Tarifvertrag zur Sicherung älterer Angestellter in der Bekleidungsindustrie Berlin (West) vom 17.7.1974.

tigten oder infolge von Rationalisierungsmaßnahmen des Arbeitgebers vorsieht.[893] Unter die erste Kategorie fällt § 7 Abs. 5 MTV Banken, wonach ab dem 50. Lebensjahr Beschäftigte mit einer Betriebszugehörigkeit von zehn oder mehr Jahren einen Anspruch auf das Entgelt ihrer vorherigen Tarifgruppe haben, sofern ihnen aus Gründen, die sie nicht zu vertreten haben, die Tätigkeit einer niedrigeren Tarifgruppe übertragen wurde. Als nicht zu vertretender Grund wird konkret die alters- und krankheitsbedingte Leistungsminderung genannt. Die gleichen Voraussetzungen an die Arbeitnehmer wie der MTV Banken stellt auch § 13 Abs. 7 MTV Chemie. Allerdings soll die Umsetzung auf eine Rationalisierung oder sonstige betriebsbedingte Gründe zurückzuführen sein. Ferner ist die Verdienstsicherung auf neun Monate beschränkt. Erwähnenswert ist die Regelung in § 8 des Entgelttarifvertrags der Deutschen Bahn AG. Neben einem Lebens- und Dienstalter von mindestens 55 bzw. zehn Jahren wird zusätzlich ein betriebsärztliches Gutachten verlangt, das nachweist, dass den Beschäftigten aufgrund von Alter oder langjähriger Berufstätigkeit die Kräfte verlassen, weshalb er auf einen anderen Arbeitsplatz versetzt werden muss.

Der Umfang der Verdienstsicherung kann zwischen den Tarifwerken variieren. So kann festgesetzt werden, dass der begünstigte Beschäftigte an sämtlichen Änderungen der Tarifgruppe Teil hat.[894] Es sind aber auch Regelungen anzutreffen, die ihm nur einen Einkommensanstieg gewähren und mögliche negative Veränderungen unberücksichtigt lassen.[895] Bei der dritten möglichen Variante wird dem Arbeitnehmer sein ursprüngliches Gehalt garantiert und die finanziellen Veränderungen in seiner bisherigen Tarifgruppe bleiben unberücksichtigt.[896]

2. Zulässigkeit von Verdienstsicherung

Knüpft die Gehaltssicherung an Gründe, die in der Person des Arbeitnehmers liegen, kommt eine Rechtfertigung nach § 10 S. 3 Nr. 1 AGG in Betracht.[897] Die Tarifklausel könnte also dem Schutz älterer Beschäftigter dienen. Durch sie würde

---

893 *Adomeit/Mohr*, § 7 AGG Anhang 2, Rn. 35; *Bispinck*, S. X; *Löwisch/Caspers/Neumann*, S. 37; Schiek-*M. Schmidt*, § 10 AGG, Rn. 16; *Temming*, S. 128.
894 § 7 Abs. 5 MTV Banken.
895 § 6 Abs. 10 MTV Metall Südbaden.
896 §§ 13 Abs. 7 MTV Chemie, 8 Abs. 2 Rationalisierungsschutzabkommen Banken.
897 *Küttner*, Personalbuch-*Kania*, Diskriminierung, Rn. 90; Rust/Falke-*Bertelsmann*, § 10 AGG, Rn. 63; Schiek-*M. Schmidt*, § 10 AGG, Rn. 16; teilweise wird auf § 5 AGG rekurriert, was allerdings aufgrund der Spezialität von § 10 S. 3 Nr. 1 AGG abzulehnen ist, vgl. jeweils *Bauer/Göpfert/Krieger*, § 5 AGG, Rn. 18; *Däubler/Bertzbach-Brors*, § 10 AGG, Rn. 61; Kempen/Zachert-*Stein*, § 1 TVG, Rn. 140.

sichergestellt, dass ältere Beschäftigte trotz eines möglichen alters- und gesundheitsbedingten Leistungsschwunds ihren Lebensstandard halten könnten.[898] Teilweise wird auch darauf hingewiesen, dass das Krankheitsrisiko Älterer steige, weshalb eine finanzielle Absicherung gegen mögliche Einbußen erforderlich sei.[899] Dies wurde als Rechtfertigungsgrund auch vom BAG anerkannt, das allerdings die entsprechende Regelung am weniger strengen Gleichheitssatz des Art. 3 Abs. 1 GG gemessen hat.[900] Die These der Abnahme der Produktivität mit fortschreitendem Alter ist indes mit den derzeitigen gerontologischen Erkenntnissen kaum zu vereinbaren[901] und spiegelt die gängigen Vorurteile über die negativen Eigenschaften Älterer wieder. Dies wird auch nicht durch die Forderung abgemildert, dass Verdienstsicherungsklauseln ab dem 55. Lebensjahr einsetzen sollten,[902] denn hier wird ebenfalls von einer pauschalen Leistungsabnahme ausgegangen.[903] Vielmehr müsste nach Branchen und Tätigkeiten differenziert werden.[904] Von einer Leistungsminderung kann ausgegangen werden, wenn die Beschäftigten überwiegend körperliche Arbeiten verrichten. Hier wird eine entsprechende Schutzklausel eher zu rechtfertigen sein. Dem erhöhten Krankheitsrisiko Älterer kann auch mit einem zulässigen Krankengeldzuschuss begegnet werden. Des Weiteren ist die strenge Handhabung von Verdienstsicherungsklauseln, welche an den Leistungsschwund des Arbeitnehmers anknüpfen, auch aus dem rechtspolitischen Blickwinkel sinnvoll, denn solche Regelungen führen unter Umständen zu einer Äquivalenzstörung von Leistung und Gegenleistung. Daher wird der Arbeitgeber eher von der Einstellung Älte-

---

898 BAG vom 7.2.1995, Az. 3 AZR 402/94, Rn. 33, AP Nr. 6 zu § 4 TVG (Verdienstsicherung); *Adomeit/Mohr*, § 7 AGG Anhang 2, Rn. 35; *Bauer/Göpfert/Krieger*, § 5 AGG, Rn. 18; Däubler/Bertzbach-*Hinrichs*, § 5 AGG, Rn. 54; *Leuchten*, NZA 2002, 1254 (1258); *Nicolai*, § 2, Rn. 319; Schleusener/Suckow/Voigt-*Voigt*, § 10 AGG, Rn. 37; *Waltermann*, ZfA 2006, 305 (322); vgl. jeweils *Löwisch/Caspers/Neumann*, S. 37, die aber darauf hinweisen, dass zusätzlich eine Zulassung solcher Regelungen durch den Gesetzgeber erforderlich ist; *Rieble/Zedler*, ZfA 2006, 273 (295 f.), die diesen Rechtfertigungsgrund erwägen, letztlich aber offen lassen, inwieweit Verdienstsicherungsklauseln gerechtfertigt werden können.
899 *Sprenger*, S. 223.
900 BAG vom 11.11.1997, Az. 3 AZR 675/96, Rn. 19, AP Nr. 12 zu § 4 TVG (Verdienstsicherung).
901 Siehe oben 1. Kapitel B. III.; *Boecken*, S. B 150; Rust/Falke-*Bertelsmann*, § 10 AGG, Rn. 112; *Temming*, S. 525.
902 *Lingemann/Gotham*, NZA 2007, 663 (666); zurückhaltender *Bertelsmann*, ZESAR, 2005, 242 (245); Rust/Falke-*Bertelsmann*, § 10 AGG, Rn. 110.
903 *Sprenger*, S. 223 f.
904 Vgl. *Meinel/Heyn/Herms*, § 10 AGG, Rn. 42, wonach es darauf ankommt, ob die Tätigkeit tatsächlich zu einer Verschlechterung der Gesundheit führt.

rer absehen.[905] Schließlich besteht die Möglichkeit, dass er sie nicht ihrer Leistung entsprechend entlohnen muss.

Ebenso lässt sich ein Rechtfertigungsgrund für Verdienstsicherungsklauseln bei Rationalisierungsmaßnahmen schwerlich finden.[906] Warum das Interesse nach einem festen Gehalt bei jüngeren Arbeitnehmern weniger ausgeprägt ist als bei ihren älteren Kollegen, lässt sich kaum begründen, zumal die oberen Altersgruppen grundsätzlich keine höheren finanziellen Aufwendungen haben.[907] Auch hier halten die entsprechenden Tarifnormen Arbeitgeber davon ab, ältere Personen einzustellen, da sich unter Umständen erforderliche Rationalisierungsmaßnahmen als überaus kostspielig erweisen könnten.[908]

Die gleichen Erwägungen gelten für die Staffelung nach Betriebszugehörigkeit. Es kann nicht pauschal davon ausgegangen werden, dass die Leistung von Mitarbeitern mit einem höheren Dienstalter abnimmt oder dass sie in besonderer Weise gegen Rationalisierungsmaßnahmen geschützt werden sollten. Eine zulässige Honorierung von Betriebstreue und zusätzlicher Berufserfahrung ist nur eingeschränkt möglich.[909] Sofern sie zulässig ist, sind allerdings die Klauseln regelmäßig wegen der zusätzlichen diskriminierenden Anknüpfung an das Lebensalter mit dem AGG unvereinbar.

Ferner darf der Umfang von Verdienstsicherungsklauseln nicht außer Betracht bleiben. Es muss darauf geachtet werden, ob und inwieweit Gehaltsänderungen bei der ursprünglichen Tätigkeitsgruppe des bevorzugten Beschäftigten Einfluss auf seinen „gesicherten" Entgeltsanspruch haben. Unzulässig sind Regelungen, die ausschließlich Tariferhöhungen den bevorzugten Mitarbeitern zukommen und eine Senkung des Leistungsniveaus unberücksichtigt lassen. Mit einer solchen Regelung wird nicht der Verdienst gesichert, sondern eine altersabhängige Sondervergütung eingeführt.[910] Eine Verdienstsicherung hat gerade den Zweck, den finanziellen Status quo der Beschäftigten zu wahren. Hierfür ist es erforderlich, dass der begünstig-

---

905 *Adomeit/Mohr*, § 7 AGG Anhang 2, Rn. 35; *Boecken*, S. B 149 f.; *Löwisch/Caspers/Neumann*, S. 39; *Rieble/Zedler*, ZfA 2006, 273 (296); *Senne*, S. 266; *Waas*, ZRP 2006, 118 (120).
906 A.A. *Linsenmaier*, RdA 2003, Sonderbeilage zu Heft 5, 22 (29); vgl. jeweils *Löwisch/Caspers/Neumann*, S. 38; *Waas*, ZRP 2006, 118 (119), die allgemein auf die Absicherung älterer Beschäftigter vor betrieblichen Maßnahmen abstellen, allerdings darauf hinweisen, dass eine gesetzliche Grundlage für die Rechtfertigung von Verdienstsicherungsklauseln erforderlich ist.
907 Siehe oben 3. Kapitel B. I. 2. b) cc) und d) bb); *Lingemann/Müller*, BB 2007, 2006 (2007); *Nicolai*, § 2, Rn. 319; *Senne*, S. 266; *Sprenger*, S. 223.
908 Löwisch/Caspers/Neumann, S. 39.
909 Siehe oben 3. Kapitel B. III.; a.A. *Temming*, S. 527.
910 *Sprenger*, S. 224.

te Arbeitnehmer den Angehörigen seiner ursprünglichen Tätigkeitsgruppe gleichgestellt wird und somit an negativen wie positiven Änderungen teilhat. Gegen § 7 Abs. 1 AGG verstoßen ebenfalls Verdienstsicherungsklauseln, welche die älteren Beschäftigten ganz von der Gehaltsentwicklung abkoppeln und ihnen das Einkommensniveau garantieren, das sie vor der Leistungsminderung bzw. Rationalisierung hatten. Es kann ferner davon ausgegangen werden, dass das BAG diesen Lösungsweg im Hinblick auf das Verbot der Altersdiskriminierung einschlägt. So haben die Erfurter Richter am Maßstab des Art. 3 Abs. 1 GG entschieden, dass eine Verdienstsicherungsklausel, wonach Tariflohnerhöhungen bei verdienstgesicherten Arbeitnehmern nicht angerechnet werden, während bei den übrigen Beschäftigten der Tätigkeitsgruppe eine Anrechnung erfolgt, gegen den Gleichheitssatz verstößt. Begründet wird die Feststellung mit dem Zweck der Verdienstsicherung, den Lebensstandard der älteren Personen zu erhalten. Dies erfordere aber nicht die zusätzliche Privilegierung gegenüber vergleichbaren Arbeitnehmern.[911]

Tarifliche Regelungen, welche eine Höchstgrenze für die Gehaltssicherung vorsehen, vor dem AGG keinen Bestand haben. Diese haben nicht das Ziel, ältere Beschäftigte gegen die finanziellen Einbußen einer Leistungsminderung zu wappnen, sondern einen Anreiz zur Frührente zu schaffen.[912]

3. Fazit

Dementsprechend sind die meisten tariflichen Regelungen über Verdienstsicherung unzulässig. Sofern sie die Arbeitnehmer vor finanziellen Einbußen infolge von Leistungsminderung schützen, muss nachgewiesen werden, dass es sich um Tätigkeiten handelt, bei denen ein höheres Alter zu einer geringeren Produktivität führt. Mit dem AGG vereinbar sind hingegen Tarifklauseln, die wie § 8 Abs. 1 des Entgelttarifvertrags der Deutschen Bahn AG ein ärztliches Gutachten fordern, welches nachweist, dass die Leistungsminderung altersbedingt ist.[913] Nicht zu rechtfertigen sind Gehaltssicherungsklauseln, die an Rationalisierungsmaßnahmen oder sonstige betriebliche Gründe anknüpfen. Daher verstößt u.a. § 13 Abs. 7 MTV Chemie gegen das Diskriminierungsverbot des § 7 Abs. 1 AGG.

Gleiches gilt für Regelungen wie § 3 Nr. 4 des Tarifvertrags zur Sicherung älterer Angestellter in der Bekleidungsindustrie Berlin (West), die eine Höchstaltersgrenze für die Verdienstsicherung statuieren. Demgegenüber ist der Ausschluss

---

911 BAG vom 7.2.1995, Az. 3 AZR 402/94, Rn. 33, AP Nr. 6 zu § 4 TVG (Verdienstsicherung).
912 Rust/Falke-*Bertelsmann*, § 10 AGG, Rn. 114.
913 Rust/Falke-*Bertelsmann*, § 10 AGG, Rn. 113.

nach § 13 Abs. 8 MTV Chemie rechtmäßig, da er auf das Renteneintrittsalter des Beschäftigten abstellt und somit auf einen Zeitpunkt, in dem er auf sein Arbeitsentgelt nicht mehr angewiesen ist. Dass auch Arbeitnehmer erfasst sind, die noch drei Monate auf ihren 65. Geburtstag warten müssen, kann aufgrund der geringen Zeitspanne bis zur Rentenberechtigung gerechtfertigt sein. Bestimmungen wie diese müssen aber in Zukunft an das neue Renteneintrittsalter von 67 Jahren[914] angepasst werden. Ab 2012 wird die Regelaltersgrenze für Beschäftigte, die ab dem 1.1.1947 geboren sind, stufenweise angehoben. Die 1963 folgenden Jahrgänge haben dann ein reguläres Renteneintrittsalter von 67 Jahren.[915] Damit sich die tarifliche Regelung mit fortschreitender Zeit nicht zu einer unzulässigen Höchstaltersgrenze wandelt, ist eine Änderung dahingehend erforderlich, dass Personen, die die gesetzliche Rente beanspruchen können, von der Verdienstsicherung ausgenommen werden.

Im Hinblick auf den Umfang der Klausel müssen die Tarifparteien festlegen, dass die Beschäftigten an den Änderungen ihrer alten Tarifgruppe teilhaben. Unzulässig sind dagegen Tarifnormen, die dem Arbeitnehmer sein ursprüngliches Einkommen sichern, ohne ihn an den negativen wie positiven Schwankungen innerhalb seiner Tätigkeitsgruppe zu beteiligen. Insoweit sind § 6 Abs. 10 MTV Metall Südbaden und vergleichbare Vorschriften altersdiskriminierend.

IV. Abfindungen

Schließlich unterfallen auch Abfindungen dem Vergütungsbegriff i.S.d. § 2 Abs. 1 Nr. 2 AGG.[916] Für den Fall von betriebsbedingten Kündigungen aufgrund einer unternehmerischen oder betrieblichen Umstrukturierung sehen einige tarifliche Vereinbarungen Abfindungen für die betroffenen Arbeitnehmer vor.[917] Teilweise werden spezielle Tarifwerke über die Folgen der Umstrukturierungsmaßnahmen für die Beschäftigten geschlossen, die sog. Rationalisierungsschutzabkommen. Rechtlich zulässig sind aber auch Tarifsozialpläne.[918] Ähnlich wie bei Sozialplänen sowie einer gerichtlich angeordneten Abfindung gem. §§ 9, 10 KSchG, richtet sich

---

914 § 35 S. 2 SGB VI.
915 Vgl. die Übergangsregelung des § 235 SGB VI; BeckOK Sozialrecht-*Kreikebohm*, § 35 SGB VI, Rn. 7.
916 Rust/Falke-*Feldhoff*, § 2 AGG, Rn. 22.
917 *Bispinck*, S. X; Rust/Falke-*Bertelsmann*, § 10 AGG, Rn. 274.
918 Vgl. BAG vom 24.4.2007, 1 AZR 252/06, AP Nr. 2 zu § 1 TVG (Sozialplan); *Fischinger*, NZA 2007, 310 (311 f.); Richardi-*Annuß*, § 112 BetrVG, Rn. 179; *Temming*, S. 296 f.; a.A. Bauer/Krieger NZA 2004, 1019 (1022 f.); Willemsen/Stamer, NZA 2007, 413 (414 ff.).

die Höhe nach dem Lebensalter und der Betriebszugehörigkeit.[919] Ihre maximale Höhe variiert zwischen sechs und 19 Monatsgehältern.[920]
Als ein Beispiel kann § 12 Abs. 1 des Rationalisierungsschutzabkommens für das private Versicherungsgewerbe[921] dienen. Einen Anspruch auf Abfindung haben Beschäftigte, die mindestens 40 Jahre alt sind und eine Betriebszugehörigkeit von zehn Jahren aufweisen. Die Staffelung reicht dann bis zum 58. Lebens- und 28. Beschäftigungsjahr. Auffällig ist hier die Spannbreite der Abfindungen. Während ein 40jähriger Beschäftigter, der dem Unternehmen zehn Jahre angehört, einen Anspruch auf vier Monatsgehälter hat, stehen einem 58jährigen mit einer Unternehmenszugehörigkeit von 28 Jahren 16 zu. Ähnlich ist die in § 13 Abs. 4 MTV Chemie getroffene Regelung. Danach beginnt die Staffelung mit dem 40. Lebensjahr und reicht bis zum 60., wobei eine Steigerung alle fünf Jahre erfolgt. Neben einem bestimmten Lebensalter muss der Arbeitnehmer auch eine gewisse Dauer der Betriebszugehörigkeit aufweisen. Das Dienstalter beginnt bei zehn und endet bei 25 Jahren. Hier erfolgt der Anstieg ebenfalls in Fünf-Jahres-Schritten. Im Vergleich zum Rationalisierungsschutzabkommen variiert die Abfindungshöhe nicht besonders stark. Sie reicht von einem bis zu sechs Monatsverdiensten. Nach § 9 Nr. 6 des Rationalisierungsschutzabkommens für die Volks- und Raiffeisenbanken[922] ist eine Minderung oder sogar ein Ausschluss des nach Lebens- und Dienstalter gestaffelten Abfindungsanspruchs vorgesehen, wenn ältere Beschäftigte hinreichend abgesichert sind. Konkret bedeutet dies, dass der Anspruch auf Abfindung präkludiert ist, sofern der von einer betriebsbedingten Entlassung betroffene Arbeitnehmer Altersrente beziehen kann. Hat der Beschäftigte das 63. Lebensjahr vollendet und übersteigt die Zahl der Monatsgehälter den Zeitraum bis zur Rente, so mindert sich die Abfindung entsprechend.[923]

---

919 *Bispinck*, S. X; *ders.*, WSI- Mitteilungen 2005, 582 (585); *Giesen*, NZA 2008, 905 (908); *Lingscheid*, S. 226; *Linsenmaier*, RdA 2003, Sonderbeilage zu Heft 5, 22 (32); *Rolfs*, NZA 2008, Sonderbeilage zu Heft 1, 8 (15 f.); *Temming*, S. 296 f.
920 *Bispinck*, S. XI; Rust/Falke-*Bertelsmann*, § 10 AGG, Rn. 279.
921 Rationalisierungsschutzabkommen für das private Versicherungsgewerbe vom 16.4.1983, in der Fassung vom 1.7.2009.
922 Tarifvereinbarung zur Absicherung von Arbeitsplätzen und Einkommen bei Rationalisierungsmaßnahmen (Rationalisierungsschutzabkommen) für die die Volksbanken und Raiffeisenbanken sowie die genossenschaftlichen Zentralbanken vom 14.4.1983, in der Fassung vom 1.10.2010.
923 Weitere Beispiele finden sich bei *Löwisch/Caspers/Neumann*, S. 30 ff.

1. Vergleichbarkeit zu Sozialplänen

Abfindungen aufgrund rationalisierungsbedingter Entlassungen finden sich ebenfalls in den in §§ 112, 112a BetrVG vorgesehenen Sozialplänen, wobei auch hier die Kriterien Lebensalter und Betriebszugehörigkeit maßgeblich sind.[924] Das Alter indiziert die Chancen des Beschäftigten auf dem Arbeitsmarkt, während die Dauer der Beschäftigung bei einem Arbeitgeber Maßstab für seine Fürsorgepflicht ist.[925] Eine untergeordnete Rolle spielen Unterhaltspflichten oder Schwerbehinderung.[926] Regelmäßig steigt zunächst der Anspruchsumfang mit zunehmendem Lebensalter, um dann wieder bei den höheren Alterskategorien abzufallen.[927] Begründet wird dies mit der sog. Überbrückungsfunktion des Sozialplans,[928] wonach die Vereinbarung das Ziel hat, die Nachteile der betroffenen Beschäftigten abzumildern, bis sie wirtschaftlich abgesichert sind. Die Abfindung ist somit zukunftsbezogen.[929] Die Chancen älterer Beschäftigter, einen neuen Arbeitsplatz zu finden, werden grundsätzlich als schlecht eingeschätzt, weshalb sie eine höhere Abfindung erhalten, um für die tendenziell lange Zeit der Arbeitsplatzsuche ein finanzielles Polster zu haben.[930] Demgegenüber sinkt die Anspruchshöhe mit einem bestimmten Alter wieder, da diese Beschäftigten nach nur wenigen Jahren Rente beanspruchen können und sie damit eine kürzere Zeit überbrücken müssen.[931]

---

924 *Adomeit/Mohr*, § 7 AGG Anhang 2, Rn. 53; *Oelkers*, NJW 2008, 614; *Willemsen/Schweibert*, NJW 2006, 2583 (2587).
925 *Adomeit/Mohr*, § 7 AGG Anhang 2, Rn. 53; *Mohr*, BB 2007, 2574; Richardi-*Annuß*, § 112 BetrVG, Rn. 91.
926 *Oelkers*, NJW 2008, 614.
927 *Lingscheid*, S. 249; *Leuchten*, NZA 2002, 1254 (1260); *Senne*, S. 291 f.
928 BAG vom 28.10.1992, Az. 10 AZR 129/92, LS Nr. 1, AP Nr. 66 zu § 112 BetrVG 1972; BAG vom 16.4.1994, Az. 10 AZR 606/93, Rn. 26, AP Nr. 75 zu § 112 BetrVG 1972; BAG vom 13.3.2007, Az. 1 AZR 262/06, Rn. 18, AP Nr. 183 zu § 112 BetrVG 1972; BAG vom 21.7.2009, Az. 1 AZR 566/08, Rn. 13, AP Nr. 202 zu § 112 BetrVG 1972; *Leuchten*, NZA 2002, 1254 (1260); *Schweibert*, FS DAV, S. 1001 (S. 1002); Wendeling-Schröder/Stein-*Wendeling-Schröder*, § 10 AGG, Rn. 58; vgl. Fitting, §§ 112, 112a BetrVG, Rn. 120 ff.;.
929 Richardi-*Annuß*, § 112 BetrVG, Rn. 52.
930 BAG vom 23.4.1985, Az. 1 ABR 3/81, Rn. 38, AP Nr. 26 zu § 112 BetrVG 1972; BAG vom 9.11.1994, Az. 10 AZR 281/94, Rn. 43, AP Nr. 85 zu § 112 BetrVG 1972; BAG vom 12.11.2002, Az. 1 AZR 58/02, Rn. 22, AP Nr. 159 zu § 112 BetrVG 1972; *Adomeit/Mohr*, § 7 AGG Anhang 2, Rn. 57; *Bauer/Göpfert/Krieger*, § 10 AGG, Rn. 53; *Löwisch/Caspers/Neumann*, S. 32; Rust/Falke-*Bertelsmann*, § 10 AGG, Rn. 280; *Schweibert*, FS DAV, S. 1001 (S. 1008); Wendeling-Schröder/Stein-*Wendeling-Schröder*, § 10 AGG, Rn. 58.
931 BAG vom 26.7.1988, Az. 1 AZR 156/87, Rn. 15, AP Nr. 45 zu § 112 BetrVG 1972; BAG vom 31.7.1996, Az. 10 AZR 45/96, LS Nr. 1, AP Nr. 103 zu § 112 BetrVG 1972; ErfK-*Kania*, § 112a BetrVG, Rn. 12; *Lingemann/Gotham*, NZA 2007, 663 (664); *Rolfs*, NZA 2008, Son-

Die beschriebene Sozialplanpraxis könnte aus diskriminierungsrechtlicher Sicht problematisch sein.[932] Ihr kommt aber das Regelbeispiel des § 10 S. 3 Nr. 6 AGG entgegen. Danach sind nach Alter oder Betriebszugehörigkeit gestaffelte Abfindungen in Sozialplänen zulässig, wenn die altersabhängigen Chancen auf dem Arbeitsmarkt durch eine verhältnismäßige Betonung des Lebensalters berücksichtigt werden. Die Beschäftigten können aber auch von den Leistungen ausgeschlossen werden, sofern sie nach dem Bezug von Arbeitslosengeld rentenberechtigt und damit wirtschaftlich abgesichert sind. Obwohl die Vorschrift von Abfindungen spricht, die sich nach Alter *oder* Betriebszugehörigkeit richten, ist es einhellige Meinung, dass auch Regelungen darunter fallen, die nach Alter *und* Betriebszugehörigkeit unterscheiden, denn durch die Regelung wollte der Gesetzgeber die gängige und durch das BAG legitimierte Praxis bei Sozialplanabfindungen legitimieren.[933] Mit § 10 S. 3 Nr. 6 AGG hat er ein Regelbeispiel geschaffen, das so in der Richtlinie 2000/78/EG nicht vorgesehen ist.[934] Es lässt sich aber unter Art. 6 Abs. 1 lit. a Richtlinie 2000/78/EG subsumieren, wonach u.a. Bedingungen für die Entlassung und Entlohnung zum Schutze von älteren Beschäftigten vereinbart werden können.[935] Dass das Regelbeispiel nach § 10 S. 3 Nr. 6 AGG grundsätzlich nicht im Widerspruch zur Richtlinie 2000/78/EG steht, ergibt sich aber nicht nur aus dem Wortlaut des Art. 6 Richtlinie 2000/78/EG, sondern auch aus einer systematischen Betrachtung innerhalb der Richtlinie. Nach Erwägungsgrund Nr. 25 können Rechtfertigungsgründe für die Benachteiligung aufgrund des Alters geschaffen werden, welche die besondere Situation in den Mitgliedsstaaten widerspiegeln.[936] Allerdings könnte § 10 S. 3 Nr. 6 AGG nach Entscheidung des EuGH in der Rechtssache *An-*

---

derbeilage zu Heft 1, 8 (16); Wendeling-Schröder/Stein-*Wendeling-Schröder*, § 10 AGG, Rn. 58; *Willemsen/Schweibert*, NJW 2006, 2583 (2587); kritisch dazu *Leuchten*, NZA 2002, 1254 (1260).

932 *Mohr*, BB 2007, 2574.
933 BT-Drucksache, 16/1780, S. 36; *Adomeit/Mohr*, § 7 AGG Anhang 2, Rn. 56; *Bauer/Göpfert/Krieger*, § 10 AGG, Rn. 52 f.; *Besgen*, BB 2007, 213 (217); *Hanau*, ZIP 2007, 2381 (2386); *Mohr*, BB 2007, 2574 (2575); *Nicolai*, § 2 AGG, Rn. 342; *Oelkers*, NJW 2008, 614 (615); *Rolfs*, NZA 2008, Sonderbeilage zu Heft 1, 8 (16); Rust/Falke-*Bertelsmann*, § 10 AGG, Rn. 277; Wendeling-Schröder/Stein-*Wendeling-Schröder*, § 10 AGG, Rn. 58.
934 *Lingemann/Gotham*, NZA 2007, 663 (664).
935 *Linsenmaier*, RdA 2003, Sonderbeilage zu Heft 5, 22 (32 f.); *Lingscheid*, S. 249; *Löwisch/Caspers/Neumann*, S. 32; Rust/Falke-*Bertelsmann*, § 10 AGG, Rn. 281; vgl. jeweils *Preis*, NZA 2006, 401 (409); *Schweibert*, FS DAV, S. 1001 (S. 1008); *Oelkers*, NJW 2008, 614 (616), die allgemein auf Art. 6 RL 2000/78/EG abstellen.
936 So *Lingemann/Gotham*, NZA 2007, 663 (664).

dersen insoweit der Richtlinie widersprechen, als rentennahe Arbeitnehmer ganz von der Abfindung ausgeschlossen werden.[937]

Auch die hier behandelten Regelungen sind Bestandteil von Kollektivvereinbarungen und haben primär das Ziel, wirtschaftliche Nachteile für Arbeitnehmer abzumildern, die aufgrund von Umstrukturierungsmaßnahmen entlassen wurden.[938] Dies gilt v.a. für Tarifsozialpläne.[939] Somit können die für Sozialpläne ergangen Wertungen auf tarifliche Abfindungsvorschriften übertragen werden.[940] Dies gilt insbesondere für § 10 S. 3 Nr. 6 AGG. Zwar kann man dagegen vorbringen, dass die Vorschrift explizit Sozialpläne aufführt und somit im Umkehrschluss keine Ausweitung möglich ist;[941] dennoch kommt dem Regelbeispiel eine „Wegweiserfunktion" zu, weshalb seine Wertungen zumindest im Rahmen der Generalklausel nach § 10 S. 1 und 2 zu beachten sind.[942] Ob also die Vorschrift direkt oder im Rahmen des Auffangtatbestands berücksichtigt wird, führt zu keinen divergierenden Ergebnissen.

2. Rechtmäßigkeit der tariflichen Abfindungen

Aufgrund der Anknüpfung an Lebensalter und Betriebszugehörigkeit benachteiligen die Regelungen jüngere Beschäftigte unmittelbar bzw. mittelbar.[943] Bestimmungen, die für ältere Beschäftigte den Anspruch auf Abfindung ausschließen oder mindern, stellen eine unmittelbare Benachteiligung zu ihren Lasten dar. Sie müssen sich daher an dem Maßstab des AGG messen lassen. Die erstgenannten tariflichen Klauseln könnten insoweit problematisch sein, als dass die oberen Alterskategorien gleich doppelt bevorzugt werden.[944] Von einer Diskriminierung kann aber nicht ausgegangen werden, wenn sich sowohl für die Staffelung nach Lebensalter als

---

937 EuGH vom 12.10.2010, Rs. C-499/08 (Andersen), NZA 2010, 1341.
938 Gross/Thon/Ahmad/Woitaschek-*Ahmad*, § 112 BetrVG, Rn. 35; Richardi-*Annuß*, § 112 BetrVG, Rn. 179.
939 *Bauer/Göpfert/Krieger*, § 10 AGG, Rn. 51; *Besgen*, BB 2007, 213 (217); *Giesen*, NZA 2008, 905 (908).
940 *Hanau*, ZIP 2007, 2381 (2386); *Körner*, NZA 2008, 497 (502); *Linsenmaier*, RdA 2003, Sonderbeilage zu Heft 5, 22 (32 f.); *Nollert-Borasio/Perreng*, § 10 AGG, Rn. 20; *Rolfs*, NZA 2008, Sonderbeilage zu Heft 1, 8 (16); Rust/Falke-*Bertelsmann*, § 10 AGG, Rn. 276.
941 So *Lingemann/Müller*, BB 2007, 2006 (2008).
942 Vgl. Rust/Falke-*Bertelsmann*, § 10 AGG, Rn. 276, der aber aufgrund der Wegweiserfunktion den § 10 S. 3 Nr. 6 AGG direkt auf Rationalisierungsschutzabkommen anwendet.
943 Däubler/Bertzbach-*Brors*, § 10 AGG, Rn. 134; *Lingscheid*, S. 236; *Meinel/Heyn/Herms*, § 10 AGG, Rn. 87; *Mohr*, BB 2007, 2574; *Temming*, S. 297.
944 *Meinel/Heyn/Herms*, § 10 AGG, Rn. 87; *Schweibert*, FS DAV, S. 1001 (S. 1010); *Sprenger*, S. 379; *Temming*, S. 291; *Willemsen/Schweibert*, NJW 2006, 2583 (2587).

auch nach Betriebszugehörigkeit ein legitimes Ziel finden lässt und die Ungleichbehandlung im Hinblick darauf verhältnismäßig ist. Das BAG hat sich in einer Entscheidung, die sich mit Abfindungen aus einem Sozialplan beschäftigte, grundsätzlich für die Zulässigkeit einer am Lebensalter und der Betriebszugehörigkeit ausgerichteten Abfindungspraxis ausgesprochen.[945] Die betroffene Betriebsvereinbarung hat zwei Berechnungsmethoden festgelegt. Welche der beiden Möglichkeiten konkret einschlägig war, richtete sich danach, ob der Beschäftigte schon das 60. Lebensjahr vollendet hat. Während die Abfindung der Jüngeren mit fortschreitender Betriebszugehörigkeit zunahm, richteten sich die Zahlungen an die über 60jährigen nach ihrem Lebensalter und nahmen mit fortschreitendem Alter ab. Aufgrund der dargestellten Vergleichbarkeit von Sozialplänen und Tarifverträgen, die Abfindungen vorsehen, kann für die folgende Untersuchung auf die Entscheidung des BAG zurückgegriffen werden.

a) Staffelung nach Lebensalter

Als Rechtfertigungsgründe für die Berücksichtigung von Lebensalter werden die höheren finanziellen Verpflichtungen der älteren Arbeitnehmer sowie der erforderliche Ausgleich von Nachteilen, die sie aufgrund der Lage auf dem Arbeitsmarkt erfahren, aufgeführt.

aa) Höhere Unterhalts- und Lebenserhaltungskosten

Für eine großzügige Abfindung von älteren Beschäftigten könnten zum einen höhere Unterhaltskosten sowie ein höherer Lebensstandard sprechen.[946] Ersteres würde § 10 S. 3 Nr. 1 AGG und letzteres der Generalklausel nach § 10 S. 1 und AGG unterfallen. Wie schon bei der altersorientierten Grundvergütung besprochen,[947] sind solche Regelungen unverhältnismäßig. Eine höhere Kostenbelastung der oberen Altersgruppen lässt sich grundsätzlich nicht nachweisen. Außerdem können die Tarifnormen direkt an die finanziellen Bedürfnisse der Arbeitnehmer anknüpfen, indem sie beispielsweise bestehende Unterhaltspflichten berücksichtigen.

---

945 BAG vom 26.5.2009, Az. 1 AZR 198/08, NZA 2009, 849.
946 *Lingemann/Müller*, BB 2007, 2006 (2008); *Schweibert*, FS DAV, S. 1001 (S. 1008 f.).
947 Siehe oben 3. Kapitel B. I. 2. d) bb).

bb) Ausgleich von Nachteilen

Eine Staffelung nach Lebensalter könnte damit gerechtfertigt werden, dass ältere Arbeitnehmer es schwerer haben, einen neuen Arbeitsplatz zu finden und dementsprechend stärker von Langzeitarbeitslosigkeit betroffen sind.[948] Diese Annahme darf allerdings nicht verallgemeinert werden.[949] Die pauschale Anknüpfung an das Alter ist unzulässig.[950] § 10 S. 3 Nr. 6 AGG spricht zwar von den altersabhängigen Chancen auf dem Arbeitsmarkt, dennoch kann hierin keine gesetzliche Vermutung gesehen werden, wonach höheres Alter stets zu einem schlechteren Stand auf dem Arbeitsmarkt führt.[951] Zum einen lässt das Regelbeispiel lediglich eine verhältnismäßige Berücksichtigung des Lebensalters zu, wodurch eine Pauschalisierung ausgeschlossen wird. Zum anderen ist nicht ersichtlich, warum hier von dem Erfordernis eines objektiven Rechtfertigungsgrundes abgewichen werden sollte. Dieser setzt vielmehr einen konkreten Nachteil der älteren Arbeitsuchenden voraus.[952] Dementsprechend muss nachgewiesen werden, dass die Vermittlungschancen etwaiger Altersgruppen in einer bestimmten Branche schlecht sind.[953] Dies wird durch § 10 S. 3 Nr. 6 AGG, der hier direkt oder über seine Wertungen im Rahmen von § 10 S. 1 und 2 AGG anwendbar ist, unterstrichen. Nach der Vorschrift kann das Alter hinsichtlich der Chancen auf dem Arbeitsmarkt berücksichtigt werden.[954]

Zunächst muss festgestellt werden, ab welchem Alter man überhaupt Probleme hat, einen neuen Arbeitsplatz zu finden. Betrachtet man die aktuellen Zahlen, so steigt das Risiko, der Langzeitarbeitslosigkeit anheim zu fallen, ab dem 45. Lebensjahr.[955] Idealerweise sollten Abfindungsregelungen ab diesem Lebensalter an-

---

948 *Adomeit/Mohr*, § 7 AGG Anhang 2, Rn. 57; *Lingemann/Gotham*, NZA 2007, 663 (664); *Mohr*, BB 2007, 2574; *Sprenger*, S. 380.
949 So aber *Wisskirchen*, DB 2006, 1491 (1493).
950 *Bauer/Göpfert/Krieger*, § 10 AGG, Rn. 51; *Rolfs*, NZA 2008, Sonderbeilage zu Heft 1, 8 (16).
951 So aber *Oelkers*, NJW 2008, 614 (617).
952 *Annuß*, BB 2006, 325 (326).
953 *Annuß*, BB 2006, 1629 (1634); *Besgen*, BB 2007, 213 (218); *Däubler/Bertzbach-Brors*, § 10 AGG, Rn. 133; *Hanau*, ZIP 2007, 2381 (2386); *Körner*, NZA 2008, 497 (502); *Lingemann/Gotham*, NZA 2007, 663 (664); *Lingemann/Müller*, BB 2007, 2006 (2008); *Löwisch*, DB 2006, 1729 (1730); *Meinel/Heyn/Herms*, § 10 AGG, Rn. 86; *Oelkers*, NJW 2008, 614 (617); Richardi-*Annuß*, § 112 BetrVG, Rn. 91; Rust/Falke-*Bertelsmann*, § 10 AGG, Rn. 276; Schleusener/Suckow/Voigt-*Voigt*, § 10 AGG, Rn. 45; *Schweibert*, FS DAV, S. 1001 (S. 1008); *Willemsen/Schweibert*, NJW 2006, 2583 (2587).
954 Wendeling-Schröder/Stein-*Wendeling-Schröder*, § 10 AGG, Rn. 58.
955 Vgl. jeweils *Statistisches Bundesamt*, Datenreport 2008, S. 113; *dass.*, Erwerbstätigkeit, S. 28; *Däubler/Bertzbach-Brors*, § 10 AGG, Rn. 133, die die Grenze bei 40 Jahren ansetzt; *Sprenger*, S. 380, der erst den über 50jährigen einen schlechten Stand auf dem Arbeitsmarkt bescheinigt.

setzen, wobei auch niedrige Abfindungen für die darunter liegenden Altersklassen noch zulässig sind, da auch sie sich gegen Berufsanfänger behaupten müssen. Die Abfindungshöhe wäre für die jüngeren Beschäftigten vergleichsweise gering oder entfiele ganz. Sie müsste vor dem 45. Lebensjahr – wenn überhaupt – nur geringfügig ansteigen, weil die unteren Alterskategorien in etwa die gleichen Chancen auf dem Arbeitsmarkt haben.[956] So ist ein 33Jähriger genauso gut vermittelbar wie seine 27jährigen Mitbewerber.[957] Mit dem Erreichen des „kritischen Alters" von 45 Jahren wäre ein spürbarer Anstieg rechtmäßig. Dabei kann die Steigerung ab dem 45. Lebensjahr linear erfolgen, d.h. für jedes Lebensjahr erhöht sich der Anspruch auf Abfindung. Graphisch betrachtet würde die Abfindungshöhe die Form eines „Hockeyschlägers" annehmen.[958] Neben dem beschriebenen linearen Anstieg ist ebenfalls eine Staffelung nach bestimmten Altersgruppen rechtmäßig.[959] Die Steigerung erfolgt also nicht linear mit jedem neuen Lebensjahr, sondern die Beschäftigten werden in Alterskategorien eingeteilt. Auch hier können die unteren Altersgruppen aufgrund ihrer guten Aussichten auf dem Arbeitsmarkt von der Abfindung ausgeschlossen werden.[960] Berücksichtigt man sie dennoch, wären nur moderate Steigerungen innerhalb dieser Alterskategorien mit dem AGG vereinbar.[961]

Um aber ein umfassendes Bild über die Arbeitsmarktsituation zu erhalten, muss neben dem Alter auch die jeweilige Branche bzw. Berufsgruppe in Betracht gezogen werden. So kann es Branchen geben, in denen es auf Berufserfahrung ankommt und Arbeitgeber ältere Mitarbeiter bevorzugt einstellen, da sie davon ausgehen, dass mit zunehmenden Alter Berufserfahrung einhergeht.[962] Für die Feststellung, wann tendenziell eine Tätigkeit vorliegt, für die berufliches Erfahrungswissen förderlich ist, kann auf die Ausführungen über die Zulässigkeit einer nach Berufsjahren gestaffelten Grundvergütung verwiesen werden. Demnach ist Berufserfah-

---

956 *Annuß*, BB 2006, 325 (326), der insoweit seine Argumentation zur Zulässigkeit der altersorientierten Sozialauswahl bei Kündigungen überträgt; Däubler/Bertzbach-*Brors*, § 10 AGG, Rn. 133; *Schweibert*, FS DAV, S. 1001 (S. 1010).
957 *Willemsen/Schweibert*, NJW 2006, 2583 (2587).
958 *Lingemann/Gotham*, NZA 2007, 663 (664); P/W/W-*Lingemann*, § 10 AGG, Rn. 17.
959 *Annuß*, BB 2006, 325 (326); *Lingemann/Gotham*, NZA 2007, 663 (664); *Lipinski*, BB 2008, 675; *Schweibert*, FS DAV, S. 1001 (S. 1009); *Willemsen/Schweibert*, NJW 2006, 2583 (2587).
960 Der Ansicht von Rust/Falke-*Bertelsmann*, § 10 AGG, Rn. 276, der darin eine unzulässige ausschließlich am Alter orientierte Benachteiligung sieht, kann nicht gefolgt werden, da sie verkennt, dass das Lebensalter und die Chancen auf dem Arbeitsmarkt miteinander korrelieren.
961 Gegen einen linearen Anstieg nach dem „Hockeyschläger- Prinzip" sowie die Bildung von Altersgruppen *Oelkers*, NJW 2008, 614 (617).
962 Vgl. *Schweibert*, FS DAV, S. 1001 (S. 1008), die darauf hinweist, dass in bestimmten Branchen, bei denen es auf Berufserfahrung ankommt, Berufsanfänger es schwierig haben könnten, einen neuen Arbeitsplatz zu finden.

rung für komplexe Tätigkeiten sowie für solche mit einem sozialen Bezug erforderlich.[963] Im Hinblick auf die Zulässigkeit von gestaffelten Abfindungen gelten aber die umgekehrten Vorzeichen. Während bei komplexen Tätigkeiten eine an Berufsjahren ausgerichtete Grundvergütung und die damit einhergehende mittelbare Benachteiligung im großen Umfang möglich ist, können weitreichende Unterschiede bei der Abfindung nicht gerechtfertigt werden, da regelmäßig qualifizierte Mitarbeiter auch im hohen und mittleren Alter aufgrund ihrer vermeintlichen höheren Berufserfahrung gefragt sind.[964] So lag beispielsweise 2006 die Erwerbsquote von Personen, die über einen Hochschulabschluss verfügten, bei 94 %, während sie bei denjenigen, welche über keinen Abschluss verfügten unter die 80 % sank.[965]

Demgegenüber wendet das BAG einen großzügigeren Maßstab an. Es geht pauschal von schlechteren Vermittlungschancen älterer Beschäftigter auf dem Arbeitsmarkt aus, weshalb eine weitgehende Staffelung nach Lebensalter und Betriebszugehörigkeit zulässt. Untermauert wird die Feststellung einerseits durch das besondere Regelbeispiel in § 10 S. 3 Nr. 6 AGG wie auch den vom Gesetzgeber eingeräumten Gestaltungsspielraum der Sozialpartner.[966]

b) Staffelung nach Betriebszugehörigkeit

Mit der Staffelung nach Betriebszugehörigkeit strebt man weniger die Versorgung von ausgeschiedenen Mitarbeitern als vielmehr die Bindung der Beschäftigten an das Unternehmen (Honorierung der Betriebstreue)[967] sowie die Belohnung zusätzlicher unternehmensbezogener Qualifikationen an.[968] Es kann daher auf die Grundsätze verwiesen werden, die im Rahmen der Grundvergütung aufgestellt wurden.[969]

---

963 Siehe oben 3. Kapitel B. II. 3. b) bb).
964 *Aust/Kremer*, WSI- Mitteilungen 2007, 115; wendet man die hier entwickelten Grundsätze, wonach bei der Berücksichtigung des Lebensalters Arbeitsmarkt und Branche beachtet werden müssen, auf Sozialpläne mit Abfindungszahlungen an, deren Höhe sich nach der sog. Divisorformel bemisst, stellt man fest, dass die Regelung unzulässig ist, da sich die Abfindungshöhe pauschal mit steigenden Alter erhöht, vgl. jeweils P/W/W-*Lingemann*, § 10 AGG, Rn. 17; *Temming*, S. 291 f.; *Willemsen/Schweibert*, NJW 2006, 2583 (2587).
965 *Statistisches Bundesamt*, Datenreport 2008, S. 114.
966 BAG vom 26.5.2009, Az. 1 AZR 198/08, Rn. 43 f.; NZA 2009, 849 (853 f.).
967 Däubler/Bertzbach-*Brors*, § 10 AGG, Rn. 134; *Meinel/Heyn/Herms*, § 10 AGG, Rn. 87; *Mohr*, BB 2007, 2574 (2575); *Rolfs*, NZA 2008, Sonderbeilage zu Heft 1, 8 (16); *Senne*, S. 292.
968 Vgl. jeweils Däubler/Bertzbach-*Brors*, § 10 AGG, Rn. 134; *Löwisch*, DB 2006, 1729 (1731), die eine ausschließlich nach Betriebszugehörigkeit gestaffelte Sozialplanabfindung als unzulässig ansehen, da diese Staffelung nicht der Überbrückungs- bzw. Versorgungsfunktion des Sozialplans dient.
969 Siehe oben 3. Kapitel B. III.

Demnach ist eine mehrjährige Staffelung, die eine Unterscheidung zwischen den verschiedenen Berufsgruppen und ihrer Bedeutung für das Unternehmen vermissen lässt, unverhältnismäßig.

Eine mit der Dauer der Betriebszugehörigkeit steigende Abfindung berücksichtigt aber den Umstand, dass der Beschäftigte aufgrund der Entlassung seinen sozialen Besitzstand verliert. Etliche arbeitsrechtliche Privilegien wie Kündigungsschutz oder Grundvergütung sind an die Betriebszugehörigkeit gekoppelt. Dementsprechend kann der entlassene Mitarbeiter sie bei einem neuen Arbeitgeber nicht oder nicht im selben Umfang geltend machen. Ferner sind die beim alten Dienstherrn entwickelten unternehmensspezifischen Qualifikationen[970] für den Neuen gänzlich irrelevant und werden daher nicht honoriert.[971]

Mit dem BAG kann letztlich auf die möglichen schlechteren Chancen auf dem Arbeitsmarkt abgestellt werden, denn regelmäßig korrelieren das Alter und die Dauer der Betriebszugehörigkeit.[972] Im Unterschied zum höchsten deutschen Arbeitsgericht sollte man allerdings nicht zu voreilig schlechtere Vermittlungschancen der Beschäftigten annehmen, die über einen längeren Zeitraum für einen Arbeitgeber gearbeitet haben. Entsprechend des Erfordernisses eines objektiven Rechtfertigungsgrunds sollte man nicht auf die Einschätzung der Sozialpartner bauen, sondern auf die konkreten Berufsaussichten bestimmter Tätigkeiten in der jeweiligen Branche.

c) Minderung und Ausschluss des Anspruchs zum Nachteil der Älteren

Die Minderung des Abfindungsanspruchs von älteren Beschäftigten, die jedenfalls in absehbarer Zeit rentenberechtigt sind, kann nach § 10 S. 1 und 2 AGG gerechtfertigt sein. Begründet kann dies mit den Wertungen von § 10 S. 3 Nr. 6 AGG, wonach rentennahe Arbeitnehmer von den Leistungen des Sozialplans ausgeschlossen werden können. Gleiches gilt auch für tarifliche Abfindungen. Ihr Zweck besteht darin, die entlassen Mitarbeiter wirtschaftlich abzusichern. In diesem Zusammenhang könnte man ebenfalls von einer Überbrückungsfunktion sprechen. Bei rentennahen Beschäftigten kommt es darauf an, die Zeit bis zur sozialen Absicherung durch die Rente zu überbrücken. Die Diskriminierung wiegt weiterhin hier nicht schwer, da einerseits nach den gesetzlichen Regelungen über die Berechti-

---

970 Däubler/Bertzbach-*Däubler*, § 7 AGG, Rn. 249.
971 Dies sind auch die Gründe dafür, warum Arbeitnehmer mit einer langen Betriebszugehörigkeit eher von einem Arbeitgeberwechsel absehen, siehe dazu oben 3. Kapitel B. III. 3. b) bb).
972 BAG vom 26.5.2009, Az. 1 AZR 198/08, Rn. 43 f.; NZA 2009, 849 (853 f.).

gung zur Rente eine starke Korrelation zwischen Lebensalter und Anspruch auf Altersrente besteht und andererseits sich die entsprechenden Regelungen nicht ausschließlich am Lebensalter orientieren, sondern auch voraussetzen, dass der Beschäftigte später tatsächlich die gesetzliche Absicherung in Anspruch nehmen kann.[973]

Allerdings dürfte der völlige Ausschluss der Abfindung für rentennahe Arbeitnehmer entsprechend dem EuGH-Urteil in der Rechtssache *Andersen* nicht zulässig sein. Demnach würden rentennahe Beschäftigte nur aufgrund ihres Alters von der Abfindung ausgeschlossen, was eine unmittelbare Benachteiligung darstelle, die nicht gerechtfertigt sei. Es sei für die älteren Beschäftigten schwerer, ihr Recht wahrzunehmen, noch bis zum Renteneintrittsalter bei einem anderen Arbeitgeber zu arbeiten, da sie im Unterschied zu ihren jüngeren Kollegen für die Übergangszeit der Arbeitsplatzsuche keine Abfindung erhielten. Ferner zwinge ein Ausschluss von der Abfindung die älteren Beschäftigten dazu, ihre Berufstätigkeit aufzugeben und gegebenenfalls eine geringere Rente in Kauf zu nehmen.[974]

3. Fazit

Die Berücksichtigung des Lebensalters bei Abfindungen kann gerechtfertigt sein. Nach der hier vertreten Auffassung muss aber geprüft werden, ob die bevorzugten älteren Beschäftigten es tatsächlich schwer haben, einen neuen Arbeitsplatz zu finden, wodurch eine vergleichsweise hohe Abfindung zur Überbrückung der Nachteile gerechtfertigt wäre. Dabei muss auf die entsprechende Branche und die ausgeübte Tätigkeit abgestellt werden. Führen die entlassenen Mitarbeiter eine anspruchsvolle Tätigkeit aus, so kann u.U. die Berufserfahrung Älterer ein Vorteil bei der Suche nach einem neuen Arbeitsplatz sein. In diesem Fall würden sie nicht zu einer Problemgruppe auf dem Arbeitsmarkt zählen.

Die Ausrichtung an der Betriebszugehörigkeit ist nach den im Rahmen der Grundvergütung aufgestellten Grundsätzen zulässig.[975] Hinzu kommt, dass eine

---

973 Nach bisheriger herrschender Meinung war der Ausschluss der rentennahen Mitarbeiter bei Sozialplanleistungen oder die Minderung ihres Abfindungsanspruchs mit dem Verbot der Altersdiskriminierung vereinbar, BAG vom 11.11.2008, Az. 1 AZR 475/07, AP Nr. 196 zu § 112 BetrVG 1972; BAG vom 26.5.2009, Az. 1 AZR 198/08, Rn. 48; NZA 2009, 849 (854); *Annuß*, BB 2006, 325 (327); *Hunold*, NZA-RR 2006, 617 (622 f.); *Körner*, NZA 2008, 497 (502); *Krieger/Arnold*, NZA 2008, 1253 (1255 ff.); *Lüderitz*, S. 115; *Mohr*, BB 2007, 2574 (2575); *Rolfs*, NZA 2008, Sonderbeilage zu Heft 1, 8 (16).
974 EuGH vom 12.10.2010, Rs. C-499/08 (Andersen), NZA 2010, 1341 (1343 f.).
975 Siehe oben 3. Kapitel B. III.

Entlassung Beschäftigte, die seit längerem dem Unternehmen angehören, härter trifft als ihre Kollegen mit einer vergleichsweise kurzen Betriebszugehörigkeit. Erstere verlieren zunächst ihre im Laufe der Beschäftigung erworbenen senioritätsbedingten Vorteile, können ihre stark ausgeprägten unternehmensspezifischen Qualifikationen nur schwerlich bei einem neuen Arbeitgeber einbringen und haben aufgrund ihres höheren Lebensalters möglicherweise einen schwierigen Stand auf dem Arbeitsmarkt.

Die hier vorgestellte Herangehensweise weicht von der Rechtsprechung des BAG ab, wenn sie nicht ohne Weiteres davon ausgeht, dass ein höheres Alter bzw. eine längere Betriebszugehörigkeit zu schlechten Chancen auf dem Arbeitsmarkt führt, was wiederum eine vergleichsweise hohe Abfindung rechtfertigen würde. Vielmehr müssen Tätigkeit und Branche in Betracht gezogen werden. Auch wird den Sozialpartnern keine allzu weitgehende Einschätzungsprärogative eingeräumt.

Vor diesem Hintergrund sind die Regelungen in § 12 Abs. 1 des Rationalisierungsschutzabkommens für das private Versicherungsgewerbe sowie § 13 Abs. 4 MTV Chemie rechtlich unbedenklich. Sie berücksichtigen einerseits, dass sich ungefähr ab dem 40. Lebensjahr die Chancen auf dem Arbeitsmarkt verschlechtern und andererseits, dass langjährige Mitarbeiter infolge der Entlassung ihren umfangreichen sozialen Besitzstand verlieren.

Für die Rechtfertigung von Abfindungen, die an Lebensalter oder Betriebszugehörigkeit anknüpfen, ist aber noch folgendes zu berücksichtigen: Das vom AGG statuierte Verbot der Altersdiskriminierung könnte dazu führen, dass sich die Tarifparteien in Zukunft nicht auf diese beiden Ziele berufen können. Möglicherweise werden infolge der gesetzlichen Anordnung altersdiskriminierende Einstellungspraktiken unterbunden und senioritätsbedingte Privilegien abgebaut. Dann haben ältere Beschäftigte grundsätzlich keine schlechteren Chancen, einen neuen Arbeitsplatz zu finden, und Beschäftigte mit einer langen Betriebszugehörigkeit verlieren andererseits keine Sonderrechte. Dementsprechend kann die Zulässigkeit der geltenden Abfindungsregelungen zeitlich begrenzt sein.

Tarifklauseln, die die Höhe des Abfindungsanspruchs davon abhängig machen, ob ältere Beschäftigte nach der Entlassung Rente beziehen können, sind auch unter dem AGG rechtmäßig. Dadurch wird nämlich dem Umstand Rechnung getragen, dass Abfindungszahlungen vorrangig der sozialen Absicherung dienen. Dies gilt aber nicht für den völligen Ausschluss des Anspruchs bei rentennahen Arbeitnehmern. Insoweit bestehen rechtliche Bedenken an der Zulässigkeit von Regelungen wie § 9 Nr. 6 des Rationalisierungsschutzabkommens für die Volks- und Raiffeisenbanken.

V. Betriebliche Alters- und Invalidenversorgung

Der für das AGG maßgebliche Vergütungsbegriff umfasst auch Zahlungen aufgrund einer betrieblichen Alters- oder Invalidenversorgung.[976] Es stehen dem Arbeitgeber dabei fünf Gestaltungsmöglichkeiten zur Verfügung: Versorgungszusage, Direktversicherung, Pensionskasse, Unterstützungskasse und Pensionsfonds.[977] § 1 Abs. 1 BetrAVG sieht zunächst die Versorgungszusage vor. Darin verpflichtet sich der Arbeitgeber zur finanziellen Versorgung aus Gründen des Alters, der Invalidität oder des Todes des Beschäftigten.[978] Dem Dienstherrn steht es auch gem. § 1 Abs. 2 Nr. 2 BetrAVG frei, zu Gunsten seines Mitarbeiters eine Lebensversicherung auf das Leben des Beschäftigten abzuschließen, die sog. Direktversicherung. Ähnlich ausgestaltet ist auch die Pensionskasse. Es handelt sich um eine Sonderform der Lebensversicherung auf Unternehmensebene. Demgegenüber gewähren sog. Unterstützungskassen Versorgungsleistungen auf freiwilliger Basis. Mithin besteht kein Rechtsanspruch der Arbeitnehmer.[979] Der Pensionsfonds ist eine rechtsfähige Einrichtung, die für einen oder mehrere Arbeitgeber Leistungen der betrieblichen Altersversorgung zu Gunsten ihrer Beschäftigten erbringt.[980]

Die Verpflichtung des Arbeitgebers, eine zusätzliche soziale Absicherung für seine Beschäftigten zu schaffen, wird teilweise tarifvertraglich festgelegt.[981] In diesem Zusammenhang sind zwei Arten von Tarifklauseln problematisch. Zum einen solche, die die Unverfallbarkeit von Versorgungsanwartschaften an ein gewisses Dienst- und Lebensalter knüpfen, und zum anderen Bestimmungen, welche eine Wartezeit für die Anspruchsberechtigung festlegen. Sie orientieren sich dabei an

---

976 Siehe oben 3. Kapitel A. IV., zur steigenden Verbreitung der betrieblichen Altersversorgung und der entsprechenden Gestaltungsmöglichkeiten *TNS Infratest Sozialforschung*, S. 8 ff.
977 §§ 1 Abs. 1 S. 2, 1b Abs. 2 bis 4 BetrAVG; Kemper/Kisters-Kölkes/Berenz/Bode/Pühler-*Kemper*, § 1 BetrAVG, Rn. 54 f.; *Schulte*, NZA 2003, 900 (901); ausführlich Blomeyer/Rolfs/*Otto*, Anh. § 1 BetrAVG, Rn. 1 ff.
978 *Hensche*, NZA 2004, 828.
979 Vgl. § 1b Abs. 4 BetrAVG; allerdings sieht das BAG das Vertrauen des Arbeitnehmers, später von der Versorgung zu profitieren, als schutzwürdig an, weshalb die Verweigerung der Leistung an sachliche Gründe gebunden werden muss, BAG vom 17.5.1973, Az. 3 AZR 381/72, LS Nr. 2 AP Nr. 6 zu § 242 BGB (Ruhegehalt- Unterschützungskassen); BAG vom 5.7.1979, Az. 3 AZR 197/78, LS Nr. 1 und 2, AP Nr. 6 zu § 242 BGB (Ruhegehalt- Unterschützungskassen); Däubler/Bertzbach-*Schrader/Schubert*, § 2 AGG, Rn. 1271 f.
980 § 112 Abs. 1 VAG.
981 *Schulte*, NZA 2003, 900 (901); vgl. jeweils § 2 Tarifvertrag über die betriebliche Altersversorgung der Beschäftigten des öffentlichen Dienstes (ATV) vom 1.3.2002, in der Fassung vom 22.6.2007; § 2 Tarifvertrag zur betrieblichen Altersversorgung und Entgeltumwandlung für medizinische Fachangestellte und Arzthelferinnen vom 22.11.2007.

Vorschriften des BetrAVG sowie der gängigen Praxis von Versorgungssystemen, an deren Schaffung die Gewerkschaften nicht beteiligt waren. Dementsprechend wird überwiegend in diesem nicht tariflichen Rahmen die diskriminierungsrechtliche Zulässigkeit diskutiert.[982] Die daraus gewonnen Erkenntnisse sind aber auch auf die in Tarifverträgen geregelten Versorgungssysteme übertragbar.

Das Regelbeispiel des § 10 S. 3 Nr. 4 AGG kommt solchen Abmachungen entgegen, indem es Altersgrenzen für betriebliche Systeme der sozialen Sicherheit zulässt. Die am Alter orientierte Differenzierung kann als Voraussetzung für die Mitgliedschaft in den Ordnungen oder für den Bezug von Altersrente oder Leistungen aufgrund von Invalidität rechtmäßig sein. Des Weiteren dürfen Alterskriterien Gegenstand versicherungsmathematischer Berechnungen sein. Dabei übernimmt die Vorschrift weitgehend den Wortlaut von Art. 6 Abs. 2 Richtlinie 2000/78/EG.

1. Verfallbarkeit von Anwartschaften

Verlässt der Arbeitnehmer seine Arbeitsstelle bevor er von den sozialen Vergünstigungen profitieren kann, steht ihm nach dem BetrAVG bei der betrieblichen Altersversorgung eine Anwartschaft zu, sofern er das 25. Lebensjahr vollendet hat und die Zusage des Arbeitgebers seit mindestens fünf Jahren besteht.[983] Daran orientieren sich tarifliche Regelungen über die Unverfallbarkeit von Versorgungsanwartschaften. Beispielsweise verweist § 10 des Tarifvertrags zur Förderung der betrieblichen Altersversorgung für die Beschäftigten der technischen Betriebe von Film und Fernsehen[984] auf die gesetzlichen Vorschriften.[985] Einige Tarifwerke modifizieren auch die beiden Parameter, wie z.B. § 7 Abs. 1 des Tarifvertrags über Rentenbeihilfen, Baugewerbe, alte Bundesländer.[986] Danach können nur Beschäftigte, die mindestens 30 Jahre alt sind und fünf Jahre bei einem Arbeitgeber beschäftigt waren, ihre Anwartschaften trotz Arbeitsplatzwechsels behalten. Mithin werden durch die tariflichen Regelungen ein Mindestalter sowie eine gewisse Dauer der Betriebszugehörigkeit vorausgesetzt.

---

982 Vgl. jeweils *Bauer/Göpfert/Krieger*, § 10 AGG, Rn. 36 f.; Däubler/Bertzbach-*Brors*, § 10 AGG, Rn. 138; *Rengier*, NZA 2006, 1251 (1254); *Rolfs*, NZA 2008, 553 (555); *Thüsing*, Diskriminierungsschutz, Rn. 466.
983 § 1b Abs. 1 S. 2, Abs. 2 S. 1, Abs. 3 und Abs. 4 S. 2 BetrAVG.
984 Tarifvertrag zur Förderungen der betrieblichen Altersversorgung für die Beschäftigten der technischen Betriebe von Film und Fernsehen vom 14.10.2003.
985 So auch § 11 des Tarifvertrags zur Förderung der betrieblichen Altersvorsorge für Beschäftigte von Filmtheatern vom 11.11.2002.
986 Tarifvertrag über Rentenbeihilfen, Baugewerbe, alte Bundesländer vom 31.10.2002.

Die Anknüpfung an die Beschäftigungszeit benachteiligt jüngere Arbeitnehmer mittelbar. Mit der unverfallbaren Anwartschaft werden aber Betriebstreue und unternehmensspezifische Berufserfahrung zulässigerweise belohnt.[987] Eine Frist von lediglich fünf Jahren genügt dabei dem Grundsatz der Verhältnismäßigkeit.

Schwieriger gestaltet sich demgegenüber die Bewertung der Altersgrenze. Dadurch erfahren die unteren Altersgruppen eine unmittelbare Benachteiligung. Die Honorierung der Betriebstreue als Rechtfertigungsgrund ist hier ausgeschlossen.[988] Das höchste deutsche Arbeitsgericht hatte in einer Entscheidung darüber zu befinden, ob die ehemalige Altersgrenze von 35 Jahren nach § 1 Abs. 1 BetrAVG a.F. gegen das Verbot der mittelbaren Geschlechtsdiskriminierung aus Art. 141 EGV a.F. verstieß. Selbst wenn eine wesentliche Benachteiligung von Frauen vorläge, so sei dem Erfurter Gericht zufolge die Mindestaltersgrenze gerechtfertigt.[989] Die Regelung löse in zulässiger Weise den Interessenwiderstreit zwischen der unternehmerischen Freiheit des Arbeitgebers und dem Sozialschutz des Arbeitnehmers, um die Verbreitung der betrieblichen Altersversorgung zu fördern. Dadurch habe der historische Gesetzgeber die hohe Fluktuationsrate der unter 35jährigen und die geringere Schutzbedürftigkeit jüngerer Beschäftigter berücksichtigt,[990] denn für sie sei es leichter, Verluste von Anwartschaften anderweitig auszugleichen.[991] Der Argumentation des BAG wird überwiegend gefolgt und sie wird auf die Problematik der Altersdiskriminierung übertragen.[992] Insbesondere wird darauf verwiesen, dass jüngere Beschäftigte die Möglichkeit hätten, zu einem späteren Zeitpunkt eine ausreichende Altersversorgung zu schaffen.[993]

Indes können diese Erwägungen eine unmittelbare Benachteiligung aufgrund des Alters nicht rechtfertigen. Dass jüngere Beschäftigte ihren Arbeitsplatz häufiger wechseln, wurde nicht mit entsprechendem Zahlenmaterial unterlegt. Ein

---

987 *Blomeyer/Rolfs/Otto*, Einl. BetrAVG, Rn. 32 f.; *Cisch/Böhm*, BB 2007, 602 (608); *Thum*, BB 2008, 2291 (2292).
988 *Cisch/Böhm*, BB 2007, 602 (608).
989 BAG vom 18.10.2005, Az. 3 AZR 506/04, Rn. 18, AP Nr. 13 zu § 1 BetrAVG (Unverfallbarkeit).
990 Vgl. BT-Drucksache 7/2843, S. 7.
991 BAG vom 18.10.2005, Az. 3 AZR 506/04, Rn. 19, AP Nr. 13 zu § 1 BetrAVG (Unverfallbarkeit).
992 LAG Köln vom 18.1.2008, Az. 11 Sa 1077/07, Rn. 54 ff., juris; *Adomeit/Mohr*, § 10 AGG, Rn. 26; *Bauer/Göpfert/Krieger*, § 2 AGG, Rn. 49; BeckOK Arbeitsrecht-*Clemens*, § 1b BetrAVG, Rn. 4; Däubler/Bertzbach-*Schrader/Schubert*, § 2 AGG, Rn. 153a; a.A. Däubler/Bertzbach-*Brors*, § 10 AGG, Rn. 138.
993 *Blomeyer/Rolfs/Otto*, § 1b BetrAVG, Rn. 71a f.; Däubler/Bertzbach-*Schrader/Schubert*, § 2 AGG, Rn. 153a.

Wechsel hängt weniger von dem Lebensalter als vielmehr von der individuellen Lebensführung ab.[994] Alternativ zu Altersgrenzen bieten sich Regelungen über die Betriebszugehörigkeit als milderes Mittel an. Dadurch können Beschäftigte, die nur kurzfristig für den Arbeitgeber tätig sind, von der Versorgung ausgeschlossen werden.[995] Ebenso kann das Argument, jüngere Beschäftigte könnten sich im weiteren Verlauf ihres Berufslebens hinreichend absichern, nicht überzeugen, da sie so im Hinblick auf die Anwartschaften auf eine ungewisse Zukunft verwiesen werden. Es steht nämlich nicht fest, ob sie später tatsächlich eine Beschäftigung finden, in der eine entsprechende soziale Vergünstigung angeboten wird.

Insoweit könnte man annehmen, dass die Anknüpfung an das Lebensalter bei den Versorgungssystemen analog zu der altersorientierten Grundvergütung unzulässig ist. Allerdings sind im ersten Fall die besonderen Rechtfertigungsgründe von Art. 6 Abs. 2 Richtlinie 2000/78/EG und § 10 S. 3 Nr. 4 AGG zu beachten.

Während Art. 6 Abs. 1 Richtlinie 2000/78/EG, unter den eine am Lebensalter ausgerichtete Grundvergütung fällt, eine Verhältnismäßigkeitsprüfung anordnet, fehlt ein solches Erfordernis bei Abs. 2. Die Mitgliedsstaaten werden ermächtigt, entsprechende Altersgrenzen vorzusehen. Mithin bestehen nach dieser Vorschrift weiter gehende Rechtfertigungsmöglichkeiten im Bereich der betrieblichen Vorsorge.[996] Damit sind die Altersgrenzen nach Art. 6 Abs. 2 Richtlinie 2000/78/EG gerechtfertigt.[997] Dass der europäische Gesetzgeber sie als mit dem Verbot der Altersdiskriminierung vereinbar hält, offenbart sich auch im Vorschlag der Kommission zur sog. Portabilitätsrichtlinie.[998] Danach setzt die Unverfallbarkeit von Betriebsrentenansprüchen ein Mindestalter von 21 Jahren voraus.[999] Vor dem Hintergrund scheint die nur um vier Jahre höhere Altersgrenze des BetrAVG bis zur endgültigen Verabschiedung der Richtlinie angemessen.[1000]

Ebenso sind die tariflichen Regelungen nach deutschem Recht gem. § 10 S. 3 Nr. 4 AGG gerechtfertigt. Es handelt sich um eine Altersgrenze, die Voraussetzung für den Bezug der Altersrente bzw. von Leistungen aufgrund von Invalidität ist.[1001] Im Unterschied zu Art. 6 Abs. 2 Richtlinie 2000/78/EG muss nach dem Wortlaut

---

994 Däubler/Bertzbach-*Brors*, § 10 AGG, Rn. 138.
995 *Meinel/Heyn/Herms*, § 10 AGG, Rn. 64.
996 Rust/Falke-*Bertelsmann*, § 10 AGG, Rn. 193 ff.
997 *Kuras*, RdA 2003, Sonderbeilage zu Heft 5, 11 (15); *Lingscheid*, S. 207.
998 KOM (2005) endg.; *Langohr-Plato*, jurisPR-ArbR 22/2006 Anm. 4; *ders.*; BetrAV, 2006, 451 (454); *ders./Stahl*, NJW 2008, 2378 (2380); *Rolfs*, NZA 2008, 553 (555).
999 Ausführlich zum Inhalt des Vorschlags *Schwind*, BetrAV 2006, 447 ff.
1000 Vgl. *Rengier*, NZA 2006, 1251 (1254).
1001 *Steinmeyer*, ZfA 2007, 27 (37).

von § 10 S. 1 und 2 AGG eine Verhältnismäßigkeitsprüfung erfolgen, weshalb der Schluss nahe liegt, dass Tarifklauseln unverhältnismäßig sind,[1002] weil sich die Berücksichtigung von Betriebszugehörigkeit als milderes Mittel anbietet. Im Widerspruch dazu steht aber der Wortlaut des Regelbeispiels, der explizit von Altersgrenzen spricht.[1003] Systematisch kann auf die Kollisionsregel des § 2 Abs. 2 S. 2 AGG verwiesen werden. Sie wird so verstanden, dass das AGG nur Anwendung findet, sofern das BetrAVG keine Sonderregelungen trifft.[1004] Nach dem Spezialgesetz zur betrieblichen Altersversorgung ist aber eine Mindestaltersgrenze nicht nur zulässig, sondern als Regelfall vorgesehen. Letztlich kann zu Gunsten von Altersgrenzen in betrieblichen Versorgungssystemen der gesetzgeberische Wille angeführt werden. Danach stellen sie regelmäßig keine verbotene Altersdiskriminierung dar.[1005] Indem der Gesetzgeber den weit gehenden Rechtfertigungstatbestand des Art. 6 Abs. 2 Richtlinie 2000/78/EG beinahe wörtlich in § 10 S. 3 Nr. 4 AGG aufgenommen hat, brachte er zum Ausdruck, dass er den vorgegebenen Gestaltungsraum ausschöpfen möchte.[1006] Dass er weiterhin von der Zulässigkeit von Altersgrenzen ausgeht, zeigt sich an der Änderung des § 1b Abs. 1 BetrAVG zum 1.1.2009. Hier wurde das Mindestalter von 30 auf 25 Jahre herabgesetzt, allerdings nicht ganz abgeschafft.[1007]

Es ist noch darauf hinzuweisen, dass das höchste deutsche Arbeitsgericht sehr wahrscheinlich die Zulässigkeit solcher Verfallsklauseln annehmen wird. In seiner Entscheidung zur Anwendbarkeit des AGG auf die betriebliche Vorsorge hat es die soeben genannte Kollisionsregel festgelegt und weiter ausgeführt, dass zu den Sonderregelungen des BetrAVG, die Vorrang vor dem AGG genießen, an das Alter anknüpfende Vorschriften zählen, wie beispielsweise § 1b BetrAVG über die gesetzliche Unverfallbarkeit.[1008]

Dementsprechend dürfen tarifliche Unverfallbarkeitsklauseln Mindestaltersgrenzen festlegen. Eine Anknüpfung an die Betriebszugehörigkeit erscheint zwar sinnvoller, da sie die tatsächliche Fluktuation von Beschäftigten erfasst, ist aber rechtlich nicht geboten.

1002 *Cisch/Böhm*, BB 2007, 602 (605); vgl. Däubler/Bertzbach-*Brors*, § 10 AGG, Rn. 138; Rust/Falke-*Bertelsmann*, § 10 AGG, Rn. 196 ff.; Schleusener/Suckow/Voigt-*Voigt*, § 10 AGG, Rn. 41.
1003 Vgl. *Thüsing*, Diskriminierungsschutz, Rn. 464.
1004 Siehe oben 3. Kapitel A. IV.; BAG vom 11.12.2007, Az. 3 AZR 249/06, Rn. 22 ff., AP Nr. 1 zu § 2 AGG; *Rolfs*, NZA 2008, 553.
1005 BT-Drucksache, 16/1780, S. 36.
1006 *Bauer/Göpfert/Krieger*, § 10 AGG, Rn. 37; *Rolfs*, NZA 2008, 553 (555).
1007 Vgl. *Rolfs*, NZA 2008, 553 (555).
1008 BAG vom 11.12.2007, Az. 3 AZR 249/06, Rn. 25, AP Nr. 1 zu § 2 AGG.

2. Wartezeiten

Es finden sich Tarifverträge, die eine Wartezeit vorsehen. Mit deren Ablauf ist der Arbeitgeber verpflichtet, für die soziale Vorsorge seiner Beschäftigten aufzukommen. Maßstab ist regelmäßig die Dauer der Betriebszugehörigkeit. So sieht § 6 Abs. 1 des Tarifvertrags über die betriebliche Altersversorgung der Beschäftigten des öffentlichen Dienstes (ATV)[1009] eine Wartezeit von 60 Monaten vor bis der Arbeitgeber die Betriebsrente gewähren muss. Aber auch eine Verknüpfung von Lebensalter und Betriebszugehörigkeit ist möglich. Nach § 3 Abs. 1 des Tarifvertrags über die Altersversorgung von Redakteurinnen und Redakteuren an Tageszeitungen,[1010] sind die Beschäftigten versicherungspflichtig, nach einem Jahr Betriebszugehörigkeit oder wenn sie das 25. Lebensjahr vollendet haben.[1011] Dadurch werden jüngere ebenso wie ältere Arbeitnehmer benachteiligt. Erstere verfügen regelmäßig nicht über eine lange Betriebszugehörigkeit, sodass sie mittelbar benachteiligt werden.[1012] Wird direkt an das Lebensalter angeknüpft, stellt sich die Frage nach einer unzulässigen unmittelbaren Diskriminierung. Wartezeiten führen aber auch dazu, dass Beschäftigte, die kurz vor ihrem Renteneintrittsalter stehen und bei einem Arbeitgeber neu anfangen, die Wartezeit gar nicht erfüllen können.[1013]

Bisher hat das BAG solche Wartezeiten an dem arbeitsrechtlichen Gleichbehandlungsgrundsatz gemessen und sie für zulässig erachtet, da es dem Arbeitgeber nicht verwehrt werden dürfe, höhere gesundheitliche Risiken älterer Arbeitnehmer auszuschließen.[1014] An anderer Stelle wird auf das Erfordernis einer fünfjährigen Betriebszugehörigkeit nach § 1b Abs. 1 S. 2 BetrAVG verwiesen, woraus sich ergebe, dass Wartezeiten grundsätzlich zulässig seien.[1015] Da nach der hier vertretenen Auffassung selbst die unmittelbare Anknüpfung an das Lebensalter im Rahmen von betrieblichen Versorgungssystemen zulässig wäre, gilt dies erst recht für die

---

1009 Tarifvertrag über die betriebliche Altersversorgung der Beschäftigten des öffentlichen Dienstes vom 1.3.2002, in der Fassung vom 22.6.2007
1010 Tarifvertrags über die Altersversorgung von Redakteurinnen und Redakteuren an Tageszeitungen vom 23.6.1998
1011 Vgl. auch die gleich lautende Vorschrift in § 3 Abs. 1 des Tarifvertrags über die Altersversorgung von Redakteurinnen und Redakteuren an Zeitschriften vom 30.4.1998.
1012 Ausführlich zum Merkmal der Betriebszugehörigkeit siehe oben 3. Kapitel B. III.
1013 *Cisch/Böhm*, BB 2007, 602 (607); MüKo-*Thüsing*, § 10 AGG, Rn. 58; *Thum*, BB 2008, 2291 (2293).
1014 BAG vom 19.4.2005, Az. 3 AZR 469/04, Rn. 31 ff., AP Nr. 19 zu § 1 BetrAVG (Betriebsveräußerung).
1015 BAG vom 19.4.2005, Az. 3 AZR 469/04, Rn. 26, AP Nr. 19 zu § 1 BetrAVG (Betriebsveräußerung).

mittelbare Benachteiligung.[1016] Folgt man dem nicht, so kann auch hier auf die zusätzliche Berufserfahrung des Arbeitnehmers und die Honorierung von Betriebstreue rekurriert werden,[1017] sofern die Dauer der Wartezeit verhältnismäßig ist.[1018] Wie von dem BAG angedeutet wurde,[1019] möchte der Arbeitgeber auch das Risiko minimieren, dass er bei der Einstellung gewisse Gesundheitsrisiken des Arbeitnehmers nicht erkannt hat und somit schon nach kurzer Zeit für dessen Unterhalt aufkommen muss.[1020] Daher bestehen hier keine diskriminierungsrechtlichen Bedenken im Hinblick auf die dargestellten tariflichen Wartezeiten. Allerdings muss auf die Rechtsprechung des BAG zum Verhältnis von Portabilität und Wartezeiten hingewiesen werden. Danach hat ein vorzeitig ausgeschiedener Arbeitnehmer, der zwar die Voraussetzungen der Unverfallbarkeit nach § 1b Abs. 1 S. 2 BetrAVG, nicht aber die vom Arbeitgeber festgesetzte Wartezeit erfüllt, einen Anspruch auf Teilrente, sofern er noch vor seinem Renteneintrittsalter die Frist erfüllt hätte.[1021]

3. Fazit

Insbesondere aufgrund der zusätzlichen Rechtfertigungsmöglichkeiten nach Art. 6 Abs. 2 Richtlinie 2000/78/EG und § 10 S. 3 Nr. 4 AGG sind tarifliche Regelungen mit dem geltenden Diskriminierungsrecht vereinbar, die für die Unverfallbarkeit von Versorgungsanwartschaften Mindestaltersgrenzen oder Wartezeiten vorsehen.

VI. Sonstige Zusatzleistungen

Die Frage nach einer möglichen Altersdiskriminierung stellt sich ebenfalls bei tariflichen Vorschriften über die jährlichen Sonderzahlungen, das Urlaubsgeld sowie mögliche leistungsorientierte Zuschläge.

Einige Tarifverträge sehen eine jährliche Einmalzahlung vor, die als Jahressonderzahlung, Jahresleistung oder schlicht als das 13. Monatsgehalt bezeichnet wird.

1016 *Cisch/Böhm*, BB 2007, 602 (607); *Rolfs*, NZA 2008, 553.
1017 BAG vom 19.4.2005, Az. 3 AZR 469/04, Rn. 26, AP Nr. 19 zu § 1 BetrAVG (Betriebsveräußerung); *Adomeit/Mohr*, § 10 AGG, Rn. 27; *Rolfs*, NZA 2008, 553 (556).
1018 *Thüsing*, Diskriminierungsschutz, Rn. 466.
1019 BAG vom 19.4.2005, Az. 3 AZR 469/04, Rn. 26, AP Nr. 19 zu § 1 BetrAVG (Betriebsveräußerung).
1020 *Cisch/Böhm*, BB 2007, 602 (607); *Thum*, BB 2008, 2291 (2293).
1021 BAG vom 24.2.2004, Az. 3 AZR 5/03, Rn. 18, AP Nr. 2 zu § 1b BetrAVG; *Thüsing*, BetrAV 2006, 704 (705 f.).

Der Beschäftigte muss dafür über einen gewissen Zeitraum bei einem Unternehmen oder einer Organisation beschäftigt sein. Dementsprechend richtet sich der Vorteil nach der Betriebszugehörigkeit. Wie der Name schon vermuten lässt, wird die Sonderleistung einmal im Jahr ausgezahlt. Sie beträgt regelmäßig ein Monatseinkommen. Wurde der Beschäftigte im Kalenderjahr eingestellt oder hat er das Unternehmen vor Jahresablauf verlassen, wird regelmäßig eine anteilige Zahlung gewährt. So haben Arbeitnehmer, die unter den TVöD fallen, nach dessen § 20 einen Anspruch darauf, dass sie am Ende des Jahres je nach Tätigkeitsgruppe 90, 80 oder 60 % ihres Grundeinkommens als Zusatzleistung erhalten. Haben sie nicht das ganze Jahr über Entgelt bezogen, wird dies anteilig berücksichtigt. Eine vergleichbare Regelung findet sich in § 4 des Manteltarifvertrags für Redakteurinnen und Redakteure an Tageszeitungen.[1022] Hier stehen den Beschäftigten sogar 95 % ihres Monatsgehalts zu. Ist das Grundeinkommen nach Lebensalter, Beschäftigungsjahren oder Betriebszugehörigkeit gestaffelt, kann es altersdiskriminierend sein. Dies hat aber nicht zur Folge, dass die Jahresleistung, die sich nach dem Monatseinkommen richtet, per se unzulässig ist. Es ändert sich lediglich ihre Bemessungsgrundlage. Für das AGG ist vielmehr relevant, dass diese Sonderleistung erst nach einer bestimmten Betriebszugehörigkeit gewährt wird und damit der Verdacht einer mittelbaren Altersdiskriminierung entstehen könnte. Angesicht der kurzen Fristen liegt aber kein Verstoß gegen § 7 Abs. 1 AGG vor, denn schon aufgrund der anteiligen Berücksichtigung der Beschäftigungszeit wird eine Betriebszugehörigkeit von lediglich einem Monat verlangt.

Zusätzlich zum Grundeinkommen wird vereinzelt ein sog. Urlaubsgeld gewährt. Es orientiert sich überwiegend an der Betriebszugehörigkeit. Daneben sind Regelungen anzutreffen, die ebenfalls das Lebensalter berücksichtigen. So macht § 10 des Rahmentarifvertrags des Steinmetz- und Steinbildhauerhandwerks[1023] die Gewährung eines Urlaubsgeldes von einer zwölfmonatigen Betriebszugehörigkeit abhängig. Gleichzeitig wird aber festgelegt, dass minderjährige Beschäftigte Anspruch auf lediglich 50 % des sonst üblichen Urlaubsgelds haben. Nach den hier aufgestellten Grundsätzen ist die vorliegende Ausrichtung an der Dauer der Beschäftigung bei einem Unternehmen aufgrund der kurzen Zeitspanne von lediglich einem Jahr rechtlich nicht zu beanstanden, während die unmittelbare Anknüpfung an das Lebensalter mit dem geltenden Diskriminierungsrecht unvereinbar ist.

Leistungsbasierte Zuschläge stellen nur dann eine mittelbare Benachteiligung Älterer dar, wenn diese Beschäftigten erwiesenermaßen eine schlechtere Leistung

---

1022 Manteltarifvertrag für Redakteurinnen und Redakteure an Tageszeitungen vom 25.2.2004.
1023 Rahmentarifvertrag des Steinmetz- und Steinbildhauerhandwerks vom 24.5.2000.

erbringen. Dies ist aber nach den derzeitigen wissenschaftlichen Erkenntnissen grundsätzlich nicht der Fall. Somit fehlt es schon an der ersten Voraussetzung einer mittelbaren Benachteiligung, der besonderen Betroffenheit einer Gruppe. Demgegenüber liegt eine Abnahme der Produktivität bei Tätigkeiten vor, welche die körperlichen Fähigkeiten eines Arbeitnehmers beanspruchen. Aber auch hier ist eine mittelbare Diskriminierung abzulehnen, denn dadurch wird in zulässiger Weise das Verhältnis von Leistung und Gegenleistungen wiedergegeben. Dem besonderen Schutzbedürfnis der oberen Alterskategorien in den betroffenen Branchen kann mit einer Verdienstsicherungsklausel entsprochen werden, die in dieser Ausnahmekonstellation rechtlich unbedenklich ist.[1024]

D. Fazit zur Benachteiligung wegen des Alters bei der tariflichen Vergütung

Es konnte zum einen gezeigt werden, dass in der deutschen Tariflandschaft zahlreiche Vergütungsklauseln anzutreffen sind, welche mit dem vom AGG statuierten Verbot der Altersdiskriminierung kollidieren. Andererseits wurden Richtlinien aufgezeigt, mit deren Hilfe ein möglicher diskriminierungsrechtlicher Verstoß vermieden werden kann.

Das AGG schränkt in verfassungsrechtlich zulässiger Weise die durch Art. 9 Abs. 3 GG garantierte tarifliche Gestaltungsmacht der Sozialpartner ein. Es findet Anwendung auf Tarifverträge, die nach seinem Inkrafttreten am 18.8.2006 abgeschlossen wurden. Ebenso sind Alt-Tarifverträge erfasst, sofern sie über das besagte Datum hinaus Geltung beanspruchen. Aufgrund des weiten Vergütungsbegriffs stellt sich die Frage der Entgeltdiskriminierung nicht nur bei der Grundvergütung, sondern auch bei sonstigen geldwerten Vorteilen. Die bei jedem Gleichheitssatz erforderliche Vergleichsgruppenbildung dürfte einem potentiellen Diskriminierungsopfer kaum Schwierigkeiten bereitet. So wird innerhalb der verschiedenen Tätigkeitsgruppen nach dem Lebensalter unterschieden. Daher begründet bereits die entsprechende Tarifnorm die Vermutung, dass die Tätigkeit der privilegierten oberen Alterskategorien und der potentiell benachteiligten jungen Beschäftigten miteinander vergleichbar ist. Dabei ist es nicht erforderlich, dass tatsächlich privilegierte Arbeitnehmer vorhanden sind. Das mit dem AGG eingeführte Kriterium einer hypothetischen Vergleichsperson lässt es ausreichen, wenn die jüngeren Beschäftigten benachteiligt wären, sofern es älter Kollegen gäbe.

1024 Siehe oben 3. Kapitel C. III.

Die Untersuchung der Tarifnormen, welche die Grundvergütung betreffen, hat ergeben, dass eine Vergütung nach Lebensaltersstufen grundsätzlich unzulässig und die Ausrichtung an der Dauer der Betriebszugehörigkeit unter bestimmten Voraussetzungen rechtens ist. Demgegenüber bietet die Berücksichtigung der abgeleisteten Berufsjahre den größten Handlungsspielraum.

Lebensaltersstufen sind nur zu Lasten der älteren Beschäftigten zulässig, sofern es sich um körperliche Arbeiten handelt, denn die physische Leistungsfähigkeit nimmt mit steigendem Alter ab. Ansonsten kann die Vergütung nach Lebensalter weder mit einer behaupteten besseren Qualifikation noch einem erhöhten Bedarf der Älteren noch entsprechenden Kundenerwartungen begründet werden. Aufgrund des Verhältnismäßigkeitsgrundsatzes bietet sich vielmehr die Berücksichtigung der Berufsjahre eines Beschäftigten, seiner konkreten Leistung oder bestehender Unterhaltspflichten an.

Eine Unterscheidung nach Betriebszugehörigkeit kann mit der zusätzlichen Qualifikation, einer erforderlichen Bewährung sowie der Honorierung von Betriebstreue gerechtfertigt werden. Indes müssen alle drei Tatbestandsausschlussgründe unternehmensbezogen sein. Der Arbeitgeber steht in der Pflicht nachzuweisen, dass die Beschäftigten die honorierte zusätzliche Kompetenz und die erforderliche Bewährung nur im Unternehmen erlangen bzw. absolvieren können, denn sonst steht ihm die Anknüpfung an die Berufsjahre als ein milderes Mittel zur Verfügung. Eine längere Staffelung ist in diesen Fällen bei hoch spezialisierten Unternehmen, bei solchen, die fortlaufend in die Aus- und Weiterbildung ihrer Beschäftigten investieren, und bei Berufsfeldern möglich, welche von besonderer Bedeutung für das Unternehmen sind, weshalb ein personeller Fehlgriff infolge fehlender Bewährung spürbare wirtschaftliche Schäden nach sich ziehen würde. Die Honorierung von Betriebstreue scheidet als legitimes Ziel aus, sofern auch Beschäftigungszeiten in Organisationen berücksichtigt werden, die zwar demselben Rechtsträger zugeordnet sind, aber typischerweise in Konkurrenz um qualifizierte Mitarbeiter stehen. Hingegen kommt sie als Tatbestandsausschlussgrund in Betracht, soweit es der Bindung qualifizierter Mitarbeiter dient, eine Amortisation von Ausbildungs- und Einarbeitungskosten angestrebt wird oder eine Abwanderung von Beschäftigten vermieden werden soll, die wichtige Informationen und relevantes Know-how an die Konkurrenz weitergeben könnten. Das tatsächliche Bestehen dieser drei Unternehmensinteressen muss vom Arbeitgeber nachgewiesen werden.

Eine Unterscheidung nach der Beschäftigungszeit, unabhängig davon, wo sie absolviert wurde, ist jedenfalls dann zulässig, wenn sie nur wenige Jahre beträgt. Für darüber hinaus gehende tarifliche Vergütungsnormen: je komplexer die Tätigkeit, desto länger darf der Differenzierungszeitraum dauern. Bei Arbeitsstellen, die einen Hochschulabschluss voraussetzen, ist sogar eine unbegrenzte Staffelung zulässig. Subsidiär kann auch darauf abgestellt werden, inwieweit die Tätigkeit soziale Kompetenz erfordert. Hingegen bietet das Interesse an einer beruflichen Bewährung keine zusätzlichen Rechtfertigungsmöglichkeiten gegenüber der Ausrichtung an der Komplexität der Tätigkeit.

Die zur Grundvergütung aufgestellten diskriminierungsrechtlichen Grundsätze können überwiegend auch auf die in Tarifverträgen gewährten finanziellen Zusatzleistungen angewendet werden. So ist der nach Betriebszugehörigkeit bemessene Krankengeldzuschuss regelmäßig geeignet, eine bessere Qualifikation und die Betriebstreue der Beschäftigten zu honorieren. Überschreitet allerdings die Unterscheidung zeitlich oder finanziell diesen Rahmen, kann immer noch vorgebracht werden, dass es sich bei Beschäftigten mit einer längeren Betriebszugehörigkeit um ältere Personen handelt, die aufgrund der altersbedingten längeren Rekonvaleszenzzeit mehr finanzielle Unterstützung benötigen. Demgegenüber honorieren Jubiläumszahlungen aufgrund der lang bemessenen Zeiträume weder die Fähigkeiten des Mitarbeiters noch seine Betriebstreue, sondern stellen eine zulässige Aufmerksamkeit dar, mit der nach innen wie auch nach außen unterstrichen wird, dass langjährige Mitarbeit wahrgenommen wird. Verdienstsicherungsklauseln genügen den rechtlichen Anforderungen, sofern sie im zulässigen Umfang nach Betriebszugehörigkeit unterscheiden und die Profiteure sowohl von den positiven als auch negativen Entwicklungen in ihrer Tätigkeitsgruppe betroffen sind. Wenn ein Tarifwerk Abfindungen für entlassene Arbeitnehmer vorsieht, kann es ausnahmsweise nach Alter differenzieren, vorausgesetzt eine bestimmte Altersgruppe hat nachweislich in der konkreten Branche einen schweren Stand auf dem Arbeitsmarkt. Unterscheidet die Regelung nach Betriebszugehörigkeit, ist zusätzlich zu berücksichtigen, dass Personen, die dem Unternehmen über einen längeren Zeitraum angehört haben, zum einen ihre senioritätsabhängigen Privilegien verlieren und zum anderen die erworbenen unternehmensspezifischen Qualifikationen nicht bei einem neuen Arbeitgeber einbringen können. Im Unterschied zur Grundvergütung ist eine Berücksichtigung des Lebensalters in Klauseln, welche die betriebliche Altersversorgung betreffen, weitgehend zulässig. Grund hierfür sind die Sonderregelungen in Art. 6 Abs. 2 Richtlinie 2000/78/EG und § 10 S. 3 Nr. 4 AGG. Somit verstoßen Tarifbestimmungen über die Unverfallbarkeit von Ansprüchen aus der betrieblichen Altersversorgung wie über etwaige Wartezeiten nicht gegen das Antidiskriminierungsrecht. Letztlich bestehen keine Bedenken gegenüber Bestimmungen über Jahreszahlung, Urlaubsgeld und Leistungszuschläge.

4. Kapitel
Rechtsfolgen unzulässiger Benachteiligung

Sobald eine Diskriminierung aufgrund des Alters nachgewiesen wurde, stellt sich die entscheidende Frage nach den Rechtsfolgen. In § 7 Abs. 2 AGG heißt es dazu lediglich, dass Regelungen in Vereinbarungen, die gegen das Benachteiligungsverbot verstoßen, nichtig sind. Nach einhelliger Meinung steht aber den benachteiligten Arbeitnehmern darüber hinaus der Anspruch auf Gleichstellung mit ihren bevorzugten Kollegen zur Seite.[1025] Unter Umständen können sie daneben Schadensersatz gem. § 15 Abs. 1 und 2 AGG oder nach den Vorschriften des BGB geltend machen. Da Tarifvereinbarungen regelmäßig auf eine Vielzahl von Beschäftigten Anwendung finden und es gerade bei der Altersdiskriminierung durch die Kollektivverträge nicht unüblich ist, dass die Mehrheit der Beschäftigten gegenüber einer Minderheit benachteiligt wird, besteht für den Arbeitgeber ein erhebliches finanzielles Risiko.

A. Nichtigkeit nach § 134 BGB i.V.m. § 7 Abs. 1 AGG

Nach der Gesetzesbegründung und der Mehrheit des rechtswissenschaftlichen Schrifttums ist § 7 Abs. 2 AGG lediglich deklaratorisch. Die Nichtigkeitsfolge ergibt sich demnach aus § 134 BGB i.V.m. § 7 Abs. 1 AGG.[1026] Dies entspricht der ständigen Rechtsprechung des BAG, das auf den entsprechenden Gleichheitssatz bzw. das jeweilige Diskriminierungsverbot und zusätzlich § 134 BGB rekurriert,

---

1025 BT-Drucksache 16/1780, S. 35; BAG vom 26.1.2005, Az. 4 AZR 171/03, Rn. 21, AP Nr. 1 zu AVR Diakonisches Werk Anlage 18; BAG vom 11.12.2007, Az. 3 AZR 249/06, Rn. 45, AP Nr. 1 zu § 2 AGG; LAG Berlin-Brandenburg vom 11.9.2008, Az. 20 Sa 2244/07, Rn. 36, NZA-RR 2009, 378 (382); Jaunernig-*Mansel*, § 8 AGG, Rn. 4; *Richardi*, NZA 2006, 881 (886); Schleusener/Suckow/Voigt-*Schleusener*, § 7 AGG, Rn. 19; *Wiedemann*, NZA 2007, 950 (952).
1026 *Bauer/Göpfert/Krieger*, § 7 AGG, Rn. 20; Bauer/Thüsing/Schunder-*Bauer*, NZA 2005, 32 (33); Jaunernig-*Mansel*, § 8 AGG, Rn. 4; *Kamanabrou*, RdA 2006, 321 (333); *dies.*, ZfA 2006, 327 (333); Palandt-*Weidenkaff*, § 7 AGG, Rn. 5; *Wisskirchen*, DB 2006, 1491 (1497); a.A. MüKo-*Thüsing*, § 7 AGG, Rn. 12; *Richardi*, NZA 2006, 881 (885); *Schleusener*, NZA 2007, 358 (361).

um einer unzulässigen benachteiligenden Regelung die Wirksamkeit zu versagen.[1027] Mit der Regelung werden Art. 3 Abs. 2 Richtlinie 76/207/EWG, Art. 14 lit. b) Richtlinie 2000/43/EG und Art. 16 lit. b) Richtlinie 2000/78/EG umgesetzt,[1028] wonach einzel- oder tarifvertragliche Bestimmungen, die gegen den Gleichheitssatz verstoßen, für nichtig erklärt oder geändert werden können. Aufgrund dieser europarechtlichen Vorgabe und des offenen Wortlauts von § 7 Abs. 2 AGG, welcher lediglich von Vereinbarungen spricht, sind diskriminierende Tarifverträge oder einzelne tarifliche Regelungen unwirksam.[1029] In zeitlicher Hinsicht sind Kollektivvereinbarungen erfasst, welche nach dem Inkrafttreten des AGG geschlossen wurden, aber auch solche, deren Abschluss zwar vor dem Stichtag des 18.8.2006 erfolgte, die jedoch darüber hinaus weiter Geltung beanspruchen.[1030]

B. Anspruch auf Gleichstellung

Die Nichtigkeitsfolge trifft jedoch keine Aussage darüber, was der benachteiligte Beschäftigte konkret bei seinem Arbeitgeber einfordern kann.[1031] Unbestritten steht ihm ein Gleichstellungsanspruch zu.[1032] Bei einer unzulässigen Benachteiligung im Entgeltbereich bieten sich verschiedene normative Anknüpfungspunkte für ihn an.

1027 BAG vom 15.1.1964, Az. 4 AZR 75/63, AP Nr. 63 zu Art. 3 GG; BAG vom 13.11.1985, Az. 4 AZR 234/84, Rn. 14; AP Nr. 136 zu Art. 3 GG; BAG vom 21.3.1991, Az. 2 AZR 323/84 (A), Rn. 27, AP Nr. 29 zu § 622 BGB; BAG vom 5.4.1995, Az. 4 AZR 154/94, Rn. 38, AP Nr. 18 zu § 1 TVG (Tarifverträge: Lufthansa); BAG vom 17.4.2002, Az. 5 AZR 413/00, Rn. 19, AP Nr. 84 zu § 2 BeschFG 1985.
1028 BT-Drucksache 16/1780, S. 34; *Rühl/Viethen/Schmid*, S. 58; Schleusener/Suckow/Voigt-*Schleusener*, § 7 AGG, Rn. 36.
1029 BT-Drucksache, 16/1780, S. 34; *Meinel/Heyn/Herms*, § 7 AGG, Rn. 33, *Richardi*, NZA 2006, 881 (886); *Schleusener*, NZA 2007, 358 (361).
1030 *Lingemann/Müller*, BB 2007, 2006 (2013); *Rieble/Zedler*, ZfA 2006, 273 (289); *von Steinau-Steinrück/Schneider/Wagner*, NZA 2005, 28 (30); *Wulfers/Hecht*, ZTR 2007, 475 (477); zum zeitlichen Anwendungsbereich des AGG auf Tarifverträge siehe oben 3. Kapitel A. I. 2.
1031 Bauer/Thüsing/Schunder-*Thüsing*, NZA 2006, 774 (775); *Dornbusch/Kasprzyk*, NZA 2009, 1000 (1001).
1032 BT-Drucksache 16/1780, S. 35; BAG vom 26.1.2005, Az. 4 AZR 171/03, Rn. 21, AP Nr. 1 zu AVR Diakonisches Werk Anlage 18; BAG vom 11.12.2007, Az. 3 AZR 249/06, Rn. 45, AP Nr. 1 zu § 2 AGG; LAG Berlin-Brandenburg vom 11.9.2008, Az. 20 Sa 2244/07, Rn. 36, NZA-RR 2009, 378 (382); Jaunernig-*Mansel*, § 8 AGG, Rn. 4; *Richardi*, NZA 2006, 881 (886); Schleusener/Suckow/Voigt-*Schleusener*, § 7 AGG, Rn. 19; *Wiedemann*, NZA 2007, 950 (952).

So kann der Anspruch auf § 7 AGG i.V.m. §§ 2 Abs. 1 Nr. 2, 8 Abs. 2 AGG,[1033] §§ 2 Abs. 1 Nr. 2, 8 Abs. 2 AGG,[1034] §§ 1, 7, 8 Abs. 2[1035] oder nur auf § 7 Abs. 1[1036] oder § 8 Abs. 2 AGG[1037] gestützt werden. Unterschiede im Ergebnis entstehen dabei nicht.

Der Gleichstellungsanspruch berechtigt zunächst das Diskriminierungsopfer dazu, Unterlassung der Benachteiligung zu verlangen.[1038] Allerdings kann ihm nicht entnommen werden, welchen Umfang dieser Anspruch haben soll. Das AGG enthält dafür keine Regelung.[1039] Um die Anspruchshöhe zu bestimmen, muss wiederum auf die Nichtigkeitsfolge abgestellt werden.[1040] Aus ihr folgt, inwieweit die von den Tarifparteien getroffene Regelung Wirkung entfaltet. Ist nur derjenige Teil unwirksam, der eine bestimmte Altersgruppe von einer Leistung ausschließt, und behält die Bestimmung im Übrigen ihre Gültigkeit, dann erstreckt sich der Vorteil auf alle Beschäftigten.[1041] Mithin erfolgt eine sog. Angleichung nach oben. Ist hingegen die gesamte Regelung oder sogar der gesamte Tarifvertrag nichtig, haben sämtliche Arbeitnehmer keinen tariflichen Anspruch auf die Leistung. Es muss in diesem Fall erörtert werden, was an die Stelle der betroffenen Tarifnorm tritt.[1042] Von einer Angleichung nach oben kann dann nicht ohne weiteres ausgegangen werden.

Somit wird mit der Anordnung der Gesamt- oder Teilnichtigkeit die entscheidende Weichenstellung für den Umfang des Gleichstellungsanspruchs gelegt. Da-

---

1033 BT-Drucksache 16/1780, S. 35; Jaunernig-*Mansel*, § 8 AGG, Rn. 4; *Richardi*, NZA 2006, 881 (886)
1034 BAG vom 11.12.2007, Az. 3 AZR 249/06, Rn. 45, AP Nr. 1 zu § 2 AGG; LAG Berlin-Brandenburg vom 11.9.2008, Az. 20 Sa 2244/07, Rn. 36, NZA-RR 2009, 378 (382).
1035 LAG Hamm vom 1.9.2006, Az. 4 Sa 564/04, Rn. 75, NZA-RR 2007, 81 (83).
1036 Schleusener/Suckow/Voigt-*Schleusener*, § 7 AGG, Rn. 19.
1037 ArbG Berlin vom 22.8.2007, Az. 86 Ca 1696/07, Rn. 48, juris.
1038 LAG Berlin-Brandenburg vom 11.9.2008, Az. 20 Sa 2244/07, Rn. 43, NZA-RR 2009, 378 (383); vgl. *Wiedemann*, NZA 2007, 953.
1039 *Körner*, NZA 2008, 497 (503); kritisch dazu, dass der Gesetzgeber insoweit schweigt, Bauer/Thüsing/Schunder-*Thüsing*, NZA 2006, 774 (775); Däubler/Bertzbach-*Dette*, § 7 AGG, Rn.104d.
1040 *Hartmann*, S. 192; *Kamanabrou*, NZA 2006, Beilage zu Heft 3, 138 (143); *Lingemann/Gotham*, NZA 2007, 663 (667).
1041 *Henssler/Tillmanns*, FS Birk, S. 179 (S. 188); *Kamanabrou*, NZA 2006, Beilage zu Heft 3, 138 (143); *dies.*, ZfA 2006, 327 (333); Küttner, Personalbuch-*Kania*, Diskriminierung, Rn. 118; *Lingemann/Gotham*, NZA 2007, 663 (667); Meinel/Heyn/Herms, § 7 AGG, Rn. 39.
1042 *Kamanabrou*, NZA 2006, Beilage zu Heft 3, 138 (143); *dies.*, ZfA 2006, 327 (333); *Körner*, NZA 2008, 497 (503); Küttner, Personalbuch-*Kania*, Diskriminierung, Rn. 118; *Lingemann/Gotham*, NZA 2007, 663 (667).

her gilt es, zunächst diese grundlegende Frage zu beantwortet. Welcher der beiden Rechtsfolgen der Vorzug gebührt, richtet sich primär nach den europa- und verfassungsrechtlichen Vorgaben. So sieht die Richtlinie 2000/78/EG in ihrem Art. 17 sowie Erwägungsgrund Nr. 35 vor, dass die Mitgliedsstaaten eine wirksame, verhältnismäßige und abschreckende Sanktion für den Fall einer Diskriminierung statuieren. Auf verfassungsrechtlicher Seite ist die auf Art. 9 Abs. 3 GG gestützte Tarifautonomie[1043] zu beachten.

Es lässt sich kaum leugnen, dass ein gewisses Spannungsverhältnis zwischen Europa- und Verfassungsrecht vorliegt. Während die europarechtlichen Vorgaben tendenziell einen weitgehenden Eingriff in die Tarifautonomie rechtfertigen würden, um einen ausreichenden Schutz der Diskriminierungsopfer und eine abschreckende Sanktion gegenüber den Verantwortlichen zu garantieren,[1044] schützt Art. 9 Abs. 3 GG die Tarifparteien vor einer unverhältnismäßigen Beeinträchtigung ihrer Rechte, hier insbesondere ihrer Gestaltungsautonomie. Dementsprechend müssen bei den im Folgenden dargestellten Lösungswegen für die Nichtigkeitsfolge, die Gleichstellung im Hinblick auf vergangene Zeiträume sowie die zukünftige Gleichstellung die Divergenzen der beiden Rechtsgebiete in einen angemessen Ausgleich bringen.

I. Teil- oder Gesamtnichtigkeit der Tarifnorm

Rechtswidrige Ungleichbehandlungen führen nur ausnahmsweise zur Nichtigkeit des gesamten Tarifvertrags.[1045] Grundsätzlich beschränkt sich die Nichtigkeitsfolge auf die betroffenen tariflichen Normen, sodass die übrigen Bestimmungen der Kollektivvereinbarung gültig bleiben. Dementsprechend wird zunächst der Regelfall vorgestellt. Hierbei ist fraglich, ob die diskriminierende tarifliche Vergütungsnorm insgesamt nichtig ist oder lediglich der benachteiligende Teil entfällt. Folgt man dem letztgenannten Ansatz, so gelangt man zu einer sog. Angleichung nach oben für sämtliche Altersgruppen, denn es bleibt lediglich der privilegierende Teil der Bestimmung bestehen, nämlich die höchste Entlohnungsstufe.

1043 Siehe dazu oben 3. Kapitel A. II.
1044 Dazu, dass nach dem Europarecht den Diskriminierungsverboten Vorrang vor der Koalitionsfreiheit gebührt siehe oben 3. Kapitel A. III.
1045 Siehe dazu unten 4. Kapitel B. II.

1. Ergänzende Vertragsauslegung zur Bestimmung der Nichtigkeitsfolge

Nach einem Teil des rechtswissenschaftlichen Schrifttums sei für die Feststellung, ob eine diskriminierende Tarifklausel teil- oder gesamtnichtig ist, auf eine ergänzende Auslegung des Kollektivvertrags zurückzugreifen.[1046] Erforderlich ist aber, dass die ergänzende Vertragsauslegung europa- und verfassungsrechtlich nicht zu beanstanden ist.

Mit Hilfe einer ergänzenden Vertragsauslegung können Regelungslücken in bestehenden Tarifverträgen geschlossen werden.[1047] Da aber dadurch Arbeitsrichter eine Funktion wahrnehmen, die nach Art. 9 Abs. 3 GG den Sozialpartnern zugeteilt ist, werden strenge Anforderungen an ihre verfassungsrechtliche Zulässigkeit gestellt.[1048] Sie kommt ausschließlich in Betracht, sofern eine unbewusste Regelungslücke vorliegt. Haben die Tarifparteien eine Frage bewusst offen gelassen, scheidet die ergänzende Vertragsauslegung aus, zumal sich die Gerichte über den Willen der Vertragsschließenden hinwegsetzen würden.[1049] Damit unbewusste Regelungslücken durch das Arbeitsgericht geschlossen werden dürfen, bedarf es nach Treu und Glauben hinreichender und sicherer Anhaltspunkte für den mutmaßlichen Willen der Sozialpartner.[1050] Kann ihr Wille so ermittelt werden, scheidet dennoch eine entsprechende Auslegung aus, wenn das Ziel auf verschiedene Weise erreicht werden kann.[1051] Somit ergeben sich für die ergänzende Auslegung von Tarifwerken drei Voraussetzungen: unbewusste Regelungslücke, hinreichende Anhaltspunkte für

---

1046 *Hanau*, ZIP 2006, 2189 (2200); *ders.*, ZIP 2007, 2381 (2386); *Hartmann*, S. 212 ff.; *Kamanabrou*, NZA 2006, Beilage zu Heft 3, 138 (143); *Kraushaar*, BB 1990, 1764 (1768 f.), *Nicolai*, ZfA 1996, 481 (495); *Lingemann/Müller*, BB 2007, 2006 (2013); *Nebeling/Miller*, RdA 2007, 289 (294); Palandt-*Weidenkaff*, § 7 AGG, Rn. 7; *Plüm*, ZTR 1991, 504 (506); Wiedemann-*Wiedemann*, Einleitung TVG, Rn. 248; vgl. *Lingemann/Gotham*, NZA 2007, 663 (667 f.), wonach zuvor eine Einigung der Tarifparteien gescheitert sein muss.
1047 *Mayer-Maly*, RdA 1998, 136; *Plüm*, ZTR 1991, 504 (505).
1048 *Ananiadis*, S. 74; *Dütz*, FS Molitor, S. 63 (S. 75); *Mayer-Maly*, RdA 1998, 136 (137).
1049 *Bengelsdorf*, NZA 1991, 121 (123); *Dütz*, FS Molitor, S. 63 (S. 75); *Kamanabrou*, S. 268; *dies.*, ZfA 2006, 327 (333); *Müller*, DB 1960, 148; differenzierend jeweils *Liedmeier*, S. 133; *Schaub*, NZA 1994, 597 (601), denen zufolge auch Konstellationen erfasst sind, in denen die Tarifparteien bewusst eine Regelung nicht getroffen haben, damit die Rechtsprechung Klarheit schafft.
1050 *Bengelsdorf*, NZA 1991, 121 (123); *Boerner*, ZfA 1997, 67 (82); *Dütz*, FS Molitor, S. 63 (S. 75); *Koch*, NZA 1991, 50 (51); *Schaub*, NZA 1994, 597 (601); *ders.*, RdA 1995, 65 (68); *Wulfers/Hecht*, ZTR 2007, 475 (482); vgl. *Ananiadis*, S. 75.
1051 *Kamanabrou*, ZfA 2006, 327 (333 f.); *Liedmeier*, S. 136 ff.; *Plüm*, ZTR 1991, 504 (505 f.); *Schaub*, NZA 1994, 597 (601 f.); *Schlachter*, FS Schaub, S. 651 (S. 663); a.A. *Mayer-Maly*, RdA 1998, 136 (137), der darauf hinweist, dass in der Praxis sich kaum Fällen finden ließen, bei denen nur eine Interpretationsmöglichkeit besteht.

den Willen der Tarifvertragsparteien und kein Gestaltungsspielraum bei der Umsetzung des Willens.

a) Rechtsprechung des Bundesarbeitsgerichts zur ergänzenden Vertragsauslegung

Das Bundesarbeitsgericht wendet in einigen Entscheidungen diese Auslegungsmethode an, wenn es sich mit den Rechtsfolgen eines Verstoßes gegen ein Gleichbehandlungsgebot oder Diskriminierungsverbot auseinandersetzt. In solchen Fällen geht es von einer unbewussten Regelungslücke aus.[1052]

Das Gericht stellt sich dann die Frage, ob die Tarifparteien bei Kenntnis der Rechtswidrigkeit den Vorteil auf die benachteiligte Gruppe ausgeweitet hätten. In der Mehrzahl der Entscheidungen, bei denen auf die ergänzende Vertragsauslegung rekurriert wird, bejaht das Bundesarbeitsgericht diese Frage. Dies gilt beispielsweise für die Ausweitung der betrieblichen Altersversorgung[1053] sowie von Spätarbeits- und Nachtarbeitszuschlägen auf Teilzeitbeschäftigte,[1054] die Erstreckung der längeren Kündigungsfristen von Angestellten auf Arbeiter,[1055] die Gewährung der gleichen Übergangsleistungen für ausgeschiedene Arbeitnehmer, welche eine schlechter bezahlte Stelle gefunden haben, und solchen, die keine andere Stelle gefunden haben und daher Arbeitslosengeld beziehen müssen,[1056] und die Berücksichtigung eingetragener Lebenspartnerschaften bei einem Ortszuschlag, der ursprünglich für Verheiratete vorgesehen war.[1057] Im Ergebnis hatte die Auslegung zur Folge, dass die Tarifklausel teilnichtig war und nur der benachteiligende bzw. ausschließende Teil entfallen ist,[1058] oder dass die Regelung analog auf die anderen Beschäftigten angewendet wurde.[1059] Demgegenüber liegt auch eine Entscheidung des Bundesarbeitsgerichts vor, in der es mit Hilfe der ergänzenden Vertragsauslegung zu einer Gesamtunwirksamkeit der tariflichen Vorschrift gelangt. Entgegen Art. 3 Abs. 1 GG wurden Arbeiter von einem Zuschuss zum Kurzarbeitergeld ausgeschlossen. Das BAG nimmt für den vorliegenden Fall eine Gesamtunwirksamkeit an. Begrün-

---

1052 Vgl. BAG vom 3.11.1998, Az. 3 AZR 432/97, Rn. 29, 34, AP Nr. 41 zu § 1 BetrAVG (Gleichbehandlung).
1053 BAG vom 7.3.1995, Az. 3 AZR 282/94, Rn. 44, AP Nr. 26 zu § 1 BetrAVG (Gleichbehandlung).
1054 BAG vom 15.12.1998, Az. 3 AZR 239/97, Rn. 42, AP Nr. 71 zu § 2 BeschFG 1985.
1055 BAG vom 21.3.1991, Az. 2 AZR 323/84 (A), Rn. 31, AP Nr. 29 zu § 622 BGB.
1056 BAG vom 20.5.1999, Az. 6 AZR 451/97, Rn. 42 f., AP Nr. 7 zu § 42 TVAL II.
1057 BAG vom 29.4.2004, Az. 6 AZR 101/03, Rn. 33, AP Nr. 2 zu § 26 BAT.
1058 BAG vom 7.3.1995, Az. 3 AZR 282/94, Rn. 41, AP Nr. 26 zu § 1 BetrAVG (Gleichbehandlung); BAG vom 15.12.1998, Az. 3 AZR 239/97, Rn. 42, AP Nr. 71 zu § 2 BeschFG 1985.
1059 BAG vom 29.4.2004, Az. 6 AZR 101/03, Rn. 35 ff., AP Nr. 2 zu § 26 BAT.

det wird dies damit, dass die Tarifvertragsparteien nicht für alle vom Tarifvertrag erfassten Arbeitnehmer einen entsprechenden Zuschuss vereinbart hätten, wenn sie die Gleichheitswidrigkeit der Differenzierung zwischen Arbeitern und Angestellten kennen würden, zumal eine Vordoppelung des ursprünglichen Dotierungsrahmen die Folge wäre.[1060]

Im Hinblick auf das dritte Kriterium, den verbleibenden Gestaltungsspielraum der Tarifparteien, verfährt das Bundesarbeitsgericht äußert großzügig. Es orientiert sich an dem Zweck der Leistung und kommt zu dem Schluss, dass er nur erreicht werden könne, indem die Leistung auf die ausgeschlossene Gruppe ausgeweitet würde. Damit scheide ein etwaiger Gestaltungsspielraum aus. So sind die höchsten deutschen Arbeitsrichter z.b. bei der Angleichung der Überbrückungsbeihilfe von ausgeschiedenen Arbeitnehmern vorgegangen. Der Zweck der Leistung, ein vorübergehendes Einkommen in Höhe der letzten Grundvergütung, könne nur mit der Angleichung der Regelung erreicht werden. Daher bestünde auch nur eine Möglichkeit, die Regelungslücke zu schließen.[1061] Ein weiteres Beispiel findet sich in der Entscheidung über die Ausweitung des Ortszuschlags auf eingetragene Lebenspartnerschaften. Hier wird das Ziel des finanziellen Vorteils im Ausgleich von Unterhaltslasten gesehen, die typischerweise mit einem bestimmten Familienstand verbunden sind. Auch in dieser Entscheidung weitet das BAG mit Hinweis auf den Zweck der Leistung den Vorteil auf die benachteiligte Gruppe aus, ohne den Tarifparteien die Möglichkeit zur Neuregelung einzuräumen.[1062]

Eine Ausweitung dieser Rechtsprechung auf die Rechtsfolgen eines Verstoßes gegen das AGG ist zwar möglich, allerdings nicht wahrscheinlich. Auf die ergänzende Vertragsauslegung rekurriert das BAG v.a. bei Verstößen gegen den Gleichbehandlungsgrundsatz nach Art. 3 Abs. 1 GG, für den keine eingeschränkten Rechtfertigungsmaßstäbe gelten wie bei Diskriminierungsverboten.[1063] Bei Verstößen gegen diese besonderen Gleichheitssätze misst das höchste deutsche Arbeitsgericht der ergänzenden Vertragsauslegung zur Bestimmung der Nichtigkeitsfolge lediglich eine untergeordnete Bedeutung zu. Vielmehr leitet es die Teilnichtigkeit aus dem Schutzzweck der Diskriminierungsverbote ab und zieht den Willen der

---

1060 BAG vom 28.5.1996, Az. 3 AZR 752/95, Rn. 30 ff., AP Nr. 143 zu § 1 TVG (Tarifverträge: Metallindustrie).
1061 BAG vom 20.5.1999, Az. 6 AZR 451/97, Rn. 42 f., AP Nr. 7 zu § 42 TVAL II.
1062 BAG vom 29.4.2004, Az. 6 AZR 101/03, Rn. 34 f., AP Nr. 2 zu § 26 BAT.
1063 Vgl. jeweils BAG vom 7.3.1995, Az. 3 AZR 282/94, Rn. 44 f., AP Nr. 26 zu § 1 BetrAVG (Gleichbehandlung); BAG vom 28.5.1996, Az. 3 AZR 752/95, Rn. 33, AP Nr. 143 zu § 1 TVG (Tarifverträge: Metallindustrie).

Tarifvertragsparteien nur als Hilfsargument hinzu, wonach sie auch bei Kenntnis des Verstoßes den Vorteil auf die benachteiligte Gruppe ausgeweitet hätten.[1064]

b) Zulässigkeit der ergänzenden Vertragsauslegung bei AGG-Verstößen

Eine ergänzende Vertragsauslegung war in § 7 Abs. 2 S. 2 des Entwurfs zum ADG vom 15.6.2005 vorgesehen.[1065] Danach sollte eine unwirksam tarifliche Regelung nach dem mutmaßlichen Willen der Vertragsschließenden ersetzt werden.[1066] Obgleich die zuständigen Ausschüsse des Bundesrates sich für eine solche Regelung aussprachen,[1067] fand sich ihre Empfehlung in der Stellungnahme des Bundesrates nicht wieder.[1068]

Von einer unbewussten Regelungslücke kann bei altersdiskriminierenden Vergütungsklauseln ausgegangen werden, da die Tarifparteien nicht von der Unzulässigkeit der Differenzierung ausgegangen sind.[1069] Es müssen hierzu Anhaltspunkte für den mutmaßlichen Willen der Tarifvertragsparteien gefunden werden. Dafür wird auf die Formulierung der Klausel, ihren Zweck, das zahlenmäßige Verhältnis von Bevorzugten und Benachteiligten sowie das Finanzvolumen der Leistung abgestellt.[1070] Es wird allerdings sogleich aufgezeigt, dass dieses Vorgehen bei altersdiskriminierenden Tarifnormen über die Vergütung unzulässig ist. Zunächst werden die allgemeinen Einwände gegen den Auslegungsansatz als solchen vorgestellt und dann die ansatzspezifischen.

1064 Vgl. jeweils BAG vom 28.5.1996, Az. 3 AZR 752/95, Rn. 33, AP Nr. 143 zu § 1 TVG (Tarifverträge: Metallindustrie); BAG vom 15.12.1998, Az. 3 AZR 239/97, Rn. 42, AP Nr. 71 zu § 2 BeschFG 1985.
1065 BT-Drucksache 15/5717, S. 7.
1066 Überwiegend wird es begrüßt, dass die Vorschrift nicht ins AGG aufgenommen wurde, da sie eine unzulässige Beeinträchtigung der Tarifautonomie darstelle, *Dornbusch/Kasprzyk*, NZA 2009, 1000 (1001); *Kamanabrou*, ZfA 2006, 327 (333), *Rieble/Zedler*, ZfA 2006, 273 (292).
1067 BR-Drucksache 329/1/06, S. 2 f.
1068 Vgl. BR-Drucksache 329/06.
1069 Vgl. *Schaub*, NZA 1994, 597 (601), wonach von einer planwidrigen Lücke ausgegangen werden kann, wenn die getroffene Regelung gegen den Gleichheitssatz verstößt.
1070 *Bauer/Göpfert/Krieger*, § 7 AGG, Rn. 27 ff.; Kempen/Zachert-*Kempen*, Grundlagen TVG, Rn. 264; *Lingemann/Gotham*, NZA 2007, 663 (667); *Löwisch/Rieble*, § 1 TVG, Rn. 357; P/W/W-*Lingemann*, § 7 AGG, Rn. 10; *Wulfers/Hecht*, ZTR 2007, 475 (482); vgl. *Gamillscheg*, S. 708.

aa) Grundsätzliche Kritik an der ergänzenden Vertragsauslegung

Es bestehen zunächst grundsätzliche Bedenken gegenüber einer ergänzenden Auslegung von diskriminierenden Tarifklauseln. Indem die Tarifklausel ergänzend ausgelegt wird, erfolgt eine geltungserhaltende Reduktion der diskriminierenden Bestimmung. Dementsprechend gehen die Tarifvertragsparteien nur ein geringes Risiko ein, wenn sie die Beschäftigten unter Verstoß gegen das AGG vergüten, da das Gericht die Klausel auf ein zulässiges und ihrem mutmaßlichen Willen entsprechendes Maß korrigieren würde. Eine solche Vorgehensweise wird aber dem von Art. 17 und Erwägungsgrund Nr. 35 der Richtlinie 2000/78/EG geforderten Erfordernis einer wirksamen und abschreckenden Sanktion nicht gerecht.[1071]

Ebenso können verfassungsrechtliche Einwände gegen die ergänzende Auslegung erhoben werden. Vorausgesetzt es lassen sich ausreichende Anhaltspunkte für eine Teil- oder Gesamtnichtigkeit ermitteln, kann es Fälle geben, in denen sich mutmaßlicher und tatsächlicher Wille nicht decken. Führt beispielsweise die Auslegung zur Angleichung nach oben, ist es durchaus vorstellbar, dass der betroffene Arbeitgeber sich nicht auf diese Erhöhung eingelassen hätte, selbst wenn sie finanziell nur geringfügig ins Gewicht fiele. Besonders problematisch ist die stark eingeschränkte Möglichkeit, sich von der gerichtlich festgesetzten Entlohnung zu lösen, sofern eine Vergütungsnorm für teilnichtig erklärt wurde. Der Arbeitgeber kann keine abweichende Vergütung festsetzen, da aufgrund der schieren Teilnichtigkeit eine wirksame tarifliche Regelung vorliegt. Somit muss er unter Umständen langwierige tarifliche Kündigungs- oder Auslauffristen in Kauf nehmen, um eine Änderung zu erreichen.

Ergänzend kann man den gesetzgeberischen Willen anführen. Indem der Gesetzgeber die Regelung des § 7 Abs. 2 S. 2 des Entwurfs zum ADG letztlich nicht in das AGG aufgenommen hat, brachte er zum Ausdruck, dass keine ergänzende Vertragsauslegung bei diskriminierenden Kollektivvereinbarungen erfolgen soll.[1072]

bb) Ergänzende Vertragsauslegung unter Berücksichtigung des Wortlauts

Als wichtiger Anhaltspunkt für den mutmaßlichen Willen der Sozialpartner wird von den Befürwortern einer ergänzenden Vertragsauslegung der Wortlaut der Klausel angesehen. Man müsse danach unterscheiden, ob die Regelung auf eine Begünstigung der einen oder eine Benachteiligung der anderen Gruppe abstellt. Als Hinweis für eine Begünstigung wird die Formulierung „Anspruch haben nur Mit-

---

1071 *Henssler/Tillmanns*, FS Birk, S. 179 (S. 191); *Wiedemann*, NZA 2007, 950 (952).
1072 Vgl. *Rieble/Zedler*, ZfA 2006, 273 (292).

arbeiter, die älter als 45 sind" und für eine Benachteiligung „Keinen Anspruch haben Mitarbeiter, die jünger als 45 sind" aufgeführt. Im erstgenannten Fall sei die Rechtsfolge Gesamtnichtigkeit, sodass die Begünstigung für alle entfalle und somit eine Angleichung nach unten erfolge. Ist die Formulierung hingegen benachteiligend, so führe dies lediglich zur Teilnichtigkeit. Der Vorteil werde dann auf sämtliche Beschäftigte erstreckt, sodass im Ergebnis eine Angleichung nach oben erfolge.[1073] In diesem Zusammenhang wird eine nach Lebensalter berechnete Vergütung als eine Begünstigung Älterer aufgefasst. Regel sei das Grundentgelt jüngerer Arbeitnehmer, weshalb die altersabhängige Lohnsteigerung für alle entfalle.[1074]

Diese am Wortlaut orientierte Auslegung ist aber nicht sachgerecht. Sie knüpft zwei völlig entgegengesetzte Rechtsfolgen an die zufällige Formulierung der Tarifklausel.[1075] Bei den zwei vorgestellten tarifvertraglichen Bestimmungen handelt es sich lediglich um zwei austauschbare Formulierungsmöglichkeiten.[1076] Es wird verkannt, dass mit der Begünstigung der einen Gruppe notwendigerweise die Benachteiligung der anderen einhergeht. Dementsprechend handelt es sich um „zwei Seiten derselben Medaille". Warum aber die Benachteiligung eines Beschäftigten aufgrund einer „begünstigten" Regelung anders behandelt werden soll als die Diskriminierung Beschäftigter mittels „benachteiligender" Tarifklausel, ist nicht ersichtlich.[1077]

cc) Ergänzende Vertragsauslegung unter Berücksichtigung der Anzahl der Benachteiligten und des Finanzvolumens

Der zweite Ansatzpunkt für die ergänzende Auslegung stellt die Frage, welche Regelung die Tarifparteien bei Kenntnis des Gleichheitsverstoßes getroffen hätten.[1078] Dabei werden das Verhältnis von bevorzugter und benachteiligter Gruppe sowie das für die Leistung vorgesehene Finanzvolumen zu Rate gezogen.

Schließe die Leistung die Mehrheit der Beschäftigten aus, dann sei die entsprechende tarifliche Vorschrift gesamtnichtig. Ansonsten führe der Verstoß gegen das Diskriminierungsverbot lediglich zur Unwirksamkeit der die Minderheit ausschlie-

---

1073 *Bauer/Göpfert/Krieger*, § 7 AGG, Rn. 30 f.
1074 *Bauer/Göpfert/Krieger*, § 7 AGG, Rn. 32.
1075 *Löwisch/Rieble*, § 1 TVG, Rn. 357; Wiedemann-*Wiedemann*, Einleitung TVG, Rn. 244; *Wiedemann/Peters*, RdA 1997, 100 (107); vgl. *Lingemann/Gotham*, NZA 2007, 663 (667).
1076 *Wulfers/Hecht*, ZTR 2007, 475 (482).
1077 So im Ergebnis, aber ohne Begründung Däubler/Bertzbach-*Dette*, § 7 AGG, Rn.104a; *Meinel/Heyn/Herms*, § 7 AGG, Rn. 43.
1078 *Wulfers/Hecht*, ZTR 2007, 475 (482).

ßenden Passage.[1079] Man könnte diesen Ansatz auf die Rechtsprechung des BAG stützen,[1080] das in seinen Urteilen zur Diskriminierung von Teilzeitbeschäftigten davon ausgegangen ist, dass die Vertragsparteien die Vorteile auf die diskriminierte Gruppe ausgeweitet hätten.[1081] Die ausgeschlossenen Beschäftigten stellten nämlich eine Minderheit innerhalb der Belegschaft dar. Überträgt man diesen Lösungsweg auf die Problematik der altersdiskriminierenden Vergütung, dann hängt die Rechtsfolge davon ab, welchen Umfang die Staffelung hat. Bei einer weitreichenden Differenzierung, wie sie § 27 BAT vorsieht, stellen die Angehörigen der höchsten Altersstufe eine Minderheit innerhalb der Belegschaft dar. Somit wäre die tarifliche Regelung gesamtnichtig. Demgegenüber hätte beispielsweise die durch einen „Jugendabschlag" bewirkte Diskriminierung Teilnichtigkeit zur Folge. Infolgedessen würde sich der Vorteil auf die Ausgeschlossenen erstrecken. Allerdings scheint diese Vorgehensweise nicht präzise genug zu sein, um den mutmaßlichen Willen der Tarifvertragsparteien festzustellen. Schließlich sind Konstellationen vorstellbar, in denen einer großen Gruppe von Beschäftigten nur ein sehr geringfügiger Vorteil gewährt wird. In diesen Fällen kann nicht pauschal ausgeschlossen werden, dass die Sozialpartner die Leistung auf die gesamte Belegschaft erstreckt hätten. Des Weiteren hat das BAG nicht explizit auf das Verhältnis von Bevorzugten und Benachteiligten abgestellt, sondern darauf, ob sich durch die Teilnichtigkeit das Gesamtvolumen wesentlich erhöht hätte.[1082]

Dies ist auch das genauere Kriterium, um den mutmaßlichen Willen festzustellen. Dementsprechend wäre für die Frage nach der Teil- oder Gesamtnichtigkeit entscheidend, inwieweit sich der Leistungsumfang erhöht bzw. ob eine spürbare Mehrbelastung des Arbeitgebers vorliegt.[1083] Daraus ergibt sich, dass die Tarifparteien von einer Ausweitung des Vorteils abgesehen hätten, wenn eine umfassende Angleichung nach oben den vorgesehenen Finanzrahmen stark erhöhen würde. Das

---

1079 *Bauer/Göpfert/Krieger*, § 7 AGG, Rn. 27 f.; *Löwisch/Rieble*, § 1 TVG, Rn. 357; P/W/W-*Lingemann*, § 7 AGG, Rn. 10; vgl. *Gamillscheg*, S. 708; a.A. Däubler/Bertzbach-*Dette*, § 7 AGG, Rn. 104a.
1080 *Bauer/Göpfert/Krieger*, § 7 AGG, Rn. 27; *Dornbusch/Kasprzyk*, NZA 2009, 1000 (1002).
1081 BAG vom 7.3.1995, Az. 3 AZR 282/94, AP Nr. 26 zu § 1 BetrAVG (Gleichbehandlung); BAG vom 15.12.1998, Az. 3 AZR 239/97, Rn. 42, AP Nr. 71 zu § 2 BeschFG 1985.
1082 BAG vom 28.5.1996, Az. 3 AZR 752/95, Rn. 30 ff., AP Nr. 143 zu § 1 TVG (Tarifverträge: Metallindustrie); Wendeling-Schröder/Stein-*Wendeling-Schröder*, § 7 AGG, Rn. 22; *Oelkers*, NJW 2008, 614 (616).
1083 *Bauer/Göpfert/Krieger*, § 7 AGG, Rn. 31; Kempen/Zachert-*Kempen*, Grundlagen TVG, Rn. 264; *Lingemann/Gotham*, NZA 2007, 663 (667).

Ergebnis der Auslegung würde dann Gesamtnichtigkeit lauten.[1084] In den übrigen Fällen wäre die Regelung nur teilweise unwirksam. Auch hier könnte man danach unterscheiden, wie weit die Staffelung reicht. Während die Eingruppierung sämtlicher Beschäftigter, die unter den BAT fallen, in die höchste Altersstufe finanziell deutlich ins Gewicht fallen würde, wäre eine Streichung des „Jugendabschlags" tendenziell unwesentlich. Gerade hier zeigt sich aber eine Schwäche des Ansatzes. Er lässt klare Kriterien vermissen, wann eine erhebliche Erhöhung des Finanzvolumens gegeben ist. Ferner läuft er dem durch das AGG bezweckten Arbeitnehmerschutz zuwider. Er könnte für den Arbeitgeber einen Anreiz bieten, möglichst viele Arbeitnehmer in einem möglichst starken Umfang rechtswidrig zu benachteiligen, um eine Angleichung nach unten zu erreichen. Die Beseitigung gravierender Diskriminierungen durch Angleichung nach oben würde nämlich die finanzielle Mehrbelastung wesentlich erhöhen, sodass die Auslegungslösung zu einer Senkung des Leistungsniveaus käme. Dadurch würde man aber Arbeitgeber, die im großen Stil diskriminieren, gegenüber solchen privilegieren, die in einem geringeren Umfang gegen das AGG verstoßen.

c) Fazit

Die ergänzende Vertragsauslegung für den Fall einer altersdiskriminierenden tariflichen Vergütungsklausel ist somit mit den maßgeblichen europa- und verfassungsrechtlichen Grundsätzen unvereinbar. Daher kann auf sie nicht zurückgegriffen werden, um festzustellen, ob eine Regelung teil- oder gesamtnichtig ist.

2. Teilnichtigkeit als zwingende Rechtsfolge?

Geht man davon aus, dass die Tarifklausel nur insoweit nichtig ist, als dass sie die benachteiligte Gruppe von der Vergünstigung ausschließt, haben die Diskriminierungsopfer einen Anspruch auf den vorenthaltenen Vorteil. Er bezieht sich sowohl auf Leistungen, die in der Vergangenheit gewährt wurden, als auch auf zukünftige Zahlungen. Die notwendige Folge der Teilnichtigkeit ist eine umfassende Angleichung nach oben.

1084 *Körner*, NZA 2008, 497 (503); vgl. jeweils *Kamanabrou*, ZfA 2006, 327 (333), die bei Vergütungsordnungen von einer Gesamtnichtigkeit ausgeht; *Lingemann/Gotham*, NZA 2007, 663 (667 f.), die aber bei Stufensystemen eine am Willen und der Belastung des Arbeitgebers ausgerichtete Auslegung erst vornehmen, wenn keine Neuregelung durch die Tarifparteien erfolgt ist.

a) Rechtsprechung

Der EuGH hat in seiner bisherigen Rechtsprechung Regelungen für teilnichtig erklärt, die zwar einen Vorteil gewähren, aber in unzulässiger Weise bestimmte Personengruppen herausnehmen. Daher gelangte er zu einer Angleichung nach oben.[1085] Als Gründe werden die Verpflichtung der nationalen Gerichte, die volle Wirksamkeit des EG-Rechts zu gewährleisten,[1086] sowie der Anspruch des Diskriminierungsopfers auf Gleichbehandlung mit den nicht benachteiligten Personen genannt.[1087] In zwei Entscheidungen zu diskriminierenden Systemen der betrieblichen Altersversorgung hat der Gerichtshof aber eine Einschränkung hervorgehoben. Die Angleichung nach oben dauere solange an, bis ein neues System etabliert wurde. In diesem dürften auch die Leistungen der bisher Bevorzugten reduziert werden, da Art. 119 EGV a.F. nur verlange, dass Männer und Frauen gleich behandelt würden. Die Vorschrift treffe keine Aussage über eine bestimmte Höhe der Leistung.[1088]

In den meisten seiner Entscheidungen, in denen es sich mit den Rechtsfolgen eines Verstoßes gegen Gleichbehandlungsgebote oder Diskriminierungsverbote auseinandersetzt, geht das BAG ebenfalls von einer Teilnichtigkeit aus und erstreckt somit den Vorteil auf die benachteiligte Gruppe.[1089] Ein Großteil dieser Judikate

---

1085 EuGH vom 13.12.1989, Rs. C-102/88 (Ruzius-Wilbrink), AP Nr. 22 zu Art. 119 EWG-Vertrag; EuGH vom 27.6.1990, Rs. C-33/89 (Kowalska), AP Nr. 21 zu Art. 119 EWG-Vertrag; EuGH vom 7.2.1991, Rs. C-184/89 (Nimz), AP Nr. 25 zu § 23a BAT; EuGH vom 15.1.1998, Rs. C-15/96 (Schöning-Kougebetopoulou), AP Nr. 1 zu Art. 48 EG-Vertrag; EuGH vom 20.3.2003, Rs. C-187/00 (Kutz-Bauer), AP Nr. 32 zu Richtlinie 76/207/EWG.
1086 EuGH vom 7.2.1991, Rs. C-184/89 (Nimz), Rn. 19, AP Nr. 25 zu § 23a BAT; EuGH vom 20.3.2003, Rs. C-187/00 (Kutz-Bauer), Rn. 73, AP Nr. 32 zu Richtlinie 76/207/EWG.
1087 EuGH vom 27.6.1990, Rs. C-33/89 (Kowalska), Rn. 19 f., AP Nr. 21 zu Art. 119 EWG-Vertrag; EuGH vom 7.2.1991, Rs. C-184/89 (Nimz), Rn. 18, AP Nr. 25 zu § 23a BAT; EuGH vom 15.1.1998, Rs. C-15/96 (Schöning-Kougebetopoulou), Rn. 33, AP Nr. 1 zu Art. 48 EG-Vertrag; EuGH vom 20.3.2003, Rs. C-187/00 (Kutz-Bauer), Rn. 72, AP Nr. 32 zu Richtlinie 76/207/EWG.
1088 EuGH vom 28.9.1994, Rs. C-200/91 (Coloroll), Rn. 32 f., AP Nr. 57 zu Art. 119 EWG-Vertrag; EuGH vom 28.9.1994, Rs. C-408/92 (Smith), Rn. 17, 21, AP Nr. 58 zu Art. 119 EWG-Vertrag.
1089 BAG vom 14.10.1986, Az. 3 AZR 66/83, Rn. 18, AP Nr. 11 zu Art. 119 EWG-Vertrag; BAG vom 20.11.1990, Az. 3 AZR 613/89, Rn. 41, AP Nr. 8 zu § 1 BetrAVG (Gleichberechtigung); BAG vom 7.3.1995, Az. 3 AZR 282/94, Rn. 41, AP Nr. 26 zu § 1 BetrAVG (Gleichbehandlung); BAG vom 7.11.1995, Az. 3 AZR 1064/94, Rn. 32, AP Nr. 71 zu Art. 119 EWG-Vertrag; BAG vom 6.1.1996, Az. 3 AZR 767/94, Rn. 22, AP Nr. 222 zu Art. 3 GG; BAG vom 15.12.1998, Az. 3 AZR 239/97, Rn. 42, AP Nr. 71 zu § 2 BeschFG 1985; BAG vom 24.5.2000, Az. 10 AZR 629/99, Rn. 42, AP Nr. 79 zu § 2 BeschFG 1985; BAG vom 24.9.2003, Az. 10 AZR 675/02, Rn. 52, AP Nr. 4 zu § 4 TzBfG; BAG vom 24.9.2003, Az.

behandelt die Diskriminierung von Teilzeitbeschäftigten. Demgegenüber wird vereinzelt von der Gesamtnichtigkeit der Regelung ausgegangen. Als Beispiele kann die Entscheidung des BAG zu einer tarifvertraglichen Verheiratetenzulage, die ausschließlich männlichen Beschäftigten gewährt wurde[1090] sowie das schon angesprochene Urteil zum Kurzarbeitergeld, das nur Angestellte und nicht Arbeiter erhalten haben, genannt werden.[1091] Es fällt auf, dass die Entscheidungen, welche die Tarifnorm für teilnichtig erklären, Konstellationen betreffen, in denen eine Minderheit in der Belegschaft diskriminiert wird. Möglicherweise legt also das Bundesgericht implizit das Verhältnis zwischen Benachteiligten und Bevorzugten seinen Urteilen zugrunde. Im Rahmen der Auslegungslösung konnte aber bereits gezeigt werden, dass ein solches Vorgehen unzulässig ist.[1092]

b) Zulässigkeit der Teilnichtigkeit

Insbesondere unter Rückgriff auf die höchstrichterlichen Entscheidungen wird von der vorherrschenden Meinung in der Literatur eine Teilnichtigkeit angenommen, die eine Angleichung nach oben zur Folge hat.[1093] Dem kann nicht gefolgt werden. Weder ist ein solches Vorgehen mit der Tarifautonomie in Einklang zu bringen noch ist es diskriminierungsrechtlich geboten. Des Weiteren folgen nicht zwangsläufig aus der Rechtsprechung von EuGH und BAG eine Teilnichtigkeit und damit eine Anhebung des Leistungsniveaus für die Zukunft.

Eine durch Streichung von Passagen bewirkte Teilnichtigkeit mit dem Ziel, eine Ausweitung des finanziellen Vorteils zu erreichen, ist mit der Tarifautonomie unvereinbar.[1094] Das Gericht ändert hierbei das Vergütungskonzept des Tarifwerks,

---

10 AZR 675/02, Rn. 41, AP Nr. 4 zu § 4 TzBfG; BAG vom 11.12.2003, Az. 6 AZR 64/03, Rn. 42, AP Nr. 7 zu § 4 TzBfG; *Dornbusch/Kasprzyk*, NZA 2009, 1000 (1001).
1090 BAG vom 13.11.1985, Az. 4 AZR 234/84, Rn. 16, AP Nr. 136 zu Art. 3 GG.
1091 BAG vom 28.5.1996, Az. 3 AZR 752/95, Rn. 31, AP Nr. 143 zu § 1 TVG (Tarifverträge: Metallindustrie).
1092 Siehe oben 4. Kapitel B. I. 1.
1093 LAG Berlin-Brandenburg vom 11.9.2008, Az. 20 Sa 2244/07, Rn. 35, NZA-RR 2009, 378 (381 f.); Bauer/Thüsing/Schunder-*Thüsing*, NZA 2006, 774 (775); Däubler/Bertzbach-*Dette*, § 7 AGG, Rn. 104; *Däubler*, Tarifvertragsrecht, Rn. 443; *Henssler/Tillmanns*, FS Birk, S. 179 (S. 188 ff.); *Höfer*, BB 1994, 2139 (2141); *Löwisch*, DB 2006, 1729 (1731); *Meinel/Heyn/Herms*, § 7 AGG, Rn. 43; *Söllner*, NZA 1996, 897 (904); *Willemsen/Schweibert*, NJW 2006, 2583 (2588); *Wißmann*, ZTR 1994, 223 (225).
1094 Vgl. *Scholz*, SAE 1986, 164 (165).

ohne dass die Vertragsschließenden beteiligt werden.[1095] Anders als bei der ergänzenden Auslegung eines Tarifvertrags wird hier nicht einmal der mutmaßliche Wille der Sozialpartner berücksichtigt. Stattdessen wird pauschal eine Rechtsfolge angeordnet.[1096] Dadurch wird der Gestaltungsspielraum der Tarifvertragsparteien missachtet.[1097] Zwar ist es zutreffend, dass die Tarifvertragsparteien jederzeit ein neues Vergütungssystem beschließen können.[1098] Gleichwohl ist dieses Argument nur theoretischer Natur, denn die Arbeitnehmerseite wird sich nur bedingt auf Tarifverhandlungen einlassen, welche auf die Beseitigung der Angleichung nach oben abzielen.[1099] Der Arbeitgeber müsste die tarifvertragliche Auslauf- oder Kündigungsfrist abwarten, um sich von dem Tarifvertrag zu lösen. In der Zwischenzeit wäre er an Tarifnormen gebunden, die nicht durch eine Vereinbarung der Tarifparteien legitimiert wären.[1100] Demgegenüber würde die Gesamtnichtigkeit der Norm zu einer Regelungslücke im Tarifvertrag führen.[1101] Die Tarifparteien würden dann von ihrem verfassungsmäßig gewährleisteten Recht Gebrauch machen und einvernehmlich eine neue Regelung treffen.[1102] Dass dadurch die Initiativlast tendenziell von der Arbeitnehmerseite kommen wird,[1103] stellt selbst keinen Eingriff in die Tarifautonomie dar; es liegt gerade in der Natur der Sache, dass bei einer Regelungslücke neu verhandelt werden muss und nach dem deutschen Modell die Initiative für Tarifverhandlungen grundsätzlich von den Gewerkschaften ausgeht.[1104]

Des Weiteren bietet die einheitliche Anordnung der Gesamtnichtigkeit Rechtssicherheit. Es muss nicht mehr untersucht werden, ob die tarifliche Vergütungsregelung eine Minderheit oder eine Mehrheit in der Belegschaft diskriminiert oder ob

---

1095 Vgl. jeweils *Wank*, RdA 1998, 71 (89), dem zufolge die Normsetzungsprärogative der Tarifvertragsparteien gewahrt werden muss; Wiedemann-*Wiedemann*, Einleitung TVG, Rn. 244; *Wiedemann/Peters*, RdA 1997, 100 (107).
1096 Vgl. jeweils Däubler/Bertzbach-*Dette*, § 7 AGG, Rn. 104d, *Temming*, S. 494, denen zufolge eine differenzierte Lösung statt einer pauschalen Angleichung nach oben erforderlich ist.
1097 *Rolfs*, § 242 BGB, Rn. 30; *Wiedemann/Peters*, RdA 1997, 100 (107).
1098 *Körner*, NZA 2008, 497 (504); *Mayer-Maly*, RdA 1998, 136 (137); Soergel-*Raab*, § 612 BGB, Rn. 84.
1099 *Adomeit/Mohr*, § 7 AGG, Rn. 17; *Kamanabrou*, NZA 2006, Beilage zu Heft 3, 138 (143); *Rieble/Zedler*, ZfA 2006, 273 (291); *Temming*, S. 490; a.A. *Höfer*, BB 1994, 2139 (2141), wonach die Angleichung nach oben Zugeständnisse der Arbeitnehmerseite auf anderen Gebieten ermöglicht.
1100 Vgl. *Hartmann*, S. 215.
1101 P/W/W-*Lingemann*, § 7 AGG, Rn. 10; *Wulfers/Hecht*, ZTR 2007, 475 (482).
1102 *Hartmann*, S. 215.
1103 *Mayer-Maly*, RdA 1998, 136 (137); vgl. *Struck*, BB 1987, 1608.
1104 Vgl. *Hartmann*, S. 215.

die Ausweitung der Leistung auf alle Beschäftigten eine bestimmte finanzielle „Schmerzgrenze" überschreitet.

Letztlich wird die Teilnichtigkeit nicht zwingend durch die Rechtsprechung von BAG und EuGH indiziert.[1105] Das höchste deutsche Arbeitsgericht hat freilich in den meisten der relevanten Entscheidungen den Weg der Teilnichtigkeit eingeschlagen, dagegen zeigen aber einige Judikate, dass unter gewissen Umständen auch Gesamtnichtigkeit angenommen werden kann.[1106] Gleichermaßen lassen die Entscheidungen aus Luxemburg Raum für Gesamtnichtigkeit. Der EuGH zielt primär darauf ab, zum einen die Gleichstellung von Benachteiligten und Privilegierten zu erreichen[1107] und zum anderen die Wirksamkeit des europäischen Rechts zu gewährleisten.[1108] Beide Ziele sind auch dann erreichbar, wenn die diskriminierenden Tarifnormen für gesamtnichtig erklärt werden. Eine Gleichstellung für Gegenwart und Zukunft wird schon dadurch bewirkt, dass die Tarifbestimmung und die damit vermittelten Vor- und Nachteile insgesamt entfallen. Die beiden angesprochenen Entscheidungen zu diskriminierenden Systemen der betrieblichen Altersversorgung unterstützen diese Annahme. Danach können neue diskriminierungsfreie Regelungen in Zukunft die Vorteile der bisher bevorzugten Gruppe einschränken.[1109] Dadurch wird sogar eine zukunftsbezogene Angleichung nach unten erlaubt. Die rückwirkende Gleichstellung folgt schon aus dem Gleichstellungsanspruch. Diese im AGG einfachgesetzlich normierte Gleichstellungspflicht besteht unabhängig davon, ob das diskriminierende tarifliche Vergütungssystem ganz oder teilweise nichtig ist.[1110] Die vom EuGH angesprochen Wirksamkeit des europäischen Gleichbehandlungsrechts ist gewährleistet, sofern die Betroffenen davon abgehalten werden, aufgrund der verpönten Merkmale zu diskriminieren. Im Kontext der Richtli-

---

1105 So aber *Henssler*/Tillmanns, FS Birk, S. 179 (S. 188 f.); *Löwisch*, DB 2006, 1729 (1731); *Nollert-Borasio/Perreng*, § 7 AGG, Rn. 33; *Willemsen/Schweibert*, NJW 2006, 2583 (2588).
1106 BAG vom 13.11.1985, Az. 4 AZR 234/84, Rn. 16, AP Nr. 136 zu Art. 3 GG; BAG vom 28.5.1996, Az. 3 AZR 752/95, Rn. 31, AP Nr. 143 zu § 1 TVG (Tarifverträge: Metallindustrie).
1107 EuGH vom 27.6.1990, Rs. C-33/89 (Kowalska), Rn. 19 f., AP Nr. 21 zu Art. 119 EWG-Vertrag; EuGH vom 7.2.1991, Rs. C-184/89 (Nimz), Rn. 18, AP Nr. 25 zu § 23a BAT; EuGH vom 15.1.1998, Rs. C-15/96 (Schöning-Kougebetopoulou), Rn. 33, AP Nr. 1 zu Art. 48 EG-Vertrag; EuGH vom 20.3.2003, Rs. C-187/00 (Kutz-Bauer), Rn. 72, AP Nr. 32 zu Richtlinie 76/207/EWG.
1108 EuGH vom 7.2.1991, Rs. C-184/89 (Nimz), Rn. 19, AP Nr. 25 zu § 23a BAT; EuGH vom 20.3.2003, Rs. C-187/00 (Kutz-Bauer), Rn. 73, AP Nr. 32 zu Richtlinie 76/207/EWG.
1109 EuGH vom 28.9.1994, Rs. C-200/91 (Coloroll), Rn. 32 f., AP Nr. 57 zu Art. 119 EWG-Vertrag; EuGH vom 28.9.1994, Rs. C-408/92 (Smith), Rn. 17, 21, AP Nr. 58 zu Art. 119 EWG-Vertrag.
1110 Zur rückwirkenden Gleichstellung siehe unten 3. Kapitel B. III.

nie 2000/78/EG zielt diese Aussage auf das in Art. 17 und Erwägungsgrund Nr. 35 der Richtlinie niedergelegte Gebot einer wirksamen und abschreckenden Sanktion. Eine solche muss aber nicht zwingend durch die Nichtigkeitsfolge gewährleistet werden. Als entsprechende Sanktionen bieten sich zum einen der Gleichstellungsanspruch[1111] und zum anderen mögliche Sekundäransprüche an.[1112]

c) Fazit zur Nichtigkeit der Tarifnorm

Im Einklang mit den Vorgaben des Europa- und Verfassungsrechts sowie der höchstrichterlichen Rechtsprechung führt ein Verstoß gegen das Verbot der Altersdiskriminierung zur Gesamtnichtigkeit der Vergütungsvorschrift, sodass auch die privilegierenden Passagen entfallen.[1113]

3. Fazit

Eine ergänzende Auslegung von Tarifverträgen mit diskriminierenden Vergütungsbestimmungen ist unzulässig. Daher kann auf diese Weise nicht ermittelt werden, ob die Regelungen gesamt- oder teilnichtig sind. Vielmehr ist per se von einer Gesamtnichtigkeit der Tarifnorm auszugehen.

II. Ausnahmsweise Gesamtnichtigkeit des Tarifvertrags

In Ausnahmefällen kann die Diskriminierung auch zur Gesamtnichtigkeit des Tarifvertrags führen. Nach § 139 BGB ist ein Rechtsgeschäft grundsätzlich gesamtnichtig, wenn nur ein Teil unwirksam ist. Dies gilt nicht, wenn angenommen werden kann, dass das Rechtsgeschäft auch ohne den nichtigen Teil vorgenommen worden wäre. Diese Vorschrift findet auf den normativen Teil von Tarifverträgen keine Anwendung.[1114] Im Unterschied zu den geläufigen Privatverträgen haben die

---

1111 Vgl. unten 4. Kapitel B. III 2.
1112 Siehe unten 4. Kapitel C.
1113 *Temming*, S. 489.
1114 BAG vom 18.8.1971, Az. 4 AZR 342/70, AP Nr. 8 zu § 4 TVG (Effektivklausel); BAG vom 26.2.1986, Az. 4 AZR 535/84, Rn. 15, AP Nr. 12 zu § 4 TVG (Ordnungsprinzip); BAG vom 5.4.1995, Az. 4 AZR 154/94, Rn. 54, AP Nr. 19 zu § 1 TVG (Tarifverträge: Lufthansa); *Boerner*, ZfA 1997, 67 (80); *Gamillscheg*, S. 709 f.; Wiedemann-*Wiedemann*, Einleitung TVG, Rn. 243; anders noch *Herschel*, BB 1965, 791 (792).

Kollektivvereinbarungen Rechtsnormcharakter.[1115] Dementsprechend vertrauen die Normuntergebenen auf die Beständigkeit der Normen. Aus Gründen der Rechtssicherheit und des Arbeitnehmerschutzes werden daher an die Gesamtnichtigkeit hohe Anforderungen gestellt.[1116] Sie kommt nur in Betracht, wenn der Tarifvertrag ohne den nichtigen Teil keine sinnvolle und geschlossene Einheit darstellt.[1117] Den zulässigen Normen des Tarifvertrags darf ohne die unzulässigen keine rechtliche und wirtschaftliche Bedeutung zukommen.[1118]

Somit sind Tarifverträge, die mit ihren Vergütungsregelungen gegen das Verbot der Altersdiskriminierung verstoßen, regelmäßig teilnichtig. Schließlich beschränken sie sich in den meisten Fällen nicht nur auf die Entlohnung, sondern behandeln auch andere Bereiche des Arbeitslebens. Etwas anderes gilt für Gehaltstarifverträge, die ausschließlich diskriminierende Vergütungsregelungen enthalten. Erschöpft sich der Lohntarifvertrag darin, eine altersdiskriminierende Staffelung vorzusehen, ist er gesamtnichtig.

Für die Frage nach der Vergütung bedeutet dies, dass die maßgeblichen tariflichen Normen gänzlich entfallen. Die Gesamtnichtigkeit des Kollektivwerks hat damit die gleiche Folge für die Entlohnung wie die Gesamtnichtigkeit der einzelnen tariflichen Vergütungsklauseln in einem ansonsten wirksamen Tarifvertrag. Somit gelten die folgenden Ausführung zum Anspruchsumfang sowohl für Konstellationen, in denen die Vergütungsbestimmungen aufgrund rechtswidriger Benachteiligung gesamtnichtig sind, der Tarifvertrag im Übrigen aber bestehen bleibt, als auch für solche, in denen ausnahmsweise die gesamte Kollektivvereinbarung unwirksam ist.

1115 BAG vom 18.8.1971, Az. 4 AZR 342/70, AP Nr. 8 zu § 4 TVG (Effektivklausel); *Boerner*, ZfA 1997, 67 (80 f.); *Schlachter*, FS Schaub, S. 651 (S. 659).
1116 BAG vom 21.10.2003, Az. 1 AZR 407/02, Rn. 18, AP Nr. 163 zu § 112 BetrVG 1972; Däubler, TVG-*Reim*, § 1 TVG, Rn. 168; *Löwisch/Rieble*, § 1 TVG, Rn. 347; *Schlachter*, FS Schaub, S. 651 (S. 660); *Stein*, Rn. 393; Wendeling-Schröder/Stein-*Wendeling-Schröder*, § 7 AGG, Rn. 18; vgl. *Herschel*, BB 1965, 791 (792).
1117 BAG vom 26.2.1986, Az. 4 AZR 535/84, Rn. 15, AP Nr. 12 zu § 4 TVG (Ordnungsprinzip); BAG vom 5.4.1995, Az. 4 AZR 154/94, Rn. 54, AP Nr. 19 zu § 1 TVG (Tarifverträge: Lufthansa); Däubler, TVG-*Reim*, § 1 TVG, Rn. 170; *Schlachter*, FS Schaub, S. 651 (S. 659 f.); Schleusener/Suckow/Voigt-*Schleusener*, § 7 AGG, Rn. 43; Wiedemann-*Thüsing*, § 1 TVG, Rn. 332.
1118 *Nebeling/Miller*, RdA 2007, 289 (294).

III. Umfang des Gleichstellungsanspruchs für vergangene Zeiträume

Obwohl die diskriminierende Vergütungsbestimmung gesamtnichtig ist, haben die Benachteiligten einen Anspruch auf die Leistung, die ihnen unzulässigerweise in der Vergangenheit vorenthalten wurde. Mithin erfolgt eine rückwirkende Angleichung nach oben. Der Anspruch ergibt sich einerseits aus der Gleichstellungspflicht nach dem AGG und andererseits aus dem Gesichtspunkt des Vertrauensschutzes, dem zufolge der privilegierten Gruppe der Vorteil nicht mehr rückwirkend entzogen werden kann. Eine Angleichung nach oben für die Vergangenheit ist auch höchstrichterlich anerkannt. Die Rechtsprechung lässt insoweit keine Ausnahmen zu.

1. Rechtsprechung

Sowohl das BAG[1119] als auch der EuGH[1120] haben in ihren Entscheidungen zu den Gleichheitssätzen und Diskriminierungsverboten den betroffenen Beschäftigten einen Anspruch auf die zurückliegenden Leistungen gewährt.

Der EuGH leitet diese vergangenheitsbezogene Angleichung nach oben aus der Teilnichtigkeit der entsprechenden Regelung ab. Die Benachteiligten hätten nämlich einen Anspruch auf Anwendung der gleichen Regelung wie die übrigen Arbeitnehmer, sodass die diskriminierende Regelung nicht anzuwenden sei.[1121]

1119 BAG vom 13.11.1985, Az. 4 AZR 234/84, AP Nr. 136 zu Art. 3 GG; BAG vom 28.7.1992, Az. 3 AZR 173/92, AP Nr. 18 zu § 1 BetrAVG (Gleichbehandlung); BAG vom 23.9.1992, Az. 4 AZR 30/92, AP Nr. 1 zu § 612 BGB (Diskriminierung); BAG vom 2.12.1992, Az. 4 AZR 152/92, AP Nr. 28 zu § 23a BAT; BAG vom 7.3.1995, Az. 3 AZR 282/94, AP Nr. 26 zu § 1 BetrAVG (Gleichbehandlung); BAG vom 7.11.1995, Az. 3 AZR 1064/94, AP Nr. 71 zu Art. 119 EWG-Vertrag; BAG vom 16.1.1996, Az. 3 AZR 767/94, AP Nr. 222 zu Art. 3 GG; BAG vom 28.5.1996, Az. 3 AZR 752/95, AP Nr. 143 zu § 1 TVG (Tarifverträge: Metallindustrie); BAG vom 9.10.1996, Az. 5 AZR 338/95, AP Nr. 50 zu § 2 BeschFG 1985; BAG vom 24.5.2000, Az. 10 AZR 629/99, AP Nr. 79 zu § 2 BeschFG 1985; BAG vom 18.11.2003, Az. 3 AZR 655/02, juris; BAG vom 11.12.2003, Az. 6 AZR 64/03, AP Nr. 7 zu § 4 TzBfG.
1120 Vgl. EuGH vom 17.5.1990, Rs. C-262/88 (Barber), AP Nr. 20 zu Art. 119 EWG-Vertrag; EuGH vom 27.6.1990, Rs. C-33/89 (Kowalska), AP Nr. 21 zu Art. 119 EWG-Vertrag; EuGH vom 7.2.1991, Rs. C-184/89 (Nimz), AP Nr. 25 zu § 23a BAT; EuGH vom 28.9.1994, Rs. C-128/93 (Fisscher), AP Nr. 56 zu Art. 119 EWG-Vertrag; EuGH vom 15.1.1998, Rs. C-15/96 (Schöning-Kougebetopoulou), AP Nr. 1 zu Art. 48 EG-Vertrag; EuGH vom 20.3.2003, Rs. C-187/00 (Kutz-Bauer), AP Nr. 32 zu Richtlinie 76/207/EWG; EuGH vom 1.4.2008, Rs. C-267/06 (Tadao Maruko), NZA 2008, 459.
1121 EuGH vom 27.6.1990, Rs. C-33/89 (Kowalska), Rn.18 f., AP Nr. 21 zu Art. 119 EWG-Vertrag; EuGH vom 7.2.1991, Rs. 1 C-84/89 (Nimz), Rn. 18 ff., AP Nr. 25 zu § 23a BAT;

Schließlich müsse gewährleistet werden, dass eine angemessene Wiedergutmachung erfolge.[1122]

In einigen seiner Urteile schließt sich das höchste deutsche Arbeitsgericht dieser Argumentation an.[1123] Teilweise wird aber das gleiche Ergebnis mit einer alternativen Begründung versehen. So heben die Erfurter Richter hervor, dass den bevorzugten Beschäftigten der Vorteil nicht entzogen werden könne. Als Gründe hierfür werden Vertrauensschutz, Entreicherung nach § 818 Abs. 3 BGB, tarifliche Ausschlussfristen sowie Verjährung genannt.[1124] Somit könne ausschließlich durch die Ausweitung des Vorteils auf die benachteiligten Arbeitnehmer die gesetzlich geforderte Gleichstellung erfolgen.[1125] Ein etwaiger Gestaltungsspielraum der Tarifparteien für vergangene Zeiträume bestehe daher nicht.[1126] Vielmehr käme ihnen für die Zukunft eine entsprechende Befugnis zu.[1127]

Dem letztgenannten Begründungsansatz des höchsten deutschen Arbeitsgerichts gebührt der Vorzug, zumal bereits aufgezeigt wurde, dass eine durch tarifliche Vergütung bewirkte Altersdiskriminierung zur Gesamt- und nicht zur Teilnichtigkeit der entsprechenden Bestimmungen führt.

2. Zulässigkeit der rückwirkenden Angleichung nach oben

Die vom AGG geforderte Gleichbehandlung von Benachteiligten und Bevorzugten für vergangene Zeiträume kann nur dadurch erreicht werden, dass der in der Vergangenheit gewährte Vorteil auf sämtliche diskriminierte Beschäftigte ausgeweitet wird. Eine Gleichbehandlung dergestalt, dass den Privilegierten die Vorteile rückwirkend entzogen werden, scheitert am Vertrauensschutz.

EuGH vom 15.1.1998, Rs. C-15/96 (Schöning-Kougebetopoulou), Rn. 33 ff., AP Nr. 1 zu Art. 48 EG-Vertrag; EuGH vom 20.3.2003, Rs. C-187/00 (Kutz-Bauer), Rn. 72, AP Nr. 32 zu Richtlinie 76/207/EWG.

1122 EuGH vom 2.8.1993, Rs. C-271/91 (Marshall II), Rn. 30, EuZW 1993, 706 (708).

1123 BAG vom 16.1.1996, Az. 3 AZR 767/94, Rn. 22, AP Nr. 222 zu Art. 3 GG; BAG vom 24.5.2000, Az. 10 AZR 629/99, Rn. 42, AP Nr. 79 zu § 2 BeschFG 1985; BAG vom 18.11.2003, Az. 3 AZR 655/02, Rn. 43, juris; BAG vom 11.12.2003, Az. 6 AZR 64/03, Rn. 42, AP Nr. 7 zu § 4 TzBfG.

1124 BAG vom 13.11.1985, Az. 4 AZR 234/84, Rn. 23, AP Nr. 136 zu Art. 3 GG; BAG vom 7.3.1995, Az. 3 AZR 282/94, Rn. 46, AP Nr. 26 zu § 1 BetrAVG (Gleichbehandlung); BAG vom 28.5.1996, Az. 3 AZR 752/95, Rn. 39; AP Nr. 143 zu § 1 TVG (Tarifverträge: Metallindustrie).

1125 BAG vom 18.11.2003, Az. 3 AZR 655/02, Rn. 43, juris.

1126 BAG vom 13.11.1985, Az. 4 AZR 234/84, LS, AP Nr. 136 zu Art. 3 GG.

1127 BAG vom 7.3.1995, Az. 3 AZR 282/94, Rn. 46; AP Nr. 26 zu § 1 BetrAVG (Gleichbehandlung).

Dieses Ergebnis steht im Einklang mit den europa- und verfassungsrechtlichen Vorgaben, konkret dem Erfordernis einer wirksamen wie auch abschreckenden Sanktion nach Art. 17 und Erwägungsgrund Nr. 35 der Richtlinie 2000/78/EG sowie der im GG garantierten Tarifautonomie.

Eine Angleichung nach oben für die Vergangenheit kann zwar mit erheblichen finanziellen Belastungen für den Arbeitgeber einhergehen,[1128] allerdings stellt sie dadurch eine europarechtlich geforderte abschreckende Rechtsfolge dar.[1129] Infolgedessen wird zumindest der Arbeitgeber motiviert, diskriminierende Vergütungsregelungen erst gar nicht abzuschließen, sie zu ändern oder sie nicht anzuwenden.[1130] Des Weiteren läuft die Argumentation, die eine Angleichung nach oben für die Vergangenheit mit dem Hinweis auf die schwer vorhersehbare Mehrbelastung ausschließt, den Zielen des AGG zuwider. Eine erhebliche finanzielle Mehrbelastung ist ein Indiz dafür, dass in einem starken Umfang diskriminiert wurde. Es wäre daher für das Antidiskriminierungsrecht kontraproduktiv, solche Vorgehensweisen bei den Rechtsfolgen zu privilegieren.[1131] Inwieweit ein betroffener Arbeitgeber schutzwürdig ist, kann unter dem Aspekt des Vertrauensschutzes geprüft werden.[1132] Dies hat zudem den Vorteil, dass die Schutzwürdigkeit nicht pauschal an den Kosten gemessen wird, sondern zusätzlich die Art der Diskriminierung (nach Lebensalter, Dienstjahren oder Betriebszugehörigkeit) sowie der jeweilige Stand von Rechtsprechung und Gesetzgebung in die Betrachtung einfließen. Ebenso stellt es keine ausreichende Sanktion dar, wenn man den ursprünglich bevorzugten Beschäftigten den Vorteil entziehen würde,[1133] denn dadurch könnten die Tarifvertragsparteien ohne jegliches Risiko diskriminierende Vergütungsregelungen statuieren.[1134] Ihre

---

1128 Daher kritisch zu dieser Lösung *Buchner*, ZfA 1993, 279 (317); *Kamanabrou*, ZfA 2006, 327 (334); *Lieb*, ZfA 1996, 319 (342 f.); *Nicolai*, ZfA 1996, 481 (488); *Willemsen/Schweibert*, NJW 2006, 2583 (2588); vgl. jeweils *Bauer/Göpfert/Krieger*, § 7 AGG, Rn. 29, die auf die absurden praktischen Konsequenzen verweisen; *Wiedemann*, NZA 2007, 950 (953), der von einem „*argumentum ad horrendum*" spricht, sofern ein Berufsanfänger gleich in die höchste Gehaltsstufe eingeordnet wird.
1129 Däubler/Bertzbach-*Dette*, § 7 AGG, Rn. 104a; *Körner*, NZA 2008, 497 (503); *Thüsing*, Diskriminierungsschutz, Rn. 499; vgl. *Wiedemann*, FS BAG, S. 265 (S. 276), dem zufolge mit rückwirkenden Angleichung nach oben den Diskriminierungsverboten nachhaltig Wirkung verliehen werden soll.
1130 Vgl. jeweils *Körner*, NZA 2008, 497 (504), *Thüsing*, Diskriminierungsschutz, Rn. 500.
1131 Vgl. die parallele Argumentation bei der Frage nach einer ergänzenden Vertragsauslegung, siehe oben 4. Kapitel B. I. 1. b) cc).
1132 *Wank*, RdA 1998, 71 (89); siehe dazu unten 5. Kapitel A.
1133 Vgl. *Bauer/Göpfert/Krieger*, § 7 AGG, Rn. 30, welche die Vorteile den privilegierten Gruppen entziehen wollen, sofern diese keinen Vertrauensschutz genießen.
1134 *Körner*, NZA 2008, 497 (504).

Verfehlungen würden so nicht zu ihren, sondern zu Lasten der Belegschaft gehen.[1135]

Die rückwirkende Ausweitung des Vorteils kollidiert auch nicht mit der Tarifautonomie.[1136] Ein Ermessensspielraum der Tarifparteien besteht insoweit nicht, denn die vom AGG geforderte Gleichstellung der diskriminierten Beschäftigten mit ihren bevorzugten Kollegen ist nur durch die Angleichung nach oben möglich, zumal letzteren die gewährte Leistung nicht mehr entzogen werden kann.[1137] Dieses Ergebnis ist auch sachgerecht, da die Sozialpartner es in der Vergangenheit versäumt haben, ihr Vergütungssystem den diskriminierungsrechtlichen Anforderungen anzupassen.

Dass der erhaltene Vorteil von den Bevorzugten herauszugeben ist und somit eine rückwirkende Angleichung nach unten eintritt, wird in dieser Form nicht vertreten.[1138] Es findet sich aber vereinzelt die Auffassung, dass die vergangenen Ungleichbehandlungen aufgrund der Tarifautonomie und etwaiger Mehrbelastung des Arbeitgebers hinzunehmen seien.[1139] Ein Teil der Gegenauffassung verneint eine rückwirkende Angleichung nach oben unter Berufung auf die Rechtsprechung von BAG und EuGH. Es wird darauf hingewiesen, dass die höchstrichterliche Rechtsprechung sich bisher nur mit Fällen befasst hätte, in denen der Vorteil auf eine benachteiligte Minderheit ausgeweitet würde, und dementsprechend nicht feststehe, ob die Gerichte auch dann eine rückwirkende Angleichung nach oben vornehmen würden, wenn es darum ginge, die Leistungen einer diskriminierten Mehrheit zu gewähren.[1140] Indes trifft diese Feststellung nicht zu. Das BAG ist in seiner Entscheidung zum Ausschluss von Arbeitern vom Kurzarbeitergeld auf die finanzielle Mehrbelastung eingegangen. Die finanzielle Folgen haben aber das Gericht nur dazu veranlasst, von einer Ausweitung der Leistung für die Zukunft abzusehen,

---

1135 Vgl. MüKo-*Thüsing*, § 7 AGG, Rn. 17.
1136 *Wiedemann/Peters*, RdA 1997, 100 (107), wonach auch die rückwirkende Bestimmung des Adressatenkreises den Tarifparteien obliegen soll.
1137 Däubler/Bertzbach-*Dette*, § 7 AGG, Rn. 104b; *Kamanabrou*, ZfA 2006, 327 (333); *Rolfs*, § 242 BGB, Rn. 29; *Sachs*, RdA 1989, 25 (35); *Schlachter*, FS Schaub, S. 651 (S. 661); *Scholz*, SAE 1986, 164 (165); *Wank*, RdA 1998, 71 (89); *ders.*, FS Wißmann, S. 599 (S. 617); Wendeling-Schröder/Stein-*Wendeling-Schröder*, § 7 AGG, Rn. 22; *Willemsen/Schweibert*, NJW 2006, 2583 (2588); vgl. jeweils *Hartmann*, S. 222 f.; *Zachert*, FS Arbeitsgerichtsbarkeit, S. 573 (S. 595 f.).
1138 Vgl. aber jeweils *Bauer/Göpfert/Krieger*, § 7 AGG, Rn. 30; *Schlachter*, FS Schaub, S. 651 (S. 661 f.), welche die Vorteile den bevorzugten Arbeitnehmern entziehen wollen, sofern sie damit rechnen mussten, dass die zu ihren Gunsten wirkende Regelung rechtswidrig war.
1139 *Wiedemann/Peters*, RdA 1997, 100 (107).
1140 *Bauer/Göpfert/Krieger*, § 7 AGG, Rn. 28; *Dornbusch/Kasprzyk*, NZA 2009, 1000 (1001 f.); *Wiedemann*, NZA 2007, 950 (953).

konnten aber die Erfurter Richter nicht dazu bewegen, von einer Angleichung nach oben für die Vergangenheit abzusehen.[1141] Dass es für den EuGH grundsätzlich weder auf das zahlenmäßige Verhältnis von Bevorzugten und Benachteiligten noch auf mögliche finanzielle Belastungen ankommt, kann seiner Entscheidung in der Rechtssache *Barber* entnommen werden.[1142] In dem Urteil hat das Gericht eine Diskriminierung männlicher Beschäftigter durch ein System der betrieblichen Altersvorsorge angenommen. Obwohl hier die Mehrheit der Beschäftigten von dem Vorteil ausgeschlossen wurde, ist das Gericht zunächst von einer rückwirkenden Angleichung nach oben ausgegangen. Dieser Grundsatz wurde aber im konkreten Fall ausnahmsweise aus Gründen des Vertrauensschutzes nicht angewendet.

3. Fazit

Die vom AGG geforderte Gleichstellung für vergangene Zeiträume kann nur durch eine Angleichung nach oben erfolgen. Folglich haben Arbeitnehmer, die rechtswidrig benachteiligt wurden, grundsätzlich einen Anspruch auf die Vorteile, die ihre privilegierten Kollegen in der Vergangenheit erlangt haben. Dadurch wird dem Erfordernis einer wirksamen und abschreckenden Sanktion, wie sie von der maßgeblichen Richtlinie gefordert wird, genüge getan. Ein Gestaltungsspielraum der Tarifvertragsparteien besteht nicht. Dennoch muss noch geklärt werden, unter welchen Umständen sich ein betroffener Arbeitgeber auf Vertrauensschutz berufen kann.[1143]

IV. Umfang des Gleichstellungsanspruchs für die Zukunft

Die diskriminierenden tariflichen Entlohnungsklauseln sind insgesamt nichtig. Daher muss geklärt werden, was an ihre Stelle tritt und damit was die Beschäftigten in Zukunft von ihrem Arbeitgeber fordern dürfen. Hierzu bieten sich fünf Möglichkeiten an: die Angleichung nach oben oder unten, die Umdeutung des rechtswidrigen Differenzierungskriteriums, die Aussetzung des gerichtlichen Diskriminierungsprozesses, um den Tarifparteien die Gelegenheit zur Neuregelung zu geben, und

---

1141 BAG vom 28.5.1996, Az. 3 AZR 752/95, AP Nr. 143 zu § 1 TVG (Tarifverträge: Metallindustrie).
1142 EuGH vom 17.5.1990, Rs. C-262/88 (Barber), AP Nr. 20 zu Art. 119 EWG-Vertrag.
1143 Siehe unten 5. Kapitel A.

schließlich die vorläufige Festlegung einer Vergütung durch das erkennende Arbeitsgericht nach § 612 BGB.

1. Angleichung nach oben

Die vorherrschende Meinung im Schrifttum,[1144] der EuGH[1145] und in den meisten seiner Entscheidungen auch das BAG[1146] nehmen im Falle einer Diskriminierung auch eine zukunftsbezogene Angleichung nach oben vor.

Dogmatischer Anknüpfungspunkt hierfür ist die Teilnichtigkeit der diskriminierenden Regelung. Der benachteiligende Teil entfällt und der begünstigende bleibt bestehen und entfaltet damit Wirkung für die Zukunft.[1147] Es konnte aber gezeigt werden, dass einer Gesamtnichtigkeit der Vorzug geben ist.[1148] Es entfällt damit

---

[1144] Bauer/Thüsing/Schunder-*Thüsing*, NZA 2006, 774 (775); Däubler/Bertzbach-*Dette*, § 7 AGG, Rn. 104 f.; *Däubler*, Tarifvertragsrecht, Rn. 443; *Henssler/Tillmanns*, FS Birk, S. 179 (S. 188 ff.); *Höfer*, BB 1994, 2139 (2141); *Löwisch*, DB 2006, 1729 (1731); *Meinel/Heyn/Herms*, § 7 AGG, Rn. 43; *Söllner*, NZA 1996, 897 (904); *Willemsen/Schweibert*, NJW 2006, 2583 (2588); *Wißmann*, ZTR 1994, 223 (225).

[1145] EuGH vom 13.12.1989, Rs. C-102/88 (Ruzius-Wilbrink), AP Nr. 22 zu Art. 119 EWG-Vertrag; EuGH vom 27.6.1990, Rs. C-33/89 (Kowalska), AP Nr. 21 zu Art. 119 EWG-Vertrag; EuGH vom 7.2.1991, Rs. C-184/89 (Nimz), AP Nr. 25 zu § 23a BAT; EuGH vom 15.1.1998, Rs. C-15/96 (Schöning-Kougebetopoulou), AP Nr. 1 zu Art. 48 EG-Vertrag; EuGH vom 20.3.2003, Rs. C-187/00 (Kutz-Bauer), AP Nr. 32 zu Richtlinie 76/207/EWG.

[1146] BAG vom 14.10.1986, Az. 3 AZR 66/83, Rn. 18, AP Nr. 11 zu Art. 119 EWG-Vertrag; BAG vom 20.11.1990, Az. 3 AZR 613/89, Rn. 41, AP Nr. 8 zu § 1 BetrAVG (Gleichberechtigung); BAG vom 7.3.1995, Az. 3 AZR 282/94, Rn. 41, AP Nr. 26 zu § 1 BetrAVG (Gleichbehandlung); BAG vom 7.11.1995, Az. 3 AZR 1064/94, Rn. 32, AP Nr. 71 zu Art. 119 EWG-Vertrag; BAG vom 6.1.1996, Az. 3 AZR 767/94, Rn. 22, AP Nr. 222 zu Art. 3 GG; BAG vom 15.12.1998, Az. 3 AZR 239/97, Rn. 42, AP Nr. 71 zu § 2 BeschFG 1985; BAG vom 24.5.2000, Az. 10 AZR 629/99, Rn. 42, AP Nr. 79 zu § 2 BeschFG 1985; BAG vom 24.9.2003, Az. 10 AZR 675/02, Rn. 52, AP Nr. 4 zu § 4 TzBfG; BAG vom 24.9.2003, Az. 10 AZR 675/02, Rn. 41, AP Nr. 4 zu § 4 TzBfG; BAG vom 11.12.2003, Az. 6 AZR 64/03, Rn. 42, AP Nr. 7 zu § 4 TzBfG.

[1147] EuGH vom 13.12.1989, Rs. C-102/88 (Ruzius-Wilbrink), AP Nr. 22 zu Art. 119 EWG-Vertrag; EuGH vom 27.6.1990, Rs. C-33/89 (Kowalska), AP Nr. 21 zu Art. 119 EWG-Vertrag; EuGH vom 7.2.1991, Rs. C-184/89 (Nimz), AP Nr. 25 zu § 23a BAT; EuGH vom 15.1.1998, Rs. C-15/96 (Schöning-Kougebetopoulou), AP Nr. 1 zu Art. 48 EG-Vertrag; EuGH vom 20.3.2003, Rs. C-187/00 (Kutz-Bauer), AP Nr. 32 zu Richtlinie 76/207/EWG; BAG vom 14.10.1986, Az. 3 AZR 66/83, Rn. 40, AP Nr. 11 zu Art. 119 EWG-Vertrag; BAG vom 11.12.2003, Az. 6 AZR 64/03, Rn. 42, AP Nr. 7 zu § 4 TzBfG; LAG Berlin-Brandenburg vom 11.9.2008, Az. 20 Sa 2244/07, Rn. 33, NZA-RR 2009, 378 (381); Däubler/Bertzbach-*Dette*, § 7 AGG, Rn. 104 f.; *Wißmann*, ZTR 1994, 223 (226).

[1148] Siehe oben 3. Kapitel B. I.

auch die privilegierende Passage der Vergütungsvorschrift.[1149] Dadurch entfällt ein etwaiger tarifvertraglicher Anknüpfungspunkt für die Angleichung nach oben.[1150] Eine Angleichung nach oben resultiert auch nicht zwingend aus dem AGG. Wie schon durch den Namen des Gesetzes zum Ausdruck gebracht, fordert das AGG Gleichbehandlung von bestimmten Personengruppen. Damit ist aber nicht gesagt, dass sie auf dem höchsten möglichen Niveau gleich behandelt werden sollen.[1151] Der Vorgabe des Art. 17 sowie des Erwägungsgrunds Nr. 35 der Richtlinie 2000/78/EG, eine wirksame und abschreckende Sanktion bei Diskriminierungen vorzusehen, wird bereits durch eine rückwirkende Angleichung nach oben entsprochen.[1152] Eine Anhebung für die Zukunft hätte auch keine abschreckende Wirkung für die Gewerkschaften. Im Gegenteil, sie könnte ihnen einen Anreiz bieten, altersdiskriminierende Vereinbarungen mit der Arbeitgeberseite abzuschließen, damit letztlich alle Altersgruppen aufgrund des Verstoßes gegen § 7 Abs. 1 AGG in den Genuss der höchsten Leistungsstufe kommen.[1153] Das Risiko würde somit allein den Arbeitgebern aufgebürdet, zumal der begünstigende Teil der Tarifnorm weiterhin Gültigkeit hätte und der Arbeitgeber sich nicht ohne weiteres von ihm lösen könnte.

2. Angleichung nach unten

Für den Fall einer festgestellten Diskriminierung wird teilweise eine Angleichung nach unten für die Zukunft vorgeschlagen.[1154] Aufgrund seiner Unvereinbarkeit mit der höchstrichterlichen Rechtsprechung sowie den rechtlichen Vorgaben ist dieser Vorschlag nicht haltbar.

1149 *Temming*, S. 489.
1150 *Gaul/Naumann*, ArbRB 2007, 47 (48); *Lingemann/Gotham*, NZA 2007, 663 (667); *Lingemann/Müller*, BB 2007, 2006 (2013); P/W/W-*Lingemann*, § 7 AGG, Rn. 10; Schleusener/Suckow/Voigt-*Schleusener*, § 7 AGG, Rn. 49; Wendeling-Schröder/Stein-*Wendeling-Schröder*, § 7 AGG, Rn. 22.
1151 *Bauer/Göpfert/Krieger*, § 7 AGG, Rn. 26; vgl. jeweils zu anderen Gleichheitssätzen *Gamillscheg*, S. 708; Soergel-*Raab*, § 612 BGB, Rn. 83; *Wank*, RdA 1998, 71 (89); *ders.*, FS Wißmann, S. 599 (S. 617).
1152 A.A *Däubler*, TVG-*Schiek*, Einl. TVG, Rn. 453; *Thüsing*, Diskriminierungsschutz, Rn. 499.
1153 *Dornbusch/Kasprzyk*, NZA 2009, 1000 (1002); *Löwisch/Rieble*, § 1 TVG, Rn. 358; *Rieble/Zedler*, ZfA 2006, 273 (291 f.); *Wank*, FS Wißmann, S. 599 (S. 617).
1154 *Bauer/Göpfert/Krieger*, § 7 AGG, Rn. 26; *Gaul/Naumann*, ArbRB 2007, 47 (48); *Wank*, FS Wißmann, S. 599 (S. 617); vgl. jeweils *Lingemann/Gotham*, NZA 2007, 663 (667 f.); *Wulfers/Hecht*, ZTR 2007, 475 (482), die zu diesem Ergebnis über eine ergänzende Vertragsauslegung gelangen.

a) Rechtsprechung

Es wurde bereits dargestellt, dass der EuGH den vorenthaltenen Vorteil auf die diskriminierten Personen ausweitet, anstatt generell das Leistungsniveau zu senken.[1155] Dennoch stützt die Gegenmeinung eine Angleichung nach unten auf die Aussage des Gerichts, wonach Benachteiligte einen Anspruch auf die gleiche Behandlung wie die Bevorzugten hätten. Eine solche Behandlung könne aber auch durch eine Angleichung nach unten bewirkt werden.[1156] Damit wird aber verkannt, dass nach Auffassung des Gerichtshofs die Diskriminierungsverbote eine Verbesserung der Lebens- und Arbeitsbedingungen bezweckten, die nur durch eine Anhebung der niedrigeren Löhne und Gehälter erfolgen könne.[1157] Des Weiteren hat der EuGH in seinen Entscheidungen zur diskriminierenden betrieblichen Altersversorgung zum Ausdruck gebracht, dass eine Beschränkung des Vorteils der bisher Privilegierten nur mit Hilfe einer zukünftigen Neuregelung durch die Vertragsparteien selbst und nicht durch das erkennende Gericht erfolgen könne.[1158] Daran zeigt sich, dass er nicht von einer automatischen Angleichung nach unten ausgeht. Somit würde diese Anpassung der bisherigen Rechtsprechung des EuGH zuwider laufen.

Demgegenüber wäre eine Entscheidung des BAG denkbar, welche das Leistungsniveau absenkt. Dies gilt allerdings nicht für eine rückwirkende Angleichung nach unten, da nach Auffassung des Gerichts, die bevorzugten Beschäftigten sich auf Vertrauensschutz, Entreicherung gem. § 818 Abs. 3 BGB, tarifliche Ausschlussfristen oder Verjährung berufen könnten.[1159] Wie aufgezeigt, hat das BAG in einigen Fällen die relevante Tarifklausel für gesamtnichtig erklärt.[1160] Es ist infolge-

---

1155 Siehe oben 4. Kapitel B. I. 2 a).
1156 Vgl. jeweils EuGH vom 27.6.1990, Rs. C-33/89 (Kowalska), Rn. 19 f., AP Nr. 21 zu Art. 119 EWG-Vertrag; EuGH vom 7.2.1991, Rs. C-184/89 (Nimz), Rn. 18, AP Nr. 25 zu § 23a BAT; EuGH vom 15.1.1998, Rs. C-15/96 (Schöning-Kougebetopoulou), Rn. 33, AP Nr. 1 zu Art. 48 EG-Vertrag; EuGH vom 20.3.2003, Rs. C-187/00 (Kutz-Bauer), Rn. 72, AP Nr. 32 zu Richtlinie 76/207/EWG.
1157 EuGH vom 8.4.1976, Rs. C-43/75 (Defrenne II), Rn. 15, NJW 1976, 2068 (2069); kritisch dazu *Buchner*, ZfA 1993, 279 (317).
1158 EuGH vom 28.9.1994, Rs. C-200/91 (Coloroll), Rn. 33, AP Nr. 57 zu Art. 119 EWG-Vertrag; EuGH vom 28.9.1994, Rs. C-408/92 (Smith), Rn. 21, AP Nr. 58 zu Art. 119 EWG-Vertrag.
1159 BAG vom 13.11.1985, Az. 4 AZR 234/84, Rn. 23, AP Nr. 136 zu Art. 3 GG; BAG vom 7.3.1995, Az. 3 AZR 282/94, Rn. 46, AP Nr. 26 zu § 1 BetrAVG (Gleichbehandlung); BAG vom 28.5.1996, Az. 3 AZR 752/95, Rn. 39, AP Nr. 143 zu § 1 TVG (Tarifverträge: Metallindustrie).
1160 BAG vom 13.11.1985, Az. 4 AZR 234/84, Rn. 16, AP Nr. 136 zu Art. 3 GG; BAG vom 28.5.1996, Az. 3 AZR 752/95, Rn. 31, AP Nr. 143 zu § 1 TVG (Tarifverträge: Metallindustrie).

dessen sowohl der begünstigende als auch der benachteiligende Teil entfallen. Im Ergebnis führt dies zu einer Angleichung nach unten für alle Beschäftigten. Daraus folgern die Verfechter einer Angleichung nach unten, dass von der Gesamtnichtigkeit und damit der für die Arbeitnehmerschaft ungünstigsten Rechtsfolge auszugehen ist, wenn ein Großteil der Beschäftigten von dem Vorteil ausgeschlossen wurde.[1161] Verfehlt ist allerdings der Rückgriff auf zwei Urteile aus Erfurt, die keine Benachteiligung annahmen, wenn eine Minderheit von weniger als 5 % bevorzugt wurde.[1162] Die angeführten Urteile beschäftigen sich weniger mit den Rechtsfolgen rechtswidriger Ungleichbehandlung, als vielmehr mit den spezifischen Tatbestandsvoraussetzungen des arbeitsrechtlichen Gleichbehandlungsgrundsatzes.[1163] Dieser setzt dem BAG zufolge einen kollektiven Bezug voraus; davon könne bei der Begünstigung von weniger als 5 % der Beschäftigten nicht ausgegangen werden.[1164] Somit können diese beiden Entscheidungen eine Angleichung nach unten nicht stützen, wenn eine kleine Minderheit innerhalb der Arbeitnehmerschaft gegenüber einer starken Mehrheit bevorzugt wird.

b) Zulässigkeit der Angleichung nach unten

Eine Absenkung des Leistungsniveaus für die Zukunft wird vorgeschlagen, wenn eine Mehrheit gegenüber einer Minderheit benachteiligt wird.[1165] Es ist allerdings nicht ersichtlich, warum Arbeitgeber, die einen Großteil ihrer Beschäftigten diskriminieren, bei den Rechtsfolgen privilegiert werden sollten.[1166] Ebenso fehlen klare Kriterien, wann eine benachteiligte Mehrheit so stark ist, dass eine Angleichung nach unten erfolgt.[1167]

Die Angleichung nach unten könnte aber auf die Gesamtnichtigkeit der Tarifnorm gestützt werden.[1168] Indes zieht diese Nichtigkeitsfolge nicht per se eine Senkung des Leistungsniveaus nach sich.[1169] Dies wird insbesondere bei einer unzuläs-

---

1161 *Lingemann/Gotham*, NZA 2007, 663 (667); *Wulfers/Hecht*, ZTR 2007, 475 (482).
1162 So aber *Wank*, FS Wißmann, S. 599 (S. 617).
1163 Siehe zum arbeitsrechtlichen Gleichbehandlungsgrundsatz oben 2. Kapitel C. I. 3.
1164 BAG vom 13.2.2002, Az. 5 AZR 713/00, Rn. 15, AP Nr. 26 zu § 611 BGB (Lohnanspruch); so auch BAG vom 14.6.2006, Az. 5 AZR 584/05, Rn. 22, AP Nr. 200 zu § 242 BGB (Gleichbehandlung).
1165 *Lingemann/Gotham*, NZA 2007, 663 (667); *Wulfers/Hecht*, ZTR 2007, 475 (482).
1166 Dazu bereits oben 4. Kapitel B. I. 1. b) cc).
1167 *Henssler/Tillmanns*, FS Birk, S. 179 (S. 190).
1168 Zur Begründung der Gesamtnichtigkeit siehe oben 4. Kapitel B. I. 2.
1169 So aber *Gaul/Naumann*, ArbRB 2007, 47 (48); *Schlachter*, FS Schaub, S. 651 (S. 666), die aus diesem Grund die Anordnung der Gesamtnichtigkeit verneint.

sigen Staffelung der Grundvergütung deutlich. Da die Vorschrift insgesamt nichtig ist, entfaltet auch die Regelung über das Gehalt der untersten Stufe keine Wirkung und kann daher nicht als Bezugspunkt für die Entgeltbestimmung dienen.[1170] Mangels einer wirksamen tariflichen Vorschrift über das Grundgehalt muss gem. § 612 Abs. 2 BGB die übliche Vergütung festgelegt werden.[1171]

Vereinzelt wird sogar die Teilnichtigkeit als Begründung für eine Angleichung nach unten aufgeführt. Danach reduziere sich die Regelung auf einen Regelungssockel, nämlich die unterste Vergütungsstufe.[1172] Dass aber die Teilnichtigkeit rechtlich kein gangbarer Weg ist, wurde bereits gezeigt.[1173]

In teleologischer Hinsicht muss beachtet werden, dass eine Angleichung nach unten Arbeitnehmer und ihre Vertreter davon abhalten würde, gegen diskriminierende tarifliche Normen vorzugehen. Das Verbot der Altersdiskriminierung nach AGG würde dann in die Tarifpraxis nur schwer Eingang finden. Daher führt die Gesamtnichtigkeit nicht zu einer Angleichung nach unten für die Zukunft.

3. Umdeutung des Differenzierungskriteriums

Teilweise wird auch das diskriminierende Differenzierungskriterium in ein zulässiges umgedeutet.[1174] Man müsse auf den Zweck der Vergütungsregelungen abstellen. Dieser bestehe darin, die gesteigerte Berufserfahrung und unter Umständen die Betriebstreue des Arbeitnehmers zu honorieren. Dementsprechend würde man an die Stelle des Lebensalters die Beschäftigungsjahre[1175] oder die Betriebszugehörigkeit setzen.[1176] Ein entscheidender Vorteil der Umdeutung bestünde darin, dass sich das Finanzierungsvolumen schlimmstenfalls nur geringfügig erhöhen würde,[1177] da ältere Beschäftigte regelmäßig länger im Berufsleben stehen.

1170 Vgl. jeweils *Lingemann/Gotham*, NZA 2007, 663 (667); *Lingemann/Müller*, BB 2007, 2006 (2013); Schleusener/Suckow/Voigt-*Schleusener*, § 7 AGG, Rn. 49; Wendeling-Schröder/Stein-*Wendeling-Schröder*, § 7 AGG, Rn. 22.
1171 *Lingemann/Müller*, BB 2007, 2006 (2013).
1172 *Belling/Hartmann*, NZA 1993, 1009 (1014).
1173 Siehe oben 4. Kapitel B. I. 2.
1174 *Hanau*, ZIP 2006, 2189 (2200); *Lingemann/Gotham*, NZA 2007, 663 (667); P/W/W-*Lingemann*, § 7 AGG, Rn. 10; vgl. Däubler/Bertzbach-*Brors*, § 10 AGG, Rn. 62, die so vorgeht, wenn die Tarifparteien die Entlohnungshöhe an Alter und Betriebszugehörigkeit geknüpft haben.
1175 *Hanau*, ZIP 2006, 2189 (2200).
1176 *Lingemann/Gotham*, NZA 2007, 663 (667); P/W/W-*Lingemann*, § 7 AGG, Rn. 10; vgl. Däubler/Bertzbach-*Brors*, § 10 AGG, Rn. 62, die so vorgeht, wenn die Tarifparteien die Entlohnungshöhe an Alter und Betriebszugehörigkeit geknüpft haben.
1177 *Henssler/Tillmanns*, FS Birk, S. 179 (S. 190 f.), die aber letztlich diesen Ansatz ablehnen.

Ein solches Vorgehen stößt aber zu Recht auf verfassungsrechtliche Bedenken. So handelt es sich bei der Umdeutung des Kollektivvertrags um eine unzulässige ergänzende Auslegung, denn auf diese Weise soll die durch das unzulässige Differenzierungskriterium entstandene Lücke geschlossen werden.[1178] Zudem ist es zweifelhaft, ob sich tatsächlich hinreichende Anhaltspunkte finden lassen, die auf ein bestimmtes von den Sozialpartnern gewolltes Entlohnungssystem schließen lassen, weil sich hier eine Bandbreite an Gestaltungsmöglichkeiten bietet.[1179] Mit der Umdeutung wird der Gestaltungsspielraum der Sozialpartner missachtet, denn es stehen ihnen mehrere Möglichkeiten zur Verfügung, um die angeführten Ziele zu verfolgen.[1180] Sie und nicht die Gerichte müssen immer noch die Wahl haben, ob sie Berufserfahrung durch die Anknüpfung an das Dienstalter, die Betriebszugehörigkeit oder durch eine leistungsorientierte Vergütung honorieren.[1181] Im Übrigen wurde gezeigt, dass eine Anknüpfung an die Berufsjahre oder die Dauer der Beschäftigung bei einem Arbeitgeber oder Unternehmen kein Garant für eine diskriminierungsrechtlich unbedenkliche Vergütung ist.[1182]

4. Aussetzung des Verfahrens und Neuregelung durch die Tarifparteien

Hat das Gericht eine tarifliche Vorschrift für nichtig erklärt, muss erörtert werden, ob es auch befugt ist, die dadurch entstandene Lücke für die Zukunft zu schließen. Alternativ könnte man daran denken, dass das Verfahren ausgesetzt wird bis die Tarifparteien eine neue Regelung getroffen haben.[1183]

1178 Zur Unzulässige der ergänzenden Auslegung von Tarifverträgen siehe oben 4. Kapitel B. I. 1. b).
1179 LAG Köln vom 6.2.2009, Az. 8 Sa 1016/08, Rn. 52 ff., juris; Däubler/Bertzbach-*Dette*, § 7 AGG, Rn. 104e; *Gaul/Naumann*, ArbRB 2007, 47 (48); *Kamanabrou*, RdA 2006, 321 (333); *dies.*, ZfA 2006, 327 (332 f.).
1180 *Kamanabrou*, ZfA 2006, 327 (333 f.); vgl. Wendeling-Schröder/Stein-*Wendeling-Schröder*, § 7 AGG, Rn. 24, die in diesem Vorgehen eine unzulässige Tarifzensur sieht.
1181 *Kamanabrou*, RdA 2006, 321 (333); *dies.*, ZfA 2006, 327 (332); *Rieble/Zedler*, ZfA 2006, 273 (289); *Schlachter*, FS Schaub, S. 651 (S. 661).
1182 Siehe oben 3. Kapitel B. III.; aus diesem Grund kritisch zur Umdeutung in die Dauer der Betriebszugehörigkeit Däubler/Bertzbach-*Dette*, § 7 AGG, Rn.104e.
1183 *Baumann*, RdA 1994, 272 (275 f.); *Bengelsdorf*, NZA 1991, 121 (123 f.); *Kamanabrou*, RdA 2006, 321 (333); *Koch*, NZA 1991, 50 (52 f.); *Lingemann/Gotham*, NZA 2007, 663 (667 f.); *Löwisch/Rieble*, § 1 TVG, Rn. 363; *Neumann*, AR- Blattei SD, Nr. 1550.1.4, Rn. 85; *Schlachter*, FS Schaub, S. 651 (S. 671 ff.); Schleusener/Suckow/Voigt-*Schleusener*, § 7 AGG, Rn. 51; Wendeling-Schröder/Stein-*Wendeling-Schröder*, § 7 AGG, Rn. 24; *Wiedemann/Peters*, RdA 1997, 100 (107 f.); vgl. jeweils *Boerner*, ZfA 1997, 67 (83); Wiedemann-*Wiedemann*, Einlei-

a) Rechtsprechung

Das BAG geht in seinen Entscheidungen zu den Gleichbehandlungsgeboten und Diskriminierungsverboten kaum auf die Option der gerichtlichen Aussetzung und Neuregelung durch die Tarifparteien ein. Dies hängt damit zusammen, dass es in den meisten Fällen eine Teilnichtigkeit der Tarifnorm annimmt[1184] und somit eine im Übrigen wirksame Regelung vorliegt. Ein rechtsfreier Zustand, der für die Zukunft von den Tarifparteien beseitigt werden müsste, besteht mithin nicht. Aber auch sein Urteil zum Kurzarbeitergeld, wonach eine Gesamtnichtigkeit anzunehmen ist, erwähnt nicht die Möglichkeit einer Verfahrensaussetzung.[1185]

Einige wenige Entscheidungen beschäftigen sich mit diesem Thema. Im Urteil zum Verheiratetenzuschlag, der ausschließlich männlichen Beschäftigten gewährt wurde, erwägt das BAG, es den Tarifparteien zu überlassen, eine Regelung für die Vergangenheit zu treffen. Dabei verweist es auf die Herangehensweise des BVerfG, das einen legislativen Verstoß gegen den in Art. 3 Abs. 1 GG verankerten Gleichheitssatz regelmäßig nur feststellt, es dann aber dem Gesetzgeber überlässt, eine verfassungskonforme Regelung zu erlassen. In dieser Entscheidung sprechen sich die höchsten deutschen Arbeitsrichter gegen einen Gestaltungsspielraum für die Vergangenheit aus, da die Gleichheitswidrigkeit nur durch eine rückwirkende Angleichung nach oben erreicht werden könne.[1186] Eine mögliche Aussetzungsfrist für die Tarifparteien, damit sie eine neue Regelung für die Zukunft treffen, wird nicht angesprochen, stattdessen wird die Tarifnorm für gesamtnichtig erklärt.[1187] Die Entscheidung des BAG zur diskriminierenden Herausnahme von Teilzeitarbeitskräften aus der betrieblichen Altersversorgung führt zwar aus, dass die Rechtsfolgen bei legislativer und tarifvertraglicher Ungleichbehandlung identisch sind, geht

---

tung TVG, Rn. 248, die eine Aussetzung für den Fall vorschlagen, dass keine ergänzende Vertragsauslegung möglich ist.
1184 BAG vom 14.10.1986, Az. 3 AZR 66/83, Rn. 18, AP Nr. 11 zu Art. 119 EWG; BAG vom 20.11.1990, Az. 3 AZR 613/89, Rn. 41, AP Nr. 8 zu § 1 BetrAVG (Gleichberechtigung); BAG vom 7.3.1995, Az. 3 AZR 282/94, Rn. 41, AP Nr. 26 zu § 1 BetrAVG (Gleichbehandlung); BAG vom 7.11.1995, Az. 3 AZR 1064/94, Rn. 32, AP Nr. 71 zu Art. 119 EWG-Vertrag; BAG vom 6.1.1996, Az. 3 AZR 767/94, Rn. 22, AP Nr. 222 zu Art. 3 GG; BAG vom 15.12.1998, Az. 3 AZR 239/97, Rn. 42, AP Nr. 71 zu § 2 BeschFG 1985; BAG vom 24.5.2000, Az. 10 AZR 629/99, Rn. 42, AP Nr. 79 zu § 2 BeschFG 1985; BAG vom 24.9.2003, Az. 10 AZR 675/02, Rn. 52, AP Nr. 4 zu § 4 TzBfG; BAG vom 24.9.2003, Az. 10 AZR 675/02, Rn. 41, AP Nr. 4 zu § 4 TzBfG; BAG vom 11.12.2003, Az. 6 AZR 64/03, Rn. 42, AP Nr. 7 zu § 4 TzBfG.
1185 BAG vom 28.5.1996, Az. 3 AZR 752/95, AP Nr. 143 zu § 1 TVG (Tarifverträge: Metallindustrie).
1186 BAG vom 13.11.1985, Az. 4 AZR 234/84, Rn. 21 ff., AP Nr. 136 zu Art. 3 GG.
1187 BAG vom 13.11.1985, Az. 4 AZR 234/84, Rn. 14, AP Nr. 136 zu Art. 3 GG.

aber dann zur ergänzenden Vertragsauslegung über.[1188] Zu einer Aussetzung bis zur Neuregelung durch die Tarifparteien kam das BAG, als es unterschiedliche tarifliche Kündigungsfristen von Arbeitern und Angestellten für unvereinbar mit Art. 3 Abs. 1 GG erklärt hat.[1189] Das Vorgehen der Bundesrichter könnte aber darauf zurückzuführen sein, dass zu dem Zeitpunkt noch keine gesetzliche Angleichung des § 622 BGB erfolgt war und das Gericht abwarten wollte, bis sich die Rechtsordnung den Vorgaben des BVerfG angepasst hatte, das die Unterscheidung zwischen Arbeitern und Angestellten für verfassungswidrig erklärte.[1190]

Der EuGH spricht zu diesem Thema eine deutlichere Sprache. Ihm zufolge ist das nationale Gericht verpflichtet, die Gleichbehandlung herzustellen, ohne dass es eine Änderung durch die Tarifvertragsparteien abwarten muss.[1191] Selbst wenn der EuGH von seiner Rechtsprechung abweichen sollte und eine Entscheidungsfrist gewähren würde, kann davon ausgegangen werden, dass er bis zur Einigung der Tarifparteien eine Angleichung nach oben anordnet.[1192]

b) Zulässigkeit einer Aussetzung und Neuregelung durch die Tarifparteien

Die Aussetzung des gerichtlichen Verfahrens mit dem Ziel, eine Neuregelung durch die Tarifparteien für die Zukunft abzuwarten, scheint der Ansatz zu sein, welcher der Tarifautonomie am stärksten entgegenkommt.[1193] Wie der Gesetzgeber, so sind auch die Tarifparteien vom Grundgesetz ermächtigt, eigenverantwortlich verbindliche Normen zu erlassen. Dementsprechend könnte man auf den vorliegenden Fall die Rechtsprechung des BVerfG übertragen, wonach bei einem gesetz-

---

1188 BAG vom 7.3.1995, Az. 3 AZR 282/94, Rn. 45, AP Nr. 26 zu § 1 BetrAVG (Gleichbehandlung).
1189 BAG vom 21.3.1991, Az. 2 AZR 323/84 (A), Rn. 53, AP Nr. 29 zu § 622 BGB.
1190 BVerfG vom 30.5.1990, Az. 1 BvL 2/83, AP Nr. 28 zu § 622 BGB.
1191 EuGH vom 7.2.1991, Rs. C-184/89 (Nimz), LS Nr. 3, AP Nr. 25 zu § 23a BAT; EuGH vom 15.1.1998, Rs. C-15/96 (Schöning-Kougebetopoulou), LS Nr. 4, AP Nr. 1 zu Art. 48 EG-Vertrag; EuGH vom 20.3.2003, Rs. C-187/00 (Kutz-Bauer), Rn. 73 f.; AP Nr. 32 zu Richtlinie 76/207/EWG.
1192 EuGH vom 13.12.1989, Rs. C-102/88 (Ruzius-Wilbrink), LS Nr. 2, AP Nr. 22 zu Art. 119 EWG-Vertrag; so auch für den Fall einer arbeitsvertraglich vorgesehenen betrieblichen Altersversorgung EuGH vom 28.9.1994, Rs. C-200/91 (Coloroll), Rn. 24, AP Nr. 57 zu Art. 119 EWG-Vertrag; EuGH vom 28.9.1994, Rs. C-408/92 (Smith), Rn. 17, AP Nr. 58 zu Art. 119 EWG-Vertrag.
1193 *Boerner*, ZfA 1997, 67 (83); *Kamanabrou*, RdA 2006, 321 (333); Wendeling-Schröder/Stein-*Wendeling-Schröder*, § 7 AGG, Rn. 24; Wiedemann-*Wiedemann*, Einleitung TVG, Rn. 248; *Zachert*, FS Arbeitsgerichtsbarkeit, S. 573 (S. 596).

lichen Gleichheitsverstoß dem Gesetzgeber die Möglichkeit gegeben wird, selbst den verfassungswidrigen Zustand zu beseitigen.[1194]

Allerdings ist ein solches Vorgehen zur Wahrung der Tarifautonomie nicht erforderlich, da es den Tarifvertragsparteien unbenommen ist, eine neue Tarifvorschrift zu vereinbaren, sofern das Arbeitsgericht die bisherige Klausel für gesamtnichtig erklärt hat.[1195] Auf den zweiten Blick zeigt sich, dass die Aussetzung nicht unbedingt der Tarifautonomie förderlich ist. So muss zunächst geklärt werden, welche Vergütungsregelungen für die Zeit zwischen Aussetzung und Neuregelung gelten. Eine Beibehaltung des diskriminierenden Status quo würde der klaren Anordnung des AGG zuwiderlaufen.[1196] Entweder müsste das Gericht die übliche Vergütung nach § 612 Abs. 2 BGB anordnen[1197] oder es würde entsprechend der Auffassung des EuGH[1198] eine Angleichung nach oben für die Zwischenphase erfolgen.[1199] Im ersten Fall kommt man zu demselben Ergebnis wie in der Konstellation, dass das Gericht ohne Aussetzung die übliche Vergütung festsetzt. Denn die gerichtliche Anordnung kann jederzeit durch eine tarifliche Vereinbarung ersetzt werden. Eine gerichtliche Bestimmung der Vergütungshöhe hat aber für die am Rechtsstreit Beteiligten den Vorteil, dass ohne Verzögerung Gewissheit über die Höhe der zukünftigen Vergütung herrscht,[1200] zumal sie ohnehin erforderlich ist, falls die Tarifparteien die gesetzte Frist verstreichen lassen.[1201] Überträgt man dagegen die Rechtsprechung des EuGH, wonach bis zum Erlass eines neuen Vergü-

---

1194 *Bengelsdorf*, NZA 1991, 121 (123 f.); *Boerner*, ZfA 1997, 67 (83); *Buchner*, NZA 1991, 41 (49); *Koch*, NZA 1991, 50 (51 ff.); *Lingemann/Gotham*, NZA 2007, 663 (668); *Neumann*, AR-Blattei SD, Nr. 1550.1.4, Rn. 85; Wiedemann-*Wiedemann*, Einleitung TVG, Rn. 248; vgl. *Söllner*, NZA 1996, 897 (903 f.); a.A. *Rieble/Zedler*, ZfA 2006, 273 (292), wonach eine Aussetzungslösung des BVerfG nicht ohne weiteres übertragbar sei, da im Unterschied zum Gesetzgeber eine bipolare Struktur bei der tariflichen Normsetzung vorliege, d.h. der Vorteil des einen gehe zu Lasten des anderen.
1195 *Wiedemann*, NZA 2007, 950 (951).
1196 Für einen Beibehaltung des diskriminierenden Zustands bis zur Neuregelung *Kamanabrou*, NZA 2006, Beilage zu Heft 3, 138 (143); *Wiedemann/Peters*, RdA 1997, 100 (108).
1197 Vgl. Lingenmann/*Gotham*, NZA 2007, 663 (668), die nur dann eine gerichtliche Festsetzung des Lohns bis zur Neuregelung befürworten, wenn die Ungleichbehandlung für die Betroffenen unzumutbar ist.
1198 EuGH vom 28.9.1994, Rs. C-200/91 (Coloroll), Rn. 24, AP Nr. 57 zu Art. 119 EWG-Vertrag; EuGH vom 28.9.1994, Rs. C-408/92 (Smith), Rn. 17, AP Nr. 58 zu Art. 119 EWG-Vertrag.
1199 Schleusener/Suckow/Voigt-*Schleusener*, § 7 AGG, Rn. 51.
1200 *Gamillscheg*, S. 710; *Konzen* SAE 1988, 45 (49); *Sachs*, RdA 1989, 25 (34); *Wiedemann*, Gleichbehandlungsgebote, S. 86; vgl. *Plüm*, ZTR 1991, 504 (506), der auf das Rechtsverweigerungsverbot der Gerichte hinweist.
1201 Vgl. *Schlachter*, FS Schaub, S. 651 (S. 672); zu dieser Problematik *Söllner*, NZA 1996, 897 (903 f.)

tungssystems eine Angleichung nach oben zu erfolgen hat, ist eine Einigung der Tarifpartner unwahrscheinlich, da die Arbeitnehmerseite kaum einen Anreiz haben wird, von dem hohen Leistungsniveau abzurücken.[1202] Schließlich können die Sozialpartner aufgrund von Art. 9 Abs. 3 GG nicht zu einer Einigung verpflichtet werden.[1203] Aus diesem Grund würden die Gewerkschaften die vom Gericht festgesetzt Frist für eine tarifvertragliche Neuregelung verstreichen lassen, wodurch das erkennende Gericht wiederum in der Pflicht wäre, die Entlohnungshöhe nach § 612 Abs. 2 BGB festzusetzen. Letztlich ist auch unklar, wie lang diese Frist zu bemessen ist.[1204]

c) Fazit

Somit ist die Aussetzung des Verfahrens bis zur Neuregelung durch die Tarifparteien nicht erforderlich, um die Tarifautonomie zu wahren. Es kann auch keine eindeutige Aussage über die Dauer der Einigungsfrist getroffen werden. Ferner sei noch darauf hingewiesen, dass der EuGH nach seiner bisherigen Rechtsprechung eine Aussetzung bis zur Neuregelung der Tarifparteien nicht duldet. Vielmehr haben die Gerichte ohne weiteres die Gleichbehandlung zu gewährleisten. Somit ist dieser Ansatz abzulehnen, zumal er den Diskriminierungsprozess unnötig verzögern würde.

5. Festsetzung durch das Gericht gem. § 612 Abs. 2 BGB

Es konnte bisher gezeigt werden, dass die diskriminierenden tariflichen Vergütungsregelungen insgesamt nichtig sind. Das Gericht ist verpflichtet, die dadurch entstandene Tariflücke zu schließen, ohne dass es die Entscheidung der Tarifvertragsparteien abwarten muss. Zur Festlegung der zukünftigen Vergütung kann auf § 612 Abs. 2 BGB rekurriert werden, wonach die übliche Vergütung zu gewähren ist.[1205] Die Vorschrift ist nicht nur auf Fälle anwendbar, in denen keine Vereinba-

---

1202 *Henssler/Tillmanns*, FS Birk, S. 179 (S. 193); *Kamanabrou*, NZA 2006, Beilage zu Heft 3, 138 (143); vgl. jeweils *Rieble/Zedler*, ZfA 2006, 273 (293), denen zufolge eine Lösung erforderlich ist, die beiden Tarifvertragsparteien ein Interesse an der Neuregelung auferlegt; *Stein*, Rn. 355.
1203 *Baumann*, RdA 1994, 272 (276); *Belling/Hartmann*, ZfA 1997, 87 (118); Däubler/Bertzbach-*Dette*, § 7 AGG, Rn. 104 f.; *Lingemann/Gotham*, NZA 2007, 663 (668).
1204 Nach *Neumann*, AR- Blattei SD, Nr. 1550.1.4, Rn. 85 ist sogar keine Fristsetzung erforderlich.
1205 Däubler, TVG-*Schiek*, Einleitung TVG, Rn. 454; *Lingemann/Gotham*, NZA 2007, 663 (668); *Lingemann/Müller*, BB 2007, 2006 (2013); P/W/W-*Lingemann*, § 7 AGG, Rn. 10.

rung der Vergütungshöhe erfolgt ist, sondern kommt ebenfalls zum Zuge, wenn das vereinbarte Leistungsniveau wegen Gesetzesverstoßes nichtig ist.[1206] Dabei ist auch hier ein weiter Vergütungsbegriff maßgebend. Erfasst sind neben dem Grundeinkommen auch Zusatzleistungen wie Zulagen, Zuschläge oder Leistungen aus der betrieblichen Altersversorgung, sofern sie unter die übliche Vergütung subsumiert werden können.[1207]

a) Rechtsprechung

Das BAG greift in einigen Entscheidungen zur Diskriminierung von Teilzeitbeschäftigten auf die Vorschrift des § 612 Abs. 2 BGB zurück, um die zukünftige Vergütung der Betroffenen festzulegen. Dabei orientiert sich das Gericht an der Vergütung der Vollzeitbeschäftigten und gewährt sie den Benachteiligten anteilig entsprechend ihrer Arbeitszeit.[1208] Mithin erfolgt dadurch eine Angleichung nach oben. Rechtstechnisch kann dies mit der Teilnichtigkeit der Vergütungsbestimmung begründet werden. Dadurch entfällt der Teil, der die Teilzeitbeschäftigten von der höheren Vergütung ausschließt. Die Erfurter Richter schlagen regelmäßig diesen Weg ein, wenn lediglich eine geringe Anzahl von Beschäftigten gegenüber der Mehrheit in der Belegschaft diskriminiert wird. Dass eine solche Unterscheidung verfehlt und stattdessen der Gesamtnichtigkeit der Vergütungsregelung der Vorzug zu geben ist, wurde bereits gezeigt.[1209] Damit entfällt auch der Teil über die Entlohnung der privilegierten Gruppe. Er kann daher nicht als Orientierungspunkt für die Festsetzung eines neuen Vergütungsniveaus herangezogen werden.

Dies steht auch nicht im Widerspruch zur Rechtsprechung des EuGH, der lediglich verlangt, dass Benachteiligte und Bevorzugte gleichbehandelt werden[1210] und

---

1206 BAG vom 26.9.1990, Az. 5 AZR 112/90, LS, AP Nr. 9 zu § 2 BeschFG 1985; BAG vom 24.11.1993, Az. 5 AZR 153/93, Rn. 35 f., AP Nr. 11 zu § 612 BGB (Mehrarbeitsvergütung); MüKo-*Müller-Glöge*, § 612 BGB, Rn. 27, 32; Schliemann-*Schliemann*, § 612 BGB, Rn. 31; Staudinger-*Richardi*, § 612 BGB, Rn. 35.
1207 BAG vom 3.3.1997, Az. 10 AZR 36/92, Rn. 16, juris; ErfK-*Preis*, § 612 BGB, Rn. 35; Henssler/Willemsen/Kalb-*Thüsing*, § 612 BGB, Rn. 39; Staudinger-*Richardi*, § 612 BGB, Rn. 36.
1208 BAG vom 9.10.1996, Az. 5 AZR 338/95, Rn. 12, AP Nr. 50 zu § 2 BeschFG 1985; BAG vom 24.4.2001, Az. 5 AZR 368/99, Rn. 15, AP Nr. 80 zu § 2 BeschFG 1985; BAG vom 17.4.2002, Az. 5 AZR 413/00, Rn. 16 ff., AP Nr. 84 zu § 2 BeschFG 1985.
1209 Siehe oben 4. Kapitel B. I.
1210 EuGH vom 27.6.1990, Rs. C-33/89 (Kowalska), Rn. 18 f., AP Nr. 21 zu Art. 119 EWG-Vertrag; EuGH vom 7.2.1991, Rs. C-184/89 (Nimz), Rn. 18 ff., AP Nr. 25 zu § 23a BAT; EuGH vom 15.1.1998, Rs. C-15/96 (Schöning-Kougebetopoulou), Rn. 33 ff., AP Nr. 1 zu Art. 48 EG-Vertrag; EuGH vom 20.3.2003, Rs. C-187/00 (Kutz-Bauer), Rn. 72, AP Nr. 32 zu Richtlinie 76/207/EWG.

somit nicht zwingend die Angleichung nach oben für die Zukunft fordert. In den schon angesprochenen Entscheidungen zu einer durch den Arbeitgeber eingerichteten diskriminierenden Altersversorgung hat er zwar ausgeführt, dass bis zum Erlass eines neuen Systems eine Angleichung nach oben zu erfolgen habe;[1211] schließt man sich aber dem hier vertretenen Ansatz an, wird gerade durch § 612 Abs. 2 BGB zumindest vorübergehend eine neue Vergütungsordnung gerichtlich festgesetzt, sodass auch insoweit eine Angleichung nach oben nicht geboten ist.

b) Zulässigkeit einer gerichtlichen Festsetzung nach § 612 Abs. 2 BGB

Aufgrund der Gesamtnichtigkeit entsteht also ein Regelungsvakuum, das von dem erkennenden Gericht nach § 612 Abs. 2 BGB zu schließen ist.[1212] Dieser Lösungsweg entspricht sowohl den europa- als auch verfassungsrechtlichen Vorgaben.

Eine wirksame und abschreckende Sanktion wird bereits dadurch erreicht, dass für die Vergangenheit eine Angleichung nach oben erfolgt.[1213] Ebenso wird im Unterschied zur ergänzenden Vertragsauslegung sowie der Angleichung nach oben oder unten die Tarifautonomie der am Kollektivvertrag Beteiligten gewahrt, da sie aufgrund der Unwirksamkeit der Bestimmung jederzeit eine neue Vereinbarung abschließen können.[1214] Eine verbindliche Änderung des Tarifvertrags mittels Auslegung oder dadurch, dass bestimmte Passagen einer ansonsten wirksamen Regelung für nichtig erklärt werden, erfolgt gerade nicht. Dementsprechend ist eine mit der Tarifautonomie unvereinbare staatlich angeordnete Zwangsschlichtung[1215] nicht gegeben. Im Gegensatz zu einer pauschalen Angleichung nach oben oder unten, die einseitig eine Partei bevorzugt, haben sowohl die Arbeitnehmervertreter als auch die Arbeitgeberseite einen Anreiz, zeitnah eine neue tarifliche Regelung zu erlassen. Abzulehnen ist der Einwand, es sei bei Fällen der Altersdiskriminierung, insbesondere bei Lebensaltersstufen, nicht möglich, die übliche Vergütung festzustellen, da eine übliche Entlohnung für ein bestimmtes Lebensalter kaum festzustellen sei.[1216] Aufgrund der Gesamtnichtigkeit erfolgt gerade keine Ausrichtung an den tariflichen Entlohnungsstufen. Die Richter sind nicht verpflichtet, einem bestimmten Alter die entsprechende Vergütung zuzuteilen, was in den meisten Fällen ohne-

---

1211 EuGH vom 28.9.1994, Rs. C-200/91 (Coloroll), Rn. 24, AP Nr. 57 zu Art. 119 EWG-Vertrag; EuGH vom 28.9.1994, Rs. C-408/92 (Smith), Rn. 17, AP Nr. 58 zu Art. 119 EWG-Vertrag.
1212 Vgl. *Henssler/Tillmanns*, FS Birk, S. 179 (S. 192).
1213 Siehe oben 4. Kapitel B. III.
1214 MüKo-*Müller-Glöge*, § 612 BGB, Rn. 27.
1215 Dazu *Belling/Hartmann*, ZfA 1997, 87 (121 ff.); Löwisch-*Löwisch/Rieble*, Grundlagen, Rn. 32
1216 So aber *Meinel/Heyn/Herms*, § 7 AGG, Rn. 46.

hin mit dem AGG unvereinbar wäre.[1217] Vielmehr hat sich die Bestimmung der Vergütungshöhe an zulässigen objektiven Faktoren zu orientieren.

c) Kriterien zur Festlegung der üblichen Vergütung

Somit ist die Feststellung, dass das Gericht die Vergütung für die Zukunft nach § 612 Abs. 2 BGB zu bestimmen hat, für sich genommen noch nicht ausreichend. Um richtlinien- und verfassungskonformes Vorgehen zu gewährleisten, müssen den Gerichten Kriterien zur Bestimmung der üblichen Vergütung an die Hand gegeben werden. Nach der landläufigen Definition handelt es sich dabei um die Vergütung, welche in gleichen oder ähnlichen Berufen oder Gewerben am gleichen Ort für vergleichbare Arbeiten gezahlt wird, wobei die persönlichen Verhältnisse des Beschäftigten Berücksichtigung finden können. Dazu sollen u.a. das Lebensalter, der Familienstand, wie auch die Anzahl der Kinder zählen.[1218] In diesem Zusammenhang ist aber die Orientierung am Lebensalter nach Einführung des AGG unzulässig.[1219]

aa) Rückgriff auf andere Tarifverträge

Aufgrund der Gesamtunwirksamkeit der Tarifnorm über die Entlohnung könnte man für die Festsetzung nach § 612 Abs. 2 BGB andere gültige tarifliche Regelungen heranziehen. Es wäre daher zu prüfen, ob für die betroffene Branche und Region ein Tarifvertrag besteht, der nicht altersdiskriminierend ist.

Allerdings ist schon fraglich, ob die übliche Vergütung stets mit der tariflichen Vergütung gleichzusetzen ist. Sofern eine arbeitsvertragliche Entlohnungsklausel nichtig ist, wird nur unter bestimmten Voraussetzungen auf die tarifliche Vergütung abgestellt, um die entstandene Lücke nach § 612 Abs. 2 BGB zu schließen. Danach kann die tarifliche Vergütung mit der Üblichen gleichgesetzt werden, wenn beim Arbeitgeber ein bestimmter Tarifvertrag unmittelbar oder kraft arbeitsvertraglicher Bezugnahme in standardisierten Vereinbarungen flächendeckend gilt.[1220] An-

---

1217 Siehe oben 3. Kapitel B. I.
1218 OLG München vom 14.5.2003, Az. 21 U 3523/01, LS, juris; ErfK-*Preis*, § 612 BGB, Rn. 37; Henssler/Willemsen/Kalb-*Thüsing*, § 612 BGB, Rn. 38; *Rick*, AuR 1960, 369 f.; Staudinger-*Richardi*, § 612 BGB, Rn. 45.
1219 MüKo-*Müller-Glöge*, § 612 BGB, Rn. 29.
1220 BAG vom 27.10.1960, Az. 5 AZR 427/59, LS Nr. 2, AP Nr. 21 zu § 611 BGB (Ärzte, Gehaltsansprüche); BAG vom 25.1.1989, Az. 5 AZR 161/88, Rn. 27, AP Nr. 2 zu § 2 BeschFG 1985; BAG vom 26.9.1990, Az. 5 AZR 112/90, LS, AP Nr. 9 zu § 2 BeschFG 1985; Bamber-

sonsten würde man in unzulässiger Weise die Grenzen der Tarifgeltung ausweiten.[1221]

Überträgt man diese Argumentation auf die hier behandelte Konstellation der nichtigen Tarifnorm, scheidet ein Rückgriff auf andere gültige Kollektivvereinbarungen aus. Es liegt in der Natur der Sache, dass im Regelungsbereich der Tarifparteien, deren Entlohnungsklauseln altersdiskriminierend sind, kein anderer Tarifvertrag Anwendung findet. Des Weiteren sind fremde Tarifverträge das Ergebnis fremder Tarifverhandlungen und spiegeln daher nicht das konkrete Kräfteverhältnis der betroffenen Sozialpartner wider, weshalb das Leistungsniveau ihres Tarifgebiets nur unvollkommen bestimmt wird. Es ist auch nicht sachgerecht, sich einzelne Vergütungsregelungen der anderen Tarifwerke herauszupicken.[1222] Beispielsweise kann ein höheres Grundeinkommen darauf zurückzuführen sein, dass den Beschäftigten weniger Urlaubstage eingeräumt werden. Dementsprechend kann das erkennende Gericht nicht auf Tarifverträge Dritter zurückgreifen, um eine diskriminierungsfreie Vergütung nach § 612 Abs. 2 BGB festzulegen.

bb) Orientierung an den Durchschnittslöhnen

Sofern ein Rückgriff auf andere Tarifwerke nicht möglich ist, wird überwiegend vertreten, dass den Arbeitnehmern der statistisch zu ermittelnde Durchschnittslohn zuteilwerden soll.[1223] Die gleichen Argumente, welche gegen die Berücksichtigung fremder Tarifverträge sprechen, können auch hier fruchtbar gemacht werden, zumal die Durchschnittslöhne durch andere Individual- oder Kollektivverträge bestimmt werden. Damit wird aber der tatsächlichen Verhandlungsposition der betroffenen Tarifparteien nicht ausreichend Rechnung getragen. In der Praxis ist allerdings davon auszugehen, dass sich die übliche Vergütung danach bemisst. Schließlich entspricht dies der Rechtsprechung des BAG.[1224]

---

ger/Roth-*Fuchs*, § 612 BGB, Rn. 13; Henssler/Willemsen/Kalb-*Thüsing*, § 612 BGB, Rn. 41; *Rick*, AuR 1960, 369 (370 f.); Staudinger-*Richardi*, § 612 BGB, Rn. 47.
1221 Henssler/Willemsen/Kalb-*Thüsing*, § 612 BGB, Rn. 40; Staudinger-*Richardi*, § 612 BGB, Rn. 47.
1222 Henssler/Willemsen/Kalb-*Thüsing*, § 612 BGB, Rn. 40; *Rick*, AuR 1960, 369 (370).
1223 BAG vom 24.3.2004, Az. 5 AZR 303/03, LS Nr. 3, AP Nr. 59 zu § 138 BGB; ErfK-*Preis*, § 612 BGB, Rn. 38; Henssler/Willemsen/Kalb-*Thüsing*, § 612 BGB, Rn. 41; vgl. LAG Bremen vom 3.12.1992, Az. 3 Sa 304/90, OS Nr. 3, juris.
1224 BAG vom 24.3.2004, Az. 5 AZR 303/03, LS Nr. 3, AP Nr. 59 zu § 138 BGB.

cc) Bildung eines Mittelwerts anhand des betroffenen Tarifvertrags

Teilweise wird vorgeschlagen, einen an dem betroffenen Tarifvertrag orientierten Mittelwert festzulegen. Somit erhalten zunächst alle Beschäftigten ein Durchschnittsentgelt. Dabei sollen allerdings die bevorzugten Kreise weiterhin ihre alte Vergütung erhalten, bis eine Neuregelung erfolgt.[1225] Dieser Ansatz überzeugt nicht.[1226] Es fehlt zunächst die dogmatische wie gesetzliche Grundlage dafür, warum pauschal ein Mittelwert gebildet werden soll. Indem die oberen Alterskategorien ihre hohe Vergütung weiterhin beziehen können und die Unteren auf einen Mittelwert hoch gestuft werden, bleiben gerade die unzulässigen Differenzen erhalten.[1227] Ferner stellt dieser Ansatz eine abgemilderte Form der Angleichung nach oben dar, weil die Vergütung entweder gleich bleibt oder auf einen Mittelwert angehoben wird. Eine Angleichung nach oben für zukünftige Zeiträume ist allerdings abzulehnen.[1228]

dd) Berücksichtigung des vorgegebenen Dotierungsrahmen

Demgegenüber sollte sich das angerufene Gericht bei der Anordnung der Vergütung nach § 612 Abs. 2 BGB an dem tariflichen Dotierungsrahmen orientieren.[1229] Dadurch respektieren die Richter den von den Tarifvertragsparteien vorgegebenen Umfang der Leistung. Die Festlegung eines Dotierungsrahmens ist nicht nur von der Tarifautonomie der Sozialpartner gedeckt,[1230] sondern bringt auch das konkrete Kräfteverhältnis der betroffenen Tarifparteien zum Ausdruck. Es kann somit festgestellt werden, was die Arbeitsleistung unter dem jeweiligen Tarifvertrag wert ist. Die Beibehaltung des beschlossenen Finanzrahmens hat weiterhin den Vorteil, dass für den Arbeitgeber kein Anreiz besteht, auf eine altersdiskriminierende Vergü-

---

1225 Däubler/Bertzbach-*Dette*, § 7 AGG, Rn. 104 f., der aber in Rn. 104e einen möglichen Mittelwert ablehnt und sich somit widerspricht.
1226 So im Ergebnis *Lingemann/Gotham*, NZA 2007, 663 (667), die darauf hinweisen, dass die Tarifvertragsparteien gerade eine Unterscheidung treffen wollten; Wendeling-Schröder/Stein-*Wendeling-Schröder*, § 7 AGG, Rn. 24.
1227 Vgl. Däubler/Bertzbach-*Dette*, § 7 AGG, Rn.104e.
1228 Siehe oben 4. Kapitel B. IV. 1.
1229 Vgl. jeweils *Lieb*, ZfA 1996, 319 (343), der sich auf Zusatzleistungen bezieht, die einseitig vom Arbeitgeber gewährt wurden; *Schlachter*, FS Schaub, S. 651 (S. 669); Wendeling-Schröder/Stein-*Wendeling-Schröder*, § 7 AGG, Rn. 22, 24, die zwar eine Begrenzung durch den Dotierungsrahmen allgemein für möglich hält, aber bei Tarifverträgen den Ansatz favorisiert, bei dem eine Aussetzung des Verfahrens bis zur Neuregelung durch die Tarifparteien erfolgt.
1230 Wiedemann-*Wiedemann*, Einleitung TVG, Rn. 244; *Wiedemann/Peters*, RdA 1997, 100 (107).

tungsstruktur hinzuwirken. Ein solches Entlohnungssystem wäre gesamtnichtig, sodass der Arbeitgeber sich insoweit von dem Tarifvertrag lösen und auf eine günstige gerichtliche oder gar individualvertragliche Festlegung der Löhne hoffen könnte. Da aber mit dem Dotierungsrahmen auch die finanzielle Belastung des Arbeitgebers erhalten bleibt, wird der Arbeitgeber nicht motiviert, auf die diskriminierungsbedingte Gesamtnichtigkeit hinzuarbeiten.

(1) Rechtsprechung des BAG

Das höchste deutsche Arbeitsgericht nimmt in einigen seiner Entscheidungen Bezug auf den vorgegebenen Dotierungsrahmen. Dies gilt insbesondere in seinen Entscheidungen zu Sozialplanabfindungen. So hat es für unzulässig erachtet, dass Zeiten des Erziehungsurlaubs bei der Berechnung ihrer Höhe unberücksichtigt bleiben. Die damit verbundene Erhöhung des Sozialplanvolumens sei hinzunehmen, solange sie im Verhältnis zum Gesamtvolumen nicht ins Gewicht falle.[1231] Diese Rechtsprechung wird von der Mehrheit des rechtswissenschaftlichen Schrifttums auf Abfindungen in Sozialplänen übertragen, die gegen das AGG verstoßen.[1232]

Im Unterschied dazu behandeln die Urteile der Erfurter Richter zur tariflichen Vergütung den Dotierungsrahmen, wenn überhaupt, nur am Rande. In der Entscheidung zum Kurzarbeitergeld, das Arbeitern vorenthalten wurde, verwendet das BAG den Dotierungsrahmen als zusätzliches Argument für seine Auslegung, die zur Gesamtnichtigkeit der Vorschrift über die Zulage führt. Da die andere Alternative, die Erstreckung der Zusatzleistung auf die Benachteiligten, zu einer Verdoppelung des Volumens geführt hätte, sei nicht davon auszugehen, dass die Tarifparteien die Leistung auf die Arbeiter ausgeweitet hätten.[1233] In einer anderen Entscheidung wurde das Weihnachtsgeld der diskriminierten Teilzeitbeschäftigten angehoben. Eine unzulässige Beeinträchtigung der Tarifautonomie wurde mit dem Hinweis verneint, dass kein eindeutiger Dotierungsrahmen vorgegeben wurde.[1234]

1231 BAG vom 12.11.2002, Az. 1 AZR 58/02, Rn. 32, AP Nr. 159 zu § 112 BetrVG 1972; BAG vom 21.10.2003, Az. 1 AZR 407/02, Rn. 22, AP Nr. 163 zu § 112 BetrVG 1972.
1232 Däubler/Bertzbach-*Brors*, § 10 AGG, Rn. 136; *Oelkers*, NJW 2008, 614 (616); Palandt-Weidenkaff, § 7 AGG, Rn. 7; Rust/Falke-*Bertelsmann*, § 10 AGG, Rn. 278; Schleusener/Suckow/Voigt-*Schleusener*, § 7 AGG, Rn. 60; a.A. *Meinel/Heyn/Herms*, § 7 AGG, Rn. 45.
1233 BAG vom 28.5.1996, Az. 3 AZR 752/95, Rn. 34, AP Nr. 143 zu § 1 TVG (Tarifverträge: Metallindustrie).
1234 BAG vom 24.5.2000, Az. 10 AZR 629/99, Rn. 44, AP Nr. 79 zu § 2 BeschFG 1985.

(2) Explizite und implizite Festlegung des Dotierungsrahmens

Mit dem tariflichen Finanzvolumen wird dem erkennenden Gericht ein entscheidender Hinweis für die zumindest vorübergehende Festlegung des künftigen Entgelts nach § 612 Abs. 2 BGB gegeben. Es ist daher den Tarifparteien zu raten, beim Abschluss eines Tarifvertrags, der u.a. die Entlohnung der Beschäftigten zum Gegenstand hat, einen ungefähren Dotierungsrahmen für den Fall festzulegen, dass eine Vergütungsregelung sich aufgrund von Altersdiskriminierung als gesamtnichtig erweisen sollte.

Die tarifvertragliche Vereinbarung eines Dotierungsrahmens ist zwar die Ideallösung, um einen Anhaltspunkt für die Bestimmung der üblichen Vergütung zu geben. Allerdings sollte man den hier vorgeschlagenen Lösungsansatz nicht ausschließlich darauf beschränken,[1235] denn jedem Tarifvertrag liegt implizit ein grobes Volumen zugrunde. Schließlich muss zumindest die Arbeitgeberseite in etwa abschätzen können, was sie der Kollektivvertrag kosten wird.[1236] Die Begrenzung der Angleichung für die Zukunft durch ein nicht ausdrücklich vereinbartes, aber doch abgeschätztes Tarifvolumen, liegt in ihrem Interesse. Daher sollte den Arbeitgeber oder seine Verbandsvertreter die volle Beweislast treffen, dass die Tarifparteien von einem bestimmten finanziellen Rahmen ausgegangen sind. Es müsste nachgewiesen werden, wie viele der Beschäftigten von dem Tarifvertrag unmittelbar oder kraft arbeitsvertraglicher Bezugnahme und in welchem Umfang betroffen sind. So kann beispielsweise ein Arbeitgeber anhand seiner internen Daten die Stärke seiner Belegschaft belegen. Regelmäßig wird er bei der Mehrheit seiner Mitarbeiter einen Standardarbeitsvertrag verwenden, in dem auf die einschlägigen Tarifwerke verwiesen wird, was wiederum den Nachweis erleichtert. Da aber weder der EuGH noch das BAG bei ihren Entscheidungen auf einen ungeschriebenen Dotierungsrahmen des diskriminierenden Tarifvertrags Rücksicht nehmen,[1237] ist den Sozialpartnern die schriftliche Fixierung des Finanzvolumens anzuraten.

1235 So aber die h.M. Däubler/Bertzbach-*Dette*, § 7 AGG, Rn. 104a; *Henssler/Tillmanns*, FS Birk, S. 179 (S. 191); *Meinel/Heyn/Herms*, § 7 AGG, Rn. 44; MüKo-*Thüsing*, § 7 AGG, Rn. 15, der darauf hinweist, dass die Berücksichtigung des nicht ausdrücklich festgelegten Dotierungsrahmens einer gesetzlichen Grundlage bedarf; Schleusener/Suckow/Voigt-*Schleusener*, § 7 AGG, Rn. 46.
1236 *Wiedemann/Peters*, RdA 1997, 100 (107).
1237 *Henssler/Tillmanns*, FS Birk, S. 179 (S. 191).

(3) Rechtliche Bedenken gegen die Berücksichtigung des Dotierungsrahmens

Die Begrenzung der nach § 612 Abs. 2 BGB zu bestimmenden Vergütung durch das Finanzvolumen birgt die Gefahr einer geltungserhaltenden Reduktion.[1238] Dieses Problem soll anhand eines Beispiels verdeutlicht werden. Ein Tarifvertrag mit einem Volumen von einer Million Euro diskriminiert jüngere Beschäftigte, sodass die Staffelung gesamtnichtig ist. Die Unwirksamkeit wurde genau zur Mitte Vertragslaufzeit festgestellt. Ohne den AGG-Verstoß hätte die betroffene Belegschaft somit 500.000 Euro in der Vergangenheit erhalten und in Zukunft würden weitere 500.000 hinzukommen. Da aber eine Diskriminierung vorliegt und damit die benachteiligten Beschäftigten einen Anspruch auf die Leistung haben, die ihnen in der Vergangenheit vorenthalten wurde, wird ein Großteil des Volumens durch diese rückwirkende Angleichung nach oben aufgezehrt. Wenn also der Arbeitgeber in unserem Beispiel 800.000 Euro für die Vergangenheit bezahlen muss, dann bleiben nur noch 200.000 Euro für die Zukunft übrig. Im Ergebnis führt die uneingeschränkte Berücksichtigung des Dotierungsrahmens dazu, dass ohne Risiko diskriminiert werden kann, denn das Finanzvolumen bleibt mit und ohne Diskriminierung gleich. Damit wird aber die rückwirkende Angleichung nach oben, die als wirksame und abschreckende Sanktion erforderlich ist, durch eine entsprechend geminderte Vergütung in der Zukunft neutralisiert. Ein solches Ergebnis wäre zumindest richtlinienwidrig. Daher ist es erforderlich, dass die Vergütung für die Vergangenheit und die künftige Entlohnung strikt voneinander getrennt und nicht gegeneinander saldiert werden. Im Hinblick auf die zurückliegende Diskriminierung bleibt es folglich bei der Angleichung nach oben. Hingegen wird die künftige Vergütung durch das Finanzierungsvolumen begrenzt, das für den Zeitraum ab der gerichtlichen Entscheidung ursprünglich vorgesehen war. Für das angeführte Beispiel bedeutet dies, dass sich an der rückwirkenden Angleichung nach oben nichts ändert. Für die Zukunft wird das Gericht die Vergütung festsetzen, wobei es sich an dem dafür vorgesehenen Rahmen von 500.000 Euro orientieren müsste.

Rechtliche Bedenken gegen diesen Lösungsvorschlag könnten ferner daraus resultieren, dass er u.U. zu einer Angleichung nach unten für künftige Zeiträume führt.[1239] Indem das Finanzvolumen einheitlich auf die gesamte Belegschaft verteilt wird, kommt es zumindest für die höchste Vergütungsstufe zu einer Senkung des Leistungsniveaus. Allerdings sind die möglichen Einwände gegen dieses Ergebnis unbegründet. Es handelt sich nämlich hier um eine Angleichung für die Zukunft,

---

1238 Vgl. *Henssler/Tillmanns*, FS Birk, S. 179 (S. 193).
1239 *Henssler/Tillmanns*, FS Birk, S. 179 (S. 192); *Thüsing*, Diskriminierungsschutz, Rn. 495.

sodass ein etwaiger Vertrauensschutz nicht besteht.[1240] Schließlich können die Beschäftigten nicht erwarten, dass sich ihre tariflichen Arbeitsbedingungen in Zukunft nicht ändern. Des Weiteren besteht für die Gewerkschaften die Möglichkeit, in den Tarifverhandlungen eine auf den Zeitpunkt der Gerichtsentscheidung rückwirkende Angleichung nach oben durchzusetzen.

6. Fazit

Im Hinblick auf die in Zukunft geltende Vergütung ist das mit der Diskriminierungsklage betraute Gericht aufgrund der Gesamtnichtigkeit der Vergütungsregelung verpflichtet, die Entlohnung bis zu einer Neuregelung durch die Tarifparteien nach § 612 Abs. 2 BGB festzulegen. Als Orientierungspunkt dient ihm dabei das im Tarifvertrag vorgegebene oder implizit zugrunde gelegte Finanzvolumen. Um die Ermittlung der üblichen Vergütung zu erleichtern, ist es aber empfehlenswert, dass die Tarifparteien einen Dotierungsrahmen im Tarifvertrag vorgeben.

V. Zusammenfassung zum Umfang des Gleichstellungsanspruchs

Im Einklang mit den europa- und verfassungsrechtlichen Vorgaben ist von einer Gesamtnichtigkeit der Vergütungsregelung auszugehen. Dieser Ansatz bietet zudem Rechtssicherheit, da hinsichtlich der Rechtsfolge weder auf den schwer feststellbaren mutmaßlichen Willen der Tarifvertragsparteien, noch auf das Verhältnis von bevorzugter und benachteiligter Gruppe abgestellt werden muss. Es entfällt damit der benachteiligende wie auch der privilegierende Teil einer Tarifnorm. Bei den Folgen ist zwischen der Vergütung, die in der Vergangenheit gezahlt wurde, und dem Entlohnungssystem, das künftig gelten soll, zu unterscheiden.

Obwohl die Vergütungsklausel schon in der Vergangenheit unwirksam war, haben die diskriminierten Beschäftigten einen Anspruch auf die vorenthaltene Leistung. Nur so kann die vom AGG geforderte Gleichstellung erreicht werden, weil den Privilegierten der Vorteil nicht mehr entzogen werden kann. Damit scheidet auch ein Regelungsspielraum der Tarifvertragsparteien aus, weshalb eine rückwirkende Angleichung nach oben mit der grundgesetzlich geschützten Tarifautonomie vereinbar ist. Ferner erfüllt die arbeitnehmerfreundliche Anpassung das in Art. 17

1240 *Lieb*, ZfA 1996, 319 (343); a.A. Däubler/Bertzbach-*Dette*, § 7 AGG, Rn. 104b, dem zufolge Gesichtspunkte des Vertrauensschutzes eine Grenze setzen können; *Henssler/Tillmanns*, FS Birk, S. 179 (S. 192).

und Erwägungsgrund Nr. 35 der Richtlinie 2000/78/EG niedergelegte Gebot einer wirksamen und abschreckende Sanktion. Dies kann im Einzelfall zu einer erheblichen finanziellen Belastung der Arbeitgeberseite führen. Mögliche schutzwürdige Interessen des Arbeitgebers können aber im Rahmen des Vertrauensschutzes berücksichtig werden.[1241] Dabei bietet sich auch die Möglichkeit einer differenzierten, nicht ausschließlich an der finanziellen Belastung orientierten Betrachtung an.

Aufgrund der Angleichung nach oben für die Vergangenheit, die den Anforderungen einer wirksamen und abschreckenden Sanktion genügt, ist es durchaus richtlinienkonform, dass keine zusätzliche Angleichung nach oben für die Zukunft erfolgt. Infolge der Gesamtnichtigkeit können die Tarifparteien jederzeit eine neue Vereinbarung für die Zukunft treffen, sodass hier auch keine Beeinträchtigung der Tarifautonomie angenommen werden kann. Bis eine Einigung erfolgt ist, hat das angerufene Gericht allerdings die Vergütung nach § 612 Abs. 2 BGB festzulegen. Entscheidende Orientierungshilfe ist das dem betroffenen Tarifvertrag zugrunde gelegte Finanzvolumen.

Somit kann der vorgestellte Ansatz das angesprochene Spannungsverhältnis zwischen Europa- und Verfassungsrecht auflösen. Die abschreckende Sanktion erfolgt mit Hilfe der rückwirkenden Angleichung nach oben und die Regelungsautonomie der Tarifparteien wird gewahrt, indem ihnen eine tarifliche Neuregelung unmittelbar im Anschluss an die Feststellung des AGG-Verstoßes ermöglicht wird.

VI. Einschränkung des Anspruchs auf Gleichstellung

Grundsätzlich führt der Anspruch auf Gleichstellung zu einer rückwirkenden Angleichung nach oben und einer gerichtlichen Festsetzung für die Zukunft. Es stellt sich aber die Frage, ob der so festgestellte Umfang durch Regelungen im betreffenden Tarifvertrag oder durch eine entsprechende Anwendung von §§ 15 Abs. 3 und 4 AGG sowie § 61b Abs. 1 ArbGG eingeschränkt werden darf.

1. Einschränkung durch Regelungen im Tarifvertrag

Eine Einschränkung durch den Tarifvertrag, der die altersdiskriminierenden Normen enthält, kommt nur dann in Betracht, wenn lediglich die Vergütungsvorschriften unwirksam sind und nicht die gesamte Kollektivvereinbarung. Sowohl salvato-

---

1241 Dazu unten 5. Kapitel A.

rische Klauseln als auch tarifvertragliche Ausschlussfristen könnten den Gleichstellungsanspruch beschränken.

a) Salvatorische Klauseln

Die Tarifparteien haben die Möglichkeit, eine salvatorische Klausel für den Fall vorzusehen, dass die Entlohnung gegen höherrangiges Recht verstößt. Diese kann beispielsweise darin bestehen, dass die gesetzlich zulässige Regelung an die Stelle der nichtigen Vorschrift tritt, ein möglicher Mittelwert für alle Beschäftigten gebildet wird, eine Beschränkung auf den vorgegebenen Dotierungsrahmen erfolgt oder eine sonstige alternative Regelung vorgesehen wird. Sollten sich die Sozialpartner für die erste sehr allgemeine Variante entscheiden, so empfiehlt es sich entsprechend dem hier vorgeschlagenen Lösungsweg zum Umfang der Gleichstellung, die Entlohnung am Maßstab des Dotierungsrahmens festzulegen.

Die salvatorische Klausel kann nur die zukünftige Entlohnung betreffen. Dass damit Angehörige der oberen Entlohnungsstufen eine Absenkung des Leistungsniveaus in Kauf nehmen müssen, ist unerheblich. Ihr Vertrauen, von zukünftigen Änderungen der Vergütung verschont zu bleiben, ist nicht schützenswert.[1242]

Demgegenüber kann die Wirkung der salvatorischen Klausel nicht auf die Vergangenheit erstreckt werden. Somit kann beispielsweise den bisher Bevorzugten nicht der Teil der Entlohnung entzogen werden, der erforderlich ist, um ihnen auch rückwirkend ein mittleres Einkommen zu gewähren. Insoweit ist ihr Vertrauen darauf, dass sie die Leistung behalten dürfen, schutzwürdig.[1243] Würde man ihnen die gewährten Vorteile entziehen, so fiele die Diskriminierung einseitig zu ihren Lasten aus. Die Verursacher hätten keine Nachteile zu befürchten. Damit wird man aber dem von Art. 17 sowie Erwägungsgrund Nr. 35 der Richtlinie 2000/78/EG festgelegten Erfordernis einer wirksamen und abschreckenden Sanktion kaum gerecht. Im Übrigen würde diese rückwirkende Angleichung nach unten dazu führen, dass Beschäftigte davon absehen würden, gegen diskriminierende Tarifbestimmungen vorzugehen. Dies widerspricht wiederum dem Ziel des AGG, Diskriminierungen im Arbeitsleben zu beseitigen.

1242 Dazu bereits unter 4. Kapitel B. IV. 5. c) dd) (3).
1243 Siehe oben 4. Kapitel B. III.

b) Tarifvertragliche Ausschlussfristen

Eine zeitliche Beschränkung des Gleichstellungsanspruchs hätten tarifliche Ausschlussfristen zur Folge. Damit wäre der rückwirkende Anspruch des Diskriminierungsopfers auf Angleichung nach oben nicht durch den Zeitpunkt des Inkrafttretens des AGG, sondern durch die Dauer der Ausschlussfrist beschränkt.

Die deutschen Arbeitsgerichte und das rechtswissenschaftliche Schrifttum könnten geneigt sein, auf tarifvertragliche Ausschlussfristen zu rekurrieren, um die Rückwirkung des AGG-Gleichstellungsanspruchs zu beschränken.[1244] In einer Entscheidung zum Ausschluss von Teilzeitbeschäftigten von der im Tarifvertrag vorgesehenen betrieblichen Altersversorgung hat das BAG zwar einen Verstoß gegen das damalige Diskriminierungsverbot des § 2 Abs. 1 BeschFG bejaht, die rückwirkende Gleichstellung aber durch die einschlägige sechsmonatige Ausschlussfrist des § 70 Abs. 1 BAT beschränkt.[1245]

Jedenfalls für das AGG wäre ein solcher Ansatz unzulässig. Die möglichen normativen Anknüpfungspunkte für den Gleichstellungsanspruch, nämlich §§ 2 Abs. 1 Nr. 2, 8 Abs. 2, 7 AGG, sehen im Unterschied zu § 15 Abs. 4 S. 1 AGG, der die Sekundäransprüche betrifft, weder eine Frist zur Geltendmachung des Anspruch vor, noch dass diese Frist durch die Tarifparteien bestimmt werden kann. Daher lassen im Umkehrschluss tarifliche Ausschlussfristen den Anspruch auf Gleichstellung unberührt. Dadurch wird auch dem Erfordernis einer wirksamen und abschreckenden Sanktion Genüge getan. Des Weiteren ist nicht ersichtlich, warum Arbeitgeber, die ihre Beschäftigten über einen längeren Zeitraum diskriminiert haben, von Ausschlussfristen profitieren sollten. Die Sanktion würde dann nicht mehr der Schwere des AGG-Verstoßes entsprechen.

2. Einschränkung über §§ 15 AGG, 61b Abs. 1 ArbGG

Auf den Gleichstellungsanspruch finden die §§ 15 Abs. 3 und 4 AGG sowie 61b Abs. 1 ArbGG keine Anwendung.[1246] Daher ist er weder an gesetzliche Fristen ge-

---

1244 LAG Berlin-Brandenburg vom 11.9.2008, Az. 20 Sa 2244/07, Rn. 45, NZA-RR 2009, 378 (383 f.), das die Einhaltung der Ausschlussfrist nach § 70 BAT beim Gleichstellungsanspruch prüft; *Henssler/Tillmanns*, FS Birk, S. 179 (S. 194).
1245 BAG vom 9.10.1996, Az. 5 AZR 338/95, Rn. 20, AP Nr. 50 zu § 2 BeschFG 1985.
1246 LAG Berlin-Brandenburg vom 11.9.2008, Az. 20 Sa 2244/07, Rn. 43, 45, NZA-RR 2009, 378 (383 f.); Däubler/Bertzbach-*Deinert*, § 15 AGG, Rn. 88a; *Gaul/Naumann*, ArbRB 2007, 47 (48), die aber darauf hinweisen, dass eine Übertragung des § 15 Abs. 3 AGG auf den Gleichstellungsanspruch wünschenswert wäre; *Körner*, NZA 2008, 497 (503); MüKo-*Thüsing*, § 7

bunden,[1247] noch erfordert er einen bestimmten Verschuldensgrad beim Arbeitgeber.[1248] Die Vorschriften beziehen sich nach ihrem klaren Wortlaut ausschließlich auf die Sekundäransprüche aus § 15 Abs. 1 und 2 AGG. Unterstrichen wird dies durch § 15 Abs. 5 AGG.[1249] Im Anschluss an die Einschränkungen der beiden vorhergehenden Absätze legt er fest, dass Ansprüche aus anderen Rechtsvorschriften unberührt bleiben. Auch hier würde eine entsprechende Anwendung auf den Primäranspruch den europarechtlichen Anforderungen an eine effektive Sanktion zuwiderlaufen. Gegen das Erfordernis eines Verschuldens in diesem Rahmen kann noch zusätzlich darauf verwiesen werden, dass der Anspruch auf Gleichbehandlung einen Erfüllungsanspruch darstellt, der im Unterschied zu Schadensersatzansprüchen verschuldensunabhängig ist.[1250]

VII. Folgerungen für altersdiskriminierende Vergütungsklauseln

Verstößt eine tarifliche Vergütungsvorschrift oder gar ein ganzer Normenkomplex gegen das Verbot der Altersdiskriminierung nach § 7 Abs. 1 AGG, so sind sie insgesamt nichtig. Dementsprechend sind die Tarifvertragsparteien gehalten, ihr Entlohnungssystem insoweit neu zu gestalten.

Eine rückwirkende Änderung des Tarifwerks auf den Zeitraum zwischen dem ersten Verstoß gegen das AGG und der Entscheidung des Gerichts ist nicht möglich. Ebenso kann der Gleichstellungsanspruch der Diskriminierungsopfer nicht durch eine tarifliche Ausschlussfrist beschränkt werden. Zum einen genießen die bisher Bevorzugten Vertrauensschutz, und zum anderen ist eine Angleichung nach oben eine wirksame und abschreckende Sanktion i.S.d. Art. 17 Richtlinie 2000/78/EG. Demnach haben die diskriminierten Beschäftigten einen Anspruch auf die Differenz zwischen ihrer früheren Vergütung und dem, was ihren privilegierten Kollegen zugeflossen ist. Mit anderen Worten: Sie sind so zu stellen, wie sie stehen

---

AGG, Rn. 17; Schleusener/Suckow/Voigt-*Voigt*, § 15 AGG, Rn. 70; *Wiedemann*, NZA 2007, 950 (953); *Willemsen/Schweibert* NJW 2006, 2583 (2591).
1247 So aber *Adomeit/Mohr*, § 15 AGG, Rn. 93; *Bauer/Göpfert/Krieger*, § 15 AGG, Rn. 49, 57, welche die §§ 15 Abs. 4 AGG, 61b Abs. 1 ArbGG auf den Gleichstellungsanspruch anwenden wollen.
1248 So aber das beklagte Land Berlin in ArbG Berlin vom 22.8.2007, Az. 86 Ca 1696/07, Rn. 10, juris.
1249 *Löwisch*, DB 2006, 1729 (1731).
1250 BAG vom 28.7.1992, Az. 3 AZR 173/92, Rn. 52, AP Nr. 18 zu § 1 BetrAVG (Gleichbehandlung); ArbG Berlin vom 22.8.2007, Az. 86 Ca 1696/07, Rn. 82, juris; Henssler/Willemsen/Kalb-*C.W.Hergenröder*, Art. 3 GG, Rn. 85; *Misera*, SAE 1993, 333 (336).

würden, wenn sie der obersten Entlohnungsstufe angehört hätten. Dies gilt nicht nur für die Grundvergütung, sondern auch für die finanziellen Zusatzleistungen. Erhielt beispielsweise ein Arbeitnehmer infolge einer unverschuldeten Abgruppierung ein geringeres Entgelt, während vergleichbare Arbeitnehmer sich auf eine Verdienstsicherungsklausel berufen konnten, hat er einen Anspruch auf die Entlohnung, die er erhalten hätte, wenn er der tariflichen Sonderregelung unterfallen würde.[1251] Gleiches gilt z.B. auch für den Krankengeldzuschuss.

Ab der gerichtlichen Entscheidung können die Tarifpartner ihre verfassungsrechtlich gewährleistete Gestaltungsfreiheit wieder voll in Anspruch nehmen. Ihnen steht es zu, ein neues AGG-konformes Vergütungskonzept zu verabschieden. Die von ihnen beschlossenen Regelungen können auch rückwirkend auf den Zeitraum ab der gerichtlichen Entscheidung gelten. Hierbei dürfen sie allerdings den Arbeitnehmern aus Gründen des Vertrauensschutzes nicht zum Nachteil gereichen.

Da im Normalfall zum Zeitpunkt der Entscheidung kein neues diskriminierungsfreies Entlohnungssystem vorliegt, ist das Gericht verpflichtet, die aufgrund der Gesamtnichtigkeit entstandene Lücke nach § 612 Abs. 2 BGB zu schließen. Das BAG wird dabei die Durchschnittslöhne einer Branche in einem bestimmten Gebiet zugrunde legen.[1252] Vorzugswürdig ist es allerdings, sich an dem Dotierungsrahmen des Tarifvertrags zu orientieren, zumal er den Wert der Arbeitsleistung im Geltungsbereich des betroffenen Kollektivwerks widerspiegelt. In diesem Zusammenhang sind die Tarifvertragsparteien gut beraten, einen ungefähren Dotierungsrahmen als Orientierungshilfe für das Gericht festzulegen. Möglich ist auch eine salvatorische Klausel, die ein alternatives diskriminierungsfreies Vergütungskonzept für die Zukunft statuiert. Eine zukunftsbezogene gerichtliche Festsetzung von Verdienstsicherung und Krankengeld kommt indes nicht in Betracht. Hier kann von vornherein kein Finanzierungsvolumen festgelegt werden, da nicht ohne weiteres feststeht, wie viele Arbeitnehmer diese Leistungen in Anspruch nehmen werden. So kann die Anzahl der Arbeitnehmer nicht prognostiziert werden, die aufgrund ihres schlechten Gesundheitszustands in den Genuss des Krankengeldzuschusses oder der Verdienstsicherung kommen. Des Weiteren ist es durchaus fragwürdig, ob die Verdienstsicherung unter die übliche Vergütung subsumiert werden kann. Folglich ist dem angerufenen Arbeitsgericht davon abzuraten, eine Regelung über den Krankengeldzuschuss wie auch die Verdienstsicherung zu treffen. Eine übermäßige Belastung der Arbeitnehmerseite ist damit nicht verbunden, denn die Gewerkschaf-

---

1251 Vgl. *Temming*, S. 525 f.
1252 BAG vom 24.3.2004, Az. 5 AZR 303/03, LS Nr. 3, AP Nr. 59 zu § 138 BGB.

ten können bei den anstehenden Tarifverhandlungen auch auf eine rückwirkende Gewährung dieser Vorteile pochen.

C. Sekundäransprüche

Im Unterschied zum Gleichstellungsanspruch werden die sekundärrechtlichen Ansprüche im AGG explizit in § 15 AGG aufgeführt. Subsidiär können sich die Benachteiligungsopfer auf die allgemeinen Schadensersatzansprüche des Vertrags- und Deliktsrechts berufen.

I. Europarechtliche Vorgaben

§ 15 AGG dient der Umsetzung der Art. 15 der Richtlinie 2000/43/EG, 17 Richtlinie der 2000/78/EG sowie 6 und 8d der Richtlinie 76/207/EWG.[1253] Danach kann die aufgrund einer Diskriminierung verhängte Sanktion auch in einem Schadensersatzanspruch bestehen, der wirksam, verhältnismäßig und abschreckend sein muss. Die Richtlinienvorschriften orientieren sich wiederum an der Rechtsprechung des EuGH zu Sekundäransprüchen.[1254]

In den Entscheidungen *Colson und Hartmann*[1255] sowie *Harz*[1256] setzt sich der Gerichtshof mit der früheren Schadensersatzregelung des § 611a BGB a.F. und seiner Vereinbarkeit mit der Richtlinie 76/207/EWG zur Verwirklichung des Grundsatzes der Gleichbehandlung von Männern und Frauen auseinander. Nach dieser Vorschrift war eine Geschlechtsdiskriminierung u.a. bei der Begründung eines Arbeitsverhältnisses unzulässig. Zwar konnte der diskriminierte Bewerber nicht die Einstellung verlangen,[1257] ihm wurde aber ein Schadensersatzanspruch zugesprochen. Der Umfang war jedoch lediglich auf das negative Interesse des Opfers beschränkt. Damit konnte es nur seine Bewerbungskosten einfordern. Das Gericht hat darin keine ausreichende Sanktion gesehen. Grundsätzlich stehe es den Mitgliedsstaaten frei, eine Sanktion für Diskriminierungen festzulegen. Sie könne sowohl in einer Verpflichtung zur Einstellung, als auch in einer finanziellen Entschädigung

---

1253 BT-Drucksache 16/1780, S. 38; *Bauer/Evers*, NZA 2006, 893.
1254 *Wiedemann*, NZA 2007, 950 (953).
1255 EuGH vom 10.4.1984, Rs. C-14/83 (Colson und Kamann), AP Nr. 1 zu § 611a BGB.
1256 EuGH vom 10.4.1984, Rs. C-79/83 (Harz), AP Nr. 2 zu § 611a BGB.
1257 So auch § 15 Abs. 6 AGG bei der Begründung eines Arbeitsverhältnisses.

bestehen.[1258] Entscheide sich aber der Mitgliedsstaat für die Schadensersatzlösung, so müsse der Schadensersatz in einem angemessenen Verhältnis zum Schaden stehen. Eine rein symbolische Erstattung der Bewerbungskosten genüge hier nicht.[1259] Wirkliche Chancengleichheit lasse sich ohne geeignete Sanktion nicht erreichen.[1260] Dementsprechend müsse die Sanktion auch eine abschreckende Wirkung gegenüber dem Arbeitgeber haben.[1261]

In der Rechtssache *Dekker* befasste sich der EuGH mit einer niederländischen Vorschrift, die den Schadensersatz für eine unzulässige Benachteiligung aufgrund des Geschlechts bei der Bewerbung an ein Verschulden des Arbeitgebers knüpfte.[1262] Diese Einschränkung hielt der Gerichtshof für europarechtswidrig. Erneut wird darauf hingewiesen, dass eine abschreckende Sanktion notwendig sei.[1263] Das Verschuldenserfordernis würde die praktische Wirksamkeit des Grundsatzes der Gleichbehandlung beeinträchtigen.[1264] Wenn sich das nationale Recht für eine zivilrechtliche Lösung entscheide, dann müsse jeder Verstoß gegen das Diskriminierungsverbot die volle Haftung des Urhebers hervorrufen.[1265]

Trotz des eindeutigen Verdikts aus Luxemburg hat es der deutsche Gesetzgeber nicht für nötig erachtet, den verschuldensabhängigen § 611a BGB a.F. anzupassen. Es war daher nur eine Frage der Zeit, bis der EuGH auch diese Voraussetzung kippte.[1266] Gleiches galt für § 61b Abs. 2 ArbGG a.F. Dieser sah eine Haftungsbegrenzung vor, sofern mehrere Bewerber aufgrund ihres Geschlechts diskriminiert wurden. Im Hinblick auf das Verschulden repetiert der EuGH seine in der Rechtssache *Dekker* getroffenen Aussagen.[1267] Die Europarechtswidrigkeit des § 61b Abs. 2 ArbGG a.F. begründet er damit, dass es keine wirksame und abschreckende Sanktion darstellt.[1268] Im Übrigen wird darin ein Verstoß gegen das europarechtliche

---

1258 EuGH vom 10.4.1984, Rs. C-14/83 (Colson Kamann), Rn. 18, AP Nr. 1 zu § 611a BGB; EuGH vom 10.4.1984, Rs. C-79/83 (Harz), Rn. 18 f., AP Nr. 2 zu § 611a BGB.
1259 EuGH vom 10.4.1984, Rs. C-14/83 (Colson und Kamann), LS Nr. 2, AP Nr. 1 zu § 611a BGB; EuGH vom 10.4.1984, Rs. C-79/83 (Harz), LS Nr. 2, AP Nr. 2 zu § 611a BGB.
1260 EuGH vom 10.4.1984, Rs. C-14/83 (Colson und Kamann), Rn. 22, AP Nr. 1 zu § 611a BGB; EuGH vom 10.4.1984, Rs. C-79/83 (Harz), Rn. 22, AP Nr. 2 zu § 611a BGB.
1261 EuGH vom 10.4.1984, Rs. C-14/83 (Colson und Kamann), Rn. 23, AP Nr. 1 zu § 611a BGB.
1262 EuGH vom 8.11.1990, Rs. C-177/88 (Dekker), AP Nr. 23 zu Art. 119 EWG-Vertrag.
1263 EuGH vom 8.11.1990, Rs. C-177/88 (Dekker), Rn. 23, AP Nr. 23 zu Art. 119 EWG-Vertrag.
1264 EuGH vom 8.11.1990, Rs. C-177/88 (Dekker), Rn. 24, AP Nr. 23 zu Art. 119 EWG-Vertrag.
1265 EuGH vom 8.11.1990, Rs. C-177/88 (Dekker), Rn. 26, AP Nr. 23 zu Art. 119 EWG-Vertrag.
1266 EuGH vom 22.4.1997, Rs. C-180/95 (Draehmpaehl), AP Nr. 13 zu § 611a BGB.
1267 EuGH vom 22.4.1997, Rs. C-180/95 (Draehmpaehl), Rn. 17 ff., AP Nr. 13 zu § 611a BGB.
1268 EuGH vom 22.4.1997, Rs. C-180/95 (Draehmpaehl), Rn. 40, AP Nr. 13 zu § 611a BGB.

Äquivalenzgebot gesehen[1269] Demgemäß dürften die Voraussetzungen und Modalitäten eines Entschädigungsanspruchs, der auf das Europarecht zurück gehe, nicht ungünstiger sein als sonstige innerstaatlichen Regelungen. Da vergleichbare nationale Regelungen keine Höchstgrenzen enthielten, hat der EuGH auch insoweit einen Verstoß ausfindig gemacht.[1270]

Somit können sich die Mitgliedsstaaten nach den europarechtlichen Vorgaben zwischen mehreren Sanktionsmöglichkeiten entscheiden.[1271] Die Sanktionen müssen aber abschreckend für den Verursacher der Diskriminierung sein, seine volle Haftung auslösen und in einem angemessenen Verhältnis zum verursachten Schaden stehen.[1272] Das Erfordernis eines Verschuldens ist ebenso europarechtswidrig wie zusätzliche erschwerende Voraussetzungen, die bei vergleichbaren innerstaatlichen Regelungen nicht gefordert werden. Diesen Anforderungen entspricht bei der Entgeltdiskriminierung der Gleichstellungsanspruch, der weder Verschulden noch die Einhaltung von Fristen voraussetzt.[1273] Aufgrund der rückwirkenden Angleichung nach oben gleicht er zum einen die erlittene finanzielle Einbuße der Benachteiligten aus und stellt zum anderen eine abschreckende Sanktion für den Arbeitgeber dar. Ob aber ein darüber hinausgehender Schaden nach § 15 AGG auszugleichen ist und somit die volle Haftung des Urhebers der Diskriminierung gewährleistet ist, bedarf der weiteren Prüfung.

II. Schadensersatz nach § 15 AGG

Die entscheidenden Regelungen über Sekundäransprüche finden sich in § 15 AGG. Sie orientierten sich an § 611a BGB a.F., der ausschließlich für die Geschlechtsdiskriminierung galt.[1274] Nach dem ersten Absatz des § 15 AGG kann der materielle und nach dem Zweiten der immaterielle Schaden geltend gemacht werden, sofern ein Verstoß gegen § 7 Abs. 1 AGG vorliegt.[1275] Dabei richten sich die Schadenser-

---

1269 Schwarze-*Hatje*, Art. 10 EGV, Rn. 17; vgl. jeweils EuGH vom 21.9.1989, Rs. C-68/88 (Kommission gegen Griechenland), LS Nr. 2; EuGH vom 1.12.1998, Rs. C-326/96 (Levez), LS Nr. 2.
1270 EuGH vom 22.4.1997, Rs. C-180/95 (Draehmpaehl), Rn. 41 ff., AP Nr. 13 zu § 611a BGB.
1271 *Bauer/Evers*, NZA 2006, 893; *Benecke/Kern*, EuZW 2005, 360 (361); Däubler/Bertzbach-*Deinert*, § 15 AGG, Rn. 4; *Kummer*, S. 85; *Leuchten*, NZA 2002, 1254 (1256).
1272 *Benecke/Kern*, EuZW 2005, 360 (361).
1273 Siehe oben 4. Kapitel B. VI. 2.
1274 MüKo-*Thüsing*, § 15 AGG, Rn. 4; Wendeling-Schröder/Stein-*Stein*, § 15 AGG, Rn. 1.
1275 BT-Drucksache 16/1780, S. 38; *Bauer/Evers*, NZA 2006, 893; *Lingemann/Müller*, BB 2007, 2006 (2013); *Nebeling/Miller*, RdA 2007, 289 (290).

satzansprüche ausschließlich gegen den Arbeitgeber.[1276] In § 15 Abs. 3 AGG findet sich eine Privilegierung für Kollektivvereinbarungen. Wendet ein Arbeitgeber solche Regelwerke an und kommt es dadurch zu einer Diskriminierung, so haftet er nur für Vorsatz und grobe Fahrlässigkeit. § 15 Abs. 4 AGG legt eine materiellrechtliche Ausschlussfrist fest, die aber nach Satz 2 tarifdispositiv ist. Das Diskriminierungsopfer ist verpflichtet, innerhalb von zwei Monaten ab Kenntnis der Benachteiligung den Anspruch beim Arbeitgeber geltend zu machen. Ergänzt wird die Regelung durch § 61b Abs. 1 ArbGG, wonach die Klage auf Entschädigung nach § 15 AGG spätestens drei Monate, nachdem der Anspruch beim Dienstherrn geltend gemacht wurde, zu erheben ist. Gem. § 15 Abs. 5 AGG bleiben Ansprüche gegen den Arbeitgeber, die sich aus anderen Rechtsvorschriften ergeben, im Übrigen unberührt. Wie schon § 611a Abs. 2 Hs. 2 BGB a.F. schließt § 15 Abs. 6 AGG einen Anspruch eines diskriminierten Bewerbers auf Einstellung aus.

1. Ersatz des materiellen Schadens nach § 15 Abs. 1 AGG

§ 15 Abs. 1 AGG normiert die Anspruchsgrundlage für den materiellen Schadensersatz.[1277] Der Anspruch besteht nach § 15 Abs. 1 S. 2 AGG nicht, sofern der Arbeitgeber die Pflichtverletzung nicht zu vertreten hat. Damit wird zum Ausdruck gebracht, dass der Dienstherr die Diskriminierung verschuldet haben muss. Maßstab hierfür sind die §§ 276, 278 BGB. In Anlehnung an die zentrale Schadensersatzvorschrift des BGB, § 280 Abs. 1, wird das Verschulden vermutet, weshalb den Arbeitgeber die Beweislast dafür trifft, dass er den Verstoß gegen § 7 Abs. 1 AGG nicht zu vertreten hat.[1278] Ob das Verschuldenserfordernis in Hinblick auf die Vorgaben des Europarechts Bestand haben kann,[1279] bedarf hier keiner Klärung. Ein Anspruch aus § 15 Abs. 1 AGG besteht bei der Entgeltdiskriminierung mangels Schaden nicht. Aufgrund des Gleichstellungsanspruchs und der damit verbundenen rückwirkenden Angleichung nach oben erhält der Benachteiligte das ihm in der

---

[1276] *Adomeit/Mohr*, § 15 AGG, Rn. 1; *Annuß*, BB 2006, 1629 (1634); Schleusener/Suckow/Voigt-*Voigt*, § 15 AGG, Rn. 28; *Schwab*, NZA 2007, 178 (179); Wendeling-Schröder/Stein-*Stein*, § 15 AGG, Rn. 6.

[1277] Wendeling-Schröder/Stein-*Stein*, § 15 AGG, Rn. 4.

[1278] BT-Drucksache 16/1780, S. 38; *Bauer/Evers*, NZA 2006, 893; *Bauer/Göpfert/Krieger*, § 15 AGG, Rn. 22; *Stoffels*, RdA 2009, 204 (210); *Willemsen/Schweibert*, NJW 2006, 2583 (2588).

[1279] Zum Streitstand *Stoffels*, RdA 2009, 204 (210); Wendeling-Schröder/Stein-*Stein*, § 15 AGG, Rn. 16, jeweils m.w.N.

Vergangenheit vorenthaltene Entgelt. Einen darüber hinausgehenden materiellen Schaden, der nach § 249 BGB auszugleichen wäre,[1280] hat er nicht erlitten.[1281]

2. Ersatz des immateriellen Schadens nach § 15 Abs. 2 AGG

Der Gleichstellungsanspruch gleicht aber keine möglichen immateriellen Schäden aus. Um diese geltend zu machen, kann sich der Geschädigte auf § 15 Abs. 2 AGG berufen.[1282] Dadurch wird im Einklang mit der Rechtsprechung des EuGH die volle Haftung des Arbeitgebers wie auch eine wirksame und abschreckende Sanktion gegen unzulässige Benachteiligungen gewährleistet.

a) Verstoß gegen § 7 Abs. 1 AGG

Der Anspruch setzt zunächst eine Verletzung des Benachteiligungsverbots aus § 7 Abs. 1 AGG voraus. Nicht erforderlich ist, dass der Verstoß so schwerwiegend ist, dass er das allgemeine Persönlichkeitsrecht beeinträchtigt.[1283] Hierzu finden sich weder im Wortlaut noch in der Gesetzesbegründung Hinweise. § 15 Abs. 2 AGG enthält selbst keine Tatbestandsvoraussetzungen, sondern stellt klar, dass der Beschäftigte eine angemessene Entschädigung für einen etwaigen Nichtvermögensschaden geltend machen kann. Dementsprechend muss auf den Tatbestand des vorherigen Absatzes rekurriert werden.[1284] Danach ist ein Verstoß gegen das Benachteiligungsverbot ausreichend. Ebenso weist die Gesetzesbegründung darauf hin, dass allein eine unzulässige Benachteiligung wegen eines verpönten Merkmals zu immateriellen Schäden führe.[1285] Die Schwere der Diskriminierung, eine mögliche Beeinträchtigung des allgemeinen Persönlichkeitsrechts und der Verschuldensgrad

---

1280 *Adomeit/Mohr*, § 15 AGG, Rn. 23; *Bauer/Evers*, NZA 2006, 893 (894).
1281 ArbG Berlin vom 22.8.2007, Az. 86 Ca 1696/07, Rn. 134, juris; *Lingemann/Gotham*, NZA 2007, 663 (669); Wendeling-Schröder/Stein-*Stein*, § 15 AGG, Rn. 25.
1282 Däubler/Bertzbach-*Deinert*, § 15 AGG, Rn. 69; *Lingemann/Gotham*, NZA 2007, 663 (669); Wendeling-Schröder/Stein-*Stein*, § 15 AGG, Rn. 87; *Wiedemann*, NZA 2007, 950 (953).
1283 BAG vom 22.1.2009, Az. 8 AZR 906/07, LS Nr. 2, NZA 2007, 945; *Bauer/Evers*, NZA 2006, 893 (896); Däubler/Bertzbach-*Deinert*, § 15 AGG, Rn. 50; *Jacobs*, RdA 2009, 193 (195); *Meinel/Heyn/Herms*, § 15 AGG, Rn. 37; Schleusener/Suckow/Voigt-*Voigt*, § 15 AGG, Rn. 28; a.A. *Adomeit/Mohr*, § 15 AGG, Rn. 38.
1284 *Adomeit/Mohr*, § 15 AGG, Rn. 35; *Bauer/Evers*, NZA 2006, 893 (896); *Kamanabrou*, RdA 2006, 321 (336)
1285 BT-Drucksache 16/1780, S. 38.

finden allerdings bei der Bemessung des immateriellen Schadens und somit auf der Rechtsfolgenseite Berücksichtigung.[1286]

b) Verschulden

Es ist klärungsbedürftig, ob und in welchem Umfang ein Arbeitgeber, der einen benachteiligenden Tarifvertrag anwendet und dadurch seine Beschäftigten diskriminiert, den Verstoß gegen § 7 Abs. 1 AGG verschuldet haben muss, damit die Betroffenen einen Anspruch auf Ersatz des immateriellen Schadens nach § 15 Abs. 1 und 2 AGG geltend machen können. Hierbei kommt § 15 Abs. 3 AGG erhebliche Bedeutung zu.

aa) Grundsatz: kein Verschulden bei § 15 Abs. 2 AGG

Stellt man lediglich auf Wortlaut und Systematik des § 15 Abs. 2 AGG ab, so gelangt man zu dem Schluss, dass der Ersatz des immateriellen Schadens verschuldensabhängig ist. So ist die Regelung als eine Rechtsfolgennorm konzipiert, die keine Tatbestandsvoraussetzungen benennt. Daher muss auf § 15 Abs. 1 AGG zurückgriffen werden, der neben einer unzulässigen Benachteiligung zusätzlich in seinem zweiten Satz ein Verschulden voraussetzt.[1287] Dennoch steht diesem Ergebnis der insoweit eindeutige gesetzgeberische Wille entgegen.[1288] Schließlich wollte der Gesetzgeber mit der Regelung eine wirksame und abschreckende Sanktion gegen Diskriminierungen statuieren. Dabei bezieht er sich konkret auf die *Draehmpaehl*-Entscheidung des EuGH,[1289] in der das Verschuldenserfordernis als europarechtswidrig angeprangert wurde.[1290] Dementsprechend sind § 15 Abs. 1 und 2 AGG dahingehend auszulegen, dass sich der Tatbestand des Anspruchs auf immateriellen Schadensersatz ausschließlich aus § 15 Abs. 1 S. 1 AGG ergibt.[1291] Folglich ist le-

---

1286 LAG Berlin-Brandenburg vom 5.12.2007, Az. 24 Sa 1684/07, Rn. 40, juris.
1287 Vgl. jeweils *Bauer/Evers*, NZA 2006, 893 (896); Schleusener/Suckow/Voigt-*Voigt*, § 15 AGG, Rn. 39.
1288 *Meinel/Heyn/Herms*, § 15 AGG, Rn. 35; *Willemsen/Schweibert*, NJW 2006, 2583 (2589).
1289 EuGH vom 22.4.1997, Rs. C-180/95 (Draehmpaehl), AP Nr. 13 zu § 611a BGB.
1290 BT-Drucksache 16/1780, S. 38.
1291 *Bauer/Evers*, NZA 2006, 893 (896); *Kamanabrou*, RdA 2006, 321 (336); *Meinel/Heyn/Herms*, § 15 AGG, Rn. 35; *Simon/Greßlin*, BB 2007, 1782 (1783); Wendeling-Schröder/Stein-*Stein*, § 15 AGG, Rn. 30.

diglich ein Verstoß gegen das Benachteiligungsverbot und kein Verschulden erforderlich.[1292]

bb) Ausnahme: § 15 Abs. 3 AGG

Eine Ausnahme von dem Grundsatz, dass der immaterielle Schadensersatz verschuldensunabhängig ist, könnte mit § 15 Abs. 3 AGG begründet werden.[1293] Gemäß dieser Regelung hat ein Arbeitgeber, der Kollektivvereinbarungen anwendet und dadurch Beschäftigte diskriminiert, nur Vorsatz und grobe Fahrlässigkeit zu vertreten. Die Norm findet somit ihrem Wortlaut nach auf die hier behandelte Altersdiskriminierung infolge tariflicher Vergütung Anwendung.

(1) Grund für die Privilegierung

Nach der Gesetzesbegründung trägt die Vorschrift der höheren Richtigkeitsgewähr von Tarifverträgen Rechnung.[1294] Teilweise wird auch auf die besondere Stellung der Tarifvertragsparteien nach Art. 9 Abs. 3 GG verwiesen.[1295] Diese Erwägungen können allerdings nicht überzeugen. Die Richtigkeitsgewähr bezieht sich weniger auf die rechtliche Zulässigkeit einer tariflichen Vereinbarung als vielmehr auf ihren Inhalt. Es wird nämlich vermutet, dass die Tarifparteien einen ausgewogenen Ausgleich zwischen Arbeitnehmer- und Arbeitgeberinteressen erzielt haben.[1296] Dass die Sozialpartner Immunität gegenüber höherrangigem Recht genießen, ist dem deutschen Recht indes fremd.[1297] Auch Art. 9 Abs. 3 GG verlangt nicht zwingend eine derartige Privilegierung, da die Tarifautonomie durch Rechte mit Verfassungsrang

---

1292 BAG vom 22.1.2009, Az. 8 AZR 906/07, LS Nr. 1, NZA 2007, 945; LAG Berlin-Brandenburg vom 5.12.2007, Az. 24 Sa 1684/07, Rn. 42, juris; LAG Hamm vom 7.8.2008, Az. 11 Sa 284/08, Rn. 70, juris; Däubler/Bertzbach-*Deinert*, § 15 AGG, Rn. 58; vgl. *Jacobs*, RdA 2009, 193 (196), der zum selben Ergebnis ohne Rückgriff auf § 15 Abs. 1 AGG gelangt, denn nach seiner Auffassung handelt es sich bei § 15 Abs. 2 AGG um einen eigenständigen verschuldensunabhängigen Tatbestand, was sich einerseits aus der sprachlichen Unterscheidung von Schadensersatz und Entschädigung ergibt und andererseits aus § 15 Abs. 4 AGG, der von Ansprüchen aus Absatz 1 und 2 ausgeht.
1293 Vgl. jeweils *Deinert*, BB 2007, 398 (401); *Willemsen/Schweibert*, NJW 2006, 2583 (2591).
1294 BT-Drucksache 16/1780, S. 38.
1295 Schleusener/Suckow/Voigt-*Voigt*, § 15 AGG, Rn. 57.
1296 Däubler/Bertzbach-*Deinert*, § 15 AGG, Rn. 89; *Gamillscheg*, S. 284 ff.; *Jacobs*, RdA 2009, 193 (197); *Kamanabrou*, RdA 2006, 321 (337); Wendeling-Schröder/Stein-*Stein*, § 15 AGG, Rn. 58.
1297 *Jacobs*, RdA 2009, 193 (197)

eingeschränkt werden kann.[1298] Demgegenüber soll die Sonderregelung in § 15 Abs. 3 AGG dem einzelnen Arbeitgeber entgegenkommen, der unmittelbar oder mittelbar an eine diskriminierende Kollektivvereinbarung gebunden ist. Denn dieser befindet sich in einem schwer lösbaren Spannungsverhältnis. Zum einen darf er Tarifbestimmungen, die gegen das AGG verstoßen, nicht anwenden und zum anderen ist er verpflichtet, rechtmäßige tarifliche Regelungen anzuwenden.[1299] Für den Arbeitgeber kann es aber schwierig sein, festzustellen, wann eine Anwendungspflicht besteht und wann nicht. Ignoriert er den Tarifvertrag, setzt er sich möglicherweise verschiedenen Klagen aus. So können zunächst die betroffenen Arbeitnehmer gerichtlich geltend machen, dass ihnen tarifliche Rechte zustehen. Im Falle eines Haustarifvertrags kann zusätzlich die beteiligte Gewerkschaft direkt gegen ihren Vertragspartner oder bei einem Verbandstarifvertrag die Arbeitgeberorganisation gegen ihr Mitglied vorgehen.[1300] Wendet er hingegen diskriminierende Tarifbestimmungen an, trifft ihn der Gleichstellungsanspruch sowie gegebenenfalls Ansprüche auf Schadensersatz.[1301]

(2) Anknüpfungspunkt und Maßstab für das Verschulden

Dementsprechend knüpft das Verschulden an den Vollzug der Tarifnormen an und nicht an ihre Schaffung,[1302] was durch den Wortlaut des § 15 Abs. 3 AGG[1303] wie auch die Gesetzesbegründung unterstrichen wird.[1304] Während in den betroffenen Tarifverträgen die Altersdiskriminierung bloß angelegt ist, vollzieht sie sich erst in der Anwendung der Kollektivvereinbarung.[1305] Es wird also dem Arbeitgeber vorgeworfen, dass er tarifliche Regelungen anwendet, obwohl er weiß oder grob fahrlässig verkennt, dass sie altersdiskriminierend sind und er sie aufgrund der Nichtigkeitsfolge nach § 7 Abs. 2 AGG nicht anzuwenden braucht.[1306] Dabei ist es ausweislich der Gesetzesbegründung grundsätzlich unerheblich, ob er unmittelbar,

---

1298 Siehe oben 3. Kapitel A. II.
1299 Vgl. *Willemsen/Schweibert*, NJW 2006, 2583 (2589).
1300 Vgl. jeweils BAG vom 25.1.2006, Az. 4 AZR 552/04, OS Nr. 1, AP Nr. 6 zu § 1 TVG (Durchführungspflicht); *Löwisch/Rieble*, § 1 TVG, Rn. 397 f.
1301 *Adomeit/Mohr*, § 15 AGG, Rn. 65.
1302 *Kamanabrou*, RdA 2006, 321 (337); *Wiedemann*, NZA 2007, 950 (953).
1303 *Nebeling/Miller*, RdA 2007, 289 (291).
1304 Vgl. BT-Drucksache 16/1780, S. 38.
1305 *Kamanabrou*, ZfA 2006, 327 (335).
1306 *Kamanabrou*, RdA 2006, 321 (337); *dies.*, ZfA 2006, 327 (339); MüKo-*Thüsing*, § 15 AGG, Rn. 34; *Nebeling/Miller*, RdA 2007, 289 (292); *Richardi*, NZA 2006, 881 (885); Wendeling-Schröder/Stein-*Stein*, § 15 AGG, Rn. 63.

kraft arbeitsvertraglicher Bezugnahmeklausel oder aufgrund einer Allgemeinverbindlichkeitserklärung an den Tarifvertrag gebunden ist, denn auch hier kann ihn u.U. eine Anwendungspflicht gegenüber den Gewerkschaften, seinem Verband bzw. seinen Beschäftigten treffen.[1307]

Vorsätzlich handelt der Arbeitgeber, sofern er die Vorschriften anwendet, obwohl er weiß, dass sie altersdiskriminierend sind. Nach der allgemeinen Definition ist von grober Fahrlässigkeit auszugehen, wenn der Arbeitgeber die geforderte Sorgfalt in besonders schwerem Maße außer Acht lässt und das gebotene Verhalten jedem anderen ohne weiteres einleuchten würde. Der Verstoß gegen das AGG muss sich daher dem Arbeitgeber geradezu aufdrängen.[1308] Davon kann ausgegangen werden, wenn er sich im Widerspruch zu einer gefestigten Rechtsprechung verhält.[1309] Hat sich eine solche noch nicht entwickelt, ist die grobe Fahrlässigkeit ausgeschlossen, sofern der Arbeitgeber einer vertretbaren Rechtsansicht folgt.[1310] Demgegenüber handelt ein Arbeitgeber nicht schon grob fahrlässig, sofern er die herrschende Meinung in der rechtswissenschaftlichen Literatur missachtet.[1311] Das Meinungsbild des juristischen Schrifttums ist gerade bei aktuellen Themen wie dem AGG einem ständigen Wandel unterworfen. Dementsprechend wäre die Anknüpfung an die vorherrschende Auffassung mit erheblicher Rechtsunsicherheit verbunden.[1312] Bisweilen kann es sich auch als äußerst schwierig darstellen, eine herrschende Meinung überhaupt ausfindig zu machen.

Nach den aufgestellten Grundsätzen würden Arbeitgeber, die altersdiskriminierende tarifliche Entlohnungsregelungen anwenden, kein Verschulden treffen. So besteht für die am Lebensalter bemessene Vergütung (noch) keine gefestigte Rechtsprechung, wie die divergierenden Urteile des LAG Berlin-Brandenburg[1313] sowie des Arbeitsgerichts Marburg[1314] zeigen. Zwar geht die vorherrschende Litera-

---

1307 *Bauer/Evers*, NZA 2006, 893 (897); *Bauer/Göpfert/Krieger*, § 15 AGG, Rn. 42; MüKo-Thüsing, § 15 AGG, Rn. 37; *Richardi*, NZA 2006, 881 (885); vgl. BT-Drucksache 16/1780, S. 38.
1308 Jauernig-*Stadler*, § 276 BGB, Rn. 33; *Nebeling/Miller*, RdA 2007, 289 (292).
1309 *Kamanabrou*, ZfA 2006, 327 (340); *Lingemann/Gotham*, NZA 2007, 663 (669); *Wiedemann*, NZA 2007, 950 (953 f.); *Wulfers/Hecht*, ZTR 2007, 475 (483).
1310 *Adomeit/Mohr*, § 15 AGG, Rn. 66; *Bauer/Göpfert/Krieger*, § 15 AGG, Rn. 40; MüKo-Thüsing, § 15 AGG, Rn. 35.
1311 So aber von Steinau-Steinrück/Schneider/Wagner, NZA 2005, 28 (31).
1312 *Kamanabrou*, ZfA 2006, 327 (340); *Wulfers/Hecht*, ZTR 2007, 475 (483).
1313 LAG Berlin-Brandenburg vom 11.9.2008, Az. 20 Sa 2244/07, NZA-RR 2009, 378.
1314 ArbG Marburg vom 26.9.2008, Az. 2 Ca 183/08, NZA-RR 2009, 165.

turmeinung von einer Unzulässigkeit aus,[1315] allerdings finden sich auch gegenläufige Stimmen im Schrifttum.[1316] Auch die Vorlage des BAG, welches sich mit der diskriminierungsrechtlichen Zulässigkeit von § 27 Abs. 1 BAT auseinandersetzt, an den EuGH zeigt, dass es nicht unvertretbar ist, von einer Zulässigkeit der altersbedingten Vergütung auszugehen.[1317] Demgegenüber könnte man in Hinblick auf die Vergütung nach Beschäftigungsdauer oder Betriebszugehörigkeit von einer gefestigten Rechtsprechung des EuGH ausgehen, wonach die Anknüpfung an diese Kriterien zulässig sei.[1318] Selbst wenn man insoweit eine gefestigte Rechtsprechung noch nicht annehmen mag, geht das Schrifttum überwiegend davon aus, dass die beiden Anknüpfungspunkte aus diskriminierungsrechtlicher Sicht unbedenklich sind,[1319] sodass eine vertretbare Rechtsansicht, welche die grobe Fahrlässigkeit ausschließt, gegeben ist.

(3) Europarechtswidrigkeit

Indem § 15 Abs. 3 AGG wieder ein Verschulden für den Ausgleich des immateriellen Schadens fordert, könnte er gegen die Rechtsprechung des EuGH verstoßen, der zufolge Sanktionen verschuldensunabhängig auszugestalten sind.[1320] Dem wird nicht bereits durch die Verschuldensvermutung in § 15 Abs. 1 S. 2 AGG entsprochen.[1321] Zum einen ändert dies nichts an der Tatsache, dass ein Verschulden letztlich doch erforderlich ist, und zum anderen wenden sich die Entscheidungen des

---

1315 Däubler/Bertzbach-*Brors*, § 10 AGG, Rn. 56; ErfK-*Schlachter*, § 10 AGG, Rn. 4; Hanau, ZIP 2006, 2189 (2197); *Körner*, NZA 2008, 497 (500); Lingemann/Gotham, NZA 2007, 663 (666); *Lingscheid*, S. 203; *Linsenmaier*, RdA 2003, Sonderbeilage zu Heft 5, 22 (29); *Löwisch*, DB 2006, 1729 (1730); *Löwisch/Caspers/Neumann*, S. 34); *M. Schmidt/Senne*, RdA 2002, 80 (88).
1316 *Henssler/Tillmanns*, FS Birk, S. 179 (S. 183 ff.); *Linnartz*, jurisPR-ArbR 48/2008 Anm. 6, 1 (2); *Wiedemann/Thüsing*, NZA 2002, 1234 (1241).
1317 Vgl. BAG vom 20.5.2010, Az. 6 AZR 148/09 (A), NZA 2010, 961.
1318 EuGH vom 17.10.1989, Rs. C-109/88 (Danfoss), AP Nr. 19 zu Art. 119 EWG-Vertrag; EuGH vom 3.10.2006, Rs. C-17/05 (Cadman), AP Nr. 15 zu Art. 141 EG-Vertrag.
1319 Siehe oben 3. Kapitel B. II. und III.
1320 *Deinert*, BB 2007, 398 (401); *Kamanabrou*, RdA 2006, 321 (336); *Meinel/Heyn/Herms*, § 15 AGG, Rn. 8; MüKo-*Thüsing*, § 15 AGG, Rn. 33; *Stork*, ZEuS 2005, 1 (47); *Wagner/Potsch*, JZ 2006, 1085 (1091); vgl. jeweils EuGH vom 22.4.1997, Rs. C-180/95 (Draehmpaehl), AP Nr. 13 zu § 611a BGB; EuGH vom 8.11.1990, Rs. C-177/88 (Dekker), AP Nr. 23 zu Art. 119 EWG-Vertrag.
1321 So aber Wendeling-Schröder/Stein-*Stein*, § 15 AGG, Rn. 17.

EuGH uneingeschränkt gegen ein Verschuldenserfordernis.[1322] Auch die Tarifautonomie kann für die Privilegierung nicht ins Feld geführt werden, zumal der EuGH ihr im Antidiskriminierungsrecht grundsätzlich keine besondere Bedeutung beimisst.[1323]

Die Urteile aus Luxemburg, die sich mit Sekundäransprüchen befassen, sind allerdings nicht eins zu eins auf den Fall der Entgeltdiskriminierung übertragbar. Schließlich betrafen sie unzulässige Benachteiligungen, die im Rahmen des Einstellungsverfahrens erfolgten. Die nationalen Vorschriften beschränkten die Rechtsfolge auf Sekundäransprüche, während die hier relevante Entgeltdiskriminierung einen Erfüllungsanspruch auf Gleichstellung nach sich zieht. Dieser ist verschuldensunabhängig und entspricht insoweit den europarechtlichen Vorgaben. Indes gleicht er rückwirkend nur die Vergütungsdifferenz und somit lediglich den materiellen Schaden aus, der Immaterielle bleibt außen vor. Dadurch wird aber im Gegensatz zur Auffassung des EuGH nicht die volle Haftung des Arbeitgebers begründet.[1324] Die Gegner des Verschuldenserfordernisses weisen ferner darauf hin, dass nur eine verschuldensunabhängige Haftung als abschreckende Sanktion aufgefasst werden könne.[1325] Dem Argument kommt aber in diesem Zusammenhang nur geringes Gewicht zu, denn eine Abschreckung erfolgt bereits durch die grundsätzlich uneingeschränkte Angleichung nach oben für die Vergangenheit.[1326]

Wurde aber die Europarechtswidrigkeit einer Verschuldenshaftung für immaterielle Schäden festgestellt, so stellt sich die Frage nach den Folgen. Ob der Verstoß gegen die europarechtlichen Vorgaben nach den Grundsätzen der *Mangold*-Entscheidung[1327] dazu führt, dass die Vorschrift unangewendet bleibt,[1328] ist äußerst fraglich, zumal § 15 Abs. 3 im Unterschied zu § 14 Abs. 3 S. 1 TzBfG nicht unmittelbar diskriminiert.[1329] Demgegenüber bietet sich eine europarechtskonforme Auslegung von § 15 Abs. 2 und 3 AGG an,[1330] die nicht an den Tatbestand, sondern an

---

1322 EuGH vom 8.11.1990, Rs. C-177/88 (Dekker), Rn. 24, AP Nr. 23 zu Art. 119 EWG-Vertrag; EuGH vom 22.4.1997, Rs. C-180/95 (Draehmpaehl), Rn. 17, AP Nr. 13 zu § 611a BGB.
1323 *Adomeit/Mohr*, § 15 AGG, Rn. 64; dazu bereits oben 3. Kapitel A. III.
1324 *Jacobs*, RdA 2009, 193 (198); *Meinel/Heyn/Herms*, § 15 AGG, Rn. 8; vgl. EuGH vom 8.11.1990, Rs. C-177/88 (Dekker), Rn. 26, AP Nr. 23 zu Art. 119 EWG-Vertrag.
1325 Däubler/Bertzbach-*Deinert*, § 15 AGG, Rn. 30.
1326 Vgl. MüKo-*Thüsing*, § 15 AGG, Rn. 31, der aber nicht wie hier auf den Gleichstellungsanspruch abstellt, sondern auf einen Sekundäranspruch aus § 7 Abs. 2 AGG i.V.m. §§ 7 Abs. 3 AGG, 280 Abs. 1 BGB.
1327 EuGH vom 22.11.2005, Rs. C-144/04 (Mangold), AP Nr. 1 zu Richtlinie 2000/78/EG.
1328 So Däubler/Bertzbach-*Deinert*, § 15 AGG, Rn. 89; *Meinel/Heyn/Herms*, § 15 AGG, Rn. 59.
1329 *Jacobs*, RdA 2009, 193 (198); vgl. *Wagner/Potsch*, JZ 2006, 1085 (1093).
1330 A.A. *Jacobs*, RdA 2009, 193 (197) mit dem Hinweis auf den Wortlaut der Vorschriften.

die Rechtsfolgen anknüpft. Die Regelungen können so gelesen werden, dass das in § 15 Abs. 3 AGG vorgegebene Verschulden keine Voraussetzung des Anspruchs darstellt, wohl aber für die Bemessung des Umfangs maßgeblich ist.[1331] Ein solches Vorgehen wäre von dem Wortlaut der Regelungen gedeckt, weil § 15 Abs. 2 AGG als Rechtsfolgennorm konzipiert ist. Des Weiteren entspricht es dem zivilrechtlichen Haftungsrecht in Deutschland, dass sich der immaterielle Schaden im hohen Maße nach dem Verschulden des Täters richtet. Somit wäre den Vorgaben des EuGH entsprochen. Der Anspruch würde kein Verschulden erfordern und den Arbeitgeber würde die volle Haftung treffen; er müsste nämlich nur den immateriellen Schaden ausgleichen, den er tatsächlich verursacht hat. Wie von dem Gerichtshof gefordert, würden dann Schaden und Sanktion in einem angemessen Verhältnis zu einander stehen. Im Übrigen steht die hier vorgeschlagene Auslegung im Einklang mit dem Willen des deutschen Gesetzgebers, der mit § 15 Abs. 3 AGG eine Privilegierung von Kollektivvereinbarungen angestrebt hat.

cc) Fazit zum Verschulden

Damit erfordert der Ersatz des immateriellen Schadens kein Verschulden des Arbeitgebers bei der Anwendung der Kollektivvereinbarung. Daran ändert auch nichts § 15 Abs. 3 AGG. Aufgrund einer europarechtskonformen Auslegung ist diese Vorschrift aber auf der Rechtsfolgenseite bei der Bestimmung der Anspruchshöhe zu beachten, denn der Nichtvermögensschaden bestimmt sich maßgeblich nach dem Verschuldensgrad des Schädigers.

c) Ordnungs- und fristgemäße Geltendmachung

Der Anspruch auf Entschädigung nach § 15 Abs. 2 AGG ist form- und fristgebunden gem. §§ 15 Abs. 4 S. 1 AGG, 61b Abs. 1 ArbGG. Jedoch können die Tarifparteien nach dem Wortlaut der Vorschrift auch abweichende Regelungen treffen. Dies gilt sowohl zum Vorteil als auch zum Nachteil der Beschäftigten.[1332]

Es wird vorausgesetzt, dass der Anspruch schriftlich gegenüber dem Arbeitgeber geltend gemacht wird. Dafür genügt die einfache Textform, da auch auf diese Weise der Beweisfunktion ausreichend Rechnung getragen wird. Dies entspricht auch der Rechtsprechung des BAG zu Ansprüchen, die einer tariflichen Aus-

---

1331 So im Ergebnis Wendeling-Schröder/Stein-*Stein*, § 15 AGG, Rn. 60.
1332 *Bauer/Evers*, NZA 2006, 893 (896); Däubler/Bertzbach-*Deinert*, § 15 AGG, Rn. 105; Wendeling-Schröder/Stein-*Stein*, § 15 AGG, Rn. 78.

schlussfrist unterliegen.¹³³³ Daher müssen nicht die Voraussetzungen des § 126 Abs. 1 BGB erfüllt sein,¹³³⁴ sodass eine eigenhändige Unterschrift des potentiellen Anspruchsstellers entbehrlich ist. Das Formerfordernis wird außerdem durch die gerichtliche Geltendmachung und die Zustellung an den Arbeitgeber erfüllt.¹³³⁵ Inhaltlich ist der Beschäftigte verpflichtet, darzustellen, welcher Vorgang ihn benachteiligt. Aufgrund der schwierigen Bestimmung des immateriellen Schadens ist es nicht erforderlich, den Anspruch genau zu beziffern.¹³³⁶

§§ 15 Abs. 4 S. 1 AGG, 61b Abs. 1 ArbGG statuieren eine zweistufige materiellrechtliche Ausschlussfrist für die Sekundäransprüche des AGG. Das Gericht muss die Einhaltung von Amts wegen berücksichtigen.¹³³⁷ Die Reglungen sollen die betroffenen Arbeitgeber entlasten. Diesen trifft nämlich aufgrund der arbeitnehmerfreundlichen Beweislastverteilung des § 22 AGG¹³³⁸ eine Dokumentationsobliegenheit. Mit Hilfe der Fristen wird diese Obliegenheit zeitlich beschränkt.¹³³⁹

Zunächst muss das mutmaßliche Diskriminierungsopfer den Anspruch innerhalb von zwei Monaten geltend machen. Wie § 15 Abs. 4 S. 2 AGG zu entnehmen ist, beginnt die Frist zu dem Zeitpunkt, in dem der Arbeitnehmer von der Benachteiligung Kenntnis erlangt hat. Die Frage, ob der Betroffene wissen muss, dass er aufgrund eines verpönten Merkmals diskriminiert wurde,¹³⁴⁰ oder ob lediglich das Wissen um eine Benachteiligung ausreicht,¹³⁴¹ muss für den Fall der tariflichen Altersdiskriminierung nicht geklärt werden. Schließlich findet sich in den einschlägigen Tarifverträgen schwarz auf weiß eine Unterscheidung nach Lebensalter, Beschäftigungsdauer oder Betriebszugehörigkeit. Daher ist die unmittelbare oder mittelbare Differenzierung nach Alter für die Beschäftigten offensichtlich. Die Frist ist für

---

1333 BAG vom 11.10.2000, Az. 5 AZR 313/99, LS, AP Nr. 153 zu § 4 TVG (Ausschlussfristen).
1334 *Bauer/Göpfert/Krieger*, § 15 AGG, Rn. 55; *Meinel/Heyn/Herms*, § 15 AGG, Rn. 69; Schleusener/Suckow/Voigt-*Voigt*, § 15 AGG, Rn. 76; Wendeling-Schröder/Stein-*Stein*, § 15 AGG, Rn. 72; a.A. *Annuß*, BB 2006, 1629 (1635); *Boemke/Danko*, § 9, Rn. 47; Däubler/Bertzbach-*Deinert*, § 15 AGG, Rn. 110.
1335 Schleusener/Suckow/Voigt-*Voigt*, § 15 AGG, Rn. 76.
1336 BAG vom 15.2.2005, Az. 9 AZR 635/03, LS Nr. 2, AP Nr. 7 zu § 81 SGB IX.
1337 Däubler/Bertzbach-*Deinert*, § 15 AGG, Rn. 99, 115; *Jacobs*, RdA 2009, 193 (200); *Meinel/Heyn/Herms*, § 15 AGG, Rn. 63; Schleusener/Suckow/Voigt-*Voigt*, § 15 AGG, Rn. 67.
1338 Siehe dazu oben 2. Kapitel D. VI.
1339 BT-Drucksache 16/1780, S. 38; Däubler/Bertzbach-*Deinert*, § 15 AGG, Rn. 101; *Jacobs*, RdA 2009, 193 (200); Schleusener/Suckow/Voigt-*Voigt*, § 15 AGG, Rn. 67.
1340 So Däubler/Bertzbach-*Deinert*, § 15 AGG, Rn. 105; *Kamanabrou*, RdA 2006, 321 (338); *Meinel/Heyn/Herms*, § 15 AGG, Rn. 67; Wendeling-Schröder/Stein-*Stein*, § 15 AGG, Rn. 74 f.
1341 So *Adomeit/Mohr*, § 15 AGG, Rn. 81; *Annuß*, BB 2006, 1629 (1635); MüKo-*Thüsing*, § 15 AGG, Rn. 44.

jeden Auszahlungsvorgang separat zu bestimmen. Bei der Entlohnung handelt es sich eben nicht um einen Dauertatbestand. Ein solcher liegt vor, wenn die Benachteiligungshandlungen in einem untrennbaren Zusammenhang stehen und die Aufspaltung dieses einheitlichen Prozesses künstlich wäre,[1342] wie dies z.B. beim Mobbing der Fall ist.[1343] Demgegenüber setzt sich die Vergütung aus mehreren gleichartigen aber teilbaren Zahlungsvorgängen zusammen.[1344] Ferner würde die Annahme eines Dauertatbestands der angestrebten Entlastung des Arbeitgebers zuwiderlaufen, weil die Frist zumindest bei der monatlichen Grundvergütung erst mit der Beendigung des Arbeitsverhältnisses beginnen würde. Regelmäßig dürfte die gesetzliche Ausschlussfrist durch die allgemeinen Tarifvertraglichen ausgeschlossen werden, die in der Praxis auf alle Ansprüche Anwendung finden, welche im Zusammenhang mit dem Arbeitsverhältnis stehen.[1345]

Kommt der Arbeitgeber dem Verlangen des betroffenen Beschäftigten, den Anspruch zu begleichen, nicht nach, muss letzterer gem. § 61b Abs. 1 ArbGG Klage auf Entschädigung vor dem zuständigen Arbeitsgericht erheben.[1346] Dass der Dienstherr die Zahlung der Entschädigung explizit ablehnt, ist nicht erforderlich.[1347] Im Unterschied zu § 15 Abs. 4 S. 1 AGG ist diese Frist nicht tarifdispositiv.[1348]

Die dargestellten gesetzlichen Fristen könnten im Widerspruch zur Rechtsprechung des EuGH stehen, wonach Voraussetzungen und Modalitäten eines Anspruchs, der auf europarechtliche Vorgaben zurückgeht, nicht ungünstiger sein dürfen als bei anderen innerstaatlichen Vorschriften.[1349] Allerdings ist es im deutschen Arbeitsrecht nicht unüblich, dass Ansprüche, die aus einem Tarifvertrag resultieren, durch tarifliche Ausschlussfristen begrenzt sind.[1350] Insoweit hat der EuGH in der Rechtssache *Bulicke* angedeutet, dass eine Ausschlussfrist angemessen ist.[1351] Des Weiteren ist der Anspruch auf Entschädigung nach § 15 Abs. 2 AGG wegen

---

1342 *Bauer/Göpfert/Krieger*, § 15 AGG, Rn. 52.
1343 BAG vom 16.5.2007, Az. 8 AZR 709/06, LS, AP Nr. 5 zu § 611 BGB (Mobbing); LAG Köln vom 15.2.2008, Az. 11 Sa 923/07, Rn. 63, NZA-RR 2008, 622 (625); Schleusener/Suckow/Voigt-*Voigt*, § 15 AGG, Rn. 75.
1344 *Adomeit/Mohr*, § 15 AGG, Rn. 77.
1345 Wendeling-Schröder/Stein-*Stein*, § 15 AGG, Rn. 81.
1346 *Adomeit/Mohr*, § 15 AGG, Rn. 94.
1347 *Adomeit/Mohr*, § 15 AGG, Rn. 94; *Bauer/Göpfert/Krieger*, § 15 AGG, Rn. 58.
1348 Wendeling-Schröder/Stein-*Stein*, § 15 AGG, Rn. 83.
1349 EuGH vom 22.4.1997, Rs. C-180/95 (Draehmpaehl), Rn. 41 ff., AP Nr. 13 zu § 611a BGB.
1350 *Krause*, RdA 2004, 36.
1351 EuGH vom 8.7.2010, Rs. C-246/09, Rn. 31, 34, NJW 2010, 2713 (2714 f.).

der Beweiserleichterung aus § 22 AGG nur beschränkt mit anderen rein nationalen Anspruchsgrundlagen, die einer längeren Frist unterliegen, vergleichbar.[1352]

d) Anspruchsumfang

Der Umfang des zu ersetzenden Nichtvermögensschadens richtet sich nach den schon zu der allgemeinen Vorschrift des § 253 BGB entwickelten Grundsätzen. Dabei ist die Anspruchshöhe vom Gericht nach den Umständen des Einzelfalls festzusetzen.[1353] Maßgebliche Gesichtspunkte hierfür sind die Schwere und die Art der Beeinträchtigung, der Grad des Verschuldens, Anlass und Beweggründe für das Handeln des Arbeitgebers sowie seine Leistungsfähigkeit.[1354] Es wird des Weiteren die erforderliche abschreckende Wirkung angeführt.

aa) Umfang bei der unmittelbaren tariflichen Entgeltdiskriminierung

Indem der Arbeitgeber seine Beschäftigten nach ihrem Lebensalter entlohnt, diskriminiert er sie unmittelbar. Neben dem materiellen Schaden, der bereits durch den Gleichstellungsanspruch ausgeglichen wird, könnte ein Immaterieller hinzutreten.

(1) Vorliegen eines Schadens

Die Ungleichbehandlung ist besonders schwerwiegend, wenn Rechtsgüter oder Rechte des Diskriminierungsopfers beeinträchtigt werden und es sich zudem um einen Wiederholungsfall handelt.[1355] Zwar werden in den hier behandelten Fällen die jüngeren Arbeitnehmer in regelmäßigen Abständen diskriminiert, allerdings geht damit keine Beeinträchtigung ihrer Rechtsgüter oder Rechte einher. In Betracht käme eine Verletzung des allgemeinen Persönlichkeitsrechts gem. Art. 2 Abs. 1 GG i.V.m. Art. 1 Abs. 1 GG. Geschützt wird u.a. die persönliche Ehre. Sie ist verletzt, sofern Beschäftigte aufgrund eines bestimmten Merkmals in herabwürdigen-

---

1352 *Jacobs*, RdA 2009, 193 (200 f.)
1353 BT-Drucksache 16/1780, S. 38; *Bauer/Krieger*, BB 2004, Beilage zu Heft 16, 20 (22); *Jacobs*, RdA 2009, 193 (202); MüKo-*Thüsing*, § 15 AGG, Rn. 11.
1354 *Adomeit/Mohr*, § 15 AGG, Rn. 13; *Bauer/Krieger*, BB 2004, Beilage zu Heft 16, 20 (22); *Jacobs*, RdA 2009, 193 (202 f.); MüKo-*Thüsing*, § 15 AGG, Rn. 13; *Wendeling-Schröder*, DB 1999, 1012 (1016).
1355 Däubler/Bertzbach-*Deinert*, § 15 AGG, Rn. 78; *Meinel/Heyn/Herms*, § 15 AGG, Rn. 44; vgl. *Adomeit/Mohr*, § 15 AGG, Rn. 45.

der Weise als weniger qualifiziert angesehen werden.[1356] Die geringere Vergütung der unteren Alterskategorien könnte zum Ausdruck bringen, ihre Arbeitsleistung werde als minderwertig im Vergleich zu derjenigen ihrer älteren Kollege eingestuft. Dies ist allerdings zu verneinen, zumal die aktuellen Arbeitsmarktdaten belegen, dass Arbeitgeber bevorzugt junge Bewerber einstellen und Ältere entlassen. Den am Lebensalter ausgerichteten Vergütungssystemen liegt vielmehr der Gedanke zugrunde, dass jeder Beschäftigte ein bestimmtes Alter durchläuft und damit in den Genuss von bisher vorenthaltenen Vorteilen kommt. Dies ist auch der Grund dafür, warum die diskriminierten Altersstufen das Prinzip der altersabhängigen Entlohnung akzeptieren. Aber nicht nur gesellschaftlich wird die Differenzierung nach Lebensalter als sozialadäquat aufgefasst, sondern auch in zahlreichen arbeitsrechtlichen Vorschriften angeordnet.[1357] Ferner hat das Alter keine den übrigen verpönten Merkmalen vergleichbare Missbrauchsgeschichte.[1358] Von einer besonders herabwürdigenden Behandlung kann daher nicht die Rede sein. Mithin fehlt es an der Beeinträchtigung des Allgemeinen Persönlichkeitsrechts.

Der Anspruch nach § 15 Abs. 1 und 2 AGG auf Ersatz des immateriellen Schadens ist verschuldensunabhängig. Gleichwohl kommt dem Verschulden des Arbeitgebers bei der Bestimmung des Umfangs eine entscheidende Bedeutung zu.[1359] Für die hier relevanten Konstellationen kommt die Privilegierung des § 15 Abs. 3 AGG zur Anwendung. Da aber entsprechend dieses Maßstabes der Arbeitgeber weder vorsätzlich noch grob fahrlässig bei der Anwendung der Kollektivvereinbarungen handelt,[1360] fehlt das für den immateriellen Schaden erforderliche Verschulden. Ebenso wird ein Arbeitgeber, der lediglich dem Tarifvertrag nachkommen möchte und nicht ohne weiteres einschätzen kann, ob seine Vergütungsvorschriften nichtig sind oder nicht, von keinen verwerflichen Beweggründen angetrieben.

(2) Vom Schaden unabhängiger Strafschadensersatz

Obgleich es an einem immateriellen Schaden fehlt, könnte man eine Zahlungsverpflichtung des Arbeitgebers mit dem vom EuGH geforderten Erfordernis einer abschreckenden Sanktion begründen.[1361] Eine Sanktion, die über den entstanden Schaden hinausgeht, ist aber weder europarechtlich geboten noch mit dem deutschen

---

1356 Ausführlich zum Allgemeinen Persönlichkeitsrecht siehe oben 3. Kapitel A. II. 4.
1357 Siehe oben 1. Kapitel B.
1358 *König*, FS Zuleeg, S. 341 (S. 360); *Stalder*, S. 183, 190; *Steiner*, NZA 2008, 73 (77).
1359 *Adomeit/Mohr*, § 15 AGG, Rn. 46; *Bauer/Göpfert/Krieger*, § 15 AGG, Rn. 36.
1360 Siehe oben 4. Kapitel C. II. 2. b) bb) (2).
1361 Däubler/Bertzbach-*Deinert*, § 15 AGG, Rn. 14.

Verfassungs- und Zivilrecht in Einklang zu bringen, da es sich um eine unzulässige zivilrechtliche Strafbestimmung handelt.

Der Gerichtshof fordert nicht nur eine abschreckende Wirkung, sondern darüber hinaus die volle Haftung des Schädigers sowie ein adäquates Verhältnis von Schaden und Einstandspflicht.[1362] Dem wird bereits durch den Gleichstellungsanspruch Genüge getan. Infolge der rückwirkenden Angleichung nach oben werden Arbeitgeber davon absehen, eine altersabhängige Vergütung zu gewähren, und der Schädiger gleicht den tatsächlich entstandenen Schaden aus, wodurch wiederum eine angemessene Relation von Schaden und Haftung erreicht wird. Nichts anderes kann dem Richtlinienvorschlag der Kommission entnommen werden. In der Begründungserwägung zu der Sanktionsregelung des Art. 14 ist zwar von Strafen die Rede, dennoch wird im Folgenden ausgeführt, dass zum einen die Verhältnismäßigkeit zu wahren sei und zum anderen die Mitgliedsstaaten nicht verpflichtet würden, strafrechtliche Sanktionen einzuführen.[1363] Etwas Gegenteiliges würde den Kompetenzen der europäischen Institution zuwiderlaufen, da sich ihre Regelungsbefugnis nicht auf das Strafrecht erstreckt.[1364]

Der Verzicht auf einen Schaden steht im Widerspruch zur Konzeption des deutschen Zivilrechts.[1365] Dieses ist im Unterschied zum Strafschadensersatz des US-amerikanischen Privatrechts ausschließlich auf Kompensation ausgerichtet.[1366] Demgegenüber kommt dem Strafschadensersatz eine Abschreckungs- und Sühnefunktion zu.[1367] Aus diesem Grund hat der BGH die Vollstreckung eines Urteils, welches in den USA ergangen ist und die Zahlung von sog. *„punitive damages"* vorsah,[1368] aus Gründen des *ordre public* gem. Art. 6 EGBGB, §§ 723, 328 Abs. 1 Nr. 4 ZPO verweigert, weil ein unerträglicher Verstoß gegen wesentliche Grundsätze des deutschen Rechts vorliege.[1369] Schwer wiegen ebenfalls die verfassungs-

---

1362 *Wagner*, AcP 206, 352 (394); vgl. jeweils EuGH vom 10.4.1984, Rs. C-14/83 (Colson und Kamann), LS Nr. 2, AP Nr. 1 zu § 611a BGB; EuGH vom 10.4.1984, Rs. C-79/83 (Harz), LS Nr. 2, AP Nr. 2 zu § 611a BGB.
1363 KOM (1999) 565 endg., S. 16.
1364 *Adomeit/Mohr*, § 15 AGG, Rn. 54; Schwarze-*Herrnfeld*, Art. 94 EGV, Rn. 51.
1365 *Benecke/Kern*, EuZW 2005, 360 (362); *Kamanabrou*, ZfA 2006, 327 (336 f.); *Thüsing*, ZfA 2001, 397 (413 f.).
1366 BGH vom 4.6.1992, Az. IX ZR 149/91, Rn. 73, NJW 1992, 3096 (3103); *Adomeit/Mohr*, § 15 AGG, Rn. 54; Däubler/Bertzbach-*Deinert*, § 15 AGG, Rn. 14; *Herrmann*, ZfA 1996, 19 (36); *Thüsing*, ZfA 2001, 397 (413 f.); Staudinger-*Schiemann*, Vorbem zu §§ 249 ff., Rn. 104; *Wendeling-Schröder*, DB 1999, 1012 (1013).
1367 *Mohr*, S. 120 ff.; *Volmer*, BB 1997, 1582 (1584).
1368 Ausführlich zu punitive damages *Müller*, S. 7 ff.
1369 BGH vom 4.6.1992, Az. IX ZR 149/91, Rn. 65 ff., NJW 1992, 3096 (3102).

rechtlichen Einwände. Da der Entschädigungsanspruch nach § 15 Abs. 1 und 2 AGG kein Verschulden voraussetzt, würde man einen Arbeitgeber auch dann bestrafen, wenn ihm weder Vorsatz noch Fahrlässigkeit zur Last fiele. Dies widerspricht allerdings dem im deutschen Strafrecht geltenden und mit Verfassungsrang ausgestatteten Schuldprinzip, wonach nur vorwerfbares Verhalten zu bestrafen ist.[1370] Im Übrigen ist die vom AGG festgelegte Beweislastregelung des § 22 AGG unvereinbar mit den Anforderungen an ein rechtsstaatliches Strafverfahren,[1371] denn nach dem aus Art. 103 Abs. 2 GG und 6 Abs. 2 EMRK hergeleiteten Grundsatz „*in dubio pro reo*" gilt der Täter unschuldig, bis das Gegenteil erwiesen ist.[1372]

Eine Sanktion, die nicht am materiellen oder immateriellen Schaden ausgerichtet ist, könnte aber in einem Ordnungswidrigkeitstatbestand vorgesehen werden. Dieser Lösungsweg ist nach der Rechtsprechung des EuGH möglich[1373] und wird von Teilen der Literatur gefordert.[1374] Der deutsche Gesetzgeber hat ihn aber nicht eingeschlagen und stattdessen eine zivilrechtliche Sanktion normiert.

bb) Umfang bei der mittelbaren tariflichen Entgeltdiskriminierung

Aufgrund der zur unmittelbaren Benachteiligung dargestellten Erwägungen sind Arbeitgeber, die ihre Angestellten nach Berufsjahren oder Betriebszugehörigkeit entlohnen und dadurch eine mittelbare Altersdiskriminierung begehen, nicht zum Schadensersatz verpflichtet. Erst recht liegt hier keine Beeinträchtigung des allgemeinen Persönlichkeitsrechts vor, denn es wird nicht unmittelbar an das geschützte Merkmal angeknüpft.[1375] Nicht das Lebensalter an sich soll honoriert werden, sondern der vermeintliche Zuwachs an Qualifikation oder die Bindung der Beschäftigten an das Unternehmen.

1370 BVerfG vom 26.2.1969, Az. 2 BvL 15/68, 2 BvL 23/68, Rn. 77, NJW 1969, 1059 (1061); BVerfG vom 14.1.2004, Az. 2 BvR 564/95, Rn. 57, NJW 2004, 2073; BVerfG vom 5.2.2004, Az. 2 BvR 2029/01, Rn. 135, NJW 2004, 739 (745); *Annuß*, NZA 1999, 738 (742); *Kamanabrou*, ZfA 2006, 327 (337); *Werle*, JuS 2001, 49 (51).
1371 *Adomeit/Mohr*, § 15 AGG, Rn. 54; *Medicus*, JZ 2006, 805 (809); vgl. *Kummer*, S. 100, der sich aber auf die entsprechenden Richtlinienvorschriften und die Unschuldsvermutung nach Art. 6 Abs. 2 EMRK bezieht.
1372 *Wessels/Beulke*, Rn. 802; Noak, Jura 2004, 539.
1373 EuGH vom 10.4.1984, Rs. C-14/83 (Colson und Kamann), Rn. 18, AP Nr. 1 zu § 611a BGB; EuGH vom 10.4.1984, Rs. C-79/83 (Harz), Rn. 18, AP Nr. 2 zu § 611a BGB.
1374 *Bauer/Krieger*, BB 2004, 20 (23); *Kamanabrou*, ZfA 2006, 327 (337 f.); *Kummer*, S. 102; *Volmer*, BB 1997, 1582 (1585); *Wank*, NZA 2004, Sonderbeilage zu Heft 22, 16 (19).
1375 Vgl. jeweils LAG Berlin-Brandenburg vom 5.12.2007, Az. 24 Sa 1684/07, Rn. 44, juris; *Adomeit/Mohr*, § 15 AGG, Rn. 45; MüKo-*Thüsing*, § 15 AGG, Rn. 31.

3. Fazit zu Ansprüchen aus § 15 AGG

Somit fehlt es sowohl an einem materiellen als auch immateriellen Schaden, weshalb Opfer der tariflichen Altersdiskriminierung sich nicht auf § 15 AGG berufen können. Das Ergebnis steht im Einklang mit den europarechtlichen Vorgaben, da erlittene Vermögenseinbußen bereits durch den Anspruch auf Gleichstellung ausgeglichen werden.

III. Ansprüche außerhalb des AGG

Nach § 15 Abs. 5 AGG bleiben Ansprüche außerhalb des AGG unberührt. Damit kann ein AGG-Verstoß zu vertraglichen ebenso wie deliktischen Sekundäransprüchen aus den allgemeinen Vorschriften führen.[1376] Hinsichtlich der ersten Gruppe stellt § 7 Abs. 3 AGG zusätzlich klar, dass ein Verstoß gegen § 7 Abs. 1 AGG eine Verletzung der vertraglichen Pflichten darstellt. Somit könnten sich die betroffenen Arbeitnehmer auf § 280 Abs. 1 BGB berufen, um die entgangene Vergütung sowie die Verletzung des allgemeinen Persönlichkeitsrechts geltend zu machen.[1377] Die finanziellen Einbußen werden aber bereits durch den Gleichstellungsanspruch ausgeglichen und eine herabwürdigende Vorgehensweise des Dienstherrn ist zu verneinen, sodass eine Beeinträchtigung des Persönlichkeitsrechts nicht gegeben ist. Gleiches gilt für etwaige deliktische Ansprüche aus § 823 Abs. 1 BGB i.V.m. Art. 2 Abs. 1, 1 Abs. 1 GG sowie § 823 Abs. 2 BGB i.V.m. § 7 Abs. 1 AGG. Auch ein Unterlassungsanspruch nach § 1004 BGB analog, der eine Verletzung der Rechtsgüter oder Rechte des § 823 Abs. 1 BGB voraussetzt,[1378] ist mangels Rechts- oder Rechtsgutsverletzung nicht einschlägig. Vielmehr ergibt sich ein Unterlassungsanspruch bereits aus der Gleichstellungspflicht.[1379]

1376 *Adomeit/Mohr*, § 15 AGG, Rn. 99; *Bauer/Göpfert/Krieger*, § 15 AGG, Rn. 65 f.; *Däubler/Bertzbach-Deinert*, § 15 AGG, Rn. 24; *Richardi*, NZA 2006, 881 (886); *Stoffels*, RdA 2009, 204 (214), denen zufolge § 15 AGG § 280 Abs. 1 BGB vorgeht.
1377 Vgl. jeweils *Bauer/Evers*, NZA 2006, 893 (897); *Kamanabrou*, RdA 2006, 321 (336); *Nicolai*, § 2, Rn. 571.
1378 *Nicolai*, § 2, Rn. 571; P/W/W-*Englert*, § 1004 BGB, Rn. 3; vgl. *Bauer/Evers*, NZA 2006, 893 (897).
1379 LAG Berlin-Brandenburg vom 11.9.2008, Az. 20 Sa 2244/07, Rn. 43, NZA-RR 2009, 378 (383); vgl. *Wiedemann*, NZA 2007, 953.

IV. Fazit zu Sekundäransprüchen

Arbeitgeber, die aufgrund eines altersdiskriminierenden Tarifvertrags vergüten, sind grundsätzlich nicht zum Schadensersatz verpflichtet, da es sowohl am materiellen als auch immateriellen Schaden fehlt bzw. eine Verletzung des allgemeinen Persönlichkeitsrechts nicht gegeben ist. Eine Ausnahme gilt, sofern sie vorsätzlich oder grob fahrlässig i.S.d. § 15 Abs. 3 AGG handeln. In diesen Fällen können die Betroffenen einen Nichtvermögensschaden gem. § 15 Abs. 1 und 2 AGG geltend machen. Dem vom EuGH aufgestellten Erfordernis einer wirksamen, verhältnismäßigen, verschuldensunabhängigen und abschreckenden Sanktion genügt im Rahmen der tariflichen Entgeltdiskriminierung aufgrund des Alters bereits der Gleichstellungsanspruch.

D. Keine Haftung der Tarifvertragsparteien

Neben dem betroffenen Arbeitgeber sollen nach einer im Schrifttum geäußerten Ansicht auch die vertragsschließenden Tarifparteien zur Verantwortung gezogen werden.[1380] Es wird danach unterschieden, von wem der Tarifvertrag auf Arbeitgeberseite abgeschlossen wurde, dem Arbeitgeber selbst oder seinem Verband, und ob die Kollektivvereinbarung normativ oder kraft arbeitsrechtlicher Bezugnahmeklausel für das betroffene Arbeitsverhältnis gilt.

Geht die unzulässige Benachteiligung auf einen Verbandstarifvertrag zurück, an den sowohl Arbeitgeber als auch Arbeitnehmer unmittelbar gebunden sind, hafte der einzelne Arbeitgeber einerseits und die Tarifvertragsparteien andererseits als Gesamtschuldner i.S.d. § 426 Abs. 1 BGB.[1381] Gestützt wird dieses Ergebnis auf § 3 Abs. 5 AGG, denn die von den Sozialpartnern ausgehandelte Entlohnungsregelung sei zwar nach § 7 Abs. 2 AGG unverbindlich, dennoch werde der verbandszugehörige Arbeitgeber angewiesen, die scheinbar rechtmäßige Differenzierung durchzuführen.[1382] Im Innenverhältnis trügen die Sozialpartner die auf sie entfallene

---

[1380] Däubler/Bertzbach-*Deinert*, § 3 AGG, Rn. 91; *Meinel/Heyn/Herms*, § 3 AGG, Rn. 56 ff.; *Rieble/Zedler*, ZfA 2006, 273 (293 f.); Schleusener/Suckow/Voigt-*Schleusener*, § 3 AGG, Rn. 141 ff.

[1381] Däubler/Bertzbach-*Deinert*, § 3 AGG, Rn. 91; *Meinel/Heyn/Herms*, § 3 AGG, Rn. 56; *Rieble/Zedler*, ZfA 2006, 273 (293); Schleusener/Suckow/Voigt-*Schleusener*, § 3 AGG, Rn. 142.

[1382] Däubler/Bertzbach-*Deinert*, § 3 AGG, Rn. 91; Schleusener/Suckow/Voigt-*Schleusener*, § 3 AGG, Rn. 141.

Haftungssumme zu gleichen Teilen[1383] oder entsprechend ihrem Verschuldensgrad bei Abschluss der diskriminierenden Regelung.[1384] Im Verhältnis Arbeitgeber und Arbeitgeberverband stehe Ersterem nach Treu und Glauben ein Freistellungs- oder Regressanspruch zu, da das einzelne Mitglied gegenüber seiner Interessenvertretung grundsätzlich verpflichtet sei, den Tarifvertrag durchzuführen.[1385]

Ähnliche Erwägungen werden für Tarifverträge angestellt, die kraft Allgemeinverbindlichkeitserklärung auf das Arbeitsverhältnis einwirken. Auch hier wiesen die Tarifparteien die erfassten Arbeitgeber an, ihre Beschäftigten zu diskriminieren. Dass die Erklärung durch das Bundesministerium für Arbeit und Soziales gem. § 5 Abs. 1 S. 1 TVG erfolge, ändere daran nichts. Urheber der Regelung seien immer noch die Tarifparteien, zumal das Ministerium keine inhaltlichen Änderungen vornehmen dürfe. Des Weiteren hätten es die Vertragsschließenden in der Hand, ob sie einen Antrag auf Allgemeinverbindlichkeitserklärung stellten.[1386]

Bei Haustarifverträgen wird keine Anweisung i.S.d. § 3 Abs. 5 AGG angenommen, sondern eine unmittelbare bzw. mittelbare Diskriminierung durch die Sozialpartner. Aber auch in dieser Konstellation sollen Arbeitgeber und Gewerkschaft als Gesamtschuldner haften.[1387]

Demgegenüber sei eine Haftung der Tarifparteien ausgeschlossen, sofern die Kollektivvereinbarung nicht normativ für das Arbeitsverhältnis gelte. Im Hinblick auf die arbeitsvertraglichen Bezugnahmeklauseln hätten die Sozialpartner keine Normsetzungsbefugnis. Eine Anweisung, wie sie von § 3 Abs. 5 AGG gefordert wird, scheitere daher an der fehlenden rechtlichen Weisungsbefugnis gegenüber den Parteien des Arbeitsvertrags.[1388]

1383 *Meinel/Heyn/Herms*, § 3 AGG, Rn. 57.
1384 *Rieble/Zedler*, ZfA 2006, 273 (293).
1385 *Meinel/Heyn/Herms*, § 3 AGG, Rn. 57; Schleusener/Suckow/Voigt-*Schleusener*, § 3 AGG, Rn. 142; a.A. Däubler/Bertzbach-*Deinert*, § 3 AGG, Rn. 9, wonach im Innenverhältnis ausschließlich der Arbeitgeber hafte, da man sonst eine unzulässige Haftung für legislatives Unrecht etablieren würde.
1386 *Meinel/Heyn/Herms*, § 3 AGG, Rn. 60, die zusätzlich das Bundesministerium für Arbeit und soziales aufgrund der Anweisung zur Diskriminierung in die Pflicht nehmen wollen; Schleusener/Suckow/Voigt-*Schleusener*, § 3 AGG, Rn. 144; vgl. BVerfG vom 24.5.1977, Az. 2 BvL 11/74, Rn. 63, NJW 1977, 2255 (2256).
1387 *Meinel/Heyn/Herms*, § 3 AGG, Rn. 60; Schleusener/Suckow/Voigt-*Schleusener*, § 3 AGG, Rn. 145.
1388 *Meinel/Heyn/Herms*, § 3 AGG, Rn. 56; Schleusener/Suckow/Voigt-*Schleusener*, § 3 AGG, Rn. 141 a.A. Däubler/Bertzbach-*Deinert*, § 3 AGG, Rn. 85, 91, dem zufolge die intellektuelle Überlegenheit der Tarifvertragsparteien für eine Anweisung i.S.d. § 3 Abs. 5 AGG ausreichend sei.

Indes sieht sich die dargestellte Ansicht tief greifenden rechtlichen Bedenken gegenüber. Die negativen Folgen für die zurückgesetzten Arbeitnehmer ergeben sich nicht primär aus der Schaffung von Tarifnormen und der damit einhergehenden Anweisung zur Benachteiligung, sondern aus ihrem Vollzug.[1389] Wie auch die Ausführung der altersdiskriminierenden Regelungen, erreicht ihre Vereinbarung nicht die Schwere einer Persönlichkeitsrechtsverletzung.[1390] Ferner ist zu beachten, dass mit dem Tarifvertrag arbeitsrechtliche Normen statuiert werden. Wären die Sozialpartner verpflichtet, die Konsequenzen eines unzulässigen Vergütungskonzepts mitzutragen, so würde dies zu einer Haftung für legislatives Unrecht führen. Eine solche ist aber dem deutschen Recht fremd.[1391] Daher müsste eine gesetzliche Ausnahme normiert werden. Dies ist aber mit der Verabschiedung des AGG nicht geschehen. Nach § 15 AGG richtet sich der Schadensersatz infolge des AGG-Verstoßes ausschließlich gegen den Arbeitgeber, weshalb der Umkehrschluss nahe liegt, dass keine Einstandspflicht der Tarifparteien begründet werden soll. Zu diesem Thema trifft die Gesetzesbegründung eine klare Aussage. Danach werde eine Haftung der vertragsschließenden Tarifvertragsparteien durch das AGG nicht begründet.[1392] Dementsprechend können Diskriminierungsopfer *de lege lata* keine Ansprüche gegen die Tarifparteien geltend machen. Um aber auch Letztere dazu anzuhalten, von diskriminierenden Tarifnormen abzusehen, und damit dem nach Art. 17 Richtlinie 2000/78/EG normierten Erfordernis einer wirksamen Sanktion Vorschub zu leisten, wäre eine zivil- oder ordnungsrechtliche Haftungsnorm wünschenswert.[1393]

E. Fazit zu den Rechtsfolgen einer unzulässigen Benachteiligung

Eine tarifliche Vergütungsregelung, die unmittelbar oder mittelbar aufgrund des Alters diskriminiert, ist insgesamt nichtig. Erschöpft sich der Inhalt des Tarifvertrags lediglich in dem diskriminierenden Vergütungssystem, so ist ausnahmsweise

---

1389 *Kamanabrou*, ZfA 2006, 327 (344); *Nebeling/Miller*, RdA 2007, 289 (291).
1390 Zu einer möglichen Persönlichkeitsrechtsverletzung aufgrund der Ausführung von altersdiskriminierenden Tarifbestimmungen siehe oben 4. Kapitel C. II. 2. d).
1391 *Wiedemann*, NZA 2007, 950 (954); vgl. Däubler/Bertzbach-*Deinert*, § 3 AGG, Rn. 93.
1392 BT-Drucksache 16/1780, S. 38.
1393 Vgl. jeweils *Rieble/Zedler*, ZfA 2006, 273 (294), die aber davon ausgehen, dass sich eine Haftung der Tarifvertragsparteien schon *de lege lata* ergäbe; *Wagner/Potsch*, JZ 2006, 1085 (1091), denen zufolge es ungemessen sei, dass einerseits die Tarifparteien nicht haften und andererseits der Anspruch gegenüber dem Arbeitgeber durch § 15 Abs. 3 AGG eingeschränkt wird.

das Kollektivwerk unwirksam. Es entfällt sowohl der begünstigende als auch belastende Teil der Regelung. Folge dessen ist, dass die benachteiligten Arbeitnehmer für die Vergangenheit eine Angleichung nach oben fordern können. Dementsprechend sind sie finanziell so zu stellen, wie sie stehen würden, wenn sie der höchsten Entlohnungsstufe angehört hätten. Diese Rechtsfolge ist zwingend. Sie kann weder durch Vorschriften im betroffenen Tarifvertrag wie Ausschlussfristen oder salvatorische Klauseln noch durch eine rückwirkende Vereinbarung der Tarifvertragsparteien aufgehoben werden. Sowohl der Vertrauensschutz der begünstigten Beschäftigten als auch das europarechtliche Erfordernis einer wirksamen und abschreckenden Sanktion stehen dem entgegen. Sofern sich keine salvatorischen Bestimmungen im betroffenen Tarifvertrag finden, wird die zukünftige Vergütung von dem erkennenden Gericht gem. § 612 Abs. 2 BGB festgelegt, wobei es sich maßgeblich an dem Dotierungsrahmen des Tarifvertrags zu orientieren hat. Diese Festlegung kann jederzeit von den Tarifvertragsparteien ersetzt werden. Der Gleichstellungsanspruch richtet sich ausschließlich gegen den Arbeitgeber. Sekundäransprüche oder Ansprüche gegen die Tarifvertragsparteien bestehen nicht.

5. Kapitel
Schutz der Tarifwerke

Verstoßen tarifliche Vergütungsklauseln gegen das Diskriminierungsverbot des AGG, bleiben dem Arbeitgeber zwar Schadensersatzansprüche der Geschädigten erspart. Gleichwohl birgt die rückwirkende Angleichung nach oben ein erhebliches finanzielles Risiko, zumal regelmäßig ein Großteil der Belegschaft nicht der höchsten Entlohnungsstufe angehört. Vor diesem Hintergrund ist klärungsbedürftig, ob sich der betroffene Dienstherr auf Vertrauensschutz berufen kann und ob er oder die Tarifparteien im Wege einer gerichtlichen Vorabkontrolle die diskriminierungsrechtliche Zulässigkeit klären dürfen, um die finanziellen Risiken auszuschließen.

A. Vertrauensschutz

Gewährt man dem Arbeitgeber Vertrauensschutz, so entfällt der Anspruch des benachteiligten Beschäftigten auf Gleichstellung. Allerdings ist der verfassungsrechtliche fundierte Vertrauensschutz an besondere Voraussetzungen geknüpft. Sind diese Voraussetzungen erfüllt, muss schließlich festgestellt werden, ob die Lösung vor dem EuGH Bestand haben kann.

I. Anwendung und Voraussetzungen des Vertrauensschutzes

Der verfassungsrechtliche Vertrauensschutz leitet sich aus dem Rechtsstaatsgebot ab, dessen normative Grundlage sich in Art. 20 Abs. 3 GG findet. Er schützt die berechtigte Erwartung des Bürgers in die Kontinuität des Rechts.[1394] Bei den Voraussetzungen kommt es entscheidend auf die Wirkung des neuen Gesetzes an. Greift es in Tatbestände nachträglich ein, die in der Vergangenheit abgewickelt wurden, so spricht man von der echten (retroaktiven) Rückwirkung bzw. nach der

---

1394 BVerfG vom 3.12.1997, Az. 2 BvR 882/97, Rn. 39, NJW 1998, 1547 (1548); BVerfG vom 5.2.2002, Az. 2 BvR 305/93, 2 BvR 348/93, Rn. 64, NJW 2002, 3009 (3011); BVerfG vom 7.10.2003, Az. 1 BvR 1712/01, Rn. 106, NVwZ 2004, 329 (332); *Degenhart*, Rn. 374; Jarass/Pieroth-*Jarass*, Art. 20 GG, Rn. 67.

Rechtsprechung des zweiten Senats des BVerfG von der Rückbewirkung der Rechtsfolgen. Werden hingegen gegenwärtige Rechtsbeziehung für die Zukunft modifiziert, liegt eine unechte (retrospektive) Rückwirkung bzw. tatbestandliche Rückanknüpfung vor.[1395] Während die erste Konstellation von dem BVerfG als grundsätzlich unzulässig angesehen wird, gilt für die Zweite genau das Gegenteil,[1396] da es keinen generellen Schutz des Vertrauens in den Fortbestand von Gesetzen gibt.[1397]

Betrifft ein Gesetz ein Dauerschuldverhältnis, das vor seinem Inkrafttreten abgeschlossen wurde, ändert es eine bestehende rechtliche Beziehung für die Zukunft. Mithin ist eine unechte Rückwirkung gegeben. Das AGG wirkt ab seinem Inkrafttreten am 18.8.2006 und somit *ex nunc*.[1398] Tarifverträge, die zuvor ausgelaufen sind, unterfallen ihm daher nicht. Zur Frage nach Vertrauensschutz kommt es somit erst gar nicht. Hingegen modifiziert es nachträglich mit seiner Nichtigkeitsanordnung Kollektivvereinbarungen, die vor dem 18.8.2006 abgeschlossen wurden und darüber hinaus Geltung beanspruchen. Es liegt somit eine Änderung des Dauerschuldverhältnisses Tarifvertrag vor.[1399] Dementsprechend ist im vorliegenden Fall eine tatbestandliche Rückanknüpfung für die sog. Alt-Tarifverträge gegeben.[1400] Kollektivvereinbarungen, welche nach dem genannten Datum abgeschlossen wurden, kommen für den Vertrauensschutz nicht in Betracht.[1401] Sie werden nicht nachträglich verändert, sondern das AGG gilt für sie von Anfang an.

Bei der unechten Rückwirkung kommt es zu einer Güterabwägung zwischen der Bedeutung des legislativen Anliegens für die Allgemeinheit und dem dadurch ent-

---

1395 BVerfG vom 3.12.1997, Az. 2 BvR 882/97, Rn. 40 f., NJW 1998, 1547 (1548); BVerfG vom 8.4.1998, Az. 1 BvR 1680/93, 1 BvR 183/94, 1 BvR 1580/94, Rn. 81, NJW 1998, 3033 (3035); BVerfG vom 27.9.2005, Az. 2 BvR 1387/02, Rn. 153, NVwZ 2005, 1294 (1301); BVerfG vom 23.11.1999, Az. 1 BvF 1/94, Rn. 96 f., NJW 2000, 413 (415); *Degenhart*, Rn. 375; Jarass/Pieroth-*Jarass*, Art. 20 GG, Rn. 68 f.
1396 BVerfG vom 8.4.1998, Az. 1 BvR 1680/93, 1 BvR 183/94, 1 BvR 1580/94, Rn. 81, NJW 1998, 3033 (3035); BVerfG vom 23.11.1999, Az. 1 BvF 1/94, Rn. 96 f., NJW 2000, 413 (415).
1397 BVerfG vom 3.4.2001, Az. 1 BvR 1681/94, 1 BvR 2491/94, 1 BvR 24/95, Rn. 59, NJW 2001, 1707.
1398 Siehe oben 3. Kapitel A. I. 2.
1399 BVerwG vom 27.5.1981, Az. 8 C 51/79, Rn. 32, DVBl. 1982, 69 (71).
1400 LAG Berlin-Brandenburg vom 11.9.2008, Az. 20 Sa 2244/07, Rn. 39, NZA-RR 2009, 378 (382).
1401 Schleusener/Suckow/Voigt-*Schleusener*, § 7 AGG, Rn. 52; vgl. Jarass/Pieroth-*Jarass*, Art. 20 GG, Rn. 69.

stehenden Vertrauensschaden.[1402] Es wird geprüft, ob und im welchem Umfang schutzwürdiges Vertrauen vorlag, d.h. inwieweit der betroffene Bürger mit der Gesetzesänderung rechnen musste. Ebenso müssen die ihm drohenden Nachteile einbezogen werden. Auf der Seite des Gesetzgebers sind das Gewicht des verfolgten Ziels zu beachten sowie die Frage, ob das Gesetz überhaupt geeignet und erforderlich ist, um das Ziel zu erreichen.[1403]

II. Vertrauenstatbestand

Erste Voraussetzung für den Vertrauensschutz bei einer unechten Rückwirkung auf Alt-Tarifverträge ist damit ein schutzwürdiges Vertrauen des Arbeitgebers. Grundsätzlich vertraut ein Arbeitgeber darauf, dass das tarifliche Vergütungssystem, welches die Grundlage der Entlohnung seiner Beschäftigten darstellt, wirksam ist. Schließlich waren zum einen Arbeitnehmervertreter an dessen Ausarbeitung beteiligt, und zum anderen stellt die Befolgung der Tarifbestimmungen seine Unwissenheit von der Rechtswidrigkeit unter Beweis, denn er wird kaum ein Interesse daran haben, nach einem diskriminierenden Kollektivvertrag zu vergüten, was eine rückwirkende Angleichung nach oben zu Gunsten eines Großteils seiner Belegschaft nach sich ziehen würde. Im Folgenden wird nun aufgezeigt, dass dieses Vertrauen in die Alt-Tarifverträge weder durch europäische und nationale Normen, die auch schon vor Verabschiedung des AGG ihre Gültigkeit hatten, noch durch die Gesetzgebungsgeschichte des Umsetzungsgesetzes erschüttert werden konnte. Stattdessen wird offenbar, wie die europäischen und v.a. die deutschen Institutionen die Arbeitgeber in ihrer Überzeugung bestärkt haben, eine unmittelbar und mittelbar nach Alter differenzierende Vergütung sei rechtens.

1. Europäisches Primärrecht

Von einem schutzwürdigen Vertrauen des Arbeitgebers kann nicht ausgegangen werden, sofern er vor dem Inkrafttreten des AGG an ein Verbot der Altersdiskriminierung gebunden war, welches auf das europäische Primärrecht zurückgeht. Erforderlich ist weiter, dass er seine Bindung daran erkennen konnte.

1402 BVerfG vom 11.10.1962, Az. 1 BvL 22/57, Rn. 31, NJW 1963, 29 (30); BVerfG vom 21.1.1969, Az. 2 BvL 11/64, Rn. 38, NJW 1969, 835 (837); *Degenhart*, Rn. 380.
1403 BVerfG vom 15.10.1996, Az. 1 BvL 44/92, 1 BvL 48/92, Rn. 109, NJW 1997, 722 (723).

a) Verbot der Altersdiskriminierung nach der Mangold-Entscheidung

Ein primärrechtliches Verbot der Altersdiskriminierung wurde vom EuGH in seiner Aufsehen erregenden Entscheidung in der Rechtssache *Mangold*[1404] kreiert. Fraglich ist aber, wer konkret durch diesen besonderen Gleichbehandlungsgrundsatz gebunden ist.

aa) Sachverhalt und Entscheidungsgründe

Angestoßen wurde das Vorabentscheidungsverfahren von dem Arbeitsgericht München, das europarechtliche Zweifel gegen § 14 Abs. 3 TzBfG a.F. hegte.[1405] Danach bedurfte die Befristung eines neu eingestellten Arbeitnehmers, der das 52. Lebensjahr vollendet hat, keines sachlichen Grundes. Zum 1.1.2007 sollte die Altersgrenze auf 58 Jahre angehoben werden. Im zugrunde liegenden Sachverhalt vereinbarte Herr Rechtsanwalt *Helm* mit dem 56jährigen Herrn *Mangold* am 26.6.2003 einen bis zum 1.7.2003 befristeten Arbeitsvertrag. Die Befristung wurde explizit auf § 14 Abs. 3 TzBfG a.F. gestützt. Andere Befristungsgründe wurden ausgeschlossen, was den Eindruck erweckt, dass es sich um einen konstruierten Fall handelt, der die angesprochene Befristungsmöglichkeit durch ein Verdikt aus Luxemburg zu Fall bringen sollte.[1406] Dennoch legte das Arbeitsgericht vor. Es fragte nach der Vereinbarkeit der Vorschrift mit der Befristungsrichtlinie 1999/70/EG[1407] sowie dem Verbot der Ungleichbehandlung wegen des Alters nach der Richtlinie 2000/78/EG. Sollte ein Verstoß bejaht werden, wollte das Arbeitsgericht wissen, welche Rechtsfolgen sich daraus ergäben, insbesondere, ob die europarechtswidrigen nationalen Vorschriften von dem angerufenen Gericht nicht anzuwenden seien.

Der Gerichtshof stellte zunächst die Zulässigkeit der Vorlage fest und ließ damit den Einwand nicht gelten, der Rechtsstreit des Ausgangsverfahrens sei fiktiv oder künstlich.[1408] Grundsätzlich wird ein weiter Beurteilungsspielraum den nationalen Gerichten zugesprochen, da diese über bessere Sachverhaltskenntnisse verfügten

---

1404 EuGH vom 22.11.2005, Rs. C-144/04 (Mangold), AP Nr. 1 zu Richtlinie 2000/78/EG.
1405 ArbG München vom 26.2.2004, Az. 26 Ca 14314/03, NZA-RR 2005, 43.
1406 *Bauer/Arnold*, NJW 2006, 6 f., die von einem abgekarteten Spiel sprechen; *Hailbronner*, NZA 2006, 811 (813).
1407 Richtlinie 1999/70/EG des Rates vom 18.6.1999 zu der EGB-UNICE-CEEP-Rahmenvereinbarung über befristete Arbeitsverträge, ABl. EG Nr. L 175, S. 43.
1408 EuGH vom 22.11.2005, Rs. C-144/04 (Mangold), Rn. 32 ff., AP Nr. 1 zu Richtlinie 2000/78/EG.

und somit besser beurteilen könnten, ob eine Vorlage für den Erlass eines Urteils notwendig sei. Auch ein Verstoß gegen die Befristungsrichtlinie wurde verneint.[1409] Entscheidend sind die Ausführungen zum Verbot der Altersdiskriminierung.[1410] Zunächst wird festgestellt, dass die gesetzliche Regelung eine unmittelbare Diskriminierung aufgrund des Alters darstelle. Sogleich widmet sich der Gerichtshof einer möglichen Rechtfertigung nach Art. 6 Abs. 1 lit. a) der Richtlinie 2000/78/EG. Die Regelung erlaube eine Ungleichbehandlung aufgrund des Alters, sofern sie u.a. der beruflichen Eingliederung älterer Beschäftigter diene und im Hinblick darauf verhältnismäßig sei. Es wird zwar das legitime Ziel des § 14 Abs. 3 TzBfG a.F. anerkannt, allerdings scheitert nach Ansicht des EuGH die Vorschrift an der Verhältnismäßigkeitsprüfung. Zum einen bestehe die Gefahr, dass eine große, ausschließlich nach Alter definierte Gruppe Beschäftigter von festen Anstellungsverhältnissen über einen erheblichen Zeitraum ausgeschlossen würde. Zum anderen wendet sich das Gericht gegen eine zu pauschale Bestimmung der Altersgrenzen. Vielmehr müssten die Struktur des jeweiligen Arbeitsmarktes wie auch die Situation des Betroffenen Berücksichtigung finden.

Obwohl ein Verstoß gegen die Richtlinie 2000/78/EG festgestellt wurde, bestand das Problem darin, dass zum Zeitpunkt des Vertragsabschlusses wie auch der Entscheidung die Umsetzungsfrist für die Richtlinie noch nicht abgelaufen war. Somit hatte die Richtlinie keinen unmittelbaren Einfluss auf die nationalen Rechtsordnungen.[1411] Das Gericht sah dies allerdings aus zwei Gründen als unerheblich an. Die Mitgliedsstaaten seien nicht berechtigt, während der Umsetzungsfrist Vorschriften zu erlassen, welche die in der Richtlinie vorgeschriebenen Ziele in Frage stellten. Um diesen Standpunkt zu untermauern, führt der EuGH Art. 18 Abs. 2 Richtlinie 2000/78/EG an, wonach die Adressaten eine zusätzliche Frist von drei Jahren beantragen können, um die Bestimmungen der Richtlinie über die Diskriminierung aufgrund des Alters und einer Behinderung umzusetzen. Wird diese Option in Anspruch genommen, so trifft die mit der Umsetzung Betrauten die Pflicht, jährlich über die Fortschritte bei der Umsetzung Bericht zu erstatten. Daraus schließen die Richter wiederum, dass die Mitgliedsstaaten verpflichtet seien, sich schrittweise dem von der Richtlinie vorgeschriebenen Ziel anzunähern und keine mit den Zielen der Richtlinie unvereinbaren Maßnahmen zu erlassen. Gegen dieses Verbot habe der deutsche Gesetzgeber verstoßen, da im Dezember 2002 und somit nach Verab-

---

1409 EuGH vom 22.11.2005, Rs. C-144/04 (Mangold), Rn. 40 ff., AP Nr. 1 zu Richtlinie 2000/78/EG.
1410 EuGH vom 22.11.2005, Rs. C-144/04 (Mangold), Rn. 55 ff., AP Nr. 1 zu Richtlinie 2000/78/EG.
1411 Ausführlich dazu siehe unten 5. Kapitel II. 2.

schiedung der Richtlinie 2000/78/EG die Altersgrenze für eine sachgrundlose Befristung herabgesetzt wurde.

Als zweiten und weitaus wichtigeren Grund dafür, warum der fehlende Ablauf der Umsetzungsfrist für den Fall nicht entscheidend sei, nennt das Gericht einen primärrechtlichen und daher nicht fristgebundenen Grundsatz der Gleichbehandlung, aus dem wiederum das Verbot der Diskriminierung wegen des Alters resultiere. Falle eine nationale Regelung in den Geltungsbereich des Gemeinschaftsrechts, so habe der angerufene EuGH alle Auslegungshinweise zu geben, welche erforderlich seien, um die Vereinbarkeit dieser Regelung mit dem Gleichbehandlungsgrundsatz beurteilen zu können. Somit wurde in der Rechtssache *Mangold* mittels richterlicher Rechtsfortbildung eine neue Rechtsfigur geschaffen. Die Richter stützen dieses Diskriminierungsverbot auf die erste und vierte Begründungserwägung zur Richtlinie 2000/78/EG, verschiedene völkerrechtliche Verträge sowie die gemeinsamen Verfassungstraditionen der Mitgliedsstaaten.

Am Ende setzt sich das Urteil mit den Rechtsfolgen auseinander. Es obliege dem angerufenen nationalen Gericht, die volle Wirksamkeit des Gemeinschaftsrechts zu gewährleisten, indem es jede möglicherweise entgegenstehende einzelstaatliche Bestimmung unangewendet lasse. Dies galt in dem zugrunde liegenden Fall für § 14 Abs. 3 TzBfG a.F.

bb) Kritik an der Entscheidung

Insbesondere das vom EuGH entwickelte primärrechtliche Verbot der Altersdiskriminierung als Ausfluss eines allgemeinen Gleichbehandlungsgrundsatzes sowie die Rechtsfolge der Unanwendbarkeit von europarechtswidrigen nationalen Bestimmungen lösten heftige Kritik aus und hatten zur Folge, dass sie überwiegend abgelehnt wurde.[1412]

So unterläuft dem EuGH ein methodischer Fehler, wenn er aus einem Gleichbehandlungsgrundsatz ein bestimmtes Diskriminierungsverbot ableitet. Erstere können naturrechtlich vorgegeben sein, während letztere einer konkreten normativen Grundlage bedürfen.[1413] Obgleich der Tatbestand eines Diskriminierungsverbots enger ist, kann es nicht ohne weiteres als Teilmenge eines Gleichheitssatzes angesehen werden, weil es im Gegensatz dazu erhöhte Anforderungen an die Rechtfer-

---

1412 *Temming*, S. 381, mit umfassenden Nachweisen.
1413 *Thüsing*, ZIP 2005, 2149 (2150); siehe oben 2. Kapitel D. III.

tigung stellt.¹⁴¹⁴ Daneben ist es kritikwürdig, dass der Gerichtshof nicht klar zwischen der Richtlinie und dem entwickelten Verbot der Altersdiskriminierung unterscheidet.¹⁴¹⁵ Bisweilen kann der Eindruck entstehen, der primärrechtliche Grundsatz werde durch das europäische Sekundärrecht bestimmt. Nach der Dogmatik des Europarechts ist genau das Gegenteil der Fall.¹⁴¹⁶ Nicht überzeugen kann auch der Verweis auf die Verfassungstradition der Mitgliedsstaaten und die völkerrechtlichen Verträge. Einerseits sehen lediglich die finnische und portugiesische Verfassung¹⁴¹⁷ ein Verbot der Altersdiskriminierung vor, sodass kaum von einer Tradition gesprochen werden kann,¹⁴¹⁸ und andererseits enthalten die in Frage kommenden, ratifizierten völkerrechtlichen Verträge kein entsprechendes Rechtsinstitut.¹⁴¹⁹

Teile des Schrifttums werfen dem EuGH vor, seine Kompetenz überschritten zu haben.¹⁴²⁰ Mit der Entscheidung schaffe das Gericht eine Verwerfungskompetenz für nationale Vorschriften und missachte damit die Souveränität der Mitgliedsstaaten.¹⁴²¹ Indem er selbst ungeschriebene Rechtsgrundsätze entwickele, nehme er Aufgaben des europäischen Gesetzgebers für sich in Anspruch.¹⁴²² Als problematisch wurde ferner eingestuft, dass u.U. auch Private an die Antidiskriminierungsrichtlinien gebunden seien, obwohl sich Richtlinien ausschließlich an die Mitgliedsstaaten richten.¹⁴²³ Denn auch Privatrechtssubjekte seien durch die Nichtanwendung des europarechtswidrigen Rechts betroffen.¹⁴²⁴

Die überwiegend berechtigte Kritik an dem *Mangold*-Urteil kann indes nicht darüber hinwegtäuschen, dass der EuGH mit der Einführung des primärrechtlichen Verbots der Altersdiskriminierung vollendete Tatsachen geschaffen hat. Dem Luxemburger Verdikt hat sich auch das BAG angeschlossen und § 14 Abs. 3 TzBfG

1414 *Rieble/Zedler*, ZfA 2006, 273 (281); Wendeling-Schröder/Stein-*Wendeling-Schröder*, § 1 AGG, Rn. 70.
1415 *Streinz/Herrmann*, RdA 2007, 165 (169).
1416 ErfK-*Wißmann*, Vor AEUV, Rn. 9; *Preis*, NZA 2006, 401 (407).
1417 Vgl. § 6 Abs. 1 sowie Art. 59.
1418 *Nettesheim*, JZ 2008, 1159; *Preis*, NZA 2006, 401 (406); Wendeling-Schröder/Stein-*Wendeling-Schröder*, § 1 AGG, Rn. 70; a.A. *Böhm*, JZ 2008, 324 (326 f.).
1419 *Richter/Bouchouaf*, NVwZ 2006, 538 (540); *Körner*, NZA 2005, 1395 (1397); *Kuras*, RdA 2007, 170 (174); ausführlich *Preis*, NZA 2006, 401 (406).
1420 *Preis*, NZA 2006, 401 (408) spricht von einem „Akt unzulässiger Rechtsfortbildung"; a.A. BAG vom 26.4.2006, Az. 7 AZR 500/04, LS, AP Nr. 23 zu § 14 TzBfG.
1421 *Adomeit/Mohr*, § 7 AGG Anhang 2, Rn. 26; *Kuras*, RdA 2007, 170 (175); *Nicolai*, DB 2005, 2641 (2642); *Hailbronner*, NZA 2006, 811 (813 f.); *Reich*, EuZW 2006, 20 (21).
1422 *Böhm*, JZ 2008, 324 (328, 330); *Hailbronner*, NZA 2006, 811 (814 f.); *Preis*, NZA 2006, 401 (407 f.); vgl. *Körner*, NZA 2005, 1395 (1398), die aber letztlich die Entscheidung begrüßt.
1423 *Böhm*, JZ 2008, 324 (328 f.); *Gas*, EuZW 2005, 737; *Hailbronner*, NZA 2006, 811 (814).
1424 *Bauer/Arnold*, NJW 2006, 6 (9); *Thüsing*, ZIP 2005, 2149 f.

unangewendet gelassen.[1425] Dementsprechend ist das via Richterrecht entwickelte Diskriminierungsverbot grundsätzlich geeignet, ein Vertrauen in die Zulässigkeit von Regelungen zu zerstören, die nach Lebensalter differenzieren.

cc) Folgende Entscheidungen

Die ausgesprochen knappen Ausführungen des EuGH zum primärrechtlichen Verbot der Altersdiskriminierung und seinen Rechtsfolgen provozierten drei weitere Vorlageverfahren. Während der Gerichtshof in den ersten beiden Urteilen[1426] ausweichend reagierte und nicht auf den selbst entwickelten speziellen Gleichheitssatz zurückgriff, bestätigte er in der Rechtssache *Kücükdeveci*[1427] die *Mangold*-Rechtsprechung und ordnete unter Rückgriff auf das primärrechtliche Rechtsinstitut die Unanwendbarkeit der deutschen Vorschrift § 622 Abs. 2 S. 2 BGB an.

(1) Palacios de la Villa

In der Rechtssache *Palacios de la Villa* stand eine Altersgrenze von 65 Jahren für die Beendigung des Arbeitsverhältnisses und Versetzung in den Ruhestand auf dem Prüfstand.[1428] Nach dem spanischen Gesetz 14/2005 über tarifvertragliche Klauseln, die sich auf das Erreichen der Regelaltersgrenzen für den Eintritt in den Ruhestand beziehen, konnten Tarifverträge, welche schon vor dem Inkrafttreten des Gesetzes am 3.7.2005 Bestand hatten, eine Regelaltersgrenze für den Eintritt in den Ruhestand vorsehen. Einzige Voraussetzung war, dass den betroffenen Beschäftigten ein Anspruch auf Altersrente zustand. Demgegenüber verlangt das Gesetz von neu abgeschlossenen Tarifverträgen, dass die Festlegung der Altersgrenze zusätzlich im Zusammenhang mit beschäftigungspolitischen Zielen steht, die im Tarifvertrag zu nennen sind. Der zugrunde liegende Streitfall betraf einen Alt-Tarifvertrag, der die Beendigung des Arbeitsverhältnisses mit Erreichen des 65. Lebensjahrs vorsah, sofern die für die Altersrente erforderlich Wartezeit erfüllt war. Das vorlegende Gericht hegte Zweifel an der Vereinbarkeit der gesetzlichen Sonderregelung für Alt-Tarifverträge mit dem europarechtlichen Verbot der Altersdiskriminierung, da sie die Tarifparteien ermächtige, eine Altersgrenze festzulegen, ohne dass die kon-

---

1425 BAG vom 26.4.2006, Az. 7 AZR 500/04, LS, AP Nr. 23 zu § 14 TzBfG.
1426 EuGH vom 16.10.2007, Rs. C-411/05 (Palacios de la Villa), AP Nr. 8 zu Richtlinie 2000/78/EG; EuGH vom 18.10.2006, Rs. C-427/06 (Bartsch), NZA 2008, 1119.
1427 EuGH vom 19.1.2010, Rs. C-555/07 (Kücükdeveci), NZA 2010, 85.
1428 EuGH vom 16.10.2007, Rs. C-411/05 (Palacios de la Villa), AP Nr. 8 zu Richtlinie 2000/78/EG.

kreten Erfordernisse der Beschäftigungspolitik Berücksichtigung fänden. Es stellte daher dem EuGH zwei Fragen. Einerseits sollte der Gerichtshof Klarheit darüber schaffen, ob die gesetzlichen Sonderregelung für Alt-Tarifverträge mit dem in Art. 13 EGV a.f. und Art. 2 Abs. 1 Richtlinie 2000/78/EG enthaltenen Gleichbehandlungsgrundsatz, welcher die Altersdiskriminierung verbietet, vereinbar sei. Anderseits fragte das Gericht danach, ob es aufgrund dieses Gleichbehandlungsgrundsatzes verpflichtet sei, die nationale Bestimmung unangewendet zu lassen.

Die Luxemburger Richter haben die Europarechtswidrigkeit der Vorschrift verneint. Hervorzuheben ist, dass sie dabei auf die Vorschriften der Richtlinie 2000/78/EG und hier insbesondere auf den Rechtfertigungstatbestand für die Benachteiligung wegen des Alters, Art. 6, rekurrierten. Zunächst wird der einzelstaatlichen Norm bescheinigt, dass sie zu einer unmittelbaren Benachteiligung aufgrund des Alters führe. Diese sei aber nach Art. 6 Abs. 1 als eine beschäftigungspolitische Maßnahme zur Regulierung des nationalen Arbeitsmarkts zulässig. Dafür sei es nicht erforderlich, dass der Gesetzgeber dieses legitime Ziel explizit aufführe, sondern es reiche aus, wenn es sich aus dem Kontext ergebe. Das Gesetz sei auch verhältnismäßig, denn es dürften nur solche Arbeitnehmer entlassen werden, denen ein Anspruch auf Altersrente zusteht. In die Verhältnismäßigkeitsprüfung fließe ferner die Erwägung ein, dass den Mitgliedsstaaten und gegebenenfalls den Sozialpartnern auf nationaler Ebene bei der Festlegung des legitimen Ziels sowie der dafür erforderlichen Maßnahme ein weiter Ermessensspielraum zukomme. Gegen Ende des Urteils wird das primärrechtliche Verbot der Altersdiskriminierung kurz angerissen. Aufgrund der zuvor gemachten Ausführungen sei auf die erste Vorlagefrage zu antworten, dass das in der Richtlinie 2000/78/EG konkretisierte Verbot jeglicher Diskriminierung wegen des Alters so auszulegen sei, dass es der in Frage stehenden einzelstaatlichen Bestimmung nicht entgegenstehe.[1429] Da das Gericht einen Verstoß gegen das Diskriminierungsverbot verneint hat, musste es die Frage nach den Rechtsfolgen nicht beantworten.

(2) Bartsch

Auf Vorlage des BAG[1430] hatte der Gerichtshof in seiner *Bartsch*-Entscheidung über die Zulässigkeit einer sog. Altersabstandsklausel zu befinden.[1431] In dem Ausgangs-

---

1429 EuGH vom 16.10.2007, Rs. C-411/05 (Palacios de la Villa), Rn. 77, AP Nr. 8 zu Richtlinie 2000/78/EG.
1430 BAG vom 27.6.2006, Az. 3 AZR 352/05 (A), AP Nr. 6 zu § 1b BetrAVG.
1431 EuGH vom 18.10.2006, Rs. C-427/06 (Bartsch), NZA 2008, 1119.

rechtsstreit forderte die Klägerin Ruhegeld für Hinterbliebene. Der Arbeitgeber ihres im Mai 2005 verstorbenen Ehegatten hatte eigens für die Erfüllung der Verpflichtungen aus der betrieblichen Altersversorgung eine GmbH gegründet, die eine entsprechende Leistung an den überlebenden Ehepartner vorsah. Allerdings versagte die Versorgungsrichtlinie der Gesellschaft das Ruhegeld, wenn die Witwe über 15 Jahre jünger war als der verstorbene Mitarbeiter. Von dieser Ausnahme war auch die Klägerin betroffen. In seiner ersten Frage zielte das höchste deutsche Arbeitsgericht auf den gemeinschaftsrechtlichen Bezug einer potentiell altersdiskriminierenden Maßnahme ab. Es fragte, ob das primärrechtliche Verbot der Altersdiskriminierung auch dann anwendbar sei, wenn kein gemeinschaftsrechtlicher Bezug vorliege, und ob ein solcher Bezug allein durch Art. 13 EGV a.f. oder vor Ablauf der Umsetzungsfrist durch Richtlinie 2000/78/EG hergestellt werde. Die zweite Frage beschäftigte sich mit der Anwendbarkeit des primärrechtlichen Verbots der Diskriminierung wegen Alters auf private Rechtsverhältnisse. Schließlich sollte der EuGH eine Antwort darauf geben, ob solche Altersabstandsklauseln rechtens seien und ob einem Verstoß gegen den besonderen Gleichheitssatz unbegrenzte Rückwirkung zukomme.

Der EuGH beantwortet lediglich die erste Frage dahin gehend, dass im konkreten Fall kein gemeinschaftsrechtlicher Bezug gegeben sei. Damit erübrigten sich aber die anderen Fragen. Ein Bezug zum Gemeinschaftsrecht könne weder durch Art. 13 EGV a.F., noch durch die Richtlinie 2000/78/EG hergestellt werden. Denn weder sei die Versorgungsrichtlinie eine Maßnahme zur Umsetzung der Richtlinie noch der Ehemann der Klägerin nach Ablauf der Umsetzungsfrist verstorben. Ersteres unterscheide die vorliegende Rechtssache von der *Mangold*-Entscheidung, in der eine nationale Vorschrift behandelt wurde, welche der Umsetzung der Befristungsrichtlinie 1999/70/EG diente.

(3) Kücükdeveci

Das Urteil in der Rechtssache *Kücükdeveci*[1432] wird als eine Rückkehr zu der „harten Linie" der *Mangold*-Entscheidung[1433] aufgefasst.[1434] Der EuGH erklärte die deutsche Regelung des § 622 Abs. 2 S. 2 BGB für nicht vereinbar mit dem primärrechtlichen Gleichbehandlungsgrundsatz und daher für unanwendbar.

1432 EuGH vom 19.1.2010, Rs. C-555/07 (Kücükdeveci), NZA 2010, 85.
1433 EuGH vom 22.11.2005, Rs. C-144/04 (Mangold), AP Nr. 1 zu Richtlinie 2000/78/EG.
1434 *Kolbe*, BB 2010, 501 (502).

Angestoßen wurde das Verfahren durch eine Vorlage des LAG Düsseldorf, das nach der Vereinbarkeit der zivilrechtlichen Vorschrift mit dem Verbot der Altersdiskriminierung nach dem europäischen Primärrecht sowie der Richtlinie 2000/78/EG fragte. Des Weiteren wollte das vorlegende Gericht wissen, welche Rechtsfolgen sich aus einem Verstoß ergeben. Konkret sollte der EuGH Antwort darauf geben, ob in einem Rechtsstreit zwischen Privaten das nationale Gericht europarechtswidriges Gesetzesrecht unangewendet lassen soll oder die Unanwendbarkeit ein Urteil des EuGH voraussetzt.[1435]

Die Klägerin des Ausgangsverfahrens wandte sich gegen die ihrer Ansicht nach zu kurze Kündigungsfrist. Da sie zwar seit zehn Jahren für die Beklagte arbeitete, indes ihre Tätigkeit im Alter von 18 Jahren antrat, blieben nach § 622 Abs. 2 S. 2 BGB Beschäftigungszeiten, welche die Klägerin vor Vollendung ihres 25. Lebensjahrs absolviert hat, bei der Bestimmung der Kündigungsfrist unberücksichtigt.

Unter Hinweis auf seine Entscheidung in der Rechtssache *Mangold* verweist der EuGH auf das Verbot der Altersdiskriminierung als allgemeinen Grundsatz des Unionsrecht, den die Richtlinie 2000/78/EG konkretisiere. Zusätzlich wird auf den neuen Art. 6 Abs. 1 EUV rekurriert, der wiederum auf die Charta der Grundrechte der Europäischen Union und damit auf das Verbot der Altersdiskriminierung aus Gründen des Alters nach Art. 21 Abs. 1 der Charta verweist. Der EuGH nimmt Bezug auf sein Urteil in der Rechtssache *Bartsch*[1436] und stellt fest, dass die Regelung des § 622 Abs. 2 S. 2 BGB in den Anwendungsbereich des Unionsrechts fiele, da sie nach Ablauf der Umsetzungsfrist für die maßgebliche Richtlinie weiterhin angewendet wurde.[1437]

Es wird ein Verstoß gegen das Verbot der Altersdiskriminierung bejaht. Obwohl der EuGH erneut den weiten Ermessensspielraum der Mitgliedsstaaten im Hinblick auf die Arbeits- und Sozialpolitik betont, lässt er die benachteiligende Gesetzesvorschrift im Rahmen der Verhältnismäßigkeitsprüfung an der Geeignetheit scheitern. Die Regelung sei nicht geeignet, dem Arbeitgeber mehr personalwirtschaftliche Flexibilität zu verschaffen, indem seine Belastung bei der Entlassung jüngerer Beschäftigter reduziert werde, denen eine größere berufliche und private Mobilität zugemutet werden könne. Grund dafür sei, dass die Bestimmung auch ältere Arbeitnehmer treffen könne, die vor Vollendung des 25. Lebensjahrs ihre Tätigkeit aufgenommen haben und dementsprechend über eine lange Beschäftigungszeit verfügten.[1438]

1435 LAG Düsseldorf vom 21.11.2007, Az. 12 Sa 1311/07, ZIP 2008, 1786.
1436 EuGH vom 18.10.2006, Rs. C-427/06 (Bartsch), NZA 2008, 1119.
1437 EuGH vom 19.1.2010, Rs. C-555/07 (Kücükdeveci), Rn. 21 ff., NZA 2010, 85 (86).
1438 EuGH vom 19.1.2010, Rs. C-555/07 (Kücükdeveci), Rn. 32 ff., NZA 2010, 85 (87).

Schließlich kommt der Gerichtshof auf die Rechtsfolgen des Verstoßes zu sprechen. Er stellt klar, dass in Rechtsstreitigkeiten zwischen Privaten Richtlinien nicht unmittelbar anwendbar seien. Indes obliege es den nationalen Trägern der öffentlichen Gewalt, geeignete Maßnahmen zu treffen, um die in einer Richtlinie vorgegebenen Ziele zu erreichen. Nationale Gerichte seien zunächst verpflichtet, bei der Anwendung nationalen Rechts die Vorschriften im Sinne des Unionsrechts auszulegen. Sei dies nicht möglich, müsse das nationale Gericht bei einem Rechtsstreit über das Verbot der Altersdiskriminierung im Rahmen seiner Zuständigkeit die nationale Vorschrift unangewendet lassen, um den rechtlichen Schutz des Einzelnen, der sich aus dem Unionsrecht ergibt, und die volle Wirksamkeit des Unionsrechts zu gewährleisten. Für die Entscheidung der Unanwendbarkeit des nationalen Rechts bedürfe es keiner Entscheidung des EuGH, das nationale Gericht könne unabhängig von seiner Vorlagebefugnis an den Gerichtshof die Bestimmung für nicht anwendbar erklären.[1439]

dd) Folgerungen für den Vertrauensschutz des Arbeitgebers

Die *Mangold*-Entscheidung vermag das Vertrauen des Arbeitgebers in die Zulässigkeit einer unmittelbar oder mittelbar nach Alter differenzierenden Vergütung nicht zu beseitigen.[1440] Es war für ihn nämlich nicht erkennbar, dass er auch an das richterrechtlich geschaffene primärrechtliche Diskriminierungsverbot gebunden sein sollte, zumal der EuGH dies nicht explizit ausgeführt hat. Im Gegenteil, die aus seiner Rechtsprechung gewonnenen Indizien sprechen gegen eine Bindung von Privatpersonen. Vielmehr ist der spezielle Gleichheitssatz an die Mitgliedsstaaten adressiert.[1441]

So betraf die *Mangold*-Entscheidung eine Konstellation, in der der deutsche Gesetzgeber unmittelbar wegen des Alters diskriminierte.[1442] Dass die Unanwendbarkeit des § 14 Abs. 3 TzBfG a.F. Auswirkungen auf private Rechtsverhältnisse hatte, die auf die Regelung Bezug nahmen, stellt einen bloßen Rechtsreflex dar, sagt aber nichts über die Bindung der Vertragsparteien aus.[1443] Zwar könnte man anfüh-

---

1439 EuGH vom 19.1.2010, Rs. C-555/07 (Kücükdeveci), Rn. 44 ff., NZA 2010, 85 (87 ff.).
1440 A.A. *Henssler/Tillmanns*, FS Birk, S. 179 (S. 194 f.).
1441 *Annuß*, BB 2005, 325; Däubler/Bertzbach-*Brors*, § 10 AGG, Rn. 10; *Kuras*, RdA 2007, 170 (172 f.); MüKo-*Thüsing*, Einl. AGG, Rn. 45; *Preis*, NZA 2006, 401 (402); a.A. *Rieble/Zedler*, ZfA 2006, 273 (280 f.), die von einer Bindung der Tarifvertragsparteien ausgehen.
1442 *Thüsing*, ZIP 2005, 2149 (2150).
1443 Däubler/Bertzbach-*Brors*, § 10 AGG, Rn. 11; *Kuras*, RdA 2007, 170 (173); *Streinz/Herrmann*, RdA 2007, 165 (167).

ren, dass wenn schon das Gesetzesrecht sich an dem primärrechtlichen Diskriminierungsverbot orientieren muss, dann erst recht rangniedere Normen wie Arbeits- oder Tarifverträge. Indes widerspricht dies der Wirkungsweise des Europarechts. Grundsätzlich sind die Mitgliedsstaaten an Primär- und Sekundärrecht der Gemeinschaft gebunden.[1444] Eine Ausnahme müsste ausdrücklich in den primärrechtlichen Rechtsquellen angeordnet oder zumindest von dem EuGH deutlich gemacht werden, wie dies z.B. im Fall von Art. 119 EGV a.F. geschehen ist.[1445]

Neben der Ahndung von legislativer Diskriminierung zielt die Entscheidung ferner darauf ab, den Gesetzgeber davon abzubringen, während der Umsetzungsfrist einer Richtlinie entgegenstehendes Recht zu erlassen.[1446] Für die Umsetzung der sekundärrechtlichen Anordnungen ist aber grundsätzlich der Staat und nicht Private zuständig. Dies gilt auch für die Tarifparteien. Obgleich es sich bei ihren Kollektivverträgen um autonom verabschiedete Normen handelt, die unmittelbar auf ein Arbeitsverhältnis einwirken, setzen sie keine europarechtlichen Vorgaben um. Wie schon an anderer Stelle ausgeführt,[1447] hat die Bundesrepublik Deutschland keinen Gebrauch von Art. 18 Abs. 1 Richtlinie 2000/78/EG gemacht, wonach die Durchführung der Richtlinie auch den Sozialpartnern übertragen werden kann. Die Umsetzung erfolgte daher mit der Verabschiedung des AGG und nicht durch den Abschluss von Tarifverträgen, sodass ausschließlich der Gesetzgeber den primärrechtlichen Gleichbehandlungsgrundsatz achten muss. Die Bindung der Mitgliedsstaaten wird auch durch den Hinweis auf das EuGH-Urteil in der Rechtssache *Inter-Environnement Wallonie* unterstrichen,[1448] das ein richtlinienwidriges Verhalten eines Mitgliedsstaats betraf.

Dadurch dass die beiden Entscheidungen *Palacios de la Villa* und *Bartsch* das dem Primärrecht entnommene Diskriminierungsverbot kurz aufgegriffen haben, wird deutlich, dass der Gerichtshof an seiner Eigenkreation weiterhin festhalten möchte,[1449] ohne aber die notwendige Klarheit zu schaffen.[1450] Gleichwohl finden sich in den Urteilen Hinweise, die gegen eine Bindung Privater sprechen.

1444 Vgl. jeweils ErfK-*Wißmann*, Vor AEUV, Rn. 9; Groeben/Schwarze-*G.Schmidt*, Art. 249 EGV, Rn. 12, 83.
1445 EuGH vom 8.4.1976, Rs. C-43/75 (Defrenne II), NJW 1976, 2068 (2069).
1446 Däubler/Bertzbach-*Brors*, § 10 AGG, Rn. 10; *Körner*, NZA 2005, 1395 (1397); *Steinmeyer*, ZfA 2007, 27 (40).
1447 Siehe oben 3. Kapitel B. I. 2. a) aa).
1448 EuGH vom 22.11.2005, Rs. C-144/04 (Mangold), Rn. 67, AP Nr. 1 zu Richtlinie 2000/78/EG; EuGH vom 18.12.1997, Rs. C-129/96 (Inter-Environnement Wallonie), NJW 1998, 2809.
1449 *Bauer/Arnold*, NJW 2008, 3377 (3378); *Bauer/Krieger*, NJW 2007, 3672 (3673); *Thüsing*, RdA 2008, 51 (52); vgl. *Temming*, NZA 2007, 1193 (1197), der darauf abstellt, dass in der *Palacios*- Entscheidung das Mangold-Urteil nicht explizit widerrufen wurde.

Im Urteil *Palacios de la Villa* beziehen sich die Ausführungen ausschließlich auf das nationale Gesetz, welches die Tarifparteien ermächtigt, eine Altersgrenze festzulegen. Auf den Kollektivvertrag, welcher auf das Arbeitsverhältnis des Klägers im Ausgangsverfahren Anwendung fand, geht der Gerichtshof nicht ein. Selbst wenn man von einer Bindung von Privatpersonen ausgehen würde, ist der Prüfungsmaßstab des EuGH unklar geblieben. Während in der *Mangold*-Entscheidung eine strenge Verhältnismäßigkeitsprüfung durchgeführt wurde, wonach es auf die konkrete Einstellungssituation ankomme, verzichtete der Gerichtshof darauf in seinem *Palacios*-Urteil und verwies auf die Einschätzungsprärogative der Mitgliedsstaaten sowie der Sozialpartner.[1451] Dementsprechend war es für den Arbeitgeber nicht ersichtlich, ob die tariflichen Bestimmungen, auf die er sich bei der Vergütung gestützt hat, auch tatsächlich diskriminierend oder noch vom zulässigen Beurteilungsspielraum der Tarifparteien gedeckt waren.

Die *Bartsch*-Entscheidung spricht einer Versorgungsrichtlinie eines Unternehmens den gemeinschaftsrechtlichen Bezug mit der Begründung ab, dass sie nicht in Umsetzung von EG-Sekundärrecht erlassen wurde. Gleiches kann für Tarifvereinbarungen oder Arbeitsverträge mit Verweisungsklauseln gelten. Somit wird ebenfalls durch die *Bartsch*-Entscheidung deutlich, dass an das primärrechtliche Verbot der Altersdiskriminierung lediglich die Mitgliedsstaaten gebunden sind, da sie entsprechende Umsetzungsmaßnahmen in die Wege leiten.[1452]

Mit der *Kücükdeveci*-Entscheidung setzt der EuGH den im *Mangold*-Urteil beschrittenen Weg fort.[1453] Dementsprechend kann auf die oben dargestellte Argumentation verwiesen werden. So kam erneut der primärrechtliche Gleichbehandlungsgrundsatz zur Anwendung, um einen einzelstaatlichen Gesetz die Wirksamkeit zu versagen und gerade nicht einer privatrechtlichen Vereinbarung, worunter auch Tarifverträge fallen. Der EuGH hat entgegen der Ausführungen des Generalanwalts eine unmittelbare Anwendbarkeit der Richtlinie 2000/78/EG abgelehnt.[1454] Es wurde aber eine mittelbare Bindung für den Fall angenommen, dass ein nationales Gericht Gesetzesrecht anwendet. Erforderlich ist somit eine legislative Altersdiskriminierung. Unterstrichen wird dies durch den Verweis auf die *Bartsch*-Entscheidung, wodurch der Gerichtshof zum Ausdruck bringt, dass er an den dort aufgestellten Kriterien festhalten möchte. In dem zitierten Urteil kam das primärrechtliche Diskriminierungsverbot nicht zum Zuge, da die betroffenen privatrechtlichen Versor-

---

1450 Vgl. *Temming*, NZA 2007, 1193.
1451 *Nettesheim*, JZ 2008, 1159 (1160); *Temming*, NZA 2007, 1193 (1196 f.).
1452 *Bayreuther*, BB 2008, 697 (699).
1453 *Kolbe*, BB 2010, 501; *Preis/Temming*, NZA 2010, 185.
1454 GA *Bot*, Schlussantrag vom 7.7.2009, Rs. C-555/07 (Kücükdeveci), Rn. 70, juris.

gungsrichtlinien keine Umsetzungsakte darstellten. Als weiteres Argument gegen eine Bindung von privaten Arbeitgebern an den europäischen Gleichbehandlungsgrundsatz kann der Verweis des EuGH auf die Charta der Grundrechte der Europäischen Union gesehen werden, die in Art. 21 Abs. 1 ein Verbot der Altersdiskriminierung vorsieht. Nach Art. 51 der Charta sind die Europäische Union sowie die Mitgliedsstaaten gebunden, nicht aber Private.[1455]

Dementsprechend schließt das primärrechtliche Verbot der Altersdiskriminierung den Vertrauenstatbestand zu Gunsten eines Arbeitgebers nicht aus, der im Vertrauen auf die Gültigkeit altersdiskriminierender Tarifbestimmungen vergütet hat. Das Rechtsinstitut erfasst nämlich keine privatrechtlichen Vereinbarungen wie Tarifverträge. Sollte man den gegenteiligen Standpunkt vertreten, führt dies ebenfalls nicht zum Ausschluss des Vertrauensschutzes, denn eine Bindung Privater ist unter Berücksichtigung der Rechtsprechung des EuGH, welche den Inhalt des Gleichbehandlungsgrundsatzes maßgeblich bestimmt, nicht ohne weiteres erkennbar.

b) Andere primärrechtliche Grundlagen

Auch aus anderen primärrechtlichen Quellen kann kein Verbot der Altersdiskriminierung hergeleitet werden, das Privatpersonen schon vor Verabschiedung des AGG gebunden hat. Dies gilt insbesondere für Art. 19 AEUV (Art. 13 EGV a.F.). Diese Vorschrift ermächtigt den Rat der Europäischen Union, auf Vorschlag der Kommission und nach Anhörung des Europäischen Parlaments einstimmig Maßnahmen zur Bekämpfung von Diskriminierungen aus Gründen des Geschlechts, der Rasse, der ethnischen Herkunft, der Religion oder der Weltanschauung, einer Behinderung, der sexuellen Ausrichtung oder eben des Alters zu ergreifen. Auf dieser Grundlage wurden die drei Antidiskriminierungsrichtlinien erlassen.[1456] Dementsprechend statuiert die Vorschrift für sich genommen kein Verbot der Altersdiskriminierung, sondern stellt lediglich eine Kompetenzvorschrift dar.[1457] Sie bietet auch keine Hinweise auf ein ungeschriebenes primärrechtliches Diskriminierungsverbot, das den Arbeitgeber binden würde.[1458] Im Übrigen ist zu beachten, dass Private grundsätzlich nicht an das europäische Primärrecht gebunden sind.

1455 *Preis/Temming*, NZA 2010, 185 (191).
1456 Siehe oben 2. Kapitel A.
1457 BAG vom 27.6.2006, Az. 3 AZR 352/05 (A), Rn. 33, AP Nr. 6 zu § 1b BetrAVG; Däubler/Bertzbach-*Däubler*, Einleitung AGG, Rn. 105; *Hahn*, S. 59; *Hailbronner*, NZA 2006, 811 (814); *Reich*, EuZW 2006, 20 (21).
1458 So aber *Henssler/Tillmanns*, FS Birk, S. 179 (S. 194 f.).

Art. 21 Abs. 1 der Charta der Grundrechte der Europäischen Union, der ein Verbot der Altersdiskriminierung enthält, entfaltet keine Rechtswirkung für die Arbeitgeber. Die Charta gilt zunächst einmal erst ab dem 1.12.2009 verbindlich,[1459] da die Änderung des Art. 6 Abs. 1 AEUV, der wiederum die Charta zum europäischen Primärrecht erhebt, erst zu diesem Zeitpunkt eingetreten ist.[1460] Art. 51 der Grundrechtscharta legt aber explizit fest, dass die Europäische Union und die Mitgliedsstaaten an die aufgeführten Grundrechte gebunden sind.[1461]

c) Fazit

Das Vertrauen des Arbeitsgebers, dass die in Alt-Tarifverträgen enthaltene altersabhängige Vergütung zulässig sein würde, ist auch im Hinblick auf die Vorschriften des europäischen Primärrechts schutzwürdig.[1462] Schließlich bestand vor dem Inkrafttreten des AGG kein europäisches Primärrecht, das einer Privatperson die Diskriminierung wegen Alters verboten hat. Anderes folgt auch nicht aus der *Mangold*-Entscheidung des EuGH, da sich das darin entwickelte Verbot der Altersdiskriminierung nicht an Private, sondern an Mitgliedsstaaten richtet. Sollte man gegenteiliger Ansicht sein, so ist zu Gunsten des Arbeitgebers anzuführen, dass ihm seine Bindung daran aufgrund der knappen Ausführungen des Gerichtshofs im besagten Urteil und den folgenden Entscheidungen nicht erkennbar war.

2. Richtlinie 2000/78/EG

Ferner vermag die Richtlinie 2000/78/EG vom 27.11.2000 nicht das schutzwürdige Vertrauen des Arbeitgebers aufzuheben. Bevor das AGG verabschiedet wurde, statuierte sie kein für Privatpersonen gültiges Diskriminierungsverbot. Eine Richtlinie richtet sich grundsätzlich allein an den Mitgliedsstaat, der verpflichtet wird, die mit ihr verfolgten Ziele in das nationale Rechtssystem umzusetzen.[1463] Nur ausnahmsweise kann sie unmittelbar, mittelbar oder kraft Vorwirkung auf die nationale Rechtsordnung einwirken. Aber auch wenn man eine Bindung annehmen würde, war der konkrete Umfang des gültigen Altersdiskriminierungsverbots fraglich.

1459 *Pache/Rösch*, EuR 2009, 769.
1460 Vgl. *Pache/Rösch*, EuR 2009, 769 (772).
1461 Callies/Ruffert-*Kingreen*, Art. 51 GRCh, Rn. 18; *Preis/Temming*, NZA 2010, 185 (191).
1462 Vgl. *Steiner*, NZA 2008, 73 (76), der von einer Vergleichbarkeit der Schutzstandards des verfassungs- und des gemeinschaftsrechtlichen Vertrauensschutzes ausgeht.
1463 *Bauer/Arnold*, NJW 2006, 6 (9); Groeben/Schwarze-*G.Schmidt*, Art. 249 EGV, Rn. 37; *Linsenmaier*, RdA 2003, Sonderbeilage zu Heft 5, 22 (23).

Nach der Rechtsprechung des EuGH kommt eine unmittelbare Richtlinienwirkung nur im Verhältnis von Bürger und Staat in Betracht, wobei unter letzteren auch Rechtssubjekte fallen, die dem öffentlichen Bereich zuzurechnen sind.[1464] Auf die Rechtsform kommt es dabei nicht an. Entscheidend ist, dass die Institution unter staatlicher Aufsicht steht, Leistungen im öffentlichen Interesse erbringt und mit besonderen Rechten ausgestattet ist.[1465] Einerseits soll mit der unmittelbaren Wirkung verhindert werden, dass der Mitgliedsstaat aus einer fehlenden oder nicht ordnungsgemäßen Umsetzung Nutzen zieht, indem er seinen Bürgern Rechte vorenthält.[1466] Andererseits soll dadurch die Wirksamkeit des europäischen Rechts effektiv gewährleistet werden.[1467] Damit könnten der Bund, die Länder sowie die Kommunen als Arbeitgeber und Tarifparteien des TVöD bzw. des BAT schon vor der Verabschiedung des AGG an die Richtlinie 2000/78/EG gebunden sein. Gleichwohl ist dies zu verneinen, zumal es schon an der ersten Voraussetzung der unmittelbaren Richtlinienwirkung mangelt: der fehlenden, verspäteten oder unzulänglichen Umsetzung der Richtlinie.[1468] Die Frist für die Umsetzung des in der Richtlinie enthaltenen Verbots der Diskriminierung aus Gründen des Alters ist am 2.12.2006 abgelaufen, das AGG ist indes schon am 18.8.2006 in Kraft getreten. Folglich kam der Richtlinie auch gegenüber staatlichen Arbeitgebern keine unmittelbare Wirkung zu. Eine solche folgt auch nicht aus der *Mangold*-Entscheidung.[1469] Danach hatte nicht die Richtlinie, sondern das primärrechtliche Verbot der Altersdiskriminierung unmittelbaren Einfluss die deutschen Rechtsnormen.[1470]

Die Richtlinie kann auch mittelbar in das einzelstaatliche Rechtssystem einfließen. Dies geschieht über die Auslegung von Gesetzen,[1471] indem die Norm so weit wie möglich anhand des Wortlauts und des Zwecks der einschlägigen Richtlinie interpretiert wird.[1472] Unbeachtlich ist die Frage, ob das auszulegende Recht vor

---

1464 EuGH vom 26.2.1986, Rs. C-152/84 (Marshall I), Rn. 49, NJW 1986, 2178 (2180); *Götz*, NJW 1992, 1849 (1856); *Thüsing*, NJW 2003, 3441 f.
1465 EuGH vom 12.7.1990, Rs. C-188/89 (Foster), LS Nr. 1, NJW 1991, 3086; *Jarass*, NJW 1991, 2665 f.; *Thüsing*, NJW 2003, 3441 (3442).
1466 *Götz*, NJW 1992, 1849 (1855); vgl. EuGH vom 19.1.1982, Rs. C-8/81 (Becker), Rn. 20 ff., NJW 1982, 499 (500).
1467 *Götz*, NJW 1992, 1849 (1855); *Weber*, AuR 2002, 401 (405); vgl. EuGH vom 26.2.1986, Rs. C-152/84 (Marshall I), LS Nr. 4, NJW 1986, 2178.
1468 Vgl. EuGH vom 19.1.1982, Rs. C-8/81 (Becker), NJW 1982, 499.
1469 EuGH vom 22.11.2005, Rs. C-144/04 (Mangold), AP Nr. 1 zu Richtlinie 2000/78/EG.
1470 *Colneric*, NZA 2008, Sonderbeilage zu Heft 2, 66 (72).
1471 EuGH vom 10.4.1984, Rs. C-14/83 (Colson und Kamann), AP Nr. 1 zu § 611a BGB; MüKo-*Thüsing*, Einl. AGG, Rn. 43.
1472 EuGH vom 10.4.1984, Rs. C-14/83 (Colson und Kamann), LS Nr. 1, AP Nr. 1 zu § 611a BGB; EuGH vom 5.10.2004, Rs. C-397/01 (Pfeiffer), LS Nr. 4, AP Nr. 12 zu Richtlinie

oder nach Erlass der maßgeblichen Richtlinie in Kraft getreten ist.[1473] Dadurch sind auch Privatpersonen, welche einen Rechtsstreit vor den staatlichen Gerichten austragen, an die Wertungen der Richtlinie gebunden.[1474] Im konkreten Fall wäre an eine richtlinienkonforme Auslegung des insoweit offenen § 138 Abs. 1 BGB zu denken. Demnach wären schon vor Inkrafttreten des AGG altersdiskriminierende Tarifklauseln unwirksam.[1475] Jedoch kommt ein solches Vorgehen nur nach Ablauf der Umsetzungsfrist in Betracht,[1476] da ansonsten die Gerichte den dem Gesetzgeber sowohl von der Richtlinie als auch dem deutschen Verfassungsrecht eingeräumten Gestaltungsspielraum bei der Umsetzung missachten würden, was mit dem Grundsatz der Gewaltenteilung aus Art. 20 Abs. 2 GG schwerlich vereinbar wäre.[1477] Ein solcher legislativer Gestaltungsspielraum zeigt sich gerade in dem ausfüllungsbedürftigen Art. 6 Richtlinie 2000/78/EG.[1478] Somit fand die Richtlinie 2000/78/EG im Hinblick auf das Merkmal Alter auch nicht mittelbar in der Bundesrepublik Deutschland Anwendung.

Ähnliche Erwägungen können auch für eine richtlinienkonforme Auslegung von Tarifverträgen in Anschlag gebracht werden. Zum einen ist schon fraglich, ob Tarifverträge, die dem Privatrecht zuzuordnen sind, einer richtlinienkonformen Auslegung unterliegen können[1479] und zum anderen ist die nicht abgelaufene Umsetzungsfrist zu beachten.[1480] Entscheidend ist aber, dass die Vergütungsregelungen keine offenen Rechtsbegriffe enthalten und somit einer Auslegung erst gar nicht zugänglich sind.

93/104/EWG; ErfK-*Wißmann*, Vor AEUV, Rn. 26; *Linsenmaier*, RdA 2003, Sonderbeilage zu Heft 5, 22 (23).
1473 EuGH vom 4.7.2006, Rs. C-212/04 (Adeneler), Rn. 108, AP Nr. 1 zu Richtlinie1999/70/EG.
1474 EuGH vom 5.10.2004, Rs. C-397/01 (Pfeiffer), LS Nr. 4, AP Nr. 12 zu Richtlinie 93/104/EWG; *Bauer/Arnold*, NJW 2006, 6 (9); *Götz*, NJW 1992, 1849 (1854); *Rieble/Zedler*, ZfA 2006, 273 (277); *Thüsing*, NJW 2003, 3441 (3442).
1475 *Annuß*, BB 2005, 325 (327); *Klumpp*, NZA 2005, 848 (853).
1476 EuGH vom 4.7.2006, Rs. C-212/04 (Adeneler), LS Nr. 5, AP Nr. 1 zu Richtlinie1999/70/EG; ErfK-*Wißmann*, Vor EG, Rn. 27; *Leible/Sosnitza*, NJW 1998, 2507 (2508); *Thüsing*, NJW 2003, 3441 (3442).
1477 BAG vom 27.6.2006, Az. 3 AZR 352/05 (A), Rn. 23, AP Nr. 6 zu § 1b BetrAVG; *Klumpp*, NZA 2005, 848 (853); vgl. aber BGH vom 5.2.1997, Az. I ZR 211/95, Rn. 40 ff., NJW 1998, 2208 (2210), wonach eine richtlinienkonforme Auslegung ausnahmsweise zulässig ist, wenn dem Gericht eine ausfüllungsfähige Generalklausel zur Seite steht und die Richtlinie ein bestimmte Ergebnis vorgibt.
1478 BAG vom 27.6.2006, Az. 3 AZR 352/05 (A), Rn. 23, AP Nr. 6 zu § 1b BetrAVG; *Linsenmaier*, RdA 2003, Sonderbeilage zu Heft 5, 22 (23 f.); *Rieble/Zedler*, ZfA 2006, 273 (278 f.).
1479 *Rieble/Zedler*, RdA 2006, 273 (279 f.).
1480 *Klumpp*, NZA 2005, 848 (853).

Ebenso kann die Richtlinie gegenüber den Tarifvertragsparteien keine Vorwirkung[1481] entfalten.[1482] Eine solche Wirkungsweise hat der EuGH in seiner *Mangold*-Entscheidung angerissen. Sie geht zurück auf sein Urteil in der Rechtssache *Inter-Environnement Wallonie*.[1483] Danach ist es den Mitgliedsstaaten verwehrt, in der Umsetzungsphase Vorschriften zu erlassen, welche das Erreichen der Richtlinienziele ernstlich in Frage stellen. Damit hat die Vorwirkung aber nur für öffentliche Rechtssubjekte Bedeutung, denn nur diese können als Teil der staatlichen Gewalt dem Mitgliedsstaat zugerechnet werden.[1484] Daher wären nur die an den TVöD oder BAT gebundenen staatlichen Institutionen davon betroffen. Dagegen könnte allerdings sprechen, dass die Betroffenen sich keiner hoheitlichen Befugnisse bedienen, sondern eine Option wählen, die jedem privaten Arbeitgeber zusteht, nämlich der Abschluss eines Tarifvertrags. Um allerdings mögliche Umgehungen des Europarechts zu vermeiden, bietet es sich an, auch ein solches Verhalten von der Vorwirkung zu erfassen.[1485] Selbst dann kommt aber die Vorwirkung der Richtlinie nicht zum Tragen, denn mit diesem Rechtsinstitut soll verhindert werden, dass der Mitgliedsstaat schon vor der Umsetzung vollendete Tatsachen schafft und somit ihre Ausführung unmöglich macht oder wesentlich erschwert. Der in der *Mangold*-Entscheidung zu Fall gebrachte § 14 Abs. 3 TzBfG a.F. hätte ohne das Urteil aus Luxemburg auch nach der Umsetzung der Antidiskriminierungsrichtlinie Geltung beansprucht, denn die einfachgesetzlichen Bestimmungen des AGG hätten die Normen des TzBfG nicht verdrängen können. Diese Gefahr besteht indes bei altersdiskriminierenden Tarifbestimmungen nicht.[1486] Als rangniedere Normen gegenüber dem AGG sind sie mit dessen Inkrafttreten gem. § 134 BGB i.V.m. § 7 Abs. 2 AGG unwirksam. Somit verhindern oder erschweren sie nicht die Umsetzung der Richtlinie 2000/78/EG. Dementsprechend kommt die Vorwirkung der Richtlinie für die staatlichen Arbeitgeber nicht zum Zuge.

Selbst wenn man allerdings annimmt, dass die Richtlinie 2000/78/EG schon vor der Verabschiedung des AGG Wirkung entfaltet hat, war es für den Arbeitgeber

---

1481 Teilweise wird insoweit auch vom sog. Frustrationsverbot gesprochen *Klumpp*, NZA 2005, 848 (853); *Leible/Sosnitz*a, NJW 1998, 2507 (2508).
1482 Offen gelassen von BAG vom 18.6.2008, Az. 7 AZR 116/07, Rn. 28, AP Nr. 48 zu § 14 TzBfG.
1483 EuGH vom 18.12.1997, Rs. C-129/96 (Inter-Environnement Wallonie); NJW 1998, 2809.
1484 *Klumpp*, NZA 2005, 848 (853); *Kuras*, RdA 2007, 170 (173).
1485 So für den Fall der unmittelbaren Wirkung einer Richtlinie, EuGH vom 26.2.1986, Rs. C-152/84 (Marshall I), Rn. 49 ff., NJW 1986, 2178 (2180); EuGH vom 12.7.1990, Rs. C-188/89 (Foster), Rn. 17, NJW 1991, 3086 f.; *Jarass*, NJW 1991, 2665 f.; *Linsenmaier*, RdA 2003, Sonderbeilage zu Heft 5, 22 (23).
1486 A.A. *Klumpp*, NZA 2005, 848 (853).

nicht erkennbar, wie weit das Verbot der Altersdiskriminierung inhaltlich reichte. Zwar bezeichnet der Erwägungsgrund Nr. 25 es als ein „wesentliches Element zur Erreichung der Ziele der beschäftigungspolitischen Leitlinien und zur Förderung der Vielfalt im Bereich der Beschäftigung", aber schon im zweiten Satz werden die Mitgliedsstaaten ermächtigt, entsprechende Rechtfertigungsgründe vorzusehen, die je nach der nationalen Situation unterschiedlich ausfallen können. In Anlehnung daran gewährt Art. 6 Richtlinie 2000/78/EG den Mitgliedsstaaten einen weiten Ermessensspielraum bei der Ausgestaltung des besonderen Rechtfertigungstatbestands für Ungleichbehandlungen aufgrund des Alters.[1487] Daher blieb nach dem Erlass der Richtlinie die Frage offen, ob der deutsche Gesetzgeber ein Vergütungssystem zulassen würde, das tendenziell ältere Beschäftigte privilegiert. Dadurch dass der angesprochene Erwägungsgrund auf die besondere Situation der einzelnen Mitgliedsstaaten abstellt, konnten die Arbeitgeber u.U. darauf hoffen, dass die unmittelbar oder mittelbar nach Alter differenzierende Vergütung in Tarifverträgen als deutsche Eigenart erhalten bleiben würde. Denn dabei handelt es nicht um eine schiere Randerscheinung. Eine solche Unterscheidung wurde und wird in bedeutenden Tarifwerken wie dem BAT oder dem TVöD vorgenommen. Selbst in den Besoldungsgesetzen von Bund und Ländern ist sie fest verankert.[1488]

3. Zulässige Differenzierung nach Alter außerhalb des AGG

Als ein Alt-Tarifvertrag abgeschlossen wurde, war nicht erkennbar, dass er gegen ein deutsches Verbot der Altersdiskriminierung verstoßen würde. Grundlage dafür wäre Art. 3 GG, an dem die Tarifvertragsparteien mittelbar gebunden sind.[1489] Da das Merkmal Alter in dem besonderen Benachteiligungsverbot des Art. 3 Abs. 3 GG nicht aufgelistet ist, muss auf den allgemeinen Gleichbehandlungsgrundsatz nach Art. 3 Abs. 1 GG rekurriert werden. Dadurch aber dass es sich dabei um ein personenbezogenes Kriterium handelt, auf das der Merkmalsträger keinen Einfluss hat, rückt es in die Nähe der im dritten Absatz genannten Kriterien. Daher ist nach

---

1487 EuGH vom 16.10.2007, Rs. C-411/05 (Palacios de la Villa), Rn. 68, AP Nr. 8 zu Richtlinie 2000/78/EG; EuGH vom 5.3.2000, Rs. C-388/07 (Age Concern England), Rn. 65, NZA 2009, 305 (310).
1488 Vgl. jeweils §§ 27, 28, 37, 38 BBesG i.V.m. Anlage IV; § 8 Landesbesoldungsgesetz Hamburg vom 11.7.2007 i.V.m. BBesG; § 10 Landesbesoldungsgesetz NRW i.V.m. Bekanntmachung des Landesfinanzministeriums vom 22.1.2008; § 2a Abs. 1 Landesbesoldungsgesetz Rheinland-Pfalz vom 5.4.2005 i.V.m. Anlage IV zu BBesG; § 1a Abs. 1 Nr. 1 Landesbesoldungsgesetz Schleswig Holstein vom 18.1.2005 i.V.m. BBesG.
1489 Siehe oben 2. Kapitel C. I. 2.

der „neuen Formel" des BVerfG eine strenge Verhältnismäßigkeitsprüfung durchzuführen.[1490] Wie bereits gezeigt wurde, sind eine am Alter ausgerichtete Vergütung nicht und eine Entlohnung nach Beschäftigungsdauer oder nach Betriebszugehörigkeit nur unter bestimmten Voraussetzungen verhältnismäßig. Somit könnte man ein grundgesetzliches Verbot der Altersdiskriminierung annehmen, welches das Vertrauen des Arbeitgebers in die Gültigkeit der entsprechenden Tarifnormen zunichtemachen würde.[1491] Allerdings war diese Ergebnis für den Arbeitgeber nicht erkennbar. So ist die ständige höchstrichterliche Rechtsprechung davon ausgegangen, dass die unmittelbar oder mittelbar wegen des Alters benachteiligende tarifliche Vergütung nicht gleichheitswidrig war.[1492] Ebenso haben die kritischen Stimmen im Schrifttum, die zu der Thematik erschienen sind, nicht das Grundgesetz, sondern die Richtlinie 2000/78/EG zum Maßstab genommen.[1493] Dass ein Verstoß gegen geltendes Recht vorlag, vertrat niemand. Damit wurde aber das Vertrauen in die Wirksamkeit der Vergütungsordnungen gestärkt.

4. Vertrauenstatbestand aufgrund staatlichen Verhaltens

Bei der Frage nach einem schutzwürdigen Vertrauen kommt den Besoldungsgesetzen von Bund und Ländern eine erhebliche Bedeutung zu. Selbst nach dem Erlass der Richtlinie 2000/78/EG und sogar nach dem Inkrafttreten des Umsetzungsgesetzes haben diese die Vergütung von Beamten und Richtern am Lebensalter ausgerichtet, unabhängig von der Art der Tätigkeit. Damit hat aber die Legislative den Eindruck erweckt, als sei selbst die unmittelbare und v.a. undifferenzierte Anknüpfung an das Lebensalter bei der Vergütung zulässig.[1494] Erst Recht gilt dies für die Mittelbare.

1490 Ausführlich zum Prüfungsmaßstab bei Art. 3 Abs. 1 GG siehe oben 2. Kapitel C. I. 1.
1491 So für die Frage nach der Zulässigkeit von Altersgrenzen *Böhm*, JZ 2008, 324 (326 f.); *Gitter/Boerner*, RdA 1990, 127 (135).
1492 BAG vom 30.3.1995, Az. 6 AZR 765/94, Rn. 18 ff., ZTR 1996, 34; BAG vom 19.10.2000, Az. 6 AZR 244/99, Rn. 33, ZTR 2001, 362 (364); BAG vom 29.4.2004, Az. 6 AZR 194/03, Rn. 14 ff., juris; vgl. *Linsenmaier*, RdA 2003, Sonderbeilage zu Heft 5, 22 (24).
1493 *Leuchten*, NZA 2002, 1254 (1258); *M. Schmidt/Senne*, RdA 2002, 80 (88 f.); *Wiedemann/Thüsing*, NZA 2002, 1234 (1241 f.).
1494 Vgl. jeweils §§ 27, 28, 37, 38 BBesG i.V.m. Anlage IV; § 8 Landesbesoldungsgesetz Hamburg vom 11.7.2007 i.V.m. BBesG; § 10 Landesbesoldungsgesetz NRW i.V.m. Bekanntmachung des Landesfinanzministeriums vom 22.1.2008; § 2a Abs. 1 Landesbesoldungsgesetz Rheinland-Pfalz vom 12.5.2005 i.V.m. Anlage IV zu BBesG; § 1a Abs. 1 Nr. 1 Landesbesoldungsgesetz Schleswig Holstein vom 18.1.2005 i.V.m. BBesG; teilweise wird auch pauschal an die Beschäftigungszeit angeknüpft, vgl. § 24 Thüringer Besoldungsgesetz vom 24.6.2008.

Indes könnte man den Übergang vom BAT zum TVöD als einen Hinweis für die Abkehr von einer altersabhängigen Vergütung sehen. Trotzdem ist zu bedenken, dass der Übergang der Länder zum TVöD erst am 1.11.2006 erfolgte und damit nach dem Inkrafttreten des AGG.[1495] In den Ländern Berlin und Hessen galten noch darüber hinaus die Lebensaltersstufen des BAT. Dadurch wird deutlich, dass weniger die Umsetzung des Diskriminierungsverbots als vielmehr die Schaffung einer leistungsorientierten Vergütung im Vordergrund stand. Dieser Umgang mit dem altersdiskriminierenden BAT ist ein weiterer Faktor, der das Vertrauen des Arbeitgebers in die Differenzierung nach Alter bestärkt.

Eine Vernachlässigung der Altersdiskriminierungsproblematik im Bereich des Tarifrechts manifestiert sich ebenfalls im Verhalten des Bundesministeriums für Arbeit und Soziales. Beabsichtigt es, einen Tarifvertrag für allgemeinverbindlich zu erklären, so prüft es eigenverantwortlich, ob die Voraussetzungen hierfür vorliegen,[1496] und kann gegebenenfalls Sachverständige bei der Frage nach der Wirksamkeit einzelner Tarifbestimmungen hinzuziehen.[1497] Dennoch hat es Tarifverträge nach der Verabschiedung der Antidiskriminierungsrichtlinien gem. § 5 TVG für allgemeinverbindlich erklärt, die eine unmittelbare[1498] oder mittelbare[1499] Unterscheidung nach Alter vorsehen. Trotz der vorgesehen Rechtsprüfung wurde diese Praxis selbst unter der Geltung des AGG fortgesetzt.[1500]

Als Zwischenergebnis kann somit festgehalten werden, dass staatliche Institutionen eine altersdiskriminierende Vergütung nicht nur toleriert, sondern auch teilweise aktiv gefördert haben. Dadurch wurde der Arbeitgeber in seinem Vertrauen bestätigt, die Entlohnung sei rechtlich unbedenklich.

1495 Wiedemann-*Wank*, § 4 TVG, Rn. 216 c.
1496 BVerfG vom 24.5.1977, Az. 2 BvL 11/74, Rn. 67, AP Nr. 15 zu § 5 TVG.
1497 Däubler, TVG-*Lakies*, § 5 TVG, Rn. 142 f.; *Meinel/Heyn/Herms*, § 3 AGG, Rn. 60.
1498 § 4 Gehaltstarifvertrag, Groß- und Außenhandel, Niedersachsen vom 9.6.2000, der am 28.5.2001 für allgemeinverbindlich erklärt wurde.
1499 § 1 Gehaltstarifvertrag für die in den Privatforstbetrieben im Lande Nordrhein-Westfalen beschäftigten Forstangestellten vom 17.11.2003, welcher am 13.3.2004 für allgemeinverbindlich erklärt wurde.
1500 § 2 Abs. 2 des Entgelttarifvertrags für das Friseurhandwerk im Lande Niedersachsen vom 5.3.2007, der nach Lebensalter differenziert und am 25.6.2008 für allgemeinverbindlich erklärt wurde; § 10 des Rahmentarifvertrags des Steinmetz- und Steinbildhauerhandwerks vom 24.5.2000, welcher ein geringeres Urlaubsentgelt für Minderjährige vorsieht und am 30.5.2007 für allgemeinverbindlich erklärt wurde; § 2 des Gehaltstarifvertrags für das Wach- und Sicherheitsgewerbe NRW, der eine Vergütung nach Berufsjahren vorsieht und am 22.10.2007 für allgemeinverbindlich erklärt wurde; Anlage zum Lohntarifvertrag für die gewerblichen Arbeitnehmer des privaten Omnibusgewerbes in Hamburg, welcher am 2.1.2007 allgemeinverbindlich erklärt wurde und nach Betriebszugehörigkeit unterscheidet.

5. Gesetzgebungsgeschichte des AGG und Vertrauensschutz

Ein Vertrauenstatbestand des Arbeitgebers scheidet schon aus, wenn er anhand des Gesetzgebungsverfahrens, das letztlich zur Verabschiedung des AGG führte,[1501] erkennen konnte, dass die von ihm erfolgte unmittelbar oder mittelbar nach Alter differenzierende Entlohnung unzulässig war.

Dies wurde vom LAG Berlin-Brandenburg für den Fall der unmittelbareren tariflichen Altersdiskriminierung nach § 27 Abs. 1 BAT bejaht.[1502] Nach Auffassung des Gerichts musste das beklagte Land Berlin ab Ende 2000 mit der Umsetzung der am 27.11.2000 verabschiedeten Richtlinie 2000/78/EG rechnen. Als weitere Indizien für die Vorhersehbarkeit werden genannt der vom Bundesjustizministerium am 10.12.2001 vorgelegte „Diskussionsentwurf eines Gesetzes zur Verhinderung von Diskriminierungen im Zivilrecht", der Entwurf eines arbeitsrechtlichen Diskriminierungsgesetzes sowie eines separaten zivilrechtlichen Antidiskriminierungsgesetzes vom 6.5.2004, dessen Urheber das Bundesministerium für Familie, Senioren, Frauen und Jugend war, sowie die erste Gesetzesinitiative zur Umsetzung der Antidiskriminierungsrichtlinien vom 16.12.2004.[1503]

Einer solchen Auffassung kann allerdings nicht gefolgt werden. Obwohl das Gesetzgebungsverfahren erkennen ließ, dass dem deutschen Arbeitsrecht ein Verbot der Altersdiskriminierung bevorstand, war sein endgültiger Umfang nicht erkennbar. Zum einen war es für den Arbeitgeber nicht ersichtlich, wie weit das Verbot in Hinblick auf das Merkmal Alter reichte, und zum anderen suggerierten die Gesetzesmaterialien eine privilegierte Stellung von tariflichen Bestimmungen.

Das Gesetzgebungsverfahren wurde mit dem Erlass der Richtlinie 2000/78/EG am 27.11.2000 angestoßen. Aufgrund des weiten Ermessensspielraums, den sie den Mitgliedsstaaten bei der Ausgestaltung des Verbots der Altersdiskriminierung eingeräumt hat, war es für den einzelnen Arbeitgeber zu diesem Zeitpunkt noch nicht vorhersehbar, ob der deutsche Gesetzgeber eine am Alter, an den Beschäftigungsjahren oder an der Betriebszugehörigkeit ausgerichtete Vergütung zulassen würde oder nicht. Ebenso wenig können die beiden Entwürfe der Bundesministerien den Vertrauenstatbestand ausschließen. Das vom Bundesjustizministerium vorgelegte Dokument betraf lediglich den Zivilrechtsverkehr und traf keine Aussage darüber, inwieweit das Alter, die Berufsjahre oder die Betriebszugehörigkeit als prägende Kriterien arbeitsrechtlicher Regelungen Wirkung entfalten sollten. In der Begrün-

---

1501 Zum Gesetzgebungsverfahren siehe oben 2. Kapitel A.
1502 LAG Berlin-Brandenburg vom 11.9.2008, Az. 20 Sa 2244/07, Rn. 37 ff., NZA-RR 2009, 378 (382).
1503 BT-Drucksache 15/4538.

dung zum Entwurf des Bundesministeriums, die insoweit auch in die erste und dritte Gesetzesvorlage wörtlich übernommen wurde,[1504] finden sich sogar Hinweise darauf, dass die fraglichen Vergütungssysteme zulässig sein könnten. So wird zunächst darauf hingewiesen, dass dem Schutz älterer Beschäftigter besondere Bedeutung zukommt, weshalb der Eindruck entstehen könnte, die Benachteiligung jüngerer Beschäftigter sei in weiterem Umfang zulässig. Im Anschluss verweisen die Dokumente auf das legitime Ziel, welches „unter Berücksichtigung der fachlich-beruflichen Zusammenhänge aus Sicht des Arbeitgebers oder der Tarifvertragsparteien zu beurteilen" ist. Dem kann eine diskriminierungsrechtliche Privilegierung von Kollektivvereinbarungen entnommen werden. Auf den ersten Blick spricht die Aussage, eine Anknüpfung an die Berufserfahrung sei eher zu rechtfertigen als an das bloße Lebensalter, gegen die Zulässigkeit einer tariflichen Entlohnung nach den drei genannten Kriterien. Allerdings wird dadurch der Eindruck erweckt, die Vergütung nach Lebensalter könnte unter bestimmten Voraussetzungen gerechtfertigt sein, was grundsätzlich nicht der Fall ist.[1505] Im Übrigen drückt die knappe Feststellung nur unzureichend aus, inwieweit eine Orientierung an Lebens- und Dienstalter sowie den abgelegten Berufsjahren zulässig ist. Man bleibt daher über den konkreten Umfang des Rechtfertigungsgrunds im Dunkeln.

Insbesondere die letzte Phase des Gesetzgebungsverfahrens, in der insgesamt drei Gesetzesvorlagen dem Bundestag wie auch dem Bundesrat vorgelegt wurden, hat keine Klarheit über die tatsächliche Gestalt des Diskriminierungsverbots gebracht und den Arbeitgeber in falscher Sicherheit gewogen. Bereits kurze Zeit nachdem die erste Gesetzesvorlage vom 16.12.2004[1506] auf Widerstand der damaligen schwarz-gelben Opposition in Bundestag und Bundesrat gestoßen ist,[1507] legte die rot-grüne Bundesregierung am 18.3.2005 den zweiten Entwurf vor.[1508] Eine wichtige Änderung bestand in der Rechtsfolgenanordnung des § 7 Abs. 2 S. 2 ADG. Sofern Kollektivvereinbarungen gegen das Diskriminierungsverbot verstießen, sollte an ihre Stelle die Regelung treten, welche die Beteiligten bei Kenntnis der Unwirksamkeit geschlossen hätten. Ergänzend zu den Ausführungen im Entwurf des Bundesfamilienministeriums sowie der ersten und dritten Vorlage wurde mit dieser Bestimmung der Eindruck erweckt, Benachteiligungen, die auf einen Tarifvertrag zurückzuführen seien, würden einen privilegierten Status im Antidis-

---

1504 BMJ, Diskussionsentwurf ADG, S. 62 f.; BT-Drucksache 15/4538, S. 33; BT-Drucksache 16/1780, S. 36.
1505 Siehe oben 3. Kapitel B. I.
1506 BT-Drucksache 15/4538.
1507 BT-Drucksache 15/5019; BR-Drucksache 103/05.
1508 BT-Drucksache 15/5717.

kriminierungsgesetz einnehmen. Außerdem hatte es aufgrund der Norm den Anschein, als ob ein solcher Verstoß keine so weit gehende Folge wie die rückwirkende Angleichung nach oben nach sich ziehen würde, denn zumindest die am Abschluss des Tarifvertrags beteiligten Arbeitgeber bzw. ihre Verbandsvertreter hätten sich darauf nicht eingelassen.

Vor diesem Hintergrund überraschte das von der neu gewählten großen Koalition am 18.5.2006 in Gang gesetzte Gesetzgebungsverfahren zur Umsetzung der Antidiskriminierungsrichtlinien,[1509] aus dem letztlich nach drei Monaten das AGG hervorging. Wurde zuvor von CDU und CSU der Versuch unternommen, das Antidiskriminierungsgesetz zu verhindern oder seine Folgen zu Gunsten der Arbeitgeber zu modifizieren,[1510] haben die beiden frisch gebackenen Regierungsparteien das Gesetz ohne Widerstand die Gesetzgebungsorgane passieren lassen. Selbst der angesprochene § 7 Abs. 2 S. 2 ADG, der auf Drängen des von bürgerlichen Parteien dominierten Bundesrats in die zweite Gesetzesvorlage eingebaut wurde,[1511] war nicht mehr Bestandteil des Vorschlags und damit auch nicht des AGG. Eine solche Entwicklung war für die Arbeitgeber kaum vorhersehbar.[1512] Vielmehr wäre zu erwarten gewesen, dass die Unionsparteien das Umsetzungsgesetz noch weiter zu Gunsten der Arbeitgeber und Tarifparteien abmildern oder zumindest auf dem zu dem Zeitpunkt erreichten Ergebnis pochen würden.

Folglich war für den Arbeitgeber ein umfassendes Verbot der Altersdiskriminierung, welches die tarifliche Vergütung nach Lebensalter, Beschäftigungsdauer und Betriebszugehörigkeit in Frage stellt, aus dem Gesetzgebungsverfahren nicht ersichtlich. Im Gegenteil, stellenweise haben die Gesetzesmaterialien den Eindruck erweckt, diese Benachteiligungsform würde milder gehandhabt als die Übrigen. Insoweit kann von einem schutzwürdigen Vertrauen des Arbeitgebers ausgegangen werden.

III. Interessenabwägung

Der Vertrauensschaden des Arbeitgebers muss das mit dem AGG verfolgte Anliegen überwiegen. Dies ist jedenfalls dann der Fall, wenn das Gesetz erst gar nicht geeignet und erforderlich ist, das angestrebte Ziel zu erreichen. Mit dem AGG soll

---

1509 BT-Drucksache 16/1780.
1510 BT-Drucksache 15/5019; BR-Drucksache 103/05.
1511 Vgl. Däubler/Bertzbach-*Däubler*, Einleitung AGG, Rn. 9.
1512 Vgl. *Adomeit/Mohr*, Einleitung AGG, Rn. 234, die von einer politischen Überraschung sprechen.

ein Diskriminierungsschutz für die in § 1 AGG genannten Merkmale erreicht werden. Der Gesetzgeber setzt dabei die Vorgaben der Antidiskriminierungsrichtlinien um. Verfassungsrechtlich steht ihm dabei Art. 3 GG zur Seite. Das AGG mit seinen Benachteiligungsverboten und ausdifferenzierten Rechtfertigungsmöglichkeiten ist geeignet und erforderlich, das gesetzgeberische Anliegen zu erreichen.

Dennoch ist zu Gunsten des Arbeitgebers der dargestellte starke Vertrauenstatbestand einzustellen. Es war nicht nur unklar, wie weit das Verbot der Altersdiskriminierung reichen würde. Bund, Länder, sowie das Bundesministerium für Arbeit und Soziales haben sogar den Eindruck erweckt, eine unmittelbar oder mittelbar altersabhängige Vergütung sei zulässig. Nicht zu unterschätzen sind auch die erheblichen finanziellen Folgen, die eine rückwirkende Einstufung sämtlicher Beschäftigter in die höchste Vergütungsstufe nach sich ziehen würde.[1513] Des Weiteren ist zu beachten, dass der Arbeitgeber vertraglich, normativ oder selbst per Allgemeinverbindlichkeitserklärung an eine Kollektivvereinbarung gebunden sein kann, die altersdiskriminierende Bestimmungen enthält. Wendet er tarifliche Bestimmungen, die er für unwirksam hält, nicht an, geht er das Risiko ein, in einem von seinen Beschäftigten, der zuständigen Gewerkschaft oder seinem Verband geführten Prozess zu unterliegen. Durch den gewährten Vertrauensschutz wird das durchaus berechtigte Bestreben des Gesetzgebers, Diskriminierungen im Berufsleben zu beseitigen, nicht unverhältnismäßig beeinträchtigt. Schließlich führt die unzulässige Benachteiligung zur Unwirksamkeit der entsprechenden Vergütungsbestimmungen und einer Neufestlegung durch Gericht oder Tarifparteien,[1514] sodass für die Zukunft die Ungleichbehandlung behoben wird.

Mithin kann sich ein Arbeitgeber, der an einen Alt-Tarifvertrag mit altersdiskriminierenden Regelungen über die Entlohnung gebunden ist, auf den vom deutschen Verfassungsrecht gewährten Vertrauensschutz berufen. Eine Angleichung nach oben für die Vergangenheit scheidet damit für diese Konstellationen aus.

IV. Kollision mit der Rechtsprechung des EuGH?

Gewährt nationales Recht Vertrauensschutz, stellt sich die Frage, ob ein solches Ergebnis auch europarechtlich zulässig ist.[1515] Das Rechtsinstitut ist dem EuGH

1513 ArbG Berlin vom 22.8.2007, Az. 86 Ca 1696/07, Rn. 117, juris.
1514 Siehe oben 4. Kapitel A. und B.
1515 Vgl. *Kokott*, RdA 2006, Sonderbeilage zu Heft 6, 30 (37), die zu einer Vorlage an den EuGH in solchen Fällen rät.

nicht fremd. Er beschränkt damit die Folgen seiner Rechtsprechung unter zwei Voraussetzungen. Erstens ist guter Glaube der Betroffenen erforderlich und zweitens müssen schwerwiegende wirtschaftliche Nachteile ohne die Begrenzung drohen, was insbesondere bei einer großen Anzahl von gutgläubig aber rechtswidrig eingegangenen Rechtsverhältnissen der Fall ist.[1516] Dabei kommt der ersten Voraussetzung entscheidende Bedeutung zu, denn damit wird gewährleistet, dass weitreichende Diskriminierungen nicht privilegiert werden.[1517] Die Grundlagen für diese Rechtsprechung wurden in den Urteilen *Defrenne II* und *Barber* geschaffen.[1518] Allerdings könnte die neuere Rechtsprechung des EuGH gegen die Begrenzung einer Rückwirkung sprechen.

1. Vertrauensschutz nach Defrenne II und Barber

In der Rechtssache *Defrenne II*[1519] setzte sich das vorlegende nationale Gericht mit einem Rechtsstreit zwischen einer belgischen Bordstewardess und ihrem Arbeitgeber auseinander. Eine Entgeltdiskriminierung aufgrund des Geschlechts der Beschäftigten wurde von keiner Partei bestritten. Fraglich war aber, ob der damalige Art. 119 EGV a.F. unmittelbar auf private Arbeitsverhältnisse Anwendung fand.

Dies wurde vom EuGH bejaht. Gleichwohl hat er die Rückwirkung dieses Urteils beschränkt. Die praktischen Auswirkungen einer Entscheidung dürften zwar nicht dazu führen, dass die Objektivität des Rechts gebeugt und seine zukünftige Anwendung unterbunden werde, nur weil die Entscheidung gewisse Konsequenzen für die Vergangenheit haben könnte. Dennoch habe das Verhalten mehrerer Mitgliedsstaaten sowie die Haltung der Kommission die Betroffenen dazu veranlasst, lange Zeit Praktiken beizubehalten, die Art. 119 EGV a.F. zuwiderliefen, aber nach dem nationalen Recht nicht verboten waren. Soweit der EuGH von dem Verhalten der Mitgliedsstaaten spricht, bezieht er sich auf die nicht fristgemäße Umsetzung des Art. 119 EGV a.F. in die nationale Rechtsordnung. Daraufhin haben sämtliche Mitgliedsstaaten eine Entschließung über die Angleichung der Löhne für Männer

---

1516 EuGH vom 28.9.1994, Rs. C-128/93 (Fisscher), Rn. 18, AP Nr. 56 zu Art. 119 EWG-Vertrag; EuGH vom 15.3.2005, Rs. C-209/03 (Bidar), Rn. 69, NJW 2005, 2055 (2058); EuGH vom 27.4.2006, Rs. C-423/04 (Richards), Rn. 42, EuZW 2006, 342 (344); GA *Maduro*, Schlussantrag vom 18.5.2006, Rs. C-17/05 (Cadman), Rn. 69, juris; *Steiner*, NZA 2008, 73 (76).
1517 *Schlachter*, ZfA 2007, 249 (266 f.).
1518 EuGH vom 8.4.1976, Rs. C-43/75 (Defrenne II), NJW 1976, 2068 (2069); EuGH vom 17.5.1990, Rs. C-262/88 (Barber), AP Nr. 20 zu Art. 119 EWG-Vertrag; *Griebeling*, FS Gnade, S. 597 (S. 602 ff.); *Kokott*, RdA 2006, Sonderbeilage zu Heft 6, 30 (37).
1519 EuGH vom 8.4.1976, Rs. C-43/75 (Defrenne II), NJW 1976, 2068.

und Frauen verfasst. Obwohl sie das Diskriminierungsverbot des Art. 119 EGV a.F. präzisiere, habe sich seine Umsetzung aufgrund eines enthaltenen Stufenplans verzögert. Dennoch würde das Verbot von einigen Ländern nicht rechtzeitig umgesetzt. Die Kommission hat sich darauf mit den Vertretern der Regierungen und Sozialpartnern zusammengesetzt, um die Lage zu prüfen und Maßnahmen zu vereinbaren, wie die Ziele des Art. 119 EGV a.f. erreicht werden sollten. Letztlich hat die Kommission erklärt, sie wolle ein Vertragsverletzungsverfahren gegen die säumigen Mitgliedsstaaten einleiten. Ihre Androhung hat sie indes nicht wahr gemacht, wenngleich die Angesprochenen ihrer Umsetzungsverpflichtung nicht nachgekommen sind.

Sodann geht es auf die schwerwiegenden Folgen einer rückwirkenden Angleichung nach oben ein. Aufgrund der Unbekanntheit des Gesamtbetrags der betroffenen Entgelte schlössen zwingende Erwägungen der Rechtssicherheit, die sich aus der Gesamtheit der öffentlichen und privaten Interessen ergäben, aus, dass Entgelte für vergangene Zeiträume in Frage gestellt würden. Anderes gelte aber für Arbeitnehmer, die zum Zeitpunkt der Entscheidung bereits Klage erhoben oder einen entsprechenden Rechtsbehelf eingelegt hätten.

Das Verfahren in der Rechtssache *Barber*[1520] ging auf den Rechtsstreit eines britischen Beschäftigten mit seinem Arbeitgeber zurück. Der vorzeitig entlassene Kläger forderte eine sofort zahlbare Rente und stützte sich dabei auf einen Verstoß gegen Art. 119 EGV a.F. Während seinen weiblichen Kollegen, die vorzeitig ausgeschieden waren und das 50. Lebensjahr vollendet hatten, ein Anspruch aus der betrieblichen Altersversorgung zustand, lag die Altersgrenze für die männlichen Mitarbeiter bei 55 Jahren.

Der EuGH kam zu dem Schluss, dass auch Ansprüche aus der betrieblichen Altersversorgung Entgelt i.S.d. Art. 119 EGV a.F. seien und stellte einen Verstoß gegen das Diskriminierungsverbot fest. Gleichzeitig beschränkte er aber die Rückwirkung seiner Entscheidung auf den Zeitpunkt, an dem das Urteil erlassen wurde. Das Gericht verweist auf die Rechtssache *Defrenne II* und führt aus, dass die Beschränkung der Rückwirkung mit Rücksicht auf schwerwiegende Störungen für schon vergangene Zeiträume möglich sei.

Eine solche Beschränkung könne aber nur der EuGH selbst in dem entsprechenden Urteil vornehmen. Zur Begründung eines Vertrauenstatbestands rekurriert das Gericht auf zwei Ausnahmevorschriften zur Festlegung des Rentenalters aus dem

---

1520 EuGH vom 17.5.1990, Rs. C-262/88 (Barber), AP Nr. 20 zu Art. 119 EWG-Vertrag.

europäischen Sekundärrecht. Nach Art. 7 Abs. 1 lit. a Richtlinie 79/7/EWG[1521] und Art. 9 lit. a Richtlinie 86/378/EWG[1522] war es den Mitgliedsstaaten unbenommen, das gesetzliche Renteneintrittsalter zu bestimmen bzw. die Anwendung des Diskriminierungsverbots auf die Bestimmung des Rentenalters aufzuschieben. Schließlich werden, wie schon im *Defrenne II*-Urteil, zwingende Gründe der Rechtssicherheit für die Einschränkung der Rückwirkung genannt, denn eine Angleichung für die Vergangenheit würde das finanzielle Gleichgewicht der betrieblichen Versorgungssysteme stören. Ebenso wird darauf hingewiesen, dass die Beschränkung nicht für Beschäftigte gelte, die vor Erlass der Entscheidung Klage erhoben oder einen entsprechenden Rechtsbehelf eingelegt hätten.

Aus diesen Entscheidungen ergibt sich zunächst, dass der EuGH nur sich selbst als ermächtigt ansieht, Vertrauensschutz zu gewähren. Daher ist es nicht ausreichend, wenn eine Rückwirkungsbeschränkung nach dem deutschen Recht vorliegt. Vielmehr müssen die in Luxemburg aufgestellten Kriterien erfüllt werden. Dazu zählen zunächst zwingende Gründe der Rechtssicherheit, worunter die finanzielle Überlastung von Entgelt- und Versorgungssystemen fällt. Die zweite Voraussetzung, der Vertrauenstatbestand, kann durch das Verhalten der Mitgliedsstaaten sowie der Kommission und die europäischen Rechtsquellen begründet werden.[1523] Der Vertrauensschutz kann allerdings Diskriminierungsopfern nicht entgegengehalten werden, die vor Erlass des Urteils gegen die Benachteiligung gerichtlich vorgegangen sind.

Anhand dieser Kriterien lässt sich Vertrauensschutz für die betroffenen Arbeitgeber gewähren. So kann eine rückwirkende Angleichung nach oben zu einer finanziellen Überlastung führen. Ein Vertrauenstatbestand kann sowohl in dem Verhalten der Bundesrepublik Deutschland als auch in dem ausfüllungsbedürftigen Art. 6 Richtlinie 2000/78/EG gesehen werden, aus dem nicht eindeutig der Umfang des Altersdiskriminierungsverbots hervorgeht. Nach den vom EuGH festgelegten Voraussetzungen hat auch die Kommission die Betroffenen in ihrem Glauben an die Zulässigkeit der altersabhängigen Vergütung bestärkt. Während im *Defrenne II*-Urteil schon der Umstand bemängelt wird, dass die Kommission ein Ver-

---

1521 Richtlinie 79/7/EWG des Rates vom 19.12.1978 zur schrittweisen Verwirklichung des Grundsatzes der Gleichbehandlung von Männern und Frauen im Bereich der sozialen Sicherheit, ABl. EG Nr. L 6, S. 24.
1522 Richtlinie 86/378/EWG des Rates vom 24.7.1986 zur Verwirklichung des Grundsatzes der Gleichbehandlung von Männern und Frauen bei den betrieblichen Systemen der sozialen Sicherheit, ABl. EG Nr. L 225, S. 40.
1523 *Griebeling*, FS Gnade, S. 597 (S. 603 f.); *Steiner*, NZA 2008, 73 (76); *Weiß*, EuR 1995, 377 (389 ff.).

tragsverletzungsverfahren angedroht aber nicht umgesetzt hat, wurde diese Option hinsichtlich der am Alter ausgerichteten Vergütung erst gar nicht in Betracht gezogen. Demgegenüber hat die Kommission zwei Vertragsverletzungsverfahren wegen nicht fristgemäßer Umsetzung der Anti-Diskriminierungsrichtlinien durchgeführt[1524] und bereitet ein Weiteres vor, da sie einige Bestimmungen des AGG wie beispielsweise die Herausnahme der Kündigungen aus dem Anwendungsbereich gem. § 2 Abs. 4 AGG oder die Fristen für die Geltendmachung von Sekundäransprüchen nach § 15 AGG als richtlinienwidrig erachtet.[1525] Eine fehlende Umsetzung der Richtlinie 2000/78/EG in das Besoldungsrecht von Bund und Ländern wurde und wird hingegen nicht beanstandet. Des Weiteren könnte die stiefmütterliche Behandlung des Kriteriums Alter gegenüber den anderen verpönten Merkmalen durch die Gemeinschaft den Eindruck erweckt haben, es handle sich dabei um ein Kriterium mit weitergehenden Rechtfertigungsmöglichkeiten. So offenbart die Mitteilung der Kommission an den Rat, das Europäische Parlament, den Wirtschafts- und Sozialausschuss und den Ausschuss der Regionen über bestimmte Maßnahmen der Gemeinschaft zur Bekämpfung von Diskriminierungen, dass die Gemeinschaft am wenigsten für das Merkmal Alter geleistet hat.[1526] Aber selbst die genannten Maßnahmen betrafen lediglich das Problem der Altersgrenzen zu Lasten älterer Personen und nicht die Diskriminierung von Jüngeren.

Die in den Entscheidungen *Defrenne II* und *Barber* entwickelten Grundsätze führen damit zur Beschränkung der Rückwirkung einer Angleichung. Dies gilt allerdings grundsätzlich nicht für den Arbeitnehmer, der rechtzeitig gerichtliche Schritte gegen die Diskriminierung in die Wege geleitet hat.

2. Nachfolgende Entscheidungen

Obwohl die Mehrzahl der folgenden und mit dem Vertrauensschutz betrauten Entscheidungen des EuGH eine Beschränkung der Rückwirkung abgelehnt hat, halten sie sich an das dargestellte Prüfungsschema. Dementsprechend scheitert das Begehren der Beklagten auf Schutz vor einer rückwirkenden Angleichung nach oben zum einen an dem fehlenden Vertrauenstatbestand. In diesem Zusammenhang spricht der EuGH davon, dass finanzielle Konsequenzen für sich allein genommen

---

1524 EuGH vom 28.4.2005, Rs. C-329/04, EuZW 2005, 444; EuGH vom 23.2.2006, Rs. C-43/05, AP Nr. 2 zu Richtlinie 2000/78/EG.
1525 Pressemitteilung IP/08/155.
1526 KOM (1999) 564 endg., S. 17 ff.

keine Einschränkung des jeweiligen Urteils zur Folge haben könnten.[1527] Zum anderen wird eine schwerwiegende wirtschaftliche Beeinträchtigung verneint, sofern nur wenige Personen von der Anpassung betroffen sind.[1528] Trotzdem könnte man bei oberflächlicher Betrachtung die Urteile in den Rechtssachen *Mangold* und *Cadman* als Beispiele für eine zunehmend restriktive Handhabung des Vertrauensschutzes nennen.[1529] Geht man aber genauer auf die Entscheidungen ein, findet sich aber keine Abweichung von den zuvor dargestellten Rechtsprechungsgrundsätzen.[1530]

Das *Mangold*-Verfahren hatte die Unanwendbarkeit des besonderen Befristungsgrundes aus § 14 Abs. 3 TzBfG a.F. zur Folge. Obwohl Arbeitsverhältnisse, die sich auf die besagte Vorschrift stützten, nach § 16 S. 1 TzBfG als unbefristet galten, was wiederum ein erhebliches finanzielles Risiko des Arbeitgebers darstellen kann, hat der EuGH die Rückwirkung seines Urteils nicht eingeschränkt.

Dies kann aber damit zusammenhängen, dass allgemein wie auch im zugrunde liegenden Fall keine schwerwiegenden wirtschaftlichen Folgen drohten. Denn vergleichsweise wenige Arbeitgeber haben von der gleichheitswidrigen Befristungsmöglichkeit Gebrauch gemacht, was mit dem auf Klischees beruhenden Jugendwahn und den frühzeitig geäußerten Bedenken an der Vereinbarkeit mit den gemeinschaftsrechtlichen Vorgaben zusammenhing.[1531] Aber auch in dem zugrunde liegenden konstruierten Verfahren musste Herr *Helm* nicht ernsthaft mit wirtschaftlichen Einbußen rechnen. Schließlich haben die Beteiligten primär das Verfahren angestoßen, um die Vorschrift einer europarechtlichen Kontrolle zu unterziehen. Mithin kann angenommen werden, dass nach der Entscheidung Herr *Mangold* nicht darauf gepocht hat, bei seinem Bekannten, Herrn *Helm*, angestellt zu bleiben. Dafür spricht auch, dass das Verfahren vor dem Arbeitsgericht München nicht weiter verfolgt wurde. Entscheidend ist aber, dass weder das nationale Gericht nach einer Beschränkung der Rückwirkung gefragt hatte, noch im Verlauf des Verfahrens

---

1527 EuGH vom 23.05.2000, Rs. C-104/98 (Buchner), Rn. 41, EuGRZ 2000, 220 (222); EuGH vom 20.9.2001, Rs. C-184/99 (Grzelczyk), Rn. 52 ff., EuZW 2002, 52 (56); EuGH vom 15.3.2005, Rs. C-209/03 (Bidar), Rn. 68 ff., NJW 2005, 2055 (2058); EuGH vom 27.4.2006, Rs. C-423/04 (Richards), Rn. 41 ff., EuZW 2006, 342 (344).
1528 EuGH vom 1.4.2008, Rs. C-267/06 (Tadao Maruko), Rn. 77 ff., NZA 2008, 459 (463).
1529 EuGH vom 22.11.2005, Rs. C-144/04 (Mangold), AP Nr. 1 zu Richtlinie 2000/78/EG; EuGH vom 3.10.2006, Rs. C-17/05 (Cadman), AP Nr. 15 zu Art. 141 EG-Vertrag; *Henssler/Tillmanns*, FS Birk, S. 179 (S. 195); ausführlich zu den Urteilen siehe oben 5. Kapitel A. II. 1. a) aa) und 3. Kapitel B. II. 3. a) cc).
1530 A.A. im Hinblick auf die *Mangold*- Entscheidung *Bauer/Arnold*, NJW 2006, 6 (11 f.), die aber im konkreten Fall einen verfassungsrechtliche Vertrauensschutz annehmen.
1531 *Nicolai*, DB 2005, 2641; *Preis*, NZA 2006, 401; *Schlachter*, RdA 2004, 352 (356).

Tatsachen für schwerwiegende Konsequenzen vorgebracht wurden.[1532] Selbst wenn man aber zwischen den Zeilen eine im Vergleich zu *Defrenne II* und *Barber* restriktiver Handhabung des europäischen Vertrauensschutzes erblickt, wäre die *Mangold*-Entscheidung insoweit nicht übertragbar, als dass sie eine Diskriminierung durch den Gesetzgeber und nicht durch Privatpersonen betrifft.

Ebenso führt das *Cadman*-Urteil zu keiner Modifikation der Rechtsprechungsgrundsätze. Das Gericht stellte für die Konstellation einer Geschlechtsdiskriminierung fest, dass die Honorierung von Berufserfahrung ein legitimes Ziel sei. Ob aber die Vergütung nach Berufsjahren geeignet und angemessen sei, um dieses Anliegen zu erreichen, richte sich nach der Art der zu verrichtenden Tätigkeit. Insoweit ist der Gerichtshof dem Schlussantrag des Generalanwalts gefolgt.[1533] Dies gilt aber nicht für dessen Ausführungen über den Vertrauensschutz.[1534] Der Generalanwalt begründet den Vertrauenstatbestand mit der Abweichung von der Entscheidung *Danfoss*,[1535] in der nicht auf die konkrete Art der Tätigkeit abgestellt wird, sondern pauschal auf eine Korrelation von Dienstjahren und Berufserfahrung. Demgegenüber verweigert der EuGH eine Begrenzung der Rückwirkung mit dem kurzen Hinweis, dass sein Urteil im Hinblick auf die Rechtssache *Danfoss* lediglich eine Klarstellung enthalte.[1536]

Wenngleich die vom EuGH gemachte Aussage über die Korrelation von Berufsjahren und Qualifikation durchaus auf die Altersdiskriminierung übertragbar ist,[1537] seine lapidare Feststellung zum Vertrauensschutz ist es nicht. Zu dem Zeitpunkt bestand für die Geschlechtsdiskriminierung kein vergleichbarer Vertrauenstatbestand. So fügte sich das Urteil in eine ganze Rechtsprechungslinie zur geschlechtsbedingten Benachteiligung ein, die mit dem *Danfoss*-Urteil angestoßen wurde und zum Ausdruck brachte, dass nicht ohne weiteres ein Zusammenhang von Beschäftigungszeit und Berufserfahrung besteht.[1538] Daher war das Luxemburger Verdikt in diesem Punkt vorhersehbar. Ferner ist zu bedenken, dass sich die EG schon seit dem 1.1.1958 mit dem Inkrafttreten des EWG-Vertrags und des darin enthaltenen Art. 119 den Schutz vor Geschlechtsdiskriminierung auf die Fahnen geschrieben hat. Ein Vertrauensschutz konnte hier weder durch einen besonderen und ausfül-

---

1532 Däubler/Bertzbach-*Brors*, § 10 AGG, Rn. 12; *Thüsing*, ZIP 2005, 2149 (2151).
1533 GA *Maduro*, Schlussantrag vom 18.5.2006, Rs. C-17/05 (Cadman), Rn. 63, juris.
1534 GA *Maduro*, Schlussantrag vom 18.5.2006, Rs. C-17/05 (Cadman), Rn. 67 ff., juris.
1535 EuGH vom 17.10.1989, Rs. C-109/88 (Danfoss), AP Nr. 19 zu Art. 119 EWG-Vertrag.
1536 EuGH vom 3.10.2006, Rs. C-17/05 (Cadman), Rn. 42, AP Nr. 15 zu Art. 141 EG-Vertrag.
1537 Siehe oben 3. Kapitel B. II. 3. a) cc).
1538 Zu dieser Rechtsprechungslinie siehe oben 3. Kapitel B. II. 3. a).

lungsbedürftigen Rechtfertigungstatbestand noch durch das Verhalten europäischer oder einzelstaatlicher Organe ausgelöst werden.[1539]

3. Fazit

Daher würde die Gewährung von Vertrauensschutz nach deutschem Verfassungsrecht nicht mit der Rechtsprechung des EuGH kollidieren. Es ist aber dabei zu beachten, dass die Einschränkung der Rückwirkung nicht für den Arbeitnehmer gelten darf, der sich gegen das Vergütungssystem gerichtlich zur Wehr gesetzt hat. Dies ist auch sinnvoll, denn dadurch wird die Aufdeckung und effektive Bekämpfung von rechtswidrigen Ungleichbehandlungen nicht zusätzlich erschwert. Allerdings muss berücksichtigt werden, dass der EuGH in diesem Zusammenhang lediglich über Fälle zu entscheiden hatte, in denen nur vereinzelt ein gerichtliches Verfahren beschritten wurde, und somit eine wirtschaftliche Überlastung durch die Angleichung nach oben zu Gunsten des einzelnen Klägers nicht drohte. Da aber die finanziellen Folgen auch für den EuGH keinen unerheblichen Stellenwert einnehmen, müsste die Ausnahme zu Gunsten der Kläger nicht greifen, solange große Teile der Belegschaft gegen die Benachteiligung klagen.

V. Fazit zum Vertrauensschutz

Arbeitgeber, die auf Grundlage von Alt-Tarifverträgen vergüten und dadurch eine rechtswidrige unmittelbare oder mittelbare Benachteiligung aufgrund des Alters vollziehen, können sich auf Vertrauensschutz berufen.[1540] Damit erfolgt grundsätzlich keine Angleichung nach oben für vergangene Zeiträume. An den Rechtsfolgen für die künftige Vergütung ändert sich damit indes nichts.

Ein schutzwürdiges Vertrauen wird insbesondere dadurch begründet, dass bis kurz vor Abschluss des Gesetzgebungsverfahrens zur Umsetzung der Antidiskriminierungsrichtlinien, nicht klar war, welchen Umfang das Diskriminierungsverbot haben würde. Vielmehr wurden die Arbeitgeber durch das staatliche Handeln in ihrem Vertrauen bestärkt, eine am Alter, Beschäftigungsdauer oder Betriebszugehörigkeit ausgerichtete Vergütung sei zulässig. Bund und Länder entlohnen selbst nach gleichheitswidrigen Besoldungsgesetzen und Kollektivvereinbarungen und das Bundesministerium für Arbeit und Soziales erklärte altersdiskriminierende Ta-

---

1539 *Wiedemann*, NZA 2008, 950 (952 f.).
1540 So auch *Lingemann/Gotham*, NZA 2007, 663 (668 f.).

rifverträge für allgemeinverbindlich. Dieses richtlinienwidrige Verhalten wurde von der Europäischen Kommission nicht beanstandet. Aufgrund des starken Vertrauenstatbestands sowie der erheblichen wirtschaftlichen Belastung einer rückwirkenden Anpassung überwiegt insoweit das Interesse des Arbeitgebers gegenüber dem gesetzgeberischen Anliegen, Benachteiligungsschutz zu gewährleisten.

Sobald allerdings eine Diskriminierung gerichtlich festgestellt wurde, besteht kein Vertrauensschutz für den Arbeitgeber. Er muss sich an der vom Gericht oder den Tarifparteien neu festgesetzten Vergütung ausrichten. Gegenüber einem diskriminierten Arbeitnehmer, der sich schon vor dem Urteil rechtlich zur Wehr gesetzt hat, darf sich der Beklagte aber nach den Grundsätzen des EuGH nicht auf Vertrauensschutz im Hinblick auf vergangene Zeiträume berufen. Hier erfolgt eine rückwirkende Angleichung nach oben.

B. Möglichkeit der gerichtlichen Vorabkontrolle

Aufgrund der erheblichen finanziellen Risiken, die altersdiskriminierende Tarifbestimmungen bergen, haben die Tarifvertragsparteien großes Interesse daran, verbindlich und umfassend festzustellen, ob tatsächlich ein Verstoß gegen das AGG vorliegt. Dies gilt umso mehr, als dass ein arbeitsgerichtliches Urteil im Rechtsstreit eines potentiell diskriminierten Beschäftigten gegen seinen Arbeitgeber nach §§ 322, 325 Abs. 1 ZPO lediglich zwischen den beiden Beteiligten Bindungswirkung entfaltet.[1541] Somit besteht die Gefahr von widersprüchlichen Einzelentscheidungen, die sich aber jeweils auf dieselben Tarifnormen beziehen.[1542] Hier könnte die sog. Verbandsklage nach § 9 TVG Abhilfe schaffen. Probleme ergeben sich allerdings im Hinblick auf das Feststellungsinteresse.

I. Normenkontrolle gem. § 9 TVG i.V.m. § 2 Abs. 1 Nr. 1 Var. 1 ArbGG

Gem. § 9 TVG haben rechtskräftige arbeitsgerichtliche Entscheidungen, denen ein Rechtsstreit der Tarifparteien über den Tarifvertrag oder das Bestehen oder Nichtbestehen eines Tarifvertrags zugrunde liegt, für Gerichte und Schiedsgerichte Bindungswirkung, die mit einem Verfahren zwischen tarifgebundenen Parteien sowie zwischen ihnen und Dritten betraut sind. Die Vorschrift führt damit zu einer Erwei-

---

1541 Däubler, TVG-*Reinecke*, § 9 TVG, Rn. 5 f.
1542 *Lingemann/Gotham*, NZA 2007, 663 (668); *Rieble*, NZA 1992, 250.

terung der subjektiven Rechtskraft[1543] unabhängig davon, ob die Entscheidung vom Arbeits-, Landesarbeits- oder Bundesarbeitsgericht getroffen wurde. Insoweit wird lediglich Rechtskraft gefordert.[1544] In einem späteren Verfahren sind sämtliche Gerichte und staatlichen Stellen verpflichtet, den auf Grundlage von § 9 TVG ergangenen Feststellungen Folge zu leisten.[1545] Liegt allerdings ein sog. mehrgliedriger Tarifvertrag vor, bei dem mindestens zwei Parteien auf Arbeitgeber- oder Gewerkschaftsseite stehen, so erstreckt sich die zusätzlich Bindung ausschließlich auf die beteiligten Sozialpartner ebenso wie ihre Mitglieder und nicht auf die Tarifpartei, die dem Rechtsstreit fern bleibt.[1546] Die Erstreckung der Rechtskraft gewährleistet nicht nur eine einheitliche Anwendung der tariflichen Bestimmungen, sondern dient der Prozessökonomie, indem eine Vielzahl von Einzelstreitigkeiten vermieden wird.[1547]

Bei dem Verfahren nach § 9 TVG handelt es sich um eine Feststellungsklage,[1548] für die der Rechtsweg zu den Arbeitsgerichten gem. § 2 Abs. 1 Nr. 1 Var. 1 ArbGG eröffnet ist. Als Beteiligte kommen nur die Tarifvertragsparteien in Betracht. Damit scheiden zum einen Arbeitnehmer und zum anderen an einen Verbandstarifvertrag gebundene Arbeitgeber aus.[1549] Weiterhin ist erforderlich, dass das Verfahren zwischen Parteien geführt wird, die auf unterschiedlichen Seiten der Kollektivvereinbarung stehen.[1550] Somit ist § 9 TVG nicht einschlägig, sofern ein Rechtsstreit im Arbeitgeber- oder Gewerkschaftslager entbrennt. Obgleich der Wortlaut der Vorschrift vom Tarifvertrag spricht, ist allgemein anerkannt, dass eine bindende gerichtliche Klarstellung auch für einzelne tarifliche Regelungen erfolgen kann.[1551]

1543 Däubler, TVG-*Reinecke*, § 9 TVG, Rn. 8; Wiedemann-*Oetker*, § 9 TVG, Rn. 10.
1544 Däubler, TVG-*Reinecke*, § 9 TVG, Rn. 30; *Gamillscheg*, S. 549; Wiedemann-*Oetker*, § 9 TVG, Rn. 22 f.
1545 Däubler, TVG-*Reinecke*, § 9 TVG, Rn. 42 ff.; *Wiedemann/Moll*, Anmerkung zu BAG, AP Nr. 1 zu § 9 TVG.
1546 BAG vom 28.9.1977, Az. 4 AZR 446/76, LS Nr. 1, AP Nr. 2 zu § 9 TVG; Wiedemann-*Oetker*, § 9 TVG, Rn. 18.
1547 BAG vom 12.4.2000, Az. 5 AZR 228/98, OS, AP Nr. 6 zu § 1 TVG (Tarifverträge: Brauereien); *Löwisch/Rieble*, § 9 TVG, Rn. 4; *Wiedemann/Moll*, Anmerkung zu BAG, AP Nr. 1 zu § 9 TVG; Wiedemann-*Oetker*, § 9 TVG, Rn. 6.
1548 BAG vom 15.11.1957, Az. 1 AZR 610/56, AP Nr. 1 zu § 8 TVG; BAG vom 12.4.2000, Az. 5 AZR 228/98, OS, AP Nr. 6 zu § 1 TVG (Tarifverträge: Brauereien); *Gamillscheg*, S. 549; *Rieble*, NZA 1992, 250 (251); *Wiedemann*, Anmerkung zu BAG, AP Nr. 3 zu § 9 TVG; Wiedemann-*Oetker*, § 9 TVG, Rn. 25.
1549 Däubler, TVG-*Reinecke*, § 9 TVG, Rn. 10.
1550 Wiedemann-*Oetker*, § 9 TVG, Rn. 15.
1551 BAG vom 28.9.1977, Az. 4 AZR 446/76, LS Nr. 1, AP Nr. 1 zu § 9 TVG; BAG vom 12.4.2000, Az. 5 AZR 228/98, OS, AP Nr. 6 zu § 1 TVG (Tarifverträge: Brauereien); Däubler,

Dabei ist es unerheblich, ob die Parteien über Regelungen aus dem normativen oder schuldrechtlichen Teil des Tarifvertrags streiten.[1552]

II. Feststellungsinteresse

Eine entscheidende Voraussetzung ist das Feststellungsinteresse. Ein solches ist für die Feststellungsklage nach § 256 ZPO gegeben, wenn dem Recht oder der Rechtslage, auf die sich der Kläger beruft, eine gegenwärtige Gefahr der Unsicherheit droht und das Urteil des angerufenen Gerichts geeignet ist, diese Rechtsunsicherheit zu beseitigen.[1553] Da es sich bei der Feststellungsklage um ein kontradiktorisches Verfahren handelt, muss das Interesse gerade gegenüber dem Beklagten bestehen.[1554] Subsumiert man die hier behandelte Konstellation der altersdiskriminierenden Tarifklauseln unter diese Anforderungen, kommt man zum Ergebnis, dass ein rechtliches Interesse an der Feststellung der Gültigkeit der Tarifbestimmungen nicht gegeben ist, denn die beiden Tarifparteien gehen davon aus, dass das von ihnen verabschiedete Vergütungssystem wirksam ist. Lediglich von dritter Seite, nämlich den Beschäftigten, wird das Kollektivwerk in Frage gestellt. Dementsprechend besteht zwischen den möglichen Beteiligten keine Rechtsunsicherheit über die Wirksamkeit der Vergütungsbestimmungen.[1555]

1. Verbandsklage als eigenes Verfahren mit abgesenkten Anforderungen

Ein Teil des rechtswissenschaftlichen Schrifttums gelangt zu einem anderen Ergebnis, indem er in § 9 TVG ein eigenständiges Feststellungsverfahren erblickt hat. Dabei wird ein anderer Maßstab an das Feststellungsinteresse angelegt als bei der allgemeinen Feststellungsklage nach § 256 ZPO. Es sei schon ausreichend, wenn die Gültigkeit des Kollektivwerks oder einzelner Bestandteile von dritter Seite wie beispielsweise den Tarifunterworfenen oder staatlichen Stellen in Frage gestellt würde. Selbst gewichtige Zweifel aus der Literatur sollten dem Feststellungsinte-

---

TVG-*Reinecke*, § 9 TVG, Rn. 19; *Wiedemann*, Anmerkung zu BAG, AP Nr. 3 zu § 9 TVG; Wiedemann-*Oetker*, § 9 TVG, Rn. 22.
1552 Wiedemann-*Oetker*, § 9 TVG, Rn. 23.
1553 BGH vom 22.6.1997, Az. VIII ZR 5/76, Rn. 11, NJW 1977, 1881; BGH vom 10.10.1991, Az. IX ZR 38/91, Rn. 14, NJW 1992, 436 (437).
1554 BGH vom 8.7.1983, Az. V ZR 48/82, NJW 1984, 2950.
1555 *Walker*, ZfA 2000, 29 (32).

resse nach § 9 TVG genügen.[1556] Als Begründung führten die Autoren die umfassende Bindungswirkung der Entscheidung und damit das Interesse der Tarifvertragsparteien an, eine einheitliche Anwendung der Tarifnormen zu gewährleisten.[1557] Solchen Tendenzen hat indes das BAG mit seiner Entscheidung von 30.5.2001 eine Absage erteilt.[1558] In dem konkreten Fall hielten beide Tarifparteien ihre Tarifverträge für zulässig. Da aber einige Arbeitnehmer gegen die Vereinbarungen aufgrund eines mutmaßlichen Verstoßes gegen Art. 3 Abs. 1 GG gerichtlich vorgingen, waren der Arbeitgeber und die Gewerkschaft bestrebt, mit Hilfe des Verfahrens nach § 9 TVG eine allgemein bindende Klärung herbeizuführen. Das höchste deutsche Arbeitsgericht verneinte schon die Zulässigkeit eines solchen Antrags und stützte sich dabei auf das fehlende Feststellungsinteresse. Indem es auf die Voraussetzungen des § 256 ZPO rekurriert, bringt es zum Ausdruck, dass § 9 TVG kein eigenständiges Feststellungsverfahren mit eigenen Voraussetzungen etabliert. Sodann verneint es das Feststellungsinteresse, denn der Zivilprozess setze einen Streit der Parteien voraus. Dies gelte auch für die Verbandsklage nach § 9 TVG wie sich aus dem Wortlaut der §§ 2 Abs. 1 Nr. 1 ArbGG und 9 TVG ergebe, wonach Rechtsstreitigkeiten zwischen den Tarifparteien erforderlich seien. Diesem Urteil hat sich letztlich auch die Minderheitenansicht untergeordnet.[1559] Ergänzend zu den Argumenten des BAG kann noch angeführt werden, dass § 9 TVG nur als Rechtsfolgenorm ausgestaltet ist.[1560] Im Unterschied zur Feststellung der Tariffähigkeit oder Tarifzuständigkeit nach § 2a Abs. 1 Nr. 4 ArbGG besteht keine Vorschrift wie § 97 ArbGG, die ein arbeitsgerichtliches Beschlussverfahren anordnet, sodass das kontradiktorische Urteilsverfahren zum Zuge kommt.[1561]

2. Verfassungskonforme Auslegung des Feststellungsinteresses i.S.d. § 256 Abs. 1 ZPO

Das Arbeitsgericht Berlin, welches sich als erstes mit altersdiskriminierenden tariflichen Vergütungsbestimmungen auseinandersetzen musste, hat dennoch eine Kon-

---

1556 ErfK-*Schaub*, § 9 TVG, Rn. 16, 2. Auflage, 2001; *Löwisch/Rieble*, § 9 TVG, Rn. 33, 1. Auflage, 1992; *Rieble*, NZA 1992, 250 (253).
1557 ErfK-*Schaub*, § 9 TVG, Rn. 16, 2. Auflage, 2001; *Herschel*, BB 1977, 1161 (1162); *Löwisch/Rieble*, § 9 TVG, Rn. 32, 1. Auflage, 1992; vgl. *Wiedemann/Moll*, Anmerkung zu BAG, AP Nr. 1 zu § 9 TVG, die in § 9 TVG kein eigenes Verfahren sehen, aber das Feststellungsinteresse nach § 256 Abs. 1 ZPO lockern.
1558 BAG vom 30.5.2001, Az. 4 AZR 387/00, AP Nr. 64 zu § 256 ZPO 1977.
1559 *Löwisch/Rieble*, § 9 TVG, Rn. 32 ff.; *Rieble/Zedler*, ZfA 2006, 273 (290).
1560 *Wiedemann*, Anmerkung zu BAG, AP Nr. 3 zu § 9 TVG.
1561 *Oetker*, Anmerkung zu BAG, AP Nr. 64 zu § 256 ZPO 1977.

trollmöglichkeit der Tarifparteien nach § 9 TVG angenommen.[1562] Es geht zwar auf das Grundsatzurteil des BAG vom 30.5.2001 ein, hält es allerdings auf Konstellationen nicht übertragbar, in denen die Tarifvertragsparteien das Vergütungssystem unter dem Vorbehalt der Zulässigkeit vereinbart haben. In diesem Fall bestehe unmittelbarer Klärungsbedarf zwischen den Tarifvertragsparteien selbst. Eine an Art. 9 Abs. 3 GG ausgerichtete verfassungskonforme Auslegung gebiete es schon, darin einen Streit im Sinne der §§ 256 ZPO, 9 TVG zu sehen, denn jede Fehleinschätzung der Tarifparteien würde die Arbeitgeberseite Millionen kosten und somit zu einer „Paralysierung der Tarifvertragsparteien" führen. Der Gesetzgeber könne allerdings nicht die Tarifpolitik für die Arbeitgeber zu einem „Vabanquespiel" werden lassen.

Zu Recht ist die nächste Instanz, das LAG Berlin-Brandenburg, erst gar nicht auf die Konstruktion des Arbeitsgerichts eingegangen. Indem letzteres ein Verfahren nach § 9 TVG auf Tarifbestimmungen erstreckt, die unter Vorbehalt vereinbart wurden, schafft es die Möglichkeit, ohne großen Aufwand eine entscheidende Voraussetzung der Feststellungsklage zu umgehen. Auch wenn die Tarifvertragsparteien eine bedingte Vereinbarung treffen, so vertrauen sie doch in ihre Wirksamkeit und möchten sich lediglich durch ein arbeitsgerichtliches Urteil mit einer *erga-omnes*-Wirkung absichern. Dies dürfte das BAG nach seinem eindeutigen Urteil zur Verbandsklage nur schwerlich tolerieren, zumal es darin ebenfalls potentiell gleichheitswidrige Tarifbestimmungen behandelte. Eine Lockerung der Anforderungen an das Feststellungsinteresse gebietet die verfassungsrechtlich verbürgte Koalitionsfreiheit nicht. Die Einschränkung des Grundrechts der Koalitionen folgt nicht aus der finanziellen Belastung der Tarifunterworfenen, sondern aus den gesetzlich statuierten Diskriminierungsverboten, welche insoweit die Regelungsautonomie der Sozialpartner einschränken. Dies stellt aber insbesondere aufgrund von Art. 3 GG einen zulässigen Eingriff in Art. 9 Abs. 3 GG dar.[1563] Im Übrigen wird schon auf der Rechtsfolgenseite dem Grundrecht ausreichend Rechnung getragen, denn den Tarifparteien steht es frei, nach einem festgestellten Verstoß gegen § 7 Abs. 1 AGG ein neues, diskriminierungsfreies Vergütungssystem zu verabschieden. Aber auch die rückwirkende Angleichung nach oben, auf die die Tarifparteien im Nachhinein keinen Einfluss haben, ist verfassungsrechtlich zulässig. Hier setzen sich einerseits der Gleichstellungsanspruch der Benachteiligten und andererseits der Vertrauensschutz der Bevorzugten gegenüber Art. 9 Abs. 3 GG durch.

1562 ArbG Berlin vom 22.8.2007, Az. 86 Ca 1696/07, Rn. 91 ff., juris.
1563 Siehe oben 3. Kapitel A. II.

III. Fazit zur gerichtlichen Vorabkontrolle

Somit scheidet eine gerichtliche Feststellung der Zulässigkeit von tariflichen Bestimmungen über die Vergütung de lege lata aus, da es an einem Feststellungsinteresse der Tarifparteien fehlt.[1564] Eine umfassende Klärung kann nur faktisch durch die Rechtsprechung des BAG begründet werden, an der sich die Instanzgerichte ausrichten.[1565] *De lege ferenda* könnte man die Verbandsklage nach § 9 TVG als Beschlussverfahren ausgestalten, das nicht kontradiktorisch geführt wird. Vorbild wäre die arbeitsgerichtliche Feststellung der Tariffähigkeit und Tarifzuständigkeit nach §§ 2a Abs. 1 Nr. 4, 97 ArbGG.[1566] Auf diese Weise könnte man schon frühzeitig Rechtsklarheit über die Wirksamkeit von tariflichen Vergütungsklauseln schaffen und die Tarifvertragsparteien könnten besser der Aufforderung des § 17 Abs. 1 AGG Folge leisten, unzulässige Benachteiligungen zu beseitigen.

C. Fazit zum Schutz der Tarifwerke

Arbeitgeber, die auf Grundlage von altersdiskriminierenden Tarifverträgen vergüten, können sich auf den verfassungsrechtlichen Vertrauensschutz berufen, sofern die entsprechenden Kollektivvereinbarungen schon vor dem Inkrafttreten des AGG am 18.8. 2006 abgeschlossen wurden und darüber hinaus Geltung beanspruchen. Eine allgemein bindende gerichtliche Vorabkontrolle von potentiell altersdiskriminierenden Tarifbestimmungen nach § 9 TVG i.V.m. § 2 Abs. 1 Nr. 1 Var. 1 ArbGG durch die Sozialpartner ist mangels Feststellungsinteresse unzulässig.

1564 *Wiedemann*, NZA 2007, 950 (952).
1565 Vgl. *Rieble*, NZA 1992, 250 f.
1566 *Löwisch/Rieble*, § 9 TVG, Rn. 7; *Rieble/Zedler*, ZfA 2006, 273 (290).

6. Kapitel
Schlussthesen

Die eingangs aufgeworfenen drei Fragen nach altersdiskriminierenden tariflichen Vergütungsklauseln, den aus einer unzulässigen Benachteiligung resultierenden Rechtsfolgen sowie einem Vertrauensschutz zu Gunsten des Arbeitgebers konnten in einer Weise beantwortet werden, die den einfachgesetzlichen, europa- und verfassungsrechtlichen Vorgaben entspricht. Die Antworten sind in den folgenden Schlussthesen zusammengefasst:

A. Altersdiskriminierende Vergütungsklauseln

1. Das im AGG enthaltene Verbot der Altersdiskriminierung findet einerseits auf Tarifverträge Anwendung, die vor dem 18.8.2006 abgeschlossen und über diesen Zeitpunkt hinaus Geltung beanspruchen, sowie Kollektivvereinbarungen, auf die sich die Tarifparteien nach dem besagten Datum geeinigt haben.
2. Der Vergütungsbegriff des AGG ist weit zu verstehen. Erfasst sind nicht nur die Grundvergütung, sondern sämtliche Zusatzleistungen des Arbeitgebers, die im Zusammenhang mit dem Arbeitsverhältnis stehen.
3. Für die Feststellung einer Ungleichbehandlung müssen die Beschäftigten gleiche oder gleichwertige Arbeit ausführen und demselben Normgeber unterliegen. Das erste Kriterium ist regelmäßig gegeben, da die bestehenden Tarifwerke keine unterschiedlichen Tätigkeitsgruppen für die verschiedenen Altersgruppen vorsehen, sondern innerhalb einer solchen Gruppe nach dem Alter differenzieren oder nach Kriterien, die damit im Zusammenhang stehen. Im Hinblick auf das zweite Merkmal ist es erforderlich, dass dieselben Tarifvertragsparteien für die Arbeitnehmer zuständig sind, sofern der Tarifvertrag unmittelbar gilt, oder dass die Beschäftigten für denselben Arbeitgeber tätig sind, wenn lediglich eine arbeitsvertragliche Bezugnahmeklausel vorliegt.
4. Da nach § 3 Abs. 1 und 2 AGG für die unmittelbare bzw. mittelbare Benachteiligung schon eine hypothetische Vergleichsperson ausreicht, ist es nicht erforderlich, dass tatsächlich bevorzugte Arbeitnehmer einer anderen Alterskategorie beschäftigt werden.

5. Eine am Lebensalter ausgerichtete Grundvergütung ist regelmäßig unzulässig. Sie kann grundsätzlich nicht mit Leistungsunterschieden, einem erhöhten Bedarf oder etwaigen Kundenerwartungen gerechtfertigt werden. Als mildere Mittel kommen die Berücksichtigung der absolvierten Berufsjahre, der tatsächlich erbrachten Leistung oder eine am konkreten Bedarf der Arbeitnehmer ausgerichtete Entlohnung in Betracht. Auf diesem Wege wird auch eine zielgenaue und effektive Förderung bestimmter Arbeitnehmergruppen gewährleistet. Ausnahmsweise kann eine geringere Vergütung für ältere Beschäftigte gerechtfertigt sein, vorausgesetzt, es handelt sich um vorwiegend körperliche Tätigkeiten.
6. Den größten Gestaltungsspielraum bieten Vergütungsklauseln, die sich nach Berufsjahren richten. Hierzu ist es zunächst erforderlich, dass auch Zeiten mitgezählt werden, die ein Arbeitnehmer auf einem vergleichbaren Arbeitsplatz, aber bei einem anderen Arbeitgeber absolviert hat. Die zulässige Dauer der Staffelung richtet sich nach der Komplexität der zu verrichtenden Tätigkeit. Es erfolgt nach den vom EuGH aufgestellten Grundsätzen eine objektive Betrachtungsweise. Individuelle Besonderheiten des betroffenen Arbeitnehmers bleiben außen vor. Es gilt der Grundsatz, je komplexer eine Tätigkeit ist, desto umfangreicher darf die Staffelung ausfallen. Subsidiär kann darauf abgestellt werden, ob es sich um eine Arbeit mit einem sozialen Bezug handelt, sodass im Verlauf der Beschäftigungszeit zusätzliche soziale Kompetenzen erworben werden.
7. Erklärt eine Tarifbestimmung die Dauer der Betriebszugehörigkeit zum Maßstab für die Berechnung der Vergütungshöhe, kann eine mittelbare Benachteiligung mit der Belohnung von zusätzlicher Qualifikation, einer erfolgreich absolvierten Bewährungszeit oder der Honorierung von Betriebstreue begründet werden. Alle drei Tatbestandsausschlussgründe müssen indes unternehmensbezogen sein, da sonst die Entlohnung nach Beschäftigungsjahren als milderes Mittel zur Verfügung steht. So muss der Arbeitgeber nachweisen, dass die Beschäftigten nur in seinem Unternehmen bestimmte Qualifikationen erlangen können, oder dass es sich um eine bedeutende Tätigkeit handelt, weshalb er sich nicht auf das Urteil Dritter verlassen kann, sondern sich die Beschäftigten nur unter seiner Aufsicht bewähren müssen. Die Honorierung der Betriebstreue kann der Arbeitgeber geltend machen, wenn er dadurch qualifizierte Beschäftigte an sich binden, Ausbildungs- und Einarbeitungskosten amortisieren oder den Abfluss von Informationen oder Know-how zu verhindern vermag.
8. Die Zahlung von Jubiläumsprämien, die sich nach der Dauer der Betriebszugehörigkeit richten, ist grundsätzlich zulässig. Es handelt sich um eine Aufmerk-

samkeit des Arbeitgebers mit der er nach außen wie nach innen dokumentiert, dass langjährige Mitarbeit wahrgenommen und geschätzt wird.
9. Ebenso bestehen grundsätzlich keine Bedenken gegen den an der Betriebszugehörigkeit ausgerichteten Krankengeldzuschuss. Neben der Honorierung von zusätzlicher unternehmensbezogener Qualifikation sowie der Betriebstreue kommt als legitimes Ziel der Schutz älterer Beschäftigter in Betracht. Da Lebensalter und Betriebszugehörigkeit regelmäßig miteinander korrelieren, kommen die Regelungen insbesondere älteren Beschäftigten zugute. Dies ist auch sachgerecht, denn mit fortschreitendem Alter nimmt auch die Rekonvaleszenzzeit zu.
10. Verdienstsicherungsklauseln können vor dem AGG nur Bestand haben, wenn sie ausschließlich nach der Dauer der Betriebszugehörigkeit unterscheiden und sich ihre Folge darauf beschränkt, dass der betroffene Arbeitnehmer in seiner Tätigkeitsgruppe verbleibt. Es müssen ihn daher die negativen als auch positiven Veränderungen innerhalb dieser Gruppe treffen.
11. Aufgrund der Sonderregelungen in Art. 6 Abs. 2 Richtlinie 2000/78/EG und § 10 S. 3 Nr. 4 AGG ist eine Unterscheidung nach Lebensalter im Rahmen der betrieblichen Altersversorgung zulässig. Dementsprechend sind Tarifbestimmungen über die Unverfallbarkeit entsprechender Ansprüche wie über etwaige Wartezeiten diskriminierungsrechtlich unbedenklich.
12. Regelungen über Jahreszahlungen, Urlaubsgeld und Leistungszuschläge sind grundsätzlich zulässig.

B. Rechtsfolgen einer Diskriminierung

1. Verstößt eine tarifliche Vergütungsnorm gegen das Verbot der Altersdiskriminierung, so ist sie gesamtnichtig. Es entfällt damit sowohl der begünstigende als auch der benachteiligende Teil der Bestimmung.
2. Erschöpft sich ein ganzer Tarifvertrag lediglich darin, ein diskriminierendes Entlohnungssystem zu etablieren, ist der gesamte Tarifvertrag nichtig.
3. Das europarechtlich vorgegebene Erfordernis einer wirksamen und abschreckenden Sanktion sowie der Vertrauensschutz der begünstigten Beschäftigten gebieten eine Angleichung nach oben für vergangene Zeiträume. Die Diskriminierungsopfer sind daher so zu stellen wie sie stehen würden, wenn sie der privilegierten Gruppe angehört hätten. Diese Rechtsfolge kann nicht durch tarifvertragliche Regelungen wie beispielsweise Ausschlussfristen präkludiert werden.

4. Für die Zukunft können die Tarifvertragsparteien jederzeit ein neues Vergütungssystem festlegen.
5. Solange sich die Gewerkschaft und der Arbeitgeberverband bzw. der einzelne Arbeitgeber nicht auf ein neues Vergütungssystem geeinigt haben, legt das erkennende Gericht die Vergütung nach § 612 Abs. 2 BGB fest. Maßgeblicher Orientierungspunkt ist der für den verbleibenden Zeitraum vorgesehene Dotierungsrahmen. Wurde er nicht explizit im Kollektivvertrag genannt, obliegt es der Arbeitgeberseite, nachzuweisen, dass ein bestimmter Betrag dem Regelungswerk zugrunde gelegt wurde. Es empfiehlt sich daher für den Arbeitgeber, einen ungefähren Dotierungsrahmen in den Vertrag aufzunehmen.
6. Sekundäransprüche des Arbeitnehmers gegen seinen Arbeitgeber bestehen grundsätzlich nicht. Da die finanziellen Einbußen bereits durch den Gleichstellungsanspruch ausgeglichen werden, fehlt es an einem materiellen Schaden. Aber auch ein Immaterieller aufgrund einer vermeintlichen Verletzung des Allgemeinen Persönlichkeitsrechts ist regelmäßig nicht gegeben.
7. Das AGG begründet keine Haftung der Tarifvertragsparteien, die das altersdiskriminierende Vergütungssystem verabschiedet haben.

C. Vertrauensschutz zu Gunsten des Arbeitgebers

1. Wenden Arbeitgeber Tarifverträge an, die vor dem 18.8.2006 geschlossen wurden und unmittelbar oder mittelbar aufgrund des Alters diskriminieren, können sie sich auf Vertrauensschutz berufen. Es findet damit grundsätzlich keine rückwirkende Angleichung nach oben statt. Dies gilt aber nach den vom EuGH aufgestellten Grundsätzen nicht für Arbeitnehmer, die bereits vor der Entscheidung des zuständigen Gerichts rechtliche Schritte gegen die Benachteiligung eingeleitet haben.
2. Der Vertrauenstatbestand wird allerdings mit der ersten gerichtlichen Feststellung einer Altersdiskriminierung beseitigt.

Literaturverzeichnis

Adomeit, Klaus	Diskriminierung – Inflation eines Begriffs, NJW 2002, 1622
Adomeit, Klaus Mohr, Jochen	KommAGG – Kommentar zum Allgemeinen Gleichbehandlungsgesetz, Stuttgart, München, Hannover, Berlin, Weimar und Dresden 2007
Althoff, Nina	Die Bekämpfung von Diskriminierungen aus Gründen der Rasse und der ethnischen Herkunft in der Europäischen Gemeinschaft ausgehend von Art. 13 EG, Frankfurt a.M. 2006
Ananiadis, Antonios	Die Auslegung von Tarifverträgen, Berlin 1974
Annuß, Georg	Grundfragen der Entschädigung bei unzulässiger Geschlechtsdiskriminierung, NZA 1999, 738
Annuß, Georg	Das Verbot der Altersdiskriminierung als unmittelbar geltendes Recht, BB 2006, 325
Annuß, Georg	Das Allgemeine Gleichbehandlungsgesetz im Arbeitsrecht, BB 2006, 1629
Aust, Judith Kremer, Stefanie	Arbeitsmarktpolitik im Umbruch – Eine Chance für ältere Arbeitnehmer?, WSI- Mitteilungen 2007, 115
Badura, Bernhard Schellschmidt, Henner Vetter, Christian	Fehlzeiten-Report 2006 – Chronische Krankheiten, Heidelberg 2007 (zitiert als Fehlzeiten-Report 2006)
Baer, Susanne	Recht gegen Fremdenfeindlichkeit und andere Ausgrenzungen, ZRP 2001, 500
Baer, Susanne	„Ende der Privatautonomie" oder grundrechtlich fundierte Rechtsetzung?, ZRP 2002, 290
Baltes, Paul B. Baltes, Margret	Problem „Zukunft des Alterns und gesellschaftliche Entwicklung", in: Baltes, Paul B./Mittelstraß, Jürgen (Hrsg.), Zukunft des Alterns und gesellschaftliche Entwicklung, S. 1 ff., Berlin 1992

Bamberger, Heinz Georg (Hrsg.) Roth, Herbert (Hrsg.)	Beck'scher Online-Kommentar BGB, Stand 1.8.2010
Bauer, Jobst-Hubertus	Europäische Antidiskriminierungsrichtlinien und ihr Einfluss auf das deutsche Arbeitsrecht, NJW 2001, 2672
Bauer, Jobst-Hubertus	Altersdiskriminierung – oder: Der Arbeitgeber zwischen Skylla und Charybdis, in: Hanau, Peter/Thau, Jens/Westermann, Harms Peter (Hrsg.), Gegen den Strich: Festschrift für Klaus Adomeit, S. 25 ff., Köln 2008
Bauer, Jobst-Hubertus Arnold, Christian	Auf „Junk" folgt „Mangold" – Europarecht verdrängt deutsches Arbeitsrecht, NJW 2006, 6
Bauer, Jobst-Hubertus Arnold, Christian	Verbot der Altersdiskriminierung – Die Bartsch-Entscheidung des EuGH und ihre Folgen, NJW 2008, 3377
Bauer, Jobst-Hubertus Diller, Martin	Wettbewerbsverbote – Rechtliche und taktische Hinweise für Arbeitgeber, Arbeitnehmer und vertretungsberechtigte Organe, 5. Auflage, München 2009
Bauer, Jobst-Hubertus Evers, Malte	Schadensersatz und Entschädigung bei Diskriminierung – Ein Fass ohne Boden?, NZA 2006, 893
Bauer, Jobst-Hubertus Göpfert, Burkhard Krieger, Steffen	Allgemeines Gleichbehandlungsgesetz – Kommentar, 2. Auflage, München 2008
Bauer, Jobst-Hubertus Krieger, Steffen	Ein Hallelujah für die Anwaltschaft – Entschädigung und Schadensersatz nach dem Entwurf des Antidiskriminierungsgesetzes, BB 2004, Beilage zu Heft 16, 20
Bauer, Jobst-Hubertus Krieger, Steffen	„Firmentarifsozialplan" als zulässiges Ziel eines Arbeitskampfes?, NZA 2004, 1019
Bauer, Jobst-Hubertus Krieger, Steffen	Das Orakel von Luxemburg: Altersgrenzen für Arbeitsverhältnisse zulässig – oder doch nicht?, NJW 2007, 3672
Bauer, Jobst-Hubertus Thüsing, Gregor Schunder, Achim	Entwurf eines Gesetzes zur Umsetzung europäischer Antidiskriminierungsrichtlinien, NZA 2005, 32

Bauer, Jobst-Hubertus Thüsing, Gregor Schunder, Achim	Das Allgemeine Gleichbehandlungsgesetz – Alter Wein in neuen Schläuchen?, NZA 2006, 774
Baumann, Thomas	Die Rechtsfolgen eines Grundrechtsverstoßes der Tarifpartner, RdA 1994, 272
Bauschke, Hans-Joachim	AGG – Allgemeines Gleichbehandlungsgesetz im öffentlichen Dienst – Kommentar, Neuwied 2007
Bayreuther, Frank	Anmerkung zu EuGH vom 18.10.2006, Rs. C-427/06 (Bartsch), EuZW 2008, 698
Beck, Gunnar	The state of EC anti-sex discrimination law and the judgment in Cadman, or how the legal can become political, European Law Review 2007, 549
Bell, Mark	Anti-Discrimination Law and the European Union, Oxford 2002
Belling, Detlev W. Hartmann, Christian	Die geschlechtsdiskriminierende Grenze im Tarifvertrag, NZA 1993, 1009
Belling, Detlev W. Hartmann, Christian	Die Unzumutbarkeit als Begrenzung der Bindung an den Tarifvertrag, ZfA 1997, 87
Benecke, Martina Kern, Gisela	Sanktionen im Antidiskriminierungsrecht: Möglichkeiten und Grenzen der Umsetzung der Europäischen Richtlinien im deutschen Recht, EuZW 2005, 360
Bengelsdorf, Peter	Die tariflichen Kündigungsfristen für Arbeiter nach der Entscheidung des BVerfG vom 30.5.1990, NZA 1991, 121
Bepler, Klaus (Hrsg.) Böhle, Thomas (Hrsg.) Martin, Kurt (Hrsg.) Stöhr, Frank (Hrsg.)	Beck'scher Online-Kommentar TV-L, Stand 1.1.2010, (zitiert als BeckOK TV-L-*Bearbeiter*)
Bepler, Klaus (Hrsg.) Böhle, Thomas (Hrsg.) Martin, Kurt (Hrsg.) Stöhr, Frank (Hrsg.)	Beck'scher Online-Kommentar TVöD, Stand 1.3.2010 (zitiert als BeckOK TVöD-*Bearbeiter*)

Berger-Delhey, Ulf	Anmerkung zu EuGH vom 7.2.1991, Rs. C-184/89 (Nimz), ZTR 1991, 318
Berger-Delhey, Ulf	Alle Tiere sind gleich, aber einige sind gleicher als andere – Anmerkung zum Vorschlag einer Richtlinie der Europäischen Kommission zur Festlegung eines allgemeinen Rahmens für die Verwirklichung der Gleichbehandlung in Beschäftigung und Beruf, ZTR 2001, 162
Bertelsmann Stiftung (Hrsg.) Bundesvereinigung der Deutschen Arbeitgeberverbände (Hrsg.)	Beschäftigungschancen für ältere Arbeitnehmer – Internationaler Vergleich und Handlungsempfehlungen, Gütersloh 2003 (zitiert als Bertelsmann Stiftung/BDA Beschäftigungschancen)
Bertelsmann Stiftung (Hrsg.) Bundesvereinigung der Deutschen Arbeitgeberverbände (Hrsg.) Morschhäuser, Martina (Hrsg.) Ochs, Peter (Hrsg.) Huber Achim (Hrsg.)	Demographiebewusstes Personalmanagement: Strategien und Beispiele für die betriebliche Praxis, Gütersloh 2008 (zitiert als Bertelsmann Stiftung/BDA, Personalmanagement)
Bertelsmann, Klaus	Anmerkung zu EuGH vom 17.10.1989, Rs. C-109/88 (Danfoss), AuR 1991, 124
Bertelsmann, Klaus	Altersdiskriminierung im Arbeitsrecht, ZESAR 2005, 242
Besgen, Nicolai	Die Auswirkungen des AGG auf das Betriebsverfassungsrecht, BB 2007, 213
Bispinck, Reinhard	Altersbezogene Regelungen in Tarifverträgen – Bedingungen betrieblicher Personalpolitik, WSI- Mitteilungen 2005, 582
Bispinck, Reinhard	Tarifliche Senioritätsregelungen – Eine Analyse von tariflichen Regelungen in ausgewählten Tarifbereichen, in: Informationen zur Tarifpolitik – Elemente qualitativer Tarifpolitik Nr. 59, Düsseldorf 2005
Bissels, Alexander Lützeler, Martin	Rechtsprechungsübersicht zum AGG, BB 2008, 666
Bleckmann, Albert	Der allgemeine Gleichheitssatz beim Zusammenwirken des Europäischen Gemeinschaftsrechts mit dem nationalen Recht, NJW 1985, 2856

Blomeyer, Christian	Das Verbot der mittelbaren Diskriminierung gemäß Art. 119 EGV, Baden-Baden 1994
Blomeyer, Wolfgang	Anmerkung zu BAG vom 5.10.1993, Az. 3 AZR 695/92, SAE 1994, 177
Blomeyer, Wolfgang Rolfs, Christian Otto, Klaus	Betriebsrentengesetz, Gesetz zur Verbesserung der betrieblichen Altersversorgung – Kommentar, 5. Auflage, München 2010
Bode, Ingolf	Die Diskriminierungsverbote im EWG-Vertrag, Göttingen 1968
Boecken, Winfried	Wie sollte der Übergang vom Erwerbsleben in den Ruhestand rechtlich gestaltet werden? – Gutachten B zum 62. Deutschen Juristentag in Bremen 1998, München 1998
Boemke, Burkhard	Privatautonomie im Arbeitsvertragsrecht, NZA 1993, 532
Boemke, Burkhard Danko, Franz-Ludwig	AGG im Arbeitsrecht, Heidelberg 2007 (zitiert als Boemke/Danko)
Boerner, Dietmar	Tarifvertragliche Entgeltfortzahlung im Krankheitsfall und allgemeiner Gleichheitssatz, ZfA 1997, 67
Boesche, Katharina Vera	Beweislast im Regierungsentwurf eines Antidiskriminierungsgesetzes, EuZW 2005, 264
Böhle, Thomas Poschke, Sabrina	Das neue Tarifrecht für den öffentlichen Dienst – Teil 2 – Eine erste Übersicht mit besonderem Schwerpunkt auf Arbeitszeit, Entgelt und Eingruppierung, Überleitung sowie dem kommunalen Bereich, ZTR 2006, 286
Böhm, Monika	Umfang und Grenzen eines europäischen Verbots der Altersdiskriminierung im deutschen Recht, JZ 2008, 324
Bouchouaf, Ssoufian	Statistische Altersdiskriminierung – ein Problemaufriss anhand von Beispielen aus der Rechtsprechung des Bundesverfassungsgerichts, KJ 2006, 310

Bredendiek, Knut Fritz, Bernd Tewes, Iris	Neues Tarifrecht für den öffentlichen Dienst, ZTR 2006, 230
Bryde, Brun-Otto Kleindiek, Ralf	Der allgemeine Gleichheitssatz, Jura 1999, 36
Buchner, Herbert	Die Kündigungsfristen für Arbeiter nach der Entscheidung des BVerfG vom 30.5.1990, NZA 1991, 41
Buchner, Herbert	Die Rolle des Europäischen Gerichtshofs bei der Entwicklung des Arbeitsrechts, ZfA 1993, 279
Bundesministerium für Familie Senioren, Frauen und Jugend (Hrsg.)	Fünfter Bericht zur Lage der älteren Generation in der Bundesrepublik Deutschland – Potentiale des Alters in Wirtschaft und Gesellschaft. Der Betrag älterer Menschen zum Zusammenhalt der Generationen – Bericht der Sachverständigenkommission, Berlin 2005
Bundesministerium für Justiz	Diskussionsentwurf eines Gesetzes zur Verhinderung von Diskriminierungen im Zivilrecht, Berlin 2001
Bundesministerium für Wirtschaft und Arbeit	Tarifvertragliche Arbeitsbedingungen im Jahr 2004, Bonn 2005
Cabral, Pedro	Anmerkung zu EuGH vom 15.1.1998, Rs. C-15/96 (Schöning-Kougebetopoulou), Common Market Law Review 1999, 453
Callies, Christian (Hrsg.) Ruffert, Matthias (Hrsg.)	EUV/EGV – Das Verfassungsrecht der Europäischen Union mit Europäischer Grundrechtecharta, 3. Auflage, München 2007
Canaris, Claus-Wilhelm	Grundrechte und Privatrecht, AcP 184, 201
Cirkel, Johannes	Gleichheitsrechte im Gemeinschaftsrecht, NJW 1998, 3332
Cisch, Theodor Böhm, Verena	Das Allgemeine Gleichbehandlungsgesetz und die betriebliche Altersversorgung in Deutschland, BB 2007, 602
Colneric, Ninon	Neue Entscheidungen des EuGH zur Gleichbehandlung von Männern und Frauen – Anmerkung aus bundesdeutscher Sicht zu den Urteilen in den Rechtssachen C-09/88, C-262/88, C-22/89, C-177/88 und C-179/88, EuZW 1991, 75

Colneric, Ninon	Antidiskriminierung – quo vadis? – Europäisches Recht, NZA 2008, Sonderbeilage zu Heft 2, 66
Dammann, Jens C.	Die Grenzen zulässiger Diskriminierung im allgemeinen Zivilrecht, Berlin 2005
Danwitz, Thomas von	Anmerkung zu EuGH vom 15.1.1998, Rs. C-15/96 (Schöning-Kougebetopoulou), JZ 1998, 563
Danwitz, Thomas von	Anmerkung zu EuGH vom 30.9.2003, Rs. C-224/01 (Köbler), JZ 2004, 301
Däubler, Wolfgang	EG-Arbeitsrecht auf dem Vormarsch, NZA 1992, 577
Däubler, Wolfgang	Seniorität im Arbeitsrecht, in: Däubler, Wolfgang/Bobke, Manfred/Kehrmann, Karl (Hrsg.), Arbeit und Recht – Festschrift für Albert Gnade zum 65. Geburtstag, S. 95 ff., Köln 1992
Däubler, Wolfgang	Tarifvertragsrecht – Ein Handbuch, 3. Auflage, Baden-Banden 1993 (zitiert als Däubler, Tarifvertragsrecht)
Däubler, Wolfgang (Hrsg.)	Tarifvertragsgesetz mit Arbeitnehmer-Entsendegesetz, 2. Auflage, Baden-Baden 2006 (zitiert als Däubler, TVG-*Bearbeiter*)
Däubler, Wolfgang	Was bedeutet „Diskriminierung" nach neuem Recht?, ZfA 2006, 479
Däubler, Wolfgang (Hrsg.) Bertzbach, Martin (Hrsg.)	Allgemeines Gleichbehandlungsgesetz – Handkommentar, 2. Auflage, Baden-Baden 2008 (zitiert als Däubler/Bertzbach-*Bearbeiter*)
Degenhart, Christoph	Staatsrecht I – Staatsorganisationsrecht, 25. Auflage, Heidelberg, München, Landsberg, Berlin 2009
Deinert, Olaf	Anwendungsprobleme der arbeitsrechtlichen Schadensersatzvorschriften im neuen AGG, BB 2007, 398
Deutscher Gewerkschaftsbund (Hrsg.)	Arbeitsbedingte Gesundheitsrisiken und demografischer Wandel – Herausforderungen für betriebliche Personal- und Gesundheitspolitik, Berlin, 2005

Dieterich, Thomas	Die grundrechtsdogmatischen Grenzen der Tarifautonomie in der Rechtsprechung des Bundesarbeitsgericht, in: Wank, Rolf/Hirte Heribert/Frey Kasper (Hrsg.), Festschrift für Herbert Wiedemann zum 70. Geburtstag, S. 237 ff., München 2002
Dieterich, Thomas	Flexibilisiertes Tarifrecht und Grundgesetz, RdA 2002, 1
Dieterich, Thomas	Gleichheitsgrundsätze im Tarifvertragsrecht – Besprechung des Urteils BAG v. 27.5.2004 – 6 AZR 129/03, RdA 2005, 177
Dieterich, Thomas Hanau, Peter Schaub, Günter	Erfurter Kommentar zum Arbeitsrecht, 2. Auflage, München 2001 (zitiert als ErfK-*Bearbeiter*, 2. Auflage 2001)
Dornbusch, Gregor Kasprzyk, Izabela	Vergütungsstaffeln nach Lebensalter, NZA 2009, 1000
Dörring, Werner Kutzki, Jürgen	TVöD – Kommentar – Arbeitsrecht für den öffentlichen Dienst, Heidelberg 2007
Duden	Band 8, Sinn- und sachverwandte Wörter, 2. Auflage, Mannheim, Leipzig, Wien und Zürich 1997
Duden	Das große Wörterbuch der deutschen Sprache in 10 Bänden, Band 2, 3. Auflage, Mannheim, Leipzig, Wien und Zürich 1999 (zitiert als Duden, Wörterbuch)
Duden	Band 7, Herkunftswörterbuch – Etymologie der deutschen Sprache, 4. Auflage, Mannheim, Leipzig, Wien und Zürich 2007 (zitiert als Duden, Etymologie)
Dunkel-Benz, Friederike	Altern aus medizinischer Sicht – Vermeidbares und Unvermeidliches, NZA 2008, Beilage 1, 25
Dütz, Wilhelm	Subjektive Umstände bei der Auslegung kollektivvertraglicher Normen, in: Gamillscheg, Franz/Rüthers, Bernd/Stahlhacke, Eugen (Hrsg.), Sozialpartnerschaft in der Bewährung – Festschrift für Karl Molitor zum 60. Geburtstag, S. 63 ff., München 1988
Ehmann, Horst	Zur Struktur des Allgemeinen Persönlichkeitsrechts, JuS 1997, 193

Epiney, Astrid	Zur Entwicklung der Rechtsprechung des EuGH im Jahr 2006, NVwZ 2007, 1012
Epping, Volker	Grundrechte, 4. Auflage, Berlin und Heidelberg 2010
Fastenrath, Ulrich	Inländerdiskriminierung, JZ 1987, 170
Fastrich, Lorenz	Gleichbehandlung und Gleichstellung, RdA 2000, 65
Feige, Konrad	Der Gleichheitssatz im Recht der EWG, Tübingen 1973
Feldhoff, Kerstin	Mittelbare Diskriminierung von frauentypischen Tätigkeiten in der Vergütung zum BAT – Eine Anmerkung zur Entscheidung des Bundesarbeitsgerichtes vom 10. Dezember 1997 – 4 AZR 264/96 – zur Benachteiligung von Sozialarbeiterinnen gegenüber technischen Angestellten, ZTR 1999, 207
Fenske, Antje	Das Verbot der Altersdiskriminierung im US-amerikanischen Arbeitsrecht, Berlin 1998
Fieberg, Christian	TVöD – ohne Tarifwechselklausel ade – oder doch nicht?, NZA 2005, 1226
Filipp, Sigrun-Heide Mayer, Anne-Kathrin	Bilder des Alters – Altersstereotype und die Beziehung zwischen den Generationen, Stuttgart 1999
Fischer, Ulrich	Sozialplanabfindung als Entgelt i. S. des Europäischen Rechts, DB 2002, 1994
Fischinger, Philipp S.	Streik um Tarifsozialpläne?, NZA 2007, 310
Fitting, Karl (Begr.)	Betriebsverfassungsgesetz – Handkommentar, 25. Auflage, 2010 München
Gamillscheg, Franz	Die mittelbare Benachteiligung der Frau im Arbeitsleben, in: Martinek, Oswin/Migsch, Erwin/Ringhofer, Kurt/Schwarz, Walter/Schwimann, Michael (Hrsg.), Arbeitsrecht und soziale Grundrechte: Festschrift für Hans Floretta zum 60. Geburtstag, S. 171 ff., Wien 1983
Gamillscheg, Franz	Die Grundrechte im Arbeitsrecht, Berlin 1989 (zitiert als Gamillscheg, Grundrechte im Arbeitsrecht)

Gamillscheg, Franz	Kollektives Arbeitsrecht – ein Lehrbuch, Band I, München 1997
Fredman, Sandra	Discrimination Law, Oxford 2002
Frenz, Walter	Anmerkung zu EuGH vom 30.9.2003, Rs. C-224/01 (Köbler), DVBl. 2003, 1522
Garrone, Pierre	La discrimination indirecte en droit communautaire : vers une théorie générale, revue de droit européen 1994, 425
Gas, Tonio	Die unmittelbare Anwendbarkeit von Richtlinien zu Lasten Privater im Urteil „Mangold", EuZW 2005, 737
Gaul, Björn Naumann, Eva	Praxisrelevante Fragen im Anwendungsbereich des Allgemeinen Gleichbehandlungsgesetzes, ArbRB 2007, 47
Gaul, Dieter	Die nachvertragliche Geheimhaltungspflicht eines ausgeschiedenen Arbeitnehmers, NZA 1998, 225
Geldermann, Brigitte	Ältere am Arbeitsmarkt, in: Forschungsinstitut für betriebliche Bildung gGmbH (Hrsg.), Integration älterer Arbeitsloser – Strategien – Konzepte – Erfahrungen, S. 59 ff., Bielefeld 2008
Giesen, Richard	Die „alternde Arbeitswelt" vor arbeits- und sozialrechtlichen Herausforderungen, NZA 2008, 903
Giesen, Richard (Hrsg.) Udsching, Peter (Hrsg.) Rolfs, Christian Kreikebohm, Ralf	Beck'scher Online-Kommentar Arbeitsrecht, Stand 1.12.2010 (zitiert als BeckOK Arbeitsrecht-*Verfasser*)
Giesen, Richard (Hrsg.) Udsching, Peter (Hrsg.) Rolfs, Christian Kreikebohm, Ralf	Beck'scher Online-Kommentar Sozialrecht, Stand 1.12.2010 (zitiert als BeckOK Sozialrecht-*Verfasser*)
Gitter, Wolfgang Boerner, Dietmar	Altersgrenzen in Tarifverträgen, RdA 1990, 127
Globig, Klaus	„Ende der Privatautonomie" oder grundrechtlich fundierte Rechtssetzung?, ZRP 2002, 529

Götz, Volkmar	Europäische Gesetzgebung durch Richtlinien – Zusammenwirken von Gemeinschaft und Staat, NJW 1992, 1849
Griebeling, Gert	Gleichbehandlung und Vertrauensschutz im Europarecht, in: Däubler, Wolfgang/Bobke, Manfred/Kehrmann, Karl (Hrsg.), Arbeit und Recht – Festschrift für Albert Gnade zum 65. Geburtstag, S. 597 ff., Köln 1992
Grobys, Marcel	Die Beweislast im Anti-Diskriminierungsprozess, NZA 2006, 898
Groeben, Hans von der (Hrsg.) Schwarze, Jürgen (Hrsg.)	Kommentar zum Vertrag über die Europäische Union und zur Gründung der Europäischen Gemeinschaft, Bände 1 und 4, 6. Auflage, Baden-Baden 2003
Gross, Roland Thon, Horst Ahmad, Natascha Woitaschek, Frank	BetrVG- Kommentar zum Betriebsverfassungsrecht, 2. Auflage, Köln 2008
Hahn, Oliver	Auswirkungen der europäischen Regelungen zur Altersdiskriminierung im deutschen Arbeitsrecht, Tübingen 2005
Hailbronner, Kay	Hat der EuGH eine Normverwerfungskompetenz?, NZA 2006, 811
Hanau, Peter	Das Allgemeine Gleichbehandlungsgesetz (arbeitsrechtlicher Teil) zwischen Bagatellisierung und Dramatisierung, ZIP 2006, 2189
Hanau, Peter	Neues vom Alter im Arbeitsverhältnis, ZIP 2007, 2381
Hanau, Peter Preis, Ulrich	Zur mittelbaren Diskriminierung wegen des Geschlechts, ZfA 1988, 177
Hanau, Peter Steinmeyer, Heinz-Dietrich Wank, Rolf	Handbuch des europäischen Arbeits- und Sozialrechts, München 2002
Hartmann, Christian	Gleichbehandlung und Tarifautonomie – Zur Ermittlung der Rechtsfolgen bei Gleichheitsverstößen in Tarifverträgen, Berlin 1994

Hensche, Detlef	Betriebliche Altersversorgung und Diskriminierungsverbot – Vom umstrittenen Grenzverlauf von Arbeits- und Versicherungsrecht, NZA 2004, 828
Henssler, Martin Tillmanns, Kerstin	Altersdiskriminierung in Tarifverträgen, in: Konzen, Horst/Krebber, Sebastian/Raab, Thomas/Veit, Barbara/Waas, Bernd (Hrsg.), Festschrift für Rolf Birk zum siebzigsten Geburtstag, S. 179 ff., Tübingen 2008
Henssler, Martin (Hrsg.) Willemsen, Heinz Josef (Hrsg.) Kalb, Heinz-Jürgen (Hrsg.)	Arbeitsrecht Kommentar, 4. Auflage, Köln 2010
Herrmann, Elke	Die Abschlussfreiheit – ein gefährdetes Prinzip – Zugleich der Versuch einer dogmatischen Erfassung der vorvertraglichen Regelungen des § 611a BGB, ZfA 1996, 19
Herschel, Wilhelm	Teilnichtigkeit kollektiver Regelungen, BB 1965, 791
Herschel, Wilhelm	Überindividuelles Rechtsschutzbedürfnis, insbesondere im arbeitsgerichtlichen Verfahren, BB 1977, 1161
Hock, Klaus Kramer, Barbara Schwerdle, Jutta	Ausgewählte Fragen bei der Anwendung des TVöD in der Praxis, ZTR 2006, 622
Hoentzsch, Susanne	Europarechtskonformität und Auslegung der Beweislastregelung in § 22 AGG, DB 2006, 2631
Höfer, Reinhold	Besitzstandsfragen bei der Angleichung von betrieblichen Altersrenten an Europarecht – Zugleich Besprechung der Smith- Entscheidung des EuGH, BB 1994, 2139
Hoff, Konrad von	Das Verbot der Altersdiskriminierung aus Sicht der Rechtsvergleichung und der ökonomischen Analyse, Berlin 2009
Hümmerich, Klaus Mäßen, Christian	TVöD – ohne Tarifwechselklausel ade! NZA 2005, 961

Hunold, Wolf	Ausgewählte Rechtsprechung zur Gleichbehandlung im Betrieb – 2. Teil – Sonderzahlungen, betriebliche Altersversorgung, sonstige Arbeitsbedingungen, Kündigung, Sozialplan, NZA-RR 2006, 617
Hunold, Wolf	Rechtsprechung zum nachvertraglichen Wettbewerbsverbot, NZA-RR 2007, 617
Institut für Betriebliche Gesundheitsförderung BGF GmbH	Gesundheitsbericht der AOK Versicherten im Rheinland 2007, Köln 2008 (zitiert als AOK Gesundheitsbericht)
Ipsen, Hans Peter	Europäisches Gemeinschaftsrecht, Tübingen 1972
Jacobs, Matthias	Grundprobleme des Entschädigungsanspruchs nach § 15 Abs. 2 AGG, RdA 2009, 193
Jacobs, Matthias Krause, Rüdiger Oetker, Hartmut	Tarifvertragsrecht, München 2007
Jarass, Hans	Das allgemeine Persönlichkeitsrecht im Grundgesetz, NJW 1989, 857
Jarass, Hans	Folgen der innerstaatlichen Wirkung von EG-Richtlinien, NJW 1991, 2665
Jarass, Hans	Ein systematisches Konzept zur Feststellung unzulässiger Ungleichbehandlungen, NJW 1997, 2545
Jarass, Hans Pieroth, Bodo	Grundgesetz für die Bundesrepublik Deutschland – Kommentar, 11. Auflage, München 2011
Jauernig, Othmar (Hrsg.)	Bürgerliches Gesetzbuch mit Allgemeinem Gleichbehandlungsgesetz (Auszug) – Kommentar, 13. Auflage, München 2009
Junker, Abbo	Grundkurs Arbeitsrecht, 9. Auflage, München 2010
Kamanabrou, Sudabeh	Die Auslegung und Fortbildung des normativen Teils von Tarifverträgen auf der Grundlage eines Vergleichs der Auslegung und Fortbildung von Gesetzen mit der Auslegung und Ergänzung von Rechtsgeschäften, Berlin 1997

Kamanabrou, Sudabeh	Die arbeitsrechtlichen Vorschriften des Allgemeinen Gleichbehandlungsgesetzes, RdA 2006, 321
Kamanabrou, Sudabeh	Rechtsfolgen unzulässiger Benachteiligung im Antidiskriminierungsrecht, ZfA 2006, 327
Kamanabrou, Sudabeh	Vertragsgestaltung und Antidiskriminierung, NZA 2006, Beilage zu Heft 3, 138
Kamanabrou, Sudabeh	Europarechtskonformer Schutz vor Benachteiligungen bei Kündigungen, RdA 2007, 199
Kempen, Otto Ernst (Hrsg.) Zachert, Ulrich (Hrsg.)	Tarifvertragsgesetz, 4. Auflage, Frankfurt a.M. 2006
Kemper, Kurt Kisters-Kölkes, Magret Berenz, Claus Bode, Christoph Pühler, Karl-Peter	BetrAVG – Kommentar zum Betriebsrentengesetz, 4. Auflage, Köln 2010
Kewenig, Wilhelm	Der Grundsatz der Nichtdiskriminierung im Völkerrecht der internationalen Handelsbeziehungen – Band 1: Der Begriff der Diskriminierung, Frankfurt a.M. 1972
Kingreen, Thorsten Störmer, Rainer	Die subjektiv- öffentlichen Rechte des primären Gemeinschaftsrechts, EuR 1998, 263
Kischel, Uwe	Zur Dogmatik des Gleichheitssatzes in der Europäischen Union, EuGRZ 1997, 1
Kischel, Uwe	Systembindung des Gesetzgebers und Gleichheitssatz, AöR 1999, 174
Kistler, Ernst	Die Methusalem-Lüge – wie mit demographischen Mythen Politik gemacht wird, München 2006
Klumpp, Steffen	Diskontinuität und ihre Folgen für das Antidiskriminierungsrecht, NZA 2005, 848
Koch, Hartmut	Der Beschluss des BVerfG vom 30.5.1990, NZA 1991, 50
Kocher, Eva	Vom Diskriminierungsverbot zum „Mainstreaming", RdA 2002, 167

Kocher, Eva	Neujustierung des Verhältnisses zwischen EuGH und den nationalen Arbeitsgerichten – oder ein Ausrutscher? – Zugleich Besprechung des Urteils EuGH v. 16.10.2007 Rs. C-411/05 – Palacios de la Villa, RdA 2008, 238
Kock, Martin	Allgemeines Gleichbehandlungsgesetz – Überblick über die arbeitsrechtlichen Regelungen, MDR 2006, 1080
Kokott, Juliane	Auslegung europäischen oder Anwendung nationalen Rechts? – Grundsätze und Kriterien für die Behandlung arbeitsrechtlicher Streitigkeiten mit europarechtlichem Bezug, RdA 2006, Sonderbeilage zu Heft 6, 30
Kolbe, Sebastian	Kücükdeveci und tarifliche Altersgrenzen, BB 2010, 501
König, Doris	Das Verbot der Altersdiskriminierung – ein Diskriminierungsverbot zweiter Klasse?, in: Gaitanides, Charlotte/Kadelbach, Stefan/Iglesias, Gil C. (Hrsg.), Europa und seine Verfassung: Festschrift für Manfred Zuleeg zum siebzigsten Geburtstag, Baden-Baden 2005
König, Doris	Handlungsbedarf bei der Umsetzung des Altersdiskriminierungsverbots?, ZESAR 2005, 218
Konzen, Horst	Anmerkung zu BAG vom 28.2.1985, Az. 2 AZR 403/83 und BAG vom 12.12.1985, Az. 2 AZR 596/84, SAE 1988, 45
Körner, Marita	Europäisches Verbot der Altersdiskriminierung in Beschäftigung und Beruf, NZA 2005, 1395
Körner, Marita	Diskriminierung von älteren Arbeitnehmern – Abhilfe durch das AGG?, NZA 2008, 497
Kort, Michael	Zur Gleichbehandlung im deutschen und europäischen Arbeitsrecht, insbesondere beim Arbeitsentgelt teilzeitbeschäftigter Betriebsratsmitglieder, RdA 1997, 177
Krause, Rüdiger	Vereinbarte Ausschlussfristen (Teil 1), RdA 2004, 36
Kraushaar, Bernhard	Die Kündigung von Arbeitern nach dem Beschluss des Bundesverfassungsgerichts vom 30.5.1990, BB 1990, 1764

Krieger, Steffen Arnold, Christian	Rente statt Abfindung: Zulässigkeit des Ausschlusses älterer Arbeitnehmer von Sozialplanleistungen, NZA 2008, 1153
Kruse, Andreas	Psychologische Beiträge zur Leistungsfähigkeit im mittleren und höheren Erwachsenenalter – eine ressourcenorientierte Perspektive, in: von Rothkirch, Christoph (Hrsg.), Altern und Arbeit: Herausforderungen für Wirtschaft und Gesellschaft, S. 72 ff., Berlin 2000
Küchenhoff, Günther	Einwirkungen des Verfassungsrechts auf das Arbeitsrecht, in: Dietz, Rolf/Hübner Heinz (Hrsg.), Festschrift für Hans Carl Nipperdey zum 70. Geburtstag, Band II, S. 317 ff., Berlin, München 1965
Kummer, Pierre M.	Umsetzungsanforderungen der neuen arbeitsrechtlichen Antidiskriminierungsrichtlinie (RL 2000/78/EG), Frankfurt a.M. und Berlin 2003
Kuras, Gerhard	Verbot der Diskriminierung wegen des Alters, RdA 2003, Sonderbeilage zu Heft 5, 11
Kuras, Gerhard	Anmerkung zu EuGH vom 22.11.2005, Rs. C-144/04 (Mangold), RdA 2007, 171
Küttner, Wolfdieter (Hrsg.) Röller, Jürgen (Hrsg.)	Personalbuch 2010, München 2010
Langohr-Plato, Uwe	Anmerkung zu BAG vom 18.10.2005, Az. 3 AZR 506/04, jurisPR-ArbR 22/2006 Anm. 4
Langohr-Plato, Uwe Stahl, Nadine	Anwendbarkeit des Allgemeinen Gleichbehandlungsgesetztes in der betrieblichen Altersversorgung, NJW 2008, 2378
Lehr, Ursula	Psychologie des Alterns, 11. Auflage, Wiebelsheim 2007
Lehr, Ursula	Die Wiederentdeckung der Älteren in den Unternehmen: rechtliche und personalpolitische Überlegungen zum Thema „Alter", NZA 2008, Beilage 1, 3
Leible, Stefan Sosnitza, Olaf	Richtlinienkonforme Auslegung vor Ablauf der Umsetzungsfrist und vergleichende Werbung, NJW 1998, 2507

Leuchten, Alexius	Der Einfluss der EG-Richtlinien zur Gleichbehandlung auf das deutsche Arbeitsrecht, NZA 2002, 1254
Lieb, Manfred	Personelle Differenzierungen und Gleichbehandlung, ZfA 2006, 319
Liedmeier, Norbert	Die Auslegung und Fortbildung arbeitsrechtlicher Kollektivverträge, Berlin 1991
Lingemann, Stefan Gotham, Meike	AGG – Benachteiligungen wegen des Alters in kollektivrechtlichen Regelungen, NZA 2007, 663
Lingemann, Stefan Müller, Matthias	Die Auswirkungen des Allgemeinen Gleichbehandlungsgesetzes auf die Arbeitsvertragsgestaltung, BB 2007, 2006
Lingscheid, Anja	Antidiskriminierung im Arbeitsrecht, Berlin 2004
Linnartz, Edith	Anmerkung zu ArbG Marburg vom 26.9.2008, Az. 2 Ca 183/08, jurisPR-ArbR 48/2008 Anm. 6
Linsenmaier, Wolfgang	Das Verbot der Diskriminierung wegen des Alters, RdA 2003, Sonderbeilage zu Heft 5, 22
Lipinski, Wolfgang	Anmerkung zu BAG vom 2.10.2007, Az. 1 AZN 793/07, BB 2008, 675
Loritz, Karl-Georg	Rechtsprobleme der tarifvertraglichen Regelung des „freien Wochenendes", ZfA 1990, 133
Löwisch, Manfred (Hrsg.)	Arbeitskampf- und Schlichtungsrecht, Heidelberg 1997
Löwisch, Manfred	Die Auswirkungen der Gleichstellungsrahmenrichtlinie der EG auf die altersspezifischen Regelungen des Kündigungsrechts, in: Bauer, Jobst-Hubertus/Boewer, Dietrich (Hrsg.), Festschrift für Peter Schwerdtner zum 65. Geburtstag, S. 769 ff., München 2003
Löwisch, Manfred	Kollektivverträge und Allgemeines Gleichbehandlungsgesetz, DB 2006, 1729
Löwisch, Manfred Caspers, Georg Neumann, Daniela	Beschäftigung und demographischer Wandel – Beschäftigung älterer Arbeitnehmerinnen und Arbeitnehmer als Gegenstand von Arbeits- und Sozialrecht, Baden-Baden 2003

Löwisch, Manfred Rieble, Volker	Tarifvertragsgesetz – Kommentar, 1. Auflage, München 1992 (zitiert als Löwisch/Rieble, 1. Auflage, 1992)
Löwisch, Manfred Rieble, Volker	Tarifvertragsgesetz – Kommentar, 2. Auflage, München 2004
Lüderitz, Martin	Altersdiskriminierung durch Altersgrenzen – Auswirkungen der Antidiskriminierungsrichtlinie 2000/78/EG auf das deutsche Arbeitsrecht, Frankfurt a.M. 2005
Maier, Arne	Anmerkung zu ArbG Heilbronn vom 3.4.2007, Az. 5 Ca 12/07, AuR 2007, 392
Mauer, Jutta	Mittelbare Diskriminierung von Frauen bei der Höhergruppierung gem. § 23a BAT, NZA 1991, 501
Maunz, Theodor (Begr.) Dürig, Günter (Begr.)	Grundgesetz – Kommentar, Band I Art. 1-5, 53. Auflage, München 2009
Mayer-Maly, Theo	Ergänzende Vertragsauslegung und Tarifautonomie, RdA 1998, 136
Mayr, Klaus	Bevorzugung als Diskriminierung durch die Hintertür?, European Law Reporter 2005, 167
Medicus, Dieter	Neue Perspektiven im Schadensersatzrecht – Kommerzialisierung, Strafschadensersatz, Kollektivschaden, JZ 2006, 805
Meinel, Gernod Heyn, Judith Herms, Sascha	Allgemeines Gleichbehandlungsgesetz – Kommentar, München 2007
Misera, Karlheinz	Anmerkung zu BAG vom 19.8.1992, Az. 5 AZR 513/91 und BAG vom 28.7.1992, Az. 3 AZR 173/92, SAE 1993, 333
Mohn, Astrid Sybille	Der Gleichheitssatz im Gemeinschaftsrecht: Differenzierungen im europäischen Gemeinschaftsrecht und ihre Vereinbarkeit mit dem Gleichheitssatz, Berlin 1990
Mohr, Jochen	Schutz vor Diskriminierungen im Europäischen Arbeitsrecht, Berlin 2004

Mohr, Jochen	Anmerkung zu LAG Köln vom 4.6.2007, Az. 14 Sa 210/07, BB 2007, 2574
More, Gillian	Seniority pay for part-time workers, European Law Review 1991, 320
Müller, Elisabeth	Gleichbehandlung: gleiches Entgelt – Kriterium des Dienstalters, ArbRB 2006, 325
Müller, Gerhard	Die Auslegung des normativen Teiles eines Tarifvertrags nach der Rechtsprechung des Bundesarbeitsgerichts, DB 1960, 148
Müller, Peter	Punitive Damages und deutsches Schadensersatzrecht, Berlin 2000
Müller-Glöge, Rudi (Hrsg.) Preis, Ulrich (Hrsg.) Schmidt, Ingrid (Hrsg.)	Erfurter Kommentar zum Arbeitsrecht, 11. Auflage, München 2011 (zitiert als ErfK-*Bearbeiter*)
Müller-Mundt, Annegret	Nichtberücksichtigung des Erziehungsurlaubs bei Zusatzentgelt, ArbRB 2008, 263
Nebeling, Martin Miller, Anemone	Die materielle Richtigkeitsgewähr des Tarifvertrags im Lichte der Haftungsfalle des § 15 Abs. 3 AGG, RdA 2007, 289 (294)
Nettesheim, Martin	Anmerkung zu EuGH vom 18.10.2006, Rs. C-427/06 (Bartsch), JZ 2008, 1159
Neumann, Dirk	Grenzen der Tarifautonomie, AR- Blattei Systematische Darstellungen, Nr. 1550.1.4, 36. Lieferung, Dezember 1996
Neuner, Jörg	Diskriminierungsschutz durch Privatrecht, JZ 2003, 57
Nicolai, Andrea	Rechtsfolgen der Unvereinbarkeit arbeitsrechtlicher Regelungen mit Art. 119 EG- Vertrag, ZfA 1996, 481
Nicolai, Andrea	Anmerkung zu EuGH vom 22.11.2005, Rs. C-144/04 (Mangold), DB 2005, 2641
Nicolai, Andrea	Das Allgemeine Gleichbehandlungsgesetz – AGG in der anwaltlichen Praxis, Köln 2006

Nicolai, Andrea	EuGH: Anciennität als legitimes Entgeltkriterium, SAE 2006, 279
Niederfranke, Annette	Das Potential älterer Arbeitnehmer: Brauchen wir neue Handlungsfelder? – Umdenken tut not: Von der wachsenden Bedeutung älterer Arbeitnehmer, in: Lehr, Ursula/Repgen, Konrad (Hrsg.), Älterwerden – Chance für Mensch und Gesellschaft, S. 149 ff., München 1994
Niederfranke, Annette Lehr, Ursula	Altersgrenze auf dem Höhepunkt der Schaffenskraft? – Chancen und Problem, in: Pohl, Hans (Hrsg.), Die Entwicklung der Lebensarbeitszeit – Festschrift für Dr. Reinhart Freudenberg, Stuttgart 1992
Nollert-Borasio, Christiane Perreng, Martina	Allgemeines Gleichbehandlungsgesetz (AGG) – Basiskommentar zu den arbeitsrechtlichen Regelungen, 3. Auflage, Frankfurt a.M. 2010
Nussberger, Angelika	Altersgrenzen als Problem des Verfassungsrechts, JZ 2002, 524
O'Cinneide, Colm	Diskriminierung aus Gründen des Alters und Europäische Rechtsvorschriften, Brüssel 2005
Oelkers, Felix	Altersdiskriminierung bei Sozialplänen – Viel Lärm um nichts, NJW 2008, 614
Oetker, Hartmut	Anmerkung zu BAG, AP Nr. 64 zu § 256 ZPO 1977
Pache, Eckhard Rösch, Franziska	Die neue Grundrechtsordnung der EU nach dem Vertrag von Lissabon, EuR 2009, 769
Palandt, Otto (Begr.)	Bürgerliches Gesetzbuch – Kommentar, 69. Auflage, München 2010
Pernice, Ingolf	Grundrechtsgehalte im Europäischen Gemeinschaftsrecht, Baden-Baden 1979
Peter, Edgar	Unfreiwilliger Ruhestand – Probleme der Diskriminierung älterer Beschäftigter, AuR 1993, 384
Pfarr, Heide M.	Mittelbare Diskriminierung von Frauen, NZA 1986, 585
Pfarr, Heide M.	Anmerkung zu BAG, AP Nr. 16 zu § 23a BAT

Pfarr, Heide M.	Anmerkung zu BAG, AP Nr. 24 zu § 23a BAT
Pfarr, Heide M. Bertelsmann, Klaus	Diskriminierung im Erwerbsleben – Ungleichbehandlungen von Frauen und Männern in der Bundesrepublik Deutschland, Baden- Baden 1989
Pieroth, Bodo Schlink, Bernhard	Grundrechte Staatsrecht II, 26. Auflage, Heidelberg 2010
Plötscher, Stefan	Der Begriff der Diskriminierung im Europäischen Gemeinschaftsrecht, Berlin 2003
Plüm, Joachim	Aussetzung bis zur normativen Neuregelung? – Ein Beitrag zur ergänzenden Tarifauslegung, ZTR 1991, 504
Polloczek, Tobias	Altersdiskriminierung im Lichte des Europarechts, Würzburg 2008
Preis, Ulrich	Verbot der Altersdiskriminierung als Gemeinschaftsgrundrecht – Der Fall „Mangold" und die Folgen, NZA 2006, 401
Preis, Ulrich	Ein modernisiertes Arbeits- und Sozialrecht für eine alternde Gesellschaft, NZA 2008, 922
Preis, Ulrich Temming, Felipe	Der EuGH, das BVerfG und der Gesetzgeber – Lehren aus Mangold II, NZA 2010, 185
Prütting, Hanns	Die Beweislast im Arbeitsrecht, RdA 1999, 107
Prütting, Hanns (Hrsg.) Wegen, Gerhard (Hrsg.) Weinreich, Gerd (Hrsg.)	BGB – Kommentar, 5. Auflage, Neuwied 2010 (zitiert als P/W/W-*Bearbeiter*)
Rauscher, Thomas (Hrsg.) Wenzel, Joachim (Hrsg.) Wax, Peter (Hrsg.)	Münchener Kommentar zur Zivilprozessordnung mit Gerichtsverfassungsgesetz und Nebengesetzen, Band 1, §§ 1 – 510c, 3. Auflage, München 2008 (zitiert als MüKo-*Bearbeiter*)
Rebmann, Kurt (Hrsg.) Rixecker, Roland (Hrsg.) Säcker, Franz Jürgen (Hrsg.)	Münchener Kommentar zum Bürgerlichen Gesetzbuch, Band 4, §§ 611 – 704, 5. Auflage, München 2009 (zitiert als MüKo-*Bearbeiter*)
Reich, Norbert	Anmerkung zu EuGH vom 22.11.2005, Rs. C-144/04 (Mangold), EuZW 2006, 20 (21)

Reichold, Hermann Hahn, Oliver Heinrich, Martin	Neuer Anlauf zur Umsetzung der Antidiskriminierungs-Richtlinie: Plädoyer für ein Artikelgesetz, NZA 2005, 1270
Rengier, Bernhard	Betriebliche Altersversorgung und Allgemeines Gleichbehandlungsgesetz, NZA 2006, 1251
Reuter, Dieter	Zulässigkeit und Grenzen tarifvertraglicher Besetzungsregelungen, ZfA 1978, 1
Richardi, Reinhard	Neues und Altes – Ein Ariadnefaden durch das Labyrinth des Allgemeinen Gleichbehandlungsgesetzes, NZA 2006, 881
Richardi, Reinhard (Hrsg.)	Betriebsverfassungsgesetz mit Wahlordnung – Kommentar, 12. Auflage, München 2010
Richardi, Reinhard (Hrsg.) Wlotzke, Otfried (Hrsg.)	Münchener Handbuch zum Arbeitsrecht – Individualarbeitsrecht I, Band 1, 3. Auflage, München 2009 (zitiert als Münchener Handbuch Arbeitsrecht-*Bearbeiter*)
Richter, Tobias Bouchouaf, Ssoufian	Das Verbot der Altersdiskriminierung als allgemeiner Grundsatz des Gemeinschaftsrechts – der Beginn eines umfassenden europäischen Antidiskriminierungsrechts?, NVwZ, 2006 538
Richters, Schwantje Wodtke, Carolina	Schutz von Betriebsgeheimnissen aus Unternehmenssicht – „Verhinderung von Know-how Abfluss durch eigene Mitarbeiter", NZA-RR 2003, 281
Rick, Wilhelm	Ist der Tariflohn die übliche Vergütung im Sinne des § 612 BGB? AuR 1960, 369
Rieble, Volker	Tarifnormenkontrolle durch Verbandsklage, NZA 1992, 250
Rieble, Volker Zedler, Marc Alexander	Altersdiskriminierung in Tarifverträgen, ZfA 2006, 273
Rolfs, Christian	Arbeitsrecht – Studienkommentar, 3. Auflage, München 2010
Rolfs, Christian	Begründung und Beendigung des Arbeitsverhältnisses mit älteren Arbeitnehmern, NZA 2008, Sonderbeilage zu Heft 1, 8

Rolfs, Christian	„Für die betriebliche Altersvorsorge gilt das Betriebsrentengesetz" – Über das schwierige Verhältnis von AGG und BetrAVG, NZA 2008, 553
Rolfs, Christian Witschen, Stefan	Arbeits- und sozialrechtliche Maßnahmen zur Verbesserung der Beschäftigungschancen älterer Arbeitnehmer, JURA 2008, 641
Römermann, Volker	Nachvertragliche Wettbewerbsverbote bei Freiberuflern, BB 1998, 1489
Römermann, Volker Michalski, Lutz	Wettbewerbsbeschränkungen zwischen Rechtsanwälten, ZIP 1994, 433
Rossi, Matthias	Das Diskriminierungsverbot nach Art. 12 EGV, EuR 2000, 197
Rudolf, Beate (Hrsg.) Mahlmann, Matthias (Hrsg.)	Gleichbehandlungsrecht – Handbuch, Baden-Baden 2007
Rühl, Wolfgang Viethen, Peter Schmid, Matthias	Allgemeines Gleichbehandlungsgesetz (AGG), München 2007
Runggaldier, Ulrich	Gehaltsstaffelungen nach Dienstalter (Seniorität) gemeinschaftsrechtswidrig?, ZAS 2007, 156
Rust, Ursula (Hrsg.) Falke, Josef (Hrsg.)	AGG – Allgemeines Gleichbehandlungsgesetz mit weiterführenden Vorschriften – Kommentar, Berlin 2007
Sachs, Michael	Zu den Folgen von Gleichheitsverstößen in Tarifverträgen, RdA 1989, 25
Sachs, Michael	Die Maßstäbe des allgemeinen Gleichheitssatzes – Willkürverbot und sogenannte neue Formel, JuS 1997, 124
Sachs, Michael	Verfassungsrecht II Grundrechte, 2. Auflage, Berlin 2003 (zitiert als Sachs, Grundrechte)
Sachs, Michael (Hrsg.)	Grundgesetz – Kommentar, 5. Auflage, München 2009 (zitiert als Sachs-*Bearbeiter*)
Säcker, Franz Jürgen	„Vernunft statt Freiheit!" – Die Tugendrepublik der neuen Jakobiner, ZRP 2002, 286

Säcker, Franz-Jürgen Rixecker, Roland	Münchener Kommentar zum Bürgerlichen Gesetzbuch Band 1 Allgemeiner Teil, 1. Halbband §§ 1- 240 und ProstG, 5. Auflage, München 2006 (zitiert als Mü-Ko-*Bearbeiter*)
Schaub, Günter	Gleichbehandlung, Gleichberechtigung und Lohngleichheit, NZA 1984, 73
Schaub, Günter	Auslegung und Regelungsmacht von Tarifverträgen, NZA 1994, 597
Schaub, Günter	Tarifautonomie in Europa, RdA 1995, 65
Schaub, Günter Koch, Ulrich Linck, Rüdiger Vogelsang, Hinrich	Arbeitsrechts-Handbuch – Systematische Darstellung und Nachschlagewerk für die Praxis, 13. Auflage, München 2009 (zitiert als Schaub, Arbeitsrechts-Handbuch-*Verfasser*)
Schiek, Dagmar	Diskriminierung wegen „Rasse" oder „ethnischer Herkunft" – Probleme der Umsetzung der RL 2000/43/EG im Arbeitsrecht, AuR 2003, 44
Schiek, Dagmar	Gleichbehandlungsrichtlinien der EU – Umsetzung im deutschen Arbeitsrecht, NZA 2004, 873
Schiek, Dagmar (Hrsg.)	Allgemeines Gleichbehandlungsgesetz (AGG) – Ein Kommentar aus europäischer Perspektive, München 2007
Schilling, Theodor	Bestand und allgemeine Lehren der bürgerschützenden allgemeinen Rechtsgrundsätze des Gemeinschaftsrechts, EuGRZ 2000, 3
Schlachter, Monika	Probleme der mittelbaren Benachteiligung im Anwendungsbereich des Art. 119 EGV, NZA 1995, 393
Schlachter, Monika	Gleichheitswidrige Tarifnormen, in: Ascheid, Rainer/Friedrich, Hans-Wolf/Schlachter, Monika (Hrsg.), Tarifautonomie für ein neues Jahrhundert – Festschrift für Günter Schaub zum 65. Geburtstag, München 1998

Schlachter, Monika	Altersgrenzen angesichts des gemeinschaftlichen Verbots der Altersdiskriminierung, in: Richardi, Reinhard/Reichold, Hermann (Hrsg.), Altersgrenzen und Alterssicherung im Arbeitsrecht – Wolfgang Blomeyer zum Gedenken, München 2003
Schlachter, Monika	Gemeinschaftsrechtliche Grenzen der Altersbefristung, RdA 2004, 352
Schlachter, Monika	Methoden der Rechtsgewinnung zwischen EuGH und der Arbeitsgerichtsbarkeit, ZfA 2007, 249
Schleusener, Axel Aino	Europarechts- und Grundrechtswidrigkeit von § 622 II 2 BGB, NZA 2007, 358
Schleusener, Axel Aino Suckow, Jens Voigt, Burkhard	Kommentar zum Allgemeinen Gleichbehandlungsgesetz, 2. Auflage, 2008 Köln
Schliemann, Harald	Arbeitsgerichtliche Kontrolle von Tarifverträgen, ZTR 2000, 198
Schliemann, Harald (Hrsg.)	Das Arbeitsrecht im BGB – Kommentar, 2. Auflage, Berlin 2002
Schmidt, Marlene	Das Arbeitsrecht der Europäischen Gemeinschaft, 2. Auflage, Baden-Baden 2006
Schmidt, Marlene	Anmerkung zu EuGH vom 3.10.2006, Rs. C-17/05 (Cadman), ZESAR 2007, 86
Schmidt, Marlene Senne, Daniela	Das gemeinschaftsrechtliche Verbot der Altersdiskriminierung und seine Bedeutung für das deutsche Arbeitsrecht, RdA 2002, 80
Schoch, Friedrich	Der Gleichheitssatz, DVBl. 1988, 864
Scholz, Rupert	Anmerkung zu BAG vom 13.11.1985, Az. 4 AZR 234/84, SAE 1986, 164
Schrader, Peter Schubert, Jens M.	Das neue AGG – Das Gleichbehandlungsrecht in der anwaltlichen Praxis, Baden-Baden 2006
Schreier, Michael	Das AGG in der zivilrechtlichen Fallbearbeitung, JuS 2007, 308

Schulte, Jens	Aktuelle Tarifverträge zur Förderung der betrieblichen Altersvorsorge, NZA 2003, 900
Schulze, Reiner (Hrsg.) Zuleeg, Manfred (Hrsg.)	Europarecht – Handbuch für die deutsche Rechtspraxis, Baden-Baden 2006
Schwab, Rouven	Diskriminierende Stellenanzeigen durch Personalvermittler, NZA 2007, 178
Schwarze, Jürgen (Hrsg.)	EU-Kommentar, 2. Auflage, Baden-Baden 2009
Schwarze, Roland	Die Grundrechtsbindung der Tarifnormen aus der Sicht grundrechtlicher Schutzpflichten, ZTR 1996, 1
Schweibert, Ulrike	Alter als Differenzierungskriterium in Sozialplänen, in: Bauer, Jobst-Hubertus/Beckmann, Paul Werner/Lunk, Stefan/Meier, Hans-Georg/Schipp, Johannes/Schütte, Reinhard (Hrsg.), Arbeitsgemeinschaft Arbeitsrecht im Deutschen Anwaltverein – Festschrift zum 25jährigen Bestehen, S. 1001 ff., Bonn 2006
Schwind, Joachim	Portabilitätsrichtlinie – Stand der Diskussion, BetrAV 2006, 447
Senne, Daniela	Auswirkungen des europäischen Verbots der Altersdiskriminierung auf das deutsche Arbeitsrecht, Berlin 2006
Simitis, Spiros	Altersdiskriminierung – die verdrängte Benachteiligung, NJW 1994, 1453
Simon, Oliver Greßlin, Martin	AGG: Haftung des Arbeitgebers bei Benachteiligungen durch Beschäftigte und Dritte, BB 2007, 1782
Singer, Reinhard	Tarifvertragliche Normenkontrolle am Maßstab der Grundrechte?, ZfA 1995, 611
Skidmore, Paul	The European Employment Strategy and labour law: a German case-study, European Law Review 2004, 52
Soergel, Hans Theodor (Begr.)	Bürgerliches Gesetzbuch mit Einführungsgesetz und Nebengesetzen, Band 4/1, 13. Auflage, Stuttgart, Berlin, Köln 1999
Söllner, Alfred	Grenzen des Tarifvertrags, NZA 1996, 897

Sprenger, Markus	Das arbeitsrechtliche Verbot der Altersdiskriminierung nach der Richtlinie 2000/78/EG, Konstanz 2006
Stalder, Patricia	Antidiskriminierungsmaßnahmen der Europäischen Gemeinschaft nach Art. 13 EG-Vertrag – unter besonderer Berücksichtigung der Rassismusbekämpfung und des Minderheitenschutzes, Bonn 2001
Statistisches Bundesamt	Verdienste und Arbeitskosten – Tariflöhne, Wiesbaden 2008 (zitiert als Statistisches Bundesamt, Tariflöhne)
Statistisches Bundesamt	Bevölkerung und Erwerbstätigkeit – Mikrozensus Stand und Entwicklung der Erwerbstätigkeit, Band 2: Deutschland, Wiesbaden 2009 (zitiert als Statistisches Bundesamt, Erwerbstätigkeit)
Statistisches Bundesamt (Hrsg.) Gesellschaft sozialwissenschaftlicher Infrastruktureinrichtungen (Hrsg.) Wissenschaftszentrum Berlin für Sozialforschung (Hrsg.)	Datenreport 2008 – Ein Sozialbericht für die Bundesrepublik Deutschland, Bonn 2008 (zitiert als Statistisches Bundesamt, Datenreport 2008)
Staudinger, Julius von (Begr.)	Kommentar zum Bürgerlichen Gesetzbuch mit Einführungsgesetz und Nebengesetzen, Buch 2 Recht der Schuldverhältnisse §§ 249-254 (Schadensersatzrecht), Berlin 2005
Staudinger, Julius von (Begr.)	Kommentar zum Bürgerlichen Gesetzbuch mit Einführungsgesetz und Nebengesetzen, Buch 2, §§ 611 – 615, Berlin 2005
Stein, Axel	Tarifvertragsrecht, Stuttgart, Berlin und Köln 1997
Steinau-Steinrück, Robert von Schmidt, Peter	Überblick zum TVöD: „Ein Weiter so im neuen Gewand"?, NZA 2006, 518
Steinau-Steinrück, Robert von Schneider, Volker Wagner, Tobias	Der Entwurf eines Antidiskriminierungsgesetzes: Ein Beitrag zur Kultur der Antidiskriminierung?, NZA 2005, 28
Steiner, Udo	Das Deutsche Arbeitsrecht im Kraftfeld von Grundgesetz und Europäischen Gemeinschaftsrecht, NZA 2008, 73

Steinmeyer, Heinz-Dietrich	Das Allgemeine Gleichbehandlungsgesetz und die betriebliche Altersversorgung, ZfA 2007, 27
Stoffels, Markus	Grundprobleme der Schadensersatzverpflichtung nach § 15 Abs. 1 AGG, RdA 2009, 204
Stork, Florian	Das Gesetz zum Schutz vor Diskriminierungen im Zivilrecht – Umsetzung der Richtlinien 2000/43/EG und 2004/113/EG in das deutsche Privatrecht, ZEuS 2005, 1
Strauß, Gerhard Haß, Ulrike Harras, Gisela	Brisante Wörter von Agitation bis Zeitgeist – Ein Lexikon zum öffentlichen Sprachgebrauch, Berlin 1989
Streinz, Rudolf	Anmerkung zu EuGH vom 30.11.2000, Rs. C-195/98 (ÖGB), JuS 2001, 1006
Streinz, Rudolf	Anmerkung zu EuGH vom 30.9.2003, Rs. C-224/01 (Köbler), JuS 2004, 425
Streinz, Rudolf Herrmann, Christoph	Der Fall Mangold – eine „kopernikanische Wende im Europarecht"?, RdA 2007, 165
Struck, Gerhard	Anmerkung zu BAG vom 25.2.1987, Az. 8 AZR 430/84, BB 1987, 1608
Temming, Felipe	Der Fall Palacios: Kehrtwende im Recht der Altersdiskriminierung?, NZA 2007, 1193
Temming, Felipe	Altersdiskriminierung im Arbeitsleben – Eine rechtsmethodische Analyse, München 2008
Thamm, Manfred	Die rechtliche Bedeutung des Begriffs „Kundenschutz", BB 1995, 790
Thomas, Heinz (Begr.) Putzo, Hans (Begr.) Reichold, Klaus (Hrsg.) Hüßtege, Rainer (Hrsg.)	Zivilprozessordnung mit Gerichtsverfassungsgesetz, den Einführungsgesetzen und europarechtlichen Vorschriften – Kommentar, 31. Auflage, München 2010
Thum, Rainer	AGG und betriebliche Altersversorgung – Anpassungsbedarf für Versorgungsordnungen?, BB 2008, 2291

Thüsing, Gregor	Der Fortschritt des Diskriminierungsschutzes im Europäischen Arbeitsrecht – Anmerkungen zu den Richtlinien 2000/43/EG und 2000/78/EG, ZfA 2001, 397
Thüsing, Gregor	Handlungsbedarf im Diskriminierungsrecht – Die Umsetzungserfordernisse auf Grund der Richtlinien 2000/78/EG und 2000/43/EG, NZA 2001, 1061
Thüsing, Gregor	Zulässige Ungleichbehandlung weiblicher und männlicher Arbeitnehmer – Zur Unverzichtbarkeit i.S. des § 611a Abs. 1 Satz 2 BGB, RdA 2001, 319
Thüsing, Gregor	Gedanken zur Effizienz arbeitsrechtlicher Diskriminierungsverbote, RdA 2003, 257
Thüsing, Gregor	Richtlinienkonforme Auslegung und unmittelbare Geltung von EG- Richtlinien im Anti-Diskriminierungsrecht, NJW 2003, 3441
Thüsing, Gregor	Vom Kopftuch als Angriff auf die Vertragsfreiheit, NJW 2003, 405
Thüsing, Gregor	Das Arbeitsrecht der Zukunft? – Die deutsche Umsetzung der Anti-Diskriminierungsrichtlinie im internationalen Vergleich, NZA 2004, Sonderbeilage zu Heft 22, 3
Thüsing, Gregor	Europarechtlicher Gleichbehandlungsgrundsatz als Bindung des Arbeitgebers?, ZIP 2005, 2149
Thüsing, Gregor	Auswirkungen des AGG auf die betriebliche Altersversorgung, BetrAV 2006, 704
Thüsing, Gregor	Arbeitsrechtlicher Diskriminierungsschutz – Das neue Allgemeine Gleichbehandlungsgesetz und andere arbeitsrechtlich Benachteiligungsverbote, München 2007 (zitiert als Thüsing, Diskriminierungsschutz)
Thüsing, Gregor	Münchener Kommentar zum bürgerlichen Gesetzbuch, Band 1 Allgemeiner Teil, 2. Halbband: AGG, 5. Auflage, München 2007 (zitiert als MüKo-*Thüsing*)
Thüsing, Gregor	Blick in das europäische und ausländische Arbeitsrecht, RdA 2008, 51

TNS Infratest Sozialforschung	Situation und Entwicklung der betrieblichen Altersversorgung in Privatwirtschaft und öffentlichem Dienst 2001 – 2006, München 2007
Volmer, Michael	„Punitive Damages" im deutschen Arbeitsrecht? Besprechung des EuGH- Urteils „Nils Draehmpaehl", BB 1997, 1582
Waas, Bernd	Die neue EG-Richtlinie zum Verbot der Diskriminierung aus rassistischen oder ethnischen Gründen im Arbeitsverhältnis, ZIP 2000, 2151
Waas, Bernd	Die Beschäftigungssituation älterer Arbeitnehmer als Herausforderung für den arbeitsrechtlichen Gesetzgeber, ZRP 2006, 118
Wagner, Gerhard	Prävention und Verhaltenssteuerung durch Privatrecht – Anmaßung oder legitime Aufgabe? AcP 206, 352
Wagner, Gerhard Potsch, Nicolas	Haftung für Diskriminierungsschäden nach dem Allgemeinen Gleichbehandlungsgesetz, JZ 2006, 1085
Walker, Wolf-Dietrich	Rechtsschutz der Gewerkschaft gegen tarifwidrige Vereinbarungen, ZfA 2000, 29
Waltermann, Raimund	Wieder Altersgrenze 65, NZA 1994, 822
Waltermann, Raimund	Übergang vom Erwerbsleben in den Ruhestand und arbeitsrechtliche Altersgrenzen, in: Richardi, Reinhard/Reichold, Hermann (Hrsg.), Altersgrenzen und Alterssicherung im Arbeitsrecht – Wolfgang Blomeyer zum Gedenken, München 2003
Waltermann, Raimund	Verbot der Altersdiskriminierung – Richtlinie und Umsetzung, NZA 2005, 1265
Waltermann, Raimund	Altersdiskriminierung, ZfA 2006, 305
Waltermann, Raimund	Alternde Arbeitswelt – Welche arbeits- und sozialrechtlichen Regelungen empfehlen sich?, NJW 2008, 2528
Wank, Rolf	Die Auslegung von Tarifverträgen, RdA 1998, 71

Wank, Rolf	Diskriminierung in Europa – Die Umsetzung der europäischen Antidiskriminierungsrichtlinie aus deutscher Sicht, NZA 2004, Sonderbeilage zu Heft 22, 16
Wank, Rolf	EG-Diskriminierungsverbote im Arbeitsrecht, in: Kohte, Wolfhard/Dörner, Hans-Jürgen/Anzinger, Rudolf (Hrsg.), Arbeitsrecht im sozialen Dialog – Festschrift für Hellmut Wissmann zum 65. Geburtstag, München 2005
Weber, Claus	Das Verbot altersbedingter Diskriminierung nach der Richtlinie 2000/78/EG – eine neue arbeitsrechtliche Dimension, AuR 2002, 401
Weiß, Wolfgang	Die Einschränkung der zeitlichen Wirkung von Vorabentscheidungen nach Art. 177 EGV, EuR 1995, 377
Wendeling-Schröder, Ulrike	Der Wert des entgangenen Arbeitsplatzes – Anmerkung zur gesetzlichen Neuregelung der Entschädigung im Fall einer geschlechtsspezifischen Diskriminierung beim Zugang zur Beschäftigung, DB 1999, 1012
Wendeling-Schröder, Ulrike	Der Prüfungsmaßstab bei Altersdiskriminierungen, NZA 2007, 1399
Wendeling-Schröder, Ulrike Stein, Axel	Allgemeines Gleichbehandlungsgesetz – Kommentar, München 2008
Werle, Gerhard	Die allgemeine Straftatlehre – insbesondere: Der Deliktsaufbau beim vorsätzlichen Begehungsdelikt, JuS 2001, L 49
Wernsmann, Rainer	Bindung Privater an Diskriminierungsverbote durch Gemeinschaftsrecht, JZ 2005, 224
Wertheimer, Frank	Bezahlte Karenz oder entschädigungslose Wettbewerbsenthaltung des ausgeschiedenen Arbeitnehmers?, BB 1999, 1600
Wessels, Johannes Beulke, Werner	Strafrecht Allgemeiner Teil – Die Straftat und ihr Aufbau, 40. Auflage, Heidelberg 2010
Wiedemann, Herbert	Anmerkung zu BAG AP Nr. 3 zu § 9 TVG 1969

Wiedemann, Herbert	Gleichbehandlungsgebote im Arbeitsrecht, Tübingen 2001 (zitiert als Wiedemann, Gleichbehandlungsgebote)
Wiedemann, Herbert	Gerechtigkeit und Gleichbehandlung, in: Oetker, Hartmut/Preis, Ulrich/Rieble, Volker (Hrsg.), 50 Jahre Bundesarbeitsgericht, München 2004
Wiedemann, Herbert	Tarifvertragsgesetz – Kommentar, 7. Auflage, München 2007 (zitiert als Wiedemann-*Bearbeiter*)
Wiedemann, Herbert Moll, Wilhelm	Anmerkung zu BAG, AP Nr.1 zu § 9 TVG 1969
Wiedemann, Herbert Peters, Harald	Neuere Rechtsprechung zur Bedeutung des Gleichheitssatzes für Tarifverträge, RdA 1997, 100
Wiedemann, Herbert Thüsing, Gregor	Der Schutz älterer Arbeitnehmer und die Umsetzung der Richtlinie 2000/78/EG, NZA 2002, 1234
Wiedemann, Herbert Thüsing, Gregor	Fragen zum Entwurf eines zivilrechtlichen Anti-Diskriminierungsgesetzes, DB 2002, 463
Willemsen, Heinz-Josef Schweibert, Ulrike	Schutz der Beschäftigten im Allgemeinen Gleichbehandlungsgesetz, NJW 2006, 2583
Willemsen, Heinz-Josef Stamer, Katrin	Erstreikbarkeit tariflicher Sozialpläne: Die Wiederherstellung der Arbeitskampfparität, NZA 2007, 413
Windel, Peter	Der Beweis diskriminierender Benachteiligungen, RdA 2007, 1
Winter, Regine	Anmerkung zu EuGH vom 3.10.2006, Rs. C-17/05 (Cadman), jurisPR- ArbR 45/2006 Anm. 1
Wisskirchen, Gerlind	Der Umgang mit dem Allgemeinen Gleichbehandlungsgesetz – Ein „Kochrezept" für Arbeitgeber, DB 2006, 1491
Wißmann, Hellmut	Geschlechtsdiskriminierung, EG-Recht und Tarifverträge, ZTR 1994 223

Wißmann, Hellmut	Mittelbare Diskriminierung: iudex calculat, in: Anzinger, Rudolf/Wank, Rolf (Hrsg.), Entwicklungen im Arbeitsrecht und Arbeitsschutzrecht – Festschrift für Otfried Wlotzke zum 70. Geburtstag , S. 807 ff., München 1996
Wißmann, Hellmut	Diskriminierende Ausnahmen von Tarifansprüchen und Regelungsabstinenz der Tarifparteien, in: Hanau, Peter/Heither, Friedrich/Kühling, Jürgen (Hrsg.), Richterliches Arbeitsrecht – Festschrift für Thomas Dieterich um 65. Geburtstag, S. 683 ff., München 1999
Wolfrum, Rüdiger (Hrsg.)	Gleichheit und Nichtdiskriminierung im nationalen und internationalen Menschenrechtsschutz, Heidelberg 2003
Wollert, Artur	Kompetenz der Senioren in der Arbeitswelt – Bedeutung der Thematik für die HERTIE Waren- und Kaufhaus GmbH, in: Lehr, Ursula/Repgen, Konrad (Hrsg.), Älterwerden – Chance für Mensch und Gesellschaft, S. 172 ff., München 1994
Wulfers, Christian Hecht, Diana	Altersdiskriminierung durch Tarifbestimmungen – Eine Analyse des TVöD und TV-L, ZTR 2007, 475
Zachert, Ulrich	Auslegung und Überprüfung von Tarifverträgen durch die Arbeitsgerichte, in: Die Arbeitsgerichtsbarkeit – Festschrift zum 100jährigen Bestehen des Deutschen Arbeitsgerichtsverbandes, S. 573, Neuwied, Kriftel und Berlin 1994
Zedler, Marc Alexander	Anmerkung zu EuGH vom 3.10.2006, Rs. C-17/05 (Cadman), NJW 2007, 49
Zöllner, Wolfgang	Altersgrenzen beim Arbeitsverhältnis jetzt und nach Einführung eines Verbots der Altersdiskriminierung, in: Richardi, Reinhard/Reichold, Hermann (Hrsg.), Altersgrenzen und Alterssicherung im Arbeitsrecht – Wolfgang Blomeyer zum Gedenken, München 2003

■ FORUM ARBEITS- UND SOZIALRECHT ■

■ Ascheid, Reiner: **Beweislastfragen im Kündigungsschutzprozeß.**
Bd. 1, 1989, 215 + XIX S., ISBN 978-3-89085-268-3, 24,54 € (vergriffen)

■ Braunert, Ulrich: **Schranken der kollektivrechtlichen Regelung flexibler Arbeitszeitverträge.** *Bd. 2, 1990, 298 S., ISBN 978-3-89085-490-8, 35,28 €*

■ Oberklus, Volkmar: **Die rechtlichen Beziehungen des zu einem Tochterunter- nehmen im Ausland entsandten Mitarbeiters zum Stammunternehmen**
Bd. 3, 1991, 223 + XLVI S., ISBN 978-3-89085-510-3, 22,50 €

■ Urbatsch, Peter: **Grundzüge der betrieblichen Altersversorgung**
Bd. 4, 1991, 514 + LII S., ISBN 978-3-89085-603-2, 29,65 €

■ Hübner, Bettina: **Die individualrechtliche Versetzungsbefugnis und Versetzungspflicht des Arbeitgebers unter besonderer Berücksichtigung von Schwerbehinderten und älteren Arbeitnehmern.** *Bd. 5, 1992, 233 + XXXV S., ISBN 978-3-89085-636-0, 24,54 €*

■ Boerner, Dietmar: **Altersgrenzen für die Beendigung von Arbeitsverhältnissen in Tarifverträgen und Betriebsvereinbarungen.** *Bd. 6, 1992, 356 S., ISBN 978-3-89085-705-3, 35,28 €*

■ Schartel, Klaus: **Rechtsprobleme unternehmensübergreifender Sozialplandotierung**
Bd. 7, 1992, 205 + XXXV S., ISBN 978-3-89085-711-4, 29,65 €

■ Fecker, Jörg: **Rechte, Pflichten und Regelungsmöglichkeiten des privaten Arbeitgebers im Hinblick auf Alkoholkonsum von Arbeitnehmern**
Bd. 8, 1992, 297 + LX S., ISBN 978-3-89085-709-1, 34,77 €

■ Schulenburg, Werner Graf von der: **Der tarifliche Rationalisierungsschutz im deutschen und schweizerischen privaten Bankgewerbe**
Bd. 9, 1993, 239 S., ISBN 978-3-89085-718-3, 29,65 €

■ Federlin, Ulrich: **Der kollektive Günstigkeitsvergleich**
Bd. 10, 1993, 207 + XXX S., ISBN 978-3-89085-762-6, 29,65 €

■ Ricken, Oliver: **Rechtliche Probleme bei der Standortplanung von medizinisch-technischen Großgeräten.** *Bd. 11, 1994, 224 S., ISBN 978-3-89085-979-8, 35,28 €*

■ Robben-Vahrenhold, Andrea: **Die Haftung der Treuhandanstalt für Sozialplanansprüche der Arbeitnehmer**
Bd. 12, 1995, 142 S., ISBN 978-3-89085-998-9, 29,65 €

■ Lohse, Eva: **Grenzen gesetzlicher Mitbestimmung.**
Bd. 13, 1995, 194 + XXXIV S., ISBN 978-3-8255-0053-5, 34,77 €

■ Poletti, Elisabeth: **Auswirkungen fehlender oder fehlerhafter Beteiligung des Betriebsrats bei der Versetzung auf das Einzelarbeitsverhältnis**
Bd. 14, 1996, 226 + XXII S., ISBN 978-3-8255-0057-3, 35,28 €

■ Sievers, Jochen: **Die mittelbare Diskriminierung im Arbeitsrecht**
Bd. 15, 1997, 192 S., ISBN 978-3-8255-0136-5, 35,28 €

■ Trefz, Ulrich: **Der Rechtsschutz gegen die Entscheidung der Schiedsstellen nach § 18 a KHG.** *Bd. 16, 2002, 386 S., ISBN 987-3-8255-0385-7, 34,80 €*

■ Schneider, Monika: **Die Koordinierung der Leistungen der sozialen Pflegeversicherung in der Europäischen Union**
Bd. 17, 2003, 202 S., ISBN 978-3-8255-0423-6, 26,90 €

■ **www.centaurus-verlag.de** ■

■ FORUM ARBEITS- UND SOZIALRECHT ■

■ Kowalski, Nina: **Vom passiven zum aktiven Sozialplan.** Vergleich zwischen dem gesetzlichen Förderungsinstrument der §§ 254 ff. u. d. Transfer-Sozialplan-Konzept des BAVC e.V.
Bd. 18, 2004, 218 S., ISBN 978-3-8255-0472-4, 26,90 €

■ Schumacher-Mohr, Marion: **Die vorzeitige Beendbarkeit des Anstellungsverhältnisses eines AG-Vorstandmitglieds gegen seinen Willen.**
Bd. 19, 2004, 206 S., ISBN 978-3-8255-0473-1, 26,50 €

■ Seeger, Silke: **Organisationskonflikte und Tarifvertrag.** Dargestellt am Beispiel der Tarifzuständigkeit der DGB-Gewerkschaften im industriellen Dienstleistungsbereich
Bd. 20, 2005, 218 S., ISBN 978-3-8255-0474-8, 26,50 €

■ Fandel, Stefan: **Die Angabepflicht nach § 5 Abs. 1 Nr. 9 UmwG**
Bd. 21, 2004, 242 S., ISBN 978-3-8255-0483-0, 25,90 €

■ Trautmann, Arnim: **Der Vertrag der ärztlichen Gemeinschaftspraxis.** Vertragsarzt-, berufs- und gesellschaftliche Anforderungen unter besonderer Berücksichtigung von Junior-/Seniorpartnerschaften. *Bd. 22, 2005, 398 S., ISBN 978-3-8255-0526-4, 29,90 €*

■ Rönsberg, Ute: **Die gemeinschaftsrechtliche Koordinierung von Leistungen bei Arbeitslosigkeit.** Die Verordnung (EWG) Nr. 1408/71 und ihre Reformbedürftigkeit
Bd. 23, 2006, 268 S., ISBN 978-3-8255-0604-9, 27,50 €

■ Wahlers, Ulrich: **Die Umsetzung der Richtlinie über die Arbeitnehmerbeteiligung in Spanien.** *Bd. 24, 2006, 378 S., ISBN 978-3-8255-0608-7, 30,90 €*

■ Meißner, Matthias: **Familienarbeit in der Alterssicherung nach europäischem Sozialrecht.** *Bd. 25, 2005, 264 S., ISBN 978-3-8255-0613-1, 27,50 €*

■ Vaupel, Christian: **Die Kompensation von Ungleichgewichtslagen im Arbeits- und Verbraucherrecht.** *Bd. 26, 2006, 354 S., ISBN 978-3-8255-0639-1, 30,90 €*

■ Dunker, Daniela: **Unternehmensbezogene Tarifverträge.** Rechtsfragen einer unternehmensbezogenen Tarifpolitik
Bd. 27, 2007, 455 S., ISBN 978-3-8255-0635-5, 59,50 €

■ Boller, Sonja: **Die Zuständigkeiten der gewerblichen Berufsgenossenschaften**
Bd. 28, 2006, 308 S., ISBN 978-3-8255-0662-9, 29,50 €

■ Norda, Henriette: **Der Anspruch auf Elternteilzeit – de lege lata und de lege ferenda**
Bd. 29, 2008, 286 S., ISBN 978-3-8255-0699-5, 27,90 €

■ Naber, Sebastian: **Der massenhafte Abschluss arbeitsrechtlicher Aufhebungsverträge.** *Bd. 30, 2009, 312 S., ISBN 978-3-8255-0720-6, 29,90 €*

■ Gawlick, Jörg: **Die stufenweise Wiedereingliederung arbeitsunfähiger Arbeitnehmer in das Erwerbsleben nach § 28 StGB/§74 StGB 5.** Eine arbeitsrechtliche Betrachtung
Bd. 31, 2009, 314 S., ISBN 978-3-8255-0725-1, 28,– €

■ Willemsen, Alexander: **Einführung und Inhaltskontrollen von Ethikrichtlinien**
Bd. 32, 2009, 302 S., ISBN 978-3-8255-0732-9, 25,– €

■ Hoops, Antje: **Die Mitbestimmungsvereinbarung in der europäischen Aktiengesellschaft (SE)**
Bd. 33, 2009, 300 S., ISBN 978-3-8255-0737-4, 28,- €

■ www.centaurus-verlag.de ■

If you have any concerns about our products,
you can contact us on
ProductSafety@springernature.com

In case Publisher is established outside the EU,
the EU authorized representative is:
**Springer Nature Customer Service Center GmbH
Europaplatz 3, 69115 Heidelberg, Germany**

Printed by Libri Plureos GmbH
in Hamburg, Germany